KB270257

댄스 뮤직 바이블

댄스 뮤직 바이블

기초 음악 이론부터 마스터링까지, 일렉트로닉 댄스 음악 제작의 모든 것

릭 스노먼 지음 | 김태훈 옮김 | 한희철 감수

한스미디어

일러두기

1. 본문 내용 중 ( ) 안의 단어나 용어에 대한 설명은 모두 옮긴이의 글입니다.
2. 본문 중 '책의 홈페이지'가 지칭하는 주소는 www.dancemusicproduction.com입니다.
3. 본문 중 저자가 강조하고자 한 단어나 문장은 기울여쓰기로 표기하였습니다.

아내 린지와
아이들 네브, 로건에게
이 책을 바칩니다.

클래식 피아니스트로서, 언뜻 보기에 음악적으로 상충하는 관계에 있는 듯한 일렉트로닉 댄스 음악 - 내용상으로는 전자 음악 제작 전반에 대한 책이라 해도 무리가 없을 - 에 대한 내용을 담고 있는 이 책의 감수를 맡게 된 건 호기심 탓이 컸다. 레슨을 통해 만나게 되는 훌륭한 아마추어 피아니스트들 중 적지 않은 이들이 컴퓨터 혹은 신시사이저로 작곡을 해보고 싶다는 것을 수업 동기로 꼽았기 때문이다. 왜 아날로그 악기에 만족하지 못하고 다른 효과를 만들어보고 싶어 하는가? 단순한 세대 차이인가 아니면 자연스러운 표현 욕구인가?

반대의 경우도 있다. 한 학기 전쯤, 교양 피아노 실기 강의 시간에 만난 한 학생의 이야기다. 홍대 앞 클럽에서 아르바이트를 하는 그 학생은 컴퓨터로 음악을 만드는데 실제 악기는 한 번도 다뤄본 적이 없다고 했다. 그 학생의 작업물을 듣고 생각보다 높은 음악적 완성도에 놀랐었는데 더 놀라운 것은 쇼팽의 전주곡 중 비교적 쉽게 - 기술적으로 - 소화할 수 있는 곡을 과제로 받은 그 학생이 선율적, 화성적, 구조적으로 완벽한 그 곡의 아름다움을 '진심으로' 느끼고 한 학기 만에 '훌륭하게' 소화해냈다는 것이다. '진짜' 악기를 다루는 것이 이렇게 행복한 일인 줄 몰랐다며 기뻐했던 그 학생은 여전히 컴퓨터로 음악을 만든다. 물론 피아노도 계속 친다.

어쨌든 일련의 만남들로 인해 결국 궁극적인 것은 '음악'이고 '도구'는 부차적인 수단이라는 것을 계속 느껴오고 있다. - 본문에도 나오는 이야기이다. '악기'를 연주하지 말고 '음악'을 연주하라는 - 때문에 책에서도 수없이 언급하고 있듯이, 발전의 기준은 우리의 '귀'와 '음악성'이 될 것이고, 음악성을 키우며 그것을 표출해줄 도구의 활용법을 함께 배워나간다면 금상첨화일 것이다.

이 책은 댄스 음악 제작에 관한 상세한 지침서이나, 더 나아가 전자 음악 제작 전반에 관한 기본서라 해도 전혀 손색이 없을 탁월한 매뉴얼북이다. 전자 음악 제작의 실질적인 모든 측면 – 기초 음악 이론, 전자공학과 음향학 개론, 사용되는 기기들과 작동 매뉴얼 – 을 비롯해 음악을 대하고 만들며 상업성 있게 관리하는 제작자로서의 자세까지 심도 있게 다룬 보기 드문 책이며, 제시된 다양한 예와 친절한 설명은 거론되는 지식을 이론에 그치지 않고 바로 현장에서 적용할 수 있도록 도와준다.

장르간의 경계가 허물어지고 어떤 일에든 '융합'이 과제가 되는 이 때에 클래식과 실용음악이라는 배타적인 구분을 벗어나, 현대문명의 혜택을 마음껏 누리며 기기를 통해 음악을 표현할 욕구와 필요를 가진 모든 이들에게 이 책을 권하고 싶다.

피아니스트 한희철

감사의 글

이 책을 쓰는 동안 귀중한 시간을 내어 도움을 주고 지원해준 다음의 분들에게 감사드린다.

이언 쇼Ian Shaw

다코바 대Dakova Dae

피터 앨리슨 니콜Peter Allison-Nichol

콜자 보에네만Colja Boennemann

슈 메드Shu Med

존 미첼John Mitchell

〈휘핀 포스트Whippin' post〉의 마이크Mike

사이먼 애덤스Simon Adams

'댄스 음악 프로덕션 포럼Dance Music Production Forum'의 모든 회원

우리의 음악을 튼 DJ들

아래의 분들에게도 특별한 감사의 마음을 보낸다.

오디오 샘플에서 보컬을 맡아준 에이미 조Amy-Jo

끈기 있게 문장을 바로잡아준 라스 피터슨Lars Pettersson

이 책의 홈페이지(www.dancemusicproduction.com)에 수록된 모든 오디오의 저작권은 스노먼R. Snoman과 프로가트J. Froggatt에게 있다.

"세상에 있는 온갖 음악 플러그인을 다 가져도 음악가나 EDM 프로듀서가 될 수는 없다. 단지 수집가가 될 뿐이다. 훌륭한 댄스 음악을 만드는 유일한 비법은 도구와 그 도구를 활용할 때, 그리고 그 도구를 활용하는 방법을 아는 것이다."

릭 스노먼

《댄스 뮤직 바이블(원제: Dance Music Manual 3rd Edition)》을 펼쳐든 여러분을 환영한다. 전작 《댄스 뮤직 매뉴얼 2》(국내 미출간)의 출간 이후 전자 음악의 기술과 기법이 크게 변했다. 그래서 이 변화를 반영하기 위해 이번 에디션의 상당 부분을 완전히 새로 써야 했다.

현 댄스 뮤직계가 지닌 큰 문제 중 하나는 여러 매체들이 모든 제작 방식을 소수의 '비법'으로 뭉뚱그리고 노트북과 그 '비법'을 드러내는 간단한 지침만 있으면 스크릴렉스Skrillex나 데이비드 게타David Guetta처럼 히트곡을 만들 수 있다는 생각을 퍼트리는 것이다.

노트북과 신중하게 고른 소프트웨어만 있으면 양질의 댄스 트랙을 제작할 수 있다는 점에는 동의한다. 그러나 좋은 음악을 만들기 위해서는 잡지나 영상으로 두어 시간 동안 배우는 것보다는 훨씬 많은 노력이 필요하다!

댄스 음악을 제작하는 데는 별다른 비법이 없으며, 분명 지름길도 없다. 지금 EDM 아티스트로 성공하려면 음악 이론, 작곡, 편곡, 녹음, 합성, 사운드 디자인, 프로듀싱, 믹싱, 마스터링, 홍보에 능숙해야 하며, 컴퓨터도 잘 알아야 한다. 이런 것들을 익히고 연습하려면 시간이 필요하다.

간단히 말해서 EDM을 제작하는 일에는 많은 사람들이 언뜻 생각하는 것보다 훨씬 많은 노력이 든다. 또한 겉으로는 얄팍하고 간단하게 보이지만, 제작 방식에 따른 엄청나게 복잡하고 다면적인 과정을 거쳐야 한다. 기본적인 하우스 드럼 루프처럼 간단한 것을 만들려고 해도 당김음syncopation, 복합 박자polymeter, 하이퍼비트hyperbeat, 겹박자, 주파수 및 피치 변조 같은 기법에 더하여, 합성, 압축, 리버브reverb, 딜레이delay, 필터, 리미터limiter, 믹싱에 대한 지식을 갖춰야 한다. 게다가 베이스 라인을 만드는 것도 고려해야 한다. 실로 댄스 음악의 진정한 비결은 대단히 복잡한 것을 엄청나게 간단하게 보이도록 만드는 것이다. 간단하게 보일수록 대개 만드는 과정이 더 복잡하다.

이번 에디션에서는 현대 EDM 제작 방식의 이론과 실제를 논의할 것이다. 이 주제를 다룬 책들이 많이 나왔지만 대부분 현장 경험 없이 음악을 듣기만 하고 '어림짐작'으로 쓴 것들이다.

나는 1988년에 맨체스터에 있는 하시엔다Hacienda에서 처음 댄스 음악을 접했다. 이후 1995년까지 계속 하시엔다에 다녔다. 그동안 아타리 STE와 소수 미디MIDI 악기로 댄스 음악을 직접 제작하기 시작했다. 또한 수많은 화이트 레이블 음반을 발표했고, 엔지니어, 프로듀서로 일했다. GOD부터 Phiadra, Red5까지 다양한 예명으로 음악을 발표했고, 카일리 미노그, 마돈나, 크리스티나 아길레라, 레이디 가가, 브리트니 스피어즈 같은 대형 가수들을 위한 공식적인 리믹스를 했으며, 스튜디오에서 수많은 가수들을 만났다.

나는 전국에 걸쳐 클럽 댄스 음악의 리믹스와 제작에 대한 세미나를 열었고, 수많은 기고문과 논평을 썼고, 〈미디어를 위한 음악〉의 가이 미셸모어Guy Michelmore를 위해 디지털 미디어에 대한 원격 학습 강좌를 만들었으며, 나의 홈페이지인 www.dancemusicproduction.com을 위해 여러 강좌의 동영상을 제작했다.

이 책에 지금까지 내가 습득한 지식을 모아놓았다. 나의 경험과 다른 프로듀서 및 음악가들에 대한 논의 그리고 지난 20년 동안 개발된 기법과 관행에 대한 개인적인 평가를 담은 이 책이, 독자들에게 몇 년을 아낄 수 있는 지름길이 되어주기를 바란다.

이 책은 절대 1위 히트곡을 만드는 간단한 안내서나 틀에 박힌 지침서가 아니다. 그런 내용은 이 책에 나오지 않는다. 현재 많은 회사들이 댄스 음악 열풍을 틈타 시장에 뛰어들어 돈을 벌려 하지만 앞서 말한 대로 댄스 히트곡을 만드는 비법은 없다.

장담하건대 우리는 절대 비밀스럽게 행동하지 않는다. 은밀한 장소에서 슬쩍 악수를 나누며 조심스레 제작 기법을 나누는 것이 아니란 말이다. 기법은 오랫동안 동료들의 음악을 듣고 분석하는 과정에서 발견되며 실험을 통해 연마된다.

이 책의 목표는 제작 과정을 둘러싼 장막을 걷어서 음악에 대한 실질적인 경험 없이 어림짐작으로 제시하는 쓸모없고 부실한 정보를 걸러내는 수고를 덜어주는 것이다. 더욱 중요한 목표는 '이렇게 해야 한다'고 말하는 것이 아니라 '지금은 이렇게 작업하며, 앞으로 어떻게 작업할지 여부는 여러분에게 달려 있다'라고 말하는 것이다. 댄스 음악은 언제나 기술과 아이디어를 새로운 방향으로 밀어붙이는 음악가와 프로듀서들에 의해 만들어진다. 단지 책이나 기사를 읽거나 강좌 영상을 본다고 해서 하룻밤 사이에 슈퍼스타가 되지는 않는다.

이 책은 올바른 방향으로 가는 데 필요한 기법과 지식을 제공한다. 그러나 당신이 지닌 진정한 잠재력을 풀어내는 길은 이 책에서 논의한 원칙들을 토대로 직접 관찰하고 분석하는 데에 있다. 창의성은 책이나 사진, 영상 혹은 최신 시퀀서나 신시사이저에 담겨 있는 것이 아니다. 미래의 댄스 레코드를 만드는 것은 여러분의 창의성과 실험이다.

릭 스노먼

www.dancemusicproduction.com
www.facebook.com/rick.snoman

차례

CHAPTER 1

음악 이론 1부
옥타브, 음계, 선법

"한 옥타브만 살짝 높여줄래요?"

– 프로듀서

댄스 음악 제작에 관한 책을 시작하는 내용으로 적절치 않을지 모르지만 일렉트로닉 댄스 음악EDM을 창작하고 제작하려는 모든 프로듀서에게 음악 이론에 대한 기초 사전 지식은 필수다. 많은 비평가들은, 종종 이런 유형의 음악은 음악 이론을 전혀 활용하지 않은 채 같은 패턴을 일정한 주기에 따라 계속 반복하는 데 불과하다고 생각한다. 그러나 조금만 들어봐도 EDM이 그렇게 단순한 음악이 아니라는 사실을 알 수 있다.

사실 두어 개의 패턴 반복에 불과한 것처럼 '보이는' 곡으로 5분에서 10분 남짓 즐거운 긴장을 유지시키려면 청중들이 곡을 듣기 전부터 흥분할 준비가 되었으리라는 믿음 이상의 것이 필요하다. 그러기 위해서는 제작 테크닉뿐만 아니라 기초 음악 이론을 신중하게 활용해야 한다. 음악 이론가들은 EDM이 등장한지 30년이 지난 지금에서야 EDM을 분석하고, 제작 과정에서 음악 이론의 활용이 대단히 중요하다는 사실을 인지하기 시작했다.

음악 이론의 개념을 잡으려면 먼저 음계에서 음과 음정의 관계를 이해해야 한다. 그러니 피아노 건반을 먼저 살펴보자.

그림 1.1에 나오듯이 피아노 건반은 전체 숫자가 몇 개든 계속 반복되는 12개의 건반key으로 구성된다. 각 개별 건반은 옥타브에서 특정 음높이와 연관되며, 알아보기 쉽도록 알파벳으로 된 이름이 붙는다. 그래서 한 옥타브는 언제나 같은 글자로 시작하고 끝난다. 즉, C음에서 시작한 옥타브는 다음 C에서 끝난다.

원래 피아노 건반은 흰 건반과 검은 건반으로 구성된다. 우선 중요한 점은, 검은 건반은 하나 이상의 이름을 가진다는 것이다. 가령 자연음(흰 건반인) C에서 음계를 올려 오른쪽으로 이동할 때 처음 나오는 검은 건반 음은 C샤프(올림C)가 되며, C#로 표시한다.

반대로 자연음 D에서 음계를 내려 왼쪽으로 이동할 때 나오는 검은 건반 음은 D플랫(내림D)이 되며, Db으로 표시한다. 이처럼 두 사례에 나오는 검은 건반 음은 같은 음높이를 지니지만 곡의 맥락에 따라 두 개의 이름으로 불린다(즉, 이명동음異名同音). 이 맥락을 이해하려면 음정 이론을 살펴야 한다.

음계에서 서로 다른 음높이 사이의 거리는 음정으로 불린다. 서구 음악에서는 반음이 두 음높이 사이에 존재하는 가장 좁은 음정 혹은 짧은 거리다. 가령 C와 C#, C#과 D 사이, D와 D# 사이의 음정은 각각 반음이다. 그림 1.2에 나오듯이 옥타브 전체에 걸쳐서 이런 간격이 이어진다.

모든 반음을 두 개 합치면 하나의 온음이 된다. 이는 C 다음에 C#를 누르면 *반음* 간격의 두 음이, C 다음에 D를 누르면 온음 간격의 두 음이 울림을 뜻한다. C에서 D까지

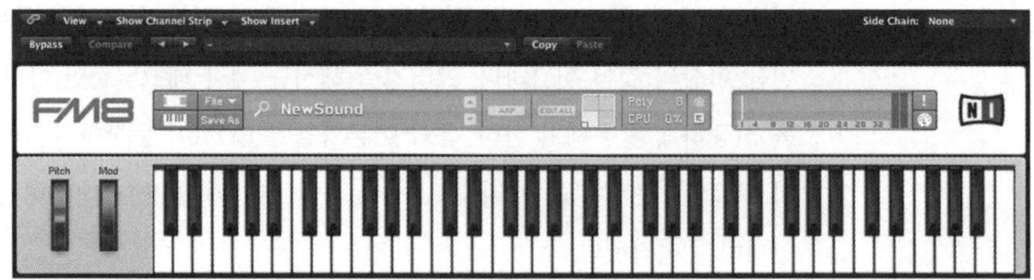

그림 1.1 피아노 건반

두 개의 반음만큼 이동하며, 반음 더하기 반음은 온음이기 때문이다. 이처럼 온음과 반음 사이의 간단한 관계가 모든 음악 이론의 근본적인 토대를 이룬다.

조와 음계

이런 점을 작곡의 관점에서 보면 옥타브는 음악의 알파벳에 해당한다. 즉, 알파벳에서 글자를 골라내어 단어를 만들듯이 옥타브의 경우도 마찬가지다.

작곡할 때, 우리는 어떤 곡이라도 만들어낼 수 있는 옥타브에서 7개의 음을 골라낸다. 그리고 이 7개의 음을 이용하여 주 멜로디부터 화음, 베이스 라인까지 모든 것을 만드는데, 이 음들은 무작위로 정하는 게 아니라 조key에 따라 미리 계획된다.

조성 이론대로 작곡하면 듣기 좋은 음악이 된다. 가령 특정한 음을 시작음 혹은 근음根音으로 삼아 장조로 곡을 쓴다고 가정하자. 어떤 음으로 시작하든 모든 장음계는 다음과 같은 패턴을 따른다.

> 온음 – 온음 – 반음 – 온음 – 온음 – 온음 – 반음

따라서 곡을 쓸 때 원하는 조를 정하면 이 공식에 따라 음을 계산한다. 가령 C장조의 경우 첫 번째 음은 C가 되고 이후에는 다음과 같은 음들이 나온다.

> C – D – E – F – G – A – B – C
> 온음 – 온음 – 반음 – 온음 – 온음 – 온음 – 반음

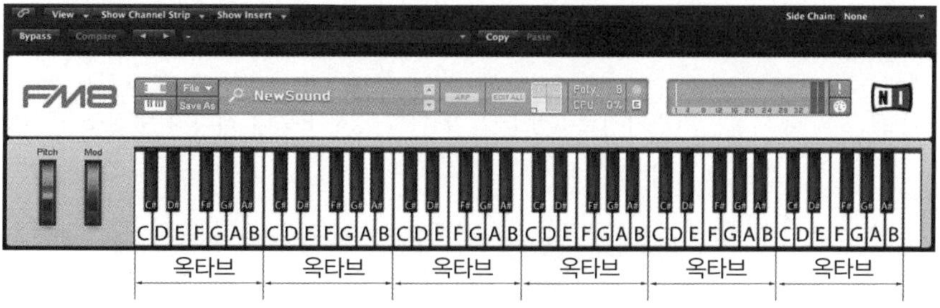

그림 1.2 피아노 건반의 음정

그림 1.3 장조의 음계의 배열

이를 피아노 건반으로 표현하면 그림 1.3과 같다.

온음 / 온음 / 반음 / 온음 / 온음 / 온음 / 반음

마찬가지로 E장조로 곡을 쓸 경우 E부터 시작하여 장조 공식에 따라 다음과 같은
음들이 나온다.

E - F# - G# - A - B - C# - D# - E

이 경우 베이스부터 시작음과 화음에 이르는 모든 요소는 해당 조에 속한 이 음들의 조합만 활용한다. 음악가들은 다양한 조로 곡을 만드는데, 곡이 근음으로 자연스레 이끌리는 성격으로 인해 각 조가 약간씩 다른 분위기나 느낌을 풍기기 때문이다.

많은 음악가와 음악 이론가들은 장조가 활기活氣를 지닌다는 데 동의한다. 많은 대중음악과 동요를 장조로 작곡하고 연주하는 이유가 여기에 있다. 그러나 댄스 음악의 경우 장조로 쓰인 경우도 많지만 단조로 쓰이는 경우가 더 많다.

단조는 정서적 효과나 느낌이 크게 다르다. 단조는 때로 슬프거나 침울한 느낌을 준다고 알려져 있으나 이는 틀린 말이다. 단조로 쓰인 흥겨운 댄스 음악도 많다. 사실 단조는 침울한 모드라기보다 장조에 비해 상대적으로 더 진지하고 집중적인 모드라고 보는 편이 더 정확하다.

단조는 장조와 마찬가지로 옥타브에 속한 모든 음에서 시작할 수 있다. 다만 온음과 반음이 이어지는 패턴이 다르다. 단조의 경우 그림 1.4처럼 장조의 패턴이 두 칸씩 오른쪽으로 옮겨진다.

> 장조: 온음 – 온음 – 반음 – 온음 – 온음 – 온음 – 반음
> 단조: 온음 – 반음 – 온음 – 온음 – 반음 – 온음 – 온음

이 단조 패턴 공식은 장조 만드는 공식처럼 단조에 속한 여러 조를 만드는 데 활용된다. 가령 A단조로 곡을 쓸 경우 단조 패턴을 적용하면 A를 시작으로 다음과 같은 음

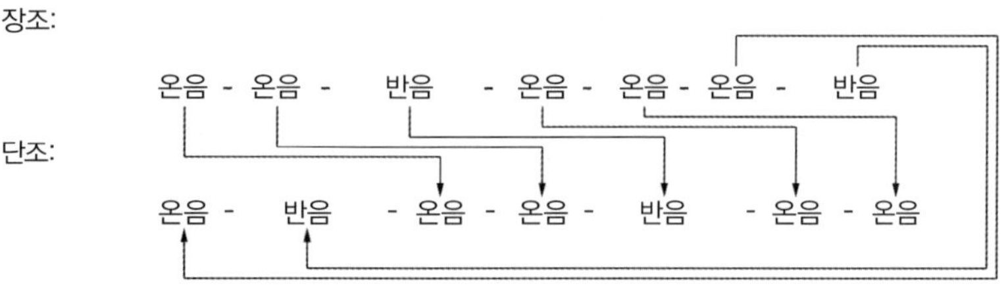

그림 1.4 장조와 단조의 온음 및 반음 배열

들이 나온다.

A - B - C - D - E - F - G - A

마찬가지로 C#단조로 곡을 쓸 경우 다음과 같이 구성된다.

C# - D# - E - F# - G# - A - B - C#

음악적 지식을 갖춘 사람은 이 사례들이 아무렇게나 정해진 것이 아니라 앞선 장조 사례들과 연관되어 있다는 사실을 눈치챘을 것이다.

모든 장조는 관계 단조를 가지며 그 반대도 마찬가지다. 관계조는 같은 음들로 구성되며, 근음이 다를 뿐이다. 가령 C장조는 다음과 같이 구성된다.

C - D - E - F - G - A - B - C

표 1.1 관계 장조 및 단조

C장조	A단조
C샤프/D플랫 장조	A샤프/B플랫 단조
D장조	B단조
D샤프/E플랫 장조	C단조
E장조	C샤프/D플랫 단조
F장조	D단조
F샤프/G플랫 장조	D샤프/E플랫 단조
G장조	E단조
G샤프/A플랫 장조	F단조
A장조	F샤프/G플랫 단조
A샤프/B플랫 장조	G단조
B/C플랫 장조	G샤프/A플랫 단조

반면 A단조는 다음과 같이 구성된다.

```
A-B-C-D-E-F-G-A
```

이 사례에서 C장조와 A단조는 앞선 사례인 E장조와 C#단조처럼 같은 음들로 구성된다. 여기서 장조와 단조의 유일한 차이는 근음이다. 모든 장조는 근음만 다른 채 같은 음들로 구성된 관계 단조를 지닌다. 이런 관계를 활용하면 두 조를 넘나들며 곡에 더 많은 흥미를 부여할 수 있다.

장조의 여섯 번째 음을 근음으로 삼아 단조를 구성하면 관계 단조를 쉽게 계산할 수 있다. E장조의 경우 C#이 여섯 번째 음이다. 따라서 관계 단조의 근음은 C#이다. 표 1.1은 모든 관계 장조와 단조를 보여준다.

선율 단음계와 화성 단음계

지금까지는 자연 단음계만 다뤘지만 장음계와 달리 단음계는 일부 비일관성 때문에 오랜 시간에 걸쳐 도입된 3가지 다른 음계로 구성된다.

앞서 말한 대로 조는 서로 다른 음이나 음높이 사이에 듣기 좋은 규칙을 제공하기 위해 고안된 것이다. 가령 C, C#, D를 연이어 연주하면 C, D, E를 연이어 연주할 때보다 듣기 좋지 않다.

자연 단음계가 듣기 좋긴 하지만 화성과 선율을 만들 때 음이 겉돌거나 따로 노는 면이 있어 화성 단음계와 선율 단음계가 도입되었다.

화성 단음계는 자연 단음계와 비슷하지만 상승 음계에서 일곱 번째 음이 반음 증가한다. 화음을 설명하기 전에 너무 세부적인 내용을 다루고 싶지 않으므로 그냥 일곱 번째 음을 반음 높이면 더 자연스럽고 강력한 느낌을 주는 화음 진행이 이뤄진다고 알아두면 된다.

이 방법의 문제점은 여섯 번째 음과 일곱 번째 음의 음정이 반음 3개 간격으로 벌어진다는 것이다. 그래서 이런 이례적 이동 때문에 화음 없이 듣기에 거슬릴 뿐만 아니라 노래로 부르기 대단히 어렵다. 실제로 따라 부르는 즐거움을 살리기 위해 어떤 음계든 온음보다 음정이 더 벌어지는 경우는 아주 드물다. 온음에 추가로 반음만큼 이동하기가 어렵기 때문이다. 그래서 선율 단음계가 만들어졌다.

선율 단음계의 경우 상승 음계에서는 자연 단음계의 여섯 번째 음과 일곱 번째 음이 각각 반음씩 올라간다. 다만 하강 음계에서는 자연 단음계로 돌아간다. 언뜻 혼란스럽게 보이지만 대개 단조로 곡을 쓸 때 악기 부분은 선율 단음계를, 화음이나 화음 진행은 화성 단음계를 따르는 것이 가장 좋다.

추가 음계

지금까지 가장 대중적인 음계인 장음계와 단음계 – 아이오니안Ionnian 선법과 에올리안 Aeolian 선법이라고도 부르는 – 를 살펴봤다. 그러나 가장 흔히 쓰이는 이 2가지 음계 외에 각각 나름의 음정 패턴을 지니는 6가지 음계 – '선법'이라고도 부르는 – 가 더 있다.

추가 선법은 앞서 설명한 장음계 및 단음계와 비슷한 방식으로 만들어졌다. 가령 장음계 – 아이오니안 선법 – 의 경우 C장조는 흰 건반음 혹은 자연음으로만 구성된다. 그에 따라 다음과 같이 익숙한 음정 패턴이 나온다.

> 온음 – 온음 – 반음 – 온음 – 온음 – 온음 – 반음

이 패턴은 모든 장조에 적용된다. 그래서 동일한 패턴에 따라 특정 조에 속하는 음들이 정해진다. 마찬가지로 에올리안 선법 – 단음계 – 도 자연음으로만 구성되지만 C가 아니라 A에서 출발하여 다음과 같은 음정 패턴을 이룬다.

> 온음 – 반음 – 온음 – 온음 – 반음 – 온음 – 온음

따라서 자연음만 활용하면서도 다른 음에서 시작하여 추가로 여러 음정 패턴을 만들 수 있다. 가령 D부터 시작하여 자연음만 활용하면 다음과 같은 음정 패턴이 나온다.

> 온음 – 반음 – 온음 – 온음 – 온음 – 반음 – 온음

이 새로운 음정 패턴은 도리안 선법으로 불리며, 장, 단음계 응용과 마찬가지로 이

패턴을 활용해 어떤 조로든 곡을 쓸 수 있는데 각 조들은 사뭇 다른 정서를 풍긴다. 건반에 있는 모든 자연음에서 만들 수 있는 선법은 다음과 같다.

프리지안Phrygian 선법(E):
반음 – 온음 – 온음 – 온음 – 반음 – 온음 – 온음

리디안Lydian 선법(F):
온음 – 온음 – 온음 – 반음 – 온음 – 온음 – 반음

믹솔리디안Mixolydian 선법(G):
온음 – 온음 – 반음 – 온음 – 온음 – 반음 – 온음

로크리안Locrian 선법(B):
반음 – 온음 – 온음 – 반음 – 온음 – 온음 – 온음

실험을 통해 이런 선법과 조들이 정서적으로 어떤 효과를 주는지 더 깊이 이해하는 일은 분명 가치가 있다. 그러나 나는 이들을 클럽 댄스 음악의 토대로 권하지 않는다.

댄스 음악계에서 곡을 쓰고, 제작하고, 분석한 경험에 비춰볼 때 대다수 댄스 음악은 A단조나 D단조 혹은 E단조다. 실제로 근래에 지난 5년 동안 나온 1,000여 개의 댄스 레코드를 조사한 결과 42퍼센트 이상이 A단조였다. 또한 21퍼센트는 D단조, 16퍼센트는 E단조였다. 나머지는 C단조, Eb단조, F#단조, C#단조, G단조, Db단조 및 관계 장조였다.

많은 댄스 음악가들이 A단조로 곡을 쓰는 이유는 모두가 처음 배우는 음계인 C장조의 관계조이고 조표가 없는 유일한 단조이기 때문이라고 주장할 수 있다. 그러나 나는 그 조가 그저 단순하기 때문에 선택된 것이 아닌, 실용성에 대한 고려가 뒷받침된 선택이라고 본다.

클럽 DJ는 다른 곡들의 키(조)를 맞추는 하모닉 믹싱harmonic mixing이라는 테크닉을 쓴다. 그러면 각 트랙이 밀물과 썰물처럼 이어지면서 현재 클럽 음악의 핵심 요소인 지속적인 흐름을 만들 수 있다. 음악적 훈련을 거친 많은 댄스 음악가들은 당연히 다

른 곡과 쉽게 하모닉 믹싱을 할 수 있는 곡을 만들고 싶어 한다. 그러면 클럽에서 틀 가능성이 높아지기 때문이다.

이 사실은 E단조와 D단조로 된 곡이 늘어나는 이유도 말해준다. E단조와 D단조는 가장 많이 쓰이는 A단조와 거리가 있으면서도 화성 측면에서 다른 조들보다 가깝기 때문에 DJ가 대다수 A단조 곡들과 믹싱하기 훨씬 쉽다.

아마도 더 중요한 마지막 이유는 클럽 스피커 시스템에서 댄스 음악의 베이스를 재생하는 가장 강력한 영역이 50Hz에서 65Hz이고, 근음인 A1이 55Hz인 때문이다. 곡은 자연히 해당 조의 근음을 중심으로 바뀌고 흘러간다. 그래서 55Hz인 음을 근음으로 잡으면 잦은 등장 빈도를 통해 베이스의 '그루브' 에너지를 유지할 수 있다.

멜로디(선율)의 구성

특정 조에서 음계를 구축하는 방법은 전체 이론의 작은 부분에 불과하다. 대다수 클럽 뮤직이 A마이너로 만들어지며 A마이너에 속한 음들이 무엇인지 안다고 해도 이를 효과적으로 구성하여 멜로디와 모티프motif를 만드는 것은 또 다른 문제다.

지난 5년 동안, 길고 우아한 멜로디 라인이 EDM에서 일반대중음악으로 자리를 옮겨 갔다. 업리프팅 트랜스Uplifting Trance나 일부 일렉트로Electro같은 댄스 음악과 클럽 음악 장르는 여전히 아주 복잡한 멜로디 구조를 지닌다. 그러나 현재 거의 모든 장르는 복합적인 리듬에 따라 상호작용하는 수많은 모티프에 의존한다.

모티프는 트랙의 최소 구분단위가 되는 짧은 리듬적 패턴이다. 에릭 프리즈Eric Prydz가 만든 〈Allein〉의 도입부, 아비치Avicci가 만든 〈levels〉의 반복적인 화음 패턴, 캘빈 해리스Calvin Harris가 만든 〈Lets Go〉의 리드미컬한 화음, 데드마우스Deadmau5가 만든 〈Faxing Berlin〉의 커지는 신스 리듬은 모두 뛰어난 모티프의 사례다. 듣자마자 무슨 트랙인지 바로 알 수 있을 만큼 잘 만들어진 모티프는 대단히 강력한 효과를 발휘한다.

모티프의 진행은 문답형식과 같다. 즉, 첫 번째 악구가 질문하고 두 번째 악구가 '답변'한다. 이런 구성은 '이원 악구binary phrase'로 불리며, 거의 모든 클럽 트랙에서 중요한 역할을 한다.

아비치가 E장조(C#단조의 관계조)로 쓴 〈levels〉의 주요 모티프를 예로 살펴보자.

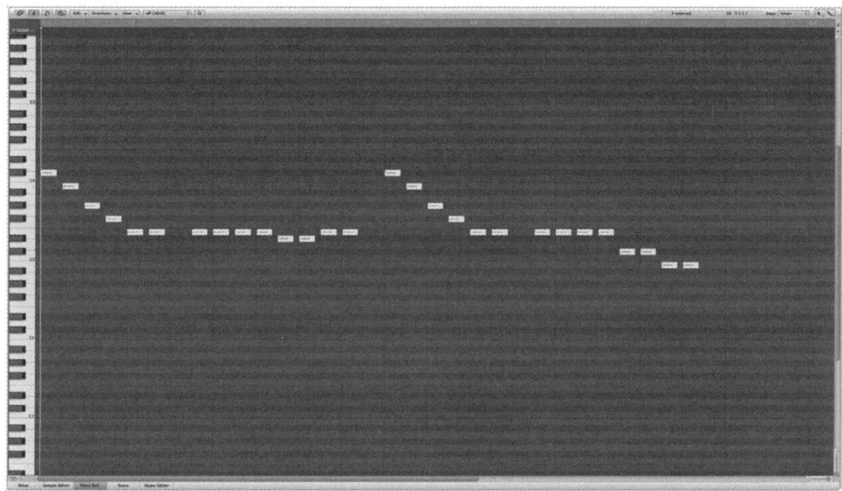

그림 1.5 아비치, 〈levels〉

음악 이론을 따른 이 간단한 모티프는 클러버, DJ, 대중들 사이에서 큰 인기를 얻었다. 원래 시작은 사이드 체인side-chain 및 피치 슬램pitch-slam 프로세싱이 혼합된 여러 합성음으로 구성되어 있다. 그래도 기본 요소로 분해하면 그림 1.5의 로직 시퀀서 패턴처럼 간단한 멜로디 라인이 나온다.

먼저 E장조의 음은 다음과 같이 구성된다.

> E – F# – G# – A – B – C# – D# – E

> 이 책의 홈페이지(www.dancemusicproduction.com)에서 피아노로 연주하는 멜로디를 들을 수 있으며, 미디 파일도 구할 수 있다.

이 모티프를 분석하면 이원 악구로 나눌 수 있다. 첫 번째 악구는 다음과 같이 구성된다.

C#4 - B - G#3 - F#3 - E3 - E3 - E3 - E3 - E3 - E3 - D#3 - D#3 - E3 - E3

두 번째 악구는 다음과 같이 구성된다.

C#4 - B - G#3 - F#3 - E3 - E3 - E3 - E3 - E3 - E3 - C#3 - C#3 - B2 - B2

두 악구는 같은 음높이를 유지하다가 끝부분에서만 달라진다. 첫 번째 악구의 경우는 음높이가 일정하게 이어지다가 두 음이 D#3로 반음씩 낮아진 다음 다시 E3로 올라가 악구를 마무리한다.

두 번째 악구는 첫 번째 악구와 같은 리듬 및 음높이를 반복하다가 끝부분에서만 약간 달라진다. 이 경우 음높이가 첫 번째 악구보다 더 떨어져서 C#3가 되며, E3로 돌아가는 것이 아니라 B2로 온음만큼 떨어져서 더 큰 변화를 이룬다. 이 작은 변주를 제외하면 두 악구는 대단히 단순하며, 리듬 측면에서 거의 동일하다.

이처럼 반복되는 악구는 EDM에만 있는 것으로 종종 오해받는다. 그러나 클래식부터 팝, 록, 메탈까지 다른 많은 장르도 종종 반복되는 단일 모티프를 토대로 삼는다. 사실 인상적인 좋은 곡을 쓰는 이면의 원칙은 같은 악구를 퍼부어서 청자의 머릿속에 각인시키는 것이다.

다만 다른 대다수 장르는 EDM처럼 두드러지지 않는 방식을 취한다. 가령 대중음악에서 가수가 한 소절을 부른 다음 악기로 같은 소절을 모방 연주하여 각인시키는 경우가 드물지 않다. 클래식 음악에서도 같은 모티프를 계속 반복하면서 악기를 추가하거나 리듬이나 음높이를 약간씩 달리하는 방법으로 변화를 준다.

이런 사실들에서 모티프를 만드는 3가지 핵심 요소를 파악할 수 있다. 바로 단순성, 반복적 리듬, 작은 변주다. 모티프를 만들 때 한 음높이로 리듬 성분을 먼저 구성한 다음 악구들 사이에 음높이의 변화를 주는 방법이 대개 가장 쉽다.

지금까지 이 일을 하는 가장 쉬운 방법은 키보드를 DAW(디지털 오디오 워크스테이션) 시퀀서에 연결하고 계속 리듬을 두드리면서 미디 데이터를 기록하는 것이다.

20분 후 미디 레코딩을 듣고 가장 좋은 리듬을 고르거나 필요한 경우 편집 도구로 짜 맞추면 된다. 혹은 신시사이저나 DAW의 아르페지에이터arpeggiator로 나중에 편집할 미디 패턴 및 리듬을 녹음할 수 있다. 이 단계의 핵심 목표는 좋은 리듬 패턴을 만드는 것이다.

모티프가 얼마나 인상적인지 가늠하는 일반적인 척도는 콧노래로 부를 수 있는지 여부다. 가령 지난 20년 동안 나온 거의 모든 뛰어난 댄스 음악의 모티프들은 콧노래로 부를 수 있다(아비치의 〈levels〉나 에릭 프리즈의 〈Pjanoo〉를 콧노래로 불러보라). 콧노래를 부르기 어렵다면 실질적인 리듬을 이루기에는 음들이 너무 빠르거나, 짧거나, 가깝게 붙어 있다는 뜻이다. 리듬 요소를 갖췄다면 다음은 음높이다.

선율 및 음높이 이동과 관련된 이론은 책 한 권을 할애할 수 있을 만큼 복합적인 측면을 지닌다. 그러나 아주 간략하게 방향과 정도라는 2가지 측면으로 압축할 수 있다.

음을 다루며 상승과 하강음계를 만들 수 있다. 이런 이동은 감정에 무의식적 영향을 미친다. 가령 뒤이은 음이 낮아지면 마음이 가라앉거나 진지해진다. 반대로 뒤이은 음이 높아지면 마음이 들뜨고 행복해진다. 이는 음이 지닌 주파수 성분 때문이다. 음높이가 높아지면 고주파수 성분이 늘어나며, 고주파수는 행복하고 밝은 분위기를 발산한다.

이 효과는 신시사이저에 갖춰진 로우 패스 필터low-pass filter의 컷-오프cut off를 열어서 고주파수 성분이 통과하도록 만들면 명확하게 드러난다. 음악이 마치 다른 방에서 들리는 것처럼 둔탁하게 들리다가 필터가 열림에 따라 주파수가 높은 음들이 들려올 때가 그런 경우다.

이처럼 고주파수 성분이 점차 늘어나면 확장감 내지 구축감이 든다. 반대로 필터를 닫아서 고주파수 성분이 줄어들면 종결감을 주어서 마음을 가라앉힌다.

이 책의 홈페이지(www.dancemusicproduction.com)에서 빌드build 및 드롭drop을 만들 때 필터가 주는 효과를 들을 수 있다.

이 효과는 많은 팝송의 끝부분에서 종종 도입되는 조바꿈과 아주 비슷하다. 팝송의 경우 코러스 섹션이나 마지막 코러스에서 음을 높여서 더 강한 기운과 활력으로 노래의 메시지를 전달하는 경우가 많다.

음높이를 올리거나 낮추는 일이 감정이나 해석에 영향을 미치는 것과 마찬가지로 음높이를 바꾸는 정도도 전달하는 에너지 측면에서 직접적인 영향을 미친다. 그래서 한 번에 두세 음 이상 크게 이동하는 모티프는 한 단계씩 오르내리는 모티프보다 활기차게 들린다.

가령 A단조에서 A-B-C-D로 점차 올라가는 것은 A-D-C-A로 이동하는 것만큼 활기차게 들리지 않는다. 그렇다고 해서 음높이를 많이 바꿔야 한다는 말은 아니다. 뛰어난 모티프는 이 2가지 방식을 혼합하는 데서 나온다. 모티프가 활기찬 느낌을 주려면 덜 활기찬 점진적인 음높이 이동과 신중하게 혼합해야 한다. 그러면 청자가 비교할 수 있는 대상이 생긴다. 액션 영화라고 해서 액션 장면만 나오지는 않는다. 부드럽게 흘러가는 장면도 있다. 그래서 액션이 시작되면 더욱 흥미롭게 다가온다. 처음부터 끝까지 액션만 나오는 영화는 지루한 느낌을 준다. 그러면 시청자가 텔레비전을 꺼버리고 말 것이다. 모티프의 경우도 마찬가지다. 점진과 도약을 신중하게 섞어야 활력을 뿜어내는 모티프를 만들 수 있다.

리듬

그러나 뭐니뭐니해도 EDM에서는 리듬이 왕이다. 피치(음높이) 이동은 곡에 활력과 흥미를 더하지만 과할 경우 팝송이나 80년대 곡처럼 들린다.

업리프팅 트랜스를 제외하고 클럽 음악은 피치보다 리듬이 주는 활력에 의존한다. 이 활력은 대부분 큰 피치 변동이 아니라 프로세싱과 자동화된 합성에서 나온다.

클럽 음악을 위한 모티프의 리듬 패턴을 만들 때는 키스KISS(Keep It Simple Stupid 간단명료) 원칙이 크게 적용된다. 현재 복잡성은 음악성보다 제작 미학에서 나온다. 이 문제는 나중에 자세히 다룰 것이다.

CHAPTER 2

음악 이론 2부
화음과 화성

'화가는 캔버스 위에 그림을 그리지만 음악가는 침묵 위에 그림을 그린다.'

– 레오폴드 스토코프스키|Leopold Stokowski

음악을 잘 모르는 사람들은 고음을 질러대는 디바들을 통해 차트 정상에 오르는 전형적인 팝 음악만 화성을 중심적으로 활용한다고 생각한다. 그러나 EDM에서 전통적인 화성을 활용한 사례도 많다. 사실 유포릭 트랜스Euphoric Trance부터 로파이Lo-Fi, 하우스House, 프렌치 하우스French House, 칠 아웃Chill Out, 일렉트로Electro, 덥스텝Dubstep, 딥 하우스Deep House에 걸친 거의 모든 장르가 화성을 선택적으로 활용한다. 또한 테크노Techno, 테크 하우스Tech-House, 미니멀Minimal처럼 '어두운' 명칭을 지닌 장르들은 종종 화성은 물론이거니와 멜로디도 없다고 여겨지나 이 장르들도 화성의 도움을 받는다. 음악적 아이디어와 영감을 주는 스케치북 역할을 하기 때문이다. 이 장에서는 화음과 구조 그리고 그에 따른 화성에 대한 기본적인 이론을 살필 것이다.

화성은 연속적으로 이어지면서 진행을 이루는 일련의 화음이다. 이 진행은 곡 안에서 화성을 만들기 위해 주 멜로디 내지 모티프를 따르거나 뒷받침한다. 그러면 곡에 감정과 활력을 불어넣을 수 있다. 화성은 작곡에서 대단히 중요한 역할을 한다. 그래서 같은 멜로디라고 해도 다른 화성으로 연주하면 정서와 활력이 크게 달라진다.

기초 화음 구조

화음은 기본적으로 동시에 연주되는 둘 이상의 음이다. 일반적으로는 거의 모두가 셋 이상의 음으로 구성된다. 화음을 이루는 음은 서로 조화를 이뤄야 한다. 건반악기로 아무거나 골라 세 개의 음을 연주한다고 해서 음악적 조화를 이루는 것은 아니다. 조화롭게 화음을 구성하는 방법을 이해하려면 우선 1장에서 다룬 음계를 다시 살펴야 한다.

장음계와 단음계의 모든 조에는 7개의 음이 있다. 화음을 구성하려면 각 음에 1부터 7까지 번호를 붙여야 한다. 가령 C장조는 C-D-E-F-G-A-B로 구성되며, 각 음을 1-2-3-4-5-6-7로 부를 수 있다. 이런 숫자 외에 표 2.1처럼 구체적인 명칭을 붙이기도 한다.

이 명칭과 번호는 조나 음계에 관계없이 동일하게 적용된다. 즉, 언제나 같은 음 위치에 해당한다. 가령 5-3-4-2-3-5로 구성되는 장조로 멜로디를 연주해야 할 경우 음악가는 조나 음계에 관계없이 정확한 음을 연주할 수 있다. 명칭을 사용할 때도 마찬가지다.

작곡에서 가장 흔히 쓰이는 화음은 3화음이다. 이 화음은 첫 음에서 3도와 5도 떨어진 두 개의 음을 포함하여 단 3개의 음으로 구성된다. 그래서 C를 근음으로 삼아 C장조 곡을 만든다면 C-E-G가 화음을 이룬다. 근음인 C에서 3도와 5도 떨어진 음이 E와 G이기 때문이다(그림 2.1).

어떤 음계든 해당 음계에 속한 모든 음을 근음으로 삼아 화음을 구성할 수 있다. 추가 음이 근음에서 3도와 5도 떨어지기만 하면 조화로운 화음을 이룬다. 그래서 화음은 자연음뿐만 아니라 조와 음계에 따라 검은 건반으로도 구성된다. (건반악기를 기준으로 할 경우)

표 2.1 음의 번호와 명칭(C장조의 경우)

번호	1	2	3	4	5	6	7
C장조	C	D	E	F	G	A	B
명칭	으뜸음 Tonic	위으뜸음 Supertonic	가온음 Mediant	버금딸림음 Subdominant	딸림음 Dominant	버금가온음 Submediant	이끔음 Leading tone

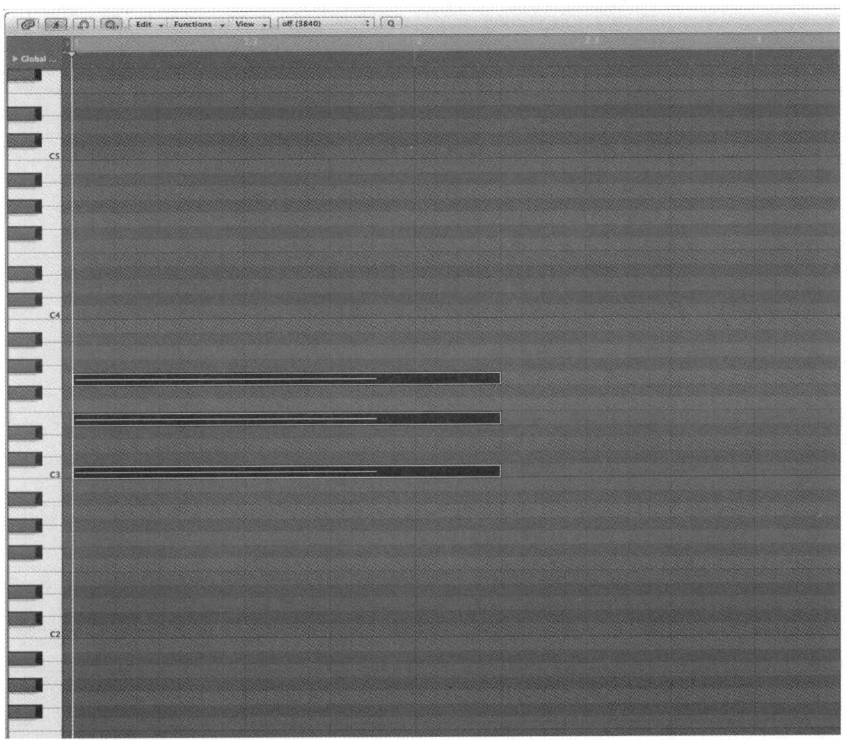

그림 2.1 CEG 화음을 보여주는 로직Logic의 피아노 롤 편집기Logics piano roll editor

표 2.2는 A를 근음으로 삼아 E장조로 곡을 쓸 경우 A-C#-E로 3화음이 구성된다는 사실을 보여준다.

화음은 바탕이 되는 음계와 마찬가지로 장조 내지 단조(장화음과 단화음)가 된다. 곡을 쓸 때 그 차이를 반드시 알아야 한다. 청자에게 전달되는 메시지에 큰 영향을 미치기 때문이다. 진지하고 엄숙한 메시지를 전달하려는 작곡가는 대개 단화음을 쓴다. 반면 활기차고 행복한 느낌을 주고 싶은 작곡가는 대개 장화음을 쓴다.

화음을 이루는 제3음을 근음으로 정해지는 음계와 맞춰보면 장조인지 단조인지 금세 알 수 있다. 이 원칙을 더 잘 설명하기 위해 앞서 나온 대로 C를 근음으로 삼으며, C-E-G로 구성되는 C장조 3화음을 예로 들어보겠다.

표 2.2 아이오니안 음계의 음

음계	1	2	3	4	5	6	7
Cb장조	Cb	Db	Eb	Fb	Gb	Ab	Bb
Gb장조	Gb	Ab	Bb	Cb	Db	Eb	F
Db장조	Db	Eb	F	Gb	Ab	Bb	C
Ab장조	Ab	Bb	C	Db	Eb	F	G
Eb장조	Eb	F	G	Ab	Bb	C	D
Bb장조	Bb	C	D	Eb	F	G	A
F장조	F	G	A	Bb	C	D	E
C장조	C	D	E	F	G	A	B
G장조	G	A	B	C	D	E	F#
D장조	D	E	F#	G	A	B	C#
A장조	A	B	C#	D	E	F#	G#
E장조	E	F#	G#	A	B	C#	D#
B장조	B	C#	D#	E	F#	G#	A#
F#장조	F#	G#	A#	B	C#	D#	E#
C#장조	C#	D#	E#	F#	G#	A#	B#

이 3화음에는 2개의 음정 관계가 있다. 하나는 E에 해당하는 3도 바닥 음정bottom interval (근음과 3음간의 관계)이고 다른 하나는 G에 해당하는 5도 외곽 음정outer interval (근음과 5음간의 관계)이다. 화음이 장조인지 아닌지 파악하려면 먼저 바닥 음정(E)이 근음이 기준이 되는 음계에 존재하는지 살펴야 한다.

이 사례에서는 C가 근음이므로 바닥음정이 C장조 음계에 존재하는지 살펴야 한다. E는 C장조 음계에 분명히 존재하며, 근음과 3음과의 관계가 장3도이므로 이 화음은 장화음이 된다(표 2.3).

표 2.3 C장조 음계에 속한 음

음계	1	2	3	4	5	6	7
C장조	C	D̶	E	F̶	G	A̶	B̶

음계	근음	2	3	4	5	6	7
C장조	D	E	F	G	A	B	C
D장조	D	E	F#	G	A	B	C#

계속 C장조를 예로 들어보자. 근음이 C가 아닌 D라면 표 2.4처럼 D-F-A로 3화음이 구성된다.

여전히 C조로 곡을 쓰지만 D를 근음으로 화음을 구성하기 때문에 장조인지 단조인지 파악하려면 D장조에 속하는 음들과 비교를 해야 한다.

이 경우 D화음의 3도는 F다. 이 음은 D장조 음계에 존재하지 않는다. 이처럼 만들고 있는 곡의 음계(C조 음계)와 근음으로 정해지는 음계에 공유되지 않기 때문에 장3도가 아니라 단3도가 된다. 바닥 음정이 단3도인 모든 화음은 단조 화음이다.

D화음을 D장조 음계와 비교할 때 외곽 음정(5도)이 A라는 점도 주목하라. A음은 곡을 쓰는 조(C장조)와 D장조 음계에 모두 존재한다. 따라서 *완전5도*가 된다. 완전5도는 음계의 으뜸음과 중요한 관계를 지닌다. 이 부분은 조금 뒤에 자세히 다룰 것이다.

이 공유음 원칙은 다소 어려워 보인다. 그러나 화음과 화음 진행을 구성할 때 이 관계를 이해하는 일이 중요하다. 모든 음계는 같은 반음 단위 음들에서 나온다. 따라서 서로 떼어낼 수 없는 연관성을 지닌다.

가령 C장조에 E를 근음으로 삼은 화음의 경우 역시 C장조의 음들을 E조의 음들과 비교하여 같은 바닥 음정과 외곽 음정을 공유하는지 살펴야 한다. 두 음계가 같은 3도 음정을 공유한다면 이 화음은 장조가 되며, 같은 5도 음정을 공유한다면 완전 5도도 된다.

이 내용은 복잡해 보인다. 그러나 이 연관성을 더 간단하게 기억하는 방법이 있다. 우선 장3화음과 단3화음의 차이는 제3음이다. 따라서 제3음의 음높이를 반음 조정하면 장3화음과 단3화음을 빠르게 전환할 수 있다. 또한 10진수 대신 로마 숫자로 화음을 나타내기도 한다. 그림 2.5가 한 예다.

표 2.5에서 숫자가 대문자와 소문자로 나뉜 점에 주목하라. 대문자 숫자는 장화음을,

표 2.5 로마 숫자로 표기된 음(장조만 해당)							
음	1	2	3	4	5	6	7
로마 숫자	i	ii	iii	IV	V	vi	vii

표 2.6 아이오니안 음계의 3화음							
음계	근음	2	3	4	5	6	7
C장조	B	C	D	E	F	G	A
B장조	B	C#	D#	E	F#	G#	A#

나머지는 단화음을 가리킨다. 즉, 장조에서 제1음이나 제4음 혹은 제5음(I, IV, V)을 근음으로 화음을 구성하면 장화음이 되고, 제2음이나 제3음, 제6음 혹은 제7음(ii, iii, vi, vii)을 근음으로 화음을 구성하면 단화음이 된다.

그러나 음계의 제7음, 즉 이끔음에는 중요한 단서가 붙는다. C장조에서 제7음(A)을 근음으로 화음을 만들면 3화음은 표 2.6처럼 B-D-F로 구성된다.

이때 화음의 근음을 해당 음계와 비교하는 방식을 다시 적용하면 제3음이 B장조 음계에는 존재하지 않는다. 그에 따라 소문자 로마 숫자로 표시되는 단화음이 되며, 완전5도도 존재하지 않는다.

B장조 음계에서 제5음은 F#이다. 그러나 B장조 화음에 속한 음은 반음 낮은F ,더 적확한 표현으로는 감소한 F다. 이는 화음을 다룰 때 살펴야 할 중요한 요소다. 제5음이 반음 줄면 감화음diminished chord이 된다.

이 내용은 다음과 같이 정리할 수 있다.

1. 장조 음계의 제1음이나 제4음 혹은 제5음을 근음으로 구성하면 장3화음이 된다.
2. 장조 음계의 제2음이나 제3음 혹은 제6음을 근음으로 구성하면 단3화음이 된다.
3. 바닥 음정(제3음)을 반음 올리면 단3화음을 장3화음으로 바꿀 수 있다. 음을 반음 올리는 것은 증가augmenting라고 말한다.
4. 장조 음계의 제7음을 근음으로 삼으면 항상 감3화음이 된다.

표 2.7 장화음, 단화음, 증화음, 감화음		
화음 유형:	**가온음(3)**	**딸림음(5)**
장3화음	장3도	완전5도
단3화음	단3도	완전5도
증화음	장3도	증5도
감화음	단3도	감5도

표 2.8 장화음과 단화음(단조만 해당)							
음	1	2	3	4	5	6	7
로마 숫자	i	ii	III	iv	V	VI	VII

표 2.7은 여러 화음을 구성하는 요소를 보여준다.

단조의 3화음   지금까지 장조로 3화음을 만드는 방법을 살폈다. 단조로도 3화음을 만들 수 있다. 장3화음을 만드는 방법을 읽고 이해했다면 표 2.8이 무엇을 나타내는지 바로 알 것이다.

표 2.8에서 딸림음(제5음)은 이론적으로 단화음이 되어야 하지만 장화음이다. 그 이유는 화성을 잘 이루기 위해서는 딸림음이 장화음이어야 하기 때문이다. 그래서 단화음임에도 의도적으로 바닥 음정을 반음 증가시킨다. 그 이유는 진행을 다룰 때 자세히 설명할 것이다.

추가 화음   3화음에 뒤이은 논리적인 다음 단계는 7화음이다. 7화음은 3화음에 근음에서 7도 떨어진 네 번째 음을 추가한 것이다. 그에 따라 1-3-5-7이라는 음정 관계가 생긴다.

가령 C를 근음으로 C장조 7화음을 만든다면 C-E-G-B가 된다. 마찬가지로 E를 근음으로 E장조 7화음을 만든다면 E-G#-B-D#이 된다.

음계의 제9음을 더하여 7화음을 확장할 수 있다. 가령 C를 근음으로 C장조 9화음을 만든다면 C-E-G-B-D가 된다. 이런 식으로 11화음과 13화음까지 만들 수 있다. 3화음, 7화음, 9화음을 만드는 법을 이해한다면 추가 화음에 대해서는 따로 설명할 필요가 없을 것이다.

7화음, 9화음, 11화음, 13화음은 큰 소리를 내는 패드와 화음을 위해 신스 음색을 두껍게 만드는 데 유용하다. 대개 업리프팅 트랜스, 펑키 하우스, 하우스, 테크 하우스 같은 장르는 브레이크다운breakdown 부분에서 9화음과 11화음을 쓴다. 이 부분에서 믹스의 밀도가 낮아져서 코드에만 의존하여 곡을 진행하기 때문이다.

화음의 표기

어떤 화음을 만들든 다른 사람들이 알아볼 수 있도록 표기하거나 스스로 읽어야 할 때가 있다. 그래서 표기법을 알아두는 것이 중요하다.

화음은 언제나 근음에 따라 명명되며 어떤 종류인지 말해주는 용어가 붙는다. 가령 장화음은 근음 뒤에 Major나 Maj가 붙는다. 마찬가지로 단화음의 경우에는 근음에 minor가, 증화음의 경우에는 Aug가, 감화음의 경우에는 Dim이, 7화음의 경우에는 7이 붙는다. 표 2.9는 E플랫으로 만든 화음의 예를 보여준다.

전통적 화성

화음 구성은 전체 내용의 절반에 불과하다. 곡에서 화성을 만드는 것은 한 화음에서 다음 화음으로 나아가는 진행이다. 앞서 언급한 대로 화음과 그 진행의 선택이 실로 곡의 활력과 분위기를 결정한다.

순전히 이론적인 관점에서 보면 무작위로 어떤 조에 속한 여러 화음을 만들어서 진행시킬 수 있다. 그러나 이 경우 방향이나 목적이 없는 곡이 나오기 쉽다. 화성은 곡을 통한 흥미로운 여정의 길잡이가 되도록 구성되어야 한다.

그렇게 하기 위해 화성은 으뜸화음으로 시작해서 여러 관계 화음으로 이어지다가

표 2.9 2.9 Eb 화음

화음	음	표기
Eb 장화음	Eb–G–Bb	Eb, EbMaj
Eb 단화음	Eb–Gb–Bb	Ebmin, Ebm, Eb–
Eb 감화음	Eb–Gb–A	Ebdim, Eb°
Eb 증화음	Eb–Gb–B	Ebaug, Eb+
Eb 장7화음	Eb–G–Bb–Db	EbMaj7th

마지막에 으뜸화음으로 돌아온다. 즉, 대부분의 경우 화성의 첫 번째 화음은 미리 정해진다. F장조로 곡을 쓴다면 장F화음이 으뜸화음이 되며, G장조로 곡을 쓴다면 장G화음이 으뜸화음이 되는 식이다.

그러나 계속 이어지면서 곡의 '여정'을 구성하는 화음들은 신중하게 고려해야 한다. 무작위로 고른 화음들을 끼워넣고 흐름이 잘 이어질 것이라고 기대해서는 안 된다. 화음들이 서로 잘 어우러지지 않으면 화성이 무너지기 때문이다.

한 화음에서 다음 화음으로 자연스럽게 이어지는 화성을 만들기 위해 따라야 할 여러 지침이 있다. 좋은 화성은 각 쌍이 자연스러운 진행을 이루는 두 화음들의 흐름으로 구성된다. 이때 각 쌍의 화음은 유사한 느낌을 주거나 뜻밖의 반전을 드러낼 수도 있다.

이 유사성 혹은 예측성은 자연스런 진행 혹은 강한 진행에서 나온다. 두 화음이 음이나 화성적 관계를 공유할 때 이런 진행이 이루어진다. 가장 근본적이고 흔한 관계는 딸림음을 중심으로 삼는 관계다.

가령 C장조와 G장조를 연이어 연주하면 자연스러운 진행이 된다. 두 화음에 모두 G음이 들어가기 때문이다. 또한 두 화음은 앞서 말한 완전5도도 포함한다. 청자들은 화음을 구성하는 음들 사이의 밀접한 화성적 관계를 통해 자연스럽게 이어지는 느낌을 받는다.

이 구성을 뒤집어서 V에서 I로 이동하면 대단히 강력한 진행(강진행)을 만들 수 있다. 실로 이 진행은 대단히 힘 있고 호응도가 높아 거의 모든 곡에 등장한다. 그 이유를 이해하는 것이 진행을 만드는 데 중요하므로 음계에 속한 각 음을 명명한 표 2.1을 다시 살펴볼 필요가 있다.

주목해야 할 중요한 음은 제7음인 이끔음이다. 이끔음이라는 이름이 붙은 이유는 곡의 으뜸음 혹은 조성으로 다시 이끌기 때문이다. 피아노 건반에서 무작위로 두어 개의 음을 연주하고 음계의 이끔음으로 끝낸다면 청자는 으뜸음으로 회귀해야 한다는 거의 본능적인 욕구를 느낄 것이다.

화음을 자세히 살펴보면 이 이끔음은 딸림화음에 존재한다. 사실 딸림화음은 대단히 중요해서 각 음에 표 2.10처럼 나름의 이름이 붙는다.

음	화음명	조: C장조
제1음	딸림화음	G
제3음	이끔화음	B
제5음	위으뜸화음	D

딸림화음은 이끔음을 포함한다. 그래서 이끔음으로 음계가 끝날 때처럼 딸림화음이 연주되면 청자는 본능적으로 이끔음을 포착하고 으뜸음으로 회귀해야 한다는 본능적인 욕구를 느낀다. 그래서 일부 조로 곡을 쓸 때 딸림화음이 실제로는 단화음이라도 3음을 일부러 증가시켜서 장화음으로 만든다. 이는 딸림음에서 으뜸음으로 회귀하려는 중요한 느낌을 유지하기 위한 것이다.

실제로 으뜸음을 강조하는 일은 화성구성에서 대단히 중요한 요소로서 작곡을 할 때 항상 중시해야 한다. 모든 뛰어난 화음 진행은 원 조성으로 회귀하고 싶은 느낌을 주도록 구성된다. 그래서 으뜸음으로 돌아가고 싶은 설명할 수 없는 욕구를 자극하며, 마침꼴cadence을 통해 해소감을 안긴다.

I-V와 V-I 화음 진행은 아주 효과적이어서 어떤 곡들은 이 진행만 사용한다. 그러나 다소 짧은 진행이기에 추가 화음을 도입하여 늘리기도 한다.

이 화음 진행에 추가할 가장 명백한 선택지는 버금딸림화음이다. 장화음인데다가 이름에서 알 수 있듯이 딸림화음에 '버금'가므로 자연스럽게 딸림화음으로 이어지기 때문이다. 실제로 IV-V-I 진행은 대단히 힘이 있어 수많은 곡이 이 3가지 화음만 활용했다. 그중에서 오랜 인기곡도 숱하게 나왔다. 그러나 이 3가지 화음만 쓰면 진부한 느낌을 주고 흔한 대중음악과 다를 바 없이 들릴 수 있다. 그래서 단화음을 활용하여 진행에 흥미를 더할 필요가 있다.

앞서 말한 대로 V-I 진행은 으뜸음으로 이어지거나 돌아가므로 대개 화성의 끝으로 간주된다. 그래서 V 이전에 추가 화음을 도입하는 것이 좋다.

강력한 진행을 이어가기 위해 필요한 화음은 앞서 설명한 이끔음의 조성적 관계를 통해 파악할 수 있다. 한마디로 화음의 근음이 이끔음이거나 혹은 앞선 화음의 제3음

표 2.11 C장조의 자연스런 3화음

명칭:	으뜸화음	위으뜸화음	가온화음	버금딸림화음	딸림화음	버금가온화음	이끔화음
숫자:	I	ii	iii	IV	V	vi	vii
음:	CEG	DFA	EGB	FAC	GBD	ACE	BDF
화음:	장화음	단화음	단화음	장화음	장화음	단화음	단화음

보다 4음 위 혹은 5음 아래이기만 하면 강진행을 만들 수 있다.

현재 예로 살피는 C장조에 이 방식을 적용하면 V화음의 이끔음에서 5음 아래 음은 D다. 4도/5도 지침을 고려하면 D가 화음의 근음이 되어야 한다. 또한 표 2.11에서 보듯이 D는 ii화음의 으뜸음이다. 따라서 다음과 같은 진행이 나온다(그림 2.2).

ii – V – I

이 진행은 ii화음의 근음에서 5음정을 내려서 추가로 증가시킬 수 있다. 그에 따라 vi화음이 나온다. 이 경우 다음과 같이 진행된다.

vi – ii – V – I

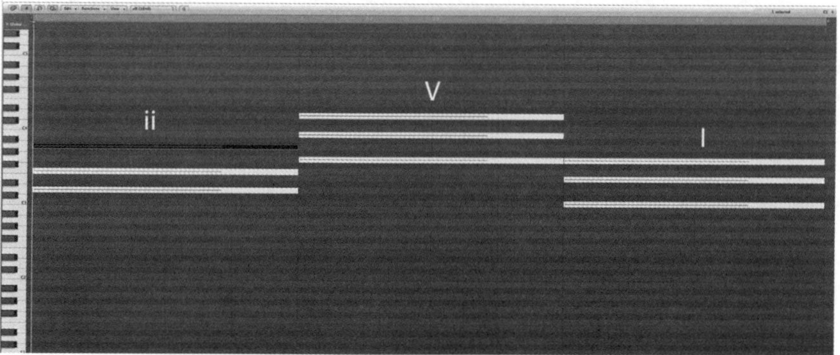

그림 2.2 피아노 롤의 ii–V–I 화음 진행

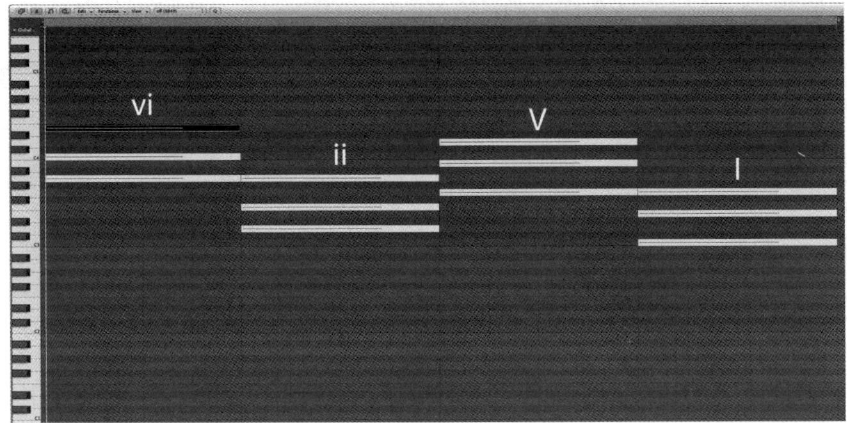

그림 2.3 피아노 롤의 vi−ii−V−I 화음 진행

　그러면 자연스런 느낌을 주는 진행을 구성하는 두 쌍의 화음이 나온다(그림 2.3). 홈페이지의 2장에서 그 소리를 들을 수 있다.

자연스런 화음 구조 A Natural Chord Structure

　이 방법으로 필요한 만큼 길게 화음 진행을 구성할 수 있다. 다만 이 방법은 자연스런 느낌을 주는 진행을 구성하는 데 대단히 유용하지만 예측 가능한 방향을 따라가기에 따분하게 들리는 경향을 지닌다. 실제로 강진행만으로 구성된 화음 진행은 모두 예측 가능하며, 전체에 걸쳐 반복되면 곡을 지루하게 만든다.

　화음 진행을 대강 예측할 수 있더라도 예상치 못한 화음을 넣어서 청자의 허를 찌르고, 곡에 맛을 더할 필요가 있다. 예상치 못한 화음 혹은 약한 진행(약진행)은 앞서 설명한 공식을 따르지 않는다.

　우선 화음 자체가 약한 것이 아님을 지적할 필요가 있다. 약하거나 강한 화음은 없다. 단지 진행을 통해 화음들을 묶었을 때 음들이 지니는 관계를 가리킬 뿐이다. 약진행은 청자의 허를 찔러서 곡을 약간 더 흥미롭게 만들 수 있다.

　대체로 약진행이 많이 들어갈수록 곡이 독특하게 들린다. 그러나 강진행을 과용하는 경우와 마찬가지로 약진행을 과용하면 곡이 상반된 방향으로 나아간다. 그래서 곡의 조를 파악하기 어려우며, 지리멸렬하거나 미완성된 느낌을 준다.

진행을 구성하는 확고한 규칙은 없다. 진행 구성은 통근 과정에 비유할 수 있다. 즉, 집에서 차를 타고 출발하여 직장에 도착했다가 나중에 다시 집으로 돌아오는 여정과 비슷하다. 차에 시동을 건다고 해서 갑자기 직장에 등장할 수 없는 것처럼 화음도 마찬가지다.

대개 곡의 으뜸화음(으뜸조)에서 시작하여 가까운 화음으로 진행하는 경우가 많다. 가령 다음 화음은 V화음이 될 수 있다. 딸림화음인데다가 I화음과 가장 밀접한 관계를 맺기 때문이다. 그 다음에는 버금딸림화음(IV)으로 나아갈 수 있다. 버금딸림화음은 V화음과 연계되기 때문이다. 다만 화성적으로는 I화음과 '더 멀리' 떨어져 있다. 그 다음에는 자연스럽지 않은 혹은 약한 진행으로 이어질 수 있다. 통근에 비유하자면 중간에 다른 길로 돌려서 여정에 흥미를 더하는 셈이다.

강진행에서 약진행으로 가면 때로 부적절하거나 맞지 않는 느낌을 줄 수 있다. 이 경우 일반적인 방법은 약진행 다음에 바로 강진행으로 연결하는 것이다. 즉, 앞선 화음과 음이나 화음 공식을 공유하지 않는 화음을 골라서 약진행으로 넘어가면 유리된 느낌을 줄 수 있다. 그러나 뒤이은 화음이 앞선 화음과 음을 공유하면 이런 느낌은 거의 바로 사라진다. 그에 따라 강-약-강의 진행이 나온다. 이 방법은 화성을 재확인하여 곡에서 너무 유리되지 않도록 해준다. 끝으로 이 진행은 더 강한 진행으로 이어지고 여정의 시작으로 다시 돌아가는 딸림화음으로 이어져서 V-I 화음의 마침꼴을 만든다.

단순한 화음 진행 A simple chord progression

물론 이 접근법을 그대로 따라서는 안 된다. 그렇지 않으면 모든 화음 구조가 똑같이 들릴 것이다(사실 대다수 화음 구조가 똑같이 들리기는 하지만 말이다). 대신 더욱 '타당한' 음악적 여정을 이어가는 진행을 구성하기 위한 지침으로 삼아야 한다.

EDM의 화음 접근법

위에 설명한 진행 이론은 EDM을 비롯한 대다수 음악에 적용된다. 그러나 댄스 음악의 일부 장르는 이 접근법을 비튼다. 절verse 전체에 걸쳐 약진행을 많이 쓰지만 후렴에서는 더 강한 화음 진행을 써서 우울한 느낌을 주는 EDM 장르인 트립 합trip-hop이 전형적인 예다. 이 접근법은 절 부분에서는 불안하다가 후렴 부분에서는 자신 있는 느낌을 주는 데 도움이 된다. 포티쉐드Portishead와 매시브 어택Massive Attack이 이처럼 자연스럽지 않은 진행 혹은 약진행에서 자연스런 진행 혹은 강진행으로 넘어가는 곡들을 발표했다.

단조 진행

앞서 장조로 화음 진행을 만드는 방법을 살폈다. 그 이유는 많은 경우 장조를 먼저 배우기 때문이다. 그래서 장조에 음악 이론을 접목시키기가 더 쉽다. 그러나 대다수 EDM은 단조로 제작되므로 장조 진행과 단조 진행의 차이를 알아야 한다.

첫째, 가장 흔한 단조 진행은 장조의 I-IV, V와 달리 I-iv, VI다. 둘째, 단조로 진행을 구성할 때는 장조로 넘어가려는 거의 본능적인 욕구를 느낀다. 그래서 특정 부분에서 장조 진행으로 넘어가는 경우가 드물지 않다.

이런 예외를 제외하면 단조도 장조처럼 강진행과 약진행을 섞어서 곡을 만드는 지침을 따른다. 그러나 이 지침에 지나치게 매달리면 음악적 수단이 제한된다. 이 지침을 따라 만든 곡들이 많다는 사실은 부정할 수 없지만 틀을 벗어난 사고를 통해 더 흥미로운 화성을 만들 수 있다.

추가 진행

진행에 흥미를 더하는 가장 쉬운 방법은 전위inversion다. 곡에 약간의 변화를 주되 앞선 화음과 긴밀한 관계를 유지하고 싶을 때 전위가 특히 유용하다. 또한 약간의 유사성을 유지하면서 강진행을 해체하거나 '페달 톤pedal tone' 베이스를 활용할 때도 그렇다. 이 부분에서는 여러 화음이 바뀌는 동안 베이스 악기가 같은 음높이를 유지한다. 프렌치 하우스 같은 일부 댄스 음악의 경우 간주 부분이 대개 그렇다. 이때 베이스는 화음의 으뜸음이나 딸림음에 머무는 가운데 전위를 활용하는 일이 많다.

전위를 설명하려면 앞서 다룬 제1음과 제3음 그리고 제5음을 쌓아 만드는 3화음으로 돌아가야 한다. 가령 C장조의 경우 C-E-G로 3화음이 구성된다. 전위는 이 음들의 위치를 바꾸는 것이다.

해당 화음을 연주하되 근음을 한 옥타브 높이면 제1전위first inversion가 된다. 그에

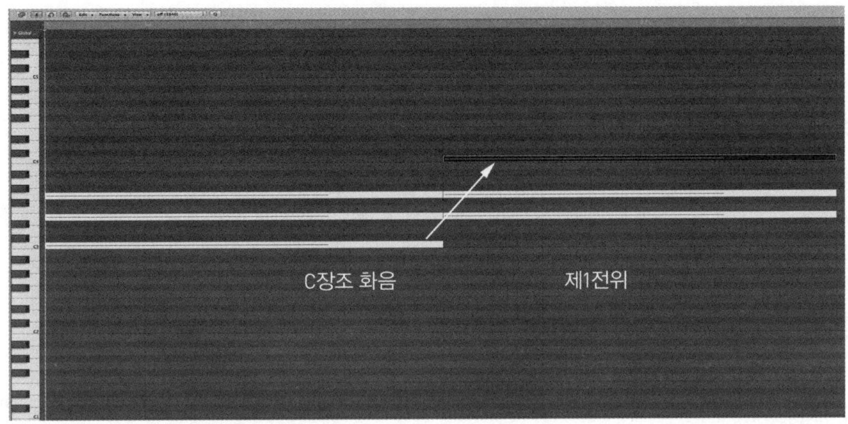

그림 2.4 피아노 롤 편집기로 본 제1전위

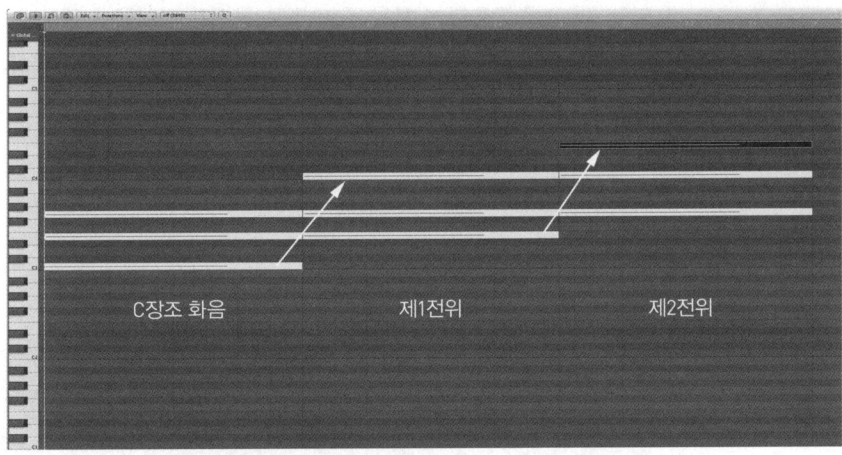

그림 2.5 피아노 롤 편집기로 본 제1전위와 제2전위

따라 E가 근음이 되어 그림 2.4처럼 E-G-C로 화음이 구성된다.

제1전위로 근음이 된 E를 한 옥타브 올리면 제2전위가 일어나 G가 근음이 된다(그림 2.5).

전위 화음은 원래 화음과 비슷한 성격을 지닌다. 그래서 곡에 약간의 다양성을 부여하기 위해 사용하는 경우가 많으며, 대개 강진행을 만드는 두 화음 사이에 들어간다.

두 화음 사이에 들어가는 제1 혹은 제2전위 화음은 경과화음passing chord으로 불린다. 진행에서 다음으로 넘어가는 느낌을 주기 때문이다. 다만 전위는 곡의 화성을 따져서 신중하게 활용해야 한다.

전위는 갈수록 자연스럽지 않은 혹은 약한 느낌을 주는 진행을 만든다. 이때 원래 화음에서 제2전위 화음으로 넘어가는 부분이 더 약하게 들린다. 이런 전위와 진행은 관계가 적은 다른 화음들만큼 약하지는 않지만 여전히 불안정한 느낌을 준다. 따라서 진행을 끝내는 데 사용해서는 안 된다.

7화음

진행에 흥미를 더하는 또 다른 접근법은 일부 화음을 바꿔서 7화음을 만드는 것이다. 대개 I, IV, V화음에서 네 번째 음을 더하여 7화음을 만든다. 가장 흔한 접근법은 V화음만 바꾸는 것이다. 이 경우 으뜸화음 혹은 곡의 조로 돌아가고 싶은 느낌을 강화하므로 딸림 기능 dominant function을 하게 된다. 이렇게 으뜸화음으로 돌아가려는 것처럼 진행하다가 다른 화음들을 지난 후 으뜸화음으로 돌아가면 효과가 좋다(그림 2.6).

V화음에 장7도를 더한 다음 으뜸화음으로 돌아가지 않고 추가로 화음을 진행할 때는 곡이 '느슨해지지' 않도록 조심해야 한다. 앞서 말한 대로 화음의 진행은 여정으로 보아

그림 2.6 V화음에 기초한 7화음

야 한다. 따라서 일정한 '타당성'을 지닐 필요가 있다. 출입문을 향해 마당을 지났는데 갑자기 차고에 들어서는 경우가 없는 것처럼 화음의 진행도 같은 원칙을 따라야 한다.

V화음에 장7도를 더하고 으뜸화음으로 돌아가지 않는다면 vi화음, 다음에 IV화음, 다음에 V화음, 끝으로 I화음으로 이동하는 편이 낫다. 이는 출입문까지 갔다가 집에 들어가기 전에 차고문을 닫았는지 확인하러 가는 것과 비슷하다.

계류화음 SUSPENSION

화음과 진행에 흥미를 부여하는 다른 방법은 화음을 계류suspend하는 것이다. 그 방법은 바닥 음정(3도 음정)을 반음 증가시키면 된다. 가령 C장조로 계류 I화음을 만들려면 E를 F로 증가시키고, V화음을 계류하려면 B를 C로 증가시키면 된다.

I화음과 V화음을 예로 든 것은 우연이 아니다. 이 두 화음이 가장 많이 계류되는 화음들이다. 물론 이론적으로는 모든 화음을 계류할 수 있지만 대개 I화음과 V화음의 결과가 가장 좋다.

어떤 화음을 계류하든 즉시 표준 화음으로 돌아와서 해결해야resolve 한다. 해결은 sus4(바닥 음정을 반음 증가시키는 경우)로 더 많이 알려진 3도 계류화음에 특히 중요하다. 화음에 상당한 긴장을 창출하여 절박하게 해결해야 할 느낌을 부여하기 때문이다.

sus4가 유일한 계류화음은 아니다. sus4 다음으로 많이 쓰이는 계류화음은 sus9이다. sus4와 비슷하게 화음의 으뜸음 혹은 근음을 온음 올리면 sus9이 된다. 일반적으로 sus9은 sus4만큼 긴장을 창출하지 않는다. 그래서 화음 자체에 좌우되기는 하지만 해결의 중요성도 줄어든다.

부속화음 SECONDARY DOMINANTS

화음 진행을 흥미롭게 만드는 또 다른 방법은 부속화음(딸림화음의 딸림화음)을 도입하는 것이다. 부속화음은 으뜸음이 아닌 음이 으뜸음인 것 같은 느낌을 창출하여 곡에 흥미를 부여한다. 부속화음이 무엇인지 그리고 어떻게 활용하는지 알기 위해서는 딸림화음을 다시 살펴야 한다.

앞서 설명한 대로 곡에서 딸림화음과 으뜸화음의 관계는 대단히 중요한 역할을 한다. 그 이유는 딸림화음이 으뜸화음의 근음보다 반음 낮은 중심음인 이끔음을 포함하기 때문이다. 그래서 딸림화음을 들으면 으뜸화음으로 해결하고 싶은 본능적인 욕구를 느끼게 된다. 두 개의 화음에서 음의 배열을 바꾸면 이런 효과를 낼 수 있다.

가령 C장조 음계에서 D-F-A로 구성되는 첫 번째 단화음(ii화음)을 살펴보자. 이 화음이 C장조 음계에 속한 단화음인 이유는 F가 D장조 음계에는 없기 때문이다. 대신 D장조 음계에는 F#이 있다. 그래서 C장조에 속할 때는 단화음이 된다.

ii화음의 바닥 음정을 반음 증가시키면 D-F#-A로 구성되는 화음이 나온다. 이는 2가지 효과를 가져온다. 우선, C장조 음계에 없는 F#음을 부수적으로 도입한다. 더 중요한 효과는 단화음을 장화음으로 바꾸는 것이다. 이는 D장조 음계에서 I화음을 빌려오는 것으로 볼 수 있다. 이론적으로는 장조의 두 번째 화음이자 단화음을 다루는 것이기는 하지만 말이다.

C장조로 화음을 진행하면서 2차 증화음을 일반적인 단화음이 아닌 장화음으로 도입하면 설령 음치라고 해도 즉각 청자의 주의를 끈다. 우리는 모두 특정한 패턴을 따르는 음악에 둘러싸여서 자랐다. 그래서 서너 개의 화음만 들었다고 해도 본능적으로 으뜸조가 무엇인지 안다. 조나 음의 명칭을 몰라도 음계의 두 번째 화음이 단조임을 자연스럽게 알기 때문에 어긋나는 경우 예상치 못한 느낌을 받게 된다.

그러나 우리는 이처럼 예상치 못한 화음이 나와도 장화음으로 바뀐 이유를 아는 기이한 능력을 지녔다. 또한 V화음에서 I화음으로 해결되기를 기대하듯이 새로운 장조 뒤에 나오는 화음도 같은 방식으로 해결되기를 기대한다. 실제로 D화음은 이제 해결이 필요한 이끎음을 지녔다는 점에서 딸림화음과 비슷한 성격을 지닌다. 이 해결은 근음이 5도 위나 4도 아래인 2차 화음을 통해 일어난다. 이처럼 반드시 딸림화음이 아닌데도 딸림화음처럼 행동하기 때문에 2차 딸림화음(부속화음)이라는 이름이 붙었다.

이 방법은 모든 단화음에 적용할 수 있다. 그러나 이렇게 장화음을 만들 때 적절하게 표시를 해야 한다. D를 장조로 바꾸는 경우 혼란을 초래할 수 있으므로 II로 표기해서는 안 되며 대신 V/V로 표기해야 한다.

대체로 부속화음을 도입할 때는 딸림화음에서 으뜸화음으로 이동하는 효과를 모방하여 근음이 5도 위이거나 4도 아래인 화음으로 해결하는 것이 일반적이다. 이 경우 해결화음이 추가되며 음들이 진행에서 동떨어진 것처럼 들리지 않도록 해주지만 항상 필요한 것은 아니다. 그래서 다른 화음들로 이동하는 것도 가능하다. 화음이 올바로 들리는지 여부는 프로듀서가 결정해야 한다.

조바꿈

차트를 중시하는 많은 댄스곡들은 반복적인 느낌을 주지 않으려고 중간에 조를 바꾼다. 그러나 트랜스, 트립 합, 프렌치/디스코 하우스처럼 멜로디가 주도하는 장르들도 조바꿈을 한다. 조바꿈은 브레이크다운 이후 더 많은 활력과 기대감을 부여하지만 신중하게 활용해야 한다. 그렇지 않으면 대단히 상투적인 느낌을 준다.

일반적으로 EDM에서 조바꿈은 다른 섹션 사이를 이동하거나 빌드업build up이 시작되고 전체 트랙이 드러나는 주 브레이크다운에서 일어난다. 이때 트랙 그리고 프로듀서의 개인적 선호에 따라 섬세하거나 갑작스런 방식을 취할 수 있다.

갑작스런 방식의 경우 주 브레이크다운, 드럼 롤, 브레이크, 일시 정지 직후 그리고 딸림화음에서 으뜸화음으로 넘어가는 지점에서 일어난다. 이때 딸림화음은 원래 조로 연주되고 으뜸화음은 새로운 조로 연주된다.

점차적으로 조바꿈을 하는 경우 새로운 조의 3화음으로 이동하기 전에 딸림7화음으로 나아간다. 딸림7화음에는 4개의 음이 있다. 이 음들을 앞서 설명한 대로 재배열하면 가능한 한 많은 음을 공유하여 새로운 조에 속한 3화음으로 부드럽게 넘어가는 데 도움이 된다. 딸림화음의 이끔음이 새로운 조의 으뜸음보다 반음 낮으면 부드럽고 자연스런 전환이 가능하다.

조를 부드럽게 바꾸는 또 다른 방법은 앞서 설명한 부속화음을 도입하거나 '변조modulating' 화음을 활용하는 것이다. 변조 화음 혹은 '축pivot' 화음은 현재 조와 바뀔 조가 공유하는 화음이다.

가령 D조에서 A조로 넘어가려 할 때 I화음을 활용할 수 있다. D조의 으뜸화음(I)이 A조의 버금딸림화음(IV)과 같은 음을 공유하기 때문이다. 그래서 D-E7-A로 연주할 수 있다. 이때 전환을 쉽게 만들기 위해 7화음이 도입되었다는 점에 주목하라.

새로운 조로 바꿀 때 곡이 끝나는 부분 근처에서 해야 하며, 음조를 낮추는 것이 아니라 높여야 한다. 그래야 마지막 활력을 창출하여 메시지를 전달할 수 있다. 또한 조바꿈을 통해 보컬이나 리듬 섹션이 증가할 때 특히 효과적이다. 조를 내리는 것이 트랙을 끝낼 때 유용할 수 있지만 곡의 활력을 없애는 경향이 있기에 일반적으로는 아래가 아니라 위로 향한다.

무엇보다 조바꿈은 신중하게 접근해야 하며, 노래가 들어갈 때는 더욱 그렇다. 조바꿈은 과용하면 심하게 진부한 느낌을 줄 뿐만 아니라 가수를 곤란하게 만든다. 새로운 조로 노래를 할 수 없을지도 모르기 때문이다. 그래서 댄스 음악에서 조바꿈은 대개 보컬이 없거나 보컬에 보코더를 쓸 때만 이뤄진다. 보코더를 쓰면 그냥 노래하는 경우보다 쉽게 음을 높일 수 있기 때문이다.

지금까지 살핀 내용은 간단한 사례들로서 절대 화성을 완전하게 다룬 것이 아니다. 이 사례들은 화성을 만드는 출발점으로 제시되었다. 무엇보다 뛰어난 화성은 예측성과 소수의 예상치 못한 반전을 모두 담아낸다. 약간의 수평적 사고와 혁신적인 기획을 통해 뛰어난 화성을 만들 수 있다.

가령 현재 다루는 조의 관계 단조나 장조에서 화음을 빌려오면 흥미로운 결과가 나올 수 있다. C장조의 경우 관계조인 A단조에서 화음을 빌려오면 된다. 다만 미완성된 느낌이나 비체계적인 느낌을 줄 수 있으므로 과용하지 않도록 조심해야 한다.

다른 방법으로는 신중하게 고른 화음들을 통해 조바꿈을 하는 듯한 느낌만 줄 수도 있다. 가령 F화음과 G화음은 A단조와 C장조에 모두 속한다. 그래서 Am/F/G로 이어지는 간단한 진행으로 A단조에서 장조로 넘어갔다가 다시 돌아오는 느낌을 줄 수 있다.

또한 화음은 종종 대체substitution라는 기법을 통해 다른 화음으로 바꿀 수 있다. 가령 I화음은 vi화음과 두 음을 공유한다. 그래서 vi화음을 I화음으로 대체할 수 있다. 역시 두 음을 공유하는 IV화음과 ii화음도 마찬가지다.

화성적 리듬

화음에 속한 음들을 재배열하거나 진행을 구성하는 화음들을 바꾸는 일은 곡에 약간의 흥미를 더한다. 그러나 일관된 화성을 만들려면 진행이 대칭성을 지녀야 한다. 그렇지 않으면 모든 화음이 자연스럽거나 강력한 진행을 이뤄도 여전히 곡이 일관성 없거나 잘못된 느낌을 준다. 그래서 화성적 리듬의 원칙을 살필 필요가 있다.

화성적 리듬은 화음 진행의 길이와 보조pacing 그리고 리듬 구조에 부여된 명칭이다. 모든 곡은 한데 묶여서 최종 결과물을 만드는 일련의 악절이나 악구로 구성된다. 이 악절이나 악구는 서로 연계되어 멜로디와 베이스를 강화하는 리듬을 만들어야 한다. 그

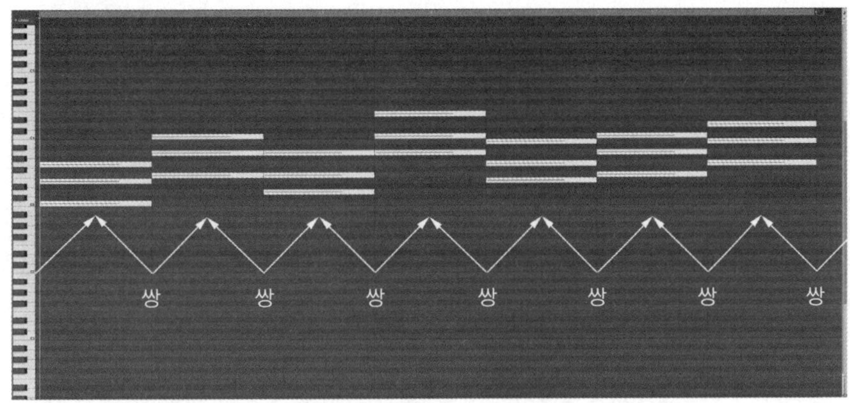

그림 2.7 화음의 쌍

러기 위해서는 화음을 짝지어서 강진행이나 약진행을 만든 다음 대칭성과 리듬을 지니도록 배열해야 한다.

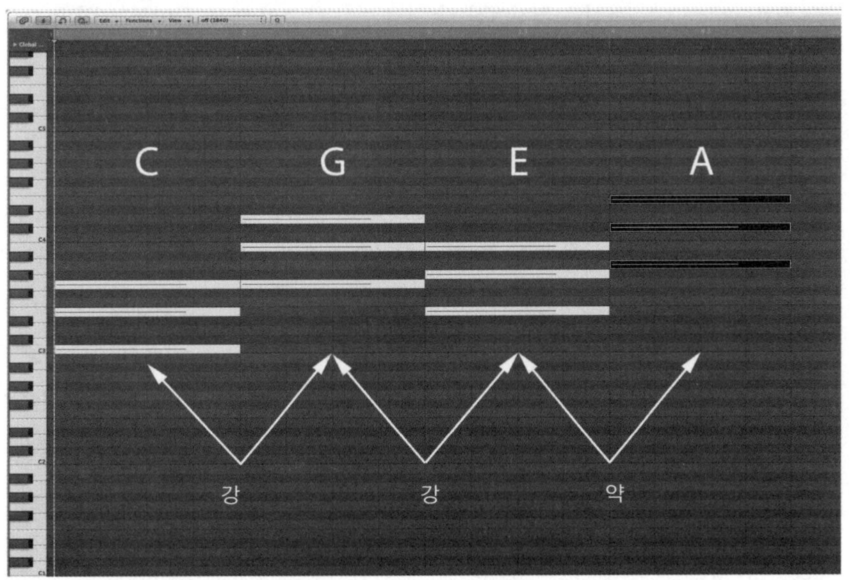

그림 2.8 C→G=강, G→E=강, E→A=약

앞서 화음을 짝지어서 강진행이나 약진행을 만든 다음 한데 묶어서 완전한 화성을 이루는 원칙이 여기서도 적용된다.

가령 1번 화음부터 7번 화음까지 짝지은 다음 1번 화음으로 돌아가서 일종의 '교차 쌍crossover pair'을 만들 수 있다. 그림 2.7은 화음들이 짝지어진 양상을 보여준다.

그림 2.7에서 7번째 화음은 진행의 처음에 있는 으뜸화음(I)으로 해결되고 싶어 하는 딸림화음이다. 이 두 화음은 짝지어진 교차 진행을 만든다. 으뜸화음이 앞선 딸림화음(V)뿐만 아니라 뒤이은 버금딸림화음(IV)과도 짝지어지기 때문이다.

이렇게 짝지어진 각 화음 '묶음'은 대개 강한 화성을 이룬다. 그러나 진행을 통해 다른 쌍으로 옮겨갈 때 '더 약하게' 들릴 수 있다. 그림 2.8이 그 양상을 보여준다.

더 약한 진행을 넣는 위치를 선택하는 것은 프로듀서의 창의성에 달려 있다. 그러나 앞서 설명한 대로 화음은 통근과정과 비슷한 방식으로 배열해야 한다. 그렇지 않으면 곡이 지리멸렬하게 들릴 수 있다. 대체로 곡은 예측성을 지니면서 낯설고 예상치 못한 요소를 투입하여 흥미를 유지해야 한다. 또한 진행을 이루는 화음의 쌍에는 제한이 없지만 심하게 길어서는 안 된다.

화성은 짝지어진 각 화음들이 나름의 악구를 이루는 한편 전체적으로 또 다른 악구를 이루도록 연결된 일련의 사슬로 보는 편이 좋다. 후자는 훨씬 큰 부분의 시작과 끝을 정하여 고리를 형성한다. 화음이 다시 시작되면 멜로디와 베이스도 고리를 돌아서 다시 시작해야 한다. 따라서 이런 흐름을 염두에 두고 진행을 구상해야 한다. 진행의 길이가 정해지면 화성을 위한 리듬을 만들 수 있다.

당연히 모든 곡에는 리듬 요소가 반영되나 유독 EDM은 타악기 요소를 통해서만 리듬을 창출한다는 오해가 흔하다. 이럴 경우 열정 없는 지루한 곡이 나오기 쉽다. 화성, 베이스, 멜로디 같은 모든 개별적 요소들도 독립적인 리듬을 지녀야 한다. 화성에서는 일정한 마디단위에 걸친 화음의 보충과 위치 조절로 이 일이 이루어진다.

적절한 예측성을 부여하도록 진행에 활용할 화음들을 신중하게 고려해야 하듯이 화성 리듬을 창출하기 위해 화음의 배치와 속도도 신중하게 고려해야 한다. 다만 후자의 경우에는 청자가 리듬을 완전히 예측할 수 있도록 만드는 것을 목표로 삼아야 한다. 즉, 화음 자체에는 낯선 요소를 넣더라도 화성 리듬은 전적으로 예측 가능해야 한다.

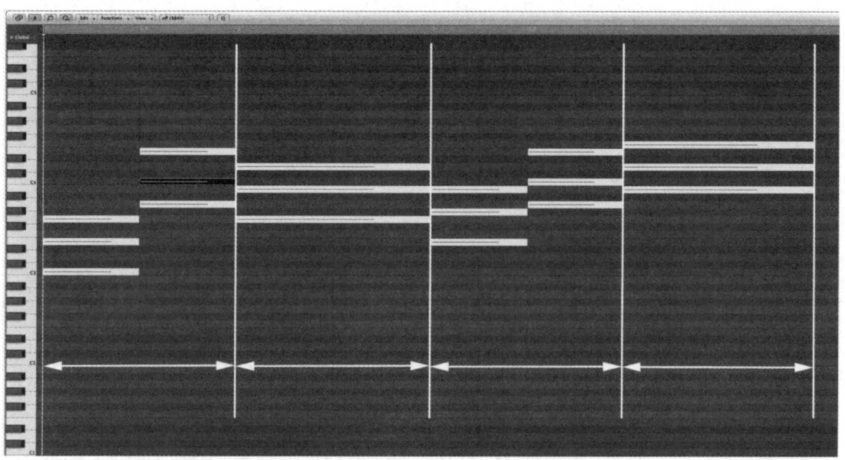

그림 2.9 2화음-1화음-2화음-1화음

그러기 위해서는 화음 진행이 대칭성을 지녀야 한다. 주어진 수의 마디 안에서 화음을 동일한 간격으로 배치하면 대칭성이 생긴다. 가령 그림 2.9처럼 4마디에 걸쳐 화음을 진행할 때 첫 번째 마디에 두 개, 두 번째 마디에 한 개, 세 번째 마디에 두 개, 네 번째 마디에 한 개를 넣는 식이다.

혹은 네 개의 마디마다 한 개 내지 두 개의 화음을 넣거나 첫 번째 마디에 한 개, 두 번째 마디에 두 개, 세 번째 마디에 세 개, 네 번째 마디에 세 개, 다섯 번째 마디에 두 개, 여섯 번째 마디에 한 개를 넣을 수도 있다.

이처럼 대칭적인 형태로 진행을 구성하면 예측성이 생긴다. 그래서 청자는 다음 화음 변화가 언제일지 예측할 수 있다. 이는 대단히 중요하다. 예측성이 없으면 곡이 일관성 없는 느낌이나 미완성된 느낌을 주기 때문이다. 이 책의 홈페이지(www.dancemusicproduction.com)를 보면 2장에 비대칭적 진행과 대칭적 진행의 사례가 나온다. 둘 다 이론적으로는 맞지만 두 번째 사례가 더 일관적이고 완성된 느낌을 준다.

대칭성과 더불어 화음 변화의 속도 내지 빈도도 고려해야 한다. 곡의 느낌에 큰 영향을 끼치기 때문이다. 가령 곡에 흥미를 더하는 흔한 수단은 느린 화성 리듬으로 시작해서 점차 속도를 높이는 것이다. 이는 트랜스의 일부 장르에서 많이 사용하는 방식이다. 가령 인트로intro와 보디body 섹션에서는 마디당 한 개의 화음을 넣다가 반복부 (고양부)에서는 마디당 두 개의 화음을 넣을 수 있다.

서로 다른 스타일을 살펴보자면 로 파이Lo-Fi, 칠 아웃, 트립 합 같은 장르들은 느린 화성 리듬과 느린 리듬을 통해 느긋한 느낌을 자아내고 디스코 하우스와 프렌치 하우스 같은 장르들은 느린 화성 리듬에 빠른 베이스 및 멜로디 라인을 섞는다. 이는 EDM의 작곡 및 편곡에서 대단히 중요한 측면으로서 *캐논식 진행canonic progression*이라 부른다. 이 경우 화음 진행은 8마디에 완성되는 반면 멜로디는 4마디에 완성된다. 이 내용은 편곡을 다루는 장에서 자세히 설명할 것이다.

<table>
<tr><td>

**마침꼴
CADENCE**

</td><td>

마침꼴을 설명하지 않고는 화성을 다루는 장을 넘어갈 수 없다. 댄스 음악을 만들기 위해 마침꼴을 완전히 이해할 필요는 없고, 자세히 설명하려면 상당한 분량을 들여 화성 분석과 곡 형식을 살펴야 하므로 개요만 언급할 것이다. 댄스 음악을 만드는 데에는 그것으로도 충분하다.

</td></tr>
</table>

이 장에서 여러 번 언급했듯이 곡은 청자를 어떤 여정으로 데려가는 이야기로 볼 수 있다. 그렇다면 마침꼴은 이야기를 끝맺는 방식, 즉 특정한 악구나 악절을 끝맺는 방식에 해당한다. 마침꼴은 영화나 드라마에도 존재한다. 종종 예상치 못한 반전이 일어나기는 하지만 사람들은 대충 어떤 장면들이 나올지 안다. 즉, 각 장면이 다음 장면으로 이어지다가 궁극적으로는 악당들이 대가를 치르고 주인공은 모든 역경을 극복하는 마지막 장면이 나올 것임을 직관적으로 예감한다. 마지막 장면으로 이어지는 긴장 내지 전개가 없거나 주인공이 패배하면 이야기가 제대로 해결된 것 같지 않아서 실망을 안길 것이다.

예상치 못한 결말도 만족을 줄 수 있지만 예측이 맞아 떨어질 때 더 만족감이 높은 법이다. 연출자가 기대감을 높이면서 장면들을 이어가다가 마지막 피날레를 어떻게 장식하는가에 따라 대작과 평작이 나뉘곤 한다.

음악에서는 마침꼴이 같은 목표를 달성하는 데 활용된다. 그래서 기대감을 높이며 청자를 이끌어가다가 악구나 악절의 마지막에 도달하고 있음을 알린다. 마침꼴을 통제하고 활용하여 기대감을 높이는 방식에 따라 뛰어난 곡과 평범한 곡이 나눠진다.

마침꼴은 화성뿐만 아니라 음악의 모든 요소에서 일어난다. 드럼 롤을 수반한 리듬 섹션, 화성, 베이스, 심지어 곡의 구조도 마침꼴을 활용하여 청자를 다음 단계로 이끈다. 마침꼴의 가장 중요한 측면은 화성이다. 으뜸화음 혹은 으뜸조로 돌아가는 것이 대단히 중요한 이유가 여기에 있다.

그러나 마침꼴에는 단지 으뜸화음에 들르는 것보다 훨씬 많은 요소가 있다. 모든 악절을 으뜸화음으로 끝내야 하는 것은 아니다. 결국은 으뜸화음으로 돌아가야 이야기가 완성되지만 그냥 으뜸화음에 들르는 것만으로 좋은 효과를 기대하는 것은 좋지 않다.

이를 영화에 빗대자면 주인공이 악당과 함께 방으로 들어갔다가 갑자기 승자가 되어 나오는 것과 같다. 관중들은 상당한 장면이 빠져서 이야기가 제대로 마무리되지 않았다는 느낌을 받을 것이다. 화성의 경우도 마찬가지다. 으뜸화음으로 돌아가는 것은 불가피한 느낌을 주어야 한다. 따라서 마침꼴은 단지 으뜸음으로 돌아가는 것뿐만 아니라 거기에 이르는 과정도 포함한다. 물론 이 장에서는 화성의 측면에서 마침꼴을 다루지만 완전 마침꼴(완전 종지)perfect cadence, 변격 마침꼴(불완전 종지)plagal cadence, 반 마침꼴(반 종지)half cadence, 거짓 마침꼴(위 종지)deceptive cadence 같은 종류들이 있다는 사실도 알아두어야 한다.

완전 마침꼴은 딸림(V)화음에서 으뜸(I)화음으로 이동하는 것을 뜻하며, 이 장에서 자세히 다루었다. 변격 마침꼴은 버금 딸림(IV)화음에서 으뜸(I)화음으로 이동하는 것이다. 이 마침꼴은 때로 짧은 악절의 끝을 나타내는 데 활용되기도 하지만 대개 완전 마침꼴을 통해 완성된 느낌을 주는 후렴구 등으로 이어진다. 반 마침꼴은 모든 화음에서 V화음으로 이동하는 것이며, 거짓 마침꼴은 딸림(V)화음에서 으뜸(I)화음이 아닌 다른 화음으로 이동하는 것이다.

CHAPTER 3

음악 이론 3부
EDM 리듬의 기본

'필요한 것은 음악에 대한 감각이다. 음악을 공부하려고 대학에 가는 사람도 있지만 그들은 히트곡은 말할 것도 없고 간단한 리듬 트랙도 만들지 못한다…'

— 팔리 '잭마스터' 펑크Farley 'Jackmaster' Funk

음계와 선율 그리고 화성을 이해하는 일이 곡을 만들고자 하는 모든 사람에게 당연히 중요하지만, EDM 프로듀서에게 훨씬 근본적인 개념은 리듬이다. 실로 리듬의 조작은 겉으로 드러나는 것보다 훨씬 복잡한, 모든 EDM의 핵심이다.

이 장에서는 템포와 박자표에 대한 이론을 설명하고, 더 중요하게는 계속 듣게 만들도록 흥미로운 리듬적 상호작용을 창출하기 위해 EDM 프로듀서들이 활용할 수 있는 다양한 기법들을 살필 것이다.

템포와 박자표

템포와 박자표는 불가분의 관계다. 박자는 모든 곡의 근본적인 요소로서 분당 박拍수(BPM: Beats Per Minute)를 토대로 삼은 시간 기반 척도다. 박은 EDM의 경우처럼 쉽게 감지되기도 하고 클래식 음악의 경우처럼 드러나지 않기도 한다. 어느 쪽이든 주된 목적은 곡의 흐름과 속도가 일정해지도록 돕는 것이다.

박자표는 마디당 얼마나 많은 박이 있는지, 각 박은 얼마나 길어야 하는지 말해준다.

숫자가 위아래로 놓이는 분수처럼 표기되는 박자표에서 위 숫자(분자)는 한 마디 안에 얼마나 많은 박이 있는지, 아래 숫자(분모)는 어떤 길이의 음표가 한 박인지 말해준다. 이 개념을 더 잘 이해하려면 마디와 음표들을 자세히 살펴야 한다.

마디는 온음표를 비롯한 음표들을 담을 수 있는 단일 단위다. 즉, 한 마디에 온음표 한 개를 연주하지 않고 절반으로 나눠서 2분 음표 두 개를 연주할 수 있다.

혹은 온음표를 절반으로 나눈 다음 2분 음표 하나만 다시 절반으로 나눠서 두 개의 4분 음표와 하나의 2분 음표를 만들 수 있다. 나아가 4분 음표 하나만 두 개의 8분 음표로 나눠서 8분 음표 두 개, 4분 음표 하나, 2분 음표 하나를 한 마디 안에서 원하는 순서대로 연주할 수 있다. 이런 분할은 필요한 만큼 계속할 수 있다. 또한, 쉼표와 음표를 섞어서 수많은 리듬 패턴을 만들 수 있다.

그림 3.1은 가장 흔한 박자인 4/4박자에 따라 많은 EDM 프로듀서들에게 익숙한 시퀀서(일종의 자동 연주 장치)의 피아노 롤 편집기에서 박자가 구성되는 양상을 보여준다. 이 박자에서 각 마디는 동일한 네 개의 박beat으로 나눠지며, 각 박은 4분음표의 길이를 지닌다. 시퀀서의 피아노 롤 그리드에는 이런 분할이 분명하게 표시된다.

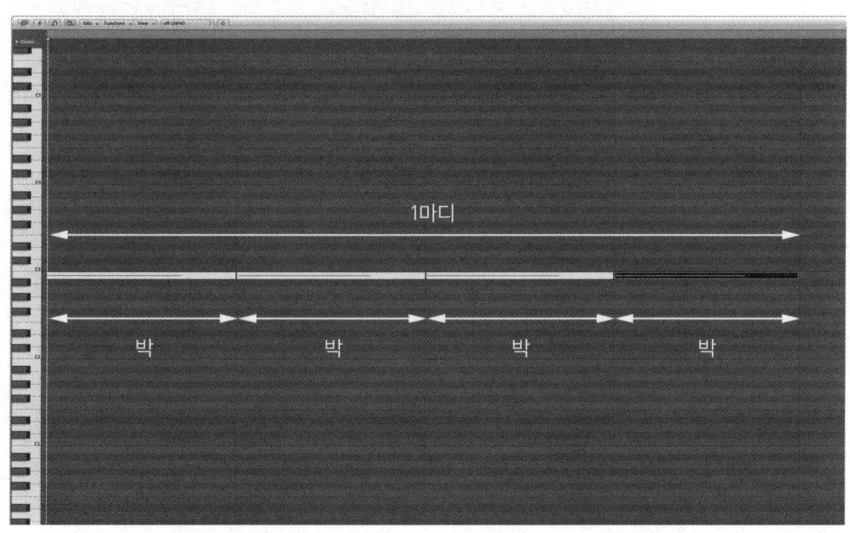

그림 3.1　로직의 피아노 롤 편집기로 나타낸 4/4박자

한 박(4/4의 4분음표)을 더 작은 음표로 나눌 수 있듯이 당연히 시퀀서의 그리드를 더 작은 단위나 펄스로 나눌 수 있다. 그러나 이런 분할이 반드시 음표의 크기를 결정하지는 않는다. 다만 기보법의 경우처럼 음표를 넣을 수 있는 자리를 결정할 뿐이다.

가령 시퀀서 그리드의 한 박을 반으로 나누면(음악 이론에서 박자 겹치기compounding the beat라고 부르는 기법) 새로 생긴 펄스에 음표를 넣을 수 있다. 즉, 박의 시작이나 중간에 음표를 넣을 여지가 생긴다. 이를 추가로 나누면 박 안에 더 많은 펄스를 만들어서 음표를 넣을 자리가 더 생긴다.

그림 3.2는 로직 프로Logic Pro의 피아노 롤로서 박을 여러 차례 겹친 양상을 보여준다. 이렇게 박과 마디를 나눠서 생긴 그리드는 양자화 그리드quantization grid로 불린다. 많은 컴퓨터 기반 시퀀서는 최대 192번까지 양자화를 허용한다. 이는 종종 192 PPQN(4분 음표당 펄스: Pulses Per Quarter Note)으로 불리며, 모든 박을 최대 192번까지 계속 반으로 나눌 수 있는 이론적 가능성을 제공한다.

물론 최대치까지 나눌 경우 양자화 그리드가 너무 작아서 제대로 보려면 현미경이 필

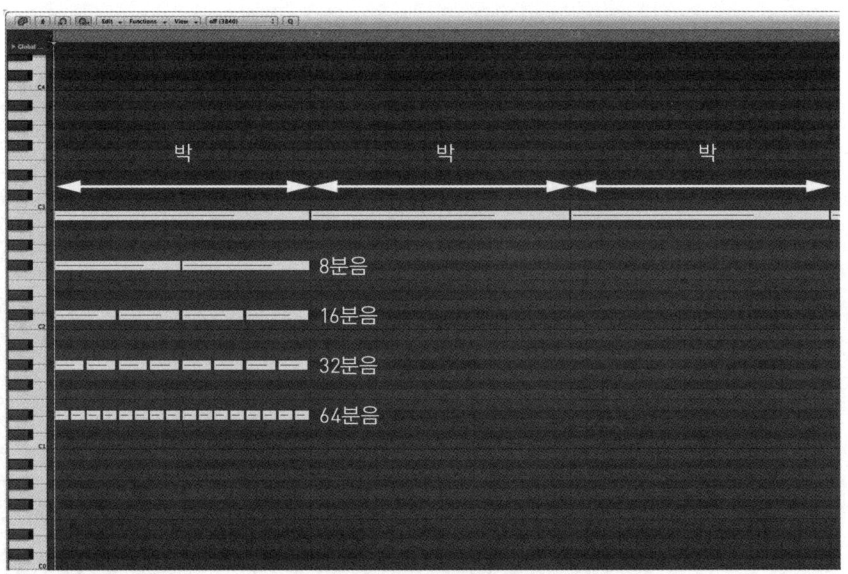

그림 3.2 박 겹치기

요해진다. 그래서 많은 시퀀서는 그리드를 동일한 간격을 지닌 최대 64개의 펄스로 제한하고, 이 범위를 넘어설 때는 물리적으로 표시된 그리드에서 음을 앞뒤로 밀어낸다.

박을 겹치는 과정은 거꾸로 진행할 수도 있다. 즉, 한 박을 둘로 나누지 않고 양자화를 줄여서 두 박을 합치면 2분 음표에 해당하는 음 혹은 자리를 만들 수 있다. 이 경우 해당 마디에는 두 개의 펄스만 있기 때문에 음표를 넣을 자리도 두 개뿐이다. 이렇게 두 박을 하나로 바꾸는 과정은 사실상 박을 *교차시키는* 것이기 때문에 하이퍼비트 hyperbeat로 불린다.

이처럼 양자화 그리드를 더 크거나 작은 펄스로 나눠서 계속 겹치거나 하이퍼비트로 만드는 과정은 EDM 제작에서 가장 중요한 개념이다.

거의 모든 EDM은 화려한 멜로디 라인이나 보컬이 아니라 계속 반복되는 일련의 리듬 구조를 토대로 삼는다. 그래서 다양한 기법을 활용하여 복잡한 리듬 구조를 만들어야 한다. 반음계 와 비반음계 악기의 리듬적 질감을 한데 엮으면 구조를 쉽게 파악하기 어렵기 때문에 반복적인 속성을 지님에도 계속 듣게 만드는 힘을 지닌다.

이런 효과를 내려면 박과 마디를 동일한 양과 동일하지 않은 양으로 나눠서 일련의 비대칭적 펄스를 만들어야 한다. 그러나 안타깝게도 많은 시퀀서는 이런 측면에서 한계가 있다. 그래서 음을 어떻게 배치할지 신중하게 고려할 필요가 있다.

첫 번째 사례로 흔히 각 박을 4개의 펄스로 겹치는 전형적인 EDM 드럼 리듬의 구조를 살펴보자. 이 경우 거의 필수적인 4/4박자를 적용하면 마디 안에 균등한 16개의 펄스가 생긴다(박당 4펄스×마디당 4박).

그림 3.3은 16개의 펄스로 나눠진 양자화 그리드와 기본적이면서 전형적인 EDM 드럼 루프의 배치를 보여준다. 킥은 센박down beat(첫 번째와 세 번째 박)과 엇박off beat(두 번째와 네 번째 박)에 배치된다. 그리드에서 보면 1, 5, 9, 13이 여기에 해당된다.

스네어는 5와 13에서 여린 엇박을 뒷받침한다. 한편 열린 하이햇은 3, 7, 10, 15에 배치된다. 끝으로 닫힌 하이햇은 16펄스 전체에 배치된다. 이 경우 많은 댄스 음악에 쓰이는 '포 투 더 플로어four to the floor' 드럼 리듬이 나온다.

이 예는 EDM 드럼 리듬의 출발점에 불과하다. 이 리듬만으로 오래 듣도록 만들 수 없기 때문이다. 전체 트랙에 지속성을 부여하려면 기본 리듬 위에 추가적인 기법을 도

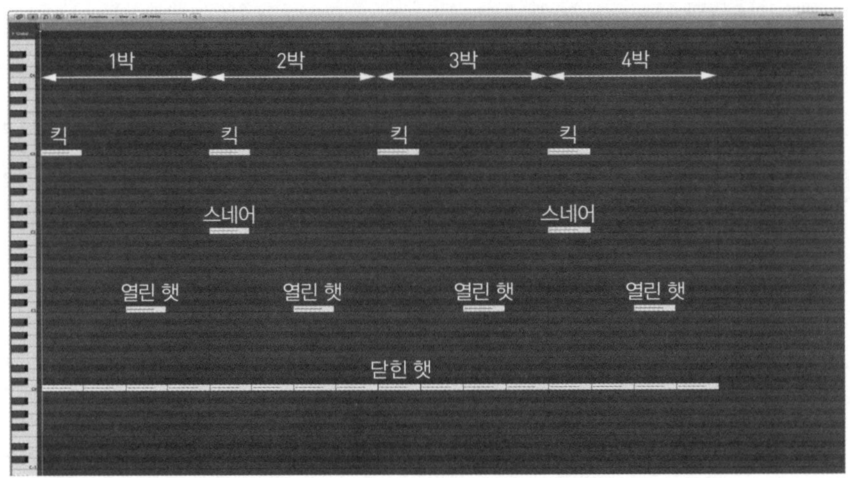

그림 3.3 EDM의 드럼 기본 배치

입해야 한다.

3연음

거의 모든 EDM 장르에서 활용되는 가장 흔한 기법은 헤미올라hemiola라는 효과를 넣는 것이다. 헤미올라는 앞서 말한 짝수 양자화 그리드를 따라 연주했을 때 일종의 박자 교차 변조를 이루는 3연음 리듬을 만든 결과다. 이 효과를 내려면 양자화 그리드를 짝수에서 홀수로 바꿔야 한다.

에이블턴 라이브Ableton Live처럼 댄스 음악 프로듀서를 위해 만들어진 일부 시퀀서는 피아노 롤 편집기의 미디 창에서 우클릭으로 들어가는 3연음 그리드 설정을 갖추고 있다. 반면 로직 같은 시퀀서는 마디에 대한 양자화 값을 일반적인 1/16이 아니라 1/12로 맞춰야 한다. 그러면 마디의 길이가 불균등하게 나눠진다.

그림 3.4는 3연음 패턴을 설정하면 나오는 그리드를 보여준다. 보다시피 마디가 일반적인 경우처럼 4개가 아니라 3개로 균등하게 나눠진다. 마디를 홀수로 나누면 펄스가 어긋나 짝수로 나눌 때는 불가능하던 자리에 음들을 넣을 수 있다.

음들이 이 세 자리에 들어가면 균등하게 배치된 킥 및 스네어와 리듬이 어긋나서 복잡한 패턴이 만들어진다.

  댄스 뮤직 바이블

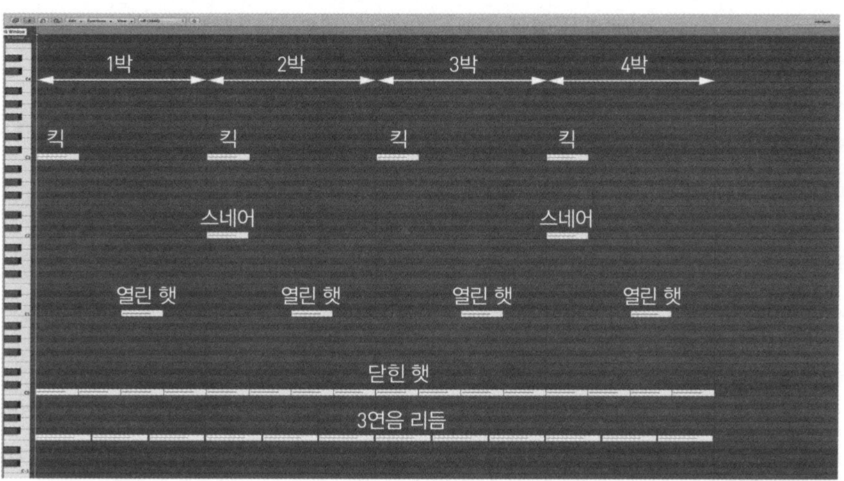

그림 3.4 3연음 패턴 분할

이처럼 간단한 효과로도 단순한 구조의 반복 패턴을 매력 있는 복잡한 구조를 지닌 패턴으로 바꿔 지속적인 흥미를 유발할 수 있다. 그래서 이 효과는 거의 모든 EDM 트랙의 여러 측면에서 활용된다.

> 이 책의 홈페이지(www.dancemusicproduction.com) 3장에 3연음 효과의 사례가 나온다. 이 사례는 해당 효과를 들을 수 있도록 왼쪽으로 패닝된다.

3연음은 악기 사이에 복합적인 리듬을 만드는 데 활용할 수 있다. 전형적인 사례는 테크노와 테크 하우스 같은 장르에서 흔히 쓰이는 3:2로서 3개의 음으로 구성된 리듬이 두 개의 음으로 구성된 리듬 위로 겹쳐지는 것이다.

이 복합 리듬 기법은 댄스 음악 프로듀서에게 유용하기는 하지만 어느 때나 한 번만 활용할 수 있다. 표준 펄스에 걸쳐서 동시에 여러 복합 리듬이 나오면 혼란스럽고 일관성 없는 느낌을 준다. 그래서 대개 하나의 복합 리듬만 써 비대칭적 악구asymmetric phrasing를 만든다.

지금까지 마디를 불균등하게 분할하여 3연음 같은 효과를 내는 방법을 살폈다. 이 사례에서 개별 이벤트(음)들은 리듬 사이에서 동시에 소리를 내지 않는다. 그러나 실제 악구의 길이는 언제나 동일하다. 가령 앞서 다룬 기본적인 드럼 사례에서는 4/4박자에 따라 마디당 4개의 4분음표가 들어간다. 이때 킥 드럼은 모든 박마다 균등하게 배치된다.

그림 3.4에서는 헤미올라(두 개로 나누어야 하는 길이를 세 개의 음표로 나눈 리듬)로 마디가 불균등하게 나눠지면서 4번째 기본 박에 3개의 음표가 들어간다. 즉 마디가 3개의 동등한 자리로 나눠지고, 각 자리마다 음이 배치된다.

이 복합 리듬 기법은 분명 리듬에 흥미를 더한다. 그러나 리듬 자체는 변하지 않는다. 균등한 간격 때문에 3연음 리듬은 활용되는 시간 동안 모든 마디의 같은 자리에서 발생한다. 그래서 청자들은 곡 전체에 걸쳐 같은 리듬이 계속될 것이라고 예상한다.

EDM에서의 일반적인 기법은 여러 마디에 걸쳐 3연음 패턴을 유지한 다음 한 마디를 두 개 내지 한 개의 음으로 축소시키는 것이다. 이런 비대칭적 악구 구성은 청자의 예상을 빗나가서 더욱 흥미로운 믹스를 만든다.

> **비대칭적 3연음 효과의 예**(효과를 들을 수 있도록 왼쪽으로 패닝됨)
> An example of the asymmetrical triplet effect

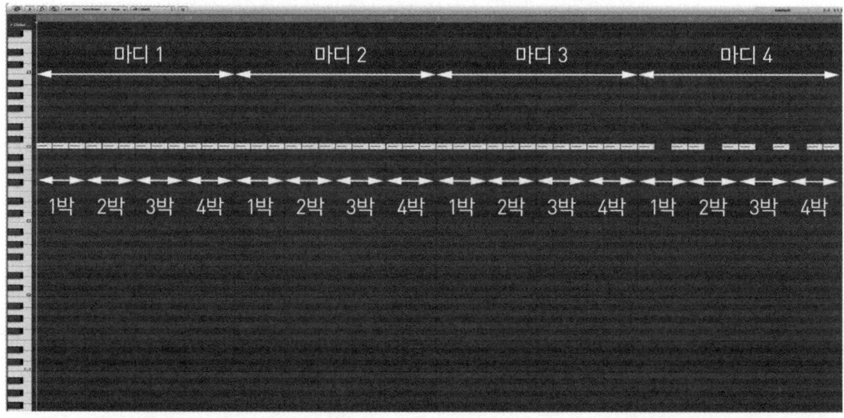

그림 3.5 마디에 걸친 3연음의 비대칭적 분할

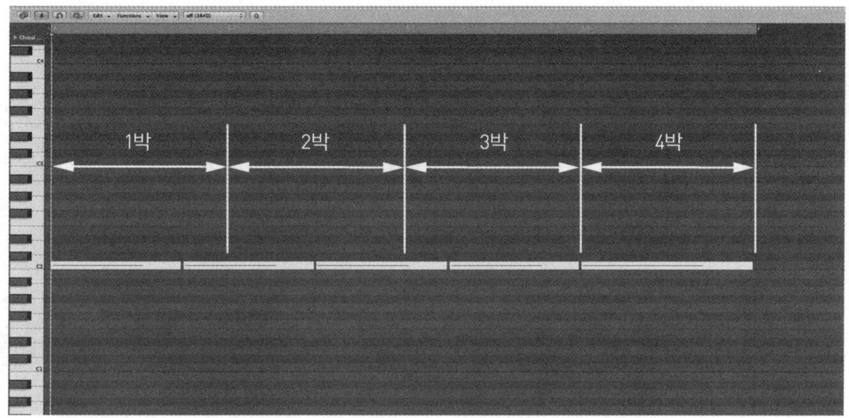

그림 3.6 마디의 비대칭적 분할

여러 마디에 걸친 복합 리듬뿐만 아니라 다른 길이의 음들을 통해 한 마디 안에서도 3연음 효과를 낼 수 있다. 가령 마디를 16개의 양자화 그리드로 나누면 3+3+3+3+4로 음을 넣을 수 있다. 이 마디를 표준적인 4/4 킥 드럼과 함께 연주하면 멜로디가 비대칭적으로 해결된다. 그림 3.6은 로직 프로의 시퀀서로 이 접근법을 구현한 것이다. 이 책의 홈페이지에서 그 사례를 들을 수 있다.

> **마디에 비대칭적으로 배치된 음들의 예**(효과를 들을 수 있도록 왼쪽으로 패닝됨)
> An example of the asymmetrical notes in the bar

이 기법은 분명 흥미를 유지하는 데 도움을 준다. 그러나 지속적이고 반복적으로 듣게 만들기 위해 대개 복합 박자, 당김음, 스윙swing 같은 기법을 추가하는 경우가 많다.

그중에서 복합 박자는 가장 두드러지고 인상적인 느낌을 주는 것으로서 한 마디를 넘어 상충하는 리듬들을 동시에 전개함으로써 여러 악기 채널 사이의 동조화를 드나드는 운율적 움직임을 만든다.

이 효과를 내려면 먼저 4/4박자로 패턴이나 리듬을 만든 다음, 다른 박자로 바꿔서 다음 리듬 패턴을 만들면 된다. 다른 박자는 5/4박자부터 9/4박자까지 어떤 것이든 되

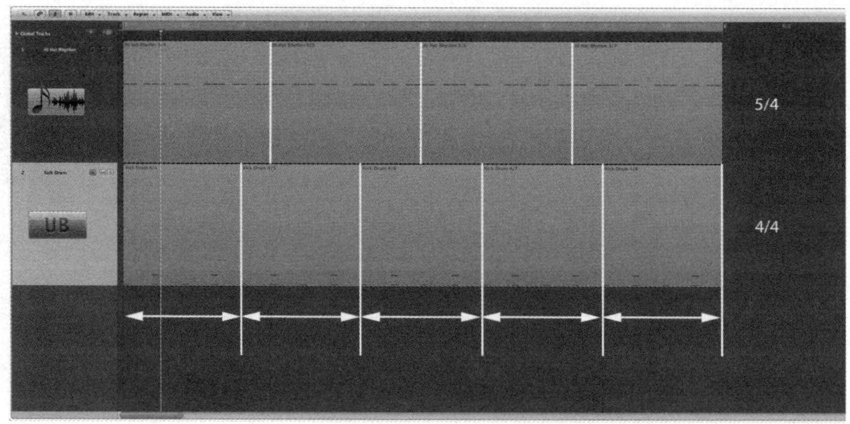

그림 3.7 복합 박자

지만 음보音步의 차이로 마디의 길이가 다른 두 리듬이 생긴다.

　가령 한 패턴은 4/4박자, 다른 패턴은 5/4박자라면 두 패턴은 길이가 다르므로 여러 마디에 걸쳐 아귀가 맞는 부분도 있고 맞지 않는 부분도 생길 것이다. 이 기법을 활용하면 청자들이 '따라갈' 수 있는 두 개의 리듬 특징이 생겨서 계속 곡을 듣게 만든다. 그림 3.7은 이 기법을 표현한 것이다.

당김음

당김음을 활용하면 반복되는 패턴에 흥미를 더할 수 있다. 이 부분에서는 곡의 방점이 박과 어긋나게 찍힌다. 모든 음악 형식은 강한 패턴과 약한 패턴의 조화를 토대로 삼는다. 클래식 음악에서는 강/약 역학의 지속적인 변주가 정서와 리듬을 창출한다. EDM의 경우 리듬적 요소가 종종 이 역동적 변주를 강조한다.

앞서 설명한 대로 4/4박자에서는 마디의 첫 번째 박과 세 번째 박이 정박이다. 이 자리에서 화음을 바꾸거나 새로운 악기를 도입할 가능성이 가장 높기 때문이다. 그래서 첫 번째 박과 세 번째 박에 곡의 강세가 찍히는 경우가 많다. 즉, 이 두 박에 해당하는 음이 다른 자리에 있는 음보다 더 크게 연주된다. 대다수 음악 형식에서 센박으로 불리는 첫 번째 박에 가장 강한 강세가 찍히고 세 번째 박에는 그보다는 약한 강세가 찍힌다.

　반면 2박과 4박에 들어가는 음에 강세가 찍히면 당김음이 된다. 당김음은 상당히

댄스 뮤직 바이블

강력한 효과를 지닌다. 시퀀서의 세기velocity 명령으로 엇박에 들어가는 음을 강조하기만 해도 다른 음들보다 세게 연주하는 효과가 나서 여러 수준의 선명도와 힘이 생긴다. 하이햇 같은 리듬 요소나 반음계 악기에서 두어 마디마다 당김음을 바꾸면 단순하게 반복되는 리듬에 큰 변화가 생긴다.

실로 당김음은 EDM 제작에서 대단히 중요하지만 간과되어왔던 요소 중 하나다. 음을 강조함으로써 생기는 음색의 역동적인 변주는 그루브(일종의 리듬변화. 장단長短에 비유할 수 있음)를 만드는 주된 요소다. 따라서 당김음을 간과해서는 안 된다.

물론 다른 요소들도 그루브를 만들어낸다. 당김음과 함께 박자의 작은 차이도 큰 영향을 미친다. 그러므로 각 악기의 타이밍과 강약을 조절하여 곡에 그루브를 불어넣을 수 있다.

가령 4박 모두에 킥 드럼이 들어가고 2박과 4박에 스네어가 들어가는 경우 스네어가 연주되는 타이밍을 앞뒤로 조금만 조정해도 곡이 주는 느낌과 전반적인 그루브에 상당한 차이가 생긴다. 박보다 약간 늦게 연주되도록 설정하면 느긋한 분위기가 조성되는 반면 박보다 약간 빨리 연주되도록 설정하면 강렬하게 밀려드는 느낌이 생긴다. 이는 곡에 스윙을 도입하는 기본적인 원칙이자 테크노, 미니멀, 테크 하우스, 하우스 음악을 제작하는 핵심 요소다.

EDM에서 스윙의 활용은 대단히 중요하며, 이뮤Emu SP1200과 아카이Akai MPC 60 같은 초기 드럼 머신으로 그 기원이 거슬러 올라간다. 이 기기들은 엄격한 양자화 그리드를 토대로 작동하기 때문에 리듬이 대단히 엄격하게 느껴진다. 그래서 스윙을 적용할 때 사람이 연주하는 것 같은 자연스런 타이밍 차이를 흉내 낼 수 있다. 스윙 비율을 높이는 만큼 드럼이 양자화 그리드에서 갈수록 멀어진다. 즉, 스윙값이 높을수록 무작위성이 심해지며 악기가 배치된 그리드에서 멀어진다.

로직Logic, 에이블턴Ableton, 리즌Reason, 케이크워크Cakewalk, 큐베이스Cubase, 프로툴스Pro Tools, 스튜디오 원Studio One을 비롯하여 오늘날 사용되는 모든 DAW(Digital Audio Workstation)는 풍부한 스윙 및 퀀타이즈quantize (일종의 타이밍 보정 기능)옵션으로 인간적인 느낌을 부여한다. 다만 시퀀서마다 적용 방식이 다르며, 그에 따라 결과도 다르다는 사실을 알아야 한다. 가령 큐베이스에서 적용한 스윙 퀀타이즈는 스튜디오 원에서 적용한 동일한 세팅과 크게 다른 소리를 낼 수 있다. 오래 활동해 온 많은 댄스 음악가들에게는 아카이Akai MPC가 최고의 스윙 기능을 제공하는 걸로 알려져 있다. 그러나 내 경험상 이는 편견과 속설에 따른 평가인 것 같다.

모든 DAW에 스윙 퀀타이즈 기능이 있지만 리듬감을 불어넣는 일을 기계에만 맡겨서는 안 된다. 많은 EDM 프로듀서들은 스윙 기능을 활용하여 대략의 분위기를 잡되 오랜 시간 공들여 각 음의 위치를 조절하여 원하는 효과를 만든다.

CHAPTER 4

전자공학과
음향학의 기초

'우주의 비밀을 찾고 싶다면 에너지와 주파수 그리고 진동의 측면에서 생각하라.'

— 니콜라 테슬라Nikola Tesla

음악 이론을 살폈으니 이제 전자공학과 음향학으로 눈길을 돌릴 수 있다. 이 내용은 음악을 만드는 일과 거리가 멀게 느껴지지만 *전자Electronic* 댄스 음악이라는 명칭만 봐도 그 유용성이 명확하게 드러난다.

EDM은 전자 장비를 활용하면서 개발된 장르다. 전자 장비가 하드웨어든 오디오 워크스테이션에 속한 가상 프로그램이든 이면의 과학을 이해해야 한다. 장비를 구축하는 기본 개념을 모르면 아무 버튼이나 누르면서 어림짐작만 할 수 있을 뿐이다.

전자공학과 음향학이 EDM 제작에서 얼마나 중요한 역할을 하는지 이해하려면 먼저 이 두 분야에 대한 기본적인 내용을 살펴야 한다.

어떤 물체가 진동하면 주위의 공기 분자도 진동하면서 사방으로 퍼져나간다. 둥글게 바깥으로 퍼지는 공기 분자의 움직임은 물에 돌멩이를 던졌을 때 생기는 반응과 시각적으로 비슷하다. 돌멩이가 물에 닿으면 일련의 작은 물결들이 둥글게 바깥으로 퍼진다. 물에서든 허공에서든 각 파동의 움직임은 같은 원칙에 따라 밀密함compression과

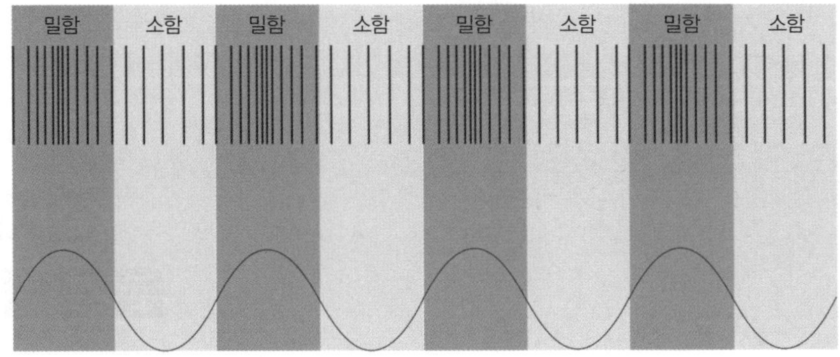

그림 4.1 공기 분자의 밀함과 소함

小疏함rarefaction을 오간다.

공기 분자를 예로 살펴보자. 소리굽쇠를 때리면 먼저 막대들이 서로 가까워진다. 그에 따라 막대 사이의 공기 분자가 밀집된다. 그러다가 막대들이 반대방향으로 움직이면 늘어난 공간을 채우기 위해 공기 분자들이 다시 모여든다. 뒤이어 이 공기 분자들은 막대들이 다음 주기로 돌아옴에 따라 밀집된다. 이런 움직임은 막대의 진동이 멈출 때까지 계속된다. 이처럼 공기 분자의 밀함과 소함은 반복되며 주기가 계속 멀리 퍼지도록 만든다(그림 4.1).

초당 완료되는 소밀(소함과 밀함)의 횟수 즉, '주기'는 동작 *주파수operating frequency*라고 하며 헤르츠로 측정된다. 헤르츠는 다양한 매질을 통한 소리의 전파를 처음 설명하고 기록한 독일 물리학자 하인리히 루돌프 헤르츠Heinrich Rudolf Hertz의 이름을 딴 것이다. 소밀 주기가 초당 300회라면 주파수가 300헤르츠이고, 초 당 3000회라면 3킬로헤르츠다.

주파수는 감지된 음높이도 결정한다. 주파수가 높을수록 음높이도 높게 감지된다. 따라서 물체가 빨리 진동할수록 소밀 주기가 짧아지고 음높이도 높아진다. 그림 4.2는 그 양상을 보여준다.

물체는 진동할 때 이 주기를 통해 오가면서 같은 위치를 반복적으로 지난다. 주기에 속한 특정한 지점을 *위상phase*으로 부르며, 기하학의 원과 마찬가지로 도degree로 측정

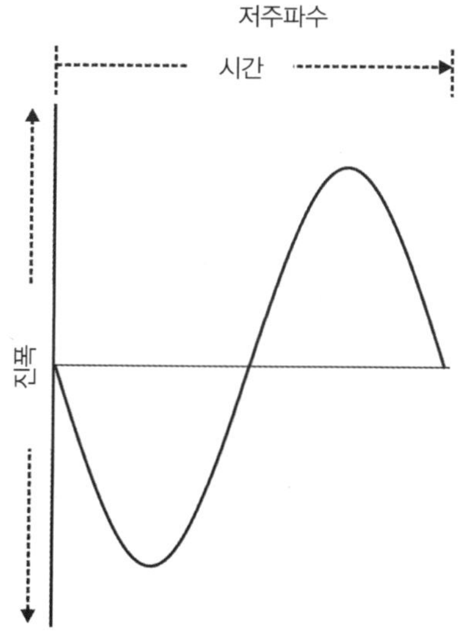
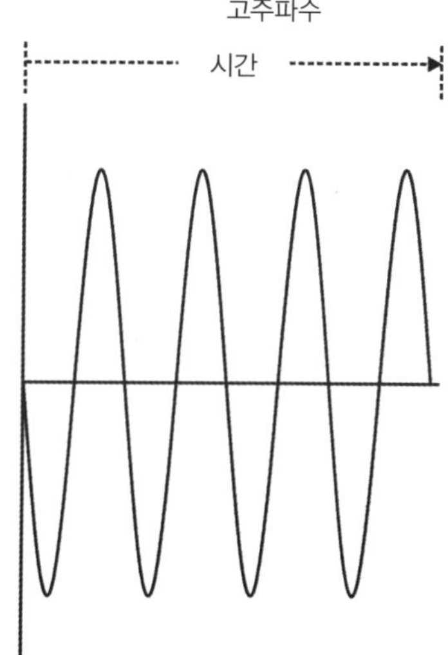

그림 4.2 저주파수와 고주파수

된다. 그림 4.3에 나온 대로 각 주기는 영점에서 시작하고, 영점을 지나면서 '영전위zero crossing'를 일으키며, 마침내 영점으로 돌아온다. 그래서 두 물체가 진동하는 다른 주파수를 섞으면 두 파형은 같은 영점에서 출발하지만 고주파수 파형이 저주파수의 위상을 앞지른다. 두 파형이 각각의 주파수로 계속 진동하면 결국에는 서로 따라잡다가 같은 과정을 반복하게 된다. 그에 따라 맥놀이*beating*라는 효과가 생긴다.

맥놀이의 속도는 두 파형의 주파수 차이로 결정된다. 이 맥놀이 효과를 의도적으로 조작하는 것이 현대 사운드 합성의 가장 근본적인 요소다. 여러 단순한 파형을 한데 섞고 각 음높이를 조절하면 엄청난 수의 복잡한 파형을 만들 수 있다.

모든 기본적인 사인파sinusoidal wave는 기본파, 즉 음높이를 결정하는 단일 주파수로 구성된다. 그러나 다른 사인파와 혼합하면 서로 울려서 고조파harmonic라는 추가적인 배음overtone을 만든다. 이 추가적인 고조파는 모든 소리가 들리도록 만드는 데 기여한다.

합성을 통해서 뿐만 아니라 실제로 거의 모든 일상적 대상에서 이런 고조파가 발생한다. 컵을 떨어트리는 경우를 살펴보자. 이때 컵이 바닥과 부딪히면서 기본파를 만든

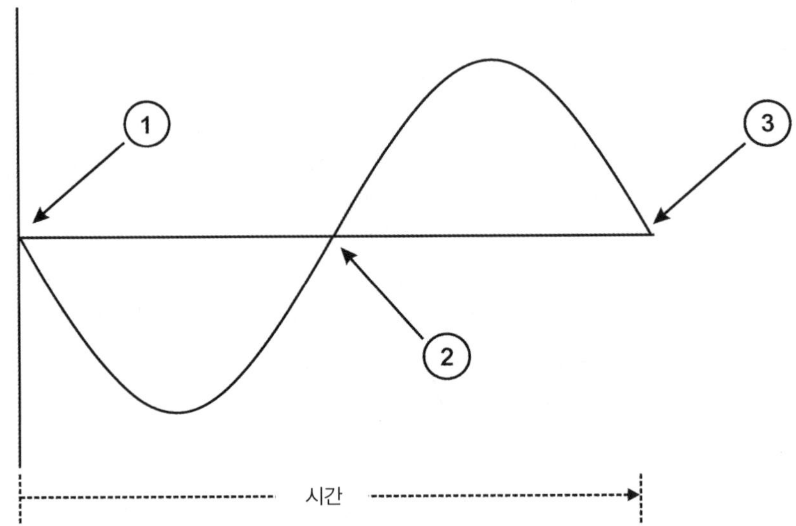

그림 4.3 파형의 영전위

다. 또한 공기 분자에서 추가 기본파가 발생하여 일련의 다른 대상들을 움직인다. 컵이 깨지면 근처에 있는 대상들도 공명하면서 나름의 기본파를 만든다. 이 기본파들이 합쳐지면 수많은 배음들이 나온다. 그러나 모두 무작위적 주파수라서 듣기 좋은 소리를 내지는 못한다.

반대로 악기는 기본파의 정수배에 해당하는 고조파를 발생시켜서 듣기 좋은 소리를 내도록 조율된다. 가령 피아노의 현은 각각 특정한 주파수로 진동하도록 조정된다.

그래서 피아노로 어떤 음을 치면 나무망치(피아노의 해머를 뜻함)가 해당하는 현을 때려서 진동시킨다. 이렇게 진동하는 현은 음에 맞는 기본파 혹은 음높이를 생성한다. 이때 공기 분자들이 뒤이어 진동하면서 다른 현들도 움직이게 만든다. 여기서 일련의 배음들이 나오며 피아노 고유의 사운드가 만들어진다.

악기가 내는 음들의 수학적 관계를 처음 파악한 사람은 피타고라스($a^2+b^2=c^2$라는 삼각형 정리를 만든 그리스 철학자)였다. 그는 악기에서 원래 기본파와 일정한 간격을 두고 고조파가 발생한다고 주장했다.

첫 번째 주파수는 기본파보다 한 옥타브 높은 곳에서 발생한다. 다음 주파수는 3:1, 그 다음은 4:1, 그 다음은 5:1이 되는 식으로 계속된다. 가령 피아노에서 A음을 치면 현이 440헤르츠로 진동하는데 이 진동이 다른 현들도 움직이며 다음 고조파는 원래

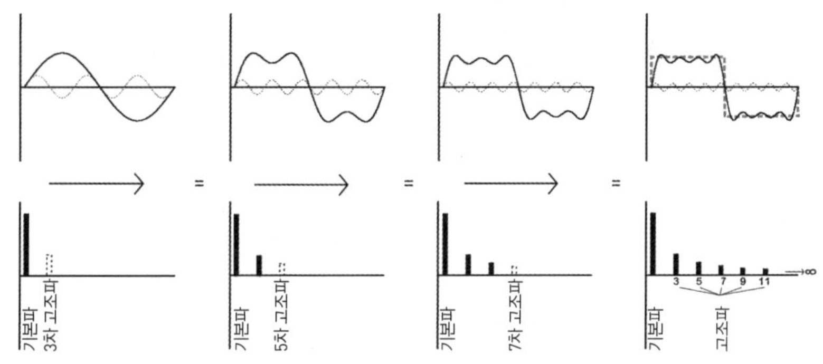

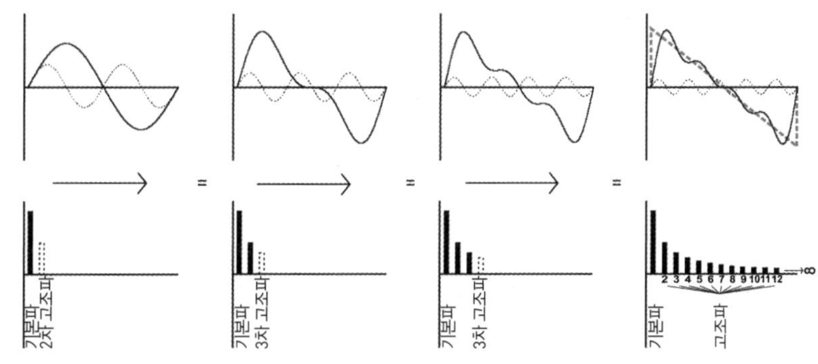

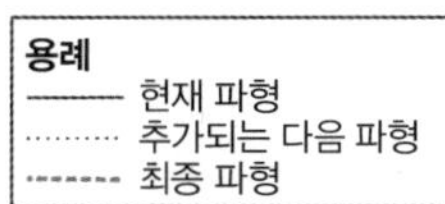

그림 4.4 복수의 음파로 고조파를 만드는 방법 (1)

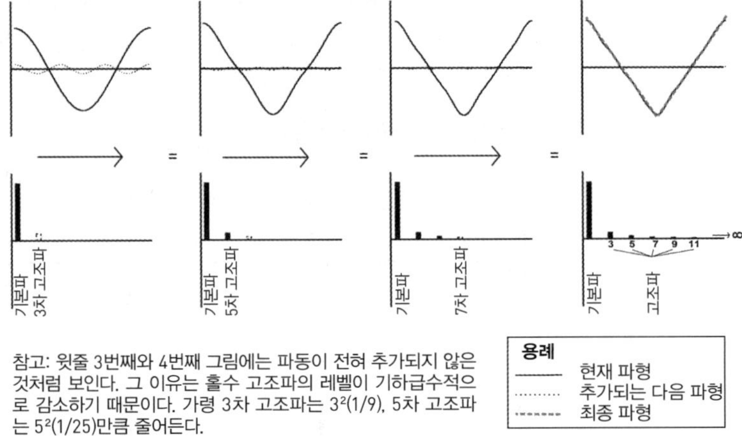

그림 4.5 복수의 음파로 고조파를 만드는 방법 (2)

주파수의 두 배(혹은 한 옥타브 위)인 880헤르츠가 되고 그 다음 고조파는 1,320헤르츠가 된다.

컴퓨터가 도입되기 전에 많은 과학자들이 직면한 문제는 이 관계 그리고 다른 소리들의 고조파 관계harmonic relationship를 개념화하는 것이었다. 소리의 고조파 성분 혹은 '음색timber(색상에 해당하는 프랑스어)'은 고조파가 여러 방식으로 상호작용할 때 특히 복잡하기 때문이다. 그래서 컴퓨터의 도움 없이 상호작용에 따른 소리의 파형을 재현하는 일은 불가능했다.

그러나 프랑스 과학자인 장 푸리에Jean Fourier는 아무리 소리가 복잡하더라도 일련의 주파수 요소로 분해할 수 있으며, 주어진 고조파만 활용하여 간단한 형태로 재생할 수 있다는 이론을 제시했다. 다음은 그가 설명한 내용이다.

모든 주기파는 특정한 길이와 진폭을 가진 사인파의 총합으로 볼 수 있으며, 그 길이는 고조파 관계를 지닌다.

– 장 푸리에(1827)

이 내용을 설명하는 수학 이론은 아주 복잡하다. 그러나 근본적으로 보면 모든 소리는 기본파가 연관된 고조파와 맺는 음량 관계 그리고 시간의 경과에 따른 변화로 좌우된다는 개념에 기초한다. 이 푸리에 이론에 따라 많은 신시사이저를 장식하는 기본적인 파형과 함께 DAW에 표시되는 복잡한 오디오 파형들이 나왔다. 그림 4.4와 4.5는 파형의 변화를 보여준다.

음량과 이득
VOLUME AND GAIN

지금까지 음높이와 음색을 만드는 방법을 살폈다. 마지막으로 살필 특성은 음량이다. 음량은 진동하는 물체가 흩트리는 공기 분자의 양에 따라 변한다. 흩트려진 공기 분자가 많을수록 감지되는 소리는 더 커진다. 진폭amplitude으로 불리는 이 음량은 파동을 수반하는 소밀의 범위에 걸친 음파 안에서 공기 분자가 움직이는 정도로 측정된다.

많은 악기의 경우 흩트려지는 공기의 양은 소리를 들을 수 있기에는 너무 작다. 그래서 종종 여러 형태로 소리를 증폭시킨다. 어쿠스틱 악기는 강제 진동을 활용한다. 피아노를 예로 들면 나무망치가 때린 현의 진동은 다른 현뿐만 아니라 아래에 놓인 커다란 나무판(향판을 뜻함. 업라이트 피아노는 현의 뒤쪽에 그랜드 피아노는 현의 아래에 위치함)도 진동시킨다. 이 공명판은 흩트려진 공기 분자 때문에 강제로 진동하면서 상당한 양의 공기를 움직여서 소리를 증폭시킨다.

물론 이런 증폭 방식은 진폭을 물리적으로 제어할 수 없다. 증폭 수준 조절이 가능할 때 발생하는 원래 진폭과 새로 조정된 진폭 사이의 비율을 이득gain이라고 부른다.

이득은 전압을 긴 전화선을 통해 보낼 때 잃는 전력을 표시하기 위해 벨 연구소가 처음 고안한 척도인 데시벨로 측정된다. 원래는 벨bell로 전력 손실을 측정했지만 음향에 적용하기에는 너무 큰 척도이기 때문에 10분의 1인 *데시벨decibel*이 되었다.

데시벨
DECIBELS

데시벨은 음향을 측정하는 데 가장 적합하다. 인간의 청력이 지닌 비선형적 곡선을 가장 정확하게 표현하기 때문이다. 우리는 진화의 결과로 주파수에 의존하는 청력과 엄청나게 큰 가청 범위를 갖게 되어 이해할 수 없는 숫자로만 완전한 가청 영역을 표시할 수 있게 되었다.

가령 마이크로파스칼micropascal 척도로 청력을 측정하면 일반적인 대화와 항공기 이륙음 사이의 차이가 수조에 이를 것이다. 이 수치는 너무 커서 기재하기 어려울 뿐만 아니라 계산기에 정확하게 입력하기도 어렵다. 반면 데시벨은 밑이 10인 로그 척도를 토대로 삼기 때문에 청력을 더 정확하게 정량화한다.

데시벨을 이해하려면 로그 척도, 특히 밑이 10인 로그 척도를 이해해야 한다. 그림 4.6이 한 예를 보여준다. 여기서 하단에 나오는 숫자는 소리의 강도를 나타내며, 각 숫자는 10의 거듭제곱이다. 가령 10의 제곱은 100(10×10=100)이고, 세제곱은 1,000(100×10=1,000), 네제곱은 10,000(1,000×10=10,000)인 식이다.

이처럼 10을 밑으로 거듭제곱만큼 늘어나는 각 수치에 해당하는 데시벨이 있다. 이 차트에 따르면 10데시벨에서 20데시벨로 옮겨가는 것은 소리의 강도가 10배로 늘어나는 것이다. 마찬가지로 30데시벨은 10데시벨보다 100배 강하며, 40데시벨은 1,000배 강하다. 이런 척도는 우리의 청력을 아주 잘 나타낸다. 음향의 척도로 데시벨을 주로 사용하는 이유가 여기에 있다.

음향 공학에서 데시벨은 직접적인 척도가 아니라 두 레벨, 즉 기준 레벨과 현재 레벨 사이의 비율 혹은 차이를 표시하는 수단으로 활용된다. 그래서 모든 데시벨 척도 뒤에 접미사가 붙는다(붙어야 한다). 이 접미사는 기준 레벨을 결정한다. 가령 콘서트에서 소음 수준을 측정한다면 음압 레벨sound pressure level(dB-SPL)이 기준 레벨로 활용된다. 이 경우 0dB은 가청 범위에서 가장 낮은 경계로 조정된다. 그래서 이보다 높은 모든 수치는 음량을 상당히 정확하게 나타내는 것으로 간주된다. '상당히'로 표현하는 이유는 이득과 달리 음량은 청자의 연령과 주파수 같은 여러 요소들에 좌우되어 정량화하기가 어렵기 때문이다.

일반적으로 인간의 귀는 20Hz부터 20kHz에 이르는 주파수를 감지할 수 있다. 그러나 청력은 여러 요소에 좌우된다. 실제로 대다수 사람들은 20헤르츠까지 낮은 주파수를 들을 수 있지만 더 높은 주파수를 듣는 능력은 나이에 따라 달라진다. 대다수

로그 데시벨 척도

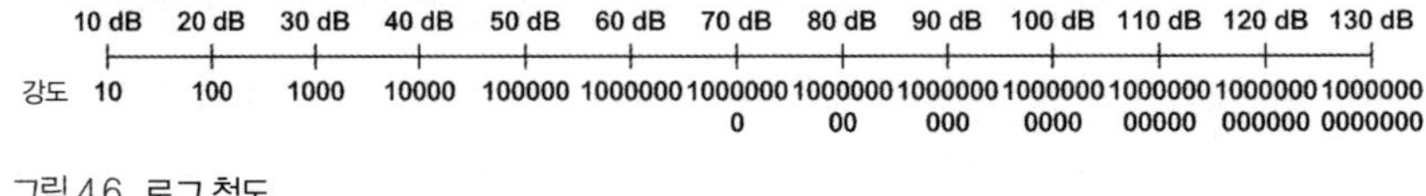

그림 4.6 로그 척도

10대들은 18kHz에 이르는 주파수를 들을 수 있지만 중년들은 약 14kHz를 넘는 주파수는 잘 듣지 못하는 경향이 있다. 또한 큰 소음이나 음악에 과도하게 노출되면 청력이 손상된다.

인간의 청력은 모두 같은 이득으로 측정되어도 일부 주파수를 다른 주파수보다 훨씬 크게 감지하도록 발전되었다. 이 부정확한 반응은 생존 기제의 일환으로서 다른 소리나 상황 속에서 인간의 목소리를 가려내기 위한 것이다. 가령 우리는 언덕 위에서 강풍이 부는 소리와 나무가 흔들리는 소리 속에서, 굶주린 곰이 다가온다는 다른 사람의 외침을 알아들을 수 있어야 했다.

인간의 목소리는 3에서 4kHz를 중심으로 울린다. 그래서 우리의 귀도 이 영역에 가장 잘 맞춰져 있다. 즉, 대화 수준에서 우리의 귀는 중간 영역에 해당하는 소리에 가장 민감하다. 이보다 높거나 낮은 소리를 같은 음량으로 감지하려면 물리적으로 더 크게 울려야 한다. 실제로 일반적인 대화 레벨에서 낮은 영역의 주파수를 감지하는 것은

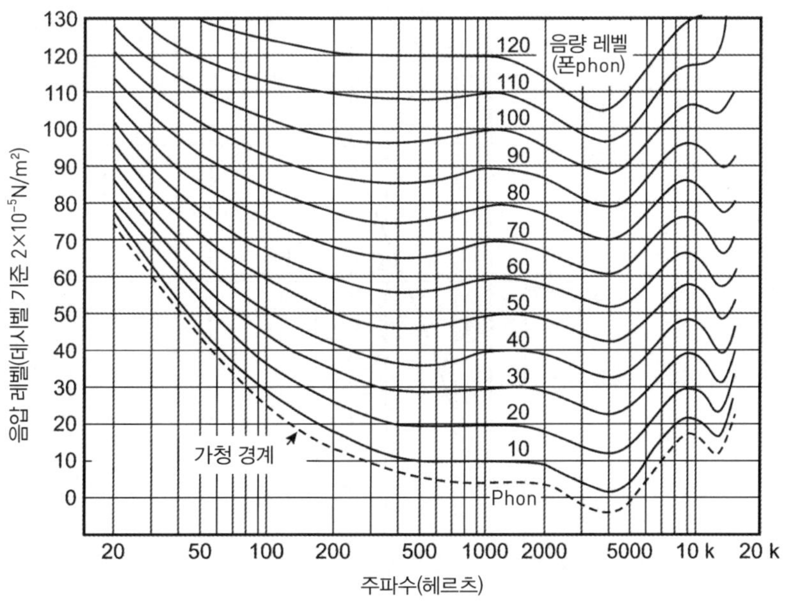

그림 4.7 플레처 먼슨 음조 곡선 제어

64배, 높은 영역의 주파수를 감지하는 것은 18배 더 어렵다. 다만 이득이 높아지면 이 감지 관계가 바뀐다.

음량이 일반적인 대화 레벨(약 70데시벨) 너머로 증가하면 더 낮은 주파수와 더 높은 주파수가 중간 영역보다 점차 더 크게 감지된다. 1930년대에 벨 연구소에서 일하던 하비 플레처Harvey Fletcher와 윌든 먼슨Wilden Munson은 처음으로 이 불균등한 청각 반응을 실험하고 정확하게 측정했다. 그래서 이를 종종 플레처 먼슨 음조 곡선 제어

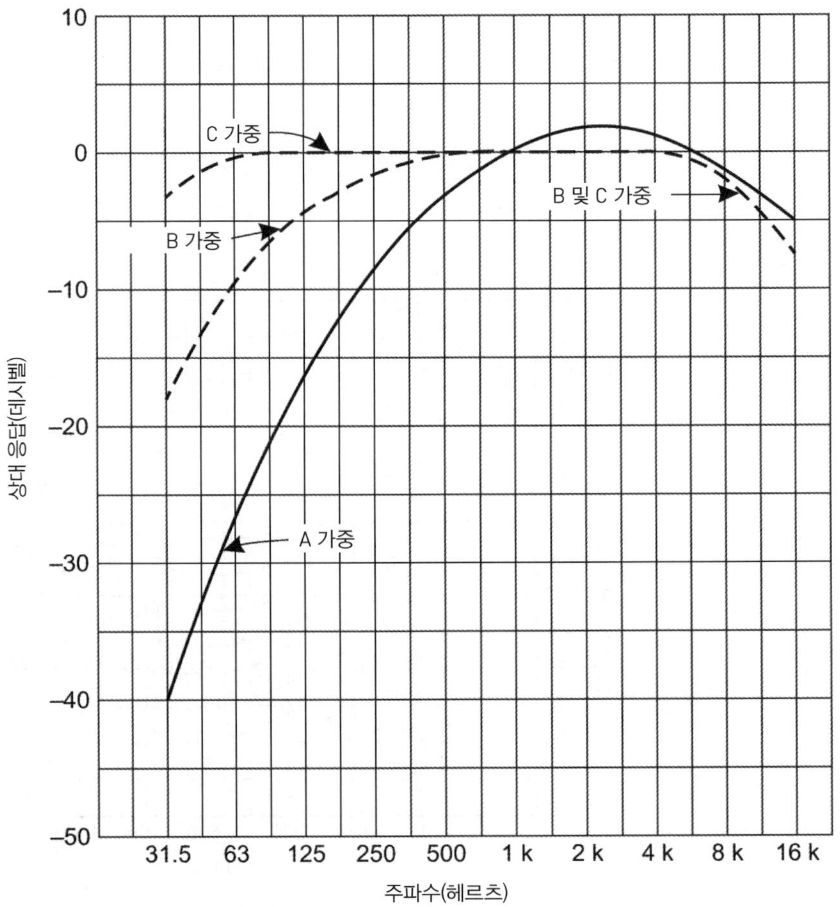

그림 4.8 가중 필터의 작용 양상

Fletcher Munson Contour Control로 부른다(그림 4.7).

30데시벨에 60Hz 사인파를 SPL 계측기로 측정하는 경우를 예로 살펴보자. 이때 계측기는 30데시벨을 가리키지만 물리적으로는 귀에 들리지 않을 것이다. 그래서 청각의 측면에서 이 측정치는 쓸모가 없다. 이런 문제를 바로잡기 위해 국제전기기술위원회International Electrotechnical Commission는 가중치 필터weighted filter를 도입했다.

가중치 필터는 음향 스펙트럼에 걸쳐 특정 주파수를 약화하거나 강화하는 필터를 가리킨다. 그 종류로는 A형, B형, C형, D형, Z형이 있고 새롭게 도입된 K형이 있다. 그러나 대다수 오디오 소프트웨어에는 A 가중A-weighting이 쓰인다. 낮은 수준에서 인간의 청각을 가장 정확하게 나타내기 때문이다. A형 필터는 약 2kHz에서 3kHz에 이를 때까지 서서히 열리면서 주파수를 통과시키다가 다시 닫히기 시작한다. 그림 4.8은 그 양상을 보여준다.

이렇게 필터를 적용하면 필터 유형이 데시벨 측정치의 끝에 추가된다. 가령 많은 마이크 프리 앰프와 프로세서는 SNR(신호 대 잡음비: Signal-to-Noise Ratio)을 120dBA로 설정한다. 이는 기기가 내는 잡음과 원하는 신호 수준의 비율과 관계된다.

신호 대 잡음비는 모든 제작 하드웨어를 활용할 때 고려해야 할 대단히 중요한 속성이다. 많은 제작사는 종종 SNR로 불리는 이 척도를 통해 기기가 신호를 처리하는 과정에서 발생하는 잡음의 양을 정량화한다. SNR은 오디오 인터페이스, 스피커 모니터, 컴퓨터를 비롯한 모든 전자 기기에 적용된다. 실제로 기기 및 케이블이 내는 잡음에 대처하는 것은, 안됐지만 모든 EDM 프로듀서에게 때때로 닥치는 불가피한 측면이다. EDM을 만들려면 전자 장비에 의존해야 한다. 따라서 전자공학에 대한 기본적인 지식을 갖추는 일은 프리 앰프나 마이크 혹은 오디오 인터페이스를 고르는 일을 비롯한 제작 작업에 필수적이다. 그러므로 전자공학의 기본적인 원칙들을 잠시 살피고 다음 장들에서 추가로 탐구할 것이다.

아시다시피 모든 물질은 원자로 구성되며, 원자는 원자핵과 원자핵을 둘러싼 전자로 구성된다. 원자핵은 양전하를 띤 양성자와 음전하를 띤 중성자로 구성된다. 전자도 음전하를 띤다. 그래서 자력 법칙에 따라 서로를 밀어내는 동시에 원자핵의 양전자에 이끌린다.

연구 결과 에너지를 가하면 전자를 한 원자핵에서 떼어내 다음 원자핵에 붙일 수 있다는 사실이 밝혀졌다. 이 전자의 움직임이 전기를 생성한다. 또한 에너지는 전압이며, 전압으로 이동하는 전자의 수는 암페어로 측정되는 전류다.

여러 물질은 전자의 흐름에 다른 종류의 저항을 제공한다. 나무 같은 물질은 전자의 흐름을 막지만 구리나 강철 같은 다른 물질은 쉽게 흐르도록 해준다. 그러나 완전히 자유롭게 흐르는 것은 아니며, 여전히 약간의 저항을 제공한다. 특히 음악 장비와 컴퓨터가 이런 경우에 해당한다. 회로기판뿐만 아니라 트랜지스터부터 커패시터(축전기), 스위치도 약간의 저항을 제공한다.

이런 저항은 열을 발생시킨다. 엔지니어들은 이 열을 종종 존슨 잡음Johnson noise 혹은 나이퀴스트 잡음Niquist noise(존슨이 측정하여 발생식을 도출하고 나이퀴스트가 이론을 설명하였다 하여 붙인 명칭)으로 부른다. 그러나 제작사들은 대개 사용 설명서에서 열 잡음thermal noise으로 지칭한다. 그들이 가중 A 필터를 이용하여 장비의 SNR을 제시하는 이유가 여기에 있다.

전자기 때문에 발생하는 다른 문제가 있다. 전류는 전선 같은 전도성 물체를 지날 때 원형 자기장을 만든다. 자기장이 움직이는 방향은 전류의 방향으로 결정된다. 전류가 클수록 전자기력도 커진다. 게다가 케이블의 저항이 높을수록 전류가 더 많이 흘러야 하며, 그에 따라 전자기 간섭도 심해진다.

케이블이 길어지거나 얇아지면 저항이 늘어난다. 이는 많은 스튜디오에서 문제를 초래한다. 대개 케이블이 길고 단일 전선관을 따라 한데 묶이기 때문이다. 그에 따라 기기와 지면으로 흐르는 전류의 전자기 간섭이 심해져서 소음과 고주파 세부 요소의 손실 그리고 더 흔하게는 접지 잡음ground hum으로 불리는 저주파 잡음이 생긴다.

전자기 간섭과 열 잡음은 모든 EDM 프로듀서, 특히 컴퓨터를 넘어서 스튜디오를 확장하려는 프로듀서들에게 문제를 일으킬 수 있다. 그 예방법을 알아보기 전에 먼저 모든 스튜디오의 중심축인 디지털 오디오 워크스테이션부터 살펴보자.

미디, 오디오,
디지털 오디오 워크스테이션

'이제 어떤 소리가 나는지 들어봅시다…'

– DAW 시연에 나선 AES 영업직원

기본적인 음악 이론과 음향학을 이해했으니 EDM 제작과 관련된 이론 및 도구를 살필 때가 되었다. 가장 좋은 출발점은 많은 댄스 음악 스튜디오의 핵심인 디지털 오디오 워크스테이션일 것이다.

호스트 컴퓨터가 충분히 강력하다면 DAW는 10년 전만 해도 완전한 스튜디오를 갖춰야만 가능했던 모든 기능을 수행할 수 있다. DAW 소프트웨어로 오디오의 녹음과 편집, 이펙트의 적용과 처리, 클래식 신시사이저의 재현, 믹싱과 마스터링을 모두 할 수 있다. 실로 DAW는 이를 이용해 일부 아티스트들이 전체 트랙을 노트북만으로 제작할 만큼 강력한 소프트웨어가 되었다.

그러나 DAW는 음악만큼이나 개인적인 성격을 지닌다. 그래서 특정한 DAW를 권하는 것은 적절치 못하다. 또한 지속적인 업그레이드를 통해 계속 새로운 기능을 도입하기 때문에 개별 DAW의 장단점을 논하기도 불가능하다. 따라서 이 장에서는 특정 시퀀서만 제공하는 옵션이 아니라 일반적인 기능을 설명하여 작업 원칙을 뒷받침하는

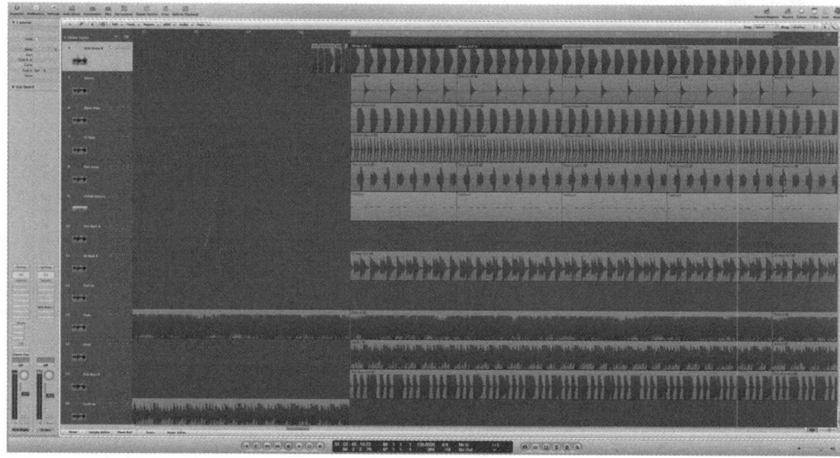

그림 5.1 로직 프로의 편곡 페이지

탄탄한 토대를 제공할 것이다.

대다수 DAW는 여러 창에 걸쳐서 편집과 조작 기능을 분리한다. 그중에서 가장 중요한 것은 편곡 창이다. 모든 DAW 인터페이스를 열면 가장 흔히 접하는 편곡 페이지는 현재 작업하는 프로젝트의 개요로 구성된다.

편곡 페이지는 프로듀서가 만들 수 있으며, 대개 창의 왼쪽에 나열되는 트랙들로 구성된다(그림 5.1). (대개 스페이스 바를 누르거나 전송 제어의 플레이를 클릭하여) 재생을 하면 타임라인timeline이 왼쪽에서 오른쪽으로 움직이면서 모든 트랙을 동시에 연주한다.

편곡 페이지에서 음량을 조절하는 일부터 선택한 트랙을 패닝(소리나 이미지를 한쪽에서 다른 쪽으로 움직임)하는 일, 이펙트 및 프로세서를 삽입하는 일, 가위 도구를 활용하여 (종종 이벤트event 혹은 리전region으로 불리는 세부 단위로) 트랙을 분할하는 일, 편곡을 위해 이벤트를 복사하고 반복하며 이동하는 일까지 대다수 기본적인 편집 및 편곡 기능을 수행할 수 있다. 가령 프로젝트에 4마디짜리 드럼 루프가 있다면 이 '이벤트'를 계속 복사하여 마디가 몇 개든 곡 전체에 걸쳐 연주할 수 있다. 베이스나 리드의 경우도 마찬가지다. 편곡 페이지에서 활용할 수 있는 트랙의 유형은 시퀀서마다

댄스 뮤직 바이블

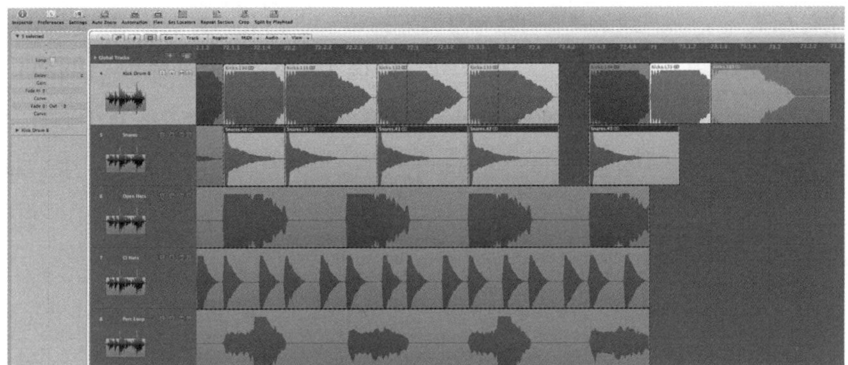

그림 5.2 로직 프로에서 분할하고 편집한 오디오 '리전'

다르지만 모두 오디오와 미디 그리고 가상 악기 트랙을 지원한다.

오디오 트랙은 시퀀서로 직접 녹음하거나 샘플 CD 내지 mp3 파일에서 직접 추출한 오디오를 담는다. 이 트랙을 편곡 창으로 끌어올 수 있다. 많은 워크스테이션은 오디오 파일을 특정 위치에 복사한 다음 '이벤트' 내지 '리전'을 편곡 페이지에 삽입한다. 즉 실제 오디오 파일은 *절대* 편곡 페이지에 들어가지 않는다. 대신 오디오 파일을 대신하는 그래픽에 불과한 이벤트나 리전이 들어간다. 이 이벤트 내지 리전은 하드디스크에 저장된 오디오 파일의 시작점과 종결점을 나타낸다. 가령 이벤트 내지 리전이 두 마디짜리이고 편곡 페이지에서 수백 번 반복되었다면 워크스테이션은 동일한 두 마디짜리 오디오 파일을 수백 번 재생한 셈이다. 이렇게 하면 동일한 오디오 파일의 복사본을 복수로 저장할 필요가 없기 때문에 필요한 하드디스크 공간이 줄어들 뿐만 아니라 처리 속도도 빨라진다.

게다가 이벤트나 리전을 편집해도 원래 오디오 파일이 손상되지 않는다. 다시 말해서 이벤트를 여러 부분으로 나누고 다른 순서로 편집해도 하드디스크에 저장된 원래 오디오 파일에 영향을 주지 않는다. 그래서 변경 내용을 쉽게 되돌릴 수 있다. 편곡 페이지에서 이동부터 복사, 크로스페이드crossfade(서로 다른 음향의 사라짐과 나타남이 교차되는 것), 페이드 인 내지 아웃까지 수많은 방식으로 이벤트나 리전을 편집할 수 있다. 다만 워크스테이션에 따라 명령어나 기능이 다르다.

미디 트랙과 가상 악기 트랙은 모두 미디 이벤트를 담는다는 점에서 근본적으로 동일하다. 미디는 디지털 음악 기기들이 서로 통신할 수 있도록 해주는 규약이다. 이 규약에 따라 전송된 이벤트 데이터는 음을 연주할 때, 음의 길이, 연주하는 세기velocity 같은 간단한 명령들로 구성된다. 그러나 모듈레이션modulation (조바꿈)이나 피치pitch 같은 패러미터를 바꾸는 것부터 접속기기에 메모리 덤프memory dump(메모리의 내용을 출력하는 것)를 알리는 것까지 훨씬 복잡한 명령들도 전송할 수 있다.

표준 미디 트랙은 미디 데이터를 워크스테이션에서 접속 기기로 보낸다. 반면 가상 악기 트랙의 경우 미디는 워크스테이션 안에서 그래픽으로 재현된 악기의 소프트웨어 에뮬레이션software emulation(한 컴퓨터가 다른 컴퓨터의 기계어를 실행가능하게 하는 기술)으로 계속 연결된다.

미디 트랙이든 가상 악기 트랙이든 편곡 창에서는 아주 기본적인 편집만 할 수 있다. 예를 들자면 오디오처럼 이벤트를 삽입, 삭제, 분할, 이동할 수 있다(그림 5.2). 본격적인 미디 편집은 피아노 롤 편집기에서 해야 한다. 피아노 롤 편집기는 미디 이벤트 데이터에 대한 지시를 외부 하드웨어나 내부 가상 신시사이저로 보내는 상급 지휘자로 볼 수 있다.

그림 5.3에 나온 대로 피아노 롤 편집기의 왼쪽에는 음높이를 나타내는 피아노 건반

그림 5.3 로직 프로의 피아노 롤 편집기

이 있다. 화면 위쪽으로 올라갈수록 음높이도 높아진다. 오른쪽에는 양자화 그리드가 있다. 재생이 시작되면 이 영역에 있는 모든 음이 템포에 따라 왼쪽에서 오른쪽으로 연주된다.

양자화 그리드에 음을 삽입하려면 도구상자에서 '펜슬Pencil' 도구를 고른 다음 그리드를 클릭하고 마우스 버튼을 누른 상태에서 필요한 음의 길이를 그리기만 하면 된다. 같은 자리에 여러 음을 그리면 모든 음이 동시에 연주되면서 화음이 생긴다. 이처럼 물리적으로 음을 입력하는 방법 외에도 라이브로 데이터를 녹음할 수 있다. 미디 가용 키보드를 미디나 USB로 DAW에 연결하면 기보나 세기 같은 이벤트 데이터를 라이브로 피아노 롤에 녹음할 수 있다. 이렇게 일련의 음들을 녹음하면(혹은 입력하면) 타이밍을 수정하거나, 음을 연장, 축소, 삭제하여 완벽하게 다듬을 수 있다.

앞서 리듬을 다룰 때 설명한 대로 그리드에 음을 삽입할 때 현재의 양자값을 고려해야 한다. 피아노 롤 편집기는 일련의 양자화된 그리드로 나눠진다. 또한 현재의 양자화 세팅이 새로 삽입되는 음들의 위치를 좌우한다. 모든 DAW(및 하드웨어 미디 스텝 시퀀서)는 4분음표당 펄스PPQN를 기준으로 양자화 정밀도를 지정한다. 이 정밀도가 높을수록 마디 안에 음을 넣을 자리가 늘어난다.

가령 PPQN이 4인 워크스테이션을 쓴다면 길이가 16분음보다 짧은 음을 넣을 수 없다. 정수인 클락 펄스clock pulse(규칙적으로 발생하는 전기적 신호)를 만들 만큼 정밀도가 높지 않기 때문이다. 따라서 16분 음표보다 작은 음표를 만들 수 없을 뿐만 아니라 이보다 작은 타이밍으로 음을 조절할 수도 없다. 댄스 리듬을 만드는 데 활용되었고 초기 EDM 드럼 패턴의 다소 기계적인 성격과 소리를 내었던 아날로그 드럼 머신의 정밀도가 대개 이 수준이었다.

1990년대 초에 롤랜드Roland(일본의 악기 브랜드)는 96 PPQN으로 대부분의 인간적 뉘앙스를 포착할 수 있으며, 192 PPQN으로 대단히 섬세하고 미묘한 변화까지 포착할 수 있다는 결론에 이르렀다. 그래서 뒤이은 대부분의 스텝 시퀀서는 이 정밀도를 채택했고, 많은 소프트웨어 DAW는 그보다도 훨씬 높은 480 PPQN 이상을 채택했다.

시퀀서와 워크스테이션은 일반적인 음 이벤트 데이터 외에 컨트롤러 이벤트 데이터도 기록하고 전송한다. 이 데이터는 종종 간과되지만 대단히 강한 영향력을 지닌다. 음향의 질감 변화가 EDM 제작에서 핵심적인 역할을 하기 때문이다. EDM에서는 어떤 음향도 그대로 유지되지 않는다. 아무리 짧은 부분이라도 음향 구성이나 피치의 변화는 댄스 음악을 더욱 흥미롭게 만든다.

컨트롤러 이벤트 데이터는 종종 *CC 데이터* 혹은 *컨트롤 체인지 메시지*Control Change Message로 불린다. 이 정보는 음 데이터와 함께 가상 혹은 하드웨어 신시사이저로 전송되어 세기, 애프터터치aftertouch(건반을 누른 다음 비브라토나 음색의 밝기를 조정하는 기능), 필터의 컷오프cut-off, 모듈레이션, 패닝 같은 추가 조정 값을 알린다. 또한 이 정보는 (CC 데이터를 전송할 수 있다는 전제 하에) 하드웨어 미디 인터페이스의 컨트롤러를 움직여서 라이브로 기록하거나 시퀀서에 수동으로 입력할 수도 있다.

많은 워크스테이션은 미디 이벤트 페이지를 통해 컨트롤 이벤트 데이터를 입력하거나 더 흔하게는 펜슬로 피아노 롤 편집기 창의 원하는 영역에 바로 끌어올 수 있도록

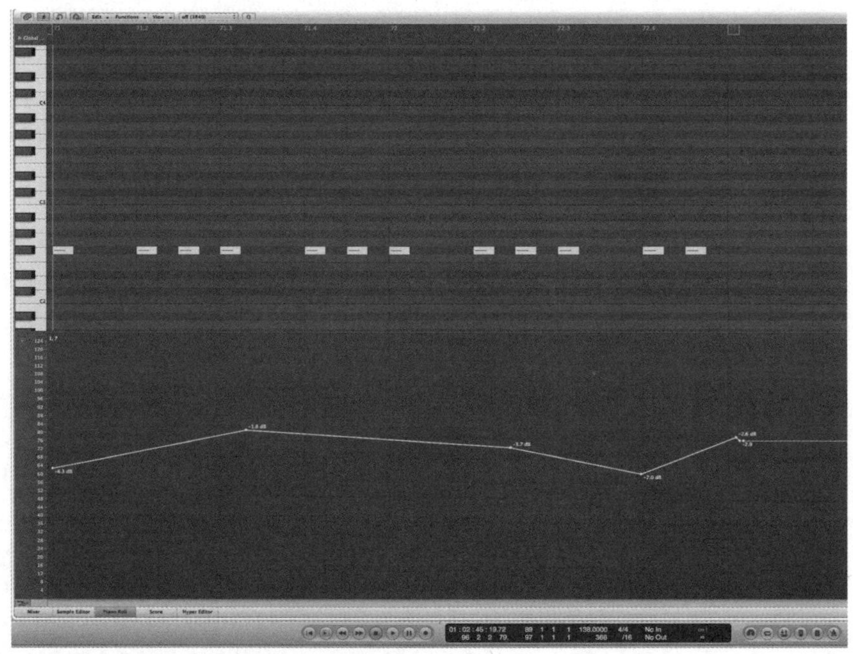

그림 5.4 로직 프로에 기록된 모듈레이션 움직임

해준다. 둘 중에서 펜슬로 끌어오는 방식이 훨씬 간단하고 직관적이어서 프로그래밍 지식을 많이 요구하지 않는다. 그러나 이벤트 페이지도 펜슬로 끌어온 이벤트를 정확하게 조정하는 데 유용하다. 가장 흔한 접근법은 접속 키보드의 모듈레이션 휠을 통해 라이브로 움직임을 기록한 다음 신시사이저에서 자동으로 조절하고 싶은 패러미터에 지정하는 것이다(그림 5.4).

컨트롤러 이벤트 데이터를 지정하는 방법은 워크스테이션마다 다르다. 그러나 대개 드롭 다운 박스의 형태로 실행된다. 즉, 드롭 다운 박스를 클릭하여 패러미터를 선택하면 자동으로 지정된다. 다만 모든 기기가 이런 지정 명령을 이해하는 것은 아니라는 사실을 알아야 한다.

컨트롤러 이벤트 데이터는 두 개의 주요 값으로 기록되고 전송된다. 첫 번째 값은 조정할 패러미터를 나타내고, 두 번째 값은 조정할 정도를 나타낸다. 조정이 안정적으로 이뤄지려면 다른 신시사이저들 사이에 일정한 통일성이 확보되어야 한다. 그래야만 입력된 이벤트 데이터에 일관되게 반응할 것이기 때문이다. 그래서 범용 미디General MIDI 표준이 개발되었다.

범용 미디는 모든 신시사이저가 준수해야 하는 일반적인 요건들의 목록이다. 이 목록을 충족해야만 GM 마크를 붙일 수 있다. 예를 들어 특정 번호에 할당된 사운드 그리고 키보드에 타악기 사운드를 매핑mapping하는 양상을 비롯하여 인식해야 할 미디 컨트롤러 이벤트 메시지도 처리한다.

미디 가용 기기가 처리하는 컨트롤러 이벤트 메시지는 128개다. 이 메시지에는 0부터 127까지 번호가 붙는다. 범용 미디 표준에서 많은 메시지는 신시사이저에서 특정한 제어를 하는 기능에 결부되어 있다. 그래서 CC 번호가 범용 미디 표준으로 포괄되고 신시사이저가 범용 미디 인증을 받았다면 어떤 신시사이저로 메시지를 전송하든 정확한 패러미터를 제어할 것이라고 믿어도 된다. 가령 범용 미디 표준에서 모듈레이션 휠이 CC1으로, 패닝이 CC10으로 지정되어 있다면 모든 범용 미디 호환 신시사이저는 해당 명령을 이해할 것이다.

앞서 설명한 대로 각 컨트롤러 이벤트는 2차 변수를 가져야 한다. 그래야 해당 컨트롤러가 얼마나 움직여야 하는지 설정할 수 있다. 즉, 모든 컨트롤러 이벤트 메시지 뒤에는 해당 CC 컨트롤러가 얼마나 조정되어야 하는지 수신기기에 알려주는 2차 변수가 있어야 한다.

일부 컨트롤러 이벤트는 최대 128개의 변수(0-127)를 제공한다. 그러나 두 개의 변수(0-1)만 제공하여 켬/끔 스위치처럼 실행되는 컨트롤러 이벤트도 있다. 또한 일부 메시지는 양의 값과 음의 값을 갖는다. 64가 중앙을 가리키는 팬 컨트롤러가 대표적인 예다. 그래서 사운드를 패닝할 때 64보다 낮은 값은 스펙트럼의 왼쪽으로, 64보다 높은 값은 스펙트럼의 오른쪽으로 보내진다. 부록에 GM 컨트롤러 이벤트의 전체 내역이 나와 있다. 다만 피치 벤드pitch bend(음높이를 연속적으로 오르내리게 하는 것)는 포함되지 않는다.

그 이유는 피치 벤드가 대단히 까다로운 패러미터라서 컨트롤러 이벤트가 제공하는 0에서 127보다 더 많은 값이 필요하기 때문이다. 피치 벤드는 -/+8190 사이의 값을 주고받으므로 GM CC 목록에는 포함되지 않는다. 그러나 플러그인이든 하드웨어든 거의 모든 신시사이저는 모든 시퀀서와 함께 호환성을 제공하기 위해 규격을 맞춘다. 많은 플러그인 기기는 음조 측면에서 GM 표준을 완전하게 따르지 않기 때문에 GM 호환 로고가 없다. 그래도 표준에서 제시하는 CC 명령을 따른다. 모든 시퀀서가 이 값들을 표준으로 전송하기 때문이다.

플러그인 신시사이저와 관련하여 오늘날의 DAW가 이룬 가장 큰 진전은 아마도 이런 가상 악기 및 이펙트의 개발과 도입일 것이다.

스타인버그Steinberg가 1996년에 버추얼 스튜디오 테크놀로지Virtual Studio Technology(VST)를 통해 처음 선보인 이 기술은 시퀀서가 가상 악기 및 이펙트 프로세서를 워크스테이션 환경에 통합하도록 해주었다. 이 가상 프로그램을 활용하면 희귀하거나 오래된 아날로그 기술을 본떠서 원래 하드웨어 부속보다 훨씬 낮은 비용으로 스튜디오 시스템에 설치할 수 있다. 또한 워크스테이션 환경에 바로 삽입되기 때문에 마우스로 모든 패러미터를 제어하거나 완전히 자동화할 수 있다. 게다가 플러그인에서 나오는 오디오 출력이 내부로 연결되기 때문에 외부 케이블이나 복잡한 오디오 인터페이스 없이 워크스테이션 믹서의 여러 채널을 지날 수 있다.

플러그인은 오디오 유니트Audio Units, 유니버설 바이너리Universal Binary, 다이렉트

엑스Direct X, VST 2, VST 3를 비롯한 여러 형식을 지닌다. 오디오 유니트와 유니버설 바이너리는 맥의 OSX 운영체제에서만 쓸 수 있는 인터페이스다. 반면 다이렉트 엑스는 윈도우 전용이다. VST 2와 VST 3은 두 플랫폼에서 모두 쓸 수 있지만 워크스테이션마다 다르다. 가령 매킨토시용 로직 프로 9은 AU와 UB 플러그인만 허용하며 VST는 지원하지 않는다.

추가 편집 창
FURTHER
EDITING
WINDOWS

대다수 프로듀서들은 워크스테이션에서 편곡 페이지와 피아노 롤을 오가며 대부분의 시간을 보낸다. 트랙을 만들 때 이 2가지가 가장 흔히 쓰이기 때문이다. 그러나 샘플 편집 창과 믹서 창을 비롯하여 추가로 활용할 수 있는 창들이 있다(그림 5.5).

분할, 편곡, 크로스페이딩 같은 기본적인 오디오 편집은 편곡 창에서 할 수 있지만 샘플 편집 창에서 더 복잡한 오디오 편집을 할 수 있다. 샘플 편집 창에서 제공하는 기능은 워크스테이션마다 크게 다르다. 그러나 대개 노멀라이징normalizing, 샘플 리버싱sample reversing, 타임 스트레칭time stretching, 다이내믹스dynamics, 분할 그리고 페이드 인과 페이드 아웃 같은 기능을 제공한다.

이 중 일부 기능은 편곡 페이지에서도 제공한다. 편곡 창에서 하는 편집과 샘플 편집 창에서 하는 편집의 차이를 구별하는 것이 중요하다. 편곡 창에서 하는 편집은 하드디스크에 있는 오디오 파일을 가리키는 이벤트나 리전에만 적용된다. 반면 샘플 편집 창에서 하는 편집은 하드디스크에 저장된 샘플을 직접 바꾼다. 그래서 샘플 에디터로 샘플 리버싱 같은 편집을 하면 편곡 창에 포함된 모든 이벤트나 리전이 같이 바뀐다.

따라서 샘플 에디터에서 샘플 리버싱을 통해 편곡 페이지에 있는 리전을 편집하고 싶다면 먼저 현재 선택된 이벤트를 2차 오디오 파일로 '복제duplicate' 내지 '전환convert' 하는 것이 현명하다. 그러면 해당 오디오 파일에 일으키는 변화가 원래 파일을 가리키는 나머지 이벤트나 리전에 영향을 미치지 않는다.

많은 워크스테이션이 제공하는 마지막 창은 믹서다(그림 5.6). 이 창은 믹서 외에 삽입, 전송, 옥스 채널aux channels, 그룹 채널 같은 연관 기능들을 제공한다. 대개 많은 워크스테이션은 편곡 창에서 오디오나 미디 혹은 악기 채널이 생성되자마자 믹서에 새

그림 5.5 로직 프로의 샘플 편집 창

로운 채널을 만들어서 이펙트를 더하거나, 패닝을 하거나, 전체 음량을 바꿀 수 있도록
해준다. 믹서는 나중에 더 자세히 다룰 것이다.

시퀀서에 따라 기보나 환경 같은 추가 편집 창들이 제공될 수 있다. 그러나 이런 창
들은 시퀀서마다 다르기 때문에 여기서 다루는 범위를 넘어선다. 다만 이 장을 마무리
하기 전에 하드웨어 시퀀싱을 잠시 설명할 필요가 있다.

많은 댄스 음악가들은 DAW로 곡을 만든다. 그러나 하드웨어 스텝 시퀀서로 대부

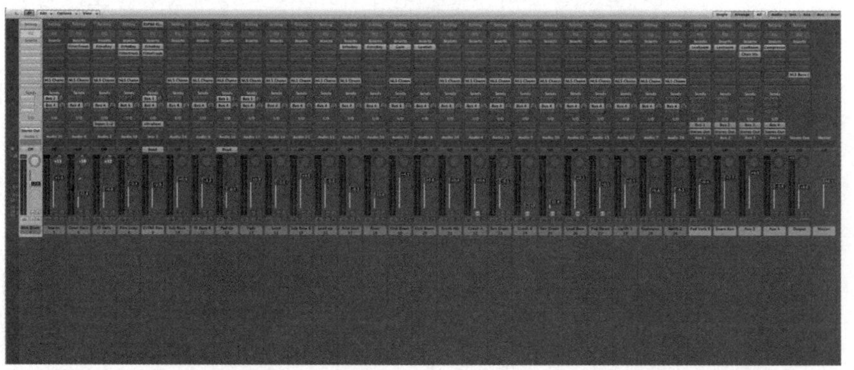

그림 5.6 로직 프로의 믹서 페이지

그림 5.7　**필톤 라이좀** Feeltone Rhizome

분의 작업을 하고 최종적으로 믹싱과 마스터링 단계에서만 DAW를 활용하는 경우도 많다.

많은 음악가들이 DAW와 하드웨어 스텝 시퀀서 중에서 어느 쪽이 더 나은지를 둘러싼 논쟁을 피하고 싶어 하면서도 내심 하드웨어 시퀀서의 타이밍이 독보적이며, 엄격한 리듬을 만들려면 스텝 시퀀서를 써야 한다고 여긴다. 나는 이 점을 검증하기 위해 라이좀 스텝 시퀀서Rhizome Step Sequencer와 로직 프로로 드럼 루프를 만들었다(그림 5.7). 그 결과를 이 책의 홈페이지(www.dancemusicproduction.com) 5장에서 들을 수 있다.

리듬 측면에서 DAW와 하드웨어 시퀀서의 타이밍 차이

Rhythmical timing differences from a DAW and hardware sequencer

뚜렷한 차이가 있는지 여부는 개인적인 의견에 달려 있다. 그러나 분명한 점은 스텝 시

CHAPTER 5
미디, 오디오, 디지털 오디오 워크스테이션

퀸서로 하는 작업이 워크스테이션으로 하는 작업과 크게 다른 접근법을 취한다는 것이다. 둘 다 나름의 제작 방식을 지니며 접근법이 다르다. 그래서 스텝 시퀀서를 쓰느냐 혹은 디지털 오디오 워크스테이션을 쓰느냐에 따라 다른 창조적 영역을 탐험할 수 있다. 실제로 일렉트론 머신드럼Elektron MachineDrum, 아놀로그Analog4, 라이좀의 인기가 높아지는 것은 하드웨어 시퀀서가 DAW로 완전히 대체되지 않았다는 증거다. 따라서 그저 DAW에 안주하지 말고 하드웨어 스텝 시퀀서를 공부하여 창의성을 높일 만한 가치가 있다.

CHAPTER 6

신시사이저

'악기를 연주하지 말고 음악을 연주하라.'

– 화자 미상

EDM은 지난 20여 년 동안 최신 오디오 워크스테이션과 플러그인으로 가능해진 음향 조작과 제작을 포괄하면서 크게 발전했다. 그러나 조촐한 아날로그 감산식subtractive 신시사이저는 여전히 EDM을 제작하는 강력한 요소로 남아 있다.

아날로그 신시사이저가 인기를 끈 이유는 대부분 감산 합성이 가장 쉽게 접근할 수 있는 방식이었기 때문이다. 그러나 DAW 내에서 완전하게 구동되는 가상 악기들이 도입되면서 주파수 변조 합성, 가산additive 합성, 그래늘라granular 합성과 같은 복잡한 형태들이 더 커진 스크린에 맞춰서 적합한 대안으로 부상하기 시작했다. 단지 사전 설정된 서핑surfing과 기본적인 수정을 넘어서는 조작을 하려면 먼저 작동 방식을 잘 이해해야 한다.

모든 신시사이저는 기본적으로 여러 개의 기본 사운드 내지 발진기oscillator를 묶어서 풍부한 배음을 지닌 음색을 만든다. 그 다음에는 필터와 박자 기반 움직임, 변조를 활용하여 추가로 사운드를 다듬고 뒤이어 일련의 수정을 통해 소리의 생동감을 만들

그림 6.1 감산 아날로그 합성 방식을 본뜬 플러그인 기기

어낸다. 그 방식은 신시사이저마다 다르다. 그러나 아날로그 감산 합성 방식을 이해하면 다른 모든 형태의 합성도 이해하는 데 큰 도움이 된다. 그러니 아날로그 감산 합성 방식부터 살펴보자.

아날로그 감산 신시사이저는 다음과 같은 4가지 요소로 구성된다(그림 6.1).

- 합치고 섞어서 풍부한 배음을 지닌 음색을 만드는 발진기
- 그에 따른 배음을 다듬는 필터
- 전반적인 음향 레벨을 정하는 앰프
- 음색에 시간 변화 변조를 더하는 수정기modifier

발진기
OSCILLATORS
발진기는 가산 합성 신시사이저든, 아날로그 신시사이저든, 주파수 변조 신시사이저든 *모든* 신시사이저의 심장으로 간주되어야 한다. 기기의 기본적인 음조를 만들기 때문이다.

원래 하드웨어 아날로그 신시사이저에서 발진기는 건반을 누르면 나오는 음을 통해 전송되는 전압을 통해 작동했다. 이 *제어 전압*control voltage 은 각 건반에 고유하기 때문

댄스 뮤직 바이블

에 발진기가 재현해야 하는 피치를 정할 수 있었다. 물론 피치가 드리프트drift(현상에 변화가 없는 상태에서 측정치가 변동함)하지 않게 하려면 제어 전압이 정확해야 했다. 그래서 신시사이저를 정기적으로 조율해야 하는 경우가 많았다. 그러나 일부 애호가들은 이 드리프트를 아날로그적 매력으로 받아들였다.

현재 사용되는 신시사이저도 비슷한 방식으로 구동된다. 다만 제어 전압을 활용하는 대신 각 음에 번호가 부여되고, CPU가 전송된 번호에 따라 발진기로부터 정확한 피치를 끌어낸다.

많은 초기 신시사이저의 경우 구형파, 톱니파, 삼각파라는 3가지 발진기 파형밖에 없었다. 그러다가 시간이 지나면서 사인파, 노이즈noise, 펄스파를 비롯한 추가 파형이 도입되었다. 그중 가장 기본적인 파형은 사인파다.

1. 사인파 The Sine Wave

사인파는 수학의 사인 함수에 기초한 가장 단순한 파형이다. 사인파는 기본 주파수로만 구성되며, 고조파를 포함하지 않는다. 그래서 휘파람 소리처럼 단일한 기본 음조로 들린다. 사인파는 감산 신시사이저에 적합하지 않다. 초기 아날로그 신시사이저에 도입되지 않은 이유가 여기에 있다. 기본 주파수를 제거하면 아무 음향도 남지 않는다. 그래서 사인파는 종종 독립적으로 활용되어 서브 베이스나 휘파람 같은 음색을 만든다. 그러나 다른 파형과 결합되어 음향에 밀도나 힘을 더하는 경우가 더 많다.

2. 구형파(네모파) The Square Wave

구형파는 전기회로로 만들 수 있는 가장 단순한 파형이다. 하이high 아니면 로우low, 2가지 상태로만 존재하기 때문이다. 구형파는 여러 홀수 고조파를 생성하여 그윽하거나 공허하거나 목질인woody 소리를 만든다. 그래서 목관악기 느낌으로 현악기와 패드pad에 폭을 더하거나, 깊고 넓은 베이스 사운드 내지 주 멜로디를 만드는 데 적합하다.

3. 펄스파 The Pulse Wave

펄스파는 종종 구형파와 혼동된다. 그러나 구형파와 달리 하이 상태와 로우 상태의 폭을 조절하여 사운드의 배음 성분을 다양하게 만들 수 있다. 신시사이저에 구형파와 펄스파가 함께 사용되는 일은 드물다. 대신 조절하지 않으면 구형파의 사운드가 나오기 때문에 펄스파만 쓰는 경우가 많다. 펄스파는 구형파가 만드는 넓고 공허한 사운드와 함께 얇은 리드reed 관악기 같은 음색을 낸다. 일반적인 기법은 펄스파의 폭에 걸쳐 주기적 변조를 활용하여 시간의 흐름에 따라 다른 상태로 이동하게 함으로써 복합적이면서도 흥미로운 음색을 만드는 것이다.

4. 삼각파 The Triangle Wave

삼각파는 두 개의 사선을 지니며, 홀수 고조파로만 구성된다는 점에서 구형파와 비슷하다. 그래서 구형파처럼 얇고 부분적으로 공허한 음색을 낸다. 삼각파는 대개 사인파, 구형파, 펄스파와 섞여서 사운드에 활기차고 밝은 효과를 더하며 패드(전자 드럼 음원에 음색을 전달하는 센서를 내장한 면)에서 화려한 느낌을 준다.

5. 톱니파 The Sawtooth Wave

톱니파는 대다수 신시사이저에서 가장 많이 쓰이는, 인기 있는 파형이다. 톱니

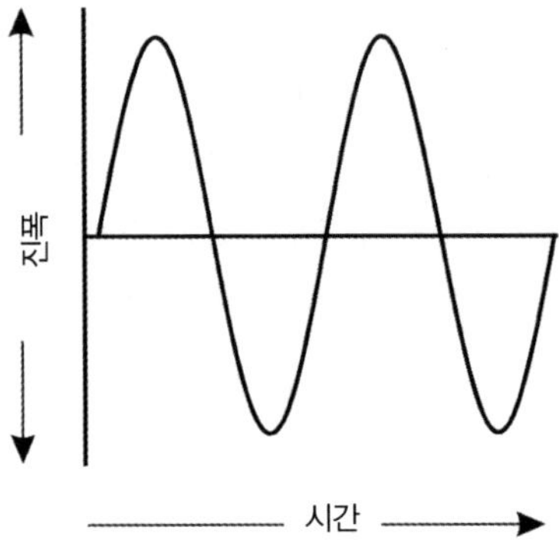

그림 6.2 사인파

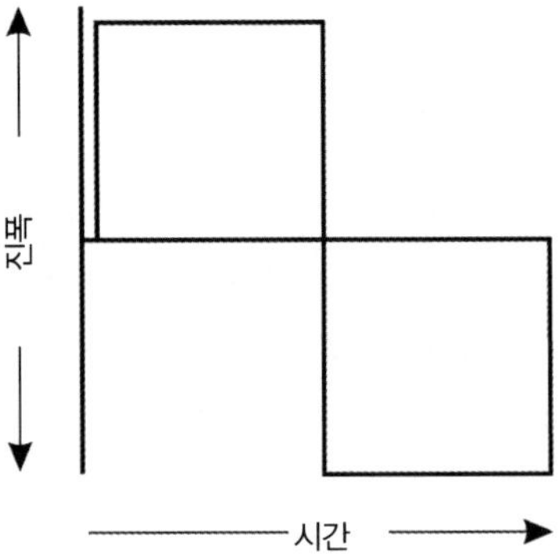

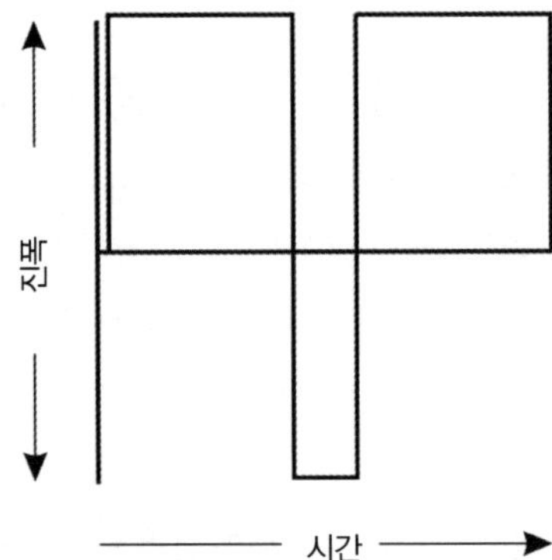

그림 6.3 구형파

그림 6.4 펄스파

파는 일정한 비례에 따라 짝수 고조파와 홀수 고조파를 모두 지닌다. 즉, 가장 강력한 배음 성분을 지닌 음색을 내기 때문에 필터로 훑고sweeping 성형하기 가장 적합하다. 대개 복잡하고 충만한 사운드가 요구되는 음색을 내는 데 활용된다.

6. 노이즈 The Noise Wave

노이즈 파형은 다른 5가지 파형과 다르다. 실제 음조를 내는 것이 아니라 모든 주파수가 무작위로 뒤섞여 있기 때문이다. 노이즈는 대개 뒤섞인 주파수의 에너지에 따라 '핑크pink' 혹은 '화이트white'로 나뉜다. 화이트 노이즈는 전체 주파수 영역에 걸쳐 동일한 양의 에너지를 지니며 라디오 잡음과 비슷하다. 반면 핑크 노이즈는 주파수에 따라 에너지의 양이 다르기 때문에 더 무겁고 깊은 '쉬익' 소리를 만든다. 노이즈의 음색이 어두울수록 주파수가 더 둔탁하다.

노이즈는 타악기 사운드를 내는 데 가장 유용하며, 초기 드럼 머신에서 스네어와 박수 소리를 만드는 데 흔히 사용되었다. 그러나 근래에는 베이스와 리드 음색에 높은 주파수 에너지를 믹스하여 소리를 두드러지게 만드는 데 더 활용된다.

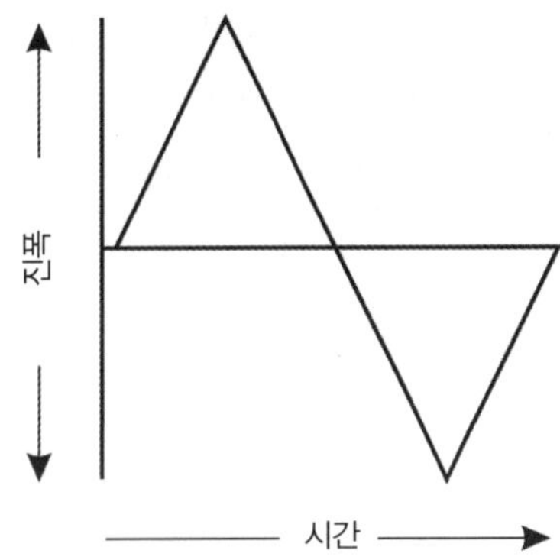

그림 6.5　삼각파

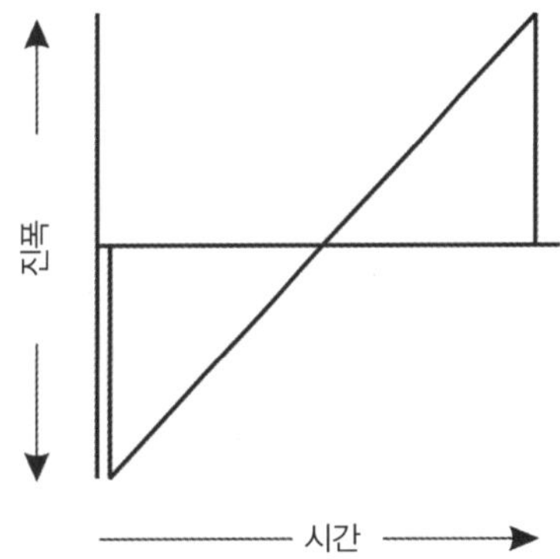

그림 6.6　톱니파

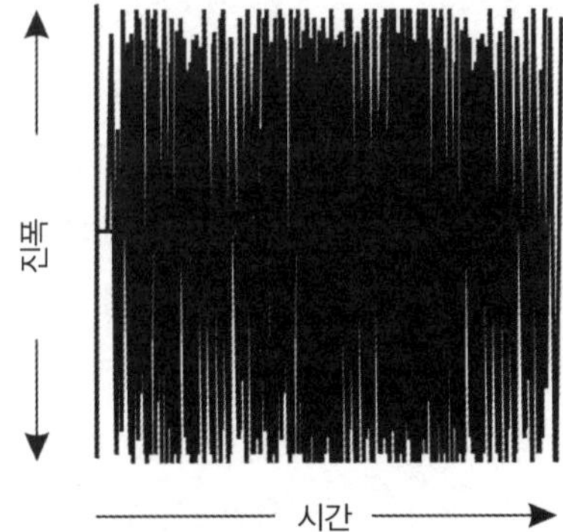

그림 6.7　노이즈

추가 파형
FURTHER
WAVEFORMS

컴퓨터가 정보를 처리하는 속도가 엄청나게 빨라진 지금 발진기의 수와 스타일이 초기보다 크게 늘었다. 많은 플러그인 신시사이저들은 삼톱니파tri-saw, 펄스파, 가변 펄스파, 삼펄스파tri-pulse, 다양한 음원에서 샘플링한 파랑형wave shapes을 비롯한 수많은 파형을 제공한다.

이 '새로운' 파형들은 대개 3가지 기본 아날로그 발진기를 토대로 삼으며, 많은 기본 파형들을 섞느라 쓸 수 있는 발진기가 줄어드는 일을 방지하는 데 활용된다. 가령 삼톱니파는 대개 3개의 톱니파 발진기가 혼합되어 풍부한 배음을 만드는 샘플 기반 발진기다. 파랑형도 이 샘플링 범주에 속하지만 대개는 실제 사운드와 악기를 샘플로 삼는다. 가령 반복되는 피아노의 어택attack 단계로 구성될 수도 있고, 일련의 노이즈로 구성될 수도 있다. 이런 발진기의 경우 대개 컨트롤로 샘플의 시작점을 설정할 수 있다. 그러면 프로듀서는 일정 주기에 걸쳐 샘플 부분을 시작하기만 해도 다양한 음색을 만들 수 있다.

신시사이저가 서너 개의 발진기만 지녔든 수많은 발진기를 지녔든 간에 프로그래밍의 토대는 같다. 프로듀서는 활용할 수 있는 발진기를 한데 섞고, 디튜닝detune을 통해 비팅beating과 추가적인 배음을 넣은 다음 변조 패러미터로 화성을 조정한다.

디튜닝은 대개 각 발진기 옆에 있는 '디튠' 패러미터로 실행하며, 옥타브, 온음, 센트(온음의 100분의 1) 단위로 설정된다. 프로그래밍을 할 때 짝수 디튜닝보다 홀수 디튜닝을 더 많이 한다. 짝수로 디튜닝을 하면 첫 번째 발진기가 이미 제공한 배음과 비슷한 배음 성분이 나오기 때문이다. 그래서 새로운 배음이 나오는 것이 아니라 이미 나온 배음이 이득을 통해 증폭된다. 그렇다고 해서 짝수로 디튜닝을 하지 말아야 한다는 뜻은 아니다. 다만 짝수 디튜닝은 현재 음색을 다양하게 만드는 것이 아니라 강화할 수 있다는 뜻이다.(디튜닝의 목적은 단일 음원의 음이 복수음원의 음처럼 들리도록 하는데 있으므로 그 원래 목적과 취지에 부합하지 않을 수도 있다는 부가설명)

디튜닝을 할 때 발진기들이 분리되어 두 개의 개별적인 피치가 되는 명백한 한계가 있다. 대개 20Hz를 넘어서면 이런 일이 일어나며, 제작사가 선택한 디튜닝 알고리듬에 따라 더 낮을 수도 있다.

디튜닝으로 두 발진기가 독립적인 피치(각 피치는 개별적인 가청 기본 주파수를 지님)를 갖는 것은 비율이 정수일 경우 좋은 효과를 낸다. 가령 한 옥타브만큼 디튜닝을 하면 2차 고조파의 이득이 늘어날 것이다. 디튜닝한 발진기의 기본 주파수가 1차 발진기의 2:1 고조파와 맞춰지기 때문이다. 이 작업은 사운드가 두터워지는 효과를 내며, 음색에 무게를 더하는 데 특히 유용하다. 3:1, 4:1, 5:1로 추가 디튜닝을 해도 화성 측면에서 듣기 좋은 결과가 나올 수 있다.

신시사이저에 따라 발진기들을 동기화syncing하는 추가 기능이 제공되기도 한다. 이 기능은 두 발진기의 주기를 동기화한다. 대다수 신시사이저들은 자동으로 2차 파형을 1차 발진기의 주기에 동기화한다. 즉, 다른 발진기가 어떤 주기에 있든 1차 발진기에 따라 다시 주기를 시작한다.

가령 두 구형파 발진기를 한 옥타브만큼 서로 디튜닝 하면 1차 발진기가 주기를 다시 시작할 때마다 2차 발진기도 주기의 위치에 상관없이 다시 시작하게 된다. 이런 설정은 대단히 강력한 프로그래밍 전략에 따라 계속 바뀌는 화성 구조를 지닌 음색을 만든다.

또한 외부 음원이나 자체 엔진으로 2차 발진기의 피치를 변조하면 피치가 변함에 따라 음색도 크게 변하면서 강하게 왜곡된 스타일의 선율을 만든다. 1990년대에 유행한 접근법은 필터 엔벨로프filter envelope를 활용하여 시간의 흐름에 따른 피치 이동을 제어하는 것이었다. 이렇게 하면 필터와 함께 동기화도 바뀌어서 레이브rave (전반적인 클럽 사운드, 특히 EDM의 사운드를 일컬음)도입 부분의 전형적 울림을 만들어낸다.

발진기를 떠난 신호는 대개 믹서 구간으로 넘어간다. 여기서 각 발진기의 출력 이득을 조절할 수 있다. 그 원칙은 각 발진기의 음량을 조절하여 혼합과 통합을 통해 일관성을 부여하는 것이다.

일부 신시사이저의 경우 믹스 구간에 링 모듈레이션ring modulation 같은 추가 패러미터를 제공한다. 이 패러미터를 활용하면 두 발진기의 주파수(대개 복수 발진기 신시사이저의 발진기 1과 발진기 2)가 변조기로 들어가며, 그 합과 차가 출력된다.

가령 한 발진기가 440Hz(건반의 A4)의 신호 주파수를 내고, 다른 발진기가 660Hz(건반의 E5)의 주파수를 내는 경우를 보자. 이때 두 번째 발진기의 주파수에서 첫 번째 발진기의 주파수를 뺀다.

660Hz-440Hz = 220Hz A3

그 다음에는 두 번째 발진기의 주파수에 첫 번째 발진기의 주파수를 더한다.

660Hz+440Hz = 1,100Hz C#6

이 예에서 차인 220Hz는 기본 주파수를 제공하고, 합인 1,100Hz는 5차 고조파를 만든다. 두 주파수는 같이 섞인 다음 링 변조기에서 출력된다.

이 과정은 언뜻 간단해 보인다. 그러나 링 변조기로 들어가는 두 발진기가 사인파가 아니라면 각 발진기에서 생성되는 모든 배음은 링 변조기를 거쳐 엄청나게 복잡한 음색을 지닐 것이다. 링 모듈레이터로 변조된 음색은 금속성 소리나 종소리로 묘사되곤 하는데, 둘 다 상당히 정확한 묘사에 해당한다.

발진기의 믹스 구간에는 노이즈를 더하여 추가적인 배음을 도입하는 옵션도 있을 수 있다. 이 경우 발진기/믹스 구간을 떠나는 신호는 주어진 옵션을 활용하여 더욱 성형할 수 있는 주파수로 가득해진다.

필터
FILTERS

믹스 구간을 지난 신호는 종종 신시사이저의 필터 단계로 들어간다. 신호를 아직 깎지 않은 나뭇조각이라고 생각한다면 필터는 모양을 잡는 망치와 정에 해당한다. 즉, 필터는 필요한 사운드의 대략적인 이미지가 남을 때까지 원래 신호의 조각들을 깎아내는 데 사용된다.

그래서 필터는 감산식 합성에서 대단히 중요한 요소다. 활용할 수 있는 필터의 질이 나쁘면 사운드를 깎아내는 옵션이 적어서 필요한 사운드를 만들 수 없기 때문이다. 그래서 '고전적인' 댄스 음악 음색을 내려면 특정 신시사이저를 사용해야 하는 이유도 대개 발진기의 파형과 결합된 필터 때문이다.

기본적인 감산식 신시사이저에서 가장 흔히 사용되는 필터는 로우 패스 필터다(그림 6.8). 이 필터는 정해진 컷 오프 지점을 넘어서는 주파수를 제거하는 데 사용된다. 모든 필터의 효과는 점진적이다. 즉, 많이 낮출수록 사운드에서 더 많은 주파수가 제거된다. 그래서 높은 고조파에서 시작하여 점차 낮은 고조파로 이동한다. 필터의 컷 오프 지점이 충분히 낮춰지면 기본 주파수를 넘어서는 모든 고조파가 제거되어 기본 주파수만 남는다. 일부 경우에는 필터에 따라 기본 주파수도 제거할 수 있다.

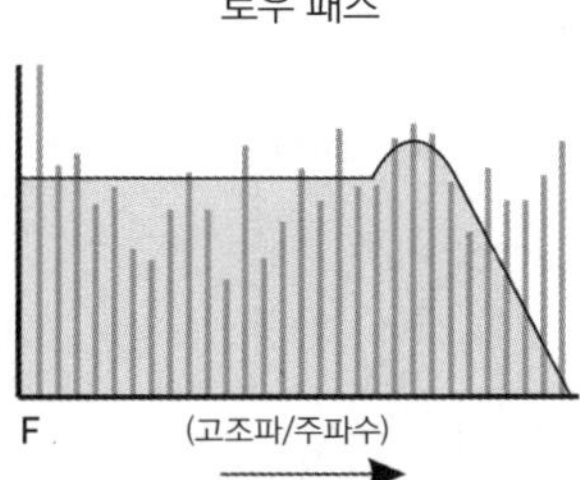

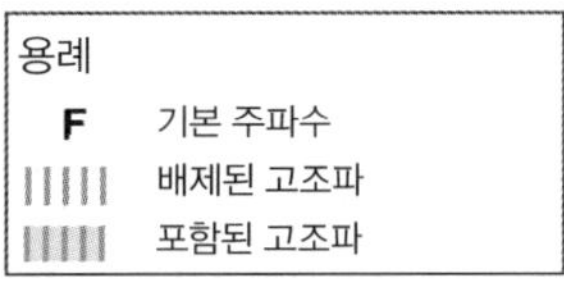

그림 6.8 로우 패스 필터의 작용

발진기를 디튜닝하여 고조파가 풍부한 사운드를 만들었다가 필터로 제거하는 것이 언뜻 이상하게 보일 수 있다. 그러나 이런 절차를 통해 사운드의 고유한 음색을 정할 수 있다. 또한 필터가 변조기를 통해 운율적으로 조정되거나 성형되면 실시간 움직임을 통해 훨씬 흥미로운 음색을 만들 수 있다.

사실, 운율적 혹은 실시간 변조는 사운드 디자인의 근본적인 측면이다. 우리는 원래 음이 연주되는 동안 강약의 변화가 있을 것을 기대하기 때문이다. 피아노 현을 때리는 경우를 보자면 초기 사운드는 아주 선명하지만 서서히 희미해지면서 사라진다. 음이 시작될 때 필터를 열었다가 점차 컷 오프 주파수를 낮춰서 음이 잦아드는 효과를 내면 비슷한 느낌을 만들 수 있다.

이런 효과를 활용할 때 컷 오프 지점 위에 있는 주파수들은 컷 오프 주파수와 직각을 이루어 약화되지 않으며, 잦아드는 비율은 필터의 전환 기간에 좌우된다. 근본적으로 같은 기능을 하지만 일부 필터는 스위프sweep(일정 시간 동안 주파수를 연속적으로 변화시킴)를 통해 멋진 결과를 내는 반면 다른 필터들은 특별하지 않은 결과를 내는 이유가 여기에 있다.

컷 오프 지점을 지정하면 이 지점을 넘어서는 소량의 고조파는 완전히 제거되는 것이 아니라 특정한 각도에 따라 약화된다. 약화 각도는 필터의 전환 밴드에 좌우된다.

이 전환의 경사도는 특정 필터의 사운드를 결정하기 때문에 중요하다. 경사가 급하면 필터가 '날카롭다sharp'고 말하며, 경사가 완만하면 필터가 '부드럽다soft'고 말한다.

전환 과정을 제대로 이해하려면 저항-콘덴서와 관련하여 이 책의 목적을 넘어서는

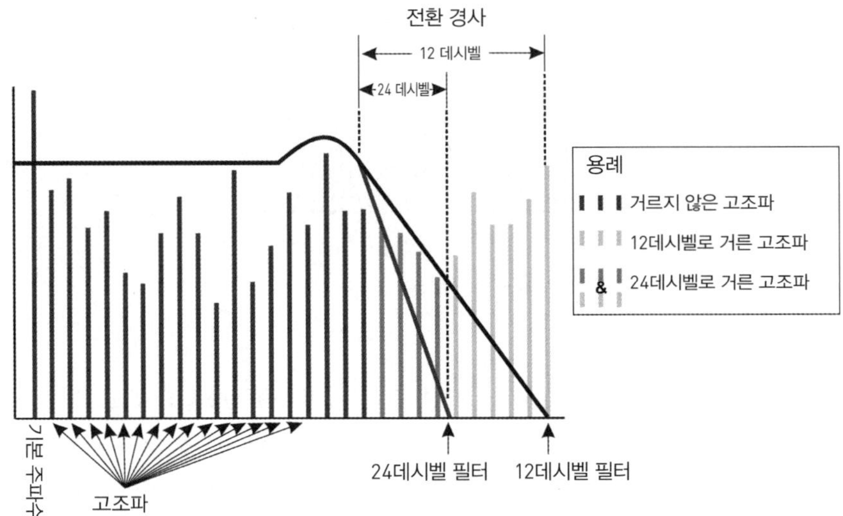

그림 6.9 12데시벨 경사와 24데시벨 경사의 차이

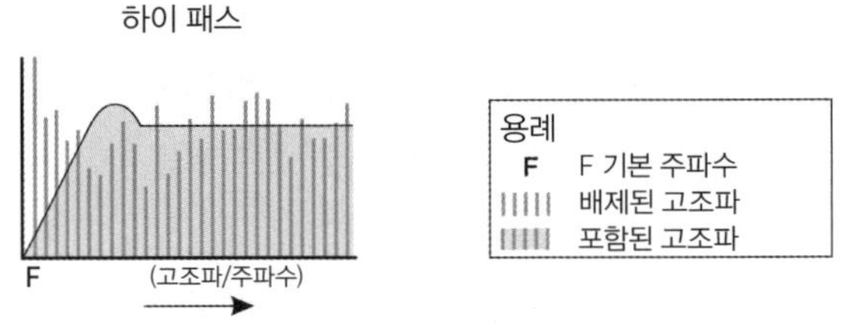

그림 6.10 하이 패스 필터의 작용

깊은 전자공학적 지식이 필요하다. 다만 필터는 데시벨 전환율로 측정되며, 대개 최소값은 6데시벨이라는 정도만 알아두도록 한다. 이는 싱글 폴 필터single-pole filter로 불리는데, 그래프로 그리면 하나의 막대기에 둘러진 텐트처럼 보이기 때문이다. 그 결과 주파수가 옥타브당 6데시벨만큼 약화된다. 대개 싱글 폴 필터는 전환 기간 때문에 이퀄라이저EQ의 중심이다. 신시사이저는 12데시벨 혹은 24데시벨 필터, 일명 투 폴 필터two-pole filter와 포 폴 필터four-pole filter를 종종 활용한다. 투 폴 필터는 옥타브당 12데

시벨, 포 폴 필터는 옥타브당 24데시벨만큼 주파수를 약화시킨다.

포 폴 필터는 옥타브당 24데시벨만큼 주파수를 약화시키므로 사운드를 크게 변화시킨다. 그에 따라 투 폴 필터로 만든 사운드보다 인위적인 느낌을 준다. 따라서 사운드에 어떤 전환 기간이 가장 적절한지 정하는 일이 중요하다. 가령 24데시벨 필터로 패드를 훑는다면sweep 약화가 심하게 이뤄지는 반면 12데시벨 필터는 더 자연스럽게 흐르는 움직임을 만들 것이다(그림 6.9).

신시사이저에 하나 이상의 필터가 있다면 직렬 혹은 병렬로 묶을 수 있다. 즉, 두 개의 12데시벨 필터를 묶어서 24데시벨 전환을 이루거나, 24데시벨 필터는 따로 급격한 음조 조정에 쓰고, 뒤이은 12데시벨 필터는 실시간 필터 스위프에 쓸 수 있다.

로우 패스 필터가 가장 흔히 쓰이지만 하이 패스high pass, 밴드 패스band pass, 노치 notch, 콤comb을 비롯한 여러 다른 필터들이 있다. 이 필터들도 로우 패스 필터처럼 전환 기간을 활용하며, 각자 사운드에 크게 다른 효과를 준다.

하이 패스 필터는 로우 패스 필터와 반대 효과를 낸다(그림 6.10). 그래서 먼저 사운드에서 낮은 주파수를 제거한 다음 점차 높은 주파수로 이동한다. 이 필터는 로우 패스 필터보다 덜 유용하다. 사실상 사운드의 기본 주파수를 제거하여 발포성fizzy 고조파만 남기기 때문이다.

그래서 악기 소리보다 다른 로우 패스 사운드 위에 겹쳐서 고조파 성분을 강화하는 발포성 효과나 밝은 음색을 만드는 데 주로 쓰인다.

전형적인 유포릭 트랜스의 리드가 좋은 사례다. 이 리드는 종종 기본 주파수를 하이 패스 필터로 만든 다른 여러 음조와 겹친 음조로 제작된다. 그러면 기본 주파수를 한데 쌓는 바람에 음색이 뒤섞이는 것을 방지할 수 있다.

리믹싱과 댄스 음악에서 전체 믹스에 걸쳐 하이 패스 필터를 적용하여 낮은 주파수를 제거하는 일이 흔하다. 그러면 트랜지스터 라디오나 전화소리 같은 효과가 생긴다. 컷 오프 컨트롤을 점차 혹은 즉시 줄임으로써 트랙은 얇은 사운드에서 두터운 사운드로 바뀐다. 그러면 적절한 맥락에서 극적인 효과를 거둘 수 있다. 이 기법은 나중에 자세히 설명할 것이다.

하이 패스 필터와 로우 패스 필터를 직렬로 연결하면 밴드 패스 필터band-pass filter

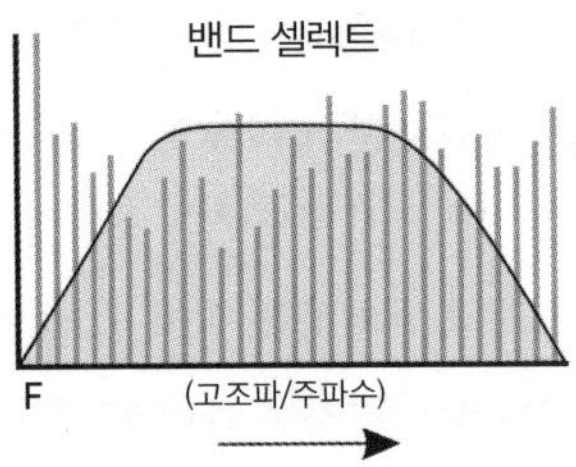

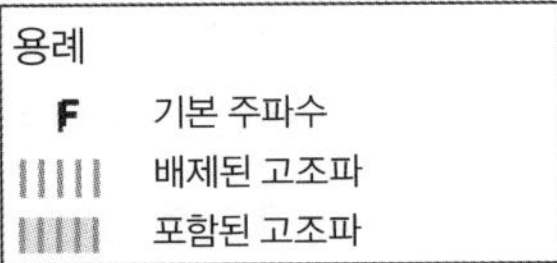

그림 6.11 밴드 패스 필터의 작용

혹은 밴드 셀렉트 필터band-select filter를 만들 수 있다(그림 6.11). 이 필터는 일련의 주파수만 변경 없이 통과하도록 해주고, 나머지 주파수는 약화시킨다. 변경 없이 통과되는 주파수는 필터의 '대역폭' 혹은 '밴드 패스'로 불린다. 로우 패스가 현재 하이 패스 설정치보다 높은 주파수를 약화시키도록 설정하면 어떤 주파수도 통과하지 못해서 소리가 만들어지지 않는다.

밴드 패스 필터는 하이 패스 필터처럼 발포성 배음으로 구성되는 음색을 만드는 데 종종 쓰인다. 또한 파형의 주파수 성분을 정하는 데 쓸 수도 있다. 전체 주파수를 훑으면 개별 배음을 종종 들을 수 있기 때문이다. 이 필터는 기본 주파수를 제거하는 경우가 많다. 그래서 로우 파이lo-fi 및 트립 합trip-hop의 음색을 뒷받침하거나 음향 효과의 토대를 구성하는 아주 얇은 소리를 내는 데 종종 쓰인다.

밴드 패스 필터는 사운드를 얇게 만드는 데 활용되지만 비슷한 목적을 지닌 밴드 리젝트 필터band-reject filter와 혼동하지 말아야 한다. 종종 노치 필터로 불리는 밴드 리젝트 필터는 지정된 영역의 주파수를 약화시켜서 사운드에 홈notch을 만들며(그래서 노치 필터라는 이름이 붙었다), 대개 기본 주파수를 건드리지 않는다(그림 6.12). 이 필터는 주파수를 떠내서 사운드를 얇게 만드는 한편 기본 주파수를 보존해서 식별 가능한 피치를 담으면서도 배음 성분이 많지 않은 음색을 만드는 데 유용하다.

마지막으로 다룰 필터는 콤 필터다. 콤 필터를 적용하면 입력되는 일부 샘플의 시간이 지연되며, 출력이 다시 입력되어 재처리를 통해 결과를 만든다. 그래서 빗comb 같은 모양을 만들기 때문에 콤 필터로 불린다. 콤 필터를 적용하면 지연되는 시간과 샘플링

댄스 뮤직 바이블

노치

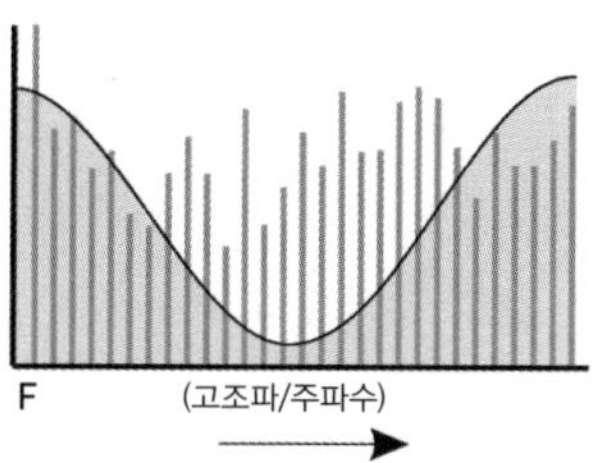
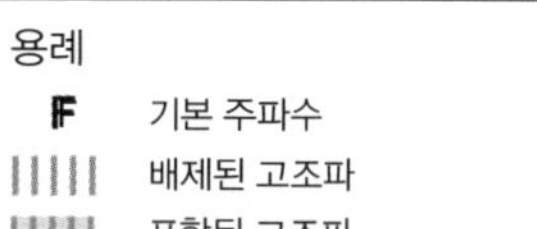

그림 6.12 노치 필터의 적용

콤

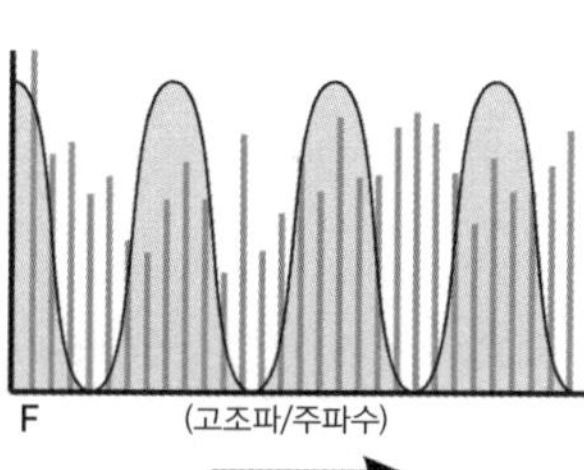

그림 6.13 콤 필터의 작용

비율에 따라 특정 배음을 늘리거나 줄일 수 있다. 그래서 다른 방식으로는 불가능한 복잡한 음색을 만드는 데 유용하다.

가령 1kHz의 신호를 지연 시간이 1ms인 필터로 처리하면 동상in phase이 된다. 1ms가 입력 신호와 일치하여 1이 되기 때문이다. 반면 신호가 500Hz인 경우 길이가 절반이므로 위상이 180도 어긋나 0이 된다. 이 건설적 구간과 파괴적 구간이 고조파를 계속 늘리고 줄여서 그래픽으로 나타내면 그림 6.13처럼 빗과 같은 모양을 갖게 된다.

이 방식은 1을 만드는 1kHz의 정수 배수와 0을 만드는 500Hz의 홀수 배수(1.5kHz, 2.5kHz, 3.5kHz 등)에 걸쳐 모든 주파수에 적용된다. 콤 필터를 적용하면 대단히 반향이 큰 효과를 낼 수 있다. 다만 그 용도는 기본적인 사운드 성형보다 극단적인 사운드 디자인으로 제한된다. 마찬가지로 작용 방식 때문에 신시사이저에 제공되는 경우가 드물다. 그래서 네이티브 인스트루먼츠Native Instruments의 매시브 신시사이저Massive Synthesizer를 제외하고 대개 서드 파티 third-party이펙트로만 나온다.

신시사이저 필터 구간에서 사운드를 조작하는 마지막 요소는 레조넌스resonance 컨트롤이다. 피크Peak 혹은 Q로도 불리는 이 요소는 입력으로 바로 되돌아가는 필터 출력의 양을 가리킨다. 이 경우 컷 오프 주파수 근처에 있는 모든 주파수가 강조되는 결과가 나온다.

이는 컷 오프 지점에서 밴드 패스 필터를 적용하여 피크peak를 만드는 것과 비슷하다. 또한 필터의 전환 기간에도 영향을 미치지만 다른 곳보다 실제 컷 오프 주파수에서 더 두드러진다. 실제로 컷 오프 영역에 걸쳐 필터로 훑으면 레조넌스가 곡선을 따르면서 지속적으로 컷 오프 지점에서 피크를 이룬다(그림 6.14). 음색 측면에서 레조넌스를 늘리면 필터의 사운드가 더 극적으로 변하며, 로우 패스 필터 스위프와 함께 쓰면 특히 효과적이다.

많은 아날로그 신시사이저 및 DSP 아날로그 모델링 신시사이저에서 레조넌스를 충분히 높이 조정하면 저절로 피드백이 된다. 이때 신호는 피드백이 많이 될수록 필터가 자가발진self-oscillation할 때까지 과장된다.

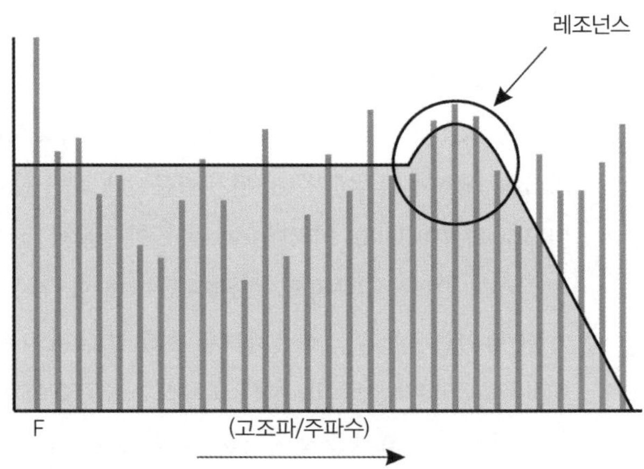

그림 6.14 레조넌스의 효과

댄스 뮤직 바이블

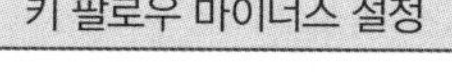

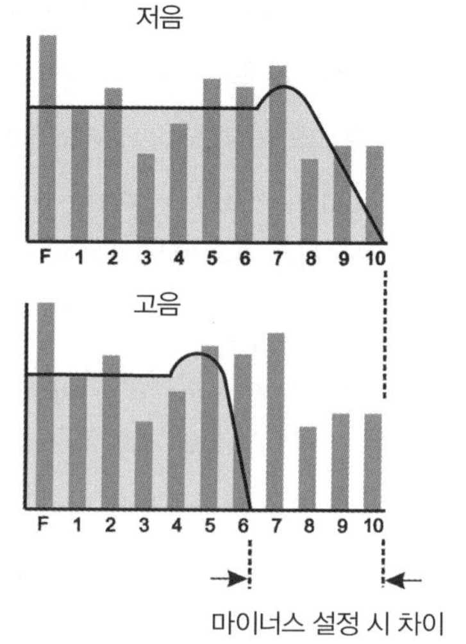

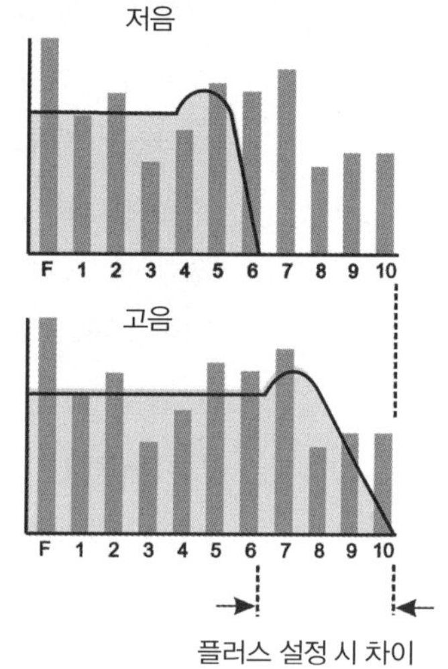

그림 6.15 필터 키 팔로우의 효과

자가 발진은 필터가 컷 오프 지점의 주파수와 같은 주파수를 지닌 자체 사인파를 만드는 것이다. 이때부터 필터의 컷 오프를 조정하면 사인파를 어떤 주파수로도 맞출 수 있다. 이는 초기에 사인파를 갖추지 않은 신시사이저를 위한 해결책을 제공했다. 지금은 사인파가 흔하기 때문에 자가 발진이 옛날만큼 중요치 않다. 그러나 사운드 효과를 만드는 데는 여전히 유용하다. 가령 필터를 자가 발진 지점으로 밀어넣고 컷 오프 주파수를 조작하면 복잡한 효과와 광범위한 베이스 음색을 만들 수 있다.

건반의 피치도 피치 트래킹pitch tracking이나 키보드 스케일링keyboard scaling 혹은 종종 '키 팔로우key follow'로 불리는 방법을 활용하여 필터의 작용과 긴밀하게 연계될 수 있다.

이 패러미터를 (플러스도 아니고 마이너스도 아닌) 중립 상태로 설정하면 건반의 음을 연주했을 때 컷 오프 주파수가 해당 피치를 따르며, 각 음은 동일한 필터링 레벨을 거친다. 가령 이를 로우 패스 필터에서 활용하면 필터 설정이 고정되어 점차 높은 음들이 연주됨에 따라 사운드에 점점 적은 배음이 실려서 고음의 음색이 저음의 음색보다 그윽해진다. 반면 키 팔로우 패러미터가 플러스로 설정되면 높은 음은 높은 컷오프 주파수를 지녀서 선명한 음색을 유지하게 된다. 반대로 키 팔로우 패러미터가 마이너스로 설정되면 고음은 낮은 컷 오프 주파수를 지녀서 중립 상태일 때보다 더 그윽해진다(그림 6.15). 키 팔로우는 고음이 저음보다 그윽한 관악기 같은 실제 악기를 재현할 때 그리고 한 옥타브 넘게 뛰어서 리듬에 추가적인 변주를 더하는 복잡한 베이스라인을 만들 때 유용하다.

일부 필터는 필터를 오버드라이브overdrive 상태로 만드는 새추레이션saturation 패러미터도 제공한다. 이 패러미터는 강하게 적용할 경우 디스토션 효과를 낸다. 또한 음색을 두껍게 만들고 신호에 더 많은 배음과 부분음을 더하여 풍부하게 들리는 리드나 베이스를 만들 때 많이 쓰인다.

앰프
THE
AMPLIFIER

소리가 시작되자마자 멈추는 어쿠스틱 악기는 드물다. 사운드가 진폭에 이르렀다가 잦아들어서 다시 조용해지는 데에는 일정한 시간이 걸린다. 그래서 모든 신시사이저에 있는 '엔벨로프 생성기envelope generator(EG)'를 이용하여 시간에 따른 음색의 음량을 조정한다.

그러면 건반을 누르는 순간 사운드가 즉시 시작되는지 아니면 점차 구축되는지의 여부와 건반에서 손을 뗐을 때 사운드가 잦아드는 방식(빨리 혹은 서서히)을 제어할 수 있다. 이 컨트롤은 대개 어택Attack, 디케이Decay, 서스테인Sustain, 릴리스Release(ADSR)라는 네 개의 구간으로 구성된다. 각 구간은 음이 지속되는 시간 동안 특정 지점에서 발생하는 형태를 결정한다. 그림 6.16이 한 예다.

어택
Attack

어택 패러미터는 건반을 누른 시점부터 음이 시작되는 방식 그리고 사운드가 정적에서 완전한 음량까지 이르는 데 걸리는 시간을 결정한다. 이 시간을 길게 설정하면 이득을 서서히 늘리는 것처럼 사운드가 '페이드 인'된다. 반대로 짧게 설정하면 건반을 누르는 순간 사운드가 바로 시작된다. 대다수 악기는 아주 짧은 어택 시간을 활용한다.

디케이 Decay

음이 시작된 직후 처음에는 음량이 감쇠된다. 가령 피아노 음은 아주 큰 타격음 부분에서 시

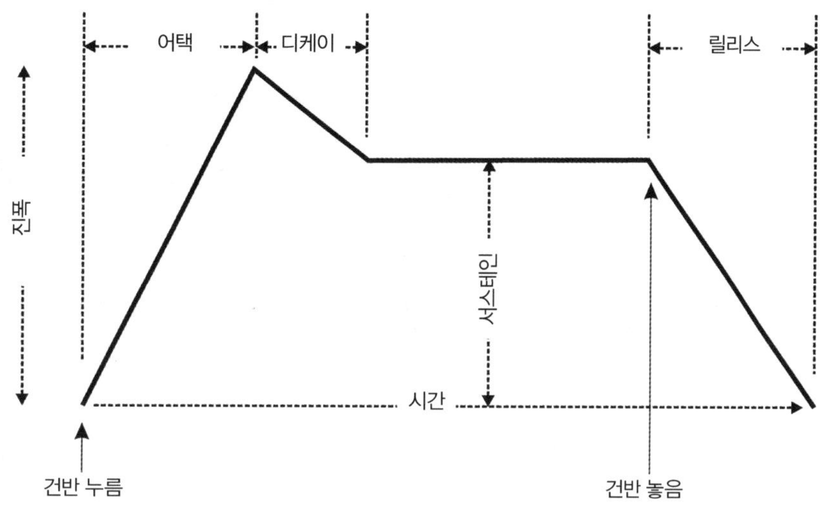

그림 6.16 ADSR 엔벨로프

작되지만 바로 더 낮은 음량으로 떨어진다. 한편 건반을 누른 상태에서 음은 계속 유지된다. 음이 어택 단계에 속한 초기 피크에서 서스테인 단계로 잦아드는 데 걸리는 시간은 '디케이 시간'으로 불린다.

서스테인
Sustain

서스테인 기간은 어택과 디케이 기간 후에 나오며, 건반을 누른 상태에서 음의 음량을 결정한다. 즉, 서스테인 수준을 최대치로 잡으면 디케이 기간이 아무런 영향을 미치지 못한다. 어택 단계에서 음량이 최대치에 이르기 때문에 디케이 단계에서 낮출 여지가 없기 때문이다. 반대로 서스테인 수준을 0으로 잡으면 어택 기간에 뒤이어 절정에 오른 사운드는 건반을 계속 누르고 있어도 정적으로 잦아들 것이다. 이 경우 디케이 시간이 사운드가 정적으로 잦아드는 데 걸리는 시간을 결정한다.

릴리스
Release

릴리스 기간은 건반에서 손을 뗀 후 사운드가 서스테인 수준에서 정적으로 잦아드는 데 걸리는 시간이다. 릴리스 기간을 0으로 잡으면 건반에서 손을 떼는 순간 사운드가 바로 멈춘

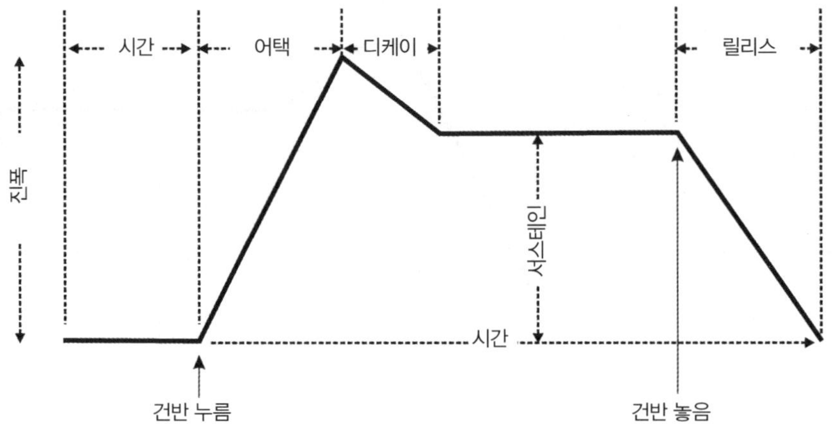

그림 6.17 TADSR 엔벨로프

다. 반대로 높은 수준으로 잡으면 건반에서 손을 떼도 음이 계속 잦아든다.

ADSR 엔벨로프가 가장 흔하기는 하지만 어택-릴리스(AR), 타임-어택-딜레이-서스테인-릴리스(TADSR), 어택-딜레이-서스테인-타임-릴리스(ADSTR)처럼 미묘하게 다른 엔벨로프들도 있다. 대다수 드럼 음색에는 디케이나 서스테인 요소가 없다. 그래서 드럼 신시사이저는 AR 엔벨로프를 종종 쓴다. 또한 AR 엔벨로프는 저렴한 신시사이저에도 쓰인다. AR 패러미터가 사운드에 가장 커다란 효과를 미쳐서 기본적으로 갖춰야 하기 때문이다. TADSR 엔벨로프와 ADSTR 엔벨로프는 비싼 신시사이저에서만 쓰인다. 가령 T(타임) 기간이 추가된 TADSR은 어택 단계에 이르기 전에 지나는 시간의 양을 설정할 수 있다(그림 6.17).

모든 엔벨로프가 직선적 전환을 제공하는 것은 아니라는 점을 알아야 한다. 즉, 어택, 디케이, 릴리스 단계가 반드시 앞서 나온 그림처럼 직선으로만 구성되는 것은 아니다. 일부 신시사이저에서는 오목하거나 볼록할 수도 있다. 또한 엔벨로프 단계를 직선으로 할지, 오목하게 할지, 볼록하게 할지 제어할 수 있는 신시사이저도 있다. 그림 6.18은 직선 엔벨로프와 지수exponential 엔벨로프의 차이를 보여준다.

    댄스 뮤직 바이블

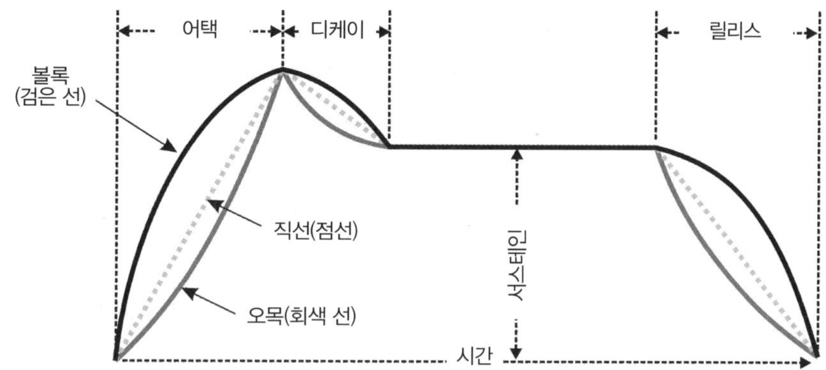

그림 6.18 직선 엔벨로프와 지수 엔벨로프

많은 신시사이저는 최종 사운드의 진폭을 제어하는 엔벨로프와 더불어 필터에 내장된 엔벨로프도 갖추고 있다. 이 엔벨로프를 활용하여 음이 재생되는 동안 음조를 바꿀 수 있다. 엔벨로프 제어 필터를 활용한 전형적인 사례는 프로그레시브 하우스Progressive House에 나오는 플럭pluck(현을 뜯는 소리) 음색이다. EG에서 제로 어택와 짧은 디케이, 제로 서스테인 레벨을 적용하면 필터가 활짝 열린 채 시작되었다가 빠르게 스위프되어 완전히 닫히면서 끝나는 음이 만들어진다. 이때 흔히 디케이 패러미터를 자동화하여 트랙 전체에 걸쳐 점차 증가하게 만든다.

대다수 신시사이저는 변조 소스modulation source와 변조 대상modulation destination의 형태로 사운드를 조작하는 추가적인 도구를 제공한다. 이 도구는 종종 변조 매트릭스modulation matrix로 불린다. 변조 매트릭스를 활용하면 한 패러미터의 움직임을 활용하여 독립적인 다른 패러미터를 조정할 수 있다. 수정기 그리고 영향 받는 대상의 수는 신시사이저마다 다르다. 많은 신시사이저는 필터 및 진폭과 함께 여러 EG도 제공하여 엔벨로프로 다른 패러미터들을 제어하도록 해준다. 혹은 필터나 진폭 엔벨로프로 추가 패러미터도 제어할 수 있다.

엔벨로프에 더하여 다른 패러미터를 변조하는 데만 사용되는 추가 발진기도 제공된다. 이 저주파 발진기(LFO)는 VCO와 비슷한 방식으로 출력 주파수를 생성한다. 다만 일반 발진기는 (20Hz에서 20kHz 영역에 속한) 가청 주파수를 생성하는 반면 저주파 발진기는 (1Hz에서 10Hz 영역에 속하여) 들을 수 없는 비교적 낮은 주파수를 지닌 신호를 생성한다는 점이 다르다.

저주파 발진기는 '대상destination'으로 불리는 다른 패러미터를 변조하여 사운드에 추가적인 움직임을 도입하는 데 쓰인다. 가령 LFO를 비교적 높은 주파수, 가령 5Hz로 설정하여 일반 발진기의 피치를 변조하면, 발진기의 피치가 LFO 파형의 속도와 형태에 따라 오르내리면서 비브라토와 비슷한 효과가 생긴다.

LFO에 사인파를 쓰면 경찰 사이렌 소리와 비슷한 소리가 난다. 혹은 LFO로 필터 컷 오프를 변조하면 해당 필터는 LFO가 정하는 속도에 따라 열고 닫히며, 발진기의 음량을 변조하면 음량이 오르내리면서 트레몰로 효과를 낸다.

LFO가 지니는 파형은 전적으로 신시사이저에 달려 있다. 그러나 대개 사인파, 톱니파, 삼각파, 구형파, 샘플/홀드sample/hold 파형을 쓴다. 후자는 다시 시작되기 전에 두어 샘플마다 잠시 멈추는 무작위로 생성된 노이즈 파형으로 만들어진다.

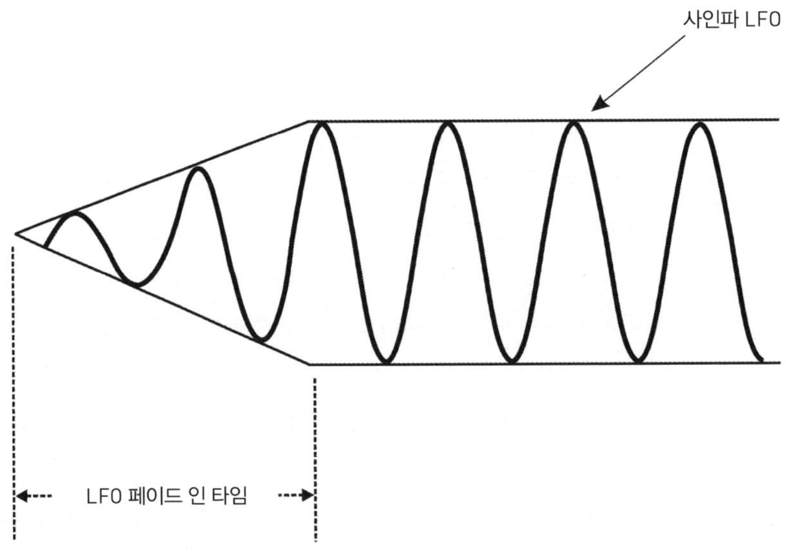

그림 6.19 LFO 페이드 인

댄스 뮤직 바이블

LFO는 파형의 선택과 더불어 대상을 증강시키는 정도(신시사이저에서 흔히 양 amount이라고 부름)에 대한 컨트롤, LFO 파형 주기의 속도를 제어하는 레이트 컨트롤 rate control도 제공해야 한다. 또한 페이드 인 컨트롤을 갖춘 경우도 있다. 페이드 인 컨트롤은 건반을 누른 후 LFO가 파형에 영향을 미치는 속도를 제어한다. 그림 6.19가 한 예다. 이 설정은 음이 시작된 후 비브라토가 나오기 때문에 관악기를 모방하는 데 흔히 사용된다. EDM의 경우는 LFO가 피치나 필터를 변조하여 변동을 일으키는 방식으로 긴 현악기 음에 주로 사용된다.

기능이 많은 신시사이저의 LFO는 나름의 엔벨로프도 갖출 수 있다. 그러면 특정한 시간 동안 LFO의 작용을 제어하여 건반을 누른 후 페이드 인을 하고 디케이, 서스테인, 릴리스를 활용할 수 있도록 해준다. 그러나 이런 경우는 드물며, 대개는 페이드 인과 페이드 아웃 패러미터(어택/릴리스 엔벨로프)만 활용한다.

LFO가 변조할 수 있는 대상은 전적으로 신시사이저에 좌우된다. 그래서 발진기의 피치와 필터만 변조할 수 있는 신시사이저도 있고, 복수의 대상과 더 많은 LFO를 제공하는 신시사이저도 있다. 물론 쓸 수 있는 LFO와 대상이 많을수록 창의성을 발휘할 여지도 늘어난다.

실제 적용
PRACTICAL
APPLICATION

신시사이저에 있는 여러 패러미터를 이해하는 것과 실제로 활용하여 사운드를 제대로 프로그램하는 일은 완전히 다르다. 신시사이저의 각 부분을 들어보고 연습하는 방법을 대체할 수 있는 것은 없다. 이 점을 염두에 두고 짧은 사례로 실험을 하여 각 부속 장치와 사운드에 미치는 효과를 살펴보자.

우선 기본 패치에서 출발하도록 현재 설정을 모두 지워라. 많은 신시사이저에서는 이 기능을 '초기화initializing'로 부르며, '이니트init'나 '이니트 패치init patch'라는 버튼으로 수행한다.

그 다음 신시사이저에서 C3를 계속 누르거나 미디로 신시사이저를 제어한다면 지속음으로 프로그래밍하라. 이 연습의 목적은 컨트롤을 변조할 때 사운드가 어떻게 바뀌는지 듣는 것이다. 그러므로 음이 계속 연주되어야 한다.

두 발진기의 파형으로 톱니파를 선택하라. 끌 수 없는 세 번째 발진기가 있다면 삼각파 발진기로 설정하라. 이제 음색이 두꺼워질 때까지 한 톱니파 발진기를 다른 발진기로부터 디튜닝하라. 이 연습은 합성의 개념을 파악하기 위한 것이다. 그러니 두 발진기가 서로 분리되어 들릴 때까지 디튜닝을 계속한 다음 하나의 지속적인 음으로 다시 합쳐질 때까지 되돌려라. 삼각파를 쓴다면 두 톱니파로부터 디튜닝하고 그 결과를 들어보라.

VCA 엔벨로프를 찾아서 패러미터들로 실험을 해보라. 가령 C3를 놓았다가 다시 눌러서 엔벨로프가 음색에 미치는 효과를 들어보라. 음색을 어떻게 바꾸는지 잘 이해할 때까지 엔벨로프들을 실험하라. 만족할 만큼 이해한 다음에는 짧은 디케이, 중간 서스테인, 긴 릴리스와 함께 빠른 어택을 적용하라. 이때 이전처럼 C3를 계속 누르고 있어야 한다.

필터 구간에서는 필터 설정을 실험하라. 먼저 레조넌스를 중간 정도에 설정한 상태에서 하이 패스 필터를 이용하고 컷 오프 컨트롤을 서서히 낮춰라. 필터가 사운드를 훑으면서 먼저 낮은 주파수를 제거하고 서서히 높은 주파수로 나아가는 양상에 주목하라. 또한 레조넌스로 실험을 하면서 음색에 영향을 미치는 양상을 살펴라. 노치와 밴드 패스, 끝으로 로우 패스를 대상으로 같은 실험을 하라. 로우 패스 필터와 레조넌스를 상당히 낮게 설정하면 잡음처럼 '윙윙대는buzzing' 음색을 들을 수 있다.

이 음색은 대단히 단조롭다. 그러니 필터 엔벨로프를 활용하여 사운드에 약간의 생기를 불어넣어 보자. 필터 엔벨로프는 필터의 동작을 제어한다는 점을 제외하면 VCA와 같은 원칙대로 작용한다. 필터 엔벨로프를 긴 어택과 디케이, 짧은 릴리스, 제로 서스테인 그리고 최대 플러스 변조로 설정하라. 신시사이저에 필터 키 팔로우가 있다면 활용하라. 그러면 필터가 연주되는 음의 피치를 뒤따르면서 스스로 조정을 한다. 이제 C3를 누르고 음이 연주되는 동안 필터 엔벨로프의 제어에 따라 필터가 주파수를 훑는 양상을 확인하라.

끝으로 음색에 약간의 흥미를 더하기 위해 LFO 제어부를 찾아라. 대개 LFO는 레이트rate(속도)를 조정하는 원형 컨트롤, 파형을 선택하는 스위치, 심도depth 컨트롤, 변조 대상을 지정하는 옵션을 갖춘다. 먼저 파형으로 삼각파를 선택하고 C3를 눌러라. 그다음 심도 컨트롤을 최대치로 올린 다음 대상을 피치로 맞춰라. 그리고 레이트(속도)

를 서서히 돌리면서 결과를 들어보라. 2차 LFO가 있다면 구형파로 필터 컷 오프를 변조하고, 심도를 최대치로 맞춘 다음 다시 레이트를 바꿔가며 실험하라.

이렇게 간단한 연습만 해도 신시사이저 그리고 각 패러미터가 기본 사운드에 미치는 효과에 익숙해질 것이다. 이 책의 홈페이지(4p 일러두기 참조)에 연습 방법을 보여주는 짧은 동영상이 있다.

유형에 관계없이 모든 합성은 복잡한 음색을 만든 다음 엔벨로프로 음을 다듬고 수정기로 변조하는 비슷한 패턴을 따른다. 유일한 차이점은 초기 사운드를 만드는 엔진이다. 아날로그 합성은 발진기를, 주파수 변조 합성은 오퍼레이터를, 그래뉼라 합성은 그레인grain을, 샘플 합성은 샘플을 활용하며, 가산 합성은 단순한 파형들을 합친다.

주파수 변조Frequency Modulation방식 신시사이저는 1970년대 초에 스탠퍼드 대학의 존 차우닝John Chowning 박사가 개발했다. 뒤이어 야마하가 추가로 개발하여 이제는 전설이 된 DX7과 TX81Z 신시사이저를 출시했다. 이 신시사이저들은 20년 넘게 댄스 음악가들이 베이스 사운드를 만드는 인기 있는 도구였다.

발진기를 활용하는 아날로그 합성과 달리 주파수 변조 합성은 오퍼레이터로 기본 사운드를 만든다. 오퍼레이터는 이름과 달리 나름의 진폭 엔벨로프를 갖춘 발진기에 불과하며 사인파만 만들 수 있다. 주파수 변조 합성은 1차 오퍼레이터의 출력을 통해 2차 오퍼레이터의 피치를 변조하여 추가 배음을 도입하는 방식으로 사운드를 만든다. 그래서 아날로그 합성과 마찬가지로 기본적인 사운드를 만들려면 각 FM 음성마다 최소한 두 개의 발진기가 있어야 한다.

주파수 변조(FM) 합성에서 변조에 사용하는 오퍼레이터는 '모듈레이터', 변조되는 오퍼레이터는 '캐리어carrier'로 부른다. 초기 FM 신시사이저에는 총 6개의 오퍼레이터가 있으며, 이 오퍼레이터들을 수많은 방식으로 연결하고 설정할 수 있다. 가령 모듈레이터로 다른 캐리어를 변조하고, 다시 이 캐리어로 다른 캐리어를 변조하며, 최종적으로 캐리어를 변조하는 모듈레이터를 변조하면 배음이 풍부한 음색을 만들 수 있다. 이 사운드를 LFO로 더욱 변조하고 아날로그 감산식 신시사이저와 마찬가지로 필터와 진폭 엔벨로프로 증강시킬 수 있다.

6개뿐이라고 해도 오퍼레이터를 연결하는 수많은 방식이 있다. 그러나 모두가 음악

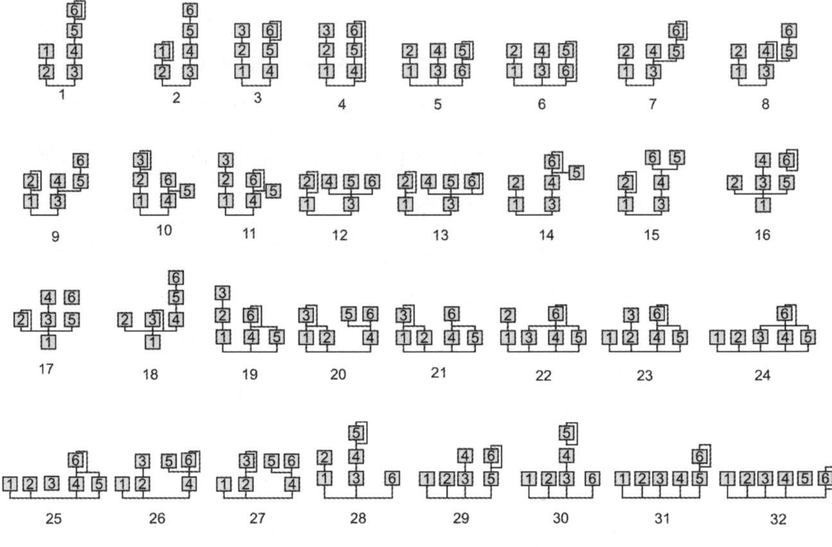

그림 6.20 FM 알고리듬

적으로 좋은 결과를 내는 것은 아니다. 그래서 많은 신시사이저는 조작을 단순하게 만들기 위해 일련의 고정된 알고리듬을 활용한다. 여기에는 사전 설정된 모듈레이터와 캐리어 경로의 조합들이 있어서 FM 신시사이저를 프로그래밍하는 최선의 출발점을 제공한다. 그림 6.20은 DX-7의 전형적인 알고리듬이다.

아날로그 합성에서도 2개의 발진기를 활용하여 FM 합성의 특성을 흉내 낼 수 있다. 이 경우 1차 발진기는 모듈레이터 역할을 하고 2차 발진기는 캐리어 역할을 한다. 1차 발진기의 출력이 2차 발진기의 변조 입력으로 들어가는 상태에서 음을 연주하면, 두 발진기는 각각의 음을 연주하지만 2차 발진기의 피치는 1차 발진기의 주파수에 따라 시간의 흐름과 함께 바뀐다. 그 결과 다소 기초적인 형태의 FM 합성이 이뤄진다. 많은 제조사들은 매뉴얼에서 이 기능을 FM 합성이라고 말하지만 더 정확하게는 '교차 변조'에 불과하다.

그럼에도 FM 합성과 아날로그 합성에서 주파수 변조가 지닌 속성 때문에 디지털 느낌이 나는 금속성 음색이 나오는 경향이 있다. 이는 아날로그 발진기의 드리프트로

댄스 뮤직 바이블

생기는 따뜻한 음색과 대비된다. 또한 FM 신시사이저의 디지털 속성 때문에 하드웨어 신시사이저의 페시아 패널fascia panel은 대개 아주 적은 실시간 컨트롤러만 갖춘다. 대신 수많은 버튼들이 있어서 작은 LCD 디스플레이를 통해 모든 패러미터를 처리하고 조정할 수밖에 없다. 가상 악기의 개입은 훨씬 큰 스크린으로 이런 접근법을 바꾸었다. 그러나 소수 제조사만 FM 특정 신시사이저를 제대로 제작하는 일에 나섰다.

가장 최근 사례가 네이티브 인스트루먼츠의 FM8이다. 이 대단히 강력한 FM 신시사이저는 DX7, DX100, DX27로부터 미리 설정된 파일과 sysex를 받을 수 있을 뿐만 아니라 더 복잡한 엔진을 갖춰서 아날로그 스타일 음색을 만들 수 있다. 스크릴렉스skrillex는 FM8 신시사이저로 여러 사운드를 만드는 것으로 알려져 있다.

샘플 합성
SAMPLE AND SYNTHESIS

샘플 합성은 발진기 대신 샘플을 활용하는 다른 형태의 합성이다. 대개 샘플은 악기의 전체 음색으로만 구성되지 않는다. 대신 악기가 내는 사운드의 다양한 단계에 속한 샘플을 활용한다. 가령 전형적인 샘플 기반 신시사이저는 피아노의 어택 단계에 속한 5개의 다른 샘플을 디케이, 서스테인, 릴리스 부분과 함께 갖출 수 있다. 그래서 한 사운드의 어택 부분을 다른 사운드의 릴리스 부분과 섞어서 복잡한 음색을 만들 수 있다.

많은 하드웨어 신시사이저의 경우 대개 4개의 개별 음조를 섞어서 음색을 만든다. 각 음조는 LFO, 필터, 엔벨로프를 비롯한 여러 수정기에 접근할 수 있다. 그래서 실제 악기를 모방할 뿐만 아니라 복잡한 사운드를 만들 수많은 가능성이 열린다. 이런 합성법은 현실적인 악기음을 내는 모든 신시사이저의 사실상 표준이 되었다. 실제 사운드의 샘플을 아날로그 신시사이저가 지닌 온갖 편집 기능 및 기능성과 결합하면 현실적이면서 합성된 사운드를 만들 커다란 여지가 생긴다.

그래뉼라 합성
GRANULAR SYNTHESIS

그래뉼라 합성은 복잡해서 하드웨어 신시사이저에서 활용하는 경우가 드물다. 그러나 스펙트라소닉스Spectrasonics의 옴니스피어Omnisphere처럼 그래뉼라 합성을 활용하는 소수의 소프트웨어 신시사이저는 있다. 이 합성법은 '그레인'으로 불리는 일련의 짧은 단위들로부터 사운드를 쌓아올린다. 이는 영사기가 각각 조금씩 다른 일련의 정지 화상을 초당 약 25개씩 연속으로 보여주는 방식과 유사하다. 이런 연속적인 움직임은 눈과 뇌를 속여서 움직임이 부드

럽게 이어진다고 믿게 만든다.

그래뉼라 신시사이저도 정지 화상 대신 작은 사운드의 조각을 활용하여 같은 방식으로 작동한다. 이 그레인들을 합치면 일정한 시간에 걸쳐 만들어지는 전체적인 음조가 생긴다. 이때 각 그레인의 길이는 30ms 미만이어야 한다. 인간의 귀는 30ms에서 40ms 미만으로 떨어진 단일 사운드를 감지할 수 없기 때문이다. 이 현상은 하스 효과Haas effect로 불린다. 심리음향학 이론에 따르면 직접 수신된 신호로부터 40ms 미만으로 발생하는 모든 사운드는 개별적으로 지각되지 않는다.

어떤 수준으로든 그래뉼라 합성을 활용하려면 각 그레인에 대해 특정한 컨트롤이 제공되어야 한다. 이 점은 그래뉼라 합성을 어렵게 만든다. 최대 1,000개의 그레인으로 하나의 사운드를 구축할 수도 있기 때문이다. 그러나 신중하게 활용하면 불가능한 일은 아니다. 그래뉼라 신시사이저는 대개 5개의 패러미터를 제공한다.

- 길이 Grain length

이 패러미터는 각 그레인의 길이를 바꾸는 데 사용된다. 앞서 설명한 대로 인간의 귀는 30ms에서 50ms 이상 떨어진 두 개의 그레인을 구별할 수 있다. 그러나 많은 그래뉼라 신시사이저는 이 영역을 넘어서 20ms에서 100ms까지 포괄한다. 이 길이를 늘이면 맥동 효과를 낼 수 있다.

- 밀도 Density

밀도는 신시사이저로 만들어진 그레인의 비율을 가리킨다. 대개 만들어진 그레인이 많을수록 사운드가 복잡해진다. 밀도는 그레인의 형태에도 영향을 받는다.

- 형태 Grain shape

대개 이 패러미터는 0에서 200까지 숫자를 제공하며, 엔벨로프의 곡선을 나타낸다. 그레인은 일반적인 엔벨로프에 따라 제로 진폭에서 시작하고 끝난다. 이 점은 개별 그레인들이 긴밀하게 섞여서 전반적인 사운드를 만드는 데 도움을 준다. 엔벨로프를 더 길게 설정하면(더 높은 수치) 두 개의 그레인을 섞었을 때 너무 많은 배음이 생긴다. 그래서 한 그레인에서 다른 그레인으로 페이드 되면서 클릭click(딸깍하는 소리)이 많은 사운드를 만들 수 있다.

- 팬 Grain pan

이 패러미터는 스테리오 이미지 안에서 각 그레인이 만들어지는 자리를 정하며, 두 스피커를 억제하는 음색을 만들 때 특히 유용하다.

- 스페이싱 Spacing

이 패러미터는 각 그레인 사이의 시간을 바꾼다. 이 시간을 마이너스로 설정하면 앞선 그레인이 다음 그레인까지 이어진다. 반면 플러스로 설정하면 그레인 사이에 공간이 생긴다. 그러나 이 공간의 길이가 30ms보다 짧다면 지각할 수 없다.

그래뉼라 신시사이저로 만든 사운드는 신시사이저마다 다르다. 대개 각 그레인은 특정 파형을 지닌 단일 주파수로 구성된다. 그러나 밴드 패스 필터로 거른 샘플이나 노이즈의 일부로 구성되는 경우도 있다. 그래서 그레인을 계속 바꾸면 밝고 대단히 복잡한 사운드가 생겨서 반짝이는 음색이 나온다. 그레인을 합쳐서 이런 사운드를 만든 다음에는 엔벨로프, 필터, LFO처럼 앞서 설명한 수정기로 성형할 수 있다.

가산 합성
ADDITIVE SYNTHESIS

가산 합성은 자연에서 이뤄지는 방식대로 사운드를 만든다. 음향학을 다룬 4장에서 설명한 바와 같이 현실에서 생기는 모든 사운드는 사인파의 모음에 불과하다. 사인파의 기본 주파수는 다른 대상을 움직이게 만든다. 이때 각 대상은 나름의 기본 주파수를 생성한다. 이 모든 기본 주파수들이 합쳐져서 우리가 듣는 복잡한 사운드를 만든다.

가산 합성도 같은 방식을 따른다. 대개 가산식 신시사이저는 사인파만 갖춘다. 이때 각 사인파의 주파수와 진폭은 조정할 수 있다. 더 많은 사인파를 섞을수록 음색이 복잡해진다. 이렇게 복잡한 사운드를 만든 다음에는 일반적인 수정기로 변조하고 성형할 수 있다.

가산 합성은 특별한 힘이 있는 합성 방식이다. 그러나 간단한 사운드를 만드는 데에도 상당한 수의 발진기가 필요하고, 각 발진기를 제어해야 하므로 흔히 사용되지는 않는다. 그래서 가산 합성을 하는 기기도 드물다. 현재 가장 인기 있는 가산식 신시사이저는 캐멀 오디오Camel Audio의 앨커미Alchemy와 네이티브 인스트루먼츠의 레이저Razor다.

**벡터 합성/
웨이브테이블
합성
VECTOR/
WAVETABLE
SYNTHESIS**

웨이브테이블 혹은 벡터 합성은 앞서 이미 다루었다. 그 방식은 일련의 아주 짧은 정적인 샘플로 발진기를 구성하는 것이다. 프로듀서는 다른 웨이브테이블 샘플 사이를 모핑morphing하여 음색을 만든다.

이 합성법은 1990년대 초에 인기를 얻었다가 곧 사라졌으며, 지금은 흔한 발진기에 부가되는 기능이 되었다. 액세스Access의 바이러스Virus Ti 신시사이저는 하나 혹은 두 개의 주 발진기로 쓸 수 있는 여러 웨이브테이블을 갖춘다.

CHAPTER 7

샘플러

'제 최신 앨범에는 클리어하지 않은 샘플이 25만 파운드어치나 들어 있어요.
들어봐요!'

– 노먼 쿡Norman Cook(팻보이 슬림Fatboy Slim)

1980년대에 이뤄진 샘플러와 샘플링의 도입은 음악사에서 거대한 기술적, 창의적 전환을 일으켰다. 그러나 현대 기술의 경이로 여겨지던 이 기기와 방식은 오디오 워크스테이션, 특히 디지털 오디오 편집의 그늘에 가려지게 되었다.

지금은 워크스테이션 편집기에서 바로 소리를 잘라내고, 나누고, 이동하고, 늘리고, 압축하고, 편집할 수 있다. 그래서 한때 샘플러에만 국한되었던 기능이 워크스테이션에서는 흔해졌다. 또한 모든 샘플 CD가 이제는 WAV와 AIFF 포맷을 지니면서 소리를 편곡 창과 네이티브 인스트루먼츠사의 컨택트Kontakt 같은 샘플 기반 플레이어에 바로 끌어올 수 있게 되었다. 그에 따라 멀티 샘플링을 통한 방대하고 이국적인 악기음에 대한 요구가 충족되어 실제적인 샘플링은 뒷전으로 밀려났다.

그러나 단출한 샘플러도 워크스테이션에서 기본적인 편집 기능이 제공하는 것보다 훨씬 많은 것을 제공할 수 있다. 또한 라이좀과 스웨덴 기업인 일렉트론Elektron의 옥타트랙Octatrack (그림 7.1)같은 스텝 시퀀싱 샘플러를 활용하는 아티스트들이 늘어나면서

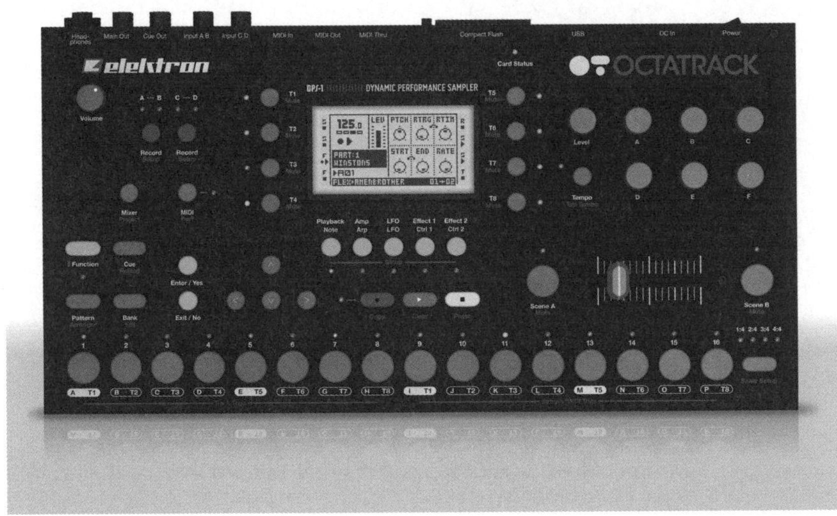

그림 7.1　일렉트론 옥타트랙

샘플러가 작동하는 방식과 창의적인 활용법을 아는 일이 그 어느 때보다 중요해졌다.

　샘플러는 아날로그 테이프 레코더의 디지털 버전으로 볼 수 있다. 다만 오디오 신호를 자기 테이프에 기록하는 것이 아니라 디지털 방식에 따라 램(RAM) 혹은 하드디스크 드라이브에 바로 기록한다. 이렇게 기록된 오디오 신호는 신시사이저와 비슷한 일련의 편집 패러미터를 통해 조작할 수 있다. 여기에는 진폭 및 필터 엔벨로프, LFO가 포함된다. 일부 기기는 신시사이저 스타일의 발진기를 샘플과 섞을 수도 있다. 또한 샘플링된 사운드를 다양한 피치로 재생하는 일도 가능하다. 그러기 위해서는 샘플러에서 눌러진 음에 맞춰서 원래 샘플의 주파수를 인위적으로 증가 내지 감소시켜야 한다.

　즉, 샘플의 속도가 상당히 늘거나 줄면 더는 원래 음원과 같은 소리를 내지 않는다. 가령 C3의 소리를 샘플링한 다음 컨트롤러 건반의 같은 음높이에서 재생하면 완벽하게 샘플이 재생된다. 그러나 이 샘플을 C4에서 재생하면 샘플러가 원래 사운드의 주파수를 12반음(130.81Hz에서 523.25Hz로)만큼 증가시켜서 두 개의 손가락이 서로 부딪히는 듯한 소리가 난다.

댄스 뮤직 바이블

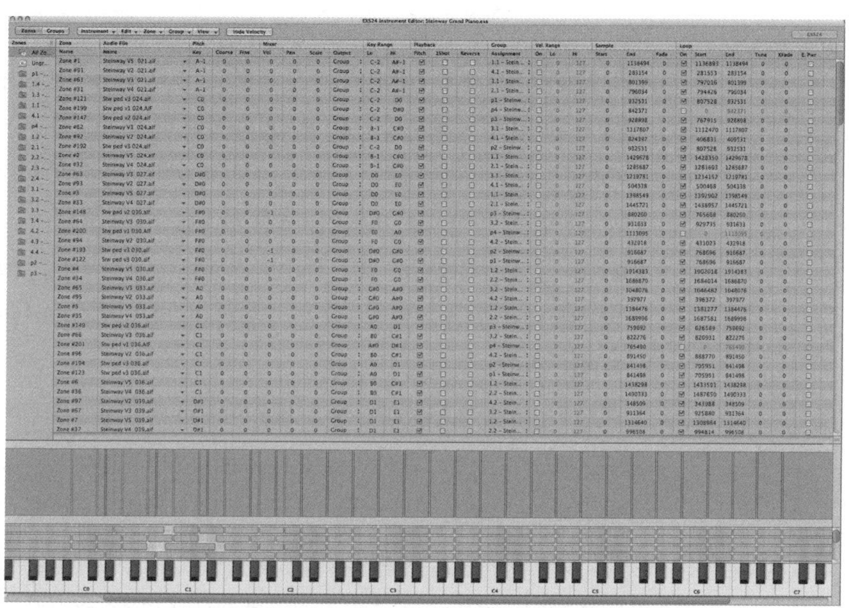

그림 7.2   로직의 멀티 샘플링 악기 EXE

이런 극단적인 피치 조정이 항상 나쁜 것은 아니다. 특히 창의적인 작업을 할 때는 더욱 그렇다. 그러나 샘플러로 실제 악기의 소리를 재현하려면 두어 음마다 샘플링을 해야 한다. 실제로 대다수 샘플러는 원래 루트 키root key에서 4, 5키 떨어진 수용 가능한 악기음만 재생한다. 그래서 키 영역 전체에 걸쳐 원래 악기의 소리가 필요하다면 두어 음마다 샘플을 취해야 한다. 가령 피아노의 경우 C0, E0, G0, B0에 이어 C1, E1, G1, B1 식으로 전체 영역을 포괄할 때까지 샘플을 취하는 것이 적절하다. 이 기법은 '멀티 샘플링'으로 불리며, 모든 샘플 기반 기기에서 이뤄진다(그림 7.2).

당연히 이런 방식으로 사운드를 녹음하면 상당한 수의 샘플이 나온다. 다른 세기와 설정에 따라 녹음했다면 더욱 그렇다. 즉, 정확하게 사운드를 재생하려면 그만큼 더 많은 샘플이 필요하며, 샘플을 많이 취하는 만큼 파일이 커지기 때문에 더 많은 메모리를 갖춰야 한다.

메모리는 현대 컴퓨터에서는 거의 문제가 되지 않는다. 대부분의 샘플 기반 악기음들은 하드디스크에서 바로 나오기 때문이다. 그러나 많은 스텝 기반 시퀀서의 경우 메모리가 여전히 문제다. 이 샘플러들은 온보드onboard램(메인보드와 RAM이 일체화된 것)에 사운드를 담기 때문에 가용 메모리의 양에 따라 최대 샘플링 시간이 제한된다.

완전한 오디오 대역폭에서 1분 동안 모노 레코딩을 하면 약 5메가바이트(MB)의 램을 사용한다. 건반 악기를 가장 기본적인 형태로 샘플링하는 경우 80MB의 메모리가 필요하다. 또한 스테레오로 하고 싶다면 두 배로 늘려야 한다. 그래서 가용 메모리를 최대한 활용하기 위해 다양한 기법들이 동원되었다. 대표적인 기법이 샘플을 루프loop로 돌리는 것이다.

샘플의 길이가 필요한 램의 양을 결정한다. 따라서 샘플의 길이를 줄이면 더 많은 샘플을 메모리 공간에 넣을 수 있다. 대다수 사운드의 경우 어택 및 디케이 구간은 차이가 있지만 서스테인 구간은 일정하게 유지된다. 그래서 건반을 누른 시간 동안 서스테인 구간을 계속 루프로 돌리고 건반을 놓은 후 릴리스 구간으로 넘어갈 수 있다. 이렇게 서스테인 구간의 짧은 부분만 샘플링을 하면 메모리를 절약하는 데 도움이 된다.

그러나 이는 보기보다 어려운 일이다. 그 이유는 일정하게 보이는 서스테인 구간의 사운드가 작지만 계속되는 배음 구조의 변화로 거의 고정되지 않기 때문이다. 이렇게 배음이 바뀌는 부분을 조금이라도 루프로 돌리면 부자연스런 음이 나온다.

반대로 배음의 변화를 담으려고 너무 긴 부분을 루프로 돌리면 디케이 구간이나 릴리스 구간의 일부도 담길 수 있다. 그래서 최종 사운드가 여전히 부자연스러울 수 있다. 또한 모든 루프 지점은 파형에 속한 같은 위상과 높이에서 시작하고 끝나야 한다. 그렇지 않으면 위상이나 음량의 차이로 파형이 루프 구간의 끝에 이르렀다가 다시 처음으로 돌아갈 때 클릭 소리가 들릴 수 있다.

일부 샘플러는 이 문제를 해결하는 수단으로 선택한 지점에 가장 가까운 영전위 지점을 자동으로 찾아준다. 그러면 사운드가 부드럽게 넘어갈 가능성이 높아진다. 그러나 두 루프 지점 사이에 파형의 높이가 다르면 여전히 글리치glitch가 생긴다. 이 경우 크로스페이딩으로 글리치를 피할 수 있다.

피하는 방법은 루프 구간의 끝에서 페이드 아웃한 다음 루프의 시작 부분에서 페이드 인과 겹치는 것이다. 그러면 두 루프 지점 사이에서 사운드가 부드럽게 넘어가서 글리치가 생길 가능성이 낮아진다. 이 방법은 루프로 만든 샘플과 관련된 문제를 어느 정도 해결하지만 항상 최선인 것은 아니다. 루프 구간의 시작과 끝이 다른 주파수에 있다면 크로스페이드가 진행되는 동안 전반적인 음색이 뚜렷하게 변할 것이기 때문이다. 안타깝게도 루프 구간을 잘 만들기 위해 이런 문제들을 피해갈 손쉬운 처방은 없다. 인내와 실험, 경험을 통해서만 성공할 수 있을 뿐이다.

샘플 CD
SAMPLE CD'S

악기음을 샘플링하는 것은 보람 있는 경험이지만 시간을 엄청나게 잡아먹는다. 특히 설정과 연결 그리고 높이를 맞추는 일이 그렇다. 그래서 많은 경우 그냥 샘플 CD를 사는 편이 간편하다. 여기서 샘플 CD라는 용어를 쓰기는 했지만 대개는 하드디스크로 바로 내려받는 형식으로만 구할 수 있으며, 실제 물리적 매체는 없다. 그래도 모두 샘플 CD라는 용어를 쓴다.

현재 나와 있는 거의 모든 '샘플 CD'의 형식은 WAV나 AIFF다. 이는 모든 오디오 워크스테이션과 하드웨어 플랫폼이 인식하는 가장 흔한 파일 형식이다. 두 형식 모두 하드드라이브에서 워크스테이션의 편곡 창이나 호환되는 소프트웨어 샘플러로 직접 '끌어올' 수 있다(혹은 물리적 매체가 있을 경우 CD에서 복사할 수 있다). 또한 그 다음에는 키 매핑key mapping이나 편집을 할 수 있다. 불편한 점은 사운드가 전체 악기음의 멀티 샘플일 경우 샘플러에 넣은 후 필요에 따라 이름을 붙이고, 루프와 크로스페이드를 만들며, 키 영역을 정해야 한다는 것이다. 샘플러의 인터페이스에 따라 이런 설정 작업을 하는 데 두어 시간이 걸릴 수 있다.

그래서 'CD'가 멀티 샘플링 악기로 구성되어 있다면 EXS24(로직 프로의 익스트림 샘플러EXtreme Sampler/그림 7.3)나 컨택트(네이티브 인스트루먼츠) 형식으로 제공될 가능성이 높다. 이 경우 오디오 샘플이 서스테인 루프와 키 그리고 세기 영역에 대한 정보를 담은 특정한

그림 7.3 로직 프로의 익스트림 샘플러

데이터 형식과 함께 저장되어 있다. 그래서 폴더를 컴퓨터에 복사한 다음 해당 샘플러로 열기만 하면 로딩과 키 매핑이 자동으로 이뤄진다.

현재 나오는 많은 소프트웨어 샘플러는 아카이(그림 7.4)나 이뮤 같은 오랜 하드웨어 샘플러의 표준과 호환된다. 새로 발매된 샘플 CD가 이런 형식으로 된 경우는 드물다. 그러나 하드웨어 샘플링이 지배한 20년 동안 가장 흔한 형식이었으므로 그동안 축적된 카탈로그가 엄청나다. 다만 아카이 형식으로 된 CD를 소프트웨어 샘플러로 읽어 들이는 일이 항상 잘 되는 것은 아니며, 일부 소프트웨어 샘플러는 데이터를 다르게 해석한다. 그래서 샘플의 음색과 질감에 차이가 생긴다. 더 심한 경우에는 키 매핑이 예상과 어긋나서 서스테인 샘플이 제대로 루핑되지 않거나 샘플러가 아예 멈출 수도 있다.

샘플 CD가 멀티 샘플링 악기가 아니라 루프로 구성되어 있다면 ACID, APPLE, REX라는 형식으로 구성된다. ACID와 APPLE 루프는 오디오 파일이지만 템포 정보를 추가로 담고 있어서 소니의 애시드 뮤직 스튜디오Acid Music Studio나 애플의 로직 프로

그림 7.4 저자의 아카이 S5000

Logic Pro에 삽입하면 현재 템포에 맞도록 루프가 자동적으로 연장되거나 압축된다. 또한 템포를 조정하면 샘플도 그에 따라 자동으로 바뀐다.

REX와 REX2 파일도 비슷하다. 이 형식은 프로펠러헤드 소프트웨어Propellerhead software가 리사이클ReCycle 프로그램을 위해 만든 독자적인 형식이다. 리사이클은 루프(대개 드럼 루프)를 읽어 들여서 트랜지언트transient(파형의 시작 부분)를 분석한 다음 '슬라이스slice'를 적용하여 개별 리듬 요소로 자를 수 있다. 그러면 각 요소의 템포나 피치를 자유롭게 조정할 수 있다. 또한 해당 파일을 REX(모노 파일)나 REX2(스테레오 파일)로 다른 시퀀서에 넣어서 같은 편집 절차를 거칠 수 있다.

현재 많은 시퀀서는 이처럼 자동화된 트랜지언트 감지 및 루프 슬라이싱 기능을 표준으로 제공한다. 다만 용어는 시퀀서마다 다르다. 가령 애플의 로직 프로는 플렉스 타임Flex Time 편집으로 부르고, 큐베이스는 베리-오디오Vari-Audio 혹은 오디오 와프 Audio Warp로 부른다.

기본 샘플링 연습
Basic Samplig Practices

많은 표준 샘플 CD는 멀티 샘플링 악기가 아니라 루프나 싱글 히트로 구성되어 있다. 실제로 거의 모든 멀티 샘플링 악기는 현재 가상 악기의 형태로 나오며, 콘탁Kontakt 엔진을 쓰기 때문에 키 매핑을 신경 쓸 필요 없이 그냥 설치하기만 하면 된다.

그러나 샘플링 음이 하나뿐이라면 샘플러에 넣고 물리적으로 키 매핑을 하는 수밖에 없다. 이 경우 루트 키root key를 먼저 설정해야 한다. 루트 키는 샘플러가 뒤이은 음들을 위나 아래로 조정하기 위한 기준점이다. 가령 베이스 샘플은 대개 C1을 기준 삼아 루트 키를 설정하는데 즉, 이 음을 누르면 샘플이 원래 주파수로 재생되며, 뒤이어 건반 전체에 걸쳐 필요한 만큼 연장된다. 대다수 소프트웨어 샘플러나 하드웨어 샘플러의 경우 루트 키는 해당 샘플에 주어지는 가장 낮은 음 및 가장 높은 음과 함께 키 영역key-range 혹은 키 존key-zone 페이지에서 설정된다.

샘플러는 이 정보를 활용하여 정해진 영역에 걸쳐 근음을 자동으로 늘린다. 또한 음의 정해진 영역 안에서 베이스를 연주할 수 있다. 각 키에 대한 뒤이은 피치 조절을 통해 최선의 결과를 얻으려면 샘플러의 키 영역을 근음보다 6음 위와 아래로 설정하는 것이 좋다. 그러면 필요한 경우 한 옥타브에 걸쳐 샘플을 연주할 수 있으며, 근음을

12반음 위나 아래로 늘리는 설정에서보다 자연스런 결과를 얻을 수 있다.

베이스 사운드에 키 존을 설정할 때 6반음보다 훨씬 아래로 설정할 수도 있다. 피치가 기본 주파수로 결정되고, 기본 주파수가 낮을수록 피치를 지각하기 어렵기 때문이다. 따라서 베이스 샘플의 경우 원치 않는 부산물을 만드는 일 없이 키 존의 가장 낮은 키를 루트 키보다 12반음(한 옥타브) 아래로 설정할 수 있다. 사실 피치를 충분히 낮추면 거의 모두가 좋은 베이스 사운드를 낸다.

성능 좋은 대다수 스텝 시퀀서와 샘플러는 건반 전체에 걸쳐 여러 키 존을 설정하도록 해준다. 그러면 예를 들어 베이스 샘플은 F0에서 F1, 리드 샘플은 F2에서 F3를 차지할 수 있다. 이렇게 설정하면 컨트롤러 키보드에서 베이스와 리드를 동시에 연주할 수 있다. 이때 각 키 존이 샘플러의 변조 엔진에 속한 여러 패러미터에 접근할 수 있는지 확인하는 편이 좋다. 불가능하다면 베이스에 적용된 세팅이 리드에도 적용된다.

샘플을 키 존에 배열한 후에는 컨트롤러 키보드에서 건반을 얼마나 세게 치느냐에 따라 샘플러가 작용하는 양상을 설정할 수 있다. 이때 '세기 변조velocity modulation' 기능을 활용한다. 이 기능은 사운드 안에서 움직임을 재현할 때 유용하다. 또한 멜로디에 표현을 추가하고 샘플링 사운드를 사용할 때 종종 풍기는 정적인 느낌을 방지하기 때문에 아주 중요하다. 일반적인 방식은 건반을 세게 칠수록 로우 패스 필터가 더 많이 열리도록 설정하는 것이다.

가능하다면 '세기 크로스페이딩velocity crossfading'과 '스위칭switching'도 실험을 할 가치가 있다. 스위칭은 두 샘플을 대상으로 세기 값에 따라 어느 샘플을 연주할지 결정한다. 이때 두 샘플은 같은 키 영역으로 들어오며, 건반을 더 세게(혹은 더 약하게) 치면 연주되는 샘플이 바뀐다. 세기 크로스페이딩도 같은 방식이지만 즉각 전환되는 것이 아니라 두 샘플을 (바라건대)감쪽같이 엮는다.

샘플 루프
sample loops

대다수 샘플 CD는 단일 신시사이저 히트뿐만 아니라 장르에 맞도록 미리 프로그래밍 내지 녹음된 다소 흔한 드럼 루프도 여럿 담고 있다. 대개 시퀀스의 편곡 페이지로 이 드럼 루프를 바로 끌어와서 자르고, 나누고, 재배열하여 곡과 함께 재생한다. 그러나 샘플러에 넣어서 미디를 통해 재생하면 훨씬 창의적인 작업을 할 수 있다.

루프를 샘플러에 끌어오면 건반을 누를 때마다 처음부터 다시 시작된다. 그래서 컨트롤러 키보드의 건반을 계속 두드리면 루프가 거듭 시작되면서 머뭇거리는 효과가 생긴다. 이 기법은 댄스 음악에서 브레이크다운break down을 만들 때 대단히 효과적이다.

혹은 샘플러를 '원샷 트리거 모드one-shot trigger mode'로 설정하여 컨트롤러 키보드의 건반을 빠르게 누르면 건반을 놓아도 재생이 끝날 때까지 전체 샘플이 연주되도록 만들 수 있다. 이 모드는 원래 샘플을 끝까지 연주하면서 같은 샘플을 다시 연주하여 겹치게 만들 때 유용하다. 그러면 복잡한 드럼 루프를 만들 수 있다. 이 기법은 테크노에서 중요하게 쓰인다. 가령 같은 루프들을 동시에 연주하면서 각 루프를 다른 피치로 어긋나게 배열할 수 있다.

이런 방식의 루핑을 '악구 샘플링phrase sampling'과 혼동하지 말아야 한다. 악구 샘플링은 노래 전체에 걸쳐 짧은 샘플링 악구를 두어 번만 활용한다. 이 방식은 댄스 음악에서 짧은 보컬 악구나 가끔 곡에 맞춰서 나오는 후크hook를 만들 때 주로 활용된다.

악구 샘플링은 새로운 음악적 아이디어를 시험하는 데에도 활용할 수 있다. 곡을 4마디씩 자르고 각 루프에 특정한 건반을 지정하면 다른 순서로 재생하여 최선의 순서를 파악할 수 있다. 이는 스텝 시퀀싱의 근본적인 접근법으로서 워크스테이션에서 편곡을 할 때는 대개 고려치 않는 즉각적인 결과와 아이디어를 제공한다.

시간 압축
Time
Compression

지금까지 샘플링된 악구나 루프가 믹스의 나머지 부분과 같은 템포 및 피치를 지닌다고 가정했다. 그러나 그렇지 않을 수도 있다. 모든 워크스테이션, 샘플러, 시퀀서는 일정한 형태로 피치 전환 기능 및 시간 연장 기능을 제공하여 곡에 맞춰 조정할 수 있도록 해준다. 두 기능은 이름만으로 무엇을 하는지 알 수 있다. 피치 전환 기능은 템포를 바꾸지 않고 음이나 전체 리프riff의 피치를 바꾸고, 시간 연장 기능은 피치에 영향을 미치지 않고 템포를 조정한다.

둘 다 유용한 기능이지만 심하게 조정할수록 결과물의 질이 나빠진다는 사실을 알아야 한다. 대다수 피치 조정 알고리듬은 두어 반음만큼 피치를 이동시켜도 음악성을 유지한다. 그러나 대여섯 반음 이상 피치를 이동시키면 부자연스런 사운드가 나오기 시작한다. 마찬가지로 템포를 25BPM만큼 조정해도 디지털 잡음이 생기지 않지만 이 수준을 넘기면 오디오를 해치는 잡음이나 주파수 소음이 생길 수 있다.

다만 드럼이나 베이스 부분을 만들 때처럼 일부러 이런 효과를 내기도 한다. 그러나 대개는 피하는 경우가 많다. 루프를 워크스테이션에 바로 넣고 시간 변화 슬라이싱 기능을 활용하여 루프를 구성 요소들로 나누는 것이 좋다. 이렇게 루프를 나누면 템포를 조절하고 워크스테이션으로 내보내고, 샘플러로 다시 끌어올 수 있다.

이런 시간 변화 비트 슬라이싱beat slicing은 대개 드럼 루프 같은 트랜지언트 소재에만 유용하다는 사실을 알아야 한다. 자동화된 절차가 오디오를 스캔하여 트랜지언트를 찾기 때문이다. 오디오가 보컬 루프나 그와 비슷한 대상이라면 트랜지언트를 갖출 가능성이 적다. 그래서 유일한 옵션은 물리적으로 오디오를 별개의 단어들, 때로는 음절들로 나눈 다음 각각 시간을 늘려서 루프를 완성하는 것이다.

물론 모든 루프가 샘플 CD에서 나오는 것은 아니다. 많은 경우 다른 레코드에서 가져오기도 한다. 나는 사전 동의 없이 다른 음악가의 레코드에서 샘플을 취하는 것을 용인하지 않는다. 그러나 그런 일이 없다고 말하는 것은 물정을 모르는 소리다. 대다수 힙합 음악 운동과 하우스 레코드는 다른 레코드로부터 토대를 구했다. 실제로 두 장르를 위한 샘플 CD들이 많지만 종종 회피된다. 모두가 같은 샘플 CD를 활용할 것이기 때문이다. 그래서 프로듀서들은 숨겨지거나 예상하기 어려운 소스를 물색한다. 가령 로저 산체즈Roger Sanchez가 만든 하우스 장르의 인기곡인 〈Another Chance〉는 토토의 곡인 〈I Won't Hold You Back〉의 시작 부분에서, 에릭 프리즈의 〈Call on Me〉는 스티브 윈우드Steve Winwood의 〈Valerie〉에서 직접 샘플을 취했다. 정확하게 말하자면 〈Valerie〉를 실제로 샘플링한 것은 아니고 재구성한 것이다. 스티브 윈우드는 결과물에 강한 인상을 받은 나머지 에릭 프리즈를 위해 보컬을 재녹음했다.

많은 댄스 레코드의 경우 원 레코드가 덜 알려질수록 대개 더 사정이 낫다. 다른 프로듀서들이 같은 레코드를 활용할 가능성이 낮고, 필요하다면 저작권 허가도 쉽게 얻을 수 있기 때문이다. 대다수 중고 매장이나 자선 매장에서 이런 레코드들을 구할 수 있다.

샘플링 대상을 다른 레코드로 한정하지 말아야 한다. 신시사이저의 일부 사운드를 샘플링하는 것도 도움이 된다. 가령 단일 음색 신시사이저를 샘플링하고, 해당 샘플을 샘플러의 여러 건반에 걸쳐 겹치면 유니슨unison 효과를 얻을 수 있다. 혹은 바이러스

Ti나 엠 오디오M-Audio의 베놈Venom 같은 하드웨어 플러그인 기기를 쓴다면 멀티 샘플링을 하고 소프트웨어 샘플러에서 활용함으로써 DSP(digital signal processor)를 다른 작업으로 돌릴 수 있다. 실제로 신시사이저를 모든 건반에서 멀티 샘플링하면 샘플러에서 신시사이저를 재현하게 된다. 일부 경우에는 샘플러가 신시사이저보다 많은 패러미터를 제공하기도 한다. 가령 LFO를 템포에 모티프화하거나, 여러 LFO를 쓰거나, 여러 필터 유형에 접근하는 식이다.

마찬가지로 영화에서 샘플을 취하면 창의적인 여지가 많이 생긴다. 크리스토퍼 버트키Christopher Bertke(일명 포고Pogo)는 영화에서 취한 작은 샘플들을 한데 엮어서 수많은 레코드를 만들었다. 그가 만든 '어퓰러Upular' 리믹스는 디즈니/픽사의 '업UP'에서 딴 샘플로만 구성되어 있으며, 현재 유튜브에서 800만 뷰를 기록하고 있다. 혹은 약간 창의적인 방식으로 탁구공을 차고문에 던지는 소리를 녹음하면 톰 드럼이 되고, 둥글게 만 신문지를 벽에 치면 훌륭한 하우스 드럼 킥이 되며, 방향제가 내는 소리는 좋은 하이 햇이 된다.

많은 음악가들은 단지 드럼 루프를 녹음하는 용도로만 샘플러를 활용한다(모든 시퀸서에서 가능한 작업). 그래서 샘플러가 지닌 기능을 최대한 활용하지 않는다. 그러나 실험은 모든 샘플러에서 진정한 마법을 발휘한다. 다음은 이런 실험을 시작하는 데 도움이 되는 일반적인 아이디어들이다.

창의적 샘플링
Creative
Sampling

저렴한 마이크는 보컬을 녹음하는 데 적당하지 않지만 창의적으로 활용할 수 있는 방법이 있다. 가령 마이크를 오디오 인터페이스(혹은 스텝 시퀸서)에 연결한 다음 신문지로 두드려서 킥 드럼 소리를 내거나 긁어서 귀로Guiro(표주박으로 만든 일종의 타악기, 차차차 음악의 필수 악기이다) 소리를 낼 수 있다.

또한 현실 세계의 소리를 샘플링한 다음 조작할 수도 있다. FSOL(The Future Sound of London)은 현실 세계에서 딴 샘플만으로 대다수 곡을 만들었다. 토드 테리Todd Terry는 골프공을 벽에 튕겨서 스네어 샘플을 얻었고, 마크 무어Mark Moore는 에어로졸로 오픈 하이햇open hi-hat 사운드를 만들었다.

이 밖에 젖은 신문지로 플라스틱 쓰레기통을 때리면 두껍게 이어지는 킥 드럼 소리가 되고, 피아노나 기타의 현을 따라 열쇠를 긁으면 윙윙 소리를 내는 효과가 난다(이 효과는 닥터 후Dr. Who의 타디스TARDIS 소리를 내는 데 쓰였다). 이런 사운드는 샘플 링을 하고 나면 피치를 높이거나 낮출 수 있고, 적당한 효과를 넣을 수도 있다. 미묘한 피치 변화도 효과적인 결과물을 낼 수 있다. 가령 아날로그 스네어 소리를 두어 반음 만 올려도 드럼 앤 베이스에 사용되는 스네어 소리가 되며, 반대로 피치를 낮추면 전형 적인 로 파이Lo-Fi (하이 파이의 반대 용어. 저가의 녹음 장비와 악기 등을 사용하여 거친 사운드를 구현한다)의 스네어 사운드가 만들어진다.

샘플 반전
Sample
Reversing

샘플 반전은 바로 시도해볼 수 있는 효과로서 간단하지만 뛰어난 결과물을 만들 수 있다. 가 장 간단한 사례는 심벌을 때리는 소리를 샘플링한 다음 샘플러에서 반전하는 것이다. 이 소 리를 훨씬 낮은 주파수에서 재생하면 편곡에서 상승 음향 효과로 쓸 수 있고, 주파수를 높이 면 부수적인 음향 효과로 쓸 수 있다. 또한 어택을 빠르게, 디케이나 릴리스를 길게 설정하고 음향을 반전하면 긴 어택과 즉각적인 릴리스를 지닌 음향이 된다.

가령 기타 현을 뜯는 소리를 반전하고 그렇지 않은 리드와 섞을 수 있다. 두 소리를 한 데 놓으면 어택 단계가 만나면서 서로 크로스페이드 효과를 낸다. 혹은 기타의 어택 단 계를 제거하면 리드 사운드나 패드의 날카로운 어택 단계로 옮겨가는 반전 사운드가 나온다. 다른 한편 스테레오로 녹음한 경우 왼쪽 채널을 반전하고 오른쪽 채널을 그대 로 두면 두 음색이 섞이게 된다. 그 다음 이 사운드를 모노로 합치고 키 영역에 걸쳐 피 치를 올리거나 낮출 수 있다.

피치 이동
Pitch Shifting

댄스 음악 프로듀서들이 흔히 쓰는 방법은 보컬 악구나 패드 혹은 리드 사운드의 피치를 5분 의 1만큼 이동하는 것이다. 그러면 종종 인상적인 화성이 나온다. 패드나 리드를 이보다 더 많이 이동하고 원래 사운드와 섞으면 유쾌한 위상 효과phasing effect가 생긴다.

지각적 인코딩
Perceptual
Encoding

모든 지각적 인코딩 기기(가령 미니디스크)를 활용하여 루프를 추가로 압축하고 엮을 수 있다. 이 기기는 들어오는 데이터를 분석하여 무의미하다고 간주되는 데이터를 제거한다. 다시 말 해서 다른 요소들 가운데 들을 수 없는 것으로 간주되는 음향에 해당하는 데이터를 제거할 수 있다. 그래서 때로 루프를 만드는 데 도움이 된다.

<table>
<tr><td>

물리적 플랜징
Physical
Flanging

</td><td>

대다수 플랜저 이펙트는 잡음층noise floor이 낮다. 이 잡음층은 일부 댄스 장르에서 지저분한 플랜징 효과가 필요할 때는 크게 쓸모가 없다. 그러나 구식 아날로그 카세트 녹음기가 있다면 이런 효과를 낼 수 있다. 사운드를 카세트에 녹음한 다음 구동 스풀에 압력을 조금 가하면 지저분하게 흐트러지는 효과가 생긴다. 이 사운드를 워크스테이션과 샘플러로 다시 녹음하여 다른 피치에서 재생할 수 있다.

</td></tr>
</table>

대다수 플랜저 이펙트는 잡음층noise floor이 낮다. 이 잡음층은 일부 댄스 장르에서 지저분한 플랜징 효과가 필요할 때는 크게 쓸모가 없다. 그러나 구식 아날로그 카세트 녹음기가 있다면 이런 효과를 낼 수 있다. 사운드를 카세트에 녹음한 다음 구동 스풀에 압력을 조금 가하면 지저분하게 흐트러지는 효과가 생긴다. 이 사운드를 워크스테이션과 샘플러로 다시 녹음하여 다른 피치에서 재생할 수 있다.

소속 가수의 히트곡이 샘플링되었을 때 어떻게 해야 하는지 잘 알며, 대개 책임을 강하게 묻는다. 그래서 사용 허가를 신청하지 않고 다른 아티스트의 모티프, 드럼, 보컬, 혹은 전체 절/후렴의 샘플을 담은 레코드를 발표하면 소송을 당할 수도 있다.

여전히 남은 몇 가지 의문점을 해소하기 위해 아래에 나와 다른 여러 아티스트들을 위해 샘플링 허가를 받아준 존 미첼John Mitchell과 나눈 대화 내용을 싣는다.

문: 저작권이란 무엇인가요?

답: 저작권은 다양한 형태로 존재합니다. 그래서 전체 저작권법을 설명하려면 아마 이 책의 대부분을 할애해야 할 겁니다. 요약하자면 저작권은 창작자에게 속하고, 고안하는 순간부터 보호되며, 창작자 사후 70년까지 유효합니다. 이후 해당 창작물은 '공적 저작물'이 되며, 새로운 버전은 다시 저작권을 얻습니다.

문: 그러면 베토벤이나 다른 클래식 작곡가의 곡은 샘플링해도 되는 건가요?

답: 이론적으로는 그렇습니다만 대개는 그렇지 않습니다. 문제는 어디서 샘플링을 했는지 여부입니다. 원 작곡가로부터 샘플링을 하지는 않았을 테니까요. 저작권은 창작자에게 속하지만 연주도 저작권을 통해 보호받습니다. 클래식 모음 음반의 경우 재녹음을 하기 때문에 음반사가 해당 연주에 대한 저작권을 갖습니다. 그래서 이 음반을 샘플링한다면 연주 저작권을 침해하는 거죠.

문: 채보해서 직접 한 연주를 녹음하는 경우는 어떤가요?

답: 이 문제는 여기서 논의하기에는 너무 복잡합니다. 원 작곡자와 곡에 따라 달라지기 때문이죠. 원 저작권은 소멸되었더라도 어떤 기업이 저작권을 매입하여 악보에 대한 권리를 보유하고 있을 수도 있습니다. 그래서 어떤 곡이든 샘플링하거나 채보하기 전에 먼저 확인을 해야 합니다.

문: 저작권과 상관없이 기존의 음악이나 음성을 샘플링하는 방법이 있나요?

답: 없어요. 30초미만으로 샘플링하면 허가를 받지 않아도 된다는 소문이 있지만

사실이 아닙니다. 설령 1초라도 무단으로 샘플링해서 상업적으로 사용하면 저작권법에 저촉됩니다.

문: 이펙트와 EQ로 샘플을 심하게 조작하면 어떤가요?
답: 그러면 문제가 생기지 않을 가능성이 높지만 그렇다고 해서 그래도 된다는 건 아닙니다. 많은 아티스트는 엄청난 시간을 들여서 사운드와 멜로디를 만듭니다. 그래서 다른 트랙에서 사용되면 그다지 어렵지 않게 알아챕니다. 그러니 위험을 감수하지 마세요!

문: 텔레비전, 라디오, DVD 같은 매체에서 음성을 조금만 샘플링해도 저작권법이 적용되나요?
답: 네. 영화에서 음성이나 음악을 샘플링하는 것은 각본가(창작자)와 배우(공연자)를 비롯한 여러 사람의 저작권을 침해하는 일입니다.

문: 허가를 얻지 못하면 어떻게 해야 하나요?
답: 모두 음악가와 음반사에게 달려 있습니다. 음반이 잘 팔리면 그들이 찾아와 협상을 할 수도 있습니다. 하지만 돈 문제를 협상할 때 그들이 우위에 있다는 사실을 명심해야 합니다. 그들은 모든 음반을 폐기하도록 요구할 수 있습니다. 샘플링한 사람을 고소할 권리도 있구요.

문: 허가받지 않은 샘플을 담은 음반을 얼마나 많이 발매했는지 여부도 영향을 미치나요?
답: 아뇨. 불법 샘플을 담은 음반을 한 장이라도 상업적으로 발매했다면 원곡 음악가는 추가로 발매하지 못하도록 막을 권리와 고소할 권리를 갖습니다.

문: 샘플링 허가를 받는 데 얼마나 드나요?
답: 비용은 여러 요소에 좌우됩니다. 원곡 음악가가 얼마나 유명한지, 샘플링된 곡

이 차트에서 어떤 기록을 올렸는지, 트랙에서 샘플을 얼마나 많이 사용했고, 음반을 얼마나 찍을지 같은 요소들 말이죠. 로열티를 벌려고 기꺼이 허가를 하는 음악가도 있고 엄청난 돈을 요구하는 음악가도 있습니다.

문: 허가는 어떻게 얻나요?
답: 다른 음반에서 샘플링을 하는 일이 흔해지면서 허가를 대신 얻어주는 회사들이 계속 생겨나고 있습니다. 저는 미캐니컬 저작권 보호 협회Mechanical Copyright Protection Society와 협의할 것을 권합니다. 이 회사는 레코딩 관련 라이센스 업무를 처리하며, 1994년에 샘플 허가 담당부서Sample Clearance Department를 만들었습니다. 허가 과정 자체를 직접 진행하지는 않기 때문에 저 같은 사람이 필요하기는 하지만 관련 음악가나 음반사와 연결해 줄 겁니다.

CHAPTER 8

컴프레서

'우리는 도구의 도구가 되었다.'

– 헨리 데이비드 소로우Henry David Thoreau

컴프레서는 아마도 댄스 음악가가 사용하는 도구 중에서 가장 필수적인 프로세서일 것이다. 원래는 오디오의 피크를 제어하려고 만들어졌지만 노골적인 남용으로 일렉트로닉 댄스 사운드의 핵심요소처럼 되었다. 다만 남용하더라도 먼저 원래의 목적과 용도를 아는 것이 좋겠다.

원래 컴프레서는 신호 레벨을 제어하여 믹싱 데스크나 레코딩 기기에서 왜곡이 일어나지 않도록 신호의 클리핑clipping(경계에서 신호를 제한하는 일종의 왜곡)이나 과부하를 예방하려고 도입되었다. 가령 절 부분에서는 속삭이다가 후렴에서 고성을 내야하는 보컬 트랙을 녹음하는 경우 급격한 변화로 레코딩 레벨을 유지하기 어려울 수 있다.

조용한 부분에 맞추면 후렴에서 레코딩 기기에 과부하가 걸려서 음이 왜곡된다. 반면 소리가 큰 후렴 부분에 맞추면 속삭이는 절 부분에서 보컬과 장비 열잡음thermal noise의 강약비율dynamic ratio이 아주 낮아진다. 그 결과 열잡음이 뚜렷하게 들려서 레

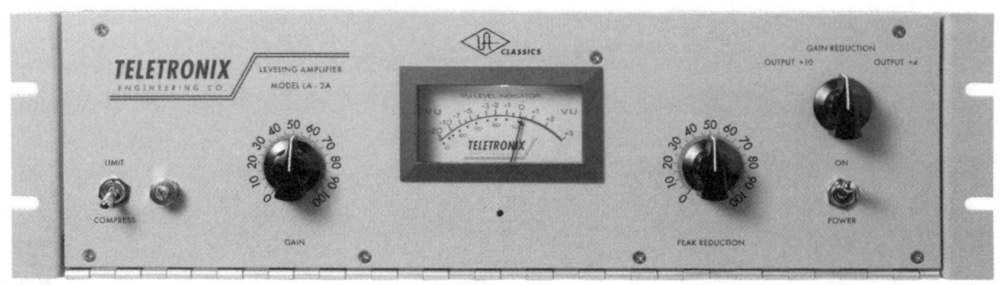

그림 8.1 최초의 상업용 스튜디오 컴프레서– 텔레트로닉스 LA–2A 레벨링 앰프

코딩 전반의 질을 망친다.

이 딜레마를 해결하는 확실한 방법은 레코딩을 하는 동안 음량을 *조정하는* 것이다. 즉, 레코딩 기기의 이득 컨트롤을 통해 원음이 너무 조용하거나 커질 때마다 늘리거나 줄이면 된다. 실제로 라디오 방송 초창기의 엔지니어들은 이런 식으로 음량을 조절하여 방송 안테나에서 발생하는 신호 클리핑을 방지했다.

그러나 이 방법은 완벽하지 않다. 신호를 포착하기 위해 레코딩 기기 위로 손을 계속 두고 있어야 할 뿐만 아니라 이득이 어떻게 변할지 미리 알아야 하기 때문이다. 아니면 프로듀서의 반응 속도가 엄청나게 빨라야 한다. 그래서 짐 로렌스Jim Lawrence라는 라디오 엔지니어가 '레벨링 앰프levelling amplifier'라는 해결책을 고안했다.

LA1으로 알려진 이 장치는 입력되는 신호를 살피는 광 저항기photo resistor를 갖추고 있다. 그래서 신호가 커지면 광 저항기가 밝아지고 임피던스impedance가 높아져서 출력부에서 이득이 감소된다. 반대로 입력 수준이 낮아지면 광 저항기가 어두워지고 임피던스가 낮아져서 출력부에서 이득이 증가한다. 짐 로렌스는 텔레트로닉스Teletronix라는 회사를 세워 내부적으로 LA1과 같은 원칙에 따라 작동하지만 이제는 고전으로 높은 평가를 받는 LA–2A를 대량으로 생산했다(그림 8.1).

LA–2A의 주목적은 현재 쓰이는 다른 컴프레서처럼 유입되는 신호 레벨을 제어하는 것이었다. 신호 출처와 레코딩 기기 혹은 방송 출력 안테나 사이에 레벨링 앰프 혹은 컴프레서를 넣으면 특정 경계를 넘어서는 신호의 이득을 줄여서 클리핑을 방지한다. 이는 지금도 컴프레서를 쓰는 주목적이다. 그러나 오디오의 강약을 제어하는 기능은 여러 용도를 지닐 수 있다. 가령 레코딩을 할 때 강약을 제어하여 믹스 다운mix

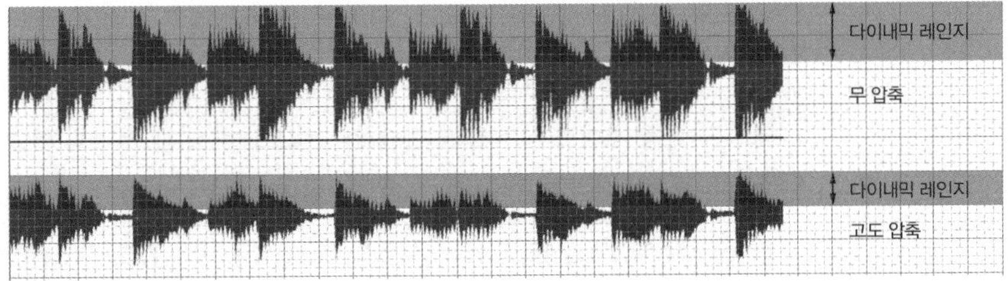

그림 8.2 압축 전후

down을 더 쉽게 할 수 있다.

레코딩의 진폭이 일정하지 않으면 음량의 변동으로 조용한 섹션은 다른 악기 소리에 묻힐 수 있다. 반면 해당 섹션의 음량을 늘려서 소리가 커지면 너무 두드러질 수 있다. 지금은 믹스 자동화로 이 문제를 아주 쉽게 해결할 수 있다. 그러나 컴프레서로 레코딩을 압축하여 다이내믹스(음량의 폭)를 평탄화하는 방법이 더 쉽고 안정적이다.

소스 신호를 컴프레서로 처리하면 경계를 넘는 부분은 자동으로 이득이 줄어든다. 반면 경계를 넘지 않는 부분은 그대로 남는다. 그에 따라 소리가 가장 큰 섹션과 가장 작은 섹션의 다이내믹 레인지dynamic range(강약범위의 폭)가 줄어들어서 전반적으로 균일한 음량을 유지하게 된다. 그림 8.2는 이런 다이내믹 제어의 양상을 보여준다.

압축의 효과는 2가지다. 첫째, 신호에서 음량의 변동을 줄여서 평균적인 신호 레벨을 만든다. 클리핑이나 왜곡으로 음향이 튈 것을 염려할 필요 없이 진폭을 추가로 늘릴 수 있다. 더 중요한 사실은 음향의 다이내믹 레인지를 줄이면 더 크게 들린다는 것이다.

컴프레서를 통해 이득이 물리적으로 늘어나지는 않는다. 그러나 인간의 청력은 설령 진폭이 훨씬 높다고 해도 짧고 일시적인 소리보다 지속적인 소리를 더 크게 듣는다.

종종 텔레비전 프로그램 소리가 뒤따르는 광고 소리보다 더 조용하게 느껴지는 이유가 여기에 있다. 소리 광고의 다이내믹 레인지는 프로그램보다 제한적이어서 더 크게 들린다. 이런 지각되는 음량의 강약차이는 업계에 오랫동안 알려진 문제였다. 그래서 근래에 이 문제를 방지하기 위해 새로운 K 가중 필터 시스템K weighting filter system이 도입되었다(EBU R128 표준).

컴프레서는 전체 레코딩의 다이내믹스를 고르게 하는 데 더하여 개별 사운드의 전반적인 다이내믹 성격과 반응을 바꾸고 비트는 데에도 사용된다. 즉, 사운드를 더 크게 들리도록 만들 뿐만 아니라 더 따뜻하게, 둥글게, 부드럽게 들리도록 만들 수 있다. 또한 믹스에 제대로 적용하면 전반적인 사운드에 힘과 성격을 더할 수 있다. 댄스 음악 프로듀서들에게 특히 중요한 점은 컴프레서의 사이드 체인side chain이 현재 21세기 댄스 음악과 연계된 사운드를 만들었다는 것이다. 바로 들어가는 부분마다 나머지 믹스 전체에 구멍을 뚫는 것처럼 들리는 강력한 킥 말이다.

이 기법을 자세히 살피기 전에 먼저 압축과 이론 그리고 각 패러미터를 활용하여 다이내믹 엔벨로프에 영향을 미치는 방식에 대한 기본적인 이해가 필요하다. 이를 위해 1kHz 사인파에서 컴프레서가 작동하는 양상을 살펴보자.

그림 8.3은 이득이 일정하게 유지되다가 갑작스럽게 늘어난 후 다시 줄어드는 사인파를 보여준다. 이 사례에서 사인파는 이론적으로 16비트 기기로 녹음 및 재생되었다. 따라서 -96bB의 다이내믹 레인지를 제공한다. 이때 사인파에서 가장 소리가 큰 부분의 이득은 더 늘릴 수 없다. 그러면 96bB과 디지털 한계치인 0bB을 넘어서기 때문이다. 이 경우 클리핑 때문에 음이 왜곡된다.

컴프레서의 첫 번째 패러미터는 경계threshold다. 이 패러미터는 신호의 진폭 영역에서 컴프레서가 작동할 위치를 정한다. 사인파가 해당 경계를 넘어서면 컴프레서가 이

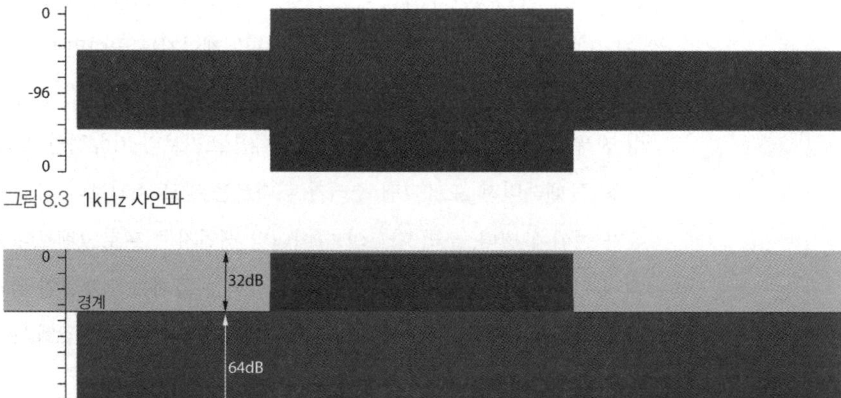

그림 8.3 1kHz 사인파

그림 8.4 컴프레서 경계의 적용

득을 줄인다.

거의 모든 컴프레서에서 경계 패러미터는 데시벨로 조정된다. 이때 평균 신호 레벨이 경계 *바로 아래에* 오도록 설정하는 것이 이상적이다. 그렇게 하면 이득이 갑작스레 변하거나 음향이 튀어서 신호가 경계를 넘어설 경우 컴프레서가 작동하여 이득을 줄인다.

이 사례에서 경계는 −32bB에 맞춰져 있다. 이는 오디오에서 두 개의 개별적인 다이내믹 레인지를 만드는 것으로 보는 편이 좋다. 즉, −32bB인 컴프레서의 다이내믹 레인지가 있고, 남은 64dB(32bB+64bB=96bB)의 다이내믹 레인지가 생긴다. 그림 8.4가 그 양상을 보여준다.

이 경우 사인파가 경계를 넘어서면 컴프레서가 작동한다. 해당 초과 신호를 압축하는 양은 비율 패러미터로 정한다.

비율 패러미터는 입력되는 오디오와 출력되는 오디오 사이에 존재하는 신호 수준의 차이를 정한다. 가령 비율 패러미터를 4:1로 맞추면 신호가 경계를 넘어서는 4bB은 1dB로 줄어서 출력된다.

사례를 통해 살펴보면 비율을 아주 높은 8:1로 설정할 경우 사인파가 경계를 넘어서는 8dB은 컴프레서를 거치면서 1bB로 줄어든다. 사례로 든 사인파는 32bB만큼 경계를 넘어서므로 해당 다이내믹 레인지에서 모든 8dB은 1dB로 줄어든다.

간단하게 32bB을 8로 나누면 이 사례에 적용된 이득 감소량을 계산할 수 있다. 32 나누기 8은 4이므로 컴프레서가 경계를 넘는 사인파의 32dB을 4bB로 '압축'한다고 추측할 수 있다. 그림 8.5에 나오듯이 이런 압축은 원래 형태를 넘어서서 다이내믹 엔벨로프를 변형시킨다.

이처럼 과도하게 압축한 사운드는 프로듀서가 이루고자 한 결과에 따라 이해가 엇

그림 8.5 8:1 비율 압축

갈린다. 가령 여기서 경계를 넘어선 사인파는 압축되기 때문에 원래 피크의 이득이 크게 줄어든다. 이런 전반적인 다이내믹 레인지의 감소로 진폭이 나머지 사인파와 가까워진다. 그래서 클리핑을 일으키지 않기 때문에 해당 사인파의 전반적인 이득을 더 늘릴 수 있다.

이런 압축은 현실적인 느낌을 제거할 수 있기 때문에 자연스런 느낌을 주는 악기와 보컬에 적합하지 않다. 그래도 사운드 디자인에 활용할 수는 있다. 가령 댄스 음악에서 대단히 강력한 요소가 된 킥kick이 박력을 지니려면 충분한 보디body가 필요하다. 그래서 킥의 보디가 부족할 경우 압축을 걸면 트랜지언트와 보디의 다이내믹 레인지가 줄어든다. 그에 따라 사실상 보디의 이득이 늘어나 더 폭넓고 두꺼운 킥 드럼 사운드가 나오게 된다.

마찬가지로 스네어 드럼 사운드를 고도로 압축하면 더 단호하고 강력한 소리가 나온다. 이때 컴프레서는 어택 단계를 억눌러서 트랜지언트를 약화함으로써 사실상 트랜지언트와 보디의 다이내믹 레인지를 줄인다. 그 결과는 하우스와 트랜스에서 일반적으로 쓰이는 스네어 드럼 소리이다.

이런 고도 압축은 사운드 디자인 측면에서 분명한 이점을 지니지만 신중하게 활용해야 한다. 우리는 첫 어택 트랜지언트에서 사운드에 대한 정보를 많이 얻는다. 또한 이득을 즉각적으로 많이 줄이면 고주파수 성분이 줄어들며, 이미 언급했듯이 다이내믹 엔벨로프를 크게 변형시킨다. 우리는 실제 악기와 보컬이 원래 어떤 소리를 내는지 다 알기 때문에 이런 식의 급작스런 다이내믹 엔벨로프 변형은 뻔하고 따분한 결과만 불러올 뿐이다.

갑작스런 이득 변화는 다른 문제도 일으킨다. 가령 베이스처럼 지속적인 저주파수 파형을 내는 악기는 컴프레서를 계속 작동시킬 수 있다. 저주파수 파형은 대단히 길기 때문에 컴프레서가 즉각 반응하면 파형의 플러스 상태와 마이너스 상태를 혼동하여 개별적인 신호로 처리할 수 있다. 이 경우 파형 주기 전체에 걸쳐 이득이 계속 변하게 된다.

<table>
<tr><td>어택 시간
Attack Time</td><td>즉각적인 이득 변화에 따른 문제들을 피하기 위해 많은 컴프레서는 어택 패러미터를 갖추고 있다. 대개 1000분의 1초(ms) 단위로 설정되는 이 패러미터는 경계를 넘을 경우 이득을 얼마</td></tr>
</table>

그림 8.6 어택 패러미터의 효과

나 느리게 감소시킬지 정한다. 이 기능을 압축하기 전에 기다리는 시간을 제어하는 것으로 잘못 아는 경우가 많다. 그러나 *압축은 언제나 경계를 넘는 순간 바로 시작된다.* 그렇지 않다면 컴프레션의 작동이 즉각 두드러질 것이다. 대신 어택 패러미터는 컴프레서가 최대 이득 감소에 이르는 시간의 양을 정한다.

어택 패러미터는 음색의 다이내믹 엔벨로프와 관련하여 성분과 성격에 상당한 영향을 미친다. 경계를 −32bB로, 비율을 8:1로 계속 유지한다고 가정할 때 어택 패러미터를 100ms로 설정하면 100ms에 걸쳐 이득 감소량이 서서히 증가한다. 그래서 처음에는 사운드의 시작 부분에 있는 트랜지언트를 지나쳐서 뒤에 나오는 부분을 점차 압축하게 된다.

그림 8.6에 나온 대로 어택 패러미터는 다이내믹 엔벨로프를 크게 변형하는 데 활용할 수 있다. 따라서 투명하게transparent(흔적이 잘 드러나지 않게) 고도 압축을 적용하는 옵션으로 간주해서는 안 된다. 초기 트랜지언트는 훼손하지 않고 통과시키더라도 이득 감소량이 점차 증가함에 따라 다이내믹 엔벨로프가 심하게 재구성된다.

투명한 결과물을 원한다면 빠르거나 중간 정도의 어택 시간에 경계를 높이고 비율을 낮출 수 있다(혹은 이득 감소량을 정하는 것은 경계와 비율의 관계이므로 경계를 낮추고 비율을 높일 수 있다). 그러면 초기 트랜지언트는 고주파수 성분을 줄이지 않도록 거의 훼손되지 않은 채 통과되고, 뒤이어 이득 감소량이 점차 늘면서 나머지 신호를 제어하게 된다.

니
KNEE

이득을 많이 감소해야 하지만 여전히 투명한 결과물이 필요하다면 컴프레서의 소프트 니soft knee를 활용할 수 있다. 많은 하드웨어 컴프레서와 함께 여러 플러그인 컴프레서도 소프트

니와 하드 니를 오갈 수 있는 버튼이나 스위치를 갖추고 있다.

니는 신호가 경계 설정치에 접근할 때 컴프레서가 반응하는 양상을 가리킨다. 하드 니의 경우 경계를 넘는 순간 이득 감소가 이뤄진다. 반면 소프트 니의 경우 신호가 경계에 접근함에 따라 이득 감소가 점진적으로 이뤄진다.

소프트 니를 적용하면 대개 (컴프레서에 따라) 신호가 경계의 3bB에서 14bB 사이에 있을 때 이득 감소가 시작된다. 신호가 경계에 가까워질수록 이득 감소량이 증가하다가 경계를 넘어서면 완전한 감소가 이뤄진다.

그러면 컴프레서의 작용이 덜 두드러져서 이득을 많이 감소해야 하지만 투명하게 컴프레서를 사용해야 하는 경우에 실제 악기나 보컬에 활용하기 특히 적당하다. 그림 8.7은 다른 니 설정의 양상을 보여준다.

컴프레서에 니를 조정하는 옵션이 없고 하드 니로 사전 설정되어 있다면 RMS(제곱평균제곱근root mean square)와 피크 모드를 선택할 수 있는 버튼이나 스위치가 달려 있을 것이다. 이 옵션은 하드 니 컴프레서에만 제공되는 것이 아니라 다른 스타일의 컴프레서에도 제공되지만 신호가 경계를 넘어서면 즉시 반응하는 컴프레서에 더 맞춰져 있다.

하드 니를 활용하는 모든 컴프레서는 경계를 넘는 트랜지언트를 제어한다. 그러나 어택 설정을 가장 빠르게 맞춰도 하이 햇이나 킥 드럼, 스네어, 톰 같은 일시적인 사운

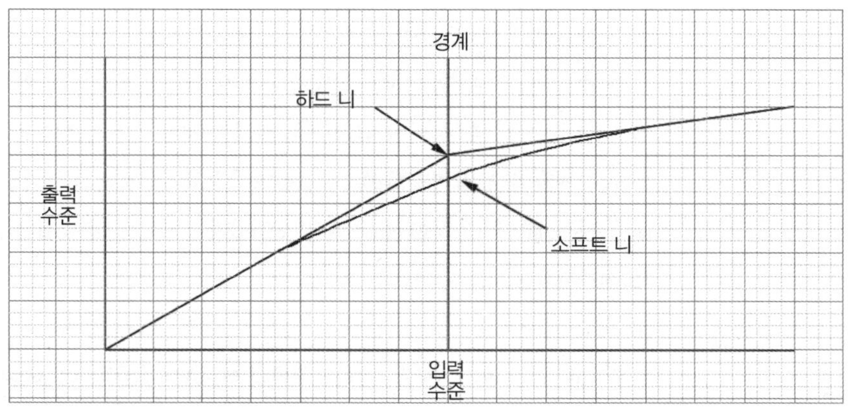

그림 8.7 소프트 니와 하드 니의 작용

드가 아주 짧은 시간 동안 경계를 넘는 바람에 컴프레서가 감지한 순간 이미 끝나버리는 경우가 있다. 그러면 컴프레서가 해당 사운드를 완전히 놓치게 된다.

그래서 드럼의 타격음처럼 짧고 일시적인 사운드를 압축할 때는 피크 모드 감지를 활용하는 편이 현명하다. 그러면 컴프레서가 짧고 날카로운 피크에 대단히 민감해져서 신호가 경계를 넘을 때까지 기다리지 않고 경계에 접근할 때 즉시 이득을 감소한다. 그래서 일시적인 피크도 경계를 넘기 전에 제어할 수 있다.

투명한 압축을 유지하고 싶다면 피크 모드는 짧고 일시적인 타격음을 다룰 때만 적용해야 한다. 신호가 더 긴 다른 악기에 적용하면 대개 너무 빨리 사운드를 억눌러서 고주파수 성분이 손실되고 악기 소리가 덜 분명하게 들린다.

이 경우 RMS가 타당한 옵션이다. 이 모드에서는 컴프레서가 짧고 날카로운 피크가 아니라 평균 신호 수준을 기준으로 느긋하게 신호를 감지하고 제어한다. 대개 이 기능은 하드웨어 컴프레서만 갖추고 있다. 많은 소프트웨어 플러그인 컴프레서는 사전에 오디오 채널 신호를 감시하는 '전망look ahead' 시스템을 갖추고 있기 때문이다. 그래서 피크 감지 회로와 RMS 감지 회로를 채용할 필요가 없다.

<table>
<tr><td>

릴리스 시간
Release Time

</td><td>

투명한 압축을 유지하려면 컴프레서가 작동을 멈출 때 이득이 갑작스럽게 변하지 않도록 추가적인 제어가 필요하다. 어택의 경우처럼 릴리스 패러미터도 1000분의 1초 단위로 설정되며, 컴프레서가 이득 감소를 멈추는 속도를 제어한다.

</td></tr>
</table>

컴프레서를 다룬 많은 글의 내용과 달리 릴리스 패러미터는 신호가 경계 설정치 아래로 내려갈 때만 작동하는 것이 *아니다.* 실제로 많은 컴프레서는 이런 식으로 경계를 감시하지 않는다. 종종 릴리스는 어택이 완료되고 출력 수준이 입력 수준 아래로 떨어지기 시작할 때 발동된다. 즉, 이득이 감소되는 동안 어택과 릴리스가 모두 여러 번 이뤄질 수 있으므로 세심하게 설정하지 않으면 사운드의 다이내믹 엔벨로프와 성분에 큰 영향을 미칠 수 있다는 것이다.

그림 8.8은 릴리스 설정이 다이내믹 엔벨로프에 미치는 영향을 보여준다. 릴리스 시간을 1,000ms로 설정하면 기능을 활용하지 않는 경우보다 사운드가 더 오래 압축 주기에 머물기 때문에 다이내믹 엔벨로프가 변형된다. 이것이 대수롭지 않게 여겨질지라

그림 8.8 릴리스 설정에 따른 효과

도 우리 귀는 생각보다 작은 차이도 감지해내므로 고도로 압축하면 그 점이 크게 느껴질 수도 있다.

현재 많은 플러그인 컴프레서는 신호를 계속 감시하다가 들어오는 프로그램 자료에 따라 다른 릴리스 시간을 적용하는 자동 릴리스 기능을 갖추고 있다. 이 기능은 투명한 압축을 하고 싶을 때 최선의 해결책이다. 그러나 언제나 그렇듯 자동과 수동 중에서 어느 쪽이 원하는 소리를 제공하는지 여부는 최종적으로 귀로 듣고 판단해야 한다.

홀드
Hold

자동이든 수동이든 릴리스 패러미터는 이득 감소량이 줄어드는 것을 감지하면 작동하므로 너무 빠른 경우가 생길 수 있다. 다른 상태들이 이득 감소 기능을 작동시키거나 중단시키는 가운데 저주파수 파형을 압축할 때 특히 그렇다. 이 문제를 방지하기 위해 많은 컴프레서는 홀드 패러미터를 갖추고 있다. 역시 1000분의 1초 단위로 설정되는 이 패러미터는 릴리스 단계를 시작하기 전에 컴프레서가 대기해야 하는 시간을 정한다.

보완 이득
MAKE-UP
GAIN

컴프레서는 신호에 속한 모든 피크의 이득과 다이내믹스를 줄이므로 전반적인 진폭도 줄이게 된다. 그래서 신호를 압축한 후 원래 진폭까지 이득을 늘릴 필요가 있다. 이렇게 이득을 늘릴 때 신중을 기해야 한다. 또한 출력이 입력과 같은 레벨이 되도록 설정해야 한다. 음량이 클수록 더 낮게 들리기 마련이다. 그 이유는 우리가 주파수에 따른 실내의 반향을 더 많이 들어서 소리가 주위를 둘러싼 것처럼 느끼기 때문이다.

앞 장에서 다룬 대로 낮은 진폭에서 청각은 음성의 주파수가 속한 3kHz와 4kHz 사이의 주파수에 더 민감해진다. 음량이 늘어나면 저주파수와 고주파수가 더욱 두드러져서 저음부에서 박력이 증가하고 고음부에서 선명도가 증가한 것처럼 느껴진다.

댄스 뮤직 바이블

따라서 컴프레서를 잘못 설정하여 원치 않은 방향으로 다이내믹이 재구성되더라도 출력되는 사운드가 압축되지 않은 신호보다 실질적으로 더 커지도록 보완 이득을 조정하면 압축된 신호는 대개 더 좋은 소리를 낸다.

그림 8.9 소프트 큐브 CLIB 컴프레서

이때 컴프레서의 출력 레벨은 신호 레벨이나 척도가 아니라 '귀'를 통해 설정해야 한다. 컴프레서는 오디오의 다이내믹 레이쇼를 줄이므로 입력보다 더 강한 평균 신호 수준을 만든다. 앞서 언급한 대로 일시적인 타격음이 훨씬 높은 진폭을 지니더라도 우리의 청각은 지속적인 소리를 더 크게 듣는다.

압축의 실제
Practical
Compression

대개 압축을 하는 첫 번째 이유는 애초의 용도, 즉 레코딩 단계에서 오디오 파일의 다이내믹스를 제어하거나 믹스에서 오디오가 다른 악기들 뒤로 사라지지 않도록 평균 신호 수준을 평탄하게 만들기 위한 것이다. 두 경우 모두 투명한 압축을 목표로 삼는다. 그러나 디지털 플러그인이든 하드웨어든 모든 컴프레서는 아무리 세심하게 설정하더라도 나름의 성격을 드러낸다. 따라서 컴프레서의 선택이 통과해야 할 첫 번째 난관이다.

우선 솔리드 스테이트solid state와 밸브 토폴로지valve topology 중에서 하나를 골라야 한다. 지난 20년 동안 *아날로그와 밸브*는 일렉트로닉 댄스 음악 제작에서 유행어가 되었다. 지난 5년 동안 발매된 인기 컴프레서 플러그인 중에서 거의 80퍼센트는 구식 아날로그나 복고풍 밸브 기어를 디지털로 구현했거나 적어도 밸브 및 아날로그의 '사운드'를 모방하도록 프로그래밍되었다. 이는 밸브 스타일 압축을 지향하는 명백한 추세를 드러낸다. 그 목적은 신호에 대한 2차 고조파 왜곡을 일으키는 것이다.

원래 하드웨어에서 2차 고조파 왜곡은 압축된 신호가 지닌 주파수의 2배에서 발생하는 전자의 무작위적 운동 때문에 일어난다. 그 결과 압축된 오디오에 듣기 좋은 따뜻함 내지 성격이 부여된다. 압축 혹은 증폭의 양이 많을수록 왜곡도 심해져서 더 따뜻한 음색을 만들어낸다.

솔리드 스테이드 회로는 같은 방식으로 작동하지 않는다. 밸브를 트랜지스터로 대체했기 때문에 2차 고조파 왜곡이 제거되며, 컴프레서는 투명한 사운드를 유지한다. 그래도 여전히 사운드에 색깔을 입히지만 대부분 좋게 들리지 않는다. 또한 솔리드 스테이트 회로를 너무 심하게 돌리면 직접적인 왜곡이 일어나 불쾌한 소리를 낸다.

그렇다고 해서 밸브 장비만 쓰고 솔리드 스테이트는 무조건 피하라는 말은 아니다. 훌륭한 프로듀서는 솔리드 스테이트와 밸브를 신중하게 혼합하여 최선의 결과물을 만든다. 또한 많은 프로듀서들은 솔리드 스테이트 회로가 밸브보다 훨씬 빠르게 반응하며, 더 명확한 사운드를 낸다는 데 동의한다. 이처럼 오디오를 '억제'하지 않기 때문에 레코딩 단계에서는 솔리드 스테이트를 활용하고 뒤이어 밸브를 활용하는 경우가 많다. 실제 레코딩 상황에서는 '복구undo' 기능을 쓸 수 없기 때문이다.

밸브와 솔리드 스테이트에 더하여 음색에 영향을 미치는 감지 시스템도 선택의 결정적인 요소다. 많은 일렉트로닉 댄스 음악 프로듀서들이 플러그인 폴더나 하드웨어 랙에 여러 유형의 컴프레서를 두는 것도 감지 시스템의 차이와 변주 때문이다.

컴프레서의 종류는 대략 배리어블variable MU, 전계 효과field effect, 광학optical, VCA, 디지털로 나뉜다.

배리어블 MU
Variable MU

배리어블 MU는 최초로 대량 생산된 컴프레서다. 이 컴프레서는 이득 제어 회로에 밸브를 사용하며, 대개 비율 제어 기능을 갖추고 있지 않다. 대신 비율은 경계를 넘는 신호의 양에 따라 증가한다. 즉, 신호 수준이 경계를 많이 넘을수록 비율이 증가한다.

이 컴프레서는 어택과 릴리스 단계를 제공하지만 빠른 트랜지언트를 지닌 대상에는 어택 설정을 가장 빨리 맞춘다고 해도 적합하지 않다. 또한 설계 형태 때문에 밸브가 다이내믹 레인지에서 비교적 빨리 벗어난다. 그래서 컴프레서의 동력이 다하기 전에 15dB에서 20dB 넘게 이득을 감소시키는 경우는 드물다.

그럼에도 MU 컴프레서는 특징적인 풍부한 성격으로 유명하며, 종종 보컬, 베이스, 기타, 키보드에 성격을 부여하는 데 활용된다. UAD와 웨이브즈Waves가 유명한 페어차일드Fairchild 680으로 MU 컴프레서를 가장 잘 구현한 소프트웨어를 만든다. 하드웨어 분야에서는 맨리Manley의 Vari-MU가 가장 유명하다.

FET 컴프레서

FET 컴프레서는 전계 효과 트랜지스터로 이득을 조정한다. 이 트랜지스터는 최초로 밸브가 작동하는 방식을 모방했으며, 빠른 어택과 릴리스 단계를 제공한다. 그래서 FET는 드럼 타격음에 특히 적합하며 킥과 스네어를 강화하는 데 탁월하다.

FET는 MU처럼 제한된 다이내믹 레인지를 지니지만 심하게 돌릴수록 소리가 좋아지는 경향을 보인다. 그래서 대단히 음악적인 펌핑pumping을 하며, 믹스를 위한 이득 펌핑에 적합하다. UAD와 웨이브즈는 1186LN 컴프레서로 FET 컴프레서를 구현한 소프트웨어를 만들며, 소프트-튜브soft-tube는 뛰어난 FET 컴프레서를 만든다. 하드웨어 분야에서는 UREI 1186LN 피크 리미터Peak Limiter와 LA 오디오 클래식 II 같은 초기 FET를 복원한 버전이 좋은 대안이다.

광학 Optical

광학 컴프레서는 유입 신호의 강도에 따라 밝아지거나 어두워지는 전구를 활용한다. 뒤이어 포토 트랜지스터가 전구의 밝기를 살펴서 이득을 조정한다. 이때 전구를 보고 작동하기 때문에 반응이 다소 지체된다. 그 결과 압축을 심하게 할수록 엔벨로프 시간이 길어지는 경향이 생긴다. 그래서 대다수 광학 컴프레서는 소프트 니soft knee 압축을 한다.

소프트 니 반응에 따른 압축은 자연스럽고 투명하다. 그러나 드럼 같은 짧은 트랜지언트를 압축하는 데는 적합하지 않다. 대신 리미터limiter를 뒤에 붙여서 보컬, 베이스, 일렉트릭 기타, 드럼 루프를 압축하는 데 종종 활용된다.

플러그인 부문의 강자인 UAD의 LA3A와 조 미크 SC2 프로 툴스Joe Meek SC2 Pro Tools가 유명한 제품이다. 소프트-튜브의 CL1B도 대단히 성능이 좋다. 하드웨어 분야에서는 ADL 1500, UREI LA3, UREI 텔레트로닉스 LA-2A, 조 미크 C2로 선택이 제한된다.

VCA 컴프레서

VCA 컴프레서는 가장 빠른 동시에 가장 높은 이득 감소량과 가장 높은 투명도를 제공한다. 그래서 투명도가 중요한 일반적인 작업에 가장 적합하다. 그러나 강도를 높이면 음을 심하게 왜곡하며, 품질이 나쁜 경우 종종 고주파수에 속한 세부 성분을 제거하는 일이 잦다.

VCA 컴프레서는 음에 색깔을 입히지 않기 때문에 댄스 믹스에서 사용되는 경우가 드물다. 그러나 엔벨로프의 빠른 반응 시간 때문에 믹스를 펌핑하는 데 사용되기도 한다. 많은 플러그인 제작사들은 VCA 컴프레서와 소프트웨어를 만든다. 가령 UAD는 유명한 드로머Drawmer bB×160(최초의 상용 VCA 컴프레서)를 만들고, 브레인웍스 Brainworx는 뛰어난 VSC-2 쿼드 디스크리트quad discrete 컴프레서를 만든다.

아마도 가장 잘 알려진 하드웨어 VCA 컴프레서는 임피리컬 랩스Empirical Labs의 스테레오 디스트레서Stereo Distressor일 것이다. 이는 디지털 방식으로 제어하는 아날로그 컴프레서로서 스위치만 조작하면 VCA, 솔리드 스테이트, 오프-앰프스op-amps 사이를 오갈 수 있다. 지금까지 스탠더드 버전과 브리티시 버전이 나왔다. 브리티시 버전이 훨씬 자연스럽고 따뜻한 음색을 내기 때문에 많은 프로듀서들이 선호한다(애국심으로 하는 말이 아님).

디지털 컴프레서
Digital
Compressors

컴퓨터 기반 디지털 컴프레서는 다른 방식의 컴프레서를 모방하는 것이 아니라 일반 컴프레서처럼 작동하도록 프로그래밍된 소프트웨어 컴프레서를 가리키며, 종류가 많지 않다. 디지털 세계에서 고전적인 컴프레서를 모방하는 일이 가능하기 때문에 많은 개발자들은 더 많이 팔 수 있게 밸브 컴프레서를 토대로 삼기를 선호한다. 그래서 일반적인 순수한 디지털 컴프레서는 구하기 어렵다.

디지털 컴프레서는 프로듀서들을 끌어들일 만한 실질적인 채색 능력을 갖추고 있지 않지만 경계부터 비율, 어택 및 릴리스 패러미터까지 모든 기능에서 가장 정확하다. 또한 전망 기능을 갖춰서 미리 오디오 채널을 감시하여 놓치는 일 없이 압축을 실행한다. 그래서 디지털 컴프레서는 가장 투명하다. 투명도가 항상 판매요인이 될 수 있는 건 아니지만 레코딩 단계에서 유용한 기능은 될 수 있다.

초기 세팅
Initial Settings

어떤 컴프레서로 작업할지 정했다면 패러미터를 설정해야 한다. 레코딩이나 믹싱을 위한 다이내믹 제한 같은 일반적인 작업의 경우 투명도를 유지하도록 프로그래밍해야 한다.

그러기 위해서 먼저 컴프레서를 통해 오디오를 재생하고 비율을 4:1로 설정하라. 오디오가 재생되는 가운데 신호에서 가장 큰 부분이 이득 감소 미터에서 -8dB과 -10dB 사이가 될 때까지 경계 패러미터를 점차 낮춰라. 어택 패러미터는 0ms 혹은 가장 빠른 옵션으로 맞추고, 릴리스는 500ms 정도로 맞춰라. 이를 예비 설정으로 두고 특정한 사운드에 맞도록 추가로 조정하면 된다.

압축하는 악기의 다이내믹스가 높을수록 비율을 높이고 경계를 낮춰야 한다. 그러면 엄청나게 폭이 넓은 다이내믹스를 제어하는 데 도움이 된다. 다만 패러미터를 조정할 때 결과물을 세심하게 듣는 일이 중요하다. 특히 오디오의 초반 트랜지언트에 주의를 기울여야 한다.

소리를 듣고 이득 감소 미터를 보면서 어택을 서서히 늘려라. 어택 패러미터는 트랜지언트가 컴프레서의 작용으로 무뎌지지 않되 너무 많은 신호가 그대로 통과하지는 않는 범위 내에서 설정해야 한다. 이 조정을 할 때 컴프레서를 우회하여 압축된 버전과 그렇지 않은 버전을 비교해야 한다.

어택을 정확하게 설정했다면 컴프레서의 작용이 바로 드러나지 않으면서 신호가 압축 주기를 벗어났을 때 컴프레서가 회복할 시간을 갖도록 릴리스를 설정해야 한다. 그 방법은 컴프레서가 작용하는 소리를 들을 수 있을 때까지 릴리스를 줄인 다음 인지가 되는 지점 바로 위까지 늘리는 것이다.

이때 압축 주기에 속하기를 원치 않는 구간에서는 이득 감소 미터가 0dB로 떨어지는지 확인하여 이득 감소가 음 사이에 멈추도록 릴리스를 짧게 설정해야 한다. 가령 타격음이 날 때마다 이득 감소 미터가 −8dB이 되도록 하이 햇을 압축한다면 각 타격음 사이에서는 0dB로 떨어지도록 릴리스를 설정해야 한다.

가령 각 타격음 사이에서 이득 감소량이 0dB이 아니라 −2dB로 떨어진다면 8dB이 아니라 6dB만 줄이거나 릴리스 패러미터를 줄여야 한다. 그렇지 않으면 컴프레서는 다음 타격음까지 회복할 수 없기 때문에 전체적으로 2dB만큼 이득을 감소시킬 것이다. 회복이 안 되는 경우 무음 뒤에 나오는 트랜지언트가 왜곡되며, 다이내믹 엔벨로프가 재구성된다. 그래서 이펙트 사슬effect chain 삽입도 고려해야 한다. 컴프레서를 사운드 디자인이 아니라 다이내믹 제어를 위해 쓰는 경우 딜레이 이펙트 뒤에 넣으면 딜레이도 압축되어 회복 시간이 나오지 않을 수도 있다.

컴프레서가 소프트 니와 하드 니 옵션을 제공한다면 다이내믹 엔벨로프의 구조도 고려해야 한다. 날카롭고 짧은 트랜지언트 단계를 지닌 신호라면 초기 트랜지언트가 그대로 지나도록 적절하게 어택을 설정할 경우 하드 니가 최선의 결과를 만든다. 반대로 사운드의 어택 단계가 느리거나 대단히 자연스런 사운드를 유지하고 싶다면 소프트 니가 낫다.

끝으로 직접 소리를 들으면서 컴프레서로 유입되는 신호와 거의 같은 수준이 되도록 압축된 오디오 신호의 이득을 늘려야 한다. 최선의 방법은 계속 컴프레서를 우회하면서 압축 전후의 신호를 듣고 거의 같은 수준이 되도록 보완 이득을 평탄하게 만드는 것이다.

EDM 압축

원래 레코딩이나 다이내믹 평탄화를 위해서는 압축이 투명하게 이뤄져야 한다. 그러나 댄스 음악 사운드의 경우 일부러 컴프레서의 작동을 두드러지게 만드는 것이 기본이다.

앞서 말한 대로 압축은 개별 음색의 다이내믹 엔벨로프를 바꾸는 사운드 디자인 도구로 활용할 수 있다. 가령 스네어 드럼을 고도로 압축하면(낮은 경계 및 높은 비율) 어택은 압축되지 않지만 디케이는 찌그러진다. 그러면 트랜지언트와 보디의 비율이 낮아져서 EDM의 여러 장르에 흔한 '탁' 치는 스타일의 음색이 나온다.

마찬가지로 베이스나 리드 음색에 비슷한 접근법을 취하면 더 강력하고 활기찬 사운드가 나온다. 혹은 강하게 압축하면 보디와 릴리스가 어택보다 커진다. 그래서 진행되는 동안 위로 '빨려드는' 듯한 사운드가 나온다. 이는 EDM의 일부 장르에서 흔히 쓰는 방식이다.

근래에 많이 쓰이는 다른 접근법은 컴프레서 안에서 사이드 체인을 과용하는 것이다. 많은 하드웨어와 소프트웨어 컴프레서는 사이드 체인 기능을 갖추고 있다. 하드웨어 컴프레서의 경우 한 쌍의 입력 잭으로 되어 있고, 소프트웨어 컴프레서의 경우 인터페이스에 포함된 드롭 다운 메뉴로 되어 있다. 이 기능을 이용하면 하드웨어 기기나 디지털 워크스테이션의 다른 오디오 채널로부터 2차 신호를 삽입하여 컴프레서가 주 입력부로 들어오는 신호를 다루는 양상을 제어할 수 있다.

사이드 체인 압축의 좋은 예는 라디오 DJ가 말을 할 때 음악 소리가 줄어들고, 말을 마치면 음악 소리가 다시 커지는 것이다. 그 방법은 음악 신호를 컴프레서의 주 입력부로 입력하거나 시퀀서의 경우 플러그인 컴프레서를 음악이 담긴 트랙에 넣는 것이다. 이때 DJ의 마이크는 사이드 체인 입력부에 연결된다. 혹은 소프트웨어의 경우 시퀀서의 2차 오디오 채널이 컴프레서에 사이드 체인으로 입력되도록 설정된다. 이렇게 설정하면 사이드 체인 신호로 컴프레서의 경계를 제어할 수 있다. 그래서 사이드 체인 신호가 발생할 때마다 컴프레서가 작동된다.

이 방법은 믹싱을 하는 동안 다른 악기음들이 더 쉽게 위에 얹히도록 악기음을 '낮춤ducking'으로서 여러 실용적인 용도를 지닌다. 가령 일반적인 믹싱에서 리드 기타나 악기는 종종 음성과 같은 주파수를 지닌다. 그 결과 사운드를 어수선하게 만들어서 음성을 구별하거나 가사를 분명하게 듣기 어려워진다. 비율, 어택, 릴리스 패러미터를 적절하게 설정하면 보컬 채널이 컴프레서를 작동하여 리드 기타의 이득을 낮춤으로써 보컬이 분명하게 들리도록 만든다.

이 기법은 댄스 음악 제작에서 필수가 되었다. 다만 보컬 대신 킥 드럼이 주 신호를 이룬다. 컴프레서로 전체 믹스를 통과시키고 킥을 사이드 체인 입력으로 삽입하면 소위 이득 펌핑이라는 효과가 발생한다. 이 경우 킥이 나올 때마다 믹스가 낮춰져서 방점을 찍는 효과가 생긴다.

디지털 오디오 워크스테이션에서 이득 펌핑을 하려면 먼저 킥 드럼을 복사하여 두 개의 채널로 만들어야 한다. 그 다음 두 번째 채널은 출력이 없는 것으로 설정하고(따라서 믹서 출력부에서 아무런 소리도 내지 않음) 전체 믹스에 걸쳐 컴프레서를 놓아야 한다. 이때 싱글 채널에 믹스 다운하거나 전체 믹스 채널을 싱글 버스single buss로 보낼 수 있다(자세한 내용은 11장에서 다룸). 그러면 출력이 없는 2차 킥 채널을 사이드 체인 삽입부로 활용할 수 있다.

믹스가 없다면 이 책의 홈페이지(4p 일러두기 참조)에 두 개의 트랙이 있다. 하나는 완전한 믹스 트랙이고 다른 하나는 킥 드럼 트랙으로서 연습용으로 쓸 수 있다. 워크스테이션의 템포를 134BPM에 맞추고 두 오디오 파일을 개별 채널에 삽입하라. 그 다음 컴프레서를 믹스 트랙에 사이드 체인 옵션으로 삽입하고 빠른 어택 및 릴리스와 함께 압축비를 4:1로 설정하라. 그 다음 트랙을 재생하면서 서서히 경계를 낮춰라. 이때 킥이 나올 때마다 믹스가 펌핑될 것이다. 끝으로 좋아하는 효과가 나올 때까지 어택, 릴리스, 경계 설정을 바꾸면서 실험하라.

이 책의 홈페이지(4p 일러두기 참조)에 믹스를 펌핑하는 사례를 담은 동영상 파일이 있다.

이 효과는 전체 믹스를 펌핑하기보다 베이스 라인, 멜로디 리드, 리듬 패드를 만드는 데 종종 사용된다. 같은 기법을 쓰되 컴프레서를 지속적인 베이스 음에 놓으면 펌핑이 된다. 이 기법은 대다수 EDM 장르에서 갈수록 인기를 얻고 있다.

이 책의 홈페이지(4p 일러두기 참조)에 베이스를 펌핑하는 사례를 담은 동영상 파일이 있다.

이 기법은 또한 킥 드럼과 함께 연속적으로 연주되는 무겁고 큰 베이스를 쓰는 장르에도 활용된다. 무거운 킥과 베이스를 합치면 탁한 느낌이 난다. 그러나 베이스를 펌핑하면 그런 느낌을 피할 수 있다. 컴프레서를 베이스 트랙에 삽입하고, 킥을 사이드 체인 신호로 활용하며, (사운드에 따라) 빠른 어택과 중간 릴리스에 3:1의 비율을 활용하면 킥이 나올 때마다 베이스의 음량이 낮아지면서 여유 공간이 나와 충돌을 피할 수 있다.

칠 아웃chill out 같은 일부 EDM 장르는 이처럼 과도한 펌핑을 요구하지 않는다. 그래서 대개 킥을 사이드 체인으로 삼지 않고 믹스의 이득을 펌핑하는 정도로 충분하다. 그러나 이 작업에는 세심하고 사려 깊은 접근이 요구된다. 아무런 편위excursion(스피커 콘의 움직임) 없이 밋밋한 소리가 날 수도 있기 때문이다.

그림 8.10은 오디오 워크스테이션의 파형 편집기에서 흔히 출력되는 믹스의 모습이다. 파형을 보면 가장 큰 에너지, 즉 루프에서 가장 소리가 큰 부분이 킥 드럼에서 나온다는 사실이 분명해진다. 이 믹스에 컴프레서를 삽입하고, 경계를 가장 소리가 큰 부분의 피크 수준보다 약간 아래에 설정하면 킥이 나올 때마다 컴프레서가 작동된다. 뒤이어 비율과 어택 그리고 릴리스를 세심하게 설정하면 믹스와 잘 어울리도록 부드럽게 이득 펌핑을 할 수 있다.

이 작업을 위한 좋은 출발점은, 레이쇼는 3:1로, 어택과 릴리스 시간은 빠르게 설정하는 것이다. 그 다음 킥이 나올 때만 작동하도록 서서히 경계를 낮춰라. 컴프레서의 이득 감소 미터를 보고 킥이 나올 때만 불이 들어오도록 만들면 된다.

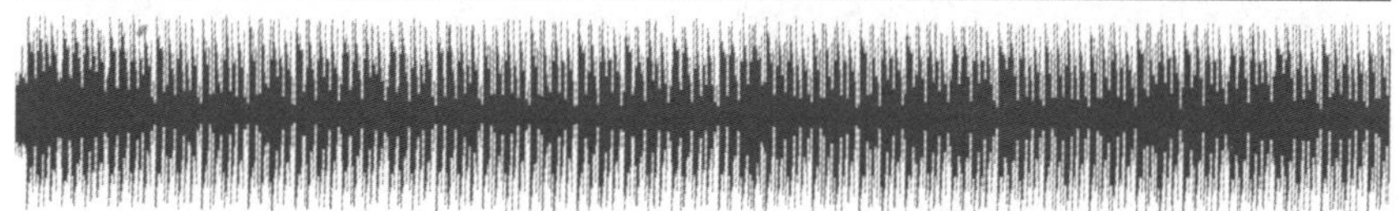
그림 8.10 믹스의 파형

끝으로 컴프레서의 릴리스 시간을 실험하여 시간을 늘릴 때 펌핑이 얼마나 덜 극적으로 이뤄지는지 살펴라. 마찬가지로 릴리스 시간을 줄일 때 펌핑이 얼마나 더 두드러지는지 살펴라. 이는 이득 감소가 감지되었을 때 빠르게 릴리스 하기 전에 컴프레서가 킥에 반응한 결과다. 음량이 빠르게 변하면 사이드 체인 펌핑과 비슷한 효과가 나지만 덜 또렷하며, 더 부드러운 느낌을 준다.

이 효과의 핵심 요소는 릴리스 패러미터의 타이밍에 존재한다. 이는 드럼 루프의 템포에 좌우된다. 다음 킥이 나오기 전에 회복하려면 충분히 짧아야 하지만 자연스런 소리가 날 만큼은 적당히 길기도 해야 하므로 실험과 세심한 청취가 중요하다.

CHAPTER 9

프로세서

'들은 음악을 만들지 말고 들을 것이라 생각되는 음악을 만들어라.'

– 데니스 페러Dennis Ferrer

컴프레서는 오늘날 EDM의 고유 사운드를 얻는 데 필수적인 프로세서로 자리 잡았다. 그러나 컴프레서가 제작에 사용되는 유일한 프로세서는 아니다. 다양한 프로세서가 사운드 디자인 과정을 진행하고 곡의 필수적인 느낌을 만드는 데 중요한 역할을 한다. 그러므로 이 장에서는 댄스 음악의 구상과 제작에 폭넓게 사용되는 여러 프로세서들의 기능을 다루도록 한다.

리미터
LIMITER

리미터는 컴프레서와 비슷한 역할을 하는 다이내믹 프로세서이지만 특정 비율로 신호를 압축하는 것이 아니라 신호가 경계를 넘지 않도록 방지한다. 그래서 입력 신호가 아무리 크더라도 경계 설정치를 넘지 않도록 억누른다.

이런 작용은 흔히 '벽돌 담brick wall' 제한으로 불린다. 일부 리미터는 경계를 아주 조금 넘어서는 것을 허용하기도 한다. 허용치는 제조사나 프로그래머가 정한다. 그러나 넉넉하게 잡아도 두어 데시벨을 넘는 경우가 드물다. 또한 특이한 트랜지언트가 경계를 넘을 수 있도록 허용하는 경우에만 활용된다. 그러면 더 자연스럽거나 열린 사운드가 나오기 때문에 많은 프로듀서들이 선호한다.

리미터의 작동은 왜곡을 일으키는 피크를 제어하는 일로 제한된다. 그래서 많은 리미터는 입력 레벨과 경계 그리고 출력 이득만 제어한다. 입력 컨트롤은 리미터로 들어오는 전반적인 신호 레벨을 설정하고, 경계 컨트롤은 컴프레서처럼 신호를 약화시키는 레벨을 설정한다.

이 경계를 넘는 모든 신호는 즉시 압축되어 출력부에서 클리핑이나 왜곡을 일으키지 않는다. 뒤이어 출력 컨트롤은 평균 신호 레벨을 늘리는 데 사용된다.

앞 장에서 말한 대로 우리는 지속적인 음을 일시적인 음보다 크게 듣는다. 그래서 리미터를 활용하여 믹스나 음이 더 세게 지각되도록 만들 수 있다. 다만 컴프레서처럼 아주 빠르게 그리고 대단히 심하게 사운드의 다이내믹 엔벨로프를 변형하므로 신중하게 활용해야 한다. 다이내믹스를 무시한 채 리미터를 활용하면 더 세게, 따라서 더 강하게 호소하지만 자연스러운 에너지와 존재감은 완전히 파괴된 음색이 나온다.

더 자연스러운 음색의 사운드를 유지하기 위해 일부 리미터는 추가 릴리스 패러미터를 포함한다. 이 패러미터를 활용하면 신호가 제한된 후 리미터가 회복되는 데 걸리는 시간을 정할 수 있다. 이때 압축 엔벨로프와 마찬가지로 다음 경계를 넘기 전까지 리미터가 충분히 회복할 수 있도록 세심하게 적용해야 한다. 제때 회복되지 않은 리미터는 뒤이은 트랜지언트를 왜곡하고 다이내믹 엔벨로프를 변형한다.

리미터가 트랜지언트의 경계를 넘어서고, 출력부에서 왜곡을 일으키지 않도록 방지하는 주 목적에 충실한 한 어택 패러미터를 갖출 기술적 이유가 없다. 경계 침해를 감지한 순간 즉시 제한해야 하기 때문이다. 그러나 많은 소프트웨어 플러그인은 유입되는 오디오 채널을 '전망look ahead'할 수 있는 이점을 지니므로 '고정된' 어택 패러미터를 갖출 수도 있다.

이 경우 대개 사용자가 설정을 할 수 없으며, 컴프레서의 니와 비슷하게 작동하는 소프트 설정과 하드 설정이 제공된다. 즉, 하드 어택은 피크가 경계를 넘기려는 시점에 즉시 작동하고 소프트 어택은 10ms나 20ms로 부드러운 곡선을 지닌다. 이런 접근으로 리미터가 너무 빨리 작동하여 생기는 '딸깍'하는 소리나 '딱'하는 소리를 줄이며

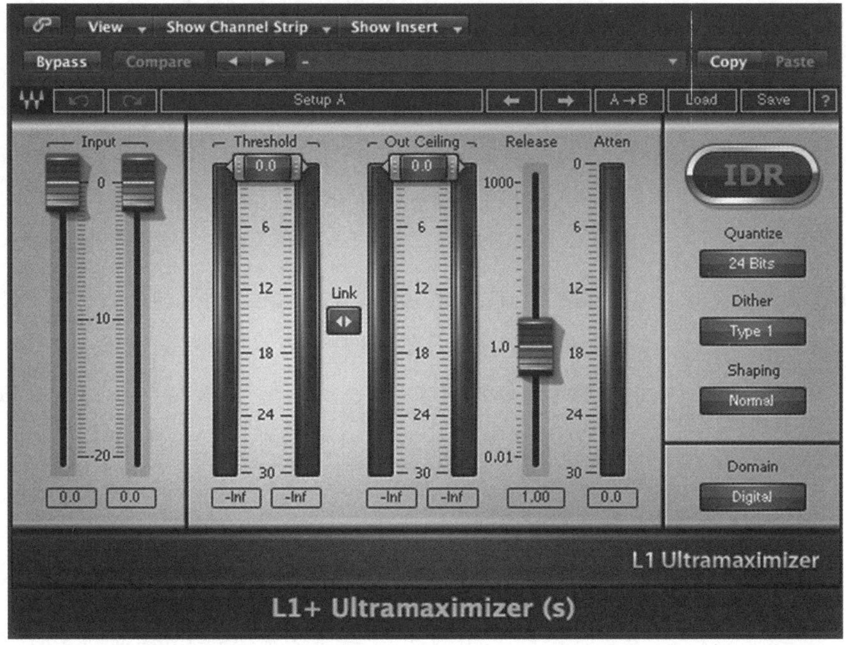

그림 9.1 울트라 맥시마이저

더 자연스럽게 리미팅 할 수 있다. 이런 소프트웨어 전망 리미터는 울트라 맥시마이저 ultra-maximizer로 불리기도 한다.(그림 9.1)

대개 도입부에 날카로운 피크를 가진 소리에 리미팅이 필요하다. 그래서 리미터는 스네어 드럼, 킥 드럼의 파열음 그리고 클리핑이나 왜곡을 일으킬 수 있는 다른 다루기 힘든 피크를 제어하는 데 활용된다. 또한 컴프레서처럼 신호의 가장 소리가 센 부분과 여린 부분 사이의 다이내믹 레이쇼를 낮추므로 음량을 늘리기 위해 완전한 믹스를 대상으로 종종 활용된다.

곡의 다이내믹 레이쇼를 낮추면 평균 신호 레벨을 높일 수 있으므로 소리를 키울 수 있다. 이 사실은 지금 벌어지는 소위 '음량 전쟁loudness war'을 초래했다. 그 결과 믹스의 소리를 키우려는 노력 때문에 자연스런 다이내믹스가 손상되고 있다. 이 문제와 관련된 논쟁이 달아오르고 있지만 일단 논외로 하고, 댄스 음악 프로듀서는 리미터를

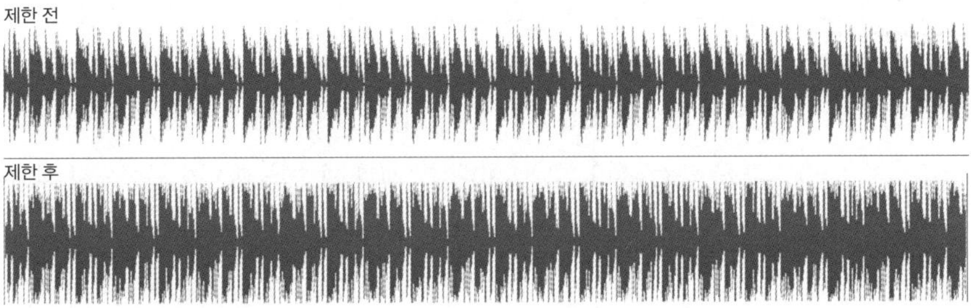

그림 9.2 강한 제한의 전과 후

쓸 때 세기와 킥 편위의 균형을 세심하게 유지해야 한다.

EDM에서 킥 드럼은 가슴을 때리는 핵심적인 리듬 요소를 제공한다. 이 에너지는 모니터 스피커의 콘을 움직이는 데 따른 직접적인 결과다. 스피커의 콘이 많이 움직일수록 킥의 박력이 세진다. 이 '편위'는 나머지 곡의 파형에 대비하여 킥의 피크가 지닌 크기와 직접 관련된다.

심한 리미팅으로 킥의 피크와 곡의 주요 보디 사이에 존재하는 차이를 너무 줄여버리면 평균 신호 레벨이 오르는 만큼 킥의 에너지가 줄어든다. 그 이유는 다이내믹 레인지가 줄어들수록 곡의 더 많은 부분이 콘을 같은 정도로 움직이기 때문이다. 이렇게 다이내믹을 강하게 제한하면 소리는 크게 들리지만 킥의 활기찬 박력은 부족해진다. 그림 9.2가 그 양상을 보여주며, 이 책의 홈페이지에서 소리를 들을 수 있다.

강한 다이내믹 제한의 영향 The effects of strong dynamic restriction

댄스 음악의 경우 평균적으로 약 3dB에서 6dB이 킥의 반향을 해치지 않는 적절한 제한량이다. 다만 정확한 수치는 믹스에 전적으로 좌우된다. 믹스가 이미 상당히 압축되었다면 제한 단계에서 3dB 이상을 피하는 것이 현명하다. 그렇지 않은 경우 다이내믹스가 모두 제거된다.

**노이즈 게이트
NOISE GATE**

노이즈 게이트는 주어진 경계 *아래*에 있는 신호를 약화시키는 다이내믹 프로세서다. 그 목적은 조용하게 지나가야 할 부분에 존재할지 모르는 낮은 수준의 잡음을 제거하는 것이다.

가령 보컬을 녹음할 때 모든 뉘앙스를 포착하기 위해 트랙 전체에 걸쳐 레코딩 기기를 작동하는 것이 일반적이다. 그 결과 가수가 페시지 사이에서 잠시 쉬어갈 때, 발로 바닥을 두드리거나, 휴식하거나, 숨을 크게 쉬거나, 목청을 다듬거나, 자세를 바로 잡으며 생기는 외부 잡음이 마이크에 잡힐 수 있다. 이런 문제에 대처하기 위해 노이즈 게이트를 활용하여 가창 수준 아래로 경계 패러미터를 설정한다. 그러면 가수가 노래를 멈추고 신호가 경계 아래로 내려갈 때마다 노이즈 게이트가 작동하여 완전한 침묵 상태로 만든다.

이론적으로 노이즈 게이트는 경계 패러미터만 갖추면 된다. 그러나 현실적으로는 약간 더 복잡하다. 우선 모든 사운드가 갑작스레 시작되고 멈추는 것은 아니며, 일부 악기는 점차 이득을 늘린다는 사실을 고려해야 한다. 가령 바이올린과 현악기 그리고 패드는 종종 일정한 시간에 걸쳐 점차 이득을 늘린다. 노이즈 게이트가 경계 패러미터만 갖추고 있다면 해당 사운드는 경계를 넘어섰을 때 갑작스레 나온다. 마찬가지로 이득이 점차 줄어드는 경우 경계 아래로 다시 떨어질 때 갑작스레 조용해질 것이다. 그래서 모든 노이즈 게이트는 어택과 릴리스 패러미터도 갖춘다.

어택과 릴리스 패러미터는 모두 1000분의 1초 단위로 설정되며 여러 측면에서 컴프레서의 엔벨로프와 비슷하게 작동하는 어택 및 릴리스 시간을 정하도록 해준다. 어택 패러미터는 유입 신호가 경계를 넘은 후 게이트가 얼마나 빨리 열리는지 정하며, 릴리스 패러미터는 유입 신호가 경계 아래로 떨어진 후 게이트가 얼마나 빨리 닫히는지 정한다.

컴프레서의 경우와 마찬가지로 두 패러미터는 신중하게 설정해야 한다. 잘못 조정하면 신호의 다이내믹 엔벨로프를 변형시키기 때문이다. 가령 어택을 유입 신호의 이득이 증가되는 속도보다 느리게 설정하면 노이즈 게이트가 신호의 이득 증가를 좌우하게 된다. 마찬가지로 릴리스가 너무 짧으면 다이내믹 엔벨로프가 더욱 조작된다. 그림 9.3은 부정확한 설정이 다이내믹 엔벨로프를 바꾸는 양상을 보여준다.

노이즈 게이트의 운용과 관련하여 고려해야 할 다른 사실은 모든 신호가 전체 기간

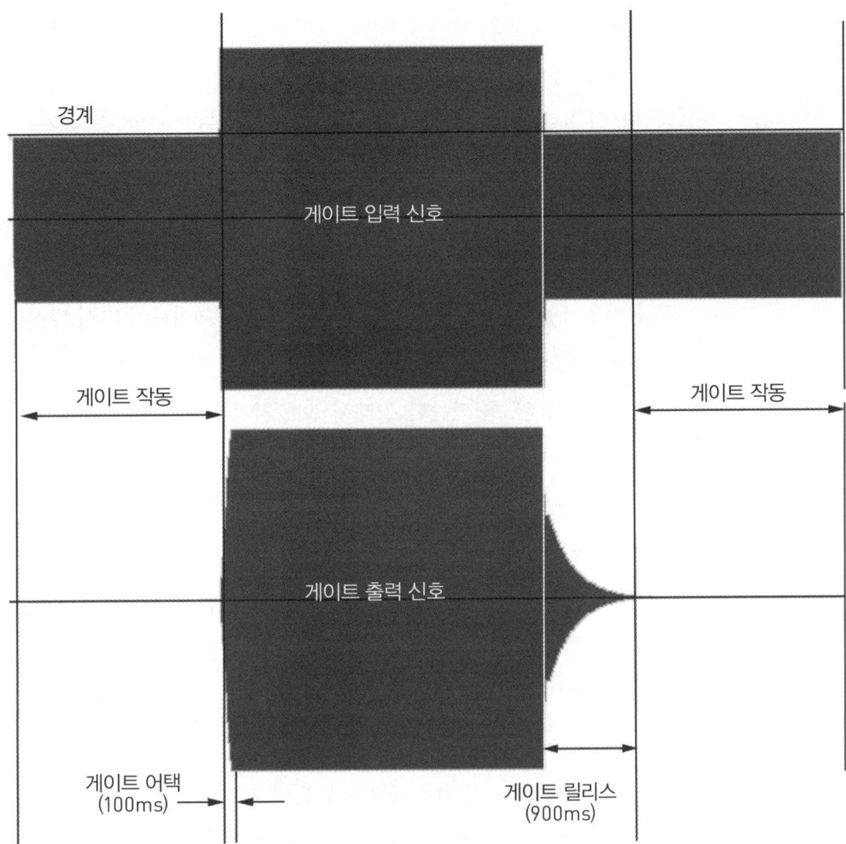

그림 9.3 노이즈 게이트의 다이내믹 엔벨로프 변형

에 걸쳐 일정한 음량을 유지하지는 않는다는 것이다. 가령 가수가 어떤 음을 유지하는 동안 다양한 진폭이 나올 수 있는데, 이때 노이즈 게이트의 경계에 가깝다면 신호가 경계의 위와 아래에서 계속 맴돌 수 있다. 그래서 어택과 릴리스가 짧으면 게이트가 계속 작동과 멈춤을 오가면서 '게이트 잡음gate chatter'으로 불리는 효과를 낸다. 반대로 어택과 릴리스가 길면 음량이 심하게 요동치게 된다.

이런 문제를 방지하기 위해 노이즈 게이트는 자동 내지 수동 홀드 기능을 지닌다. 이 기능을 통해 신호가 경계 아래로 떨어진 후 릴리스를 작동하기 전에 노이즈 게이트가 멈추는 시간을 정할 수 있다. 그러면 신호가 짧은 시간 동안 경계 아래로 떨어졌다가 위로 돌아오는 경우 게이트 잡음을 방지할 수 있다.

특히 홀드 기능은 히스테리시스hysterisis라 불리는 비슷한 절차와 혼동된다. 그러나 둘 사이에는 큰 차이가 있다. 홀드 기능은 노이즈 게이트가 닫히기 전에 미리 정한 시간만큼 기다리도록 강제하지만 히스테리시스는 게이트의 열림과 닫힘에 대해 따로 경계의 내성을 조정한다. 가령 히스테리시스의 경우 경계가 –12dB로 설정되었다면 오디오 신호가 이 경계를 지나야 게이트가 열린다. 그러나 게이트가 다시 닫히려면 –12dB 아래에서 추가로 데시벨이 조금 더 떨어져야 한다. 이런 작동은 홀드 기능과 흡사하면서도 더 자연스러운 사운드를 만든다. 그래서 실제 악기와 보컬을 위한 옵션으로 선호된다.

홀드나 히스테리시스에 더하여 많은 게이트는 범위 제어range control 기능을 갖추고 있다. 이 기능은 경계 아래로 떨어지는 신호를 약화하는 양을 제어한다. 일반적인 게이트는 완전한 무음을 만들기 위해 신호가 경계 아래로 떨어지면 완전히 닫힌다. 그러나 프로듀서가 완전한 무음상태 보다는 약간의 배경 소음을 유지하고 싶어 하는 경우도 있다.

드럼이나 어쿠스틱 기타를 녹음할 때가 그런 예다. 드럼 타격음은 강한 반향을 일으키고, 어쿠스틱 기타는 연주자의 손가락이 프렛 위를 오갈 때 끽끽대는 소리를 낸다. 사람들은 이런 소리를 예상한다. 그래서 게이트나 다른 수단을 통해 이런 소리를 제거해 버리면 잘못되었거나 허전하게 들린다. 가수의 호흡과 관련해서도 비슷한 효과가 난다. 대개 가수는 절이나 후렴의 다음 줄을 시작하기 전에 숨을 크게 들이쉬는데, 노이즈 게이트가 이 소리를 제거하면 아주 부자연스럽게 들린다. 청자는 가수의 숨소리를 기다리고 있는 것이다!

범위 제어는 데시벨 단위로 설정되어 경계 아래로 떨어지는 신호가 어느 정도 약화될지 정한다. 범위가 증가할수록 신호의 이득이 감소한다. 최대 설정에서는 게이트가 신호를 완전히 무음으로 만든다. 대개 이 패러미터는 사운드에 현실적인 성격을 부여하기 위해 경계 아래로 떨어지는 신호가 믹스 안에 놓였을 때 겨우 들릴 정도로 설정된다.

많은 게이트, 특히 소프트웨어 게이트는 컴프레서의 사이드 체인과 같은 방식으로 작동하는 사이드 체인 기능을 갖추고 있다. 게이트의 경우 종종 '키key' 입력으로 불리지만 원칙은 같다. 그래서 오디오 채널이 입력되는 키 입력부를 통해 경계를 제어할 수 있다. 이 기능은 다양한 창의적인 용도를 지닌다. 가장 흔한 방식은 노이즈 게이트를 패드나 현악기 섹션처럼 지속적인 음색을 지닌 오디오 트랙에 넣은 다음 하이 햇 리듬을 다른 트랙에 프로그래밍하는 것이다. 뒤이어 이 하이 햇 리듬은 게이트의 키 입력 요소로 활용된다. 그래서 하이 햇 소리가 나올 때마다 게이트가 열려서 지속적인 패드 음색이 들리게 된다. 혹은 워크스테이션이 지원한다면 가상 악기를 키 입력부로 넣고 음이 연주될 때마다 게이트를 열어 패드 사운드가 통과하도록 만들 수 있다.

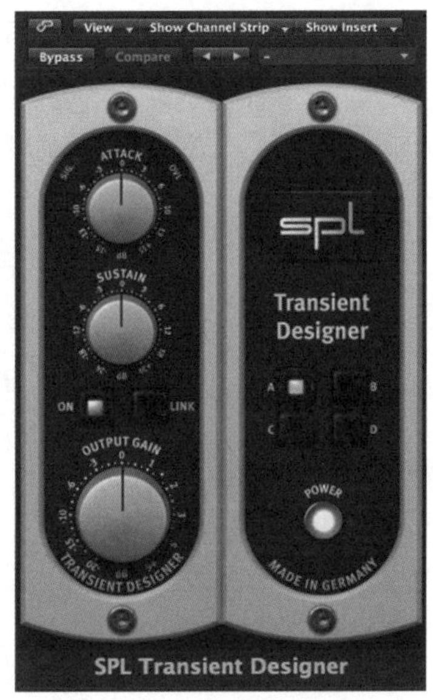

그림 9.4 SPL 트랜지언트 디자이너

　물론, 이 두 기능이 게이트의 경계 설정을 대신할 것이다. 그러나 어택, 릴리스, 범위 range, 홀드, 히스테리시스, 범위 제어range control를 통해서도 여전히 오디오 신호에 대한 게이트의 반응을 제어할 수 있다.

트랜지언트 디자이너 TRANSIENT DESIGNERS

트랜지언트 디자이너는 다른 형태의 다이내믹 프로세서다. 그러나 앞서 나온 사례들처럼 다이내믹스를 제어하는 것이 아니라 다이내믹 엔벨로프를 의도적으로 변형한다. 이처럼 다이내믹 엔벨로프를 의도적으로 변형하는 일은 일렉트로닉 댄스 음악을 만드는 데 대단히 중요한 사운드 디자인 수단이다. 따라서 트랜지언트 디자이너는 반드시 보유해야 할 도구 중 하나다 (그림 9.4).

대다수 트랜지언트 디자이너는 단순하며, 대개 어택과 서스테인 제어 기능만 갖추고 있다. 이 기능을 통해 신시사이저를 사용할 때처럼 미리 녹음된 오디오 파일의 어택과 서스테인 속성을 바꿀 수 있다. 어택 단계의 변형으로 사운드에 대한 많은 정보를 좌우할 수 있다. 그래서 이 작업으로 음색을 바꿀 수도 있다. 가령 어택 단계를 줄이면 믹스의 후면으로 옮길 수 있고, 어택 단계를 늘리면 믹스의 전면으로 옮길 수 있다. 이 작업은 드럼 루프를 구성할 때도 필수적이다. 스네어나 하이 햇의 어택 및 릴리스 단계를 변형하면 루프의 그루브에 영향을 미칠 수 있기 때문이다.

<table>
<tr><td>EQ</td><td>

EQ는 원래 주파수에 속한 특정 밴드의 이득을 줄이거나 늘리는 주파수별 음량 제어 장치다. 이 장치는 개별 음색을 조정하기도 하지만 대개 완전한 믹스를 조정하여 각 악기가 나름의 공간을 통해 귀에 들리도록 만든다. 이 작업은 기본적인 것처럼 보인다. 그러나 EQ는 습득하기 아주 어려운 프로세서로서 비교적 적은 패러미터를 제공하지만 이면의 이론은 아주 복잡하다. 가장 흔한 EQ 시스템은 패러메트릭parametric EQ와 패러그래픽paragraphic EQ다(그림 9.5). 두 시스템은 디스플레이 외에는 동일하다. 패러메트릭 EQ는 패러미터만 갖추고 있지만 패러그래픽 EQ는 패러미터뿐만 아니라 EQ가 구성되는 양상을 그래픽으로 보여주는 디스플레이도 갖추고 있다.

</td></tr>
</table>

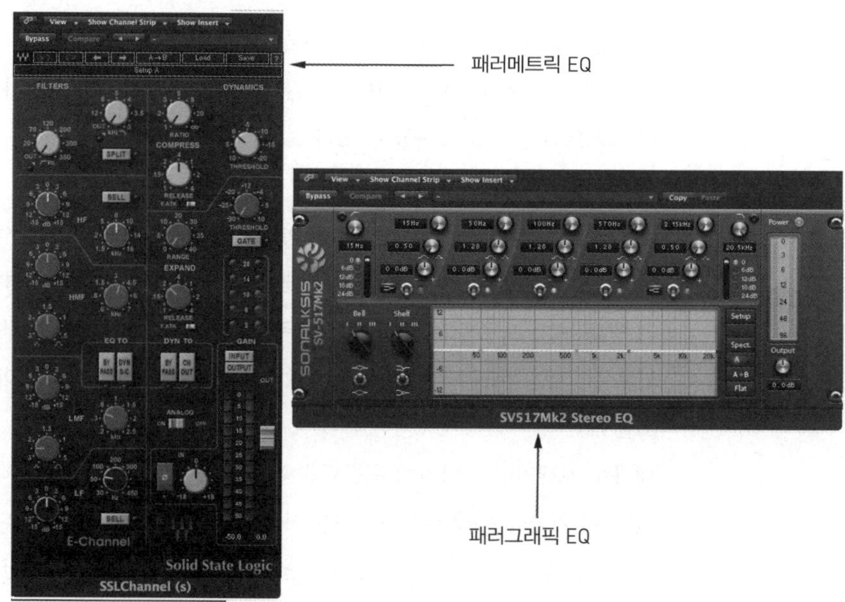

그림 9.5 패러메트릭 EQ와 패러그래픽 EQ

댄스 뮤직 바이블

대개 둘 다 주파수와 대역폭 그리고 이득을 제어하도록 해주는 3개의 주 패러미터로 구성된다. 주파수 폿pot은 강화하거나 제거할 중심주파수를 선택하는 데 사용되며, 대역폭 폿은 중심주파수 양쪽으로 얼마나 많은 영역이 영향을 받을지 정하는 데 사용된다. 그 다음에는 이득을 통해 선택된 주파수의 이득을 늘리거나 줄일 수 있다.

가령 주 음색이 600Hz에서 9kHz의 주파수를 지닐 때 1kHz와 7kHz 사이의 주파수가 약화되도록 EQ를 설정한다고 가정하자. 이 경우 주파수 패러미터를 이용하여 중심주파수(4kHz)를 잡고 양쪽으로 3kHz만큼 영향을 받도록 대역폭을 설정하면 된다.

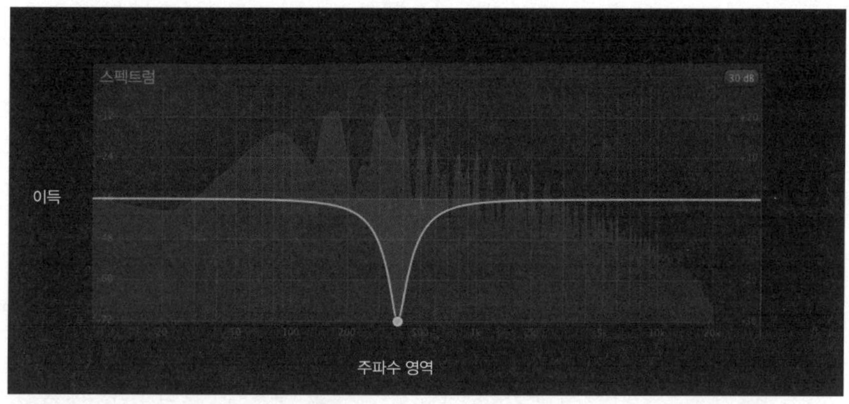

그림 9.6 비지속non-constant Q의 작용

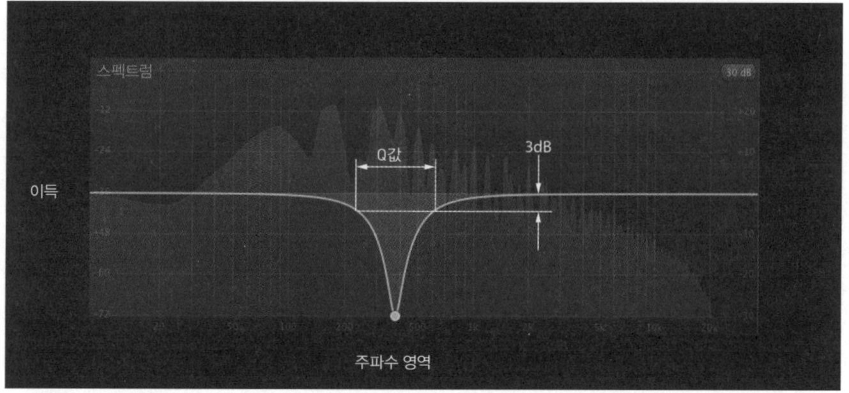

그림 9.7 Q값 측정

그 다음 이 중심주파수의 이득을 줄이면 양쪽으로 3kHz 영역에 속하는 주파수도 약화된다. 대역폭의 크기는 종종 Q(Quality)로 불리며, Q 수치가 작을수록 대역폭의 '넓이'는 커진다.

이 내용은 언뜻 단순해 보이지만 이론적으로는 약간 더 복잡하다. Q는 일정하지 않고 적용된 부스트boost 내지 컷cut의 양에 따라 변하기 때문이다. 가령 심하게 부스트 내지 컷을 적용한 경우 대역폭이 아주 넓어지기 시작하며, 해당 주파수 영역으로 멀리 들어갈수록 점차 미세해진다. 그림 9.6이 그 양상을 보여준다.

이런 비지속non-constant Q의 작용은 정확한 측정을 하기 어렵게 만든다. 그래서 Q의 실제 수치는 적용된 부스트 내지 컷을 3dB 줄인 값을 측정하여 정한다. 그림 9.7이 그 양상을 보여준다.

이렇게 측정하면 Q의 넓이를 안정적으로 구할 수 있다. 그러나 Q값은 구체적인 주파수의 영역이 아니라 옥타브 수치를 기준으로 삼아야 한다. 그 이유는 옥타브가 기하급수적 성격을 지니며, 따라서 Q 주파수 값의 효과는 적용되는 옥타브에 따라 크게 달라지기 때문이다.

음향학을 다룬 장에서 언급한 대로 피타고라스는 듣기 좋은 배음의 관계가 수학과 밀접하게 관련되며, 주파수가 기하급수적으로 증가하기 때문에 듣기 좋은 배음이 나온다는 사실을 발견했다. 또한 이를 바탕으로 주파수를 2배로 늘리는 것은 음계에서 한 옥타브를 올리는 것과 같다는 사실도 발견했다.

즉, 음계에서 A1이 110Hz라고 가정할 때 이 주파수를 2배로 늘리면 220Hz에 해당하는 A2가 된다. 나아가 A2를 440Hz로 늘리면 A3가 되고, A3를 다시 2배인 880Hz로 늘리면 A4가 된다. 그림 9.8은 이런 주파수의 기하급수적 증가와 옥타브의 관계를 보여준다.

이 점을 염두에 두고 제작자가 500Hz지점에서 6db 감소를 결정하는 EQ의 경우 이는 음계의 A3(440Hz)와 A4(880Hz) 사이에서 이뤄지게 된다. 이때 Q값이 이 두 옥타브 사이에서 232Hz를 깎아낸다면 해당 옥타브에서 208Hz가 그대로 남겨진다. 따라서 232Hz의 Q값으로 주파수를 감소할 경우 해당 옥타브에 속한 큰 부분의 주파수가 제거된다(그림 9.9)(A3와 A4사이의 440Hz에서 232Hz를 빼면 440Hz-

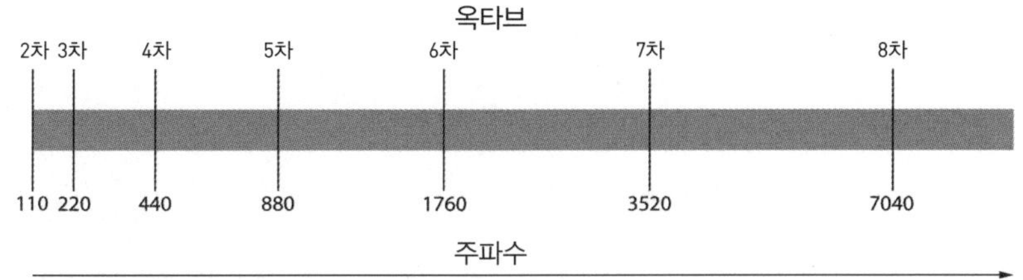

그림 9.8 주파수의 기하급수적 증가와 옥타브의 관계

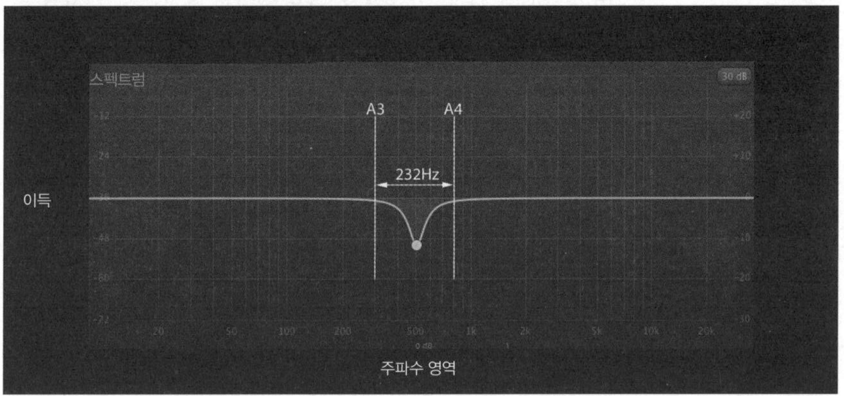

그림 9.9 옥타브 A3와 A4 사이에서 232Hz를 깎아내는 경우

232Hz=208Hz).

이번에는 같은 232Hz의 Q를 A6과 A7에 적용하는 경우를 살펴보자(그림 9.10). A6는 1,760Hz이고 A7은 3,250Hz로서 그 차이는 1,760Hz다. 232Hz의 Q로 2kHz에서 감소를 하면 해당 옥타브에서 1,528Hz를 그대로 두게 된다. A3와 A4 사이에 적용했을 때 주파수의 절반 이상이 제거된 경우와 비교하면 이 경우는 제거량이 아주 적어서 4분의 1도 되지 않는다.

그래서 Q는 주파수가 아니라 옥타브 척도에 따라 사용된다. 그러면 Q는 옥타브에 따라 기하급수적 수치의 주파수를 깎아낸다. 따라서 옥타브에 관계없이 같은 양의 주파수에 영향을 미치는 것으로 지각된다. 엔지니어와 프로듀서들은 이 점을 염두에 두고 여러 기본적인 Q값을 활용하여 작업을 한다. 다음이 그 예다.

- 0.7=2옥타브

- 1=1과 1/3옥타브

- 1.4=1옥타브

- 2.8=1/2옥타브

일반적으로 반 옥타브 이하의 대역폭이 문제를 일으키는 주파수를 제거되는 데 사용되며, 두어 옥타브의 대역폭은 넓은 영역의 주파수를 성형하는 데 적합하다. 그러나 대다수 작업에는, 특히 EQ 믹싱의 초심자들에게는 1.0의 비지속non-constant Q가 가장 알맞다. 많은 엔지니어들은 이를 종종 '매직 Q'라고 부른다. 믹싱을 할 때 생기는 대다수 문제를 해결하는 데 쓸 수 있고 더 자연스러운 소리를 내기 때문이다.

물론 Q=[CF/(TF-BF)]라는 공식에 따라 나름의 Q값을 계산할 수도 있다. 여기서 CF는 중심주파수, TF와 BF는 깎여나가는 상단 및 하단 주파수를 가리킨다.

가령, 1,000Hz에서 감소를 하고 외곽으로 891Hz와 1,123Hz에 영향을 미친다면 이 두 주파수가 각각 상단 주파수 및 하단 주파수가 된다(그림 9.11).

이때 먼저 TF-BF라는 간단한 계산을 해야 한다(1,123Hz-891Hz=232Hz의 Q). 중심주파수가 1,000Hz이므로 232Hz로 나누면 4.31이라는 Q가 나온다(1,000Hz/232Hz=4.31). 이는 옥타브의 약 1/4이다.

플러그인 EQ에서 표준 패러메트릭 기능에 더하여 쉘빙 필터shelving filter를 사용할 수 있는 경우도 많다. 이 필터는 많은 신시사이저에 있는 로우 패스 필터 및 하이 패스 필터와 비슷한 방식으로 작동한다. 앞서 언급한 대로 로우 패스 필터는 컷 오프 지점보다 높은 주파수를 약화시키고, 하이 패스 필터는 컷 오프 지점보다 낮은 주파수를 약화시킨다. EQ의 경우 로우 쉘프 필터는 컷 오프 지점보다 낮은 주파수를 감소시키거나 증가시킬 수 있다. 반면 하이 쉘프 필터는 컷 오프 지점보다 높은 주파수를 감소시키거나 증가시킬 수 있다.

플러그인의 사양에 따라 쉘빙 필터로 제어할 수 있는 양이 달라지며(그림 9.12), 대개 (때로 니 주파수knee frequency로 불리는) 주파수를 선택하는 패러미터와 선택된 주파수의 위나 아래에 있는 주파수를 감소시키거나 증가시키는 2차 패러미터가 제공

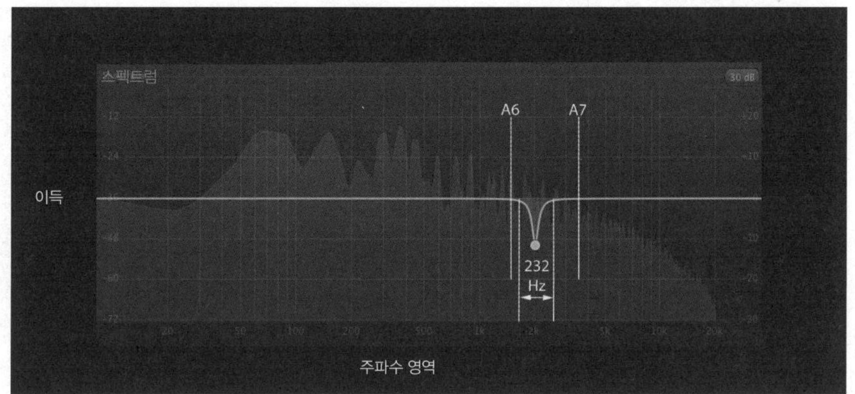

그림 9.10 옥타브 A6와 A7 사이에서 232Hz를 깎아내는 경우

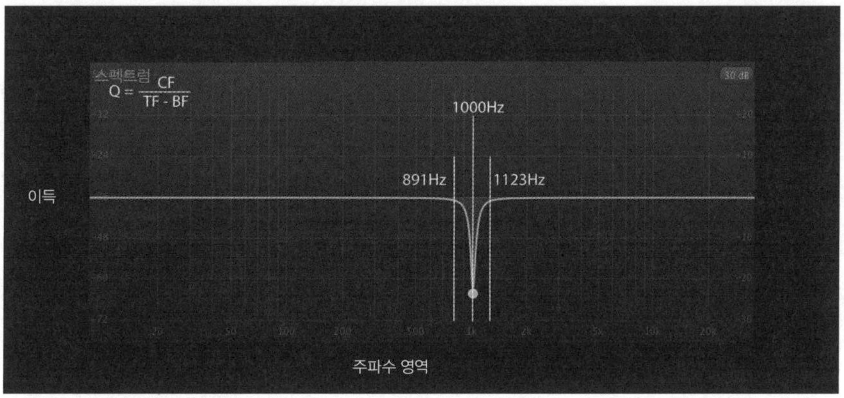

그림 9.11 상단 및 하단 주파수

된다.

많은 스피커 시스템은 20Hz보다 낮은 주파수를 생성하지 못한다. 그래서 20Hz 아래에 있는 모든 주파수를 '감쇄roll off'하여 제거하는 것이 좋다. 그러면 스피커가 영역을 넘어선 주파수를 내느라 에너지(즉, 음량)를 잃는 문제를 방지할 수 있다.

추가 EQ　패러메트릭과 쉘빙 필터는 일렉트로닉 댄스 음악을 만들 때 가장 일반적으로 쓰이는 EQ시스템인데, 가장 심도 있는 제어 기능을 제공하며, 믹싱을 할 때 유일하게 활용되는 경우가 많기

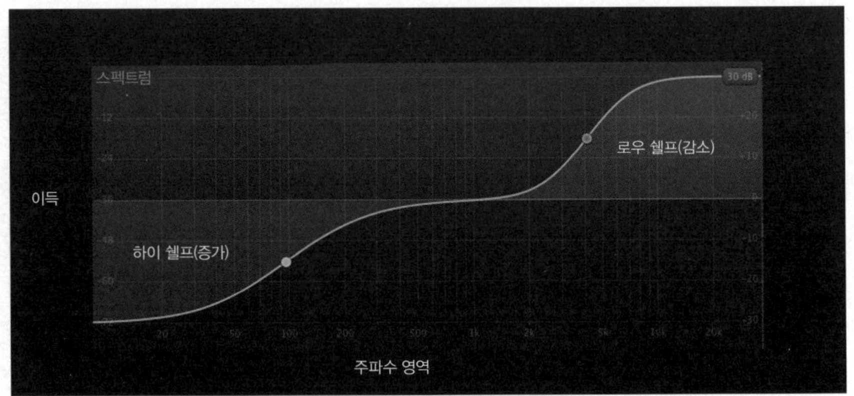

그림 9.12 **쉘빙 필터의 작용**

때문이다. 그러나 그래픽 밴드 EQ로 불리는 부차적인 형태의 EQ도 있다.

그래픽 밴드 EQ, 혹은 간단히 그래픽 EQ는 모든 밴드가 고정되어 있다는 점에서 패러메트릭 EQ와 다르다. 고정된 밴드를 강화시키거나 약화시키는 일만 가능하다. 당연히 밴드가 많을수록 영향 받는 주파수 밴드도 작아진다.

이 점은 패러메트릭 EQ와 비교하면 대단히 제약이 크게 느껴진다. 그러나 대다수 그래픽 EQ는 콘스턴트 Q를 활용한다. 그래서 강화량이나 약화량에 관계없이 Q는 계속 일정하게 유지된다. 주파수 영역을 포괄할 밴드가 많다면 그래픽 EQ는 대단히 정밀한 작동이 가능하다. 그래서 엔지니어가 믹스의 음조 성분을 정확하게 다듬을 수 있기 때문에 전문 마스터링 플러그인에서 중심을 차지한다.

그래픽 밴드 EQ는 제약이 많은 듯 보이지만 유용성을 과소평가해서는 안 된다. 좋은 그래픽 밴드 EQ의 장점은 즉각적이어서 특정 주파수를 미리 맞출 필요가 없다는 것이다. 이런 즉각성 덕분에 활용하는 데 필요한 기술적 이론이 아니라 '사운드'에 바로 집중하고 실험할 수 있다. 그래서 사운드 디자인에서 강력한 역할을 담당한다.

무엇보다 청자는 EQ가 어떻게 설정되었는지 보지 못하며, 그저 결과물을 들을 뿐이다. '시각적 요소가 강화된' EQ로 작업하는 모든 프로듀서가 직면하는 큰 문제는 귀보다 눈을 더 신뢰하는 경향에 빠지는 것이다. 이런 경향은 잘못된 결과물로 이끌 수 있다.

익스팬더
EXPANDER

익스팬더는 반대로 작용하는 컴프레서다. 컴프레서는 오디오 신호의 다이내믹 레인지를 줄이는 데 반해 익스팬더는 늘린다. 익스팬더는 근본적으로 상반된 컴프레서이기 때문에 일반적인 컴프레서처럼 경계, 비율, 어택 및 릴리스 시간 같은 동일한 패러미터를 지닌다. 익스팬더의 경계 패러미터는 유입 신호의 어느 부분을 처리할지 정한다. 그에 따라 경계 설정치를 넘어서는 모든 신호의 음량이 아래에서 그대로 남는 부분보다 늘어난다(즉, 확장된다). 그래서 둘 사이의 다이내믹 레인지가 늘어난다.

신호가 경계를 넘어설 때 확장되는 수준은 비율 제어 기능으로 정해

그림 9.13 API 560

진다. 이 기능은 컴프레서에서 설명한 방식처럼 경계를 넘는 신호의 레벨과 비교하여 확장 비율을 정한다. 마찬가지로 어택과 릴리스 패러미터도 비슷한 방식으로 경계를 넘는 신호를 확장하는 데 걸리는 시간과 신호가 떨어지기 시작할 때 처리를 멈추는 데 걸리는 시간을 정한다. 끝으로 출력 이득은 출력 단계에서 신호를 강화시키거나 더 흔하게는 약화시키는 데 사용된다.

이펙트

> '아이락iLok은 지금까지 발명된 최악의 물건이다.'
>
> — 캘빈 해리스Calvin Harris

앞 장에서 흔히 쓰이는 프로세서들을 살폈다. 이제 흔히 쓰이는 이펙트로 눈길을 돌려보자. 이 장에 소개된 이펙트는 절대 전부가 아니다. 모든 효과를 자세히 설명하려면 한 장이 아니라 책 한 권이 필요할 것이다. 그러므로 여기서는 EDM제작을 위해 갖춰야 하는 필수적인 이펙트만 다룬다.

리버브
REVERB

잔향Reverberation은 여러 환경에서 들리는 자연적인 반향을 가리키며, 공간과 집기 배치 그리고 일반적인 구조에 대한 핵심적인 청각적 단서를 제공한다. 앞서 설명했듯이 물체가 진동함에 따라 변하는 공기의 압력은 사방으로 퍼져나간다. 이 중 일부만 귀에 직접 도달한다. 나머지 에너지는 근처의 물체, 바닥, 천장, 벽을 때린 후 도달한다.

이렇게 2차적으로 반사된 파동은 직접음direct sound을 뒤따르는 일련의 개별적인 메아리를 만든다. 우리는 이 '잔향 음장reverberant field'을 통해 환경에 대한 정보를 많이 얻는다. 실제로 이 효과는 생존에 대단히 중요하다. 그래서 우리는 눈을 가려도 음향 반사만으로 공간에 대해 정보를 많이 얻을 수 있다.

이 지각의 상당 부분은 물질마다 다른 음향 흡수 속성에 따른다. 각 표면은 다른 주파수 반응을 지니기 때문에 다른 물질은 음향 에너지를 다른 주파수로 흡수한다. 가령 빈 벽은 그림이나 벽지로 덮인 벽보다 고주파수 에너지를 더 쉽게 반사한다. 마찬가지로 대형 홀의 경우 작은 방보다 잔향이 소멸하는 데 더 오랜 시간이 걸린다. 실제로 음향 출처에서 멀리 떨어질수록 더 많은 잔향을 정확하게 판별할 수 있다. 충분히 멀리 떨어지면 잔향이 일련의 개별적인 메아리로 지각된다.

그래서 컴프레서가 가장 중요한 프로세서로 간주되듯이 리버브는 가장 중요한 이펙트로 간주되는데, 플러그인 신시사이저나 하드웨어 신시사이저 그리고 오디오 샘플은 신호가 대기에 노출되지 않는 한 자연스런 잔향을 만들지 않기 때문이다. 따라서 댄스 믹스에서 어느 정도의 깊이와 자연스런 공간감을 창출하려면 인위적인 잔향을 활용해야 한다.

인위적인 잔향에는 컨벌루션convolution과 합성synthetic, 두 종류가 있다. 현재는 많은 댄스 음악가들 사이에서 컨벌루션이 유행어가 되었다. 이 리버브 장치는 실제 공간의 반사 속성에 따른 샘플 혹은 '임펄스impulse'를 활용하기 때문이다. 임펄스는 실제 환경의 음향적 지문을 토대로 삼기 때문에 가장 현실적인 음향 공간을 창출한다. 다만 자연적인 성격을 유지하는 대신 세부적인 맞춤화를 하지는 못한다.

두 번째 리버브인 합성 리버브는 알고리듬 계산을 통해 특정한 음향 공간이 음향 출처에 어떻게 반응할지 정하기 때문에 이런 문제로부터 자유롭다. 이 리버브 장치에 따른 음질과 현실성은 제조사에 따라 크게 달라서 엄청나게 다각적이며, 실제처럼 재현된 소리부터 축축한 종이 상자에서 반사된 듯한 소리까지 다양하다. 그렇다고 해서 둘 중 하나를 선택해야 한다는 말은 아니다. 대개는 둘을 신중하게 섞어서 작업한다.

어떤 장치를 선택하든 리버브를 적용하는 일은 보기보다 복잡하다. 잔향은 음향 출처, 음향 출처와의 거리, 공간의 반응 및 집기 배치에 따라 크게 달라지기 때문이다. 앞서 언급한 대로 잔향은 생존 본능에서 강력한 역할을 담당한다. 그래서 우리는 잔향이 어떻게 들려야 하는지 본능적으로 안다. (좋은)리버브 장치는 조정 가능한 패러미터를 다양하게 제공하여 실제 세계의 반응을 모방하도록 해준다.

다음은 양질의 여러 리버브 장치에서 제공하는 제어 기능의 목록이다. 제조사와 알고리듬에 따라 이 중에서 일부 패러미터만 제공될 수도 있다.

비율Ratio (때로 믹스Mix로 표기)

비율 기능은 직접음에 대한 잔향의 비율을 제어한다. 이 비율을 최대치 가까이 올리면 직접음보다 잔향이 더 나온다. 반대로 이 비율을 줄이면 잔향보다 직접음이 더 나온다. 이 기능은 원래 음향 출처가 청자로부터 얼마나 가까운지 조정하는 주요 수단이다. 비율(혹은 믹스)이 높을수록 음향 출처가 청자로부터 멀리 떨어진 것처럼 들린다.

프리 딜레이 Pre-Delay 시간

음향이 발생한 후 직접음과 귀에 도달하는 첫 번째 반향 사이의 시간 차이를 프리 딜레이라고 부른다. 1000분의 1초로 설정되는 이 패러미터는 원래 음향과 첫 번째 반사음 사이의 시간 차이를 정한다.

일반적인 상황에서 이런 시간 차이는 청자가 음향 출처로부터 떨어진 거리와 음향을 반사하는 표면에서 기인한다. 가령 청자가 빈 방의 복판에 서 있으면 벽 옆에 서 있을 때보다 반향이 귀에 도달하는 시간이 더 오래 걸린다.

프리 딜레이 시간 패러미터는 이런 반응을 모방할 수 있지만 대개 잔향 음장이 악기의 트랜지언트를 억누르지 않도록 하는 데 활용된다. 이 경우 사운드가 걸쭉하고 혼란스럽게 들리기 때문에 이 작업은 대단히 중요하다.

초기 반향 Early Reflection

초기 반향 패러미터는 고급 장비에만 있는 경우가 많으며, 청자가 듣는 초기 반향의 음향 속성을 제어할 수 있도록 해준다.

사운드는 여러 표면에서 반사되므로 귀에 도달하는 각 반향마다 미묘한 차이가 생긴다. 이 패러미터를 활용하면 초기 음향이 반사되는 표면의 유형과 스타일을 정할 수 있다.

디퓨전 Diffusion

디퓨전은 종종 초기 반향과 연계되며 초기 반향이 스테레오 이미지에 걸쳐 얼마나 멀리 퍼지는지 말해주는 척도다. 반향과 연계된 스테레오 폭의 범위는 청자가 음향 출처로부터 얼마나 멀리 떨어져 있는지에 좌우된다.

초기 출처가 청자로부터 멀리 떨어져 있다면 잔향의 스테레오 폭은 대부분 허공을 지나는 동안 소멸할 것이다. 그러나 음향 출처 혹은 반사 물체가 청자에게 가까우면 잔향의 스테레오 분산이 덜할 것이다. 디퓨전은 사운드를 배경으로 밀어내려고 스테레오 리버브를 적용할 때 나머지 믹스와 함께 '제대로' 들리지 않는 이유를 모르는 많은 사람들이 간과하는 패러미터다.

밀도
Density

초기 반향이 일어난 후에도 원래 신호는 계속 다른 표면에서 반사되어 잔향 음장을 만든다. 이 음장은 밀도 패러미터로 제어한다.

밀도 패러미터를 이용하면 반향의 수 및 반복되는 속도를 정할 수 있다. 이 수치를 늘리면 반향이 빽빽해지면서 복잡한 표면 반향을 지닌 큰 잔향 음장이 형성된 느낌을 준다.

리버브 디케이
시간
Reverb Decay
time

이 패러미터는 리버브가 소멸되는 시간의 양을 정한다. 대개 대형 건물은 작은 방보다 반향이 정적으로 소멸하는 데 더 오래 걸린다. 그러므로 디케이 시간을 늘리면 '방'의 크기를 키울 수 있다.

잔향이 직접음보다 60dB 아래로 소멸하는 데 걸리는 시간의 양은 RT60으로 불린다. 그래서 일부 리버브 장치는 이 패러미터에 RT60이라는 명칭을 붙인다.

이 패러미터는 신중하게 활용해야 한다. 큰 잔향의 꼬리reverb tail가 금세 복잡하게 얽힌 주파수 덩어리로 변할 수 있기 때문이다. 가령 긴밀하게 자리 잡은 음들에 긴 디케이 시간을 적용하면 뒤 음이 시작될 때도 앞 음에 따른 반향이 여전히 소멸하고 있게 된다. 이런 패턴을 반복하면 갈수록 많은 반향이 트랜지언트를 억눌러서 거의 분간할 수 없는 믹스가 된다.

그렇다고 해서 디케이 시간을 길게 잡지 말라는 뜻은 아니다. 댄스 음악가들이 많이 쓰는 기법은 디케이가 큰 잔향으로 음을 뒤덮은 다음 노이즈 게이트로 처리하는 것이다. 이때 경계를 높게 잡으면, 음이 멈추자마자 게이트가 작동하여 잔향의 꼬리가 다음 트랜지언트를 억누르지 못하게 막아준다. 꼬리를 잃은 심한 잔향은 가끔 활용하면 귀를 사로잡는 효과를 낼 수 있다.

반향이 멀리 나아갈수록 대기에 흡수되어 고주파수 성분이 줄어든다. 또한 부드러운 집기도 고주파수를 흡수한다. 그러므로 고주파수 성분(그리고 디케이 시간)을 줄임으로써 부드러운 집기가 있는 작고 밀폐된 공간에서 소리가 나는 듯한 인상을 줄 수 있다.

혹은 디케이 시간을 늘리고 고주파수 성분을 덜 줄이면 음향 출처가 멀리 있는 듯한 인상을 줄 수 있다. 또한 저주파수 댐핑을 늘리면 크고 개방된 공간을 모방할 수 있다. 가령 넓은 동굴 같은 공간에서 노래를 하면 고주파수 에너지가 적은 반향을 지닌 낮은 울림이 생긴다.

반향을 현실적으로 활용하는 주된 전략은 공간과 집기를 상상한 다음 장치가 제공하는 패러미터로 그 소리를 모방하는 것이다. 공간의 자연스런 반응을 정확하게 재현하는 것은 거의 불가능한 일이다. 그러나 비슷한 정도로 재구성하는 것으로 충분하다. 다만 모든 악기를 같은 양이나 스타일의 리버브로 처리해서는 안 되며, 사운드 디자인부터 음향 위치 설정까지 여러 요소를 고려해야 한다.

예를 들어 EDM에서 믹스의 전면부에 킥 드럼이 지속되어야 하는데 후면부에는 약간의 하우스 스타일 현악기를 원할 경우를 보자. 음량의 감소를 통해 이런 움직임을 이룰 수도 있겠지만 현악기 소리가 믹스 속에 묻힐 수도 있다. 이런 경우 약간 심한 리버브를 현악기에 적용하면 강한 잔향 음장으로 인해 킥 드럼보다 더 멀리 있는 것처럼 청자를 속일 수 있다.

마찬가지로 리버브 장치에 따른 잔향 음장을 전부로 여겨서는 안 되며 추가 이펙트나 프로세서로 흥미로운 효과를 만들 수 있다. 가령 리버브 후에 EQ를 적용하여 잔향의 꼬리를 추가로 성형하는 일이 드물지 않다. 혹은 채널에 리버브를 적용한 직후 리듬 요소를 지닌 2차 채널에서 건반 입력을 받는 노이즈 게이트를 적용할 수 있다. 그러면 리듬감 있는

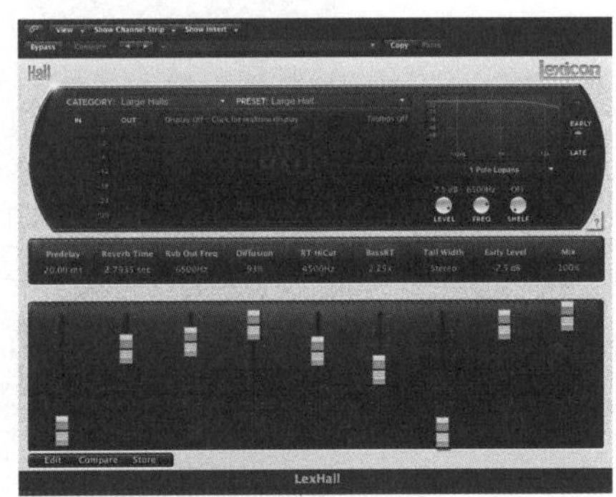

그림 10.1 렉시콘Lexicon PCM 리버브 – 프로듀서들이 가장 많이 사용하는 리버브

CHAPTER 10
이펙트

잔향이 생긴다. 뛰어난 EDM프로듀서가 되는 길의 핵심은 새로운 기법에 대한 실험과 발견이다.

디지털 딜레이
DIGITAL DELAY

디지털 딜레이는 리버브와 함께 EDM제작의 가장 중요하고 영향력 있는 이펙트 중 하나다. 그래서 이런저런 형태로 오디오 워크스테이션의 거의 모든 채널에 적용된다.

간단한 딜레이 장치는 대개 1000분의 1초 단위나 음가note value로 표시되는 정해진 시간만큼 유입되는 오디오 신호를 지연시킨다. 지연량은 피드백feedback으로 불린다. 피드백 설정을 늘리면 단일 사운드를 다양하게 반복할 수 있다.

딜레이는 유입 신호를 두 채널로 나누고 그중 하나를 출력부나 입력부로 다시 보내기 전에 짧은 시간 동안 저장하는 방식으로 효과를 넣는다. 이 저장과 반복 주기가 다양한 메아리를 만들며, 반복이 이뤄질 때마다 이전보다 진폭이 낮아진다. 이 메아리는 종종 프로젝트의 템포와 동기화된다. 그래서 현재 프로젝트의 정밀도 및 그리드에 맞춰서 리듬감 있는 효과를 만든다.

모든 딜레이 장치는 이런 방식으로 작동한다. 그러나 많은 장치는 딜레이 시간보다 훨씬 많은 패러미터를 제공하여 왼쪽 채널과 오른쪽 채널을 따로 지연시키거나 스테레오 이미지의 왼쪽에서 오른쪽으로 패닝할 수 있도록 해준다. 또한 뒤이은 딜레이의 피

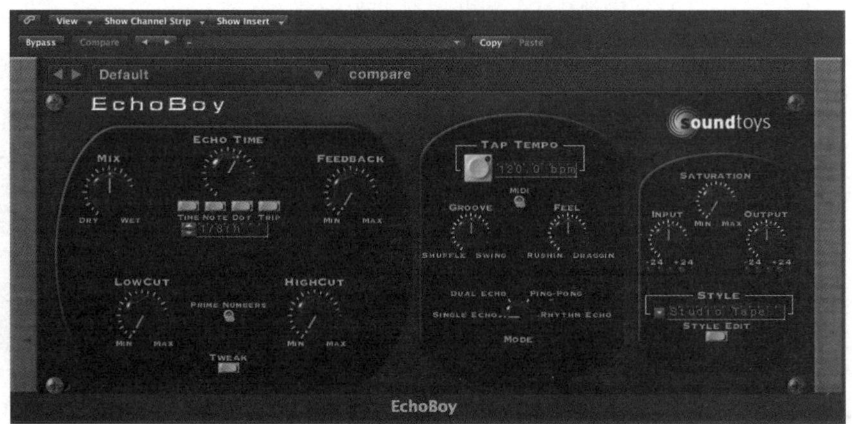

그림 10.2 궁극의 디지털 딜레이 – 사운드 토이즈Sound Toys의 에코보이Echoboy

치를 바꾸거나, 필터를 활용하여 딜레이의 배음 성분을 조정하거나, 왜곡을 적용하거나, 그루브를 조정하거나, LFO를 활용하여 딜레이에 작용하는 효과를 변조하도록 해준다.

이 모든 기능의 용도는 일렉트로닉 댄스 음악을 제작할 때 말 그대로 무한하다. 딜레이를 열린 하이 햇과 닫힌 하이 햇에 적용하여 다른 리듬을 만들거나, 리드와 베이스에 적용하여 그루브를 강화하는 일도 드물지 않다. 또한 나름의 리듬감 있는 효과를 만들거나, 큰 공간에 사운드를 넣거나, 악기의 스테레오 이미지나 배치를 강화하거나, 음색을 두텁게 만드는 데 활용되기도 한다.

후자의 기법은 그래뉼라 딜레이granular delay로 불리며, 딜레이가 30ms 미만으로 이뤄지도록 설정한다. 그러면 하스 효과(직접음 이후 40ms 미만으로 이뤄지는 모든 딜레이는 개별적으로 지각되지 않는다는 심리음향학 이론)에 따라 더 두껍고 넓게 느껴지는 음색이 나온다. 이 기법은 종종 리드나 베이스에 적용되어 강력한 추진력을 지닌 그루브를 만든다.

코러스
CHORUS

코러스 이펙트는 둘 이상의 악기가 같은 부분을 동시에 연주하는 소리를 모방하는 기능이다. 어떤 연주자도 서로 정확하게 같은 시간으로 연주하지는 않으므로 일련의 위상 상쇄phase cancellation로 사운드가 두꺼워진다. 이는 두 신시사이저의 파형을 약간 디튜닝하여 같이 재생하는 것과 비슷하다. 그러면 두 주파수가 서로 위상이 맞거나 어긋나면서 위상 상쇄가 이뤄진다.

코러스 장치는 유입 신호를 두 채널로 나누고 그 중 하나를 출력부에서 원래 신호와 다시 섞기 전에 LFO로 변조한 딜레이 라인으로 통과시키는 방식을 통해 이 효과를 낸다. 40ms 미만의 아주 짧은 딜레이를 적용하면 두 채널은 별개의 메아리를

그림 10.3 전형적인 코러스 이펙트

그림 10.4 플랜저 이펙트

내는 것이 아니라 출력부에서 한데 섞인다.

코러스를 제어하기 위해 대개 강도, 비율, 믹스 패러미터가 제공된다. 강도 패러미터는 변조량을 조정한다. 변조량을 늘리면 효과의 강도도 높아진다. 비율은 코러스 장치에서 활용하는 LFO의 주파수나 속도를 정한다. 믹스는 드라이 시그널dry signal(효과가 적용되지 않은 신호)과 코러스 효과의 균형을 맞춘다. 성능이 뛰어난 일부 코러스 장치는 여러 LFO 파형을 선택할 수 있도록 해준다. 그러나 일반적으로는 사인파가 가장 자연스러운 결과물을 만든다.

변조량이 일정한 깊이로 유지되고, 비율과 LFO 파형은 변하지 않으므로 진짜 '진실한' 결과물을 만들지는 못한다는 사실을 염두에 두어야 한다. 그래서 보컬이나 악기 소리를 안정적으로 배가하는 데 활용해서는 안 된다. 그럼에도 코러스는 나름대로 유용한 이펙트로서 종종 발진기와 음색을 더 두껍고, 넓으며, 충실하게 만드는 데 활용된다.

<table>
<tr><td>

**페이저
PHASER와
플랜저
FLANGER**

</td><td>

페이저와 플랜저는 방식에 약간 차이가 있지만 비슷한 원칙에 따라 코러스 효과를 낸다.

원래 플랜징은 엔지니어들이 하나가 손상되면 재빨리 바꾸기 위해 두 개의 테이프 기계에서 동시에 녹음하고 재생하던 1960년대에 도입되었다. 당시 '플랜지'(테이프 릴의 금속 테두리)에 잠깐 약간의 압력을 가하면 해당 테이프가 돌아가는 속도를 늦춰서 싱크가 맞고 어긋나는 상태를 오가면서 독특한 효과를 낸다는 사실이 발견되었다. 스몰 페이시즈The Small Faces가 1967년에 발표한 〈Itchycoo Park〉에서 플랜저 효과가 사용되었다. 이 노래가 인기를 끌면서 모두가 같은 효과를 사용하고 싶어했다.

</td></tr>
</table>

페이저는 디지털 이펙트로서 유입 신호를 둘로 나누고 원래 신호와 다시 합치기 전에 하나의 위상을 옮긴다. 그러면 어떤 면에서 플랜징과 비슷한 효과가 난다. 그러나 플랜징만큼 강력하지 않아서 인기가 적다.

플러그인의 경우 두 효과는 모두 원래 신호를 지연된 버전과 혼합하되 일부 출력 신호를 입력부로 되먹인다. 플랜저는 시간 지연 회로를 활용하고, 페이저는 위상 이동 회로를 활용한다는 점이 유일한 차이다.

둘 다 LFO를 활용하여 위상 이동이나 시간 지연을 변조한다. 그에 따라 일련의 위상 상쇄가 발생한다. 원래 신호와 지연된 신호의 위상이 서로 어긋나기 때문이다. 그 결과 페이저는 오디오 파일에서 (원 오디오 신호의 위상과 연관되기 때문에) 고조파 관계를 지니는 일련의 홈을 만들고, 플랜저는 시간 지연 회로를 활용하기 때문에 계속 다른 주파수를 지닌다. 그래서 플랜저와 페이저는 같은 패러미터를 공유한다.

두 장치는 비율 패러미터로 LFO 효과의 속도를 제어하며, 피드백 컨트롤로 LFO 변조의 심도를 설정한다. 일부 페이저는 사인파만 변조 소스로 활용하지만 대다수 플랜저는 원 신호를 처리하는 파형과 지연 횟수를 바꿀 수 있도록 해준다. EDM제작에서는 둘 중에서 플랜징이 주요 도구가 되었다.

그림 10.5 페이저 이펙트

디스토션
DISTORTION

디스토션 이펙트는 아날로그와 디지털 왜곡distortion(신호가 변형되어 파형이 변함)의 효과를 재현한다. 대개 음악가들은 아날로그 디스토션 장치를 활용하고 싶어한다. 그러면 오버드라이브가 걸린 밸브와 밸브 기어의 사운드를 재현하여 2차 고조파 왜곡에 따른 따뜻한 소리를 낼 수 있기 때문이다. 혹은 오버드라이브가 걸린 기타 앰프에서 나오는 유형을 선택하기도 한다.

디지털 디스토션은 대개 비트 감소의 형태로 이뤄진다. 그래서 오디오 채널에서 비트가 크게 제거된 듯한 인상을 주어 디지털 글리치glitch 유

그림 10.6 사운드 토이즈의 디캐피테이터decapitator 디스토션 장치

그림 10.7 소날크시스Sonalksis 로우 패스 필터

형의 왜곡을 일으킨다.

초기 디스토션 장치는 대개 왜곡량을 제어하는 패러미터와 왜곡의 음조를 조정하는 패러미터(일반적으로 필터)만 갖추고 있었다. 그러나 EDM 제작에서 디스토션 효과가 부상하고 중시되면서 일반적인 수준을 넘어 성장하게 되었다. 그래서 지금은 복수 밴드 디스토션부터 고전적인 아날로그 하드웨어를 오버드라이브한 데 따른 디스토션 효과의 모방까지 모든 것을 제공한다.

필터
FILTER

필터는 모든 신시사이저에서 가장 강력한 구성요소 중 하나다. 이는 스튜디오에서 제작하는 현대 EDM의 경우에도 마찬가지다. 지난 20년 동안 거의 모든 댄스 음반에 나오는 전형적인 필터 스위프를 이루려면 어떤(혹은 모든) 오디오 트랙에 삽입할 수 있는 필터 플러그인이 필요하다.

필터의 작동은 6장에서 자세히 다루었다. 플러그인 필터도 같은 방식으로 작동하며, 대개 스위치 방식 로우 패스, 하이 패스, 밴드 패스, 노치 필터notch filter와 함께 레조넌스resonance 그리고 때로 디스토션 같은 다른 효과도 제공한다.

글리처
GLITCHER

'글리칭'은 오랫동안 사용된 기법이지만 근래에 **컴플렉스트로***Complextro*와 **덥스텝***Dubstep* 같은 장르가 소개되면서 프로듀서와 청중의 관심을 끌기 시작했다. 근본적으로 이 기법은 오디오 파일을 여러 작은 이벤트로 자른 다음 무작위로 어긋나게 만들고 다른 효과를 적용하여 글리치 스타일 효과를 내는 것이다.

원래 이 작업은 시간을 엄청나게 많이 잡아먹었다. 그러나 근래에 개발사들이 절차를 단순하게 만드는 플러그인을 선보였다. 특히 *슈가-바이츠Sugar-Bytes*의 이펙트릭스*Effectrix* 그리고 글리치*Glitch*는 모두 복수 효과 시퀀서로서 유입 오디오를 다양한 길이를 지닌 개별 단계로 나눈 다음 각각 다양한 효과를 적용할 수 있도록 해준다. 효과는 플러그인마다 다르지만 대개 디스토션, 모듈레이션, 셔플shuffle, 리버스, 크러셔crusher, 게이트, 딜레이, 비닐vinyl, 테이프 스톱을 포함한다.

물론 이 장에서 다룬 것보다 훨씬 많은 이펙트들이 있다. 그래서 오토 패닝auto-panning, 링 변조, 피치 시프터pitch shifter를 비롯한 온갖 이펙트를 활용할 수 있다. 또한

 댄스 뮤직 바이블

그림 10.8 슈가-바이츠 이펙트로닉스 글리치 프로세서

개발사들은 거의 매일 새로운 이펙트 플러그인을 선보이고 있다.

그러나 이 이펙트 중 다수는 앞서 다룬 원칙들을 토대로 삼으며, 대개 다양한 방식으로 연계되어 다른 결과를 내는 효과들로 구성된다. 이는 EDM을 제작하는 근본적인 방식이다. 효과의 배열과 순서가 다른 결과물을 만들기 때문이다. 가령 리버브 이후에 적용된 딜레이 라인은 딜레이 라인 이후에 적용된 리버브와 크게 다른 결과물을 만든다. 이 문제는 나중에 자세히 다룰 것이다.

CHAPTER 11

믹싱 구조

> '기술은 일을 하는 올바른 방식은 하나뿐이라고 가정하지만 결코 그렇지 않다.'
>
> – 로버트 퍼시그Robert M. Pirsig

소프트웨어든 하드웨어든 모든 믹싱 데스크의 목적은 오디오 및 가상악기 채널과 함께 외부 기기로부터 들어온 신호를 취한 다음 한데 묶어서 단일 스테레오 파일로 출력하는 것이다. 이 원칙은 간단해 보인다. 그러나 무한한 라우팅routing 및 버스bus(정보전송회로) 옵션을 지닌 오디오 워크스테이션과 소프트웨어 믹서가 나오면서 한때 단출하던 믹서는 나름의 기능을 갖춘 사운드 디자인 도구로 발전했다.

믹서는 여전히 기본적으로 워크스테이션에서 만들어진 여러 트랙을 한데 섞는 데 사용된다. 그러나 여러 이펙트와 프로세서를 일련의 사슬로 엮고, 복수의 버스 설정 및 서브그룹을 통해 이 사슬에 접근하는 옵션은 일부 장르에서 종종 핵심적인 역할을 하는 사운드 조작의 전혀 새로운 영역을 열었다. 그래서 이 장에서는 믹싱 데스크의 내부 버스 구조와 함께 프로세싱과 이펙트 사슬의 이면에 있는 기본 이론 및 적용법을 다룰 것이다.

대다수 디지털 워크스테이션의 경우 채널이 프로젝트에 추가될 때마다 믹서 채널이

그림 11.1 스테레오 믹스 버스

자동으로 생성된다. 이 채널은 스테레오stereo, 모노mono, 가상악기virtual instrument, 미디MIDI 혹은 버스bus가 된다. 미디 채널을 제외하고 모든 채널은 오디오 신호와 함께 처리된다. 그래서 특정 채널 신호를 전송할 여러 '버스'를 제공한다.

버스는 믹서 안에서 오디오 채널 신호를 전송할 수 있는 신호 경로다. 가령 믹서의 주 용도는 모든 개별 채널을 단일 스테레오 파일로 묶는 것이므로 모든 채널은 대개 믹서의 메인 스테레오 버스로 들어간다. 이 특정 신호 경로는 대개 마스터 페이더master fader를 거쳐 오디오 인터페이스의 물리적 출력부로 직접 연결된다.

모든 오디오 워크스테이션의 믹서는 많은 수의 버스를 갖춰서 복수의 오디오 신호 채널을 그룹, 마스터 그룹, 마스트 센드master send 같은 여러 형태로 전송하도록 해준다. 이 옵션을 자세히 이해하려면 먼저 워크스테이션에서 전형적인 오디오 채널의 배치layout와 신호 경로를 살펴야 한다.

그림 11.2는 애플 로직 프로의 믹스 채널을 보여준다. 여기서 채널의 리전에서 나온 오디오 신호는 믹싱 스트립mixing strip의 상단에서 들어와 채널 인서트channel insert를 지나고, 보조 센드auxiliary send, 채널의 메인 페이더 및 컨트롤을 거쳐서 마침내 스테레오 믹스 버스에 이르러 다른 모든 채널과 통합된다. 오디오 워크스테이션마다 레이아

그림 11.2 로직 프로의 오디오 트랙 채널

웃이 다르지만 신호가 지나는 경로는 같다.

채널 리전region을 떠난 오디오 신호는 먼저 믹싱 데스크의 인서트로 들어간다. 믹스 채널의 인서트에는 이펙트와 프로세서를 모두 넣을 수 있다. 그러나 전통적으로는 프로세서를 넣은 자리로 남겨둔다. 종종 소수의 비율만 오디오 신호와 섞는 이펙트와 달리 프로세서는 모든 신호를 처리해야 하는 경우가 많기 때문이다.

EQ 같은 프로세서를 믹서 채널의 인서트에 넣으면 신호는 프로세서를 바로 지나서 스테레오 믹스 버스로 향한다. 이는 신호가 인서트 프로세서를 지난 후 연속적으로 다음 그리고 그 다음으로 들어간다는 뜻이다. 즉, EQ를 첫 인서트에 넣고, 컴프레서를 두 번째에 넣으면 EQ 장치의 출력 신호가 컴프레서로 입력된다. 그래서 EQ를 조정하면 컴프레서로 들어가는 신호가 변형되어 컴프레서의 반응을 바꾼다. 이때 다른 일련의 주파수들이 컴프레서를 촉발할 수 있으므로 EQ를 조정할 때마다 컴프레서를 재설정해야 한다.

혹은 EQ 앞에 컴프레서를 놓으면 믹스 채널에 들어가는 신호의 다이내믹스를 제어하는 데 활용할 수 있다. 다만 이 경우 EQ를 조정해도 다이내믹스가 제어되지 않으므로 신호를 증가시키면 클리핑이 일어날 수 있다. 이처럼 연속적으로 신호를 처리하는 방식 때문에 모든 사슬에 영향을 미치는 프로세서의 순서를 신중하게 정해야 한다.

많은 상황에서 프로세서를 배치하는 순서에 대한 결정은 창의성과 신중한 적용을 토대로 내려야 한다. 가령 컴프레서 앞에 EQ를 놓으면 주파수별 압축이 가능하다. 이 배열에서는 가장 소리가 큰 주파수가 컴프레서의 작동을 제어한다. 그래서 컴프레서의 경계를 넘도록 조용한 주파수를 부스트하면 다이내믹스에 따른 채널의 작동 방식이 바뀐다.

자연스런 사운드를 유지하기 위한 전형적인 방법에 따르면 대개 노이즈 게이트가 신호 사슬에 들어가는 첫 번째 프로세서다. 다른 프로세서에 들어가 강화되기 전에 오디오 시그널에서 나오는 외부 잡음을 제거할 수 있기 때문이다.

가령 노이즈 게이트 앞에 컴프레서를 놓으면 잡음과 신호의 다이내믹 레이쇼를 줄인다. 이렇게 다이내믹 레인지가 줄어들면 노이즈 게이트를 설정하기가 어려워진다. 노이즈 게이트는 다이내믹 레인지를 살펴서 특정 이득 아래에 있는 잡음을 제거한다. 그래서 다이내믹 레인지가 줄어들면 노이즈 게이트가 정확하게 반응하도록 설정하기 어렵다. 그 뒤에는 EQ가 놓여서 끝으로 보조 버스에 적용되는 이펙트를 지나기 전에 신호를 성형한다.

프로세서와 이펙트를 배열하는 다른 순서는 노이즈 게이트 뒤에 컴프레서, EQ, 이펙트 및 추가 이펙트를 넣는 것이다. 이전처럼 이 신호 사슬은 초반에 가장 자연스런 사운드를 만들지만 뒤에 나오는 이펙트들이 사운드를 변형시킨다. 가령 디스토션 앞에 리버브를 넣으면 잔향의 꼬리가 디스토션으로 처리된다. 반면 리버브를 뒤에 넣으면 그만큼 효과가 두드러지지 않는다.

마찬가지로 디스토션 뒤에 딜레이를 넣으면 디스토션이 걸린 신호가 지연되며, 디스토션 앞에 딜레이를 넣으면 지연된 신호에 디스토션이 걸려서 아주 다른 결과물이 나온다. 이 배열에 플랜저를 더하면 근본적으로 변조된 콤 필터comb filter가 되어 더욱 복잡한 사운드가 만들어진다. 플랜저를 디스토션 뒤에 넣으면 디스토션이 걸린 신호를 콤 필터처럼 처리하여 간격이 벌어진 위상 효과가 발생하며, 플랜저를 디스토션 앞에 넣으면 디스토션의 강도가 달라진다.

또한 디스토션, 플랜저, 리버브 순으로 배열할 수도 있다. 이 경우 플랜저 효과가 다소 디스토션이 걸린 주파수를 포함하지만 잔향 꼬리가 플랜저를 덮어서 효과를 희석한다. 이때 리버브는 LFO로 제어하는 듯한 변조를 한다.

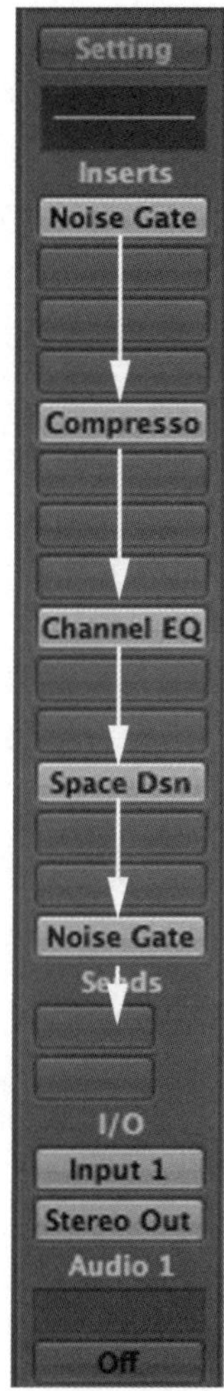

그림 11.3 **이펙트 사슬(노이즈 게이트>컴프레서>EQ>이펙트)**

그림 11.4 이 펙 트 사슬(노이즈 게이트>컴프레서>EQ>이펙트>이펙트)

다른 배치법은 이펙트를 노이즈 게이트와 컴프레서 뒤에, EQ 앞에 넣는 것이다. 그러면 자연스런 신호를 유지할 수 있다. 또한 이펙트 뒤에 놓인 EQ를 활용하여 효과가 입혀진 음조를 성형할 수 있다. 가령 컴프레서 뒤에 디스토션이 놓인 경우 컴프레서는 다이내믹스를 평탄화하여 디케이 부분에서 디스토션 효과가 더욱 두드러지게 만들 수 있다. 이때 디스토션으로 신호에 더 많은 배음이 생긴다. 그중 불쾌한 배음들은 뒤에 놓인 EQ로 제거할 수 있다.

한 걸음 더 나아가 각 효과 뒤에 EQ를 넣고 마지막으로 다른 컴프레서를 넣을 수 있다. 이렇게 하면 앞선 이펙트로 생긴 불쾌한 주파수들을 EQ로 '청소'한 상태에서 신호가 다음 이펙트로 들어간다. 또한 사슬 끝에 컴프레서를 놓으면 이펙트나 EQ로 생긴 튀는 주파수를 다듬을 수 있다.

이펙트 뒤에 노이즈 게이트를 놓으면 결과물이 또 달라진다. 가령 노이즈 게이트, 컴프레서, EQ, 이펙트, 끝으로 다른 노이즈 게이트 순으로 배열할 수 있다. 이 경우 노이즈 게이트가 이펙트 뒤에 들어가기 때문에 효과가 입혀진 신호를 게이트로 다시 처리할 수 있다. 이 배열에 따른 용도는 아주 많다. 가장 흔한 기법은 드럼 킥이나 트랜스/테크노/미니멀/덥스텝/하우스 리드에 강한 리버브를 적용한 다음 뒤이은 노이즈 게이트로 잔향 꼬리를 제거하는 것이다. 그러면 리버브가 트랜지언트를 덮어서 이미지를 흐리게 하는 일 없이 신호를 두껍게 만들 수 있다.

일반적으로 컴프레서가 이펙트 앞에 들어가야 한다고 알려져 있지만 바로 뒤에 놓아도 유용하다. 가령 높은 레조넌스를 건 필터 이펙트 뒤에 코러스나 플랜저를 쓰면 클리핑이 일어날 수 있다. 이때 컴프레서를 뒤에 넣으면 EQ로 음색을 성형하기 전에 다이내믹스를 억제할 수 있다. 다만 디스토션 뒤에 컴프레서를 넣는 것은 효과 없는 일이다. 디스토션 이펙트가

댄스 뮤직 바이블

그림 11.5 이 펙 트
사슬(노이즈 게이트>
컴프레서>이펙트>
EQ)

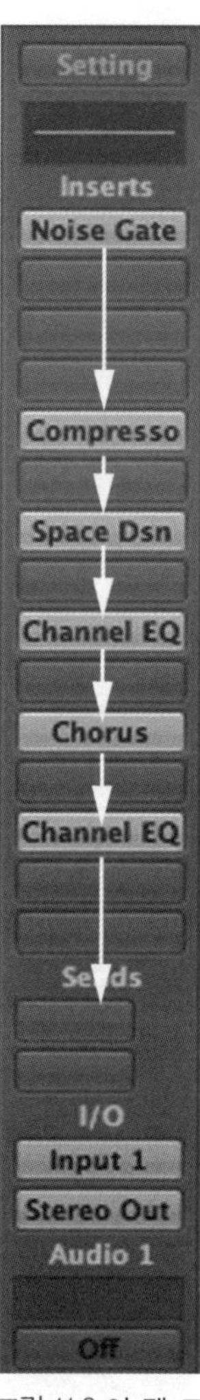

그림 11.6 이 펙 트
사슬(노이즈 게이트>
컴프레서>이펙트>
EQ>이펙트>EQ)

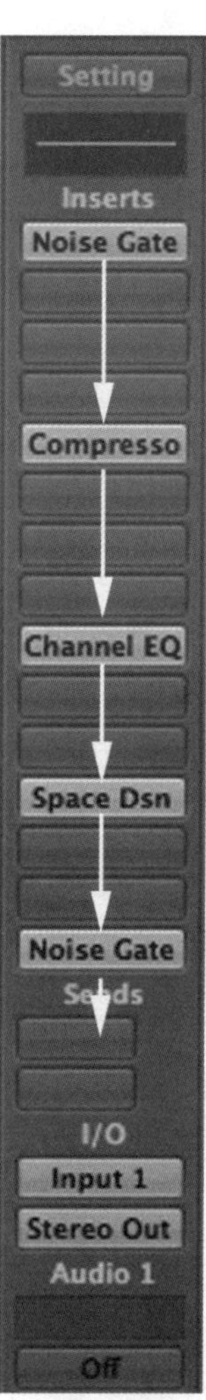

그림 11.7 이 펙 트
사슬(노이즈 게이트>
컴프레서>EQ>이펙
트>노이즈 게이트)

그림 11.8 이 펙 트
사슬(노이즈 게이트>
이펙트>컴프레서>
EQ)

원래 다이내믹 레인지를 줄이므로 기초적인 컴프레서로 쓸 수도 있기 때문이다!

지금까지 이펙트를 오디오 채널에 삽입하는 경우를 다뤘지만 전통적인 방식에 따르면 보조 버스를 통해 접근해야 한다. 리버브, 코러스, 플랜저, 페이저 등을 인서트로 믹스에 넣어도 무방하지만 이런 식으로 엮으면 오디오 신호가 완전히 이펙트로 처리되기 때문이다.

모든 이펙트는 드라이 시그널과 이펙트의 관계를 제어하는 웨트/드라이wet/dry 패러미터를 갖추고 있다. 이때 단일 패러미터로 균형을 맞추기 때문에 이펙트의 웨트 수준이 높아지면 드라이 수준이 그만큼 낮아진다. 반대로 드라이 수준을 높이면 웨트 수준이 그만큼 낮아진다.

이 사실은 별로 문제가 되지 않는 듯 보인다. 그러나 리버브로 리드를 두껍게 만들면 효과가 들어간 수준wetness이 높아지므로 그만큼 드라이 수준이 낮아져서 웨트 리버브 사운드를 만든다. 이 경우 트랜지언트가 앞선 음에서 나온 잔향 꼬리에 덮여서 사운드의 힘이 줄어든다.

그래서 대개 믹스 센드mix send를 통해 이펙트에 접근한다. 그러면 일정한 비율의 오디오 신호를 보조 버스와 믹스에 속한 여러 보조 채널로 보낼 수 있다. 많은 소프트웨어 믹서의 경우 센드 버스를 채널에 넣는 순간 자동으로 보조 채널이 생긴다.

그림 11.9에 나온 대로 보조 채널은 근본적으로 인서트와 추가 센드 그리고 페이더 패러미터를 갖춘 일반 오디오 채널과 같다. 유일한 차이는 편곡 창에 있는 채널 이벤트에서 신호를 받는 것이 아니라 보조 버스로 '전송'된 신호만 받는다는 것이다.

원 채널 스트립의 센드 패러미터를 0에 맞춘 상태에서 센드 버스를 쓰면 오디오 신호는 센드 버스를 무시하고 이득 페이더로 바로 이동한다. 이때 센드 패러미터를 점차 높이면 분할되어서 보조 버스로 전송되는 채널 신호의 양을 제어할 수 있다. 센드 패러미터를 통해 전송하는 양이 늘수록 보조 버스로 향하는 오디오 신호도 늘어난다.

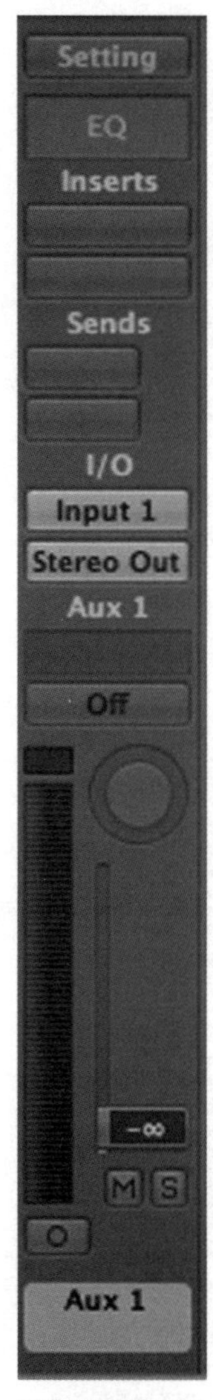

그림 11.9 로직프로의 보조 채널

이 방법은 2가지 이점을 지닌다. 첫째, 채널 신호를 이펙트 버스뿐만 아니라 자체 채널의 페이더로도 계속 보낼 수 있다. 그러면 일반 채널을 통해 드라이 수준을 유지하는 동시에 센드 버스를 통해 원하는 효과를 낼 수 있다. 그 다음 신호 채널 그리고 보조 버스 채널의 페이더 수준을 조절하면 둘 사이에 더 정교한 균형을 맞출 수 있다.

또한 믹스의 모든 채널은 같은 보조 버스로 신호를 보낼 수 있다. 이때 일반적으로 보조 버스 인서트에 리버브를 넣으면 모든 채널이 같은 스타일과 설정에 따른 효과를 받아서 일관된 사운드가 나온다. 이렇게 구성할 경우 웨트/드라이 패러미터를 100퍼센트 웨트로 설정해야 한다. 보조 센드 채널이 전송되는 모든 오디오 신호에 완전히 효과를 적용해야 하기 때문이다.

대개 센드는 채널 페이더 이전 혹은 이후에 작동하도록 설정할 수 있다. 사전에 작동하는 경우 이득 페이더 *이전에* 신호가 나눠져서 보조 버스로 전송된다. 즉, 페이더를 낮춰도 버스로 전송되는 신호의 이득은 줄어들지 않는다. 그래서 페이더를 조정할 경우 보조 채널도 조정하여 둘 사이의 균형을 다시 맞춰야 한다.

이때 보조 버스의 음량을 일정하게 유지한 상태에서 드라이 채널 신호의 음량을 낮출 수 있다. 그러나 대개 페이더 이후에 작동하는 편이 더 유용하다. 이 모드에서 채널의 페이더를 낮추면 보조 센드도 전체적으로 낮아져서 매번 같이 조정을 할 필요가 없다.

인서트가 배치되는 방식과 비슷하게 보조 버스도 연속으로 이펙트를 쌓을 수 있다. 보조 버스는 근본적으로 센드를 통해서만 접근할 수 있는 믹서 채널이다. 그래서 연이어 놓인 이펙트는 일반 믹서 채널로 삽입된 것처럼 작동한다. 즉, 신호 사슬 전체에 걸쳐 이전 이펙트에서 출력된 신호가 다음 이펙트에 입력된다.

물론 이펙트를 보조 트랙에만 넣어야 하고 프로세서를 인서트로만 활용해야 한다는 법은 없다. 창의적인 응용을 통해 장르를 정의하는 고전적인 효과들이 나왔다. 가령 댄스 음악에서 유명한 기법은 보조 버스에 컴프레서를 놓고 보조 버스를 통해 채널 신호를 컴프레서로 보내는 병렬 압축이다.

이때 미압축 소스 트랙이 보조 버스에서 압축 신호와 섞이면서 두꺼운 사운드가 만들어진다. 컴프레서가 다이내믹스를 줄이지만 원래 사운드는 피크를 유지하기 때문이

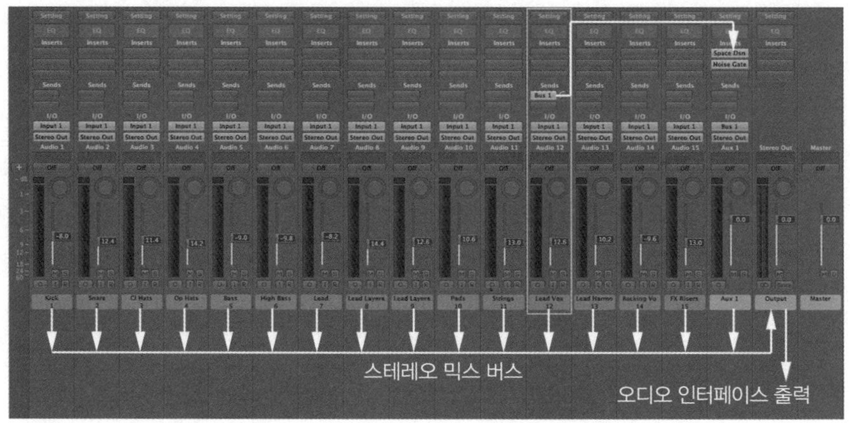

그림 11.10 신호 버스 경로

다. 때로 '뉴욕 압축'으로 불리는 이 병렬 압축은 모든 악기에 활용할 수 있다. 다만 댄스 음악의 경우 대개 리듬 요소(드럼 루프)에 활용된다.

**채널 페이더
CHANNEL
FADER와
서브그룹
SUBGROUP**

믹서의 센드 버스를 지난 신호는 해당 채널의 메인 이득 페이더로 전송된다. 이 이득 제어장치는 거의 언제나 페이더의 형태를 지닌다. 페이더는 채널의 신호를 증폭하지 않으며, 대부분의 신호를 스테레오 믹스 버스로 통과시키도록 설정된다는 점을 염두에 두어야 한다. 종종 작동폭의 거의 상단인 0dB로 설정되는 이유가 여기에 있다.

페이더로 채널의 이득을 조절할 뿐만 아니라 채널을 뮤트mute 내지 솔로solo 상태로 만들거나, 스테레오 스펙트럼의 왼쪽과 오른쪽에 걸쳐서 사운드의 패닝을 조절하거나, 신호를 스테레오 믹스 버스가 아니라 서브그룹으로 보낼 수 있다.

지금까지 모든 믹스 채널이 메인 스테레오 믹스 버스로 직접 전송되고 모든 사운드가 믹서의 마지막에 자리 잡은 스테레오 마스터 페이더에서 정리되어 오디오 인터페이스의 출력부로 향하는 상황을 살폈다. 그러나 여러 채널을 일련의 서브그룹으로 전송하고 뒤이어 해당 서브그룹의 신호를 스테레오 믹스 버스로 넣을 수도 있다.

서브그룹은 채널 출력 신호를 새로 만든 채널로 전송하여 하나의 페이더로 전부 제어할 수 있게 해준다. 전형적인 방법은 킥, 스네어, 클랩, 하이 햇, 심벌 채널에서 출력된

댄스 뮤직 바이블

그림 11.11 서브 믹스와 그룹

신호를 모두 같은 서브그룹으로 전송하는 것이다. 이때 각 채널의 개별 이득을 조정하여 드럼 요소를 믹싱한다. 이 신호를 하나의 그룹 트랙으로 전송하면 나머지 믹스에 맞도록 전체 드럼 서브 믹스의 이득을 조절할 수 있다.

서브그룹 채널은 일반 오디오 채널과 모든 기능을 공유한다. 그래서 전체 드럼 '서브 믹스'에 여러 인서트 이펙트를 적용하거나 센드에 접근할 수 있다. 가령 드럼 서브 믹스에 컴프레서를 적용하면 모든 드럼 요소의 다이내믹스를 일괄적으로 제어할 수 있다. 그러면 개별 드럼 채널마다 컴프레서를 넣을 필요가 없기 때문에 호스트 컴퓨터의 처리 능력을 아낄 수 있다. 혹은 모든 드럼 악기와 서브 믹스에도 컴프레서를 넣어서 서브 믹스에서 악기들이 잘 '융화'되도록 도움을 줄 수 있다.

서브그룹 채널에서 출력된 신호는 믹서의 메인 스테레오 버스나 2차 서브그룹으로 전송할 수 있다. 사실 대다수 오디오 워크스테이션의 경우 버스에 제한이 없으며, 서브그룹에 서브그룹이 무한하게 포함되도록 설정할 수 있다. 마찬가지로 신호를 보조 버스로 전송하고, 해당 버스가 신호를 다른 보조 버스로 무한하게 전송하는 일도 가능하다.

자동화
AUTOMATION

마지막으로 다룰 댄스 음악을 위한 소프트웨어 믹싱의 중요한 요소는 믹스 자동화다. 이 기능을 활용하면 트랙을 재생하는 동안 이펙트나 프로세서 혹은 믹싱 데스크에 있는 모든 패러미터의 제어를 실시간으로 기록하고 자동화할 수 있다. 자동화는 대다수 댄스 트랙의 핵심적인 요소로서 느린 필터 스위프부터 갑작스런 이펙트의 변화까지 모든 것을 설정할 수 있다.

원래는 여러 엔지니어들이 믹싱 데스크의 페이더와 이펙트 옆에 앉아서 프로듀서의 지시에 따라 관련 패러미터를 조정하면서 믹스 자동화가 하는 작업을 수행했다. 그래서 믹싱 데스크의 출력부가 DAT 같은 녹음 기기로 바로 연결되었기 때문에 한 번에 완벽하게 패러미터를 바꿔야 했다. 사실 댄스 음악이 처음 개발될 때는 이런 방법이 유일했다. 그래서 필터 옆에 앉아 곡에 맞도록 수동으로 스위프의 타이밍을 맞춰야 했다.

이제 이런 방식은 쓰이지 않을 뿐만 아니라 실행할 수도 없다. 댄스 음악이 개발되면서 최신 믹스 자동화를 전폭적으로 받아들였기 때문에 프로그레시브 하우스와 테크노 같은 장르의 경우 20개가 넘는 패러미터를 동시에 바꾸고, 믹서와 이펙트 장치가 같은 트랙의 다른 부분에서 완전히 새로운 설정 영역으로 이동하는 일이 드물지 않다.

믹스 자동화는 거의 모든 워크스테이션에서 대개 믹서 채널에 놓이지만 때로 해당 채널에 대한 시퀀서의 인스펙터inspector에 놓이기도 하는 리드read, 라이트write, 터치touch, 래치latch 버튼을 통해 이뤄진다.

일반적인 실행법은 2가지인데, 하나는 펜슬 도구로 채널에 바로 끌어오는 것이고, 다른 하나는 채널을 '쓰기write' 모드로 설정한 다음 트랙을 재생하는 것이다. 트랙이 재생되는 동안 해당 트랙으로 옮겨진 모든 패러미터는 무엇이든 시퀀서에 라이브로 기록된다.

이 방법이 흔히 쓰이는 이유는 한 부분에 대한 자동화를 기록한 후 즉시 펜슬로 편집할 수 있기 때문이다. 그러면 편집하려는 패러미터를 찾으려고 수많은 패러미터를 뒤질 필요가 없다. 일단 기록되면 그 과정을 여러 번 반복하여 무수히 많은 자동화 패러미터를 기록할 수 있다. 이렇게 기록과 편집이 끝난 후에는 믹서를 '읽기read' 모드에 놓는다. 그러면 트랙이 재생되는 동안 앞서 기록한 자동화 데이터를 이용하여 모든 패러미터가 라이브로 자동화된다.

'쓰기'와 '읽기'가 가장 흔히 쓰이는 자동화 패러미터이지만 래치와 터치를 활용하여 기록된 자동화 데이터를 추가로 편집할 수 있다. 가령 트랙이 재생되는 동안 '터치' 모

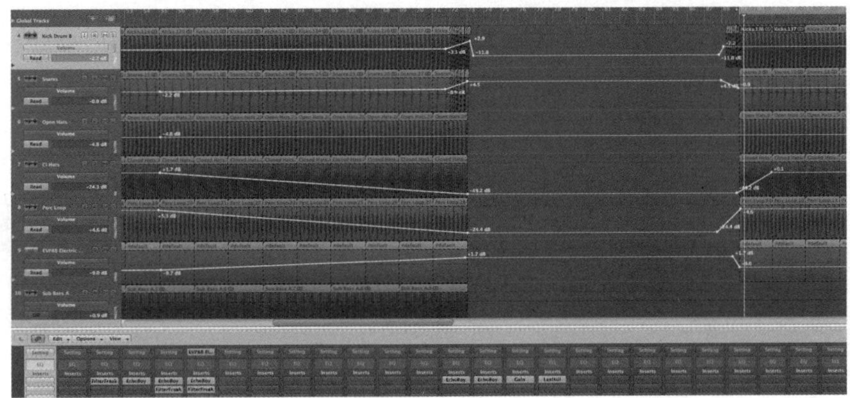

그림 11.12 믹스 자동화

드를 실행하면 현재 기록된 모든 자동화 데이터가 리드 모드의 경우처럼 다시 읽힌다.

이때 앞서 자동화된 패러미터(가령 채널 페이더나 이펙트 패러미터)를 조정하면 릴리스가 이뤄질 때까지 현재 동작이 자동화 데이터를 대체한다. 릴리스 이후에는 원래 기록된 값에 따라 자동화가 이어진다. 그래서 터치 모드는 이전에 기록된 자동화 데이터를 일부 라이브로 편집할 때 유용하다. 래치 모드는 터치 모드와 비슷하다. 다만 래치 모드의 경우 릴리스 이후에도 현재 패러미터의 값이 이전에 기록된 자동화 데이터 위에 계속 덮인다.

CHAPTER 12

오디오 인터페이스와 연결 관계

'그게, 사실 하이 파이hi-fi는 아니고 로우 파이lo-fi도 아니예요.
그냥 일종의 "파이fi"죠.'

— 에이미 만Aimee Mann

오디오 인터페이스는 DAW의 내장 오디오 엔진과 모니터 스피커나 헤드폰에서 나오는 물리적 음향 사이에 대단히 중요한 연결고리역할을 한다. 따라서 곡 제작 사슬에서 가장 근본적인 고리 중 하나이지만 가장 간과되고 과소평가되기도 한다.

사운드카드가 내장된 대다수 노트북, PC, 맥 컴퓨터의 경우 악기를 녹음하지 않는다면 헤드폰이나 모니터 스피커를 직접 잭 소켓에 연결해도 된다고 믿기 쉽다. 또한 전문 아티스트가 호텔이나 비행기에서 헤드폰을 끼고 다음 '히트곡'을 작업하는 모습을 보여주는 미디어의 연출은 실제로 악기를 녹음할 계획이 아니면 컴퓨터만 있어도 되며, 전문적인 오디오 인터페이스는 필요 없다는 인상을 주어 상황을 악화시킨다. 이는 전혀 사실과 다르다. 사실 노트북에 헤드폰을 연결하여 작업하는 전문 아티스트도 많긴 하지만, 그런 작업은 초기 아이디어 구상단계에 한정되며, 나중에는 이를 스튜디오로 가져가서 더 안정적인 인터페이스에서 재생한다.

DAW 안에서 생성되는 디지털 숫자를 물리적으로 들을 수 있는 아날로그 음향으로 바꾸는 일은 컨버터converter의 품질에 크게 의존한다. '공장에서 장착한' 사운드카드를 지닌 컨버터는 일반적인 작업에는 무난하지만 전문적인 오디오 제작에는 적합하지 않다. 비유를 하자면 DAW로 믹싱을 하면서 공장에서 장착한 사운드카드에 의존하는 것은 모니터 스피커에 담요를 덮은 채 작업하는 것과 같다. 그래서 DAW 안에서 생성되는 음향이 충실하게 재현되지 않는다. 또한 부실한 음향 때문에 모든 결정이 영향을 받는다. 그 이유를 이해하려면 실제 오디오를 디지털 기기로 녹음하는 절차를 고려하면 된다. 디지털을 아날로그로 전환하는 것(D to A 컨버전: DAC)과 아날로그를 디지털로 전환하는 것(A to D 컨버전: ADC)은 거의 같기 때문이다.

디지털 레코딩 시스템의 경우 사운드를 아날로그 신호에서 DAW가 이해할 수 있는 디지털 포맷으로 전환해야 한다. 오디오 인터페이스는 유입 신호를 일정한 간격으로 측정한 다음 디지털적으로 오디오를 대표하는 일련의 수치로 바꿈으로써 이 작업을 수행한다. ADC가 생성하는 수치는 오디오에서 가장 중요한 두 요소인 시간과 규모를 근거로 한다.

그림 12.1은 ADC 절차가 진행되는 양상을 보여준다. 시간 축에서 파형은 매 초마다 특정한 횟수만큼 샘플링된다. 매 초마다 취해지는 '샘플'의 수는 '샘플 레이트sample rate'로 불린다. 이때 매 초마다 취하는 샘플의 수가 많을수록 오디오가 더 정확하게 디지털적으로 재현된다.

특히 오류를 피하기 위해 샘플 레이트는 전환되는 오디오의 주파수보다 항상 2배

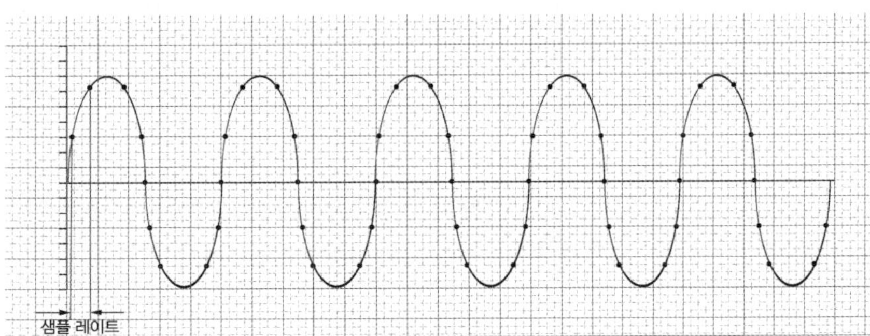

그림 12.1 샘플 레이트

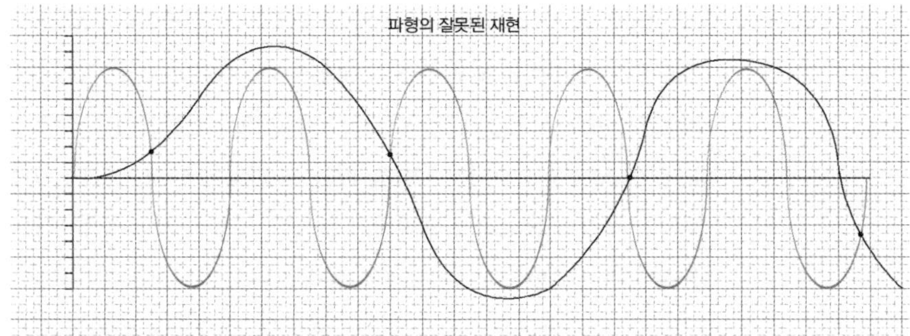

그림 12.2 낮은 샘플 레이트에 따른 파형의 잘못된 재현

이상이 되어야 한다. 벨 연구소의 엔지니어인 해리 나이퀴스트Harry Nyquist가 처음으로 이 요건을 발견했기 때문에 나이퀴스트 정리라는 이름이 붙었다. 이 정리에 따르면 파형을 정확하게 디지털 형태로 재현하려면 적어도 파형의 주기에 속한 두 지점을 샘플링해야 한다. 가령 컨버터가 400Hz 사인파를 샘플링하는 경우 최소한 두 개의 측정 치를 취해야 한다. 그렇지 않으면 해당 파형이 다른 주파수인 것으로 오해할 수 있다.

그림 12.2에 나온 대로 파형의 두 지점 이상을 샘플링하지 않으면 오디오가 정확하게 측정되지 않으며, 컨버터는 주파수가 실제보다 낮다고 속을 수 있다. 이런 행동은 *에일리어싱aliasing*이라는 효과로 이어진다. 에일리어싱은 컨버터가 원래 오디오를 정확하게 나타내지 못한 결과다. 에일리어싱이 발생하면 오디오가 연이어 튀게 되며 심한 경우 아무 소리도 나지 않을 수 있다.

인간의 청력 범위에서 가장 높은 주파수는 약 20kHz다. 그래서 샘플 레이트는 이 주파수의 2배보다 약간 더 높은 것이 합당하다. 많은 오디오 스테이션에서 44.1kHz가 표준인 이유가 여기에 있다.

인간의 청력 한계=20,000Hz, 20,000Hz×2=40,000Hz+4,100Hz
(최적 주파수의 2배를 약간 넘는 샘플 레이트 구하기)

이 주파수 응답은 모든 워크스테이션에서 사실상 표준이 되었다. 그러나 현재 많은

댄스 뮤직 바이블

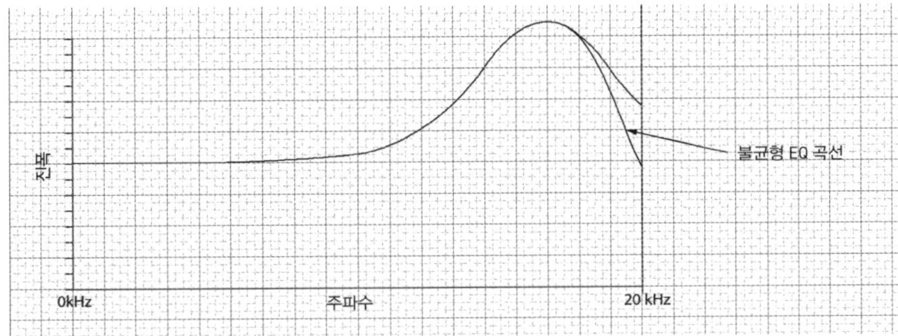

그림 12.3 주파수 크램핑

프로듀서는 훨씬 높은 샘플링 주파수인 88,200Hz나 96,000Hz로 시퀀서를 돌린다. 이 샘플 레이트는 청력의 주파수 응답보다 훨씬 높지만 주파수 크램핑frequency cramping처럼 원치 않는 부작용을 줄여준다.

주파수 크램핑은 오디오 워크스테이션에서 샘플 레이트의 절반에 가까운 주파수로 프로세서나 이펙트를 쓸 때 종종 발생한다. 가령 현재 작업하는 프로젝트의 주파수가 44.1kHz이고, 엔지니어가 넓은 주파수 영역을 18kHz에서 부스트한다고 가정하자. 이때 18kHz의 높은 주파수 측면에서 일어나는 부스트는 22kHz를 훌쩍 넘어설 수 있다. 이는 샘플 레이트의 절반 이상에 해당한다. 그래서 나이퀴스트 정리에 따라 에일리어싱과 주파수 크램핑이 발생한다. 이때 부스트가 급감하면서 불균형이 생긴다.

그림 12.3은 그 양상을 보여준다. 음향 측면에서 이 효과는 사운드의 존재감과 공간 해상도spatial resolution를 줄여서 거칠게 드러난다. 아날로그 모델링을 한 EQ나 디스토션 장치처럼 아날로그 속성을 모방하는 프로세서나 이펙트를 쓸 때 이 효과가 훨씬 두드러진다. 처리되는 주파수 영역의 양쪽으로 종종 더 많은 배음이 생기기 때문이다.

비트 레이트
BIT RATE

지금까지 시간이나 주파수 같은 오디오의 1가지 척도만 살폈다. 그러나 파형을 정확하게 나타내려면 규모나 이득도 측정해야 한다. 이는 총 다이내믹 레인지와 연관된다.

다이내믹 레인지는 4장에 나오는 대로 2가지 다른 수준 사이의 비율을 나타내는 데 사용되는 데시벨 측정과 비교할 수 있다. 기술적 측면에서 다이내믹 레인지는 장비가

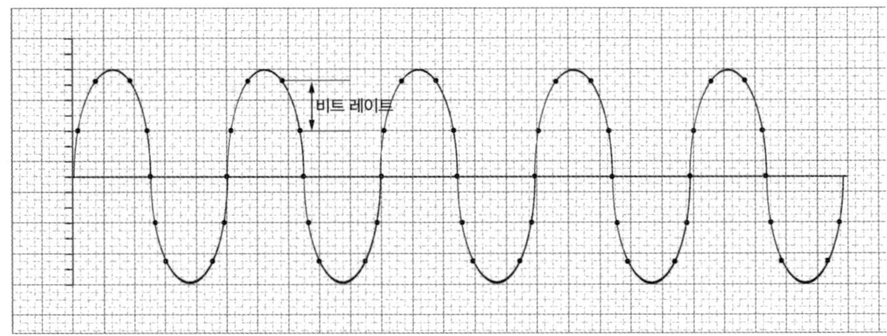

그림 12.4 비트 레이트 측정

낼 수 있는 소리의 최대치와 최소치 사이의 비율을 가리킨다.

샘플 레이트가 녹음된 샘플의 정확도를 결정하듯이 비트 레이트는 오디오의 규모 정확도 및 다이내믹 레인지를 결정한다. 일정한 주기에 따라 파형을 측정하면 비트 레이트가 나온다. 그림 12.4에 나오는 대로 비트 심도bit depth는 그리드의 수직 축과 연관되며, 각 수직 좌표는 다이내믹 레인지의 6dB에 해당하는 '비트' 측정치가 된다.

이 방식의 문제점은 오디오의 신호 레벨이 그리드의 두 좌표 사이에서 바뀌면 비트 레이트가 정확하게 나타나지 않는다는 것이다. 이때 ADC는 그냥 다음 좌표로 반올림해 버린다. 비트 레이트가 낮아서 반올림을 하면 오디오 신호의 규모가 정확하게 표현되지 않아서 양자화 오류quantization error라는 효과가 생긴다. 그림 12.5에 그 양상이

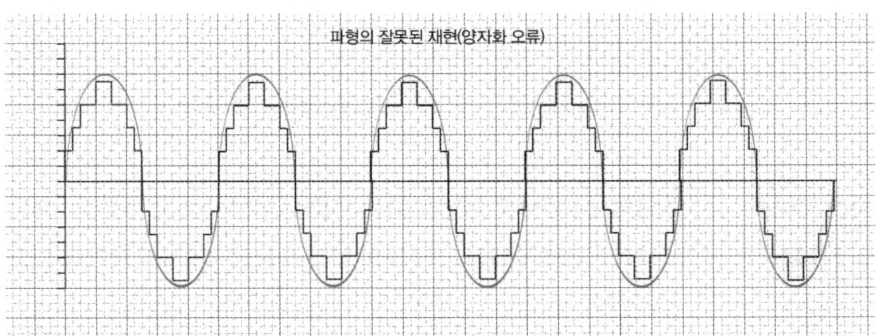

그림 12.5 비트 심도 영향

나오는 양자화 오류는 레코딩에서 디지털 잡음을 일으킨다. 이 잡음은 때로 청각으로 감지되지 않는다. 그러나 오디오 워크스테이션에서 프로세서를 적용하면 스테레오 이미지와 심도가 부족한 거친 사운드를 만든다.

앞서 설명한 대로 샘플 레이트 및 비트 레이트 전환은 양방향으로 이뤄진다. 악기를 녹음할 계획이 없더라도 디지털에서 아날로그로 전환하는 작업은 사용하는 인터페이스의 성능과 품질에 큰 영향을 받는다.

가령 많은 컴퓨터에서 기본으로 제공되는 사운드카드는 모놀리식monolithic 칩 디자인을 활용하며, 해당 칩에 장착된 연산 증폭기op-amp로 불리는 소형 증폭기에 의존한다. 이 칩셋과 사운드카드 내부의 전압 레일voltage rail은 두어 볼트로 제한된다. 그래서 심하게 돌릴 경우 레일을 벗어나 출력에서 신호 결핍이 일어난다. 그러면 비트 레이트와 샘플 레이트가 정확하게 전환되지 않으며, 낮은 주파수가 제거되고 높은 주파수는 억제되거나 가려진다.

또한 사운드카드는 메인 마더보드의 일부이므로 정전기 간섭과 열 잡음에 시달린다. 이 경우 다이내믹 레인지가 줄고, 잡음이 생기며, 높은 주파수가 억제된다. 그 결과 사운드카드가 오디오 워크스테이션의 출력을 잘못 재생하여 선명하지 않은 믹스를 만들고 제작자는 부족한 선명도를 보충하려 필수적이지 않은 과도한 프로세싱을 하게 된다. 따라서 전문적인 수준으로 일렉트로닉 댄스 음악을 만들고 싶다면 전문가용 오디오 인터페이스를 구입해야 한다.

<table>
<tr><td>

하드웨어와 연결 관계 CONNECTION

</td><td>

대다수 전문 음악가들은 컴퓨터와 아날로그 신시사이저 같은 외부 하드웨어를 함께 쓰는 것을 좋아한다. 또한 노트북으로 작업하는 경우가 많다. 그래서 전용 PCI 사운드카드를 더 이상 쓰기 어렵게 되면서 외장 오디오 인터페이스가 시장을 장악하게 되었다. 인터페이스를 고를 때는 AD와 DA 컨버터의 품질이 당연히 가장 중요한 우선순위가 되어야 한다. 그러나 헤드폰과 스테레오 출력만 제공하는 인터페이스는 거의 없고, 대개 보편적인 표준 잭 소켓 외에 다양한 연결 형식을 제공하므로 모든 가능한 연결 형식에 대한 이해가 필요하다.

</td></tr>
</table>

지난 30년 동안 여러 형식과 연결 프로토콜이 개발되었다. 그중 소수만 지금까지 남아서 쓰이고 있다. 거기에는 MIDI, ADAT(라이트파이프Lightpipe), MADI, DSUB, S/

PDIF, AES/EBU 외에 일반적인 아날로그 밸런스 커넥션balanced connection 및 언밸런스 커넥션unbalanced connection이 포함된다.

USB, 파이어와이어Firewire, 선더볼트Thunderbolt도 오디오 산업에서 사용되는 연결 형식이기는 하지만 오디오 인터페이스를 컴퓨터에 직접 연결하는 데만 사용된다. 이 경우 유일한 문제는 기기와 함께 제공되는 드라이버에서 발생한다. 또한 많은 제조사는 향후 분명히 이 두 포맷을 넘어서 MADI 포맷으로 나아갈 것이다.

연령에 따라 다르겠지만 음악과 컴퓨터를 말할 때 아마도 미디가 가장 먼저 떠오르는 연결 프로토콜일 것이다. 앞서 워크스테이션을 다룬 장에서 미디를 간략하게 다뤘다. 미디의 기원은 외부 악기를 서로 연결하는 용도에 있다. 미디는 가장 표준화된 데이터 전송 프로토콜로서 30년 넘게 원래 규격을 유지했다. 그래서 거의 모든 오디오 인터페이스에서 제공된다.

원래 1983년에 도입된 미디(악기용 디지털 인터페이스Musical Instrument Digital Interface)는 USB 혹은 그림 12.6에 나오는 5핀 수male DIN 플러그를 통해 전송할 수 있는 표준 통신 프로토콜이다.

5장에서 설명한 대로 미디는 워크스테이션에서 모든 미디 호환 기기로 데이터를 전송할 수 있다. 가상 악기의 경우처럼 이 데이터는 DAW의 피아노 롤 편집기가 접속기기에 음을 연주하는 시기와 세기 그리고 길이를 알리는 간단한 명령으로 구성되어 있다. 또한 패러미터를 바꾸는 작업부터 필요할 때 부를 수 있도록 오디오 워크스테이션에 메모리를 덤핑하는 작업까지 훨씬 복잡한 명령도 전송할 수 있다. 대개 음악가들은 신시사이저 자체에 기능이 없을 때 이런 미디 '덤프'를 활용하여 악기에 대한 설정 내역을 저장한다.

대개 오디오 인터페이스는 미디 인과 미디 아웃 포트를 갖추고 있다. 미디 아웃은 5핀 수 DIN 케이블로 미디 호환 신시사이저나 샘플러의 미

그림 12.6 표준 'DIN' 미디 연결장치

디 인으로 연결된다. 마찬가지로 신시사이저나 샘플러의 미디 아웃은 역시 5핀 DIN 케이블로 컴퓨터 미디 인터페이스의 미디 인으로 연결된다. 이렇게 배열하면 워크스테 이션과 신시사이저 사이에 간단한 양방향 통신이 가능해진다. 그림 12.7은 그 배열을 보여준다.

많은 프로듀서는 이처럼 소박한 구성으로 시작했다가 시간이 지나면 추가 신시사이 저를 포함시킨다. 그러나 대다수 오디오 인터페이스는 미디 인 포트와 미디 아웃 포트 를 하나만 갖추고 있다. 그래서 복수의 기기로 데이터를 보내려면 스루THRU 포트를 활용하거나 서드 파티 멀티 미디 인터페이스로 시스템을 확장해야 한다.

일부 기기는 미디 스루 포트를 갖추고 있다. 기기를 적절하게 설정한 경우 이 포트 를 활용하면 미디 인으로 들어온 모든 정보가 스루 포트에서 반복된다. 일반적인 배열 방식에 따르면 스루 포트는 다시 사슬에 속한 다음 기기의 미디 인으로 연결된다. 이렇 게 기기를 접속하고 연결하는 일은 '데이지 체이닝daisy-chaining'으로 불리며, 더욱 정교

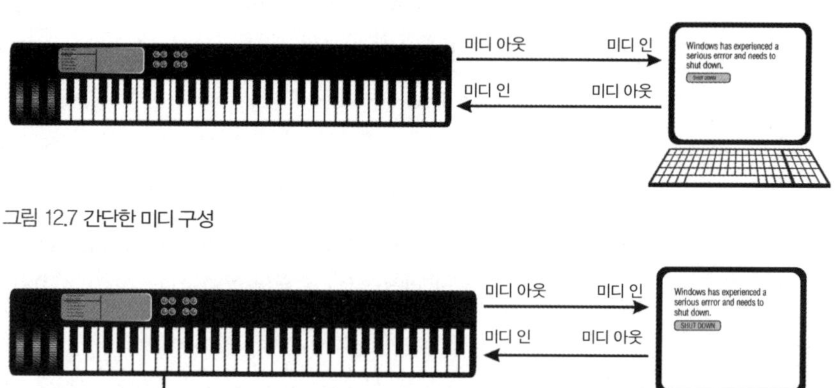

그림 12.7 간단한 미디 구성

그림 12.8 더욱 정교한 미디 구성

한 구성을 만들어준다.

그러나 이런 배열도 결코 완벽하지 않다. 미디는 직렬 인터페이스라서 신시사이저에서 미디 케이블로 메시지를 보내는 데 일정한 시간이 걸리기 때문이다. 두어 기기만 거칠 경우 시간 지연이 드러나지 않을 수도 있다. 그러나 시퀀서에서 나온 데이터가 가령 10번째 기기까지 전달된다면 9개의 기기를 거쳐야 한다. 그러면 정보가 늦게 도달하는 것이 드러날 수 있다. 이처럼 지체된 응답은 *레이턴시latency*를 초래한다.

거의 모든 레이턴시는 1000분의 1초 단위로 발생한다. 다만 상황에 따라 20ms만큼 작은 레이턴시도 드러날 수 있다. 인간의 청각은 아주 은근한 리듬의 변화도 감지할 수 있으며, 타이밍이 조금만 어긋나도 곡이 주는 전체적인 느낌을 크게 바꿀 수 있기 때문이다. 그래서 10ms에 불과한 사소해 보이는 타이밍 차이도 일부 댄스 음악 장르에서 요구되는 엄격한 리듬에 심각한 영향을 미칠 수 있으며, 이런 차이는 복잡한 브레이크비크breakbeat 루프에서 특히 두드러진다.

사슬에 속한 특정 기기로 미디 패킷을 전송하고 접수하는 데서 두 번째 문제가 발생한다. 가령 단순하게 DAW가 미디 아웃을 통해 지시문을 전송하도록 설정하면 사슬에 속한 모든 기기가 같은 지시문을 받게 된다. 역시 미디를 활용하는 플러그인 악기의 경우 거의 모든 DAW가 모든 채널로 미디를 전송하도록 자동으로 설정되어 있기 때문이다.

대다수 컴퓨터 안에서 주어지는 상당한 자원 덕분에 많은 플러그인 악기는 단일 채널이다. 즉, 시퀀스에서 같은 악기를 다시 사용하고 싶다면 플러그인의 다른 인스턴스instance를 열기만 하면 된다. 일부 하드웨어 기기에도 같은 원칙이 적용되지만 총 악기 수가 16개의 미디 채널로 제한된다. 이런 복수 음색 작동 방식 덕분에 오디오 워크스테이션은 가령 1번 채널에 설정된 피아노와 2번 채널에 설정된 베이스 등으로 미디를 전송할 수 있다.

개별 채널 설정은 미디 사슬에 속한 특정 기기와 통신하는 데 활용할 수도 있다. 가령 9번 채널을 무시하도록 기기를 설정하면 9번 채널로 해당 기기에 도달하는 모든 신호는 미디 스루 포트와 사슬에 속한 다음 기기로 전달되기만 한다. 레이턴시 문제를 잠시 무시한다면 이런 방식은 미디 구성을 16개의 악기로 제한한다. 그래서 멀티 미디 출

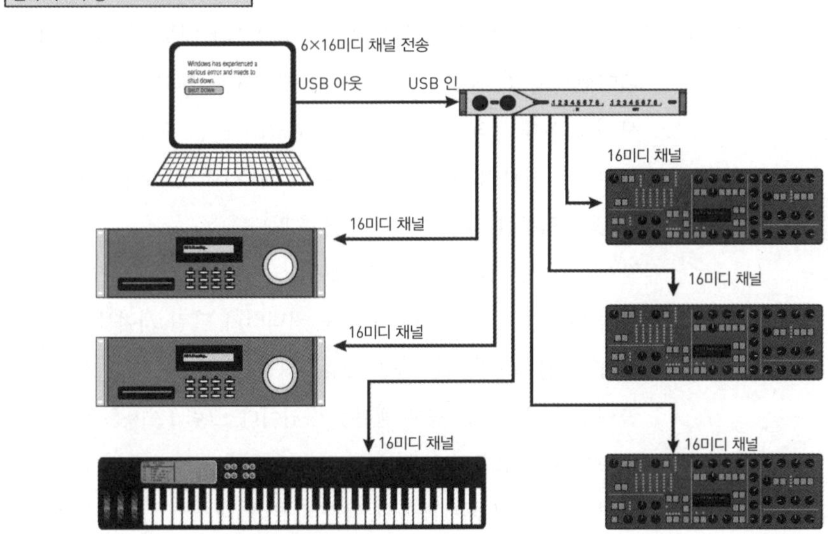

그림 12.9 싱글 미디 구성과 멀티 미디 구성

력 기기를 활용하는 것이 더 효율적이다.

멀티 미디 인터페이스는 USB를 통해 시퀀서로 연결되는 외부 하드웨어 인터페이스로서 여러 개별 미디 인 및 아웃 포트를 제공한다. 그 수는 적게는 2개부터 4개, 종종 8개까지 있다. 멀티 미디 인터페이스를 쓰는 경우 DAW는 개별 미디 출력을 활용하여 다른 기기에 신호를 보낼 수 있다. 그러면 데이지 체이닝을 할 필요가 없으며, 각 기기는 필요할 경우 16개 채널을 전부 받을 수 있다. 이 멀티 버스 인터페이스 중 다수는 여러 입력부도 갖추고 있어서 다른 신시사이저로부터 정보를 기록하고 싶을 때 케이블을 바꾸지 않아도 된다.

안타깝게도 현재 소수 제조사만 멀티 미디 출력 기기를 생산한다. 바이러스 Ti를 비롯하여 근래에 나온 기기는 대부분 USB를 통해 미디와 오디오를 모두 전송하기 때문이다. 다만 스타인버그Steinberg, 모투MOTU, 아이커넥티비티iConnectivity 같은 회사는 여전히 멀티 미디 인터페이스를 생산한다. 아이커넥티비티는 애플 아이패드를 연결하여 미디 및 오디오를 전송하고 접수할 수 있는 아이커넥트미디2iConnectMIDI2와 아이커넥트미디4라는 인터페이스를 만든다.

기기를 미디로 연결한 상태에서 오디오가 내부 장치나 USB 케이블을 통해 워크스테이션으로 전송되지 않으면 낡은 방식대로 케이블을 통해 오디오를 연결해야 한다. 사실 USB를 통해 오디오 출력을 워크스테이션으로 직접 전송할 수 있는 하드웨어도 언밸런스 잭과 RCA 잭 혹은 밸런스 잭, XLR, 심지어 DSUB의 형태로 아날로그 출력부 및 입력부를 갖추고 있는 경우가 많다.

밸런스 케이블과 언밸런스 케이블의 차이는 각 오디오 케이블의 끝에 있는 단말 연결장치에 있다. 모노 잭이나 포노 커넥터가 달린 케이블은 언밸런스 타입이고, 스테레오 TRS(팁Tip-링Ring-슬리브Sleeve) 잭 커넥터나 XLR 커넥터가 달린 케이블은 모노 출력부에 사용되는 경우 밸런스 타입이다. 그림 12.10은 TRS, XLR, 모노 잭의 사례다.

DSUB 커넥터는 단일 케이블로 8개의 밸런스 아날로그 채널을 전송할 수 있다는 점에서 앞서 말한 커넥터들과 약간 다르다. 태스캠Tascam이 선보인 DSUB는 25핀 'D'형 암수 커넥터를 사용하며, 흔히 장비를 서로 더 쉽게 연결할 수 있도록 멀티채널 전문가용 장비에 쓰인다.

여러 멀티 I/O 전문가용 오디오 인터페이스와 서밍 믹서summing mixer의 입력부가 대표적인 예다. 이 장비들은 복수의 입력부나 출력부를 활용하기 때문에 여러 줄의 잭

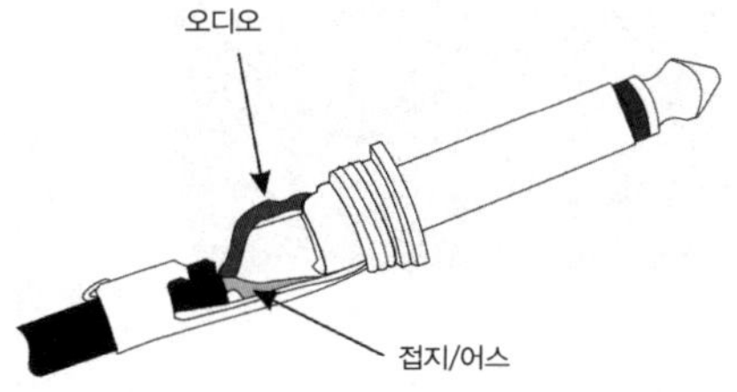

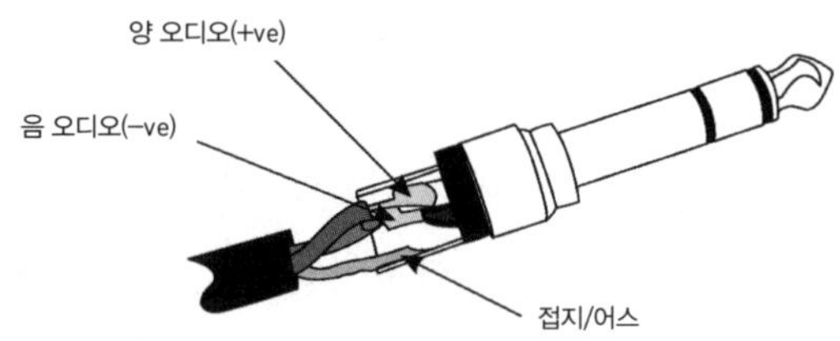

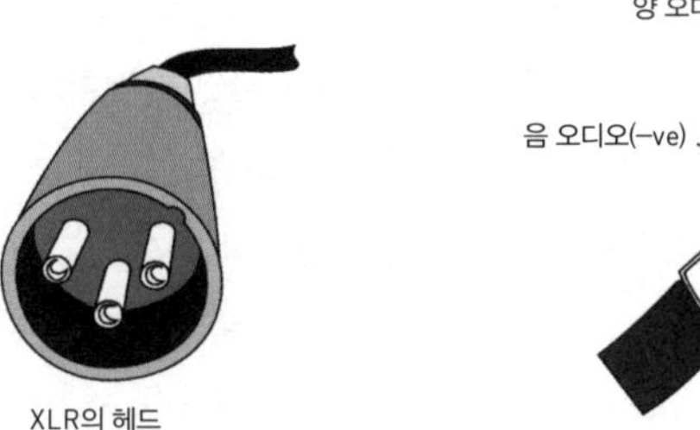

그림 12.10 모노 잭, 스테레오 잭, XLR 커넥터

이나 XLR 소켓보다 DSUB 커넥터를 쓰는 쪽이 더 간편하다. 그러면 기기의 크기를 줄일 수 있을 뿐만 아니라 복수의 I/O 접속을 훨씬 쉽게 관리할 수 있다.

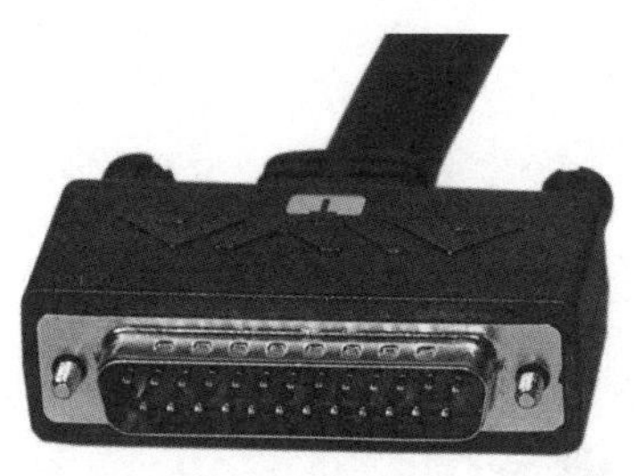
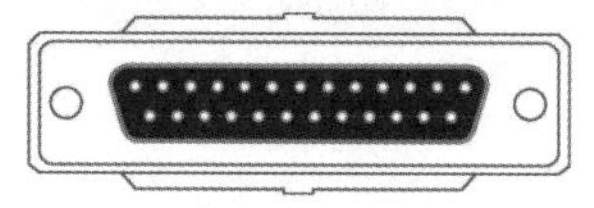

그림 12.11 태스캠 25 DSUB 커넥터

많은 하드웨어 신시사이저를 제외하고 대다수 전문가용 하드웨어 장비는 밸런스 커넥션을 쓴다. 많은 전문가용 스튜디오 프로그램의 경우 장비가 사방에 퍼져 있어서 긴 케이블이 필요하기 때문이다. 그래서 케이블을 지나는 오디오 신호가 정전기 간섭에 취약해진다.

이를 방지하기 위해 밸런스 케이블은 스크린 안에 3가닥의 전선을 넣는다. 한 가닥은 양쪽 끝에서 접지되어 혼신을 방지하는 어스선이고 다른 두 가닥은 오디오 신호를 전송한다. 두 가닥의 전선으로 오디오 신호를 전송하는 경우 한 가닥은 신호가 수신기기에 도달하면 다시 동위상으로 돌아와 원래 신호와 합쳐지도록 소스에서 위상이 반전된다. 그렇게 하면 두 신호의 위상을 다시 맞출 때 모두 과도한 신호가 제거되므로 간섭이 상쇄된다. 이 상쇄 절차는 어떤 측면에서 두 발진기의 위상이 180도 어긋날 때 서로 섞인다는 이론과 비슷하다.

이 간섭 상쇄는 언밸런스 커넥터에는 적용되지 않는다. 언밸런스 전선과 커넥터는 혼신을 방지하기 위해 양쪽 끝에서 접지되는 어스선과 오디오 신호를 전송하는 한 가닥의 전선만 가진다. 그래서 접지 잡음에 훨씬 취약하다. 그 결과 (많은 하드웨어 신시사이저 같은) 언밸런스 장비로 스튜디오를 구성할 때는 믹싱 데스크나 오디오 인터페이스 근처에 두어서 케이블의 길이를 줄이되 정전기 간섭을 일으킬 수 있는 다른 대상으로부터 떨어트려야 한다. 여기에는 전원 케이블(높은 전류 때문에 더 큰 정전기장을 만든다), 변압기, 마이크 프리 앰프, 라우드 스피커 앰프가 포함된다.

디지털 인터페이싱
Digital
Interfacing

미디와 오디오는 1980년대부터 확고한 포맷으로 유지되었지만 디지털 인터페이싱은 그렇지 않다. 그래서 현재 여러 포맷이 있으며, 추가 디지털 전환 인터페이스가 없으면 서로 호환되지 않는다. 또한 디지털 인터페이싱은 전송되는 오디오 데이터를 두 기기에서 적절하게 부호화하고 해독해야 하기 때문에 아날로그 인터페이싱보다 복잡하다. 즉 비트 레이트, 샘플 레이트, 샘플 시작점과 종결점, 왼쪽 채널과 오른쪽 채널을 수신 기기가 이해할 수 있도록 부호화해야 한다.

그럼에도 디지털 접속 방식은 잡음을 일으키지 않고, 전자기 간섭이 없으며, 일부 포맷은 복수의 채널을 동시에 전송할 수 있기 때문에 아날로그 접속 방식보다 선호된다. 거의 모든 고급 오디오 인터페이스에 쓰이는 커넥션 형식으로서 저렴하게 8채널의 I/O를 추가하는 데 대단히 유용한 알레시스Alesis의 *ADAT 라이트파이프lightpipe*가 좋은 예다.

ADAT 라이트파이프는 알레시스가 디지털 멀티 트랙 레코더에 사용하려고 개발했으며, 시간이 지나면서 널리 알려진 산업 표준이 되었다. 라이트파이프는 흔히 양쪽 끝에 *토스링크TOSLink* 커넥터가 달린 광섬유 케이블을 채용하며, 48kHz에 24비트 해상도로 8채널의 미압축 오디오를 전송할 수 있다.

SMUX로 알려진 절차를 활용하면 샘플 레이트를 96kHz로 높일 수 있다. 그러나 이 모드에서는 4채널만 전송할 수 있다. USB 인터페이스처럼 라이트파이프도 접속하기 전에 송수신 기기를 끌 필요가 없는 *핫 플러그hot plug* 장치다. 그래도 전원이 들어온 상태에서 접속을 하면 신호가 크게 틜 수 있으므로 끄는 편이 좋다.

라이트파이프는 여러 기기 사이에 복수의 오디오 채널을 간단하게 송수신하도록 해주기 때문에 업계에서 인기 있는 포맷이 되었다. 하나의 얇고 가벼운 케이블만 있으면 디지털로 8개의 오디오 채널을 보내고 받을 수 있다. 다만 단방향 통신 프로토콜이어서 같은 파이프로 데이터를 동시에 송수신할 수 없고, 송신 내지 수신만 된다는 사실을 염두에 두어야 한다. 그래서 많은 오디오 인터페이스는 두 개의 토스링크 커넥터를 갖춘다. 둘 중 하나는 8개의 채널을 출력하는 데 사용되고, 다른 하나는 접수하는 데 사용되어

그림 12.12 토스링크 커넥터

동시적인 I/O 접속이 이뤄진다.

많은 제조사는 간편하고 비교적 저렴하게 활용할 수 있는 라이트파이프를 통해 오디오 인터페이스에 8개 채널의 I/O를 추가한다. 이 I/O는 믹서 같은 다른 디지털 하드웨어 기기로 직접 연결하는 데 쓸 수 있다. 혹은 아날로그 입력과 ADAT를 서로 전환할 수 있는 여러 컨버터들이 있다. 이 컨버터를 활용하면 아날로그 I/O를 기기에 추가할 수 있다.

프리소너스Presonus와 엠오디오M-Audio 같은 제조사는 8개의 라이트파이프 커넥트(4개의 라이트파이프 인in과 4개의 라이트파이프 아웃out)를 갖춰서 오디오 워크스테이션에서 32개의 채널의 디지털 I/O를 동시에 전송하고 접수할 수 있는 파이어와이어Firewire 인터페이스를 선보였다. 이 인터페이스는 워크스테이션이 디지털 믹서와 직접 통신할 수 있도록 해준다. 혹은 아날로그 컨버터와 함께 활용할 경우 워크스테이션이 개별 채널을 오가는 32개의 동시적인 아날로그 입력과 출력에 접근할 수 있도록 해준다. 이 장비는 실용성 때문에 지금은 단종되었지만 중고 시장에서 여전히 고가에 판매된다.

ADAT를 스튜디오 구성에 활용하려면 두어 개의 라이트파이프 케이블을 사는 것보다 많은 작업을 해야 한다. 두 개의 기기가 서로 적절하게 통신하려면 클로킹clocking도 필요하기 때문이다. 클로킹은 디지털 기기들이 안정적으로 통신하도록 해준다. 그 방법은 한 기기를 마스터master로 설정하고 다른 모든 접속 기기를 슬레이브slave로 설정하는 것이다.

이렇게 설정하면 마스터가 워드클록wordclock 신호를 내보내서 모든 슬레이브에게 현재 클록 레이트와 왼쪽 채널 및 오른쪽 채널을 알려주며, 모두 동기화가 되도록 만든다. 이 클록이 없으면 기기는 언제 신호가 입력부에 도달할지 혹은 신호를 출력부로 내보낼지 혼란을 일으킨다. 그래서 과도한 스파이크spike부터 스테레오 선명도 및 세부 성분의 부족, 귀에 거슬리는 소음까지 온갖 잡음이 나는 지터jitter라는 효과가 생긴다.

라이트파이프 케이블로 클록을 전송할 수 있지만 지터를 방지하기 위해 개별 케이블을 통해 전송하는 편이 훨씬 좋다. 그래서 ADAT를 갖춘 기기는 대개 그림 12.13에 나온 추가 BNC 워드클록 커넥션 포트도 갖추고 있다.

일부 고사양 기기는 *인풋*과 스루 BNC 커넥션을 갖춘다. 이 경우 워드클록은 인풋을 통해 기기로 들어온 다음 스루에서 재현된다. 그래서 여러 기기를 데이지 체이닝으로 묶을 수 있다. 스루 포트가 없는 경우 데이지 체이닝으로 묶는 기기의 수가 적다면 BNC 스플리터로 대신할 수 있다.

BNC 스플리터는 하나의 입력 신호를 접수한 다음 소수의 출력부에 걸쳐 나눈다. 이런 분배 장치는 대개 감시카메라용으로 설계된다(같은 BNC 커넥션이 비디오/비주얼에 사용된다). 그

그림 12.13 BNC 케이블과 연결장치

러나 워드클록 신호가 소수의 기기에 걸쳐 분배된다면 음악 작업용으로 설계된 시스템에도 저렴하게 쓸 수 있는 대안이 된다.

다만 워드클록 신호는 여러 기기를 거치는 동안 심하게 약해지므로 마스터 워드클록을 내보내는 기기를 신중하게 골라야 한다. 모든 워드클록이 정확한 것은 아니다. 작은 편차도 즉시 들리지는 않지만 약하거나 균형이 맞지 않는 스테레오 이미지를 만드는 지터를 초래할 수 있다. 그래서 스튜디오가 라이트파이프나 클로킹을 해야 하는 여러 기기에 크게 의존한다면 특정한 워드클록 생성기와 분배기를 활용하는 편이 훨씬 낫다. 나의 경험상 최고의 독립형 워드클록 생성기/분배기는 애퍼지Apogee의 빅 벤Big Ben이다.

S/PDIF

라이트파이프와 비슷하며 종종 혼동되는 연결장치는 소니와 필립스의 S/PDIF(소니/필립스 디지털 인터페이스)다. 이 인터페이스는 때로 RCA 연결장치를 쓰지만 종종 토스링크 연결장치와 케이블을 쓰기 때문에 라이트파이프로 오인된다.

그러나 케이블은 같아도 형식이 완전히 달라서 두 채널의 디지털 오디오(대개 스테레오 L/R쌍)나 돌비 디지털처럼 압축된 서라운드 사운드 형식만 전송할 수 있다. S/PDIF는 많은 초기 샘플러와 신시사이저에 사용되었으나 근래에는 작은 오디오 인터페이스

와 소비자용 하이파이 및 위성 제품으로 용도가 한정되어 있다.

AES/EBU, MADI

S/PDIF에 대한 전문가용 대안은 흔히 AES/EBU 커넥션으로 알려진 AES3다. 여기에는 밸런스 아날로그의 경우와 비슷한 3핀 XLR 연결장치가 필요하다. 그러나 이 연결장치는 디지털 전송 전용이다.

AES/EBU는 S/PDIF와 비슷하게 2개의 디지털 오디오 채널만 동시에 전송할 수 있다. 그러나 밸런스 케이블과 언밸런스 케이블을 비롯한 여러 전송 매체를 활용할 수 있다. AES3는 먼 거리로 전송할 때 안정적인 접속이 가능하다. 그래서 오랫동안 많은 스튜디오에서 디지털 기기에 선호하는 연결 장치였다. 그러나 2개의 채널만 전송할 수 있어서 멀티채널 오디오를 전송하기가 어렵다. 그래서 근래에는 대다수 전문가용 멀티채널 기기에 MADI 포맷이 사용된다.

소니, 솔리드 스테이트 로직Sold State Logic, 미츠비시, AMS 네브Neve가 개발한 멀티채널 오디오 디지털 인터페이스 혹은 AES10은 높은 비트 레이트와 샘플 레이트로 복수의 오디오 채널을 동시에 전송할 수 있도록 해준다. 24비트와 96kHz로 최대 64채널을 100미터 넘게 전송할 수 있는 AES10은 대다수 전문가용 스튜디오 기기에서 표준이 되었으며, 현재 앨런 앤드 히스Allen & Heath, 솔리드 스테이트 로직, AMS 네브, 페어라이트Fairlight, 야마하, 아비드Avid(프로 툴스Pro Tools), 페로피쉬Ferrofish 같은 제조사들이 채용하고 있다.

MADI는 컴퓨터에 연결하면 24개 이상의 I/O를 허용하고, 오디오 인터페이스를 단일 케이블로 PC나 맥에 직접 연결할 수 있도록 해주며, 최대 64개의 오디오 채널이 DAW를 오가며 즉각적이고 동시적인 입력/출력을 가능하게 만든다. 이런 성능은 매력적이지만 현재 이 연결 표준은 지나치게 고가로 간주되어, 일반 소비자 시장으로 진입하기 시작하긴 했으나 대개는 전문가용 작업 환경에 머물러 있다.

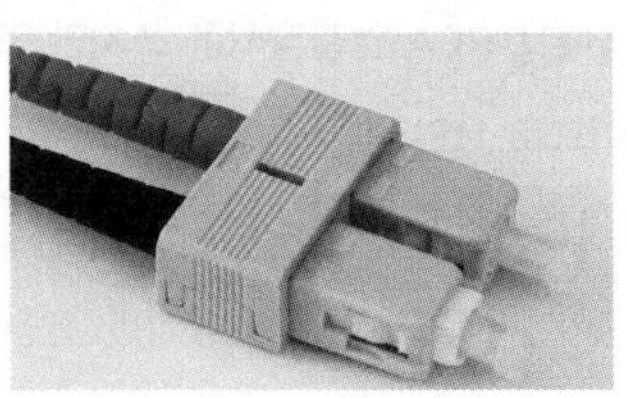

그림 12.14 MADI 커넥터

이득 구조
Gain Structure

'이제 VU 미터를 플랜징하고 있군요…'

— A&R(고객에게 좋은 인상을 심으려고 한 말)

노트북과 신중하게 고른 소프트웨어만으로 전체 트랙을 만들고 믹싱하는 일이 얼마든지 가능하다 할지라도 이런 일은 드물다. 완전히 컴퓨터 환경 안에서만 음악을 만드는 댄스 음악 작곡가는 소수에 불과하며 다수는 컴퓨터in the box(ITB)와 외장 아날로그 신시사이저, 프로세서, 이펙트를 혼합하여 사용한다.

무그Moog와 바이러스 같은 하드웨어 기기는 사운드와 성격 측면에서 견줄 소프트웨어가 없기 때문에 여전히 많이 팔린다. 한편 임피리컬 랩스Empirical Labs의 디스트레서Distresser와 팻소Fatso는 스마트 리서치Smart Research C2, API 525, 챈들러Chandler TG-1과 함께 최고의 아날로그 사운드를 만들기 위해 믹싱 작업에 사용되는 인기 하드웨어다. 또한 데인저러스Dangerous 2 버스Buss, SSL 시그마Sigma, 네브 8816, 네브 새털라이트Satellite 같은 외장 하드웨어 서밍 장치의 높아지는 인기는 소프트웨어와 하드웨어를 적절히 혼합하는 추세가 여전히 강하게 지속되고 있음을 보여준다.

사실 컴퓨터만으로 곡을 만들 수 있지만 대다수 전문가는 뛰어난 소프트웨어와 하드웨어를 혼합하는 방식이 가장 창의적인 여지를 제공하고, 음악적 잠재력을 높여준다는 사실을 알게 되었다. 다만 외장 기기나 이펙트를 활용할 때 신호 사슬 안에서 양호한 이득 구조를 유지하는 일이 매우 중요하다.

일반적인 스튜디오 상황에서 이득 구조는 연결된 신시사이저나 프로세서 혹은 이펙트 사이에 적당한 이득 레벨을 유지하는 일과 관련된다. 가령 오디오 워크스테이션이 댄스 음악 제작에서 중심이 되기 전에는 큐베이스를 돌리는 아타리Atari STE 같은 미디 시퀀서나 알레시스Alesis MMT-8 같은 하드웨어 시퀀서에 의존했다. 이 기기들은 미디를 통해 주노Juno 106, TB303, TR909 같은 여러 하드웨어 신시사이저와 롤랜드Roland S10, 아카이Akai S950, 아카이 S1000 같은 다양한 샘플러에 연결되었다. 끝으로 사슬의 어딘가에는 대개 컴프레서나 리미터 같은 소수의 정선된 프로세서와 함께 기타 이펙트 페달과 멀티 이펙트 장치가 있었다. 이 모든 기기의 오디오 출력은 스튜디오의 중심에 있는 믹싱 데스크에서 한데 묶이기 전에 종종 다양한 설정에 따라 서로 조정되었다.

이렇게 하드웨어를 설정하면 전체 구성의 이득 배열을 미리 생각해야 한다. 가령 주노 106의 오디오 출력이 직접 디스토션 기타 페달로 들어가고, 이펙트 장치의 출력이 S950 샘플러로 들어간 다음 마지막으로 믹싱 데스크에 입력된다면 이 직렬 구성에 속한 개별 기기의 이득을 적절하게 설정해야 한다.

다시 말해서 사슬에 속한 각 기기의 출력 이득이 너무 높아서 수신 기기의 입력에 과부하가 걸리지 않도록 해야 한다. 그렇지 않으면 뜻하지 않게 신호가 왜곡된다. 동시

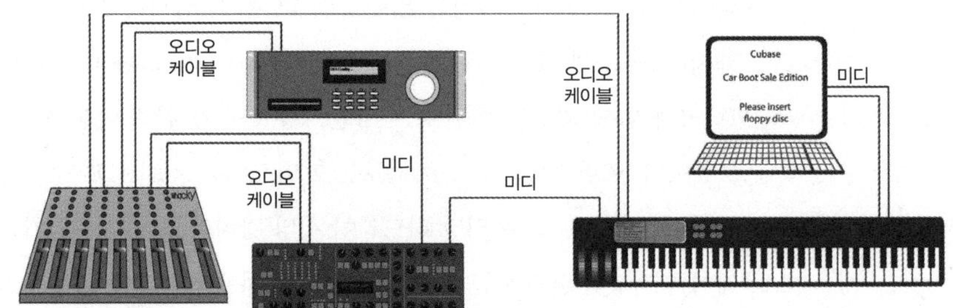

그림 13.1 프로젝트 스튜디오의 전형적인 직렬 구성(1990년대)

에 각 기기의 출력 이득이 너무 낮지 않도록 해야 한다. 그렇지 않으면 각 기기에서 생기는 열 잡음이 사슬을 지나면서 한데 모여서 두드러지게 된다.

오디오 신호와 열 잡음 사이에 좋은 비율을 유지하려면 사슬에 속한 각 기기의 이득을 미세하게 관리해야 한다. 이렇게 신호 사슬에 속한 각 기기의 출력과 입력 이득을 미세하게 조정하는 것을 '이득 구조'라고 한다. 이 작업은 전체 신호 사슬에 걸쳐 최선의 신호 품질을 유지하여 믹서와 모니터 스피커에서 좋은 신호 대비 잡음비를 얻도록 해준다.

물론 오디오 워크스테이션 내에서만 작업하는 경우 이득 구조가 무의미하게 보일 수도 있다. 씨름할 복수의 하드웨어 기기가 없으므로 열 잡음도 없기 때문이다. 그러나 컴퓨터로만 작업하는 경우에도 같은 유형의 접속이 여전히 이뤄진다. 단지 소프트웨어 형태를 지닐 뿐이다. 실제로 컴퓨터로만 작업할 때 프로세서와 이펙트는 종종 하드웨어 기기를 모방한다. 또한 워크스테이션은 종종 외부 하드웨어 접속 양상을 모방한다. 따라서 이득 구조가 여전히 근본적인 역할을 한다.

댄스 음악가들이 흔히 털어놓는 불만은 컴퓨터 환경에서만 작곡, 프로듀싱, 믹싱한 곡은 아날로그 콘솔로 믹싱한 곡보다 공간 해상도가 부족하여 '밋밋하게' 들린다는 것이다. 그러나 많은 경우 해상도가 부족한 이유는 값비싼 아날로그 장비가 없기 때문이 아니라 이득 구조가 무엇인지 그리고 디지털 워크스테이션과 어떤 관련을 맺는지 모르기 때문이다. 사실 음장이 부족한 가장 흔한 이유는 디지털 영역에서 이득 구조를 부실하게 관리했기 때문이다.

레벨과 미터　좋은 이득 구조를 유지하려면 신호 레벨이 무엇인지 그리고 레벨 미터를 어떻게 조정하는지 자세히 알아야 한다. 대다수 오디오 기기는 데시벨로 조정되는 신호 레벨 미터의 형태로 시각적 표시를 한다. 이 미터는 나가거나 들어오는(혹은 일부 경우에 둘 다) 신호의 레벨을 알려준다.

레벨 미터를 제대로 조정하려면 제조사에 관계없이 모든 기기가 신호 레벨에 대해 같은 수치를 제공하도록 스튜디오를 구성하는 모든 기기가 같은 기준 레벨을 갖게 해야 한다. 그렇지 않다면 같은 레벨이라도 장비에 따라 수치가 달라질 것이기 때문이다.

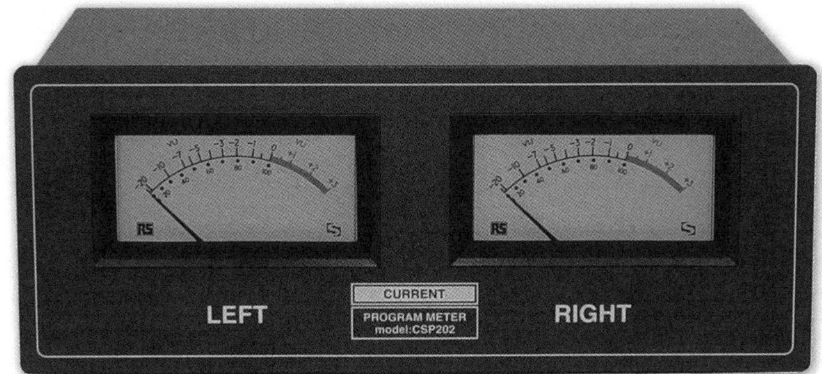

그림 13.2 VU 장치

케이블을 지나는 오디오는 전압에 다름 아니다. 이득이 늘어나면 전압도 높아진다. 그래서 엔지니어들은 전압을 신호 레벨의 기준으로 삼는다. 오래 전에 사용된 기준 레벨은 밀리와트였다. 이를 토대로 1밀리와트가 오디오 케이블을 지나면 VU미터는 0dBm을 가리키게 되었다. 이 기준 레벨은 오디오 신호가 장비의 열 잡음보다 약 75dB 높다는 것을 뜻했다.

한데 엮인 여러 기기가 모두 dBm을 기준 레벨로 삼으면 VU 미터를 보고 각 기기의 평균 신호 레벨을 0dBm 수준으로 유지하여 좋은 이득 구조를 만들 수 있다. 그러면 모든 기기에 걸쳐 양호한 신호 대비 잡음비가 나와서 최선의 사운드를 만들 수 있다.

그러나 세월이 흘러 장비에 더 많은 밸브가 쓰이면서 필요한 전압이 높아졌다. 그 결과 장비의 전력이 증가하면서 밀리와트가 기준 레벨로 적절치 않게 되었다. 그에 따라 엔지니어들은 복잡한 수학적 정리(아래 참조)에 따라 오랜 기준 레벨을 바꾸었으며, 0.775V를 오디오 장비를 위한 새로운 기준 레벨로 삼아야 한다는 결론에 이르렀다. 이 새로운 기준 레벨은 dBu로 알려졌다.

$$(P=V2/R(001W=V2/600W(V2=0.001W*600W(V=sq(0.001W*600W)))$$

상당수 스튜디오 장비가 밸브(즉, 튜브)에 의존하므로 밸브판이 특히 시끄럽다. 그

댄스 뮤직 바이블

래서 최선의 신호 대비 잡음비를 얻으려면 전압 기준을 +4dBu(1.23V)로 높여야 한다. 이 말은 기기가 +4dBu에 해당하는 기준 레벨인 0VU를 미터에 찍기 전에 1.23V를 전부 받아야 한다는 뜻이다. 이는 현재 전문가용 장비에서 가장 흔한 기준 레벨이어서 '전문가용 표준' 혹은 '밸런스 장비Balanced Equipment'로 불린다.

그렇다면 왜 dBV가 아닌 dBu를 사용하는지 의문이 생길 수 있다. 그 답은 언밸런스 장비에서 찾을 수 있다. 밸런스 장비는 고전압을 쓰므로 생산하는 데 비용이 많이 든다. 그래서 부차적인 기준 레벨로 dBV가 도입되었다. 이 경우 1V RMS(제곱평균제곱근– 전반적 평균)를 기준 레벨로 삼는다. 그래서 오디오 장비의 출력이 (10dBV에 해당하는) 0.316V이면 수신 기기에 0VU가 찍힌다. 이는 때로 '소비자 표준' 혹은 '언밸런스 장비'로 불린다.

언밸런스 출력을 밸런스 입력으로 연결하는 데 특별한 요건은 없다. 대다수 경우에 표준 밸런스 케이블을 쓰면 된다. 그러나 밸런스 출력을 언밸런스 입력으로 연결할 때는 신중해야 한다. 밸런스 출력이 전자 장비이거나 변압기일 수 있기 때문이다. 전자 장비일 경우 대개 표준 밸런스 케이블을 쓸 수 있다. 그러나 변압기일 경우 수신 장비를 손상시키지 않으려면 특정 밸런스 케이블을 써야 한다.

더 중요한 점은 명백한 신호 레벨과 미터의 차이다. 언밸런스 장비를 밸런스 입력에 연결하거나 반대의 경우 둘 사이에 상당한 전압 차이가 생긴다. 그래서 신호 미터에 부정확한 수치가 나온다. 실제로 이 차이는 거의 4:1로서 소비자용 기기와 전문가용 기기 사이에 11.8dB의 차이를 만든다. 이런 상황에서는 미터를 무시하고 신중하게 들으면서 사슬 전체에 걸쳐 레벨이 안정적으로 유지되도록 만드는 수밖에 없다.

언밸런스 입력으로 밸런스 출력을 연결하면 언밸런스 기기가 받는 신호는 뚜렷하게 예상보다 활발해진다. 이 경우 밸런스 기기에서 이득 레벨을 적절히 줄일 수 있다. 또한 많은 언밸런스 기기는 왜곡 현상이 일어날 때까지 높은 경계를 지니는 경향이 있으나 수신 기기가 밸런스 유형이고 출력기기(대개 신시사이저)가 언밸런스 유형일 가능성이 훨씬 높다.

이런 구성에서 밸런스 입력으로 들어오는 신호는 예상보다 11.8bB 낮다. 따라서 언밸런스 기기의 출력을 크게 높여야 양호한 신호 레벨을 담아낼 수 있다. 대개 무그 보이저Voyager처럼 나중에 나온 하드웨어 신시사이저는 낮은 잡음층에 안정적인 출력 앰프를 갖추고 있다. 그래서 저레벨 잡음을 많이 일으키지 않고 출력 이득을 크게 높일 수 있다. 그러나 옛날 신시사이저는 이득을 늘릴 때 상당한 잡음이 생기는 경우가 많다.

이때 흔한 해결책은 신시사이저의 출력을 마이크 프리앰프로 넣는 것이다. 마이크 프리앰프는 종종 악기 입력부를 갖추고 있으며, 수신하는 밸런스 기기에 맞도록 적절하게 신호 이득을 늘릴 수 있기 때문이다. 다만 레코딩에 개성을 더할 수 있도록 밸브를 사용하는 고급 앰프를 쓰는 것이 좋다. 포커스라이트Focusrite ISA 원ONE과 ISA 투Two 혹은 SSL 엑스로직 알파 채널XLogic Alpha Channel이 언밸런스 장비와 밸런스 장비를 연결하는 앰프로서 인기 있고 비교적 저렴하다.

<table>
<tr><td>

**오디오 워크
스테이션의
이득 구조**

</td><td>

물론 오디오 시퀀서의 디지털 영역에는 기준 레벨이 없다. 케이블이 없으므로 지나갈 전압도 없기 때문이다. 그러나 비트 심도와 샘플 레이트로 결정되는 같은 절차의 수학적 디지털 버전이 있다. 따라서 이득 구조 이론은 디지털 영역에도 존재한다.

</td></tr>
</table>

현재 거의 모든 오디오 인터페이스는 24비트로 돌아간다. 청각(130bB)보다 큰 144dB의 다이내믹 레인지를 제공하기 때문이다. 그러나 오디오 인터페이스를 통해 여러 채널을 녹음하든 샘플과 플러그인 기기에 의존하든 간에 시퀀서에서 오디오를 만드는 각 채널은 믹스 버스를 통과하여 워크스테이션의 가상 믹서에서 최종 스테레오 이미지로 통합된다. 이 과정은 프로듀서가 각 오디오 채널에 적용하는 여러 프로세서 및 이펙트와 함께 스테레오 믹스의 전반적인 음량을 늘린다. 이는 실질적으로 소프트웨어 믹서의 '가상' 헤드룸headroom(피크 레벨Peak level과 라인 레벨Line level의 차이를 의미. 그 기재가 감당할 수 있는 최대의 크기 레벨을 표시하는 데 사용되는 용어)을 줄인다.

헤드룸을 늘리기 위해 현재 많은 시퀀서는 32비트 부동 소수점에서 돌아간다. 그러면 연산에서 단어 길이가 늘어나고 훨씬 큰 헤드룸에 접근할 수 있기 때문에 채널을 서밍할 때 과부하를 방지할 수 있다. 그러나 이렇게 헤드룸을 늘려도 시퀀서로 프로젝트 안에서 오디오를 표현하는 방식은 한정되어 있다. 즉, 모든 디지털 기기 안에서 오디오는 일련의 숫자로 표현되며, 이 숫자는 무한하지 않고 0dBFS에서 갑작스레 끝난다. dBFS는 '데시벨 풀 스케일Decibel Full Scale'을 뜻하며, 0dBFS는 +4dBu, 0dBm, 0dBv 레벨의 오디오 시퀀서 버전이다. 다만 아날로그 영역과 달리 디지털 오디오 워크스테이션을 0dBFS 너머로 밀어붙이면 대단히 불쾌한 왜곡이 발생하는 동시에 오디오의 품질이 저해된다. 그래서 디지털은 아날로그의 '헤드룸'이 없다거나 아날로그 믹스의 사운드가 차가운 디지털보다 훨씬 낫다는 불평이 많이 나온다. 그러나 이는 전혀 사실과 다르다.

앞서 설명한 대로 전문가용 아날로그 기기의 신호 미터는 대개 +4dBu를 기준으로 삼는다. 즉, 1.23V가 케이블을 지나 수신기기에 이르면 해당 미터에 0VU로 찍힌다. 이는 두 장비 사이에 수용할 만한 신호 대비 잡음비를 만들기 위한 설정이다. 그래서 엔지니어는 프로세서, 이펙트, 믹싱을 곡에 적용할 때 평균 신호 레벨이 0VU가 되도록 계속 이득 구조를 유지해야 한다. 또한 믹스에 오디오가 추가되면 평균 신호 레벨이 0VU로 유지되도록 개별 채널, 프로세서, 이펙트, 마스터 페이더의 이득을 낮춰서 이득 구조를 조정해야 한다.

그러나 0VU가 아날로그 영역에 있는 기기나 믹싱 데스크의 상한은 아니다. 실제로 아날로그 데스크와 추가 기기에는 0VU 위로 20dB의 헤드룸이 있다. 그러나 이는 여분의 헤드룸으로 간주된다. 특이한 높은 트랜지언트가 압축을 벗어나도 주 믹스 레벨 위로 20dB의 충분한 헤드룸이 있으면 믹스에서 왜곡을 일으키지 않기 때문이다.

이 접근법을 디지털 오디오 시퀀서와 비교하면 0dBu는 0dBFS가 아니라 대략 -18dBFS에 해당한다. 대략이라고 말하는 이유는 상대 전압을 디지털 수치로 전환하기가 불가능해서 오디오 컨버터(이 경우에는 SSL 알파Alpha AX)를 조정해야만 결과를 파악할 수 있기 때문이다. 따라서 0dBFS에서 밸런싱과 믹싱을 시작한다면 모든 채널의 VU 미터가 극단적인 한계치인 +20dB에 이르도록 상응하는 아날로그 하드웨어 믹싱 데스크를 의도적으로 최대한 밀어붙이는 것과 같다.

아무리 비싼 아날로그 믹싱 데스크라도 이렇게 극단적인 영역에서 믹싱을 하면 공간 해상도가 부족한 거친 소리가 나온다. 게다가 현재 사용되는 많은 플러그인 이펙트와 프로세서는 하드웨어 제품을 모방하기 때문에 한계를 밀어붙이는 0dBFS가 아니라 동일한 0VU(-18dBFS)에서 가장 잘 작동한다.

이처럼 이득 구조는 아날로그 하드웨어 기반 스튜디오의 영역에 국한되지 않으며, 디지털 영역에서도 동일한 중요성을 지닌다. 오디오 인터페이스의 시퀀서와 컨버터에 추가적인 헤드룸을 부여하면 대역폭을 심하게 밀어붙이지 않고 강한 해상도를 지닌 깔끔하고 깨끗한 믹스를 만들 수 있다.

CHAPTER 14

보컬과 레코딩

'미국에서 전화를 통해
한 소녀의 목소리를 워크맨으로 직접 녹음해서 앨범에 썼어요.
스튜디오에 데려와서 녹음했다면 아마 너무 깨끗하게 들렸을 겁니다…'

– 마크 무어Mark Moore

모든 댄스 음악 장르가 보컬 트랙을 지니는 것은 아니다. 그러나 테크노나 미니멀 혹은 테크 하우스에서 심하게 가공된 보컬 부분이 들어가는 것처럼 보컬 트랙이 있는 경우도 많다. 이때 샘플 CD에서 조합하거나 다른 레코드에서 샘플링을 할 수도 있지만 직접 녹음하는 것보다 못하다. 직접 하면 저작권 문제를 피할 수 있을 뿐만 아니라 정확하게 필요에 따라 보컬을 녹음할 수 있으니 보컬을 효율적으로 녹음하는 방법을 익혀 두는 것이 좋다.

전문 보컬을 녹음하는 작업은 많은 매체에서 종종 보컬 부스를 갖추고 마이크와 프리앰프에도 돈을 들여야 하는, 비용이 많이 드는 대단히 복잡한 일인 것처럼 그려진다. 그러나 이는 사실과 다르며, 상당히 적은 예산으로도 스튜디오급 보컬 녹음을 할 수 있다.

기기　　좋은 보컬을 담기 위한 제작 사슬의 첫 번째 고리는 마이크다. 간단히 말해서 마이크는 진동

그림 14.1 다이내믹 마이크

판을 통해 소리를 전기 신호로 바꾼다. 이때 전환이 이뤄지는 방식에 따라 음질이 좌우된다.

보컬을 녹음하는 데 쓸 수 있는 여러 유형의 마이크가 있지만 궁극적으로는 다이내믹dynamic 마이크와 커패시터capacitor 혹은 정전형electrostatic 마이크, 2가지로 나뉜다. 두 유형 모두 진동판을 쓴다. 다만 진동판의 움직임을 전압으로 바꾸는 방식이 다르다. 그에 따라 다른 음색이 나온다.

다이내믹 마이크는 아마 가장 바로 알아보는 마이크일 것이다. 텔레비전 인터뷰부터 라이브 공연까지 대다수 라이브 상황에서 사용되기 때문이다.

다이내믹 마이크는 헤드 부분에 얇은 플라스틱 막(진동판)이 있고 뒤에는 와이어 코일이 붙어 있다. 이 코일은 원통형 자석 위에 달려 있다. 소리가 진동판을 때리면 코일의 와이어가 원통형 자석 위에서 진동한다. 고등학교 기초 물리에서 배운 대로 와이어가 자기장 위로 움직이면 작은 전류가 생성된다. 마이크의 경우 이 작은 전기 신호가 진동판에 들어오는 음파를 재현한다.

진동판 뒤에 금속 코일이 영구적으로 부착되어 있어서 마이크의 헤드 부분이 비교적 무겁게 조립되기 때문에 음압 변화에 딱히 민감하지 않다. 즉, 높은 주파수보다 낮은 주파수와 중간 주파수를 쉽게 포착한다. 그래서 대개 콧소리가 나온다.

그렇다고 해서 다이내믹 마이크가 보컬을 녹음하는 데 적합하지 않다는 뜻은 아니며, 특히 보컬리스트가 젊은 경우 스튜디오 레코딩에서 때로 활용된다. 베이스가 강조되어 음성의 존재감을 더 탄탄하게 해 주기 때문이다. 그러나 라이브용으로 활용하는

경우가 더 많다. 콧소리 때문이기도 하지만 진동
판 구조가 아주 튼튼해서 심한 충격이나 추락에
도 손상되지 않고 배터리로 작동 가능해 프리앰
프가 필요 없는 장점 때문이다.

스튜디오 녹음용으로 선호되는 마이크는 커
패시터 마이크나 정전형 마이크다. 때로 '컨덴서
condenser' 마이크로 불리는 이 마이크는 다른 진
동판 구조를 지녀서 음압 변화에 훨씬 민감하다.

커패시터 마이크는 다이내믹 마이크와 비슷
한 진동판을 쓰지만 뒤에 코일이 붙지 않고 두어
미크론micron 정도 금속판에서 떨어져서 매달려
있다. 그래서 뒤판에 전하가 흐르면 진동판과 뒤
판 사이에 '커패시턴스capacitance'가 형성된다.

그림 14.2 커패시터 마이크

음압의 변화는 진동판과 뒤판의 거리와 함께 커패시턴스를 바꾼다. 그에 따라 전류
도 변화한다. 이 전류의 변화는 사슬의 끝에서 오디오 신호를 재생한다. 이렇게 커패시
턴스를 활용하면 다이내믹 마이크보다 훨씬 가벼운 진동판 조립체를 쓸 수 있다. 대신
앞서 말한 대로 음압의 변화에 훨씬 민감해진다. 결과적으로 많은 전문 스튜디오가 주
요 마이크로 선택하고 있다. 다만 작동을 위해서는 반드시 전력원이 있어야 한다.

진동판과 뒤판 사이에 커패시턴스를 제공하려면 전하가 필요하기 때문에 모든 커패
시터 마이크는 배터리나 외부 +48V 전력 공급 장치가 필요하다. 거의 모든 상황에서
이 전력은 프리앰프 그리고 마이크와 프리앰프를 연결하는 XLR 케이블을 통해 공급된
다. 이는 종종 '유령 전력phantom power'으로 불린다. 모든 표준 3핀 XLR 케이블을 통해
전압을 공급할 수 있기 때문에 어디서 전력을 얻는지 물리적으로 볼 수 없기 때문이
다. 또한 전압이 필요치 않으면 그냥 무시하기 때문에 마이크가 손상되지 않는다.

프리앰프사용의 주 목적은 마이크에 전압을 공급하는 데 더하여 신호 전압을 레코
딩에 적절한 레벨로 높이는 것이다. 그 이유는 커패시터 마이크가 만드는 커패시턴스
전압이 너무 낮아서(대개 −60dBu 이하) 신호 레벨이 레코딩을 하기에 충분치 않기 때

문이다. 프리앰프를 쓰면 평균 신호 레벨을 크게 높일 수 있다.

많은 오디오 인터페이스에는 프리앰프가 설치되어 있지만 대개 집적회로의 일부로 설계되어 있어서 보컬을 잘 녹음하는 데 필요한 품질을 제공하는 경우가 드물다. 그래서 오디오 인터페이스로부터 독립된 프리앰프를 찾는 편이 좋다. 디자인과 제공하는 패러미터에 따라 100파운드부터 6,000파운드 이상까지 다양한 가격대의 프리앰프가 있다. 일부 프리앰프는 레코딩을 할 때 가장 흔히 필요한 패러미터를 제공하는 완전한 채널의 형태로 나온다.

여기에는 디이저de-esser, EQ, 컴프레서, 리미터가 포함된다. 이들이 레코딩을 할 때 필요할 수 있지만 더 나은 해결책은 기본적인 독립형 프리앰프를 활용하고 나중에 신호가 워크스테이션에 있을 때 플러그인을 통해 프로세싱을 적용하는 것이다. 그 이유는 많은 프리앰프 채널의 경우 신호가 사용 여부와 관계없이 모든 프로세서를 지나며, 그에 따라 열 잡음이 증가할 수 있기 때문이다. 또한 프리앰프가 아주 고급 제품이 아닌 이상 포함된 프로세서가 기준에 못 미쳐서 신호에 도움이 되기는커녕 손해를 입힐 수

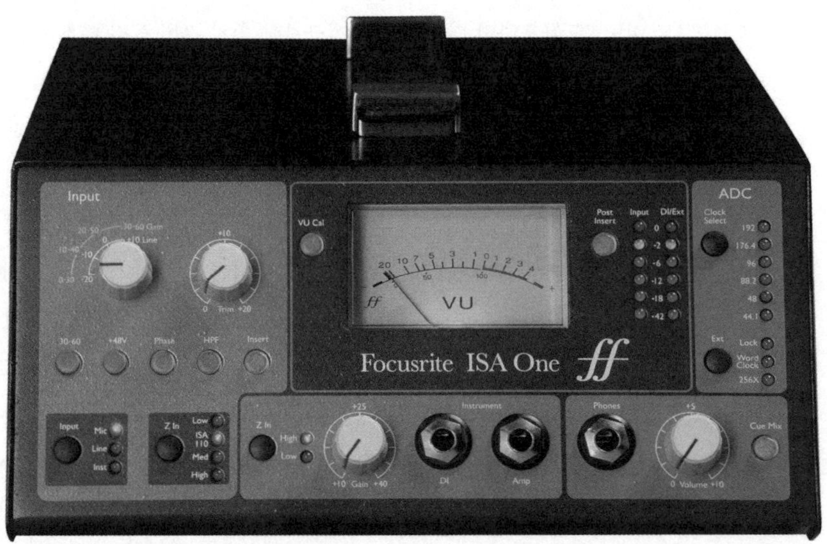

그림 14.3 포커스라이트 ISA 원

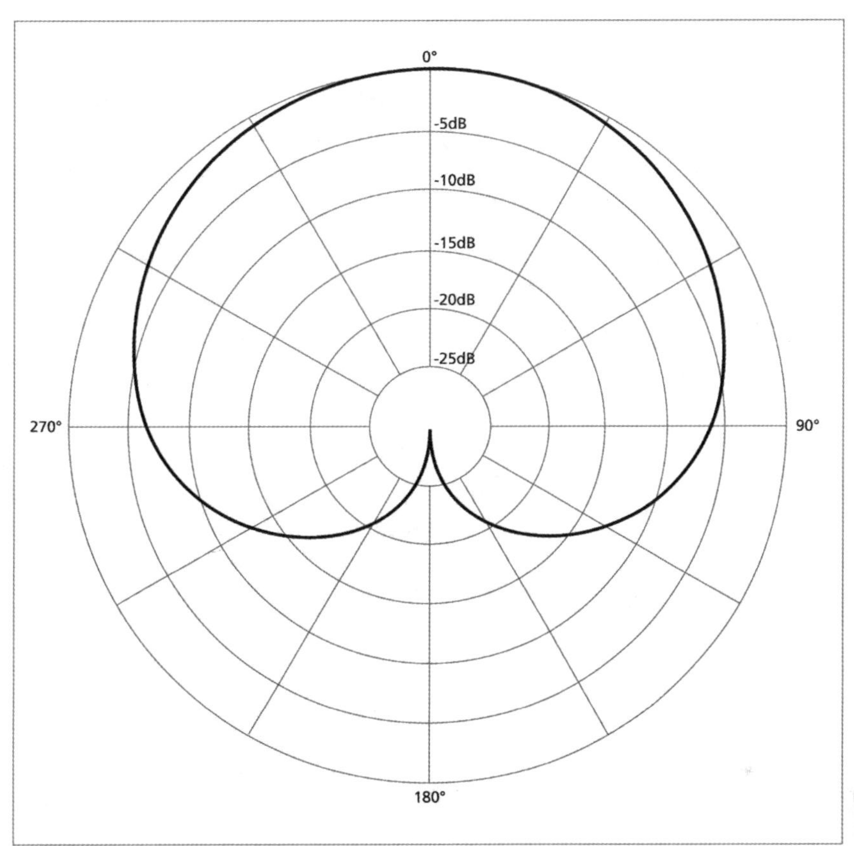

그림 14.4 카디오이드 패턴

있고, 레코딩을 하는 동안 적용된 프로세싱은 나중에 되돌릴 수 없기 때문이기도 하다.

프리앰프의 선택은 개인적인 취향에 달려 있다. 가장 높은 평가를 받는 제품은 포커스라이트의 ISA 라인이다. 이 라인은 다양한 구성과 가격대로 판매된다. 집에서 작업하는 사람에게 가장 적합한 제품은 그림 14.3에 나오는 ISA 원이다. 디지털 I/O 확장카드를 갖춘 이 제품은 이 책의 모든 사례에서 사용되었다.

마이크와 프리앰프를 다르게 조합하면 음이 달라진다는 사실을 염두에 두어야 한다. 가령 같은 프리앰프에 연결된 두 개의 마이크는 크게 다른 음을 낸다. 따라서 마이

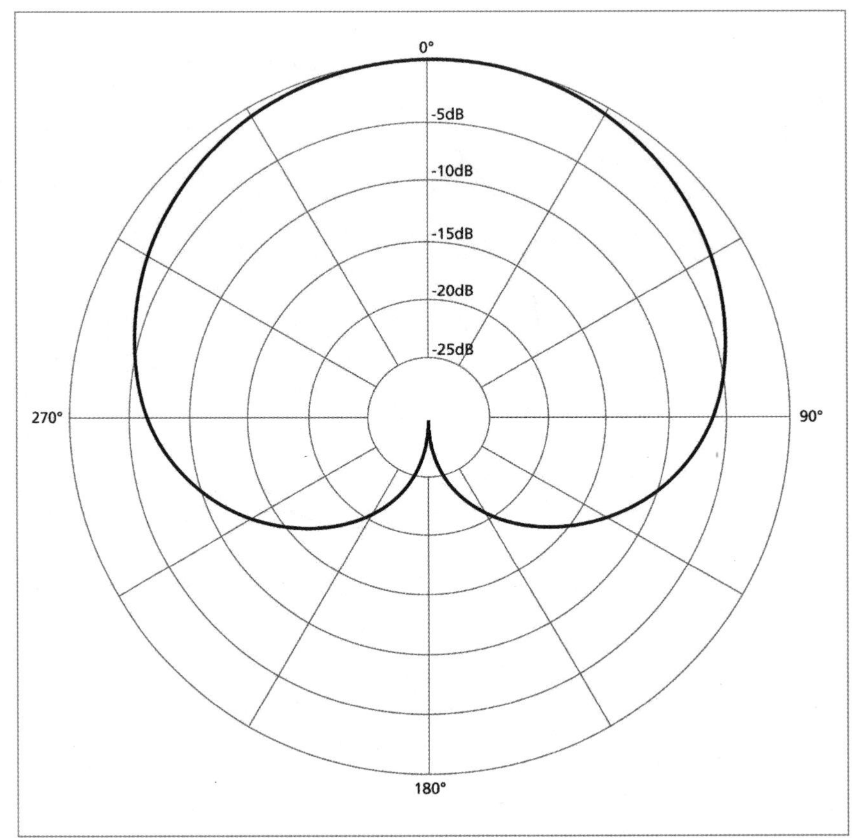

그림 14.5 하이퍼 카디오이드 패턴

크와 프리앰프를 종종 짝지어야 한다.

진동판의 크기에 따라 마이크에서 나오는 음이 달라질 수 있다. 가령 큰 진동판은 질량이 커서 작은 진동판보다 음압에 반응하는 속도가 느리다. 반면 작은 진동판은 질량이 작으므로 음압에 대한 반응이 빨라서 더 날카롭고 명확한 음이 나온다.

이론적으로 볼 때 연주를 완벽하게 담아내려면 진동판이 작은 모델을 써야 하는 것처럼 보인다. 그러나 현실적으로는 그런 경우가 드물다. 그 이유를 이해하려면 음향의 파장과 진동판의 크기 사이에 존재하는 관계를 살펴야 한다.

대개 큰 진동판의 지름은 약 25mm다. 이 진동판을 같은 크기의 파장(10kHz의 파장이 25mm다)에 노출시키면 해당 지점에서 주파수가 정점에 이른다. 그에 따라 높은 주파수에서 방향성 감도가 높아진다. 반면 지름이 대개 12mm인 작은 진동판의 경우 훨씬 높은 주파수 영역(20kHz의 파장이 12.5mm다)에서 정점에 이르며, 이는 청각의 경계를 넘어선다.

그래서 작은 진동판으로 더 정확한 레코딩은 할 수 있지만 큰 진동판이 방향성 감도가 높아서 사람 목소리에 더 적합한, 음성을 돋보이게 하는 따뜻한 신호를 낸다.

가수가 마이크로부터 떨어진 거리도 주파수 반응에 큰 영향을 미친다. 진동판의 크기에 상관없이 마이크에 가까이 다가갈수록 베이스 주파수가 두드러진다. 이 효과는 근접 효과proximity effect로 불리며, 진동판이 작은 마이크가 진동판이 큰 비싼 마이크와 비슷한 소리를 내게 만드는 데 활용된다. 다만 마이크에 너무 가까이 다가가 크게 노래를 부르면 공기의 파열이 민감한 진동판을 손상시킬 수 있으므로 조심해야 한다.

마이크의 지향 특성polar pattern도 고려해야 한다. 서로 다른 지향 특성은 방향축에 따라 음에 대한 감도에 영향을 미치기 때문이다. 지향 특성은 다른 방향에서 오는 신호에 대한 마이크의 민감도를 좌우한다. 흔한 특성은 카디오이드cardioid, 전지향성 omni-directional, 8자형figure of eight, 하이퍼 카디오이드hyper-cardioid다.

카디오이드
Cardioid

지향 특성 측면에서 보컬용으로 가장 흔히 쓰이는 마이크는 카디오이드 마이크다. 이 마이크는 전면에서 오는 사운드에 가장 민감하며, 뒤로 갈수록 감도가 약해진다.

이 마이크는 보컬용으로 가장 적합하지만 근접 효과에 가장 취약하다(보컬의 베이스가 크게 증가한다). 그래서 노래를 부를 때 일정한 거리를 두어야 한다. 카디오이드라는 명칭이 붙은 이유는 사운드를 받아들이는 패턴을 그리면 심장 모양이 되기 때문이다.

하이퍼 카디오이드
Hyper-cardioid

하이퍼 카디오이드 마이크는 카디오이드 마이크와 비슷하지만 패턴이 훨씬 좁다. 그래서 측면에서는 카디오이드 마이크만큼 많은 사운드를 받아들이지 않는다. 다만 측면 감도가 약한 대신 뒤에서 나오는 사운드도 받아들인다.

이 마이크는 더욱 집중적으로 사운드를 받아들이므로 악기나 드럼 키트를 녹음할 때

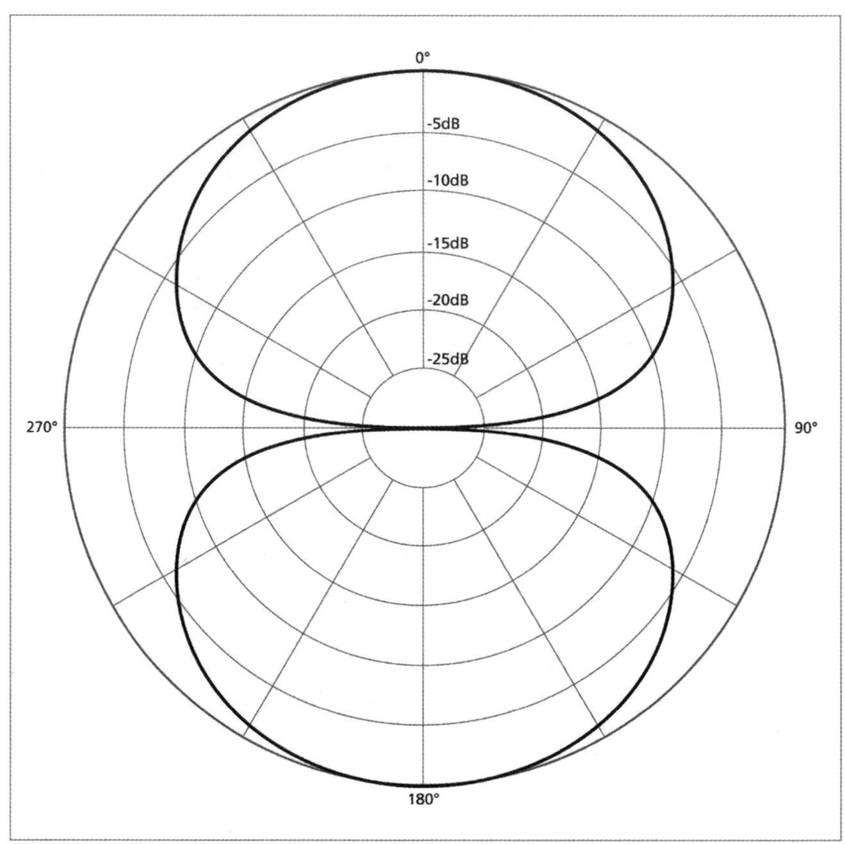

그림 14.6 8자형 패턴

사용된다. 측면에서 과도한 사운드를 받아들이는 문제에 덜 취약하기 때문이다. 또한 뒤에서 받아들인 신호는 악기나 드럼키트 소리에 음장감을 더해주기도 한다.

8자형
Figure of Eight

8자형 마이크는 앞과 뒤에서 모두 사운드를 받아들이지만 측면에서 오는 사운드는 받아들이지 않는다. 대개 이 마이크는 진동판이 아닌 리본을 쓰며, 양쪽에서 동시에 레코딩을 할 수 있다. 일부 엔지니어는 카디오이드 마이크보다 하이퍼 카디오이드 마이크를 선호한다. 리본 조립체가 더 가벼워서 훨씬 민감하기 때문이다. 이 마이크는 근접 효과에도 시달리지 않는다. 그러나 비싸고 대단히 민감해서 잘못 다루면 쉽게 망가진다.

전지향성
Omni-
directional

전지향성 마이크는 전체 축에 걸쳐 동일한 감도를 지닌다. 그래서 모든 방향에서 오는 사운드를 받아들인다. 스포츠 인터뷰를 할 때 종종 이 마이크를 쓴다. 어디서 말을 해야 할지 미리 정하지 않아도 되고 모든 사운드를 포착하기 때문이다. 또한 음장감이 좋을 경우 작은 현악기 섹션을 녹음할 때도 사용된다.

대다수 댄스 장르의 경우 카디오이드 패턴에 큰 진동판을 지닌 커패시터 마이크를 선

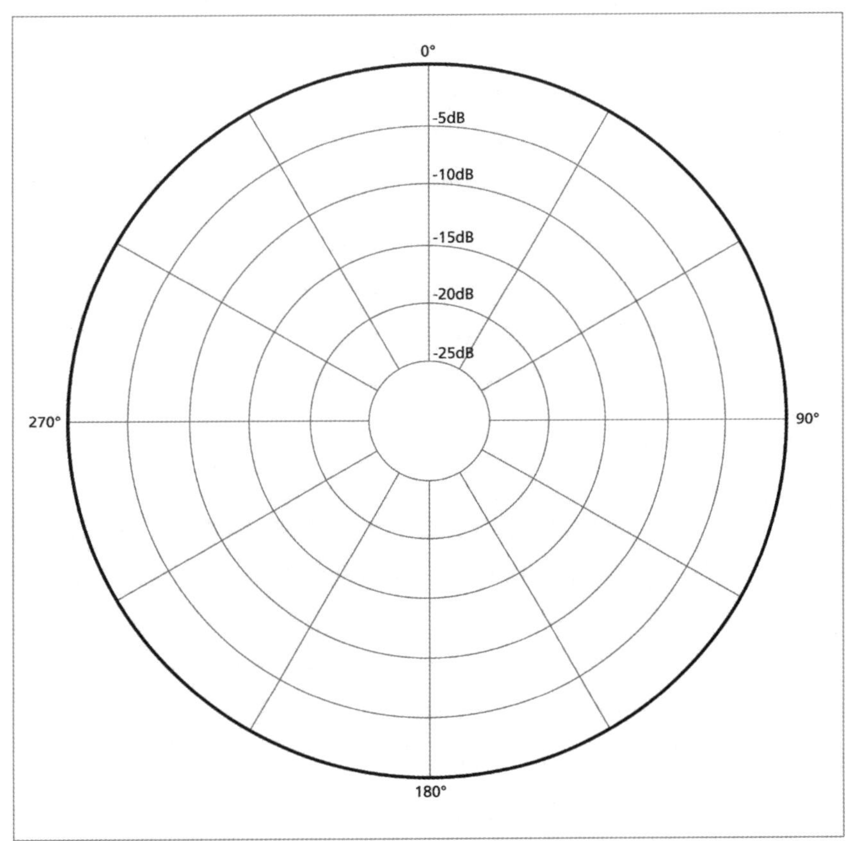

그림 14.7 전지향성 패턴

호한다. 이 마이크는 일반적으로 대다수 장르의 특징인, 전반적인 따뜻한 반향을 제공한다고 알려져 있다. 그러나 주파수 응답성이 너무 평탄하지만 않다면 큰 진동판을 쓰는 마이크는 무엇이든 충분하다.

큰 진동판을 쓰는 마이크는 보컬을 더 분명하게 표현하기 위해 의도적으로 중간 영역에서 피크를 활용한다. 그러다가 여성 보컬의 치찰음이 강조되는 경우가 있는데, 이처럼 '쉬SH' 사운드를 지나치게 강조하면 보컬 트랙에서 원치 않는 소리가 날 수도 있다.

레코딩 이론　　**좋은 레코딩은 실제 레코딩 장비를 넘어 녹음 공간에서 시작된다. 이상적인 경우 녹음 공간의 자연적인 배경음을 최대한 줄이고 보컬을 최대한 드라이하게 녹음해야 한다. 레코딩을 할 때 포착된 배경음은 제거할 수 없으며, 제작 후반부에 적용된 추가 효과들이 보컬뿐만 아니라 배경음에도 적용되기 때문이다.**

보컬을 드라이하게 포착하는 여러 방법들이 있다. 폭넓게 알려진 방법은 보컬리스트 뒤에 천이나 커튼을 걸거나 보컬리스트가 작은 벽장 내지 이동식 사운드 부스 안에서 레코딩하는 것이다. 두 방법 다 효과가 있지만 보컬을 잘 녹음하는 완벽한 해결책은 아니다. 가령 커튼을 칠 수 있는 창문 있는 방에서 녹음할 것이 아니라면 보컬리스트 뒤에 무거운 천을 걸기 어렵다. 설령 가능하다고 해도 문제가 많다. 천이 방과 보컬리스트의 모든 음향 에너지를 올바르게 흡수한다는 보장도 없을 뿐더러 음파가 납작하고 얇은 유리창을 때리면 보컬 뒤에 벽만 있는 경우, 더 강한 반향을 일으킬 수 있기 때문이다.

그렇다면 이동식 보컬 부스가 완벽한 해결책처럼 보이지만 대단히 비싸고, 많은 공간을 요구하며, 대형 밴으로 옮겨야 하는 어려움이 있다. 더 중요한 사실은 작고 밀폐된 공간에 갇힌 보컬리스트가 스트레스를 받을 수 있다는 것이다. 그래서 녹음은 잘 될지 모르지만 노래도 잘된다는 보장이 없다. 보컬을 드라이하게 포착하는 더 간단한 해결책은 리플렉션 필터reflection filter 그리고 가능하다면 신중하게 배치한 음향 차단판을 활용하는 것이다.

리플렉션 필터는 반원형의 이동식 음향흡수판으로서 스탠드 위에 설치되어 마이크 뒤에 놓인다. 흡수판을 마이크 뒤에 놓는 방법이 불합리하게 보일 수도 있다. 그러나

　　　　　　　　　　　　　　　　　　　　　　　　　댄스 뮤직 바이블

그림 14.8 SE 리플렉션 필터

이 방법은 보컬리스트가 마이크 앞에서 노래를 부를 때 흡수판이 음향 에너지를 달아
나지 못하도록 가둬서 반향을 줄인다는 이론에 토대를 둔다. 또한 많은 커패시터 마이
크는 측면에서 사운드를 받아들이므로 반원형 구조 안에 두면 반향이 덜 포착된다.

리플렉션 필터만으로도 레코딩을 할 때 음향을 제어하는 데 도움이 된다. 그러나 음
향 차단판과 함께 사용할 때 가장 효과가 좋다. 음향 차단판은 구입하거나 제작할 수
있다. 대개 보컬리스트 뒤에 넓은 U자 형태로 3개의 차단판을 설치하여 보컬리스트

측면과 후면의 반향이 마이크에 포착되는 것을 방지한다. 그림 14.9는 일반적인 배치 방식을 보여준다.

많은 전문가용 차단판은 흔히 높이가 1.8미터에서 2.1미터로서 보컬리스트의 키를 넘는다. 그러나 쉽게 옮길 수 있도록 훨씬 작게 만들 수도 있다. 높이 0.9미터에 넓이 0.6미터의 나무틀에 락울Rockwool RW3 단열재를 채우고 통기성 소재로 덮으면 보컬 녹음에 쓸 수 있는 훌륭한 음향 흡수판이 된다. 이 판을 스피커나 마이크 스탠드에 세워서 보컬리스트의 머리 뒤에 두면 후면이나 측면 반향을 마이크가 포착하지 못하도록 막을 수 있다.

음향판을 설치한 후에는 마이크를 고정된 스탠드와 안정적인 쇼크 마운트shock mount 위에 세워야 한다. 쇼크 마운트는 마이크를 끼울 수 있는 기계적 완충 장치로서 보컬리스트가 실수로 치거나 발을 두드릴 때 마이크를 타고 올라오는 진동을 막아준다. 쇼크 마운트(가령 캐츠 크레이들Cat's Cradle)는 거의 모든 커패시터 마이크와 함께 제공되는데 품질은 천차만별이다. 성능이 아주 좋은 것도 있는 반면 스탠드와 케이블에서 올라오는 진동을 악화시켜서 울림을 초래하는 것도 있다. 그렇게 되면 녹음된 노래의 음조가 달라진다.

마이크는 대략 곧은 자세로 선 보컬리스트의 코 높이에 진동판이 오도록 설치해야

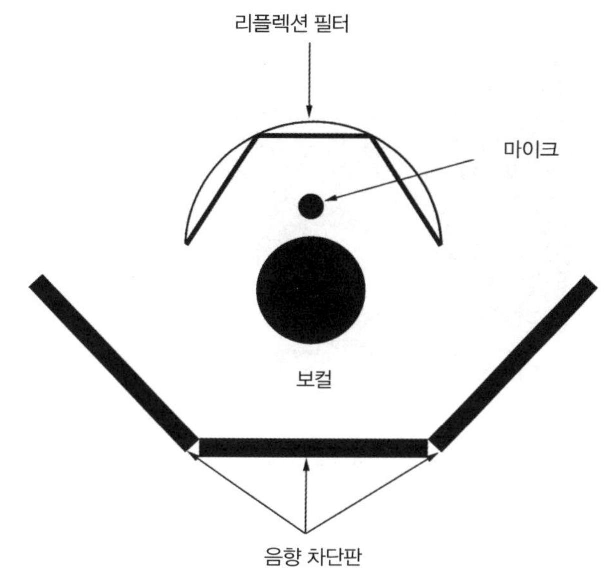

그림 14.9 레코딩 장비 배치

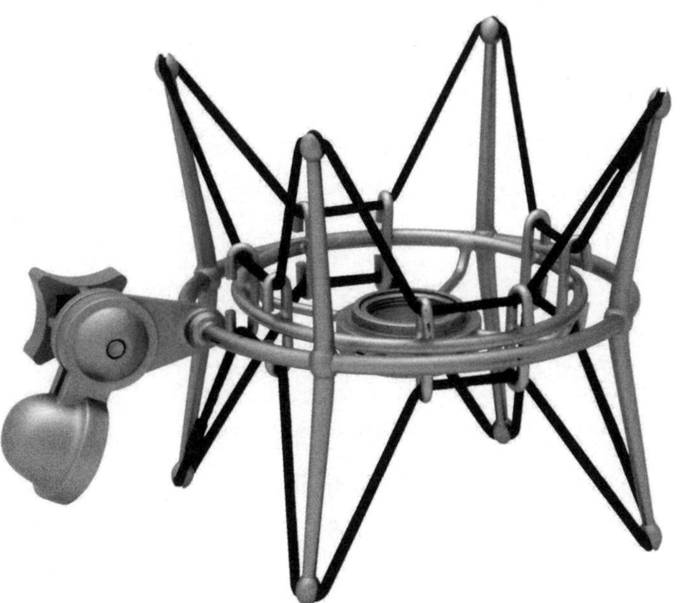

그림 14.10 쇼크 마운트

한다. 그러면 좋은 자세를 취할 수 있고 심한 파열음이나 숨소리를 피하는 데 도움이 된다. P나 B 혹은 T가 들어간 단어를 발음할 때 공기가 고속으로 터지면서 나오는 파열음은 보컬을 녹음할 때 흔히 직면하는 문제다. 짧고 날카로운 파열음은 마이크의 진동판을 극한까지 움직여서 터지는 소리를 만든다.

그림 14.11 (최고의 팝 쉴드로 평가받는) 라이코트Rycote 팝 쉴드

파열음은 나중에 제거하기가 거의 불가능하다. 그러니 레코딩 단계에서 팝 쉴드pop shield를 써서 제어해야 한다. 팝 쉴드는 지름이 약 15센티미터에서 20센티미터이고, 미세한 나일론 망으로 덮인 원형 틀로 구성되어 있으며, 따로 세우는 유형과 마이크 스탠드에 부착하는 유형이 있다. 팝 쉴드를 마이크에서 약 5센티미터 거리에 설치하면 갑작스런 공기의 파열을 분산하여 진동판에 이르지 못하도록 막는다.

팝 쉴드는 구매할 수도 있지만 금속제 코트 걸이나 자수용 틀 혹은 여자 친구나 아내의 스타킹으로 직접 만들 수도 있다. 다만 나는 직접 제작하는 것은 권하지 않는다. 직접 만든 팝 쉴드보다 훨씬 성능이 좋은 전문가용 팝 쉴드도 그다지 비싸지 않으니 말이다. 게다가 코트 걸이에 스타킹을 두른 자작 팝 쉴드와 달리 프로페셔널한 느낌을 풍긴다.

마이크는 케이블이 꼬리에서 나와서 스탠드를 따라 내려가도록 올바로 설치해야 한다. 마이크를 거꾸로 설치한 스튜디오 사진이 많다. 그러나 이는 원래 마이크 안에 있는 튜브가 달아올라서 진동판을 가열하는 것을 방지하거나 보컬리스트가 스탠드를 차지 못하도록 하기 위한 조치다.

무지 비싼 노이만Neumann 마이크 혹은 그와 비슷한 급의 마이크 쓰는 것을 굳이 보이고 싶거나 가수가 노래하는 동안 몸을 주체하지 못하지 않는 한 이렇게 설치할 필요가 없다. 실제로 현재 마이크를 거꾸로 설치하는 것은 음질 측면에서 이점이 된다기보다 '갱스터'처럼 멋지게 보이려는 의도를 반영하며, 마이크가 마운트에서 떨어져서 바닥이나 보컬리스트를 강타할 위험만 높인다. 꼭 멋지게 보여야 하거나 튜브의 열이 캡슐을 달구는 것이 정 염려된다면 거꾸로 설치하는 편보다 옆으로 설치하는 편이 낫다.

위치 설정 후, 가수의 입과 마이크 사이의 이상적인 거리는 약 10센티미터에서 15센티미터다. 이 거리에서 음성이 자연스럽게 들리며, 가수의 작은 몸짓이 레코딩 수준에 큰 영향을 미치지 않는다. 가수가 아마추어이거나 라이브 공연에 익숙한 사람이라면 노래를 할 때 종종 마이크 가까이 다가갈 것이다. 그러나 이는 근접 효과를 높여서 원치 않는 저주파수 에너지를 만들 뿐이다.

이 경우 일부 엔지니어와 관련 서적은 마이크를 가수의 머리 위에 달고 아래로 기울이라고 권한다. 그러나 개인적인 경험에 따르면 보컬리스트가 노래를 하기 위해 턱을 들면 목구멍이 긴장되어 음조에 영향을 끼친다. 그보다 팝 쉴드와 마이크 사이의 거리를 늘리는 편이 훨씬 낫다. 그 다음 노래를 할 때 팝 쉴드에 입술을 대게 하면 좋은 거리를 계속 유지할 수 있다.

다음으로 고려할 사항은 보컬리스트가 맞춰 부를 믹스를 전달하는 방식이다. 거의 모든 상황에서 믹스는 헤드폰으로 전달된다. 이때 헤드폰에서 새어나온 믹스가 마이크로 들어가지 않도록 잘 차단해야 한다. 따라서 소리가 새어나가는 개방형 헤드폰은 피해야 한다. 동시에 폐쇄형 헤드폰도 피해야 한다. 폐쇄형 디자인은 귀 주위를 밀폐하기 때문에 베이스 주파수가 높아져서 음을 맞추기 어렵다. 그래서 반 폐쇄형 디자인이 가장 좋다. 이 경우 믹스가 일부 마이크로 새어나가기는 하지만 트랙과 섞으면 쉽게 가릴 수 있다.

일부 보컬리스트는 자기 목소리를 믹스와 함께 헤드폰으로 되먹이기를 요구한다. 이는 '폴드백foldback' 믹스로 불리며, 가수가 자기 목소리를 듣고 정확하게 음을 맞출 수 있도록 종종 활용된다. 이때 보컬에 약간의 리버브를 입혀야 한다. 가수에게 음을 맞추는 데 도움을 주는 동시에 자기 목소리에 대한 자신감을 심어주기 때문이다(리버브는 어떤 소리도 조금 더 낫게 만들어준다). 다만 효과를 조금만 적용해야 하며, 대개 긴 프리 딜레이에 50ms의 짧은 테일 그리고 작은 룸room 설정으로 충분하다.

　개인적으로 폴드백을 요구하는 가수를 많이 만나지는 않았다. 대다수는 헤드폰의 한 쪽만 귀에 대고 다른 한 쪽은 귀에서 떼서 음을 맞췄다. 물론 이 경우 모니터링 음량이 크면 믹스가 쓰지 않는 쪽에서 새어나와 녹음될 수 있다. 그러나 소리가 엄청나게 크지 않는 한 소량이 새어 들어오는 것은 그다지 문제가 아니다. 믹스에 넣으면 가려지기 때문이다. 실제로 모비, 브리트니 스피어즈, 카일리 미노그, 마돈나 같은 가수의 보컬 트랙에도 소리가 새어 들어간 경우가 많은데 프로페셔널 아티스트와 리믹스 작업할 기회가 될 때 이런 문제를 처리할 줄도 알아야 한다.

　일부 엔지니어는 폴드백 믹스의 경우 보컬 트랙을 압축하라고 권한다. 그러나 나는 여기에 반대한다. 압축하지 않은 폴드백 믹스를 쓰면 가수가 스스로 다이내믹스를 조절하도록 유도하게 되는데 그러면 컴프레서가 실행하는 경우보다 소리가 훨씬 자연스럽기 때문이다.

보컬 녹음

인상적인 수준으로 하드웨어 컴프레서를 갖추고 있지 않다면 레코딩을 할 때 일체의 프로세싱을 하지 말고 대신 음량을 조정할 것을 강력하게 권한다. 이 방법은 원초적으로 보이나 프로듀서는 연주과정의 다이내믹스를 잘 알고 세고 여린 악절을 미리 파악해야 한다.

레코딩 단계에서 적용된 프로세싱은 제거할 수 없다. 따라서 과하거나 잘못 압축하면 바로잡을 수 없다. 또한 컴프레서가 부실하면 열 잡음과 압축 작업의 느낌이 레코딩에 영구적으로 남는다. 반면 레코딩을 할 때 음량을 조정하면 나중에 워크스테이션에서 플러그인으로 압축을 하여 다이내믹스를 고를 수 있다. 다른 성격을 지닌 다양한 컴프레서가 있으므로 하나씩 검증하여 보컬리스트에 가장 맞는 것을 골라야 한다.

　컴프레서를 써야 한다면 아주 약하게 설정해야 한다. 대개 3:1 비율에 빠른 어택과 조금 빠른 릴리스 그리고 경계를 -12dB로 설정하는 것이 좋은 출발점이다. 가수가 연습을 시작하면 경계를 낮춰서 가장 센 부분에서만 감소 미터가 켜지도록 해야 한다.

　일반적으로 가수에게는 30분에서 1시간 정도의 워밍업 시간이 필요하다. 대다수 전문 가수는 나름의 절차를 통해 워밍업을 하며, 혼자 있는 편을 선호한다. 그래서 혼자 있을 수 있는 공간을 마련할 필요가 있다. 경험이 많지 않은 가수는 워밍업이 필요 없다고 말하기도 한다. 그러면 레코딩 수준을 조정한다는 핑계로 좋아하는 인기곡을 몇 곡 불러달라고 요청하면 된다.

이때 음이 맞지 않거나 무리한 소리가 나는지 귀를 기울이다가 그런 징조가 보이면 5분 동안 쉬게 해야 한다. 음료로는 목을 건조하게 할 수 있는 탄산수나 차 혹은 커피보다 과일 주스가 낫다. 다만 감귤류 음료는 피해야 한다. 혹은 스프라이트나 세븐 업 같은 청량음료가 나와 작업하는 많은 가수들에게 도움이 되는 듯 보인다. 그러나 당분이 목구멍의 뒤쪽에 남을 수 있으므로 너무 많이 마시지 않도록 해야 한다.

녹음을 시작하기 전에 가수가 연습을 통해 가사를 보지 않고도 바로 부를 수 있도록 해야 한다. 가사를 보고 부르면 보컬의 힘과 느낌이 심각하게 약해진다. 또한 가사가 적힌 악보를 들고 있으면 목소리가 종이에 반사되어 레코딩에 위상 문제가 생길 수 있다. 가수가 악보를 봐야 한다고 고집하면 마이크 뒤쪽에서 약간 빗나가게 들어서 위상 문제를 방지해야 한다.

워밍업을 마치면 목청이 최고의 상태에 있어야 하고, 깊고 충만한 소리를 낼 수 있어야 한다. 이 시점에서 처음부터 끝까지 완전한 가창을 담아내야 한다. 그래서 실수가 있어도 멈추지 말고 계속 부르도록 요구해야 한다. 어차피 다시 추가 녹음을 할 것이기 때문이다. 지금은 곡이 한 번에 완성되는 경우가 없다. 그래서 전문 가수라고 해도 6번에서 9번에 걸쳐 녹음을 반복한다. 그러나 대개 처음 부른 노래가 가장 힘과 에너지가 넘친다. 그래서 첫 녹음에 가능한 한 많은 것을 담아내고 추가 녹음분은 편집용으로만 쓰는 것이 좋다.

레코딩을 할 때 정신을 다른 데 팔지 말고 문제가 없는지 노래에 귀를 기울여야 한다. 이때 흔히 나오는 문제는 음을 잘못 맞추는 것, 고음을 유지하지 못하는 것, 거북하고 긴장된 느낌이 나는 것, 위상 효과가 나는 것, 베이스가 너무 강한 것 등이다. 마이크가 정확한 위치에 설치되었다면 위상 문제나 베이스 문제는 생기지 않는 법이므로 이런 문제가 생기면 마이크의 위치를 재고해야 한다. 베이스가 너무 강한 경우 가수가 노래를 마칠 때까지 기다렸다가 마이크에서 더 떨어지도록 요청해야 한다.

음을 잘못 맞추거나, 고음을 유지하지 못하거나, 거북하고 긴장된 느낌이 나는 경우는 가수의 심리 상태에서 기인하기 때문에 해결하기가 더 어렵다. 가수가 실제로는 곡조에 맞게 노래를 제대로 부른다면 모니터링 환경 때문에 음이 맞지 않을 수도 있다.

앞서 언급한 대로 많은 가수는 헤드폰을 통해 믹스를 모니터링한다. 그래서 베이스 주파수가 증가할 수 있다. 특히 헤드폰이 머리를 꽉 조일 경우 더욱 그렇다. 베이스 주파수가 증가하면 피치를 지각하기 어려워서 음이 어긋나게 된다.

가수가 자신도 모르게 마이크에서 더 떨어지고 더 크게 부르는 경우가 이런 문제를 알리는 흔한 표시다. 그러면 폴드백 믹스에서 목소리의 베이스가 줄어들기 때문이다. 이때는 (대개 베이스가 존재하는) 100Hz~300Hz에서 두어 데시벨을 넓게 잘라 내거나 피치가 높은 악기의 음량을 높이면 도움이 된다.

고음을 유지하지 못하거나 거북한 목소리가 나오는 이유는 가수가 불안해서 충분히 깊이 호흡을 하지 않기 때문이다. 이 문제를 해결하려면 뛰어난 소통 능력을 발휘하여 요령 있게 가수를 북돋아야 한다. 가수는 스튜디오에서 누구보다 노출된 기분을 느낀다. 그래서 노래를 마친 후 충분히 칭찬하고 북돋아줘야 한다. 언제나 긍정적인 격려를 하고 '잘못되었다'거나 '하지 말라'는 말은 하지 마라.

이때 눈을 맞추는 것이 반드시 필요하다. 무표정하게 바라보면 안 되고 응원하는 마음을 담은 미소를 유지해야 한다.

음이 맞고 감정이 충만한 노래를 제대로 녹음한 경우에도 실수가 있기 마련이다. 한 번에 완벽한 가창을 하는 가수는 아주 드물다. 그래서 여러 부분을 많으면 8번까지 녹음하여 나중에 한데 '콤프comp'(엔지니어들 사이에서 컴파일링compiling을 뜻하는 용어)하여 완벽한 최종 보컬 트랙을 만드는 경우가 많다. 이때 전곡을 다시 불러달라고 요구하는 것은 현명하지 않다. 가수를 지치게 만들 수 있기 때문이다. 대신 중간 중간 쉬어가면서 절 단위로(혹은 후렴 부분만) 불러달라고 요구하는 것이 좋다.

<table>
<tr><td>보컬 편집</td><td>보컬 파트를 모두 녹음했다면 이제 필요한 만큼 충분한 시간을 들여서 보컬 트랙을 최상의 상태로 만들어야 한다. 대개 이 과정은 최고의 녹음분들을 한데 엮어서 하나의 완전한 곡을 만드는 일로 시작된다. 그래서 각 녹음분을 듣고 최상의 파트를 고른 후 한데 엮어야 한다. 이때 개별 줄뿐만 아니라 단어 심지어 음절까지 콤프하여 가능한 한 최선의 소리가 나오도록 만들어야 한다. 그래서 보컬 라인을 콤프하는 데만 며칠씩 걸리기도 한다.</td></tr>
</table>

콤프 과정에서 특이한 파열음이나 작은 치찰음처럼 오류가 추가로 발견되기도 한다. 후자는 5kHz에서 7kHz 사이에서 EQ로 얇게 잘라내거나 SPL 장치 같은 전문가용 디이저를 써서 제거할 수 있는 경우도 있다. 디이저는 주파수 의존형 컴프레서로서 2kHz에서 16kHz 사이의 주파수에 작용하여 치찰음을 줄여준다. 특이한 파열음이 문제라면 작은 규모의 세밀한 EQ 보정으로 바로잡을 수 있는 경우도 있다. 그러나 이 방법이 실패하면 다시 녹음하는 수밖에 없다.

보컬을 절과 후렴으로 엮었다면 다음 단계는 피치 교정 소프트웨어로 음조 문제를 바로잡는 것이다. 이 소프트웨어는 종종 가수가 음을 유지하지 못하는 문제를 고쳐준다고 부당하게 나쁜 평가를 받는다. 그러나 이는 사실과 다르다. 'T 페인T-Pain' 효과를 구체적으로 노리지 않는 한 피치 교정 소프트웨어는 키에 아주 가까운 소리만 교정할 수 있을 뿐 못 부른 노래를 잘 부른 것처럼 살려낼 수는 없다.

아무리 뛰어난 가수라고 해도 피치 교정을 하지 않을 경우 보컬이 곡 안에 '들어앉는' 느낌이 아니라 곡 *위*에 얹혀 있는 느낌이 난다. 곡의 키에서 한두 센트cent만 떨어져

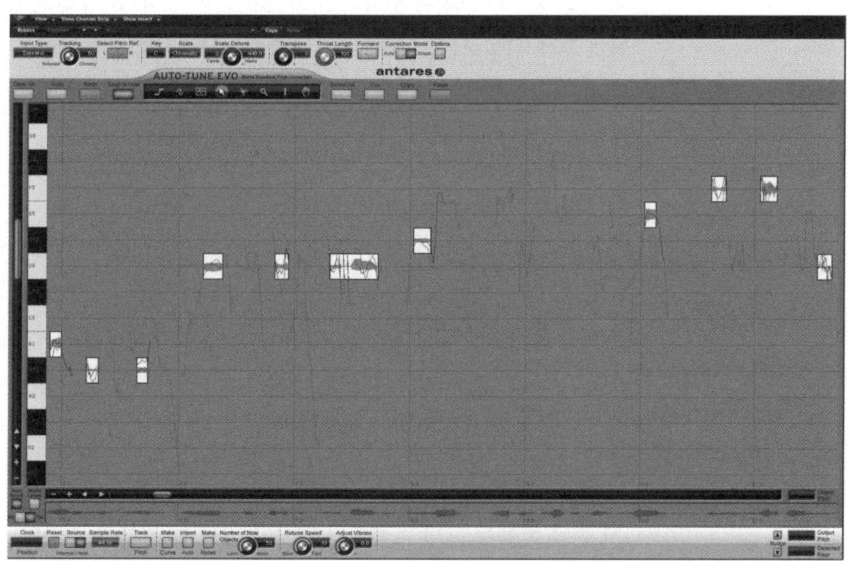

그림 14.12 피치 소프트웨어를 통한 음조 교정

도 보컬이 제대로 곡에 들어앉지 못한다. 그래서 종종 EQ과 이펙트를 상당히 적용하여 문제를 바로잡아야 한다.

음조 문제를 해결한 다음에는 보컬을 압축하여 믹스 전체에 걸쳐 일정한 수준으로 들어앉도록 다이내믹 레인지를 줄여야 한다. 실제로 분명한 사운드를 얻기 위해 가장 많이 쓰는 방법이 압축이다. 대다수 프로듀서들은 하나 이상의 컴프레서를 쓰며, 대개는 보컬에 따라 두세 개의 컴프레서로 사슬을 구성한다. 이 경우 신호의 다이내믹스가 점차 줄어서 압축의 작용이 덜 두드러진다.

사슬에 들어가는 첫 번째 컴프레서는 대개 전반적인 수준을 고르는 솔리드 스테이트 시스템이다. 이때 비율은 4:1에 빠른 어택과 릴리스 그리고 경계는 이득 감소 미터가 약 4dB로 나오도록 설정한다. 그 다음으로 신호가 들어가는 두 번째 컴프레서는 대개 보컬에 약간의 성격을 부여하는 밸브 시스템이다. 이 경우는 7:1의 비율에 빠른 어택과 릴리스 그리고 경계는 이득 감소 미터가 8dB로 나오도록 더 세게 설정한다.

물론 이는 일반적인 설정으로서 보컬의 성격, 마이크, 프리앰프 등 여러 요소에 맞춰서 조정해야 한다. 압축을 하면 어택의 트랜지언트가 짓눌려서 높은 주파수가 줄어든다. 이때 상단의 느낌이 부족하면 약간의 음파 증강이나 EQ를 통해 복원할 수 있다.

압축 후에 삽입되는 프로세서는 대개 EQ다. EQ는 낮은 울림을 없애고 중간 영역을 조정하여 믹스에 잘 들어앉도록 만들기 위해 활용된다. 모든 보컬은 다르므로 EQ에 대한 지침을 제공하기는 불가능하다. 다만 일반적으로 2kHz에서 5kHz 사이에 작은 부스트를 적용하고 낮은 쉘프shelf로 낮은 주파수를 제거한다.

대개 EQ 다음에는 리버브 장치로 신호가 전송되어 음색을 두껍게 만들고 믹스에 보컬을 얹는다. 이때 신호를 삽입하는 것이 아니라 버스로 전송한다. 그러면 대다수 보컬 트랙을 드라이하게 유지할 수 있기 때문이다. 대개 리버브는 작은 룸에, 짧은 테일 그리고 긴 프리 딜레이로 설정된다. 그러나 EQ처럼 구체적인 설정은 믹스와 보컬에 대한 프로듀서의 계획에 따라 달라진다.

리버브를 적용하는 기본적인 테크닉은 빠른 템포로 디케이 시간을 짧게 유지한 다음 더 느린 템포로 늘려서 제거할 때만 인식할 수 있도록 설정하는 것이다. 프리 딜레이를 40ms로, 디케이를 70ms로 설정하는 것이 좋은 출발점이다. 그 다음 프리 딜레이를 늘리면 효과로부터 드라이 보컬을 분리하여 더욱 두드러지게 만들 수 있다. 또한 믹스의 나머지 부분과 다른 리버브를 활용하여 보컬에 약간 다른 성격을 부여하면 청자의 주의를 끌 수 있다.

압축과 EQ 그리고 리버브를 거친 후에도 보컬이 분명하게 느껴지지 않을 때 일부 댄스 장르에서 자주 쓰는 테크닉은 버스를 통해 보컬 트랙에 아주 은근한 코러스 효과나 플랜지 효과를 입히는 것이다. 느린 코러스 내지 플랜지 속도를 활용하면 보컬을 조금씩 이펙트로 전송할 수 있다. 그러면 보컬의 안정성을 유지하면서도 스테레오 이미지 전체에 걸쳐 충분한 효과를 적용하여 더욱 분명하게 만들 수 있다.

다른 방법은 보컬 트랙을 2차 트랙에 복사하여 더블 트랙으로 만들고 둘 다 피치 이동 효과를 적용하는 것이다. 이때 삽입 이펙트로 적용하지 않으면 위상 효과가 나타난다. 한 채널의 피치를 2센트에서 5센트 올리고 다른 채널의 피치를 2센트에서 5센트 낮추면 폭넓고 분명한 소리가 나온다. 또한 2차 보컬 트랙을 두어 틱tick 앞당겨서 원래 트랙보다 약간 뒤에 나오도록 하면 전반적인 사운드를 두껍게 만드는 데 도움이 된다.

이 모든 기법을 적용해도 분명한 보컬 사운드가 나오지 않으면 녹음 테크닉이나 장비가 부실하기 때문일 가능성이 높다. 레코딩을 할 때 가수가 마이크에서 너무 멀리 떨어지면 어떤 EQ로도 보정하거나 회복할 수 없는 얄팍한 사운드가 나온다.

보컬 이펙트　　보컬을 다루면서 일렉트로닉 댄스 음악에서 흔히 쓰는 효과를 빠트릴 수는 없다. 사실 지금은 믹스에서 보컬을 다른 악기처럼 대하고, 이펙트 사슬을 통해 EQ나 프로세서를 강하게 적용하여 흥미로운 변주를 만드는 일이 드물지 않다.

원래 보컬을 처리하는 확실한 접근법은 없다. 대개 실험을 통해 한계를 밀어붙이면서 큰 결실을 거두는 것은 프로듀서의 몫이다. 그러나 현재 장르 전체에 걸쳐 폭넓게 사용되는 이펙트들이 있고 이 이펙트들을 사용하는 방법을 알면 추가적인 실험에 도움이 될 것이다. 그러면 지금부터 몇 가지 인기 테크닉을 살펴보자.

텔레폰 보컬　　인기 이펙트 중 하나는 텔레폰 보컬이다. 이런 이름이 붙은 이유는 보컬 라인이 장거리 전화
Telephone Vocal　선이나 작은 스피커 트랜지스터 라디오를 통해 불리는 것처럼 들리기 때문이다.

이 효과는 2가지 방법으로 낸다. 첫 번째 방법은 밴드 패스 필터를 보컬 트랙에 삽입하고 보컬에 맞춘 다음 1kHz 아래와 5kHz 위에 있는 주파수를 신호에서 제거하는 것이다. 밴드 패스 필터가 없거나 기능이 제한되어 있다면 로우 패스 필터와 하이 패스 필터를 인서트에서 한데 엮어도 비슷한 효과가 난다. 먼저 삽입되는 로우 패스 필터는 5kHz보다 높은 주파수를 모두 제거한다. 뒤이어 이 필터의 출력은 1kHz보다 낮은 주파수를 모두 제거하도록 조정된 하이 패스 필터로 들어간다. 대개 2극(12dB) 필터 슬로프가 4극보다 나은 결과를 내지만 실험의 여지가 있다.

필터 대신 활용할 수 있는 방법은 EQ 장치를 삽입하는 것이다. 쉘빙 필터를 활용하면 보컬의 양쪽에 있는 주파수를 제거할 수 있다. 그 다음 2~4kHz에서 얇은 Q로 증강시키면 존재감이 더해진다. 이렇게 효과를 낸 후에는 대개 필터나 EQ를 자동화하여 조금씩 앞뒤로 변조하면서 리듬감을 만들고 보컬에 흥미를 더한다.

인토네이티드 보컬
Intonated Vocal 셰어의 〈Believe〉와 T 페인을 통해 유명해진 피치 이동 보컬 효과는 이제 너무나 흔해졌기 때문에 신중하게 적용해야 한다. 그렇지 않으면 식상한 결과물이 나온다.

이 효과를 내는 방법은 안타레스Antares의 오토튠Auto-Tune 같은 피치 오토 튜닝 플러그인을 보컬 트랙에 삽입하는 것이다. 이때 보컬의 음계를 선택한 다음(보컬이 C장조가 아니더라도 대개 C장조를 고름) '리튠 스피드retune speed'를 최대한 빠르게 설정한다. 튜닝 플러그인을 '느긋하게' 만드는 정도를 선택할 수 있다면 릴렉스relax로 맞추고 튜닝은 자동으로 맞춘다.

보컬 트랙을 재생했을 때 설정된 음계와 맞지 않는 음성을 감지하면 튜닝 프로그램은 즉시 피치를 위아래로 끌어서 음조를 바로잡는다. 보컬의 원래 키보다 더 멀게 음계를 바꾸면 효과가 더욱 두드러진다.

이는 현재 아주 정형화된 효과이므로 가끔 일부 단어에만 적용하여 그 자체에 너무 많은 주의를 끌어들이지 않는 편이 좋다.

보코더
Vocoder 보이스 인코더는 아마도 가장 강력한 보컬 이펙트일 것이다. 일반적인 로봇 같은 목소리를 넘어서 엄청난 잠재력을 제공하기 때문이다. 보코더는 구성이 비교적 간단하여, 모듈레이터(대개 음성)를 활용하여 캐리어로 불리며, 대개 지속적인 신시사이저 음색을 지닌 2차 신호를 변조한다.

보코더는 음성을 여러 개의 개별적인 주파수 밴드로 나눌 수 있다는 이론을 바탕으로 작동한다. 가령 대개 'P'나 'B' 같은 파열음은 낮은 주파수로 구성되고, 'S'나 'T' 음은 높은 주파수로 구성되며, 모음은 중간 영역 주파수로 구성된다. 모듈레이터(음성) 신호가 보코더의 입력부로 들어가면 스펙트럼 분석기가 신호의 속성을 분석한 다음 여러 필터를 활용하여 주파수 밴드로 나눈다. 이렇게 나눠진 각 주파수 밴드는 보컬 파트의 주파수 성분과 음량에 따라 일련의 제어 전압을 생성하는 엔벨로프 팔로워 envelope follower로 전송된다.

캐리어 신호에도 같은 과정이 적용된다. 이때 캐리어 신호는 모듈레이터 입력과 같은 주파수 밴드로 튜닝된다. 다만 제어 전압을 생성하지 않고 일련의 전압 제어 앰프로 연결된다. 그래서 모듈레이터 신호와 뒤이은 주파수가 캐리어의 전압 제어 앰프에 작동하여 캐리어 신호를 약화하거나 강화한다. 그에 따라 사실상 모듈레이터를 캐리어(기기의 음색)에 중첩하게 된다.

또한 보코더는 모듈레이터의 피치가 아니라 스펙트럼 성분만 분석하기 때문에 보코더에 대고 노래 할 필요가 없다. 즉, 가수는 보코더에 연결된 마이크에 대고 노래를 하면 된다. 그러면 캐리어 신호(신시사이저)에 어떤 음이 연주되든 보컬이 해당 피치로 이동한다. 이 점은 보코더를 대단히 강력한 도구로 만들어준다. 특히 노래를 못 부를 때 더욱 그렇다. 그래서 다프트 펑크를 비롯한 수많은 댄스 음악가들이 이 효과를 쓴다.

보코더의 품질이 최종 결과물에 엄청난 영향을 미친다는 점을 명심해야 한다. 보코더 뱅크bank에 들어가는 필터가 많을수록 정확하게 모듈레이터 신호를 분석하고 나눌 수 있다. 또한 모듈레이터 신호가 음성일 경우 훨씬 알아듣기 쉽다. 대개 최소 6개의 주파수 밴드를 갖춰야 하지만 일반적으로 32개 이상을 갖추는 편이 좋다. 다만 밴드의 수가 보코더를 활용할 때 고려할 유일한 요소는 아니다.

알아듣기 쉬운 음성은 2.5kHz와 5kHz 사이에 자리한다. 이보다 높거나 낮으면 알아듣기 어렵다. 따라서 보코더를 활용할 때 이 주파수를 중심으로 캐리어 신호의 고조파가 풍부해야 한다. 그렇지 않으면 일부 주파수를 놓칠 수 있기 때문이다.

이를 방지하기 위해 보코더로 신호를 입력하기 전에 두어 개의 쉘빙 필터를 활용하여 2kHz보다 낮고 5kHz보다 높은 주파수를 제거하는 편이 좋다. 마찬가지로 최선의 결과를 내기 위해 캐리어 신호의 서스테인 부분은 대단히 일정하게 유지되어 알아듣기 쉽게 만들어야 한다.

가령 서스테인 부분에 피치나 필터를 변조하는 LFO가 적용된다면 주파수 성분은 주기적 변화의 영향을 받게 된다. 그래서 음성의 경계를 넘나들어서 일부 단어는 알아들을 수 있지만 일부 단어는 알아들을 수 없는 결과가 생긴다.

더욱 중요한 점은 보코더로 입력하기 전에 보컬 트랙을 압축해야 한다는 것이다. 그렇지 않으면 보컬의 진폭이 달라질 수 있다. 이 경우 보코더 안에 여러 다른 제어 전압이 생긴다. 그에 따라 VCA 레벨이 진폭의 변화를 따르는 캐리어 신호에 얹혀서 왜곡된 소리가 나는 불균등한 효과를 낳는다. 또한 숨소리, 마이크 스탠드에서 울리는 소리, 외부 배경 잡음도 캐리어를 촉발할 수 있다. 따라서 컴프레서와 함께 노이즈 게이트를 활용하여 불필요한 잡음을 제거해야 한다.

보코더는 당연히 효과 때문에 삽입 이펙트로 써야 한다. 또한 음성을 모듈레이터로 삼으므로 적절한 캐리어 파동을 프로그래밍해야 한다. 이 캐리어 파동이 전반적인 효과를 만든다. 그래서 좋은 보코더 효과를 만드는 핵심 요소가 된다. 다프트 펑크의 〈Get Lucky〉처럼 로봇 같은 음성 효과를 내려면 어택, 디케이, 릴리스는 짧게, 서스테인은 아주 길게 잡고 두 개의 톱니파를 다양한 정도로 서로 디튜닝하면 된다. 보컬이 너무 밝거나, 날카롭거나, 얇거나, 뾰족하다면 발진기 중 하나를 구형파나 사인파로 대체하고 한 옥타브만큼 디튜닝하면 하단에 무게감이 더해진다.

캐리어 파동을 여러 방식으로 변조하면서 다양한 실험을 할 수 있다. 가장 간단한 방식은 보컬에 발맞춰서 피치를 조정하는 것이다. 이때 워크스테이션에서 일련의 미디음이 캐리어 신시사이저로 들어가도록 하여 사실상 보컬 멜로디를 만들면 된다.

마찬가지로 아르페지오 시퀀스를 캐리어 파동으로 활용하면 독특하게 게이트가 적용되고 피치가 바뀌는 효과가 난다. 동시에 피치를 변조하는 LFO는 특이한 주기로 피치를 바꾸는 보컬 효과를 낸다. 필터 컷 오프와 레조넌스도 보컬에 흥미로운 효과를 부여하며, 많은 시퀀서의 경우 이 작용을 자동화하여 절이 진행되는 동안 서서히 열려서 코러스 섹션까지 고조되도록 만들 수 있다. 또한 캐리어를 반드시 톱니파로 만들 필요가 없다. C3나 C4 근처에서 재생되는 사인파를 활용하여 독특한 느낌을 풍기는 더욱 자연스런 보컬 멜로디를 재현할 수 있다.

보컬에만 보코더를 활용하지 않아도 되며, 한 악기를 다른 악기에 얹어서 좋은 결과물을 만들 수 있다. 가령 드럼 루프를 모듈레이터로, 패드를 캐리어로 삼으면 패드가 루프의 킥 사이에서 게이트 효과를 만들어낸다. 혹은 패드를 모듈레이터로, 드럼을 캐리어 파동으로 삼으면 드럼 루프가 패드로 만들어진 루프로 바뀐다.

CHAPTER 15

킥과 퍼커션

'드럼 머신의 뛰어난 점은 실제 드러머와 달리
한 번만 리듬을 때리면 된다는 것이다.'

– 무명

일렉트로닉 댄스 음악을 만드는 데 가장 근본적인 요소는 베이스/킥 드럼의 제작과 사운드 디자인에 있다. 이는 주위를 둘러싸는 타악기 편성과 함께 거의 모든 일렉트로닉 댄스 음악의 보편적인 포 투 더 플로어four to the floor 드럼 루프를 이룬다. 대개 한 마디나 네 마디 단위길이를 지니는 EDM 드럼 루프는 곡의 바탕을 이루는 요소일 뿐만 아니라 청자가 춤을 추게 하는 이면의 타이밍과 리듬이다.

드럼 루프와 킥 드럼은 초심자에게는 아주 간단해 보이지만 레코드 전체에 흥미를 유지하기 위해, 신중하게 다듬은 제작 및 작곡 테크닉을 다양하게 활용한다. 이 장에서는 킥 드럼과 부수적인 타악기를 프로그래밍하고 디자인하는 일반적인 방법을 살필 것이다. 그리고 다음 장에서는 이 음색들을 합쳐서 전문적인 느낌이 나는 드럼 루프를 만드는 법을 살필 것이다.

오랫동안 EDM은 롤랜드 TR – 808과 TR – 909 드럼 머신에서 직접 나온 킥 드럼에 의존했다. TR – 808은 힙합과 하우스 음악에서 입지를 마련했지만 주로 미디 연결 장

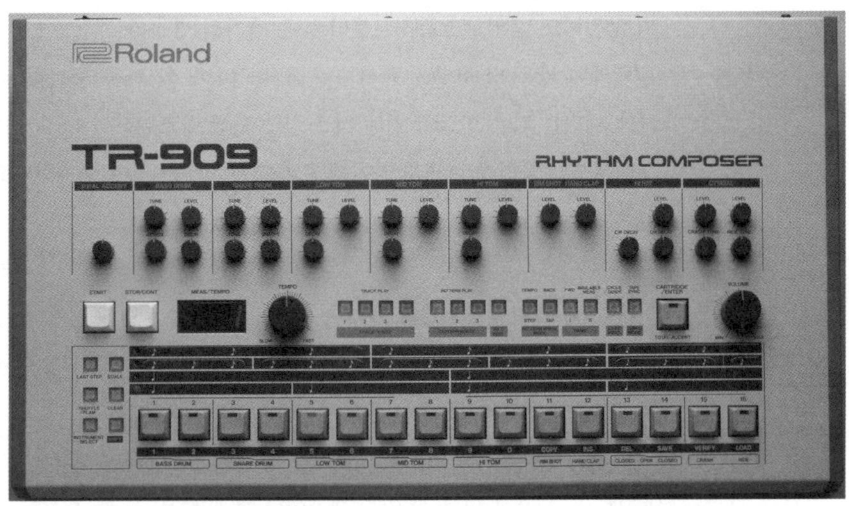

그림 15.1 유명한 롤랜드 TR-909 드럼 머신

치를 갖추었다는 이유로 더 널리 사용되는 것은 TR-909다.

1983년에 출시된 트랜지스터 리듬Transistor Rhythm(TR) 909는 부분적으로는 아날로그이자 16스텝 시퀀서를 갖춘 샘플 기반 드럼 머신이었다. 원래 혼자 공연하는 음악가를 위한 리듬 반주 섹션으로 출시되었지만 사운드가 너무 인위적이라는 평가를 받았다. 그래서 당시 판매되는 다른 리듬 컴포저rhythm composer에 밀리고 말았다.

그 결과 중고가가 크게 떨어져서 많은 초창기 댄스 음악 엔지니어들이 쉽게 구입하게 되었고 그들을 통해 인기를 얻은 TR-909는 곧 EDM의 근본적인 사운드를 형성하면서 EDM 프로듀서라면 반드시 가져야 하는 기기가 되었다.

TR-909가 지닌 고유한 사운드는 대개 킥 드럼의 이면에 있는 아날로그 합성 엔진 덕분이다. 아날로그 합성을 통해 킥 드럼을 생성하기 때문에 킥 드럼의 튜닝(피치), 디케이, 어택 같은 여러 패러미터를 제어할 수 있다.

이 3가지 기본 패러미터만으로도 엄청나게 다양한 킥 드럼을 만들 수 있다. 그래서 TR-909는 지금까지 가장 많이 샘플링된 드럼 기기가 되었다. TR-909와 이전 기기인 TR-808의 인기는 여전하며, 사실 지금은 댄스 음악에서 그렇게 본질적인 역할을 하지 않음에도 많은 프로듀서로부터 높은 평가를 받는다.

근래에 많은 EDM 프로듀서는 속을 울렁이게 할 만큼 충분히 낮은 동시에 가슴을 세게 때리는 킥을 만들기 위해 킥 드럼을 훨씬 강조한다. TR-909는 이펙트와 EQ, 컴프레서를 신중하게 적용해도 이런 효과를 내기에는 힘이 부족하다고 간주되어 전반적인 킥 음색의 일부를 만드는 데만 가끔 활용된다.

베이스/킥 드럼 만들기

현재 EDM 킥 드럼을 만드는 2가지 방식이 있다. 하나는 한데 겹쳐지는 여러 샘플을 활용하는 것이고 다른 하나는 합성 프로그래밍과 레이어링layering을 활용하는 것이다. 두 방식 모두 집중적인 프로세싱을 통해 깊고 무거운 사운드를 얻는다.

어느 쪽을 선택할지는 대부분 프로듀서의 재량과 기술에 달려 있다. 두 방식으로 다 필요한 킥 음색을 만들 수 있기 때문이다. 대개 젊은 프로듀서들은 오디오 편집을 택하고 나이와 경험이 많은 프로듀서들은 합성 프로그래밍을 택하는 경향이 있다.

킥 레이어링

여러 킥을 겹치는 작업은 간단하게 보이나 대단히 신중한 고려와 연륜이 바탕이 된 청취력, 오디오 편집 그리고 프로세싱을 요구하는 일이다.

대개 이 과정은 음의 성격이 다른 3개의 킥 드럼을 선택하는 일로 시작된다. 첫 번째로 선택되는 킥은 캐릭터 킥이다. 이 킥은 프로듀서가 원하는 전반적인 음의 성격과 형태를 드러낸다. 다른 두 킥은 종종 이 킥의 톤이나 어택, 디케이, 깊이를 보강하기 위해 활용된다. 가령 두 번째 킥은 원래 킥의 보디를 강화하는 깊고 무거운 서브 베이스sub-base 보디를 지닐 수 있다. 또한 세 번째 킥은 원래 킥의 트랜지언트나 디케이를 강화하는 데 활용할 수 있다.

초심자가 흔히 저지르는 실수는 강력한 킥 드럼을 만들려고 샘플을 계속 겹쳐 쌓는 것이다. 그러나 이는 종종 낭패로 이어진다. 너무 많은 샘플을 쓰면 선명성 없이 음색이 뒤죽박죽으로 섞인다. 거의 모든 킥은 3개의 잘 고른 샘플을 조합하여 만들며, 최종 킥 드럼을 만드는 데 어느 샘플이 가장 적합한지 고르는 것이 능력이다.

샘플을 고른 후에는 워크스테이션의 개별 오디오 채널에 놓는다. 그 다음 파형에 초점을 맞춰서 각 킥의 위상과 시작점을 정확하게 정렬한다. 작업자의 청각적, 시각적 감각에 따라 이 과정에 엄청나게 오랜 시간이 걸릴 수 있다.

각 킥의 파형을 살피는 일은 위상이 대략 정렬되도록 하는 데 중요하다. 킥의 위상이 정렬되면 해당 지점에서 이득이 증가하여 킥의 존재감이나 어택 혹은 보디가 강화된다. 반면 두 킥의 위상이 어긋나면 위상 반전과 특정 주파수의 감쇠가 발생한다.

이 현상들이 전반적인 음색에 도움이 될 수도 있다. 그러나 이 단계에서 프로듀서는 종종 위상 반전을 일으키기보다 이득을 늘리는 것을 목표로 삼는다. 그래서 위상 반전이 일어나면 해당 지점에서 오디오를 자르고 시퀀서의 위상 반전 도구를 활용하여 뒤집으면 된다.

모든 킥을 제대로 정렬한 후에는 소리를 들으면서 밸런싱과 이펙트 그리고 프로세싱을 적용한다. 이때 먼저 각 킥의 이득 레벨을 밸런싱하여 프로젝트 초반의 사운드에 가깝게 만드는 것이 좋다. 그 다음 EQ, 필터, 트랜지언트 디자이너, 컴프레서, 디스토션, 테이프 디스토션, 피치 프로세싱을 적용한다.

이펙트와 프로세싱의 선택은 전적으로 창의적인 영역에 속한다. 다만 단일하고 일

그림 15.2 **시퀀서를 이용한 킥 레이어링**

관된 킥 음색을 목표로 삼아야 한다. 그러기 위해서는 연습과 실험 그리고 지식이 필요하다. 가령 한 킥 레이어의 보디가 최종 결과물을 심하게 왜곡하거나 부정확한 영향을 미친다면 로우 패스 필터나 하이 패스 필터로 해당 킥 채널의 주파수 성분을 줄일 수 있다. 혹은 EQ로 해당 주파수를 상당 부분 깎아내면 3개의 킥이 잘 융화되어 일관된 결과물을 만든다. EQ는 이 시점에서 증강용으로는 거의 사용되지 않으며, 신호 과부하를 초래하여 사운드를 왜곡할 수 있으므로 피하는 편이 좋다.

개별 킥을 트랜지언트 디자이너로 처리하여 초기 어택 단계를 수정하거나 단일 버스로 전송한 다음 트랜지언트 디자이너로 전체 음색을 수정할 수도 있다. 또한 이 버스 채널에 높은 비율, 낮은 경계, 빠른 어택으로 설정한 컴프레서를 적용하여 개별 채널들이 잘 융화되도록 만들 수 있다. 혹은 각 채널의 킥에 컴프레서를 넣고 모델링을 통해 일관된 음색을 만들 수 있다.

가령 킥의 어택 트랜지언트가 과하고 보디가 거의 없다면 초기 트랜지언트를 지나치도록 컴프레서를 설정할 수 있다. 또한 보디를 압축하면 트랜지언트와 보디의 다이내

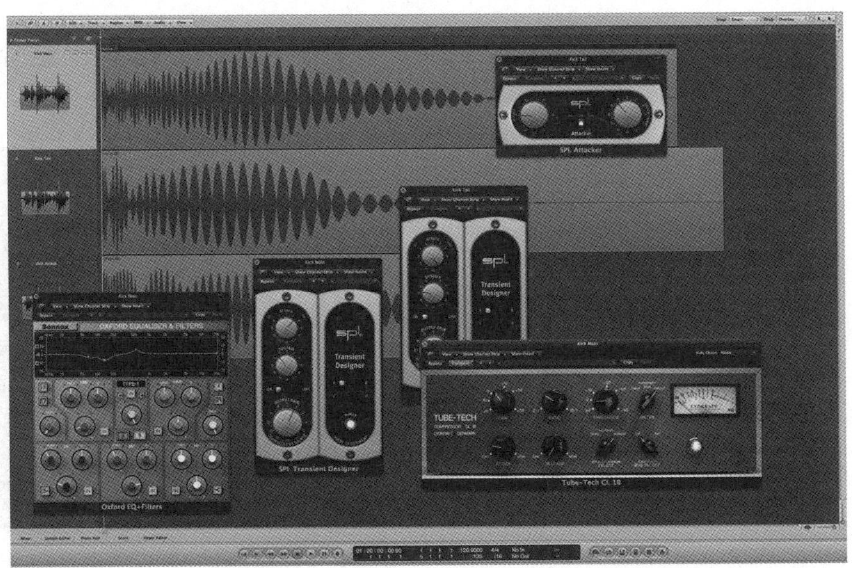

그림 15.2 시퀀서를 이용한 킥 레이어링

믹 레이쇼가 변하여 사실상 보디의 이득이 증가하게 된다.

마찬가지로 약간의 피치 프로세싱을 적용하여 구상에 잘 맞도록 하나 혹은 모든 킥의 피치를 바꿀 수도 있다. 이는 킥 채널의 피치를 낮춰서 여러 층들이 융화되도록 만들거나 보디를 강화하려는 노력의 일환이다. 혹은 디스토션이나 아날로그 스타일 디스토션을 신중하게 활용하여 킥에 추가적인 성격을 부여할 수 있다.

물론 이보다 많은 프로세싱 및 이펙트를 적용할 수 있는 경로가 있다. 이들은 모두 여러 시간에 걸친 실험을 통해 이뤄진다. 여러 이펙트와 컴프레서 같은 프로세서가 작동하는 원리를 잘 이해하는 것은 당연히 도움이 된다. 다만 킥 레이어링에서 보편적으로 수용되는 원칙은 없다. 전적으로 사용하는 샘플 그리고 만들고자 하는 사운드의 유형에 좌우되기 때문이다. 최선의 결과물을 만드는 것은 음악가의 개성과 아이디어다. 그래서 실험이 열쇠다. 보통 전문 프로듀서가 킥 드럼을 프로그래밍하고 프로세싱하는 데 20~30시간을 들인다면 초심자의 경우 이보다 2배 이상의 시간을 들여야 한다.

어떤 방식을 적용하든 일단 사운드가 완성되면 모든 채널을 하나의 오디오 파일로 바운스bounce한다. 그 다음 이 오디오를 단일 킥 드럼 샘플로 프로젝트에 재입력한다. 이 샘플 레이어링 접근법은 분명 많은 프로듀서에게 유용한 기법이기는 하지만 약간의 문제를 야기할 때도 있다.

EDM 킥은 청자의 속을 울렁대게 하거나 가슴을 치는 소리가 나도록 세심하게 가공된다. 그래서 주기가 이어지는 동안 특정 지점에서 피치가 두드러지는 경우가 많다. 이처럼 피치가 두드러지는 지점은 정량화하기 어렵다. 킥을 만드는 방식에 따라 많은 변수가 있기 때문이다. 다만 피치가 곡의 키 그리고 특히 베이스와 맞지 않으면 귀에 거슬리고 불안한 느낌을 주는 낮은 그루브가 생길 수 있다.

이런 불협화음을 방지하기 위해 킥 드럼의 피치를 곡에 맞춰서 그루브를 보강하는 것이 보편적인 관행이 되었다. 그 방법은 킥을 단일 오디오 파일로 *바운스*하고, 이 파일을 프로젝트로 재입력한 다음 곡에 맞도록 피치를 조절하는 것이다.

샘플 레이어링으로 킥을 만들었다면 원래 피치를 분간하기 어렵다. 최신 피치 인식 소프트웨어도 피치를 파악하지 못하는 경우가 많다. 주기가 진행되는 동안 피치가 변하기 때문이다. 그래서 귀로 듣고 튜닝하는 것이 유일한 방법이다.

이때 서브우퍼가 달린 좋은 모니터링 시스템을 갖추고 음향 처리를 한 공간에서 하는 것이 이상적이다. 일반 모니터는 킥 드럼의 낮은 주파수를 정확하게 재현하는 데 어려움이 있다. 그래서 귀로 듣고 킥을 베이스에 튜닝하려면 서브우퍼가 반드시 필요하다. 이 작업은 프로듀서라면 누구나 할 수 있으나 다만 음악적 감각이 없으면 오히려 문제를 악화시킬 수 있다.

킥 신시사이징

EDM 킥을 디자인하는 두 번째 방법은 역시 일련의 킥을 쌓되 샘플을 사용하지 않고 신시사이저로 만든 킥을 사용하는 것이다. 이 방법은 샘플을 사용하는 경우보다 훨씬 많은 창의적 자유를 제공한다. 킥의 피치를 요건에 따라 구체적으로 맞출 수 있을 뿐만 아니라 레이어링에 필요한 부분을 신시사이저로 만들 수 있기 때문이다. 또한 좋은 시작점을 찾으려고 샘플 CD를 전부 들을 필요도 없다.

타악기를 프로그래밍하고 디자인하기 위해 만들어진 여러 소프트웨어와 하드웨어 장치들이 있다. 소프트웨어 영역의 경우 에프엑스팬션FXPansion의 가이스트Geist, 벤전스Vengeance의 메트드럼Metdrum(합성보다 샘플 기반에 가까움), 오디오 데미지Audio Damage의 타투Tattoo, 린플러그Linplug의 RM1v, 월도프Waldorf의 어택Attack은 모두 킥 음색을 합성하는 데 적합하다. 다만 이 기기들을 다수 사용해 본 바에 따르면 아날로그 하드웨어의 존재감을 내지는 못한다.

조목스Jomox의 엠베이스Mbase01과 엠베이스11 같은 하드웨어 기기는 종종 레이어링이 필요 없으며, 조심스레 다루지 않으면 모니터링 시스템의 콘을 쉽게 부술 수 있는 엄청난 깊이와 보디를 지닌 킥을 만들 수 있다. 두 기기 다 아날로그 합성을 토대로 삼으며, 킥 드럼만 모델링할 수 있다. 그러나 가슴을 때리는 킥을 바로 만드는 능력 덕분에 많은 EDM 스튜디오의 핵심 요소가 되었다.

물론 하드웨어나 소프트웨어 드럼 신시사이저를 쓰지 않고 성능 좋은 대다수 신시사이저로 킥 드럼을 만들 수도 있다. 그러나 거의 모든 경우 드럼 전용 신시사이저가 음색을 만들어내는 옵션을 더 많이 제공한다.

어떤 신시사이저를 쓰든 킥을 신시사이저로 만드는 기본적인 원칙은 같다. 근본적으로는 사인파의 피치를 아래로 스위프한 다음 추가 기법을 적용하여 존재감이나 보디 혹은 어택 단계를 강화한다. 롤랜드 TR-909의 경우 어택/디케이 엔벨로프가 피치 하강 속도를 제어하는 가운데 아날로그 사인파 발진기를 써서 킥을 만든다. 이때 킥에 트랜지언트를 더하기 위해 펄스와 노이즈 파형을 묶은 다음 필터를 거쳐서 초기 어택 단계를 만든다. 이 과정은 일반적이지만 기본적인 TR-909의 킥 음색을 낳는다.

물론 대다수 신시사이저로 이 방법을 재현할 수 있다. 이때 사인파의 주파수를 먼저 고려해야 한다. 이 주파수가 궁극적으로 킥의 보디나 깊이를 좌우하기 때문이다. EDM 킥은 장르와 스타일 그리고 필요한 키에 따라 대개 40Hz에서 80Hz(일반적인 키보드의 E1과 E2) 사이에 자리한다. 후자의 경우 킥을 음계의 제5음에 맞추면 근음에 맞추는 경우보다 더 조화롭고 듣기 좋은 배음이 나온다.

어택/디케이 엔벨로프는 사인파의 피치가 상승하는 것이 아니라 하강하도록 정변조positively modulate하는 데 사용된다. 모든 앰프 패러미터는 제로에 설정한 상태로 디케이를 서서히 늘려서 음색의 시작 부분을 만든다. 이때 디케이를 늘리면 피치가 떨어지는 시간이 늘어나서 킥의 울림이 더 무거워지고, 디케이를 줄이면 더 선명한 느낌이 난다.

많은 신시사이저에서 디케이 엔벨로프는 TR-909처럼 선형적인 방식으로 움직인다. 그러나 오늘날의 제작 기준에 따르면 이런 선형적 디케이를 조절하여 기하급수적인 방식으로 움직이도록 만드는 것이 이상적이다. 실제로 현재 드럼 신시사이저를 만드는 많은 제조사는 디케이의 잠재력을 조정하는 일이 중요하다는 사실을 알고 킥의 피치 속성을 조정할 수 있도록 해준다.

디케이의 기하급수적 움직임을 활용하고 피치 스위프의 속도를 제어하면 훨씬 다양한 킥을 만들 수 있다. 가령 피치가 소멸할 때 엔벨로프가 바깥으로 휘어지는 경우 처음에는 느리게 스위프하다가 킥의 끝부분으로 갈수록 속도가 빨라진다.

혹은 디케이가 안으로 기우는 경우 피치가 처음에는 빠르게 스위프하다가 디케이 부분의 끝으로 가면서 느려진다. 이 두 디케이 설정은 아주 다른 결과물을 제공한다.

첫 번째 경우는 더 두껍고 둥근 킥을 만들고, 두 번째 경우는 '철썩 때리는 듯한' 성격을 지닌 음색을 만든다. 디케이 시간을 늘리면 이런 효과를 더욱 늘려서 킥의 성격을 강화할 수 있다.

신시사이저에 엔벨로프의 선형적 동작을 조절하는 기능이 없다면 다른 방법으로 기하급수적 디케이를 이룰 수 있다. 가령 일부 신시사이저는 엔벨로프의 디케이 패러미터를 그 자체로 변조하도록 해준다. 이 경우 변조 대상modulation destination을 통해 발진기와 디케이 패러미터를 음 혹은 양의 값으로 변조할 수 있다. 그러면 디케이가 기하급수적으로 이뤄진다. 이는 재귀 변조recursive modulation로 불린다. 다만 이 기능을 제공하는 신시사이저가 많지 않다.

혹은 컴프레서만 가지고 기하급수적 동작을 만들 수 있다. 낮은 경계와 높은 비율 그리고 느린 어택으로 컴프레서를 킥 채널에 삽입하면 컴프레서의 작용으로 킥의 보디가 늘어나면서 피치를 '휘는' 것과 유사한 효과가 나온다. 마찬가지로 빠른 어택, 빠른 릴리스, 높은 비율에 어택만 경계를 넘도록 설정하면 안으로 기우는 스타일의 디케이 비율을 재현할 수 있다. 그러나 이 방법은 최후의 옵션으로 고려해야 하며, 신시사이저만으로 더 나은 결과가 나오는 경우가 많다.

기하급수적 디케이를 적용해도 신시사이저로 만든 첫 음색이 충분한 경우는 드물다. 그래서 추가 킥을 만들어서 쌓는 것이 일반적이다. 이 추가 킥들은 주로 보디를 더하는 데 활용된다. 그러나 킥의 트랜지언트에 높은 에너지를 더하여 붐비는 믹스를 통과하는 데에도 도움을 준다. 이렇게 트랜지언트를 높이고 늘리려면 사인파나 구형파로 2차 킥을 만들고 원래 킥이 지닌 주파수의 2배로 맞추면 된다. 이때 즉각적인 어택과 아주 빠른 디케이로 설정하면 원래 킥에 쌓을 수 있는 짧고 일시적인 사운드가 만들어진다.

다른 방법은 킥 위에 하이 햇을 쌓는 것이다. 이상하게 들리겠지만 닫힌 하이 햇을 킥 위에 쌓고 노이즈 게이트로 햇의 꼬리를 제거하면 높은 트랜지언트가 생겨서 믹스에서 베이스를 넘어설 수 있다.

발진기와 필터를 통해 추가적인 변조를 할 수 있다. 가령 사인파를 구형파로 대체하면 넉넉한 보디를 지닌 음색이 나오고, 삼각파로 대체하면 유명한 시몬스Simmons의

SDS-5 드럼 머신과 비슷한 사운드가 나온다. 마찬가지로 드럼 신시사이저의 드럼 섹션을 조절하여 추가 변주를 이룰 수 있다. 원래 킥을 만들 때 구형파를 사용한 경우 레조넌스를 높게 설정하면 아날로그 성격이 더해진다. 또한 필터의 컷 오프를 늘리면 더 자연스런 사운드가 나오며, 펄스 폭을 늘리면 더 열리고 빈 음색이 나온다.

신시사이저로 만든 킥이나 샘플 혹은 더 흔하게는 사인파를 원래 킥 아래에 겹치면 보디나 에너지를 더할 수 있다. 서브 베이스를 만들고 쌓기 위해 흔히 사용하는 신시사이저는 로직 프로 오디오의 ES2 플러그인이다. 그 다음에는 샘플링한 킥과 마찬가지로 다양한 프로세싱과 이펙트를 적용하여 각 층이 융화되도록 만들면 된다.

추가 프로세싱 신시사이저나 샘플 레이어링을 따로 혹은 같이 활용하여 킥을 만든 후 추가 프로세싱을 하는 것이 좋다. 우선 아주 소량의 리버브로 처리하는 경우가 많다.

많은 책에서는 킥과 베이스 같은 저주파수 악기에 리버브를 피하라고 권한다. 그러나 EDM에서는 성격과 보디를 더하기 위해 거의 언제나 킥 드럼에 리버브가 적용된다. 다만 과도하게 적용하면 선명성과 명확성이 부족해지기 때문에 신중을 기해야 한다.

대개의 경우 킥을 리버브 버스로 보내지 않고 리버브를 킥 채널에 삽입한다. 패러미터를 신중하게 설정하면 두 방법 다 타당하다. 설정 방법은 개인적인 취향에 따라 달라진다. 그러나 일반적으로는 작은 '룸'에 긴 프리 딜레이와 아주 짧은 테일로 설정된다.

프리 딜레이는 충분히 길게 설정하여 초기 트랜지언트가 첫 반향에 묻히지 않도록 해야 한다. 그래야 계속 뚜렷하게 남아서 믹스를 통과할 수 있다. 프리 딜레이 시간은 전적으로 킥에 따라 다르다. 그러나 대개 15ms에서 30ms로 설정하면 최선의 결과물이 나온다.

리버브 테일은 대개 25ms 미만으로 아주 낮게 설정한다. 이때 1초로 리버브 시간을 길게 잡은 다음 헤드폰으로 모니터링하면서 인식되지 않을 때까지 서서히 줄이는 것이 좋다. 이 지점에서 두어 ms만 다시 리버브 시간을 늘리면 된다.

일부 음악가는 다른 스타일의 음색을 내기위해 리버브 테일을 500ms 이상으로 훨씬 길게 설정한 다음 바로 노이즈 게이트를 활용한다. 이때 리버브가 처음에는 우회되며, 노이즈 게이트는 킥이 끝나는 순간 작동하도록 조정된다. 그러면 리버브를 킥에 재적용할 때 리버브 테일이 드러나지 않으며, 리버브 자체는 킥 드럼의 보디에만 작용한다.

리버브 다음에는 대개 컴프레서가 더욱 신중하게 적용된다. 컴프레서는 최종 작업으로서 리버브와 킥을 융화하고 킥 전체에 걸쳐 이득 레벨을 안정시키는 데 도움을 준다.

스네어와 클랩　드럼 루프에서 킥과 거의 같은 관계를 지니는 2차 악기는 스네어 혹은 클랩이다. 둘 중 어느 쪽을 쓸지는 대개 프로듀서의 창의성에 좌우된다. 그러나 장르에 대한 고려도 결정에 영향을 미친다. 실제로 현재 모든 장르에서 시장을 선도하는 곡들을 듣는 일이 지니는 가치를 절대 과소평가해서는 안 된다. 특정 장르의 필수 요소에 대한 청각적 단서를 많이 제공하기 때문이다.

원래 초기 댄스 음악에서 스네어 드럼은 흔히 쓰이는 TR - 909나 이뮤의 드러뮬레이터Drumulator 혹은 롤랜드의 SDS-5로 만들었다. 이 오랜 기기들은 비슷한 합성 방식에 따라 피치를 변조한 핑크 노이즈나 화이트 노이즈와 삼각파를 섞어서 스네어 드럼을 만들었다. 그러나 킥 드럼과 마찬가지로 이 방식은 더 이상 사용되지 않는다. 현재 스네어 드럼과 클랩은 앞서 다룬 킥 레이어링과 거의 같은 방식으로 만들어진다.

스네어의 경우 대개 3개의 샘플을 골라서 쌓고, 맞추고, (필요하다면) 위상을 반전시킨 다음 컴프레서, EQ, 트랜지언트 디자이너를 신중하게 적용하여 일관되게 융화시킨다.

그러나 킥과 달리 스네어 샘플을 쌓는 작업은 훨씬 어렵다. 각각의 샘플이 더욱 개별적이고 복잡한 성격을 지니기 때문이다. 그래서 두 개의 샘플만 쌓은 다음 마지막 샘플은 신시사이저로 만드는 방법이 종종 도움을 준다. 그러면 며칠이 걸릴 샘플 편집을 두어 시간 만에 할 수 있다. 항상 필요한 건 아니지만 신시사이저로 세 번째 샘플을 만들면 사운드의 시간과 주파수 그리고 음색을 구체적으로 디자인하여 다른 두 개의 샘플과 더 유연하게 합칠 수 있다.

대다수 신시사이저로 스네어를 프로그래밍할 수 있으나 드럼 음색을 만드는 데 유용한 패러미터를 갖춘 드럼 전용 신시사이저를 쓰는 편이 좋다.

스네어를 만들려면 최소 두 개의 발진기가 필요하다. 하나는 삼각파를 쓰고 다른 하나는 핑크 노이즈 내지 화이트 노이즈를 쓴다. 핑크 노이즈와 화이트 노이즈의 선택은 프로듀서의 창의성에 달려 있다. 그러나 일반적으로 핑크 노이즈가 더 정확하고 현실적인 스네어 소리를 내며, 샘플을 융화하는 데 더 적합하다. 저주파수 노이즈를 많이 담고 있어서 더 폭넓은 주파수를 생성하기 때문이다.

초기 스네어 음색을 만들려면 샘플을 융화하는 데 필요한 사운드의 유형에 따라 하이 패스 필터나 밴드 패스 필터 혹은 노치 필터로 저주파수부터 중주파수 성분을 상당수 제거해야 한다. 노치 필터로 중주파수를 제거하면 브레이크와 미니멀에서 흔히 쓰이는 '깔끔한' 스타일의 음색이 나온다. 반면 밴드 패스 필터를 쓰면 음색이 더 선명해져서 테크노 하우스와 테크노 스타일 프로젝트에 더 적합하다. 혹은 레조넌스를 중간으로 설정하고 하이 패스 필터를 쓰면 하우스나 트랜스 스타일에 더 가까운 음색이 나온다.

신시사이저로 킥 드럼을 만드는 경우처럼 스네어도 건반을 누르면 즉시 시작되어 아주 짧게 유지되어야 한다. 앰프의 엔벨로프 생성기(EG)는 어택, 서스테인, 릴리스를 제로로 맞추고 디케이로 길이를 조정해야 한다. 이때 노이즈와 삼각파에 다른 EG를 쓰는 것이 이상적이다. 가령 빠른 디케이로 삼각파는 아주 짧게 유지하고 디케이 패러미터를 늘려서 노이즈는 약간 더 오래 울리도록 만들 수 있다. 노이즈의 디케이를 늘릴수록 더욱 분위기 있는 스네어가 나온다. 대개 노이즈가 쌓인 샘플 스네어보다 약간 더 오래 울리도록 만들면 서로 융화하는 데 도움이 되며, 단일한 울림이 나온다.

두 개의 EG를 쓸 수 없다면 소량의 리버브를 활용하여 음을 합치고 늘릴 수 있다. 많은 프로듀서는 룸 스타일 세팅을 선호한다. 그러나 유포릭 트랜스와 업리프팅 트랜스 애호가들은 더 크게 분위기를 조성하는 엇박 타격음 때문에 홀 설정을 선호하는 경향이 있다. 어느 쪽이든 프리 딜레이는 초기 트랜지언트가 손상되지 않은 채 지나가도록 조정되고, 디케이 시간은 250ms에서 1000ms 사이로 조정된다. 그 다음 빠른 어택을 지닌 노이즈 게이트가 거의 언제나 뒤따른다. 이때 짧은 홀드 시간과 빠른 릴리스를 활용하면 취향에 따라 경계를 설정할 수 있다. 낮은 경계는 스네어로 더욱 분위기 있는 느낌을 만들고, 높은 경계는 게이트를 일찍 차단하여 더욱 산뜻한 음색을 만든다. 게이트를 일찍 닫을 경우 3개의 샘플을 모두 입력한 버스에 적용할 것을 권한다. 그러면 3개의 샘플을 동시에 자를 수 있다.

그래도 스네어가 융화되지 않으면 피치 엔벨로프의 형태로 추가 변조를 할 수 있다. 플러스 혹은 마이너스 피치 변조를 하면 합성된 스네어의 피치가 더 넓은 주파수를 따라 스위프하면서 종종 샘플들이 융화되도록 돕는다. 혹은 사인파나 삼각파로 설정한 LFO를 활용하여 피치를 변조할 수 있다. 다만 피치 스위프가 3개의 샘플을 융화하는 데 적절한 비율로 이뤄지도록 귀로 잘 들으면서 LFO의 주파수를 맞춰야 한다. 그 다음에는 소량의 압축을 통해 합성된 타격음의 디케이만 찌그러지도록(즉, 느린 어택) 만들면 디케이의 음량이 커져서 샘플을 융화하는 데 활용할 수 있다.

클랩
Clap

클랩은 스네어의 경우처럼 3개의 샘플을 신중하게 고른 다음 한데 쌓는다는 점에서 같은 레이어링 원칙을 따른다. 여기에 샘플 정렬과 위상 반전 그리고 컴프레서, EQ, 이펙터를 신중하게 적용하면 샘플의 융화를 도울 수 있다. 그러나 스네어 드럼처럼 클랩의 음색은 복잡한 성격을 지니기 때문에 레이어링이 어려울 수 있다. 그래서 2개의 클랩 샘플에 합성한 세 번째 사운드를 쌓는 방법이 흔히 쓰인다.

클랩은 신시사이저로 만들기에 가장 어려운 '타악기' 요소다. 때로 피치를 바꾸면서 모두 빠른 순서로 연주되는 여러 '스냅snap'으로 구성되기 때문이다. 많은 구형 아날로그 드럼 머신은 화이트 노이즈를 하이 패스 필터로 통과시키고 톱니파 엔벨로프로 변조한 다음 리버브로 처리하여 클랩을 만든다.

대다수 신시사이저에서 필터와 앰프 엔벨로프를 화이트 노이즈 발진기에 적용하면 이 과정을 모방할 수 있다. 이때 제로 서스테인이나 릴리스에 빠른 어택으로 설정해야 하며, 디케이를 활용하여 클랩의 길이를 맞춘다. 또한 톱니파 LFO로 필터 주파수와 피치를 변조하면 오래된 아날로그 스타일 톱니파 엔벨로프를 모방할 수 있다. 이때 LFO의 주파수를 늘리거나 줄이면 클랩의 음색이 크게 달라진다.

추가 타악기

대개 EDM 믹스에서 킥, 스네어, 클랩을 넘어서는 추가 타악기는 현재 시장에 나와 있는 다양한 샘플 CD에서 수집된다. 이들은 거의 언제나 WAV와 AIFF 포맷으로 제공된다. 그래서 워크스테이션의 오디오 채널로 불러들인 다음 창의적인 방식으로 처리하면 된다. 여기에는 컴프레서, 트랜지언트 디자이너, EQ가 포함되며, 더 일반적으로는 리버브를 적용한 후 노이즈 게이트로 꼬리를 제거하는 방식이 있다. 그래도 신시사이저가 타악기 사운드를 만들어내는 능력을 과소평가해서는 안 될 것이다.

미니멀, 테크노, 테크 하우스, 프로그레시브 하우스 같은 많은 장르는 리듬 안에 존재하는 여러 낯설고 진화하는 타악기 사운드에 많이 의존한다. 따라서 이 요소를 신시사이저로 프로그래밍하고 처리하는 방법을 이해하는 일은 일렉트로닉 댄스 음악을 만드는 데 필수적이다. 다음은 믹스에서 흔히 쓰이는 타악기 요소를 신시사이저로 만드는 방법이다. 이 내용을 읽으면 여러 타악기 요소를 프로그래밍하는 아이디어를 얻을 수 있다.

하이 햇

햇을 프로그래밍하는 능력은 킥이나 스네어 혹은 클랩을 프로그래밍하는 능력만큼 근본적이다. 햇을 킥이나 스네어 혹은 클랩 위에 쌓아서 사운드가 믹스를 통과하도록 더 긴밀한 트랜지언트 단계를 만드는 경우가 많기 때문이다.

원래 아날로그 드럼 머신은 화이트 노이즈에 필터를 적용하여 햇을 만든다. 즉, 대다수 신시사이저에서 하이 패스 필터와 함께 화이트 노이즈 발진기를 활용하면 된다. 이때 저주파수가 감쇄되고 고주파수 성분만 남도록 필터를 조정해야 한다. 앰프와 필터 엔벨로프는 제로 서스테인이나 릴리스에 빠른 어택으로 맞추고 디케이 패러미터로 햇의 길이를 제어한다. 디케이를 길게 설정하면 닫힌 햇이 열린 햇으로 바뀐다.

아날로그 신시사이저 외에 링 변조나 주파수 변조로도 하이 햇을 만들 수 있다. 링 변조를 활용하는 경우 고주파수와 저주파수 삼각파를 링 변조기로 입력한 다음 원하는 결과가 나올 때까지 각 발진기의 피치를 조절하면 된다. 이번에도 앰프 엔벨로프는 제로 서스테인이나 릴리스에 빠른 어택으로 설정하여 디케이 패러미터를 통해 햇의 길이를 정한다.

마찬가지로 FM 합성으로 햇을 만드는 경우는 사인파를 고주파수 삼각파로 변조한다. 이때 생기는 고주파수 노이즈 파형을 일반적인 방식으로 설정된 앰프 EG로 성형하면 된다. FM을 활용하는 방법이 지니는 이점은 피치 변조를 통해 음색을 다양하게 만들 수 있다는 것이다. 그러므로 기본 음색을 만든 후에 발진기의 피치를 조절하여 다양한 음색을 만들 수 있다.

어떤 방법을 쓰든 EQ, 트랜지언트 디자이너, 리버브로 실험을 거친 다음 노이즈 게이트로 최종 음색을 다듬으면 도움이 된다. 다만 컴프레서로 다이내믹을 제한하는 것은 피해야 한다. 컴프레서의 어택 패러미터를 조정하여 어택 단계를 우회한다고 해도 주기가 너무 짧아서 트랜지언트를 포착하고 고주파수의 세부 성분을 제거하는 경우가 많기 때문이다. 그래서 햇과 쉐이커shaker 같은 고주파수 사운드에는 대개 압축을 적용하지 않는다.

쉐이커　　쉐이커는 하이 햇처럼 시중에 있는 다양한 샘플 CD에서 구하는 경우가 많다. 그러나 신시사이저를 사용해 아날로그 스타일 하이 햇과 비슷한 방식으로 만들 수도 있다. 실제로 쉐이크를 프로그래밍하려면 필터와 앰프 엔벨로프로 변조한 화이트 노이즈 발진기를 써서 하이 햇을 만들어야 한다.

그 다음 제로 서스테인이나 릴리스에 짧은 어택을 적용하여 디케이로 길이를 정한다. 이때 디케이를 상당히 늘려서 열린 하이 햇보다 긴 사운드를 만든 다음 하이 패스 필터를 적용한 LFO로 변조한다. 대개 높은 주파수에 중간 심도를 지닌 사인파 LFO가 가장 전형적인 쉐이크 효과를 제공한다. LFO 파형과 주파수를 바꾸면 다양한 쉐이커 효과를 낼 수 있다. 언제나 그렇듯 이 사운드를 EQ와 트랜지언트 디자이너, 리버브에 이어 노이즈 게이트로 성형할 수 있다.

심벌　　심벌은 하이 햇 및 쉐이커와 비슷하게 기본 노이즈 파형을 신시사이저로 처리하여 만든다. 그러나 링 변조나 주파수 변조를 활용하는 편이 낫다. 그러면 심벌의 꼬리에 훨씬 강하고 현실적인 울림이 생기기 때문이다.

링 변조가 가능하다면 2개의 고주파수 구형파를 링 변조기에 입력하고 출력을 빠른 어택과 중간 디케이(서스테인과 릴리스는 제로에 맞춰야 한다)를 갖춘 앰프 엔벨로프로 변조해야 한다. 그 다음 두 구형파를 서로 디튜닝하면서 폭넓은 심벌 타입 음색을 거치도록 한다. 대개 서로 2옥타브 떨어지도록 디튜닝하면 가장 '현실감 있는' 사운드가 나온다. 그래도 실험이 핵심이다. 많은 테크노 트랙은 3옥타브 이상을 사용하여 만든다.

혹은 (네이티브 인스트루먼트의 FM8처럼) 사인파가 아니라 발진기의 주파수를 변조할 수 있다면 저주파수 삼각파 발진기로 고주파수 구형파를 변조하면 다양한 심벌 효과가 나온다. 뒤이어 두 발진기의 주파수를 조절하고 변조량을 늘리거나 줄이면서 추가적인 실험을 할 수 있다. 또한 하나 혹은 두 발진기의 피치를 느린 주파수 사인파 LFO로 변조하면 주기가 진행되는 동안 서서히 변하는 크래쉬 심벌crash cymbal이 만들어진다.

탬버린

탬버린은 클랩의 경우처럼 빠르게 이어지는 햇 타격음으로 구성되며, 종종 톱니파 엔벨로프로 피치를 변조하고 밴드 패스 필터를 적용한다. 이 과정은 긴 디케이를 지니되 하이 패스 필터가 아니라 밴드 패스 필터를 적용한 기본적인 쉐이커를 프로그래밍하여 모방할 수 있다.

그 다음 톱니파 LFO로 밴드 패스 필터와 발진기의 피치를 변조한다. 더 나은 결과물을 내려면 LFO의 주파수를 다른 사인파 LFO로 변조하여 원 LFO의 주파수가 점차 바뀌도록 만들어야 한다. 그러면 더 현실적인 사운드가 나온다. 끝으로 밴드 패스를 조정하여 다양한 음색을 만들 수 있다. 이때 밴드 패스를 넓게 설정하면 막이 큰 탬버린 소리가 나고 좁게 설정하면 막이 작은 탬버린 소리가 난다.

카우벨

카우벨이 더 필요하다면 필요한 사운드의 스타일에 따라 다양한 방식으로 만들 수 있다. 폭이 넓고 보디가 충실한 사운드를 만들려면 두 개의 구형파를 쓰는 것이 좋다. 반면 밝은 음색을 원한다면 구형파를 삼각파와 섞으면 된다.

보디가 많은 카우벨을 만들려면 두 구형파 발진기를 서로 약 5음 떨어지도록 디튜닝해야 한다. 즉, 하나가 C5(554Hz) 정도에서 발생한다면 다른 하나는 G5(830Hz)에서 발생해야 한다. 앰프 엔벨로프는 제로 서스테인이나 릴리스에 빠른 어택, 짧은 디케이로 설정해야 한다. 뒤이어 밴드 패스 필터를 활용하여 전반적인 음조와 음색을 성형한다.

혹은 상단 근처에서 믹스의 고주파수 요소에 가깝게 밝은 음색을 지닌 카우벨을 만들려면 구형파를 삼각파와 섞는 것이 좋다. 구형파의 주파수는 우선 G5 정도에 맞춘다. 또한 삼각파는 구형파로부터 반 옥타브에서 한 옥타브 떨어지도록 디튜닝해야 한다. 그 다음 이 두 발진기를 링 변조기에 입력하고 그 결과물을 하이 패스 필터로 걸러서 저주파수를 제거한다. 이렇게 기본적인 사운드를 만든 후에는 앰프 디케이를 늘리거나 줄여서 최종적인 음색을 만든다.

콩가

콩가는 사인파와 노이즈 파형을 활용한 주파수 변조 합성으로 만드는 것이 좋다. 사인파 발진기의 앰프 EG는 먼저 제로 릴리스나 서스테인에 빠른 어택과 디케이로 설정해야 한다. 이렇게 나온 기본적인 사운드를 활용하여 주파수 변조를 통해 노이즈 파형을 변조한다. 노이즈 파형의 앰프 EG는 제로 릴리스나 서스테인에 빠른 어택으로, 디케이는 취향에 따라 설정한다. 변조량을 늘리고 사인파의 주파수를 디튜닝하면 다양한 스타일의 콩가 사운드를 만들 수 있다.

대개 결과물에 필터를 적용할 필요는 없다. 그러나 에너지가 너무 낮거나 높다면 하이 패스 필터나 로우 패스 필터를 활용하여 과도한 주파수를 제거할 수 있다. 하이 패스 필터를 서서히 줄이면 다양한 뮤트 음색을 만들 수 있고 노이즈 앰프의 디케이 기울기를 비선형적으로 조정하면 프로그레시브 하우스 리듬에서 종종 나오는 타격음을 낼 수 있다.

톰 드럼

톰 드럼은 킥 드럼처럼 신시사이저로 만들 수 있다. 다만 앰프 EG에서 디케이를 더 길게, 피치를 더 높게 설정한다. 또한 약간의 화이트 노이즈를 사인파 발진기와 섞어서 초기 음색에 분위기를 입히는 것이 좋다. 이때 원래 톰 드럼과 같은 앰프 엔벨로프(제로 어택, 릴리스, 서스테인에 중간 디케이)를 활용할 수 있다. 다른 방법은 삼각파와 노이즈 파형으로 전형적인 스네어를 만든 다음 느린 삼각파로 노이즈의 피치만 변조하는 것이다. 그러면 노이즈가 삼각파는 건드리지 않고 피치를 훑어내려간다.

보조 타악기

톰 드럼지금까지 타악기 댄스 루프의 주요 요소를 다뤘다. 그러나 테크노 하우스, 미니멀, 테크노, 프로그레시브 같은 장르는 이 범주를 벗어난 다양한 타악기 사운드를 활용한다. 이 사

운드들은 음색이 다르기는 하지만 모두 여기 제시된 기본적인 프로그래밍 원칙을 따른다.

가령 주 발진기는 언제나 사인파나 구형파 혹은 삼각파로 구성되며, 플러스 엔벨로프로 피치가 변조된다. 그에 따라 사운드의 초기 음조가 만들어진다. 한편 2차 발진기는 종종 타악기 막의 반향이나 초기 트랜지언트를 만드는 데 활용된다. 반향 효과를 재현하는 작업에는 화이트 노이즈나 핑크 노이즈가, 트랜지언트를 만드는 용도로는 삼각파나 구형파가 흔히 쓰인다.

1차 발진기의 앰프와 필터 엔벨로프는 대개 제로 어택, 제로 릴리스, 중간 디케이로 설정된다. 그러면 건반을 누름과 동시에(드러머의 타격) 사운드가 시작된다. 한편 디케이는 공간감을 제어한다. 디케이를 길게 설정하면 사운드 감쇠에 시간이 오래 걸려 대다수 악기에서 리버브와 비슷한 효과를 낸다.

1차 발진기에 대한 반향을 만들기 위해 2차 발진기를 쓰는 경우 앰프와 필터는 거의 언제나 1차 발진기와 같이 설정된다. 반면 트랜지언트를 만들기 위해 쓰는 경우에는 어택, 릴리스, 서스테인은 같게 설정되지만 디케이는 대개 더 짧게 설정된다.

더욱 창의적인 적용을 위해 앰프와 필터의 디케이 및 어택 패러미터로 실험을 할 가치가 있다. 비선형적 엔벨로프는 같은 사운드에 아주 다른 결과를 만들 수 있기 때문이다. 또한 주파수 변조와 링 변조로 실험을 하면 일련의 새로운 드럼 사운드를 만들 수 있다. 가령 2차 발진기가 노이즈 파형을 만드는 경우 주 발진기를 변조하는 데 활용하여 사운드의 전반적인 음조를 낮출 수 있다. 또한 이펙트와 프로세서 사슬을 과소평가해서는 안 된다. 현재 제작되는 곡에 들어가는 많은 사운드는 다양한 프로세서와 이펙트 사슬을 거쳐서 흥미가 더해지는데 이펙트를 심하게 변조하여 각 타격음을 조금씩 다르게 만들어 긴장감을 불러일으키는 일도 드물지 않다. 이 기법은 16장에서 더 자세히 다룰 것이다.

드럼 루프 제작

'나는 완벽한 비트를 찾다가 나만의 리듬을 발견했다…'

– 존 마이클John Michael

일렉트로닉 댄스 음악을 제작하는 데 가장 근본적인 요소는 드럼 루프다. 드럼 루프는 곡을 떠받치는 토대다. 따라서 드럼 루프를 잘 만들지 않으면 트랙이 경쟁력을 지닐 수 없다.

일반적인 EDM 드럼 루프를 얼핏 들으면 아주 간단한 듯하다. 그러나 드럼 루프를 만드는 방법은 대단히 복잡하다. 실제로 드럼 사운드를 워크스테이션 그리드에 그냥 넣으면 밋밋하고 무미건조하며 따분한 결과가 나온다. 레코드에 담기는 전문적인 느낌을 내려면 음색과 이펙트, 자리 배치 그리고 음색 변조에 많은 주의를 기울여야 한다.

물론 드럼 루프는 제작하는 곡의 장르에 따라 음색 선택과 퀀타이즈 자리 배치 측면에서 모두 다르게 제작된다. 이 책의 2부는 이런 다른 제작 기법들을 설명하는 데 할애되는데 다만 장르와 상관없이 전문적인 모든 드럼 루프에 적용되는 근본적인 기법들이 있다.

EDM에서 가장 흔한 드럼 루프는 포 투 더 플로어four to the floor다. 이 루프는 4/4박자로 킥/베이스 드럼을 각 박에, 스네어나 클랩을 2박과 4박에 배치한다. 또한 16비트 닫힌 하이 햇 패턴과 8비트 열린 하이 햇 패턴으로 루프를 보강할 수 있다.

타악기 요소를 신시사이저로 프로그래밍하는 방법은 앞 장에서 다뤘다. 이때 음색에 각별히 주의를 기울여 서로 잘 어울리도록 하는 일이 대단히 중요하다. 거의 모든 타악기는 특정한 주파수 영역에 해당하는 피치를 지닌다.

소리만으로 정확한 피치를 파악하지 못할 수도 있지만 그래도 서로 잘 어우러지도록 각 악기를 신중하게 골라야 한다. 이 일은 그저 하드 디스크에서 샘플을 고르는 방법으로는 불가능하다. 그래서 샘플 레인sample lane이라는 방법이 종종 쓰인다.

샘플 레인은 특정 악기에 대한 대규모 컬렉션을 지닌 샘플러를 띄우고 각 샘플을 다른 음에 매핑mapping하는 것이다. 가령 건반의 각 음에 40개의 닫힌 하이 햇 샘플을 매핑할 수 있다. 혹은 스네어(혹은 클랩)나 열린 햇으로만 샘플러를 구성할 수도 있다.

우선 포 투 더 플로어 킥을 깔아야 한다. 킥이 기본적인 악기이자 가장 흔히 프로그

그림 16.1 전형적인 EDM 드럼 구성(그림으로 보여주기 위해 모두 같은 이벤트에 담음)을 보여주는 로직 프로 오디오

래밍되거나 레이어링되는 악기이기 때문이다. 그 다음에는 2차 악기 채널에 스네어/클랩 샘플러를 삽입한다. 피아노 롤로 스네어 패턴을 위한 미디를 프로그래밍한 후 재생하여 킥과 스네어가 어떻게 조합되는지 듣는다. 피아노 롤에서 모든 스네어 미디를 선택하면 피아노 롤 편집기의 건반을 따라 위아래로 옮길 수 있다. 그러면 연결된 샘플러가 다른 스네어 샘플을 재생하게 된다.

이 움직임을 건반에 단축키로 매핑한 후 눈을 감고 킥과 여러 스네어 샘플이 어떻게 어울리는지 주의 깊게 들으면 된다. 그리고 킥과 잘 어울리는 샘플을 골라내야 한다. 닫힌 하이 햇과 열린 하이 햇에 대해서도 같은 과정을 반복한다.

이 방법의 이점은 이미 루프에 사용된 악기와 추가될 악기의 피치와 주파수 관계를 세심하게 참고할 수 있다는 것이다. 이런 방법으로 세심하게 악기들이 잘 어우러지도록 하면 프로페셔널한 드럼 루프 사운드를 만들 수 있다. 이 방법으로 샘플을 고른 결과물은 이 책의 홈페이지에서 들을 수 있다.

기본적인 EDM 드럼 루프 The basic EDM drum loop

이 방법은 무작위로 특이한 샘플을 골라서 루프에 넣는 것보다 전문적이고 일관된 사운드를 지닌 루프를 만들어준다. 그러나 계속 듣게 만드는 매력을 보장하지는 않는다. 그 매력을 확보하려면 여러 테크닉을 활용해야 한다.

첫 번째 테크닉은 많은 서적에 담긴 조언과 상반된다. 바로 킥 드럼에 리버브를 적용하는 것이다. 수많은 서적은 저주파수 요소에 리버브를 적용하지 말라고 한다. 그러나 EDM의 경우 소량의 절제된 리버브를 킥에 적용하는 일이 흔하다.

다만 너무 많이 적용하면 킥이 묻혀서 믹스에서 중심을 차지하지 못하므로 신중을 기해야 한다. 가볍게 적용한다면 많은 EDM 레코드에서 들을 수 있는 전형적인 킥 드럼을 만들 수 있다. 대개 아주 작은 룸 설정에 프리 딜레이는 20ms, 테일은 30ms 미만으로 하는 것이 좋은 출발점이다. 다만 신중한 모니터링이 필요하다. 대략 지침을 제공하자면 잔향의 꼬리가 다음 8비트 하이 햇이 나오기 전에 완전히 감쇄되어 초점을 유지할 수 있도록 해야 한다.

다른 방법은 리버브 테일을 80ms나 90ms로 늘리되 바로 뒤에 노이즈 게이트를 적
용하는 것이다. 많은 장르에서 게이트는 킥이 끝나는 순간에 닫히도록 설정된다. 그러
면 리버브가 킥에 질감을 더할 뿐만 아니라 일시적이고 역동적인 느낌을 만들어낸다.
다만 노이즈 게이트는 신중하게 설정해야 한다. 어택과 릴리스가 너무 빠르면 일부 게
이트는 레이어링된 킥의 개별 주기를 따른다. 이는 왜곡을 초래할 수 있다. 테크노, 미
니멀, 테크 하우스 같은 일부 장르는 의도적으로 이런 왜곡을 일으켜서 킥에 성격을
부여한다.

스네어와 클랩에도 리버브를 적용하면 비슷한 혜택을 얻을 수 있다. 다만 잔향의 꼬
리를 타격음 뒤에 끊지 않고 계속 이어지도록 두는 경우가 많다. 이때 리버브 설정은
전적으로 프로듀서의 창의적 목표에 달려 있다. 그러나 대개 루프를 완전히 덮지 않도
록 아주 짧게 유지되어야 한다. 긴 드럼 사운드는 각 타격음 사이의 정적을 가린다. 그
러면 리듬의 효과가 약해진다.

정적에서 스네어/클랩의 트랜지언트로 갑작스레 나아가면 루프의 리듬에 극적인 효
과가 생긴다. 따라서 잔향의 꼬리에 묻혀서 역동적인 느낌이 없는 따분한 루프가 되지
않도록 신중을 기해야 한다.

일부 장르에서 인기 있는 테크닉은 소량의 뒤집힌 리버브reverse reverb를 스네어나 클
랩에 적용하여 타격음으로 끌어당기는 것이다. 이 작업을 하려면 먼저 샘플링된 클랩
이나 스네어 이벤트를 복사한 다음 워크스테이션 편집기에서 반전시켜야 한다. 그 다
음 리버브를 트랙에 삽입하고 짧은 프리 딜레이와 약 100ms에서 300ms의 꼬리를 적
용한다. 그러면 이 효과가 (파일을 오디오로 바운스하고 편곡 페이지로 다시 불러들임
으로써) 오디오에 새겨진다. 이 오디오 파일은 다시 반전되어 올바른 방향으로 재생된
다. 그 결과 스네어의 트랜지언트로 끌어당겨지는 뒤집힌 리버브 효과가 생긴다.

필요한 경우 트랜지언트 디자이너, EQ, 워크스테이션의 오디오 페이드 인/아웃 패
러미터를 활용하여 끌어당겨진 리버브를 수정할 수 있다. 끌어당겨진 리버브는 루프
를 억누르거나 스네어/클랩의 타이밍을 바꾸지 않도록 아주 짧게 유지하는 것이 좋다.
실제로 클랩이나 스네어의 타이밍을 두어 ms만 옮겨도(혹은 타이밍이 바뀌는 효과를
적용해도) 곡의 느낌과 그루브가 크게 달라진다. 가령 스네어/클랩을 비트보다 약간

뒤에 넣으면 느긋한 느낌이 난다. 반면 비트 바로 앞에 넣으면 긴박하게 밀려드는 느낌이 난다.

열린 하이 햇과 닫힌 하이 햇에도 소량의 리버브를 적용할 수 있다. 다만 루프에 들어가는 다른 악기들처럼 신중을 기해야 한다. 또한 하이 햇의 구성과 템포 그리고 음색을 고려해야 한다. 가령 16비트로 연주되는 닫힌 하이 햇에 리버브를 적용하면 잔향의 꼬리가 각 트랜지언트를 덮어서 루프의 트랜지언트 다이내믹스에 심각한 영향을 미치는 잔향 음장을 늘릴 수 있다. 그래서 이처럼 긴밀한 패턴으로 리버브를 적용할 때는 대개 노이즈 게이트나 트랜지언트 디자이너를 연이어 적용하여 꼬리를 제거한다.

열린 햇의 경우 퀀타이즈 간격이 넓어서 이런 문제가 드물다. 그래도 잔향의 꼬리는 다음 열린 햇의 트랜지언트가 나오기 전에 소멸해야 한다. 여기서 명료성을 얻는 좋은 방법은 센드 버스에 리버브를 적용한 다음 EQ로 처리하는 것이다. 그렇게 하면 리버브를 성형하여 꼬리에 있는 저주파수 요소를 제거할 수 있다.

햇에 리버브를 적용하는 더 흔한 대안은 템포를 동기화한 딜레이를 소량 적용하는 것이다. 딜레이의 설정은 프로듀서의 창의성과 트랙의 템포 그리고 열린 햇과 닫힌 햇이 리듬을 타는지 혹은 퀀타이즈 그리드에서 일정한 간격으로 놓여 있는지 여부에 달려 있다.

딜레이는 빠른 장르의 경우 종종 햇을 덮는다. 그래서 지연된 하이 햇 신호를 사이드 체인으로 압축하여 깨끗한 사운드를 얻는 방법이 흔히 쓰인다. 이때 딜레이 장치를 버스에 넣고 빠른 어택과 릴리스, 높은 비율 그리고 낮은 경계로 설정한 컴프레서로 압축한다. 뒤이어 사이드 체인 입력부로 원래 하이 햇 신호를 입력하며, 이 하이 햇들은 짧은 딜레이부터 중간 딜레이까지 설정된 딜레이 버스로 *전송*된다.

이렇게 구성하면 원래의 닫힌 햇이 사이트 체인 입력부를 통해 컴프레서를 작동시킨다. 그러면 컴프레서는 지연된 하이 햇의 다이내믹스와 음량을 줄인다. 그러나 원래 햇 사이에 있는 정적 부분에는 압축이 적용되지 않아서 딜레이가 완전한 음량에서 이뤄진다.

이 방법은 딜레이가 하이 햇을 덮어서 주파수를 엉클지 않도록 막는다. 또한 원래 햇 채널에 노이즈 게이트를 삽입하면 어택과 릴리스 설정으로 햇을 줄여서 사실상 딜레이가 작동하는 양상에 영향을 끼쳐 다양한 효과가 만들어진다. 이때 노이즈 게이트는 트랙 전체에 걸쳐 자동화되어 리듬 트랙이 전개됨에 따라 느리게 변조하는 효과를 만드는 경우가 많다.

사이드 체인 딜레이를 적용한 하이 햇 채널에 미치는 노이즈 게이트의 효과
The effect of a noise gate on a hi-hat channel that is employing a side chained delay

잠재의식적 변조
SUBLIMINAL MODULATION

기본적인 리듬을 프로그래밍하고 이펙트를 적용한 후에는 많은 사운드에 일종의 잠재의식적 변조를 활용하는 것이 일반적이다. 이때 스네어나 클랩을 먼저 처리한다. 이 작업에는 마디의 2박과 4박에 해당하는 사운드가 아주 작은 차이를 지니도록 미세한 피치 내지 필터 변조가 동원된다. 워크스테이션의 오디오 편집기나 변조 이펙트를 통해 이 효과를 적용할 수 있다.

워크스테이션에서 미세한 음의 변화를 일으키려면 (프로젝트에 포함된 모든 스네어나 클랩에 영향을 미치지 않기 위해) 오디오 편집기에서 스네어/클랩 이벤트를 복제한 다음 피치를 조금 올리거나 내린다. 일반적인 정도는 약 7센트에서 8센트이며, 12센트를 넘어서는 안 된다. 그 목적은 둘 사이의 피치 이동을 두드러지게 만드는 것이다. 청각으로 겨우 인지할 수 있는 차이는 7센트에서 12센트 사이에서 나온다. 따라서 이 효과를 낼 때 12센트 아래로 유지하는 것이 좋다.

둘 사이에 피치를 바꾸는 다른 방법은 변조 필터 이펙트를 활용하는 것이다. 많은 댄스 음악가는 필터에 다양한 변조 옵션을 제공하는 사운드토이즈SoundToys의 필터프릭FilterFreak을 선호하지만 모든 변조 필터나 자동화를 통해서도 같은 효과를 낼 수 있다. 이때 변조는 주기적으로 적용하여 마디의 첫 스네어/클랩은 로우 패스 필터를 그대로 통과하고 4박에 나오는 두 번째 타격음은 소량의 높은 고조파를 제거하는 아주 가

벼운 로우 패스 필터링을 거치도록 해야 한다.

이런 효과를 넣는 목적은 음색의 질감을 다양하게 만드는 것이다. 이는 흥미와 집중력을 유지시키는 핵심 요소다. 음악을 듣다보면 아무리 작은 분량이라도 어느 정도의 변주를 기대하기 마련이며, 아무 변주가 일어나지 않으면 관심을 돌리기 때문이다. 질감과 피치에 작은 변동을 주면 배음의 변주가 무의식적으로 포착되므로 계속 듣게 만들 수 있다.

물론 이 변조 이펙트는 필터나 피치에 한정되지 않는다. 디스토션과 비트 레이트 감소를 비롯하여 배음을 바꾸는 거의 모든 이펙트를 활용할 수 있다. 그러나 어떤 이펙트를 적용하든 2박과 4박에 나오는 타격음 사이의 배음 차이를 겨우 인지할 수 있도록 해야 한다.

스네어/클랩과 함께 열린 하이 햇과 닫힌 하이 햇도 비슷한 주기적 필터 변조로 처리하는 경우가 많다. 대개 열린 햇은 오프셋 사인파(필터 프릭으로 사인파 변조를 오프셋할 수 있다)나 샘플 앤드 홀드 파형을 통해 변조된 로우 패스 필터로 처리한다. 두 마디에 걸쳐 이 효과를 *아주 가볍게* 적용하면 작은 배음 변화가 생긴다. 이때 변조 소스가 오프셋이거나 무작위이므로 주기적으로 반복되는 것처럼 보이지 않는다.

그림 16.2 사운드 토이즈의 필터프릭

그 결과 스네어/클랩은 모든 마디에서, 열린 햇은 두 마디마다 주기적으로 변조된다. 그에 따라 두 음색 사이에 싱코페이션 변조syncopated modulation가 이뤄진다. 그러면 청자는 리듬에서 고정된 주기적 패턴을 감지할 수 없다.

3마디나 6마디에 걸쳐 닫힌 하이 햇에 주기적 필터 변조를 적용하면 이 효과를 강화할 수 있다. 3마디나 6마디로 하는 이유는 댄스 음악의 일반적인 구조적 센박과 대비되어 교차 싱코페이션 효과를 내기 때문이다. 구조적 센박은 19장에서 자세히 다룰 것이다. 여기서는 이렇게 변조하면 무의식에서 리듬의 진행 상태를 예측하기 어렵기 때문에 오래 듣게 만드는 루프가 된다는 점을 언급하는 것으로 충분하다.

기본적인 리듬을 완성한 후에는 전이되거나 당겨진 타격음을 활용하여 루프에 더

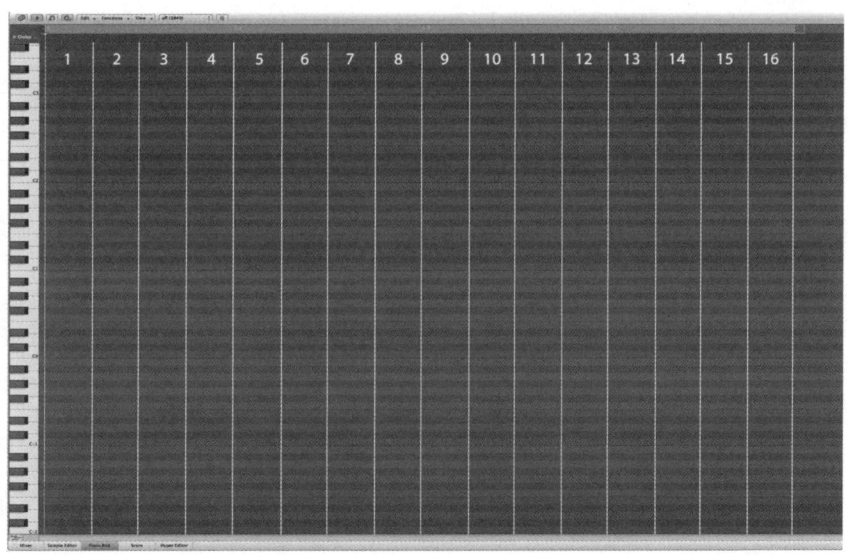

그림 16.3 마디의 균등 분할

욱 흥미를 더할 수 있다. 이 방법은 거의 모든 댄스 음악에서 흔히 쓰이며, 리듬에 추가적인 느낌을 제공한다. 싱코페이션은 EDM 리듬에 대한 음악 이론을 다룰 때 설명했지만 다시 언급하자면 엇박으로 강세를 넣는 것을 말한다. 대개는 이미 존재하는 음이나 퍼커션의 강세를 바꾸지만 여기서는 여러 타격음을 마디에 불균등하게 넣는다.

그림 16.3은 많은 드럼 루프에서 활용하는 16분음 마디를 보여준다. 이 구성에서 모든 타악기는 마디 안에 균등하게 배치된다. 즉 킥은 1, 5, 9, 13(4칸 분할)에, 스네어와 클랩은 5와 13(8칸 분할)에, 닫힌 햇은 모든 자리에 들어간다. 그러나 타격음을 12와 15처럼 불균등하게 나눈 자리에 넣으면 리듬이 당겨진다. 그에 따라 두 개의 상충하는 리듬이 나온다.

이 경우 16.3의 사례에서 두 개의 짧은 타격음을 12와 15에 넣은 다음 소량의 딜레

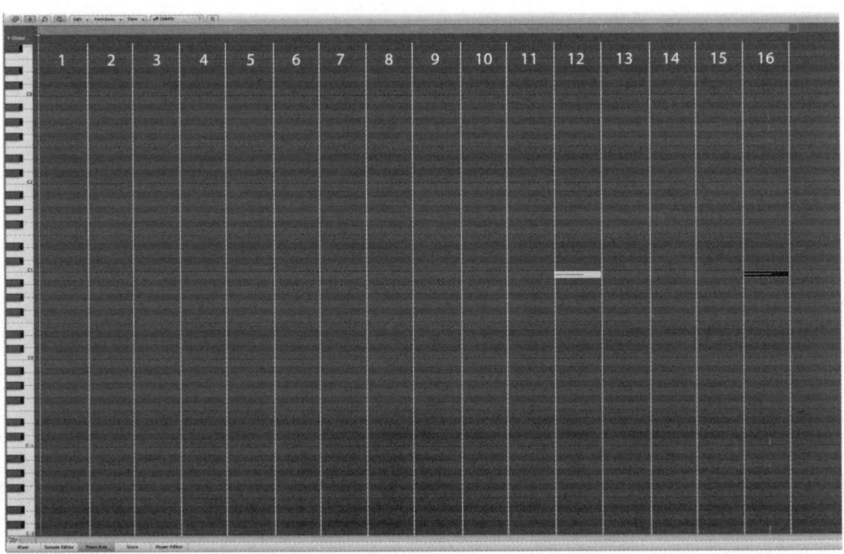

그림 16.4 마디 안에 불균등하게 배치된 타격음

이에 이어 로우 패스 필터를 통한 소량의 잠재의식적 변조를 적용했다.

이 작업은 한 마디에 걸쳐 설정되었으며, (필터프릭에서) 오프셋 사인파로 변조되었다. 이때 두 개의 지연된 타격음에 복잡성을 더하기 위해 딜레이를 센드 채널에 넣고 EQ를 적용했다. 그러면 지연된 신호가 원래의 타격음과 많이 달라진다. 이처럼 간단하게 자리를 바꾸고 딜레이와 EQ로 처리하기만 해도 파악하기 어려운 복잡한 리듬이 생긴다.

싱코페이션에 더하여 일정한 간격에 따라 3연음 리듬을 넣을 수 있다. 다만 이 효과는 일정한 리듬을 너무 복잡하게 만들기 때문에 트랙 전체에 적용하는 경우는 드물다. 그러나 가끔 활용하면 리듬에 흥분을 더하여 더욱 흥미로운 결과물을 만들 수 있다. 이 헤미올라는 3장에서 자세히 다루었다. 헤미올라를 활용하면 교차 박자 변조 효과를 얻을 수 있다.

이 효과를 얻으려면 워크스테이션을 3연음 그리드로 작동하도록 설정하여 마디를 3개씩 균등하게 나눠야 한다. 그 다음 톰, 콩가, 하이 햇 같은 짧은 타격음이나 테크노 내지 테크노 하우스의 경우 합성 타격음 내지 베이스를 넣으면 펄스가 균등하게 분배된 킥과 스네어 리듬에 어긋나면서 복잡하게 삽입된 리듬을 만든다.

헤미올라의 도입 Introducing Hemiola

이 책의 홈페이지에 3연음 리듬으로 구성된 짧은 타격음들이 있다. 다만 각 타격음의 피치를 바꿔서 두 번째 음이 첫 번째 음보다 -5센트 낮고, 세 번째 음이 두 번째 음보다 +3센트 높다(그에 따라 세 번째 음은 첫 번째 음보다 -2센트 낮다). 이때 앞서 소개한 당겨진 타격음이 이 3연음 효과와 충돌하기 때문에 제거했다.

이 3연음을 추가로 조작할 수 있다. EDM에서 흔한 기법은 여러 마디에 걸쳐 3연음 패턴을 유지하되 일정한 마디가 지난 후에는 한 마디에 한 음으로 줄이는 것이다. 이 *비대칭 프레이징*asymmetrical phrasing은 청자의 예상을 거스른다. 청자에게 익숙해진 3연음 리듬을 제거하여 놀라움을 주기 때문이다. 그에 따라 리듬 섹션에 흥미가 더해진다.

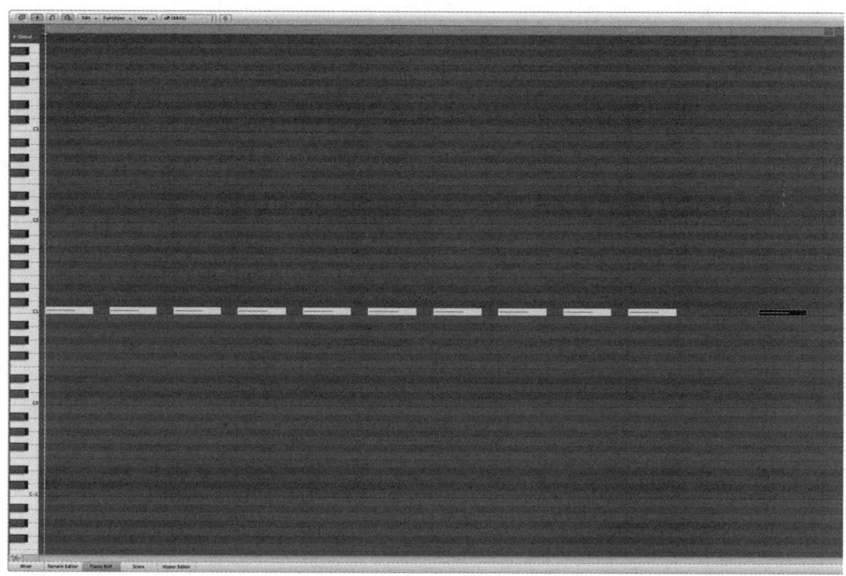

그림 16.5 헤미올라

　마찬가지로 복합 박자 같은 기법을 활용하여 트랙 전체에 걸쳐 드럼 리듬에 흥미를 더할 수 있다. EDM 리듬의 기본을 다룬 3장에서 자세히 설명한 이 기법은 하나의 타악기에 해당하는 박자를 일반적인 4/4박자에서 5/4박자 같은 다른 박자로 옮기는 것이다. 그렇게 하면 특정한 마디에 걸쳐 서로 아귀가 맞거나 어긋나는 다른 길이의 패턴이 생긴다. 다만 이 기법이 통하려면 5/4박자가 특정한 리듬 패턴을 활용해야 한다. 균등한 간격을 지닌 트랜지언트로 구성되면 복합 박자를 파악할 수 없기 때문이다.

스윙

앞서 거의 드러나지 않는 필터와 피치 변조를 통해 드럼 루프의 질감을 변화시켰다. 이 변화는 리듬에 대한 무의식적 흥미를 유지하도록 만드는 데 도움을 준다. 그러나 질감 변화와 더불어 시간 변화로부터도 도움을 받을 수 있다.

다시 말해서 모든 타격음이 퀀타이즈 그리드에서 정확하게 나온다면 흥미를 잃을 가능성이 높다. 따라서 질감 변화와 함께 스윙을 통해 약간의 시간 변화도 도입해야 한다.

　스윙은 뛰어난 댄스 드럼 루프를 만드는 일에서 간과되는 요소 중 하나다. 느긋한 힙합 스타일 비트에 사용되는 경우가 많기 때문이다. 이 트랙들이 대개 고전적인 아카이 MPC 제품군을 통해 스윙을 많이 사용하기는 한다. 그러나 스윙의 용도는 더 멀리 나아가 일렉트로닉 댄스 음악의 거의 모든 장르에 이른다.

스윙은 대개 워크스테이션의 스윙 퀀타이즈 옵션을 통해 자동으로 적용된다. 이때 최대 100%까지 퍼센트 수치를 고를 수 있다. 적용되는 스윙의 양은 현재 퀀타이즈 설정에 비례한다. 가령 50% 스윙은 스윙이 적용되지 않는다는 점에서 스냅 퀀타이즈 snap quantize로 간주된다. 따라서 스윙 퀀타이즈 값을 54%로 설정하고 현재 퀀타이즈가 16분음표 단위로 설정되어 있으면, 선택된 음 혹은 채널은 시간적으로 16분음표의 4퍼센트만큼 앞뒤로 옮겨진다. 대개 의도적으로 곡에 느긋하거나 당겨진 느낌을 줄 생각이 아니라면 대부분의 장르에서 퀀타이즈는 즉시 인지할 수 없을 만큼 작아야 한다. 따라서 51%와 59%사이로 설정하면 필요한 결과를 얻을 수 있다.

대개 킥 드럼은 박에 딱 맞도록 남겨둔다. 스윙으로 처리하는 것은 주변부 타악기들(클랩, 햇, 기타 타악기)이다. 그러면 킥이 정확한 타이밍을 결정하여 스윙의 영향을 받는 악기들을 위한 맥락을 제공한다. 홈페이지(www.dancemusicproduction.com)에 나온 사례에는 16분음표 단위로 클랩, 열린 하이 햇, 닫힌 하이 햇 리듬에 9%의 스윙을 적용했다.

스윙의 효과 The effects of swing

병렬 압축
PARALLEL
COMPRESSION

거의 모든 장르에서 리듬 섹션에 종종 적용하는 마지막 기법은 병렬 압축이다. 이 기법은 뉴욕 압축으로 불리기도 하는데 뉴욕에서 발견, 활용되었기 때문이 아니라 그곳의 많은 믹싱 엔지니어들 사이에 인기를 얻게 된 이펙트이기 때문이다.

기본적으로 병렬 압축은 일종의 *상향* 압축이다. 대개 컴프레서는 경계를 넘지 않는 신호를 놔두고 경계를 넘는 신호의 다이내믹스를 제한하기 때문에 아래로 작용한다. 상향 압축의 경우 반대로 작용한다. 그래서 조용한 신호는 이득이 증가하고 대개 제한되는 신호는 그대로 남는다. 이 효과를 얻으려면 먼저 단일 믹스 페이더로 제어할 수 있

CHAPTER 16
드럼 루프 제작

도록 리듬 요소 트랙을 단일 그룹 트랙으로 보내야 한다. 그 다음 버스에 컴프레서를 삽입하고, 그룹 트랙은 압축을 위해 조금씩 버스로 보내진다.

이 기법을 활용하면 미압축 그룹 신호와 압축 신호가 데스크에서 합쳐진다. 그러면 원 그룹 트랙의 트랜지언트 피크는 그대로 남되 압축 트랙의 하단 세부 성분은 (다이내믹 레인지를 줄이는 컴프레서 때문에) 증가한다. 그 결과 트랜지언트를 늘리지 않고도 더 두껍고 분명한 리듬이 생긴다.

병렬 컴프레서의 설정은 루프에 따라 크게 달라진다. 다만 3:1 비율에 빠른 어택과 자동 릴리스(혹은 약 200ms의 릴리스)가 좋은 출발점이다. 이렇게 기본적인 설정을 한 다음 약 5dB에서 8dB의 이득이 감소되도록 경계를 낮춰야 한다. 그 다음 원하는 효과가 나올 때까지 버스 페이더나 컴프레서의 보완 이득을 늘리면 된다.

드럼 루프에 적용한 병렬 압축의 효과 The effects of paralled compression on a drum loop

컴프레서는 테크노와 테크노 하우스에 특히 적합한 와삭거리는 왜곡을 만드는 데에도 활용할 수 있다. 이때는 두 컴프레서를 직렬로 구성한다. 드럼 루프가 들어가는 첫 번째 컴프레서는 높은 비율에 낮은 경계, 빠른 어택과 릴리스로 설정한다. 이 컴프레서의 출력 이득이 충분히 높아지면 장르의 성격을 강화하는 중간 영역이 왜곡된다. 그 다음 왜곡된 신호를 두 번째 컴프레서로 넣을 때 디스토션을 제어하여 워크스테이션의 출력을 클리핑하지 않도록 막는다.

지금까지 전형적인 포 투 더 플로어 리듬만 다뤘다. 그러나 같은 기법을 모든 스타일의 리듬 타악기 루프에 적용할 수 있으며, 실제로도 종종 적용된다. 악기의 리듬을 어떻게 구성하든 이 기법들을 신중하게 활용하면 루프에 생명력과 활력을 불어넣어서 프로페셔널한 느낌이 나는 세련된 사운드를 지닌 리듬을 만드는 동시에 곡을 계속 듣게 만들 수 있다.

사운드 디자인 I
이론

'최신 키보드를 사면 곡이 나아질 거라는 생각은 말도 안 된다.
사람들은 음악으로 무엇을 하려는지도 모르면서 장비만 사들이는 경향이 있다…'

– 제럴드Gerald

사운드 디자인은 일렉트로닉 댄스 음악 제작의 가장 근본적인 요소 중 하나다. 프로그래밍을 거쳐 사용되는 사운드는 종종 장르뿐만 아니라 곡의 수준까지 좌우한다. 실제로 부실한 사운드 디자인은 아마추어와 프로페셔널의 작품을 가르는 주된 요소다. 모든 사운드 디자인에 처음부터 시간과 경험, 지식, 노력을 투입하지 않으면 레코드 결과물은 어설플 수밖에 없다.

일반적으로 사운드 디자인은 오디오 디자인, 합성 디자인, 프로세싱/이펙트 사슬 순서라는 3개의 범주로 나뉜다. 3가지 범주를 모두 섞어서 최종 결과물을 만들 수 있지만 그중에서도 기본적인 합성이 가장 복잡하면서도 가장 중요하다.

현재 가상이든 하드웨어든 거의 모든 신시사이저는 30개에서 600개가 넘는 프리세트preset와 함께 제공된다. 프리세트는 대개 신시사이저의 역량을 보여주기 위해 프로그래밍된다. 그럼에도 많은 초보 프로듀서들은 전적으로 프리세트에만 의존하여 곡을 만든다. 이 경우 프로듀서는 좋아하는 사운드를 찾으려고 몇 시간씩 프리세트를 뒤지는 검색자에 불과하다.

그들은 마음에 드는 프리세트를 찾지 못하면 다른 신시사이저를 열어서 프리세트를 옮겨 다니는 과정을 계속한다. 이는 음악 제작 작업이 아니라 색칠 공부 책에 색을 채우는 것과 마찬가지다. 결국 최종 결과물은 검색 작업만큼이나 따분할 수밖에 없고 그렇게 해서 남는 것은 초보적인 수준에 불과한 곡이다.

사실 아마추어와 프로페셔널을 가르는 것은 음악에 대한 열정과 조금이라도 부족한 것을 용납하지 않으려는 태도이다. 프로듀서는 요구되는 음색에 대한 아이디어를 갖고, 프리세트를 뒤지지 말고 처음부터 아이디어를 프로그래밍으로 구현해야 한다. 이런 열정과 집중력이 없으면 어중간한 프리세트에 만족하여 아마추어 느낌이 나는 곡밖에 만들지 못한다.

합성을 활용하기 위한 근본적인 요건은 믹스에 필요한 사운드, 즉 신시사이저를 열기 전에 이미 원하는 사운드의 유형 혹은 스타일을 아는 것이다. 얻고자 하는 사운드의 방향과 스타일을 잘 알고 이를 바탕으로 활용할 신시사이저를 결정해야 한다. 행선지도 정하지 않은 상태에서 차에 타지 않듯이 합성의 경우도 마찬가지다.

자사 신시사이저가 어떤 사운드라도 만들 수 있다는 제조사의 주장과는 달리 신시사이저마다 사운드의 성격이 크게 다르다. 그래서 특정한 스타일의 사운드를 프로그래밍하는 데 적합한 신시사이저가 따로 있다. 여러분은 서로 다른 모델의 스피커/ 모니터에서 동일한 소리가 나는 것을 기대하지 않을 것이다. 신시사이저도 마찬가지다.

발진기, 필터, 변조는 모두 같은 원리를 바탕으로 하지만 신시사이저마다 다른 소리를 낸다. 어떤 신시사이저는 특정한 성격을 지닌다는 말이 나오고, 오래된 아날로그 키보드의 상당수가 중고 시장에서 비싸게 팔리곤 하는 이유가 여기에 있다. 그래도 사람들은 신시사이저의 고유한 음색을 얻으려고 고가를 지불한다.

그래서 나름의 음색을 프로그래밍하기 전에 신시사이저의 성격을 실험하고 익히는 데 긴 시간을 들이는 경우가 많다. 각 발진기를 따로 듣고 뒤이어 사인파와 구형파, 구형파와 톱니파, 사인파와 톱니파, 삼각파와 톱니파, 사인파와 삼각파를 혼합한 결과를 듣는 간단한 일도 프로그래밍을 하는 데 반드시 필요하다. 기본적인 발진기가 어떤 소리를 내는지 모르면 결국 음색을 프로그래밍하기가 아주 어려워지기 마련이다.

신시사이저에 익숙해진 후 활용할 수 있는 2가지 합성 방법이 있다. 하나는 세심한 분석을 통해 머릿속에 그린 사운드를 재구성하는 것이고, 다른 하나는 원래 아이디어에 가까운 패치를 찾은 다음 패러미터를 조정하여 믹스에 맞게 성형하는 것이다. 두 방법 다 사운드 디자인에 적합하다. 다만 한 방법을 실행하기 전에 여러 변수를 고려해야 한다.

우선 사운드를 '뒤질' 생각이 아니라면, 즉 창의적인 영감을 줄 사운드를 '만들' 생각이라면 대개 특정한 음색을 요구하는 멜로디나 모티프를 구상해 두었을 것이다. 이는 중요한 의미를 지닌다. 흔히 패러미터를 수정하면서 변화를 시연하기 위해 무작위로 음을 누르는 실수를 하기 때문이다. 그래도 사운드의 성격에 대한 청각적 단서를 얻을 수는 있지만 이렇게 하면 곡의 맥락을 벗어나게 된다.

가령 신시사이저의 엔벨로프 생성기, LFO, 필터, 이펙트는 음색만이 아니라 모티프에 강한 영향을 미친다. 16분음표로 구성된 모티프는 앰프의 릴리스를 바꾸면 아주 다르게 들릴 것이다. 즉, 릴리스를 줄이면 모티프가 짧아지고 명확해져서 딜레이 효과나 리버브 설정을 길게 할 수 있도록 해준다. 반면 릴리스를 늘리면 음들이 함께 흘러나와서 딜레이나 리버브는 믹스를 망치기만 할 것이다.

혹은 앰프의 어택 패러미터를 늘리면 실제 미디 음의 타이밍에 강한 영향을 미쳐서 나머지 부분에 대한 시간이 바뀌게 된다. 마찬가지로 저주파수 발진기는 패치를 시연할 때 주기를 다시 시작하지만 음의 길이가 바뀌면 모티프에 걸쳐 다시 시작하지 않을 수도 있다. 또한 키 팔로우 기능을 활용하면 현재 피치에 따라 필터의 동작이 바뀐다.

마찬가지로 프리세트를 수정하든 백지에서 음색을 프로그래밍하든 가용 주파수 영역을 고려하여 스테레오와 이펙트를 신중하게 적용하는 일이 중요하다. 믹스에 새로운 음색을 도입할 때 현재 믹스에 있는 다른 모든 악기의 주파수 영역을 고려해야 한다.

이때 편곡에서 각 음색은 주파수 영역의 특정 부분을 차지한다. 함께 연주될 다른 악기를 고려치 않고 각 음색을 프로그래밍하면 따로 들을 때는 좋을 수 있다. 그러나 함께 들으면 화성적으로 복잡한 음색들로 어수선한 믹스를 만들게 된다. 그래서 합성에 접근할 때는 악기의 우선순위를 정해서 장르를 결정하는 악기를 가장 세부적으로 다루고 주위를 둘러싼 다른 부분들은 단순화하는 일이 중요하다.

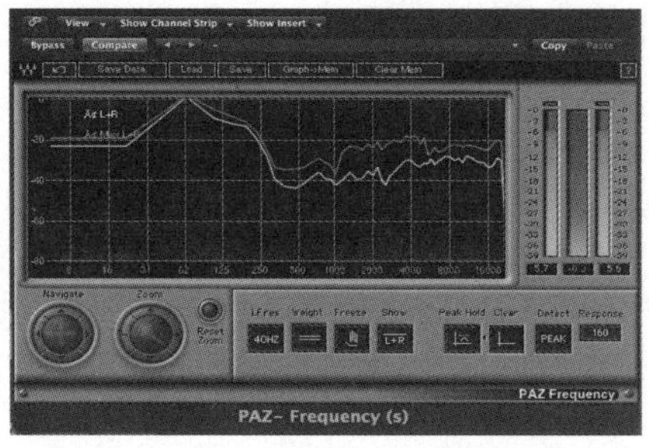

그림 17.1 믹스 버스에 적용한 스펙트럼 분석기

가령 업리프팅 트랜스 같은 장르에서는 리드 악기와 그 멜로디가 트랙의 중심을 차지한다. 따라서 이 장르에 접근할 때는 리드를 우선 악기로 다뤄야 한다. 즉, 리드를 필요한 만큼 '넓고 크게' 프로그래밍하고 코드나 패드처럼 주위를 둘러싼 요소들은 믹스 내에서 주파수 공간을 놓고 경쟁하기보다 뒤로 물러나도록 프로그래밍해야 한다. 이처럼 주파수를 고려하지 않고 나중에 EQ로 '믹스 안에서 고치면 된다'고 생각하다가는 부실하고, 흐릿하며, 어수선한 믹스를 만들게 된다. 앞서 설명했듯이 믹스 EQ는 완전히 재구성하고 보수하는 망치가 아니라 다듬고 새기는 정으로 여겨야 한다.

프로그래밍을 할 때 가용 주파수 영역을 듣고 파악하는 능력을 기르려면 훈련과 경험이 필요하다. 모두 충분한 연습이 필요하지만 초심자의 경우 각 채널과 주 믹스 버스에 스펙트럼 분석기를 활용하는 것이 좋다. 많은 오디오 워크스테이션은 무료 플러그인으로 스펙트럼 분석기를 제공한다. 이를 활용하면 각 악기가 차지하는 주파수 영역과 믹스 버스에서 아직 남은 주파수 공간을 볼 수 있다.

사운드는 음의 보디에 기여하지 않는 수많은 배음으로 구성되어 있다. 스펙트럼 분석기로 주파수를 볼 때 이 점을 고려해야 한다. 가령 베이스 사운드와 멜로디는 20Hz에서 12kHz에 이르는 주파수를 쉽게 차지한다. 그러나 많은 경우 1/8만 베이스의 보디와 성격에 기여한다. 따라서 베이스가 곡을 이끄는 요소가 아니라면 EQ를 적용하여 80Hz 아래, 1kHz 위에 있는 주파수를 감소시켜야 한다.

이 경우 따로 재생하면 베이스의 성격이 조금 약화될 수 있다. 그러나 믹스와 함께 재생하면 표시가 나지 않는다. 또한 이 '점진적 믹싱' 접근법은 추가 악기 프로그래밍 및 디자인을 위한 주파수 공간을 창출할 뿐만 아니라 최종 믹스 다운을 훨씬 쉽게 만든다.

프로그래밍을 하는 동안 모든 이펙트를 적용할 때도 같은 점을 고려해야 한다. 거의

댄스 뮤직 바이블

모든 신시사이저의 패치는 따로 들으면 멋지게 들리도록 디자인된다. 그러나 최종 믹스로 모두 합치면 이펙트의 꼬리와 딜레이, 코러스 등이 한데 묶여서 어수선하고 흐릿한 결과물이 된다. 일렉트로닉 댄스 음악의 박력은 대부분 대조를 통해 나오므로 각각의 음색을 여러 효과로 처리하는 일을 피해야 한다.

예를 들면 곡을 특징짓는 음색은 종종 이펙트로부터 큰 혜택을 받는다. 또한 다른 많은 악기가 비교적 '드라이'하면 리드 악기가 훨씬 큰 박력을 지닌다. 반면 모든 악기를 효과로 덧칠하면 대조되는 측면이 사라져서 이런 박력이 크게 줄어든다. 또한 신시사이저에서 직접 이펙트를 적용하는 것을 피하고 *사후에* 서드 파티 이펙트를 활용하는 것이 좋다. 실제로 기기의 인터페이스와 함께 제공되는 모든 이펙트는 프리세트 패치를 매력적으로 보이게 하려는 목적을 지닌다. 많은 신시사이저의 경우 이런 이펙트는 음질 측면에서 기준에 못 미친다. 특히 리버브와 딜레이가 그렇다. 그래서 잘못 사용하면 믹스가 선명성을 잃고 흐릿해진다.

대신 워크스테이션을 통해 신시사이저에 서드 파티 이펙트를 적용하는 편이 좋다. 그러면 성능이 좋은 이펙트를 쓸 수 있다. 또한 많은 신시사이저의 경우처럼 직렬이 아니라 혹은 병렬이라면 고정된 구성이 아니라 창의적인 순서로 이펙트를 적용할 수 있다.

또한 음색을 프로그래밍할 때 스테레오보다 모노로 하는 편이 좋다. 대다수 플러그인 및 하드웨어 기기는 개별 음색을 더 인상적으로 보이게 만들려고 스테레오 스프레드stereo spread를 과장한다. 그 방법은 대개 이펙트를 사용하거나 왼쪽 및 오른쪽 스피커로 퍼지는 두 개의 다른 음색을 겹치는 것이다. 이 경우 따로 들으면 사운드가 좋지만 스테레오 필드에 걸쳐 누적되어 믹싱을 할 때 쓸 수 있는 음장이 줄어든다. 따라서 스테레오를 써서 주요 악기가 혜택을 보지 않는 한 모노로 사운드를 프로그래밍해야 한다. 다만 킥 드럼의 경우에는 이 원칙이 적용되지 않는다. 킥 드럼은 곡의 핵심적인 부분을 구성하지만 모노로 프로그래밍해야 한다. 믹스의 중심을 차지하므로 두 모니터 스피커가 에너지를 공유하기 때문이다.

앞서 설명한 대로 사운드 디자인에는 2가지 방법이 있다. 즉, 백지에서 음색을 프로그래밍하거나 필요한 사운드와 비슷한 프리세트를 찾아서 수정하는 것이다. 댄스 믹스에 포함되는 악기들은 비슷한 점이 많다. 가령 베이스 사운드는 그저 베이스 사운드로서 대개 같은 방식으로 접근하고 프로그래밍한다. 따라서 합성에 익숙지 않은 상태에서 베이스를 구축하고 싶다면 베이스 프리세트를 불러온 다음 패치에서 모든 변조와 이펙트를 제거하면 된다. 그러면 혼합된 발진기만 남는다. 이를 토대로 사운드를 구축하면 된다.

변조와 이펙트를 제거한 상태에서 가장 흔히 건드리는 패러미터는 필터와 레조넌스다. 이들은 음색의 성격에 강한 영향을 미치지만 대개 먼저 멜로디에 맞게 앰프 엔벨로프를 수정하는 것이 좋다. 앰프의 EG가 작동하는 동안 미디 모티프와 사운드의 음조 성형에 강한 영향을 미치기 때문이다.

음의 초기 트랜지언트는 모든 음색에서 가장 중요한 측면이다. 어택 단계의 처음 몇 순간은 청자에게 상당한 정보를 제공하며, 사운드의 성격에 지대한 차이를 만든다. 가령 즉각적인 어택을 지닌 사운드는 느린 어택을 지닌 사운드보다 물리적으로 크게 느껴진다. 마찬가지로 짧고 일시적인 사운드는 진폭과 주파수 성분이 같더라도 지속적인 사운드보다 조용하게 느껴진다. 따라서 미디 모티프를 통해 사운드를 재생했을 때 '느슨하게' 들린다면 어택 및 릴리스 단계를 줄이기만 해도 훨씬 또렷하게 만들 수 있다.

멜로디의 트랜지언트 속성은 곡의 에너지와 흐름에 강한 영향을 미친다. 트랜지언트가 짧은 음들은 곡을 더 빠르게 느껴지도록 만들고, 트랜지언트가 긴 음들은 곡의 속도를 늦춘다. 그렇다고 해서 빠른 트랙을 원할 때마다 모든 악기의 트랜지언트를 짧게 만들라는 뜻은 아니다.

일렉트로닉 댄스 음악은 사운드 사이의 대조에 기반을 둔다. 그래서 음조뿐만 아니라 시간도 고려해야 한다. 일부 악기에는 빠른 어택과 릴리스를, 다른 악기에는 빠른 어택과 느린 릴리스 혹은 느린 어택과 빠른 릴리스를 적용하면 대조적인 리듬을 지닌 믹스가 만들어진다. 가령 빠른 16비트 패턴 베이스 라인은 엔벨로프 시간을 줄이는 것이 아니라 그저 배경에 느리게 나아가는 패드를 넣기만 해도 더욱 빠르게 느껴진다. 대개 빠르게 지나가는 그루브를 드러내는 댄스 음악은 일시적인 스타일의 베이스를 활용하고, 칠 아웃처럼 느리게 흘러가는 장르는 더 길고 늘어지는 베이스 음들을 써서 그루브를 늦춘다.

앰프의 디케이와 서스테인은 사운드에 시간 기반 성격을 추가하는 데 활용할 수 있다. 디케이는 트랜지언트를 만드는 일부로 보는 것이 좋다. 사운드가 서스테인 레벨에 이르기 전에 진폭이 떨어지는 시간을 제어하기 때문이다. 서스테인은 사실상 음이 유지되는 동안 진폭을 좌우하는 이득 패러미터로 고려해야 한다. 서스테인을 최대로 설정하면 감쇄할 대상이 없기 때문에 디케이가 존재할 수 없다. 마찬가지로 서스테인을 최소로 설정하면 릴리스 패러미터가 쓸모없게 된다. 소멸 과정을 시작할 이득이 없기 때문이다. 이때는 디케이가 릴리스 패러미터로 작용한다.

그림 17.2 FM8의 기본적인 수정 패러미터

대개 짧고 일시적인 사운드와 모티프의 경우 앰프의 디케이와 서스테인은 음색에 거의 영향을 미치지 않는다. 두 패러미터는 패드나 현악기처럼 길고 변화하는 음색을 만드는 데 더 적합하다. 이때 디케이와 서스테인은 종종 긴 어택 단계와 함께 활용된다. 그러면 필터 엔벨로프로 변조되거나 강화되는 가운데 완만하게 음량이 오르내리는 음색이 나온다.

앰프의 전반적인 형태를 수정한 다음에는 필터 엔벨로프와 컷오프/레조넌스를 활용하여 사운드의 성분을 수정할 수 있다. 대개 필터 엔벨로프를 먼저 정한 후 컷오프와 레조넌스를 조절하는 것이 좋다. 엔벨로프가 컷오프의 작동을 좌우하기 때문이다.

필터 엔벨로프는 앰프 엔벨로프와 비슷하게 작동한다. 다만 음량이 아니라 시간의 흐름에 따른 필터의 작동 방식을 수정한다. 이때 어택을 즉각 발동으로 설정하면 건반을 누르는 순간 필터가 작동하고, 약간 길게 설정하면 필터가 음을 훑는다. 그러나 어택 설정보다 디케이 설정이 더 중요하다. 필터가 서스테인 비율로 떨어지는 속도를 결정하기 때문이다.

음색의 맥락에서 디케이는 사운드의 '플럭'을 제어하며, 신시사이저에서 성격을 결정하는 가장 중요한 패러미터 중 하나다. 실제로 자동화나 2차 엔벨로프를 통한 디케이 패러미터의 변조는 여러 프로그레시브 하우스의 리드 음색을 만든다. 또한 모든 장르에 걸친 찌그러진 베이스와 퉁겨진 베이스 그리고 수많은 댄스 플럭 스타일 음색을

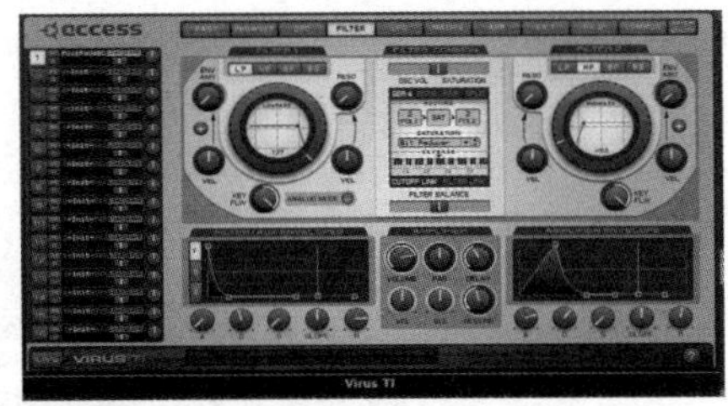

그림 17.3 바이러스 Ti의 필터 및 앰프 구간

만든다. 마찬가지로 더 길고 점진적인 패드 사운드의 경우 필터의 어택과 디케이는 앰프의 어택과 디케이 비율보다 길게 조정된다. 그러면 필터로 훑은 더 복잡하고 전형적인 패드 사운드가 나온다. 그 이유는 앰프 엔벨로프가 사운드를 시작할 때 필터가 서서히 훑으면서 서스테인 부분에 걸쳐 배음의 변화를 창출하기 때문이다.

필터 엔벨로프의 서스테인과 릴리스는 앰프의 서스테인 및 릴리스와 같은 방식으로 작동한다. 다만 필터 엔벨로프의 서스테인은 필터의 컷오프 설정을 결정한다. 가령 서스테인 패러미터를 최대로 설정하면 필터가 현재 컷오프로 열려서 그대로 유지된다. 그러면 필터의 디케이는 감쇄할 공간이 없으므로 사운드에 아무런 영향을 미치지 못한다. 반대로 서스테인을 최소로 설정하면 디케이는 릴리스 패러미터 역할을 한다. 릴리스가 이뤄질 서스테인 구간이 없기 때문이다.

필터 엔벨로프는 현재 필터 설정에 따라 반응한다. 그래서 엔벨로프를 수정할 때 컷오프와 레조넌스도 수정해야 한다. 필터 엔벨로프의 작동이 현재 컷오프로 좌우되기 때문이다. 다르게 표현하면, 필터 엔벨로프의 어택 패러미터는 완전히 닫힌 상태에서 현재 설정치로 점차 늘어난다. 다만 현재 설정치를 넘어서지는 못한다. 따라서 로우 패스 필터를 활용하고, 10kHz까지 중간으로 설정하면 어택 패러미터는 설정된 시간에 따라 필터를 완전히 닫힌 상태(0Hz)에서 최대 10kHz까지 서서히 열게 된다.

대다수 사운드는 경과치를 12dB로 설정한 로우 패스 필터를 활용한다. 가장 즉각적으로 듣기 좋은 결과물을 내기 때문이다. 그러나 다른 사운드의 경과치를 24dB로 설정하여 대조 효과를 얻을 수도 있다. 미디 파일을 이중 트랙으로 만들고 12dB과 24dB을 각 채널에 적용하는 것이 좋은 사례다. 그러면 두 경과치가 상호작용하면서 배음 성분이 휘어지고 옮겨지는 복잡한 사운드를 만든다.

혹은 로우 패스 필터가 가장 흔히 쓰이지만 밴드 패스 필터나 하이 패스 필터 같은 다른 필터로 실험을 하는 것도 쌓을 수 있는 얇은 사운드를 만드는 데 도움이 된다. 가령 사운드에 로우 패스 필터를 쓴 다음 이중 트랙으로 만들고 밴드 패스 필터나 하이 패스 필터를 쓰면 밝은 배음이 많이 생긴다. 이 배음들을 원래 사운드와 섞으면 배음 성분이 훨씬 풍부해진다. 그러면 플러그인으로 추가 필터를 적용할 수 있다.

또한 필터 키 트래킹filter key tracking으로 추가 수정을 할 수 있다. 이는 신시사이저에서 흔히 간과되지만 아주 강력한 기능이다. 필터 키 트래킹을 쓰면 건반으로 더 높거나 낮은 음을 연주할 때 필터가 작동하거나 열리는 방식을 바꿀 수 있다. 이 기능은 원래 현실적인 악기음을 재현하기 위해 도입되었다. 그러나 멜로디의 다른 피치들에 미묘한 차이를 더하기 때문에 일렉트로닉 음악의 사운드 디자인에도 적합하다.

가령 필터 키 트래킹을 플러스 값으로 사운드에 적용하면 피치가 높아짐에 따라 필터가 더 열린다. 이는 이동하는 화음(특히 5도와 7도)을 만드는 데 엄청나게 유용할 뿐만 아니라 덥스텝 스타일의 사운드를 만드는 데 중요한 역할을 한다. 이 기능은 음이 이어지는 동안 피치 벤드pitch bend를 변조하는 데 크게 의존한다. 그래서 피치가 높아지면 필터도 열려서 전형적이고 강력한 '우르르growl' 울리는 소리를 만든다. 마찬가지로 높은 레조넌스로 로우 패스 필터를 거친 베이스에 이 기능을 적용하면 더 많은 에너지를 지니게 된다. 혹은 마이너스 값으로 적용하면 저음은 밝아지고 고음은 어두워진다.

<table>
<tr><td>**변조**</td><td>**전문적인 사운드를 결정하는 요소를 하나만 꼽는다면 변조 매트릭스를 통한 지속적인 시간 기반 변화일 것이다. 필터 엔벨로프를 활용하여 사운드가 이어지는 동안 배음을 변화시킬 수 있지만 신시사이저의 진정한 잠재력을 정의하는 것은 변조다.**</td></tr>
</table>

모든 신시사이저는 변조 매트릭스를 갖추고 있다. 변조 매트릭스가 복잡할수록 더 복잡한 사운드를 만들 수 있다. 이 매트릭스는 원천과 대상을 지정할 수 있는 패치 베이patch bay로 볼 수 있다.

많은 신시사이저에서 가장 흔한 원천은 LFO이며, LFO의 가장 흔한 대상은 발진기 주파수, 필터 컷오프, 레조넌스다. 가령 톱니파 LFO로 필터 컷오프를 변조하면 배음 성분이 급격하게 늘어났다가 서서히 줄어든다. 그 속도는 LFO의 비율로 좌우된다. 댄스 음악의 템포는 대단히 중요하므로 비율이 템포와 동조하도록 비율 변조를 맞추는

CHAPTER 17
사운드 디자인 I ─ 이론

그림 17.4 바이러스 Ti의 변조 매트릭스

것이 좋은 경우가 많다.

그러나 이는 가장 간단한 방법이다. 전문적인 음색을 프로그래밍하려면 흔히 복수의 원천으로부터 복수의 대상을 변조해야 한다. 실제로 변조는 전문적인 음색을 만드는 데 가장 필수적이고 중요한 기여를 한다.

모든 변조 옵션을 나열하기는 불가능하다. 좋아하는 패치를 실험하고 분석하면 성공적인 프로그래밍을 위한 진정한 열쇠를 얻을 수 있다. 이는 연습을 통해서만 가능하며, 어떤 책도 변조가 전반적인 음색의 성격에 영향을 미치는 양상을 이해하기 위해 여러 프리세트를 실험하고 분석하는 데 필요한 시간을 기꺼이 투자하려는 의지를 대체할 수는 없다. 이런 이해는 사운드 디자인에 절대적으로 중요하며, 악기 연주와 마찬가지로 연습하지 않으면 결코 성공할 수 없다.

신시사이저의 프리세트를 믹스에 맞도록 고치는 것은 보람찬 경험이 될 수 있다. 그럼에도 어디까지나 기본적인 방법으로서 고려하는 음색과 비슷한 프리세트를 찾은 경우에만 적절하다. 이 경우에도 수많은 프리세트를 살피는 힘든 과정이 필요하다. 이런 작업은 창의적 열의를 금세 식게 만든다.

그러나 프리세트와 변조 그리고 이펙트를 수정하고 분석하는 데 상당한 시간을 들인다면 백지에서 음색을 프로그래밍하는 작업의 핵심은 신시사이저의 발진기 구간을 이해하고 실험하는 것 이상이 된다.

믹스 구간에서 쓸 수 있는 발진기와 다양한 보강 기능은 6장에서 자세히 다루었다. 6장에 담긴 기본적인 지식을 습득했다면 직접 듣고 실험하는 일만 남는다. 신시사이저를 능숙하게 다루기 위해서는 각 발진기 그리고 믹싱과 디튜닝에 따른 실험의 결과를 듣는 데 더하여 발진기 싱크, 주파수 변조, 링 변조를 적용하는 일이 대단히 중요하다.

댄스 뮤직 바이블

사운드 디자인 II
실제

'나는 춤이 몸과 영혼 사이의 소통 수단으로서,
말로 나타내기에는 너무나 깊은 대상을 표현하기 위해 사용되는 것을 본다.'

– 루스 세인트 데니스Ruth St. Denis

17장에서 사운드 디자인에 대한 이론을 살폈다. 그러나 이미 말한 대로 이론을 이해하는 것은 성공적인 프로그래밍과 사운드 디자인을 위한 첫 걸음에 불과하다. 이 지식을 습득한 후 신시사이저에 적용하는 것이 핵심인데 결과를 실제로 들어야만 음색에 적합한 신시사이저를 제대로 고르고 사용할 수 있기 때문이다.

신시사이저와 친숙해지도록 돕기 위해 이 장에서는 여러 프로그래밍 샘플을 제공할 것이다. 이 샘플들은 특정 트랙에서 의도한 음색을 프로그래밍하는 방법을 보여주지 않는다. 그러면 이 장을 완성하기도 전에 시기적으로 뒤떨어질 가능성이 높기 때문이다. 그런 의미에서 '히트' 사운드는 없다는 사실을 이해하는 것이 중요하다. 나는 초보자들로부터 어떤 레코드에 담긴 특정 음색을 모방하는 법에 대한 질문을 숱하게 받는다. 그들은 해당 레코드를 만든 음악가들이 모방을 거부하고 나름의 길을 개척했기에 성공했다는 사실을 모른다. 사샤Sasha, 스크릴렉스, 티에스토Tiesto 와 같은 음색을 쓴다고 해서 뛰어난 프로듀서가 되거나 그만큼 많은 레코드를 팔 수 있는 것은 아니다.

이 장은 댄스 음악과 동격인 기본적인 사운드를 구축하는 데 집중하며, 그 과정에서 추가로 조작하고 실험할 수 있는 여러 '프리세트'를 만들 것이다.

패드

패드는 댄스 음악의 중심을 형성하는 경우가 드물다. 그러나 기본적인 형태를 만드는 법을 알면 LFO와 엔벨로프를 통해 흥미롭게 변하는 음색을 만드는 법을 이해하는 데 도움이 된다. 원래 댄스 음악을 만들 때 활용할 수 있도록 미리 정해진 패드는 없다. 그래서 패드를 만드는 결정적인 방법은 없지만 따를 수 있는 지침들이 있다.

대개 패드는 다음 3가지 목적에 활용된다.

1. 곡의 분위기를 강화한다. 특히 칠 아웃과 앰비언트 뮤직의 경우가 그렇다.
2. 리듬 및 그루브와 리드 혹은 보컬 사이의 '구멍'을 메운다.
3. 게이트를 적용하여 리드로 활용한다.

이 중에서 패드가 제공하는 기능에 따라 프로그래밍 방법이 결정된다. 댄스 음악의 많은 사운드는 앰프와 필터의 엔벨로프 생성기에서 즉각적인 어택 단계를 활용한다. 그러나 트랙의 리드를 제공하지 않는 한 패드에 이 방법을 쓰는 경우는 드물다.

갑자기 등장하는 울림은 그렇지 않은 것보다 크게 느껴진다. 또한 어택 단계가 느린 사운드는 프로듀서의 의도와 다르더라도 '덜 중요하게' 느껴진다. 그래서 패드를 '뒷받침용' 악기로 쓸 경우 갑작스럽게 시작하지 말고 서서히 시작해야 한다. 반면 리드로 쓸 경우 어택 단계를 아예 없애는 편이 좋다. 이렇게 갑작스럽게 시작하면 믹스에서 두드러지게 되어 곡의 중요한 부분이라는 인상을 얻는다.

이 점을 보여주는 흔한 방법은 패드에 게이트를 적용하는 것이다. 이때 트랙 전체에 걸쳐 하나의 길고 점진적인 음으로 재생되면서 변하고 이동하는 패드를 만든다. 그 다음 노이즈 게이트를 리듬감 있게 패드에 적용하면 머뭇거리는 효과가 발생한다. 구체적으로는 노이즈 게이트를 트랙에 놓고 2차 트랙을 사이드 체인으로 노이즈 게이트에 넣으면 된다. 그러면 2차 트랙에 리듬감 있는 패턴이 생겨나 패드에 펄스를 부여한다.

그러나 이 방법이 유일한 것은 아니다. 가령 컴프레서를 활용하여 같은 작업을 할

수 있다. 이때 컴프레서의 출력 이득
을 충분히 낮춰서 작동했을 때 들리
지 않도록 해야 한다. 더 흔한 방법
으로는 현재 많이 나와 있는 엑스퍼
Xfer LFO 도구처럼 LFO 기반 플러그
인을 트랙에 놓고 펄스를 만들어내
는 것이 있다.

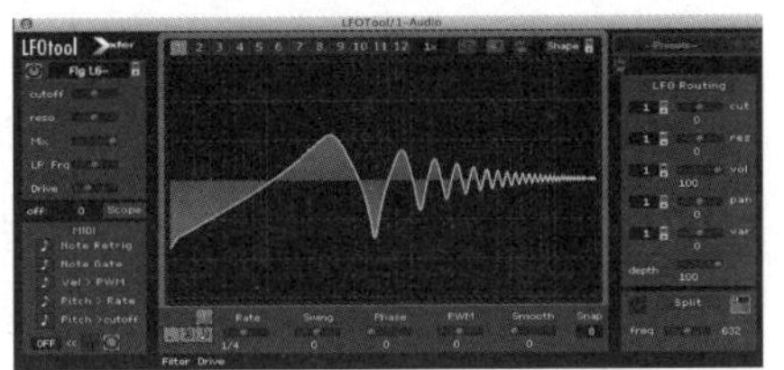

그림 18.1 엑스퍼 LFO 도구

이렇게 노이즈 게이트로 펄스가 들어간 패드를 효과적으로 쓰려면 전체에 걸쳐 질
감이 변해야 한다. 질감이 바뀌지 않는 지속적인 음색에 이 방법을 쓰려면 차라리 필
요할 때마다 재생하는 편이 낫다. 실제로 뛰어난 사운드를 지닌 패드를 만드는 열쇠는
질감의 변화와 전개다. 음색이 아무 변화 없이 정적으로 이어지면 귀가 쉽게 피로해져
서 관심을 돌려버리기 쉽다.

대개 패드를 만들 때 아날로그 스타일 신시사이저를 쓰는 것이 좋다. 발진기의 피치
가 부드럽게, 무작위로 바뀌면서 추가적인 변화의 느낌을 제공하기 때문이다. 그래서
LFO나 엔벨로프로 강화하면 매력적인 음색이 나온다. LFO부터 엔벨로프 생성기까지
이 움직임을 활용하는 다양한 수단이 있다. 그러나 패드가 진행되는 동안 배음 성분을
점차 늘리거나 줄인다는 원칙은 같다. 이 점을 더 잘 설명하기 위해 엔벨로프로 패드
의 시작 부분을 만드는 과정을 살펴보자.

앰프 엔벨로프에 빠른 어택과 긴 디케이를 적용하면 사운드가 서스테인 부분에 이
르는 데 일정한 시간이 걸린다. 서스테인 부분을 디케이 부분보다 약간 아래로 설정하
면 사운드는 서서히 디케이 부분에서 서스테인 부분으로 넘어간다. 그 다음 음이 릴리
스 단계로 넘어갈 때까지 계속 서스테인 부분을 '루프'하면 된다.

그렇게 하면 패드나 현악기 음색을 위한 기본적인 토대가 생긴다. 이 사운드는 릴리
스 단계까지 계속 재생된다. 패드가 발진기 구간을 통해 풍부한 배음 구조를 얻었다면
재생하는 동안 로우 패스 필터의 컷오프를 점차 늘려서 질감을 바꿀 수 있다. 그러면
배음이 조금씩 늘어나게 된다.

플러스 값으로 필터의 작동을 제어하고, 엔벨로프의 양은 필터를 완전히 변조하도

CHAPTER 18
사운드 디자인 II − 실제

록 설정하는 경우 긴 어택, 짧은 디케이, 낮은 서스테인, 빠른 릴리스를 활용하면 빠른 디케이 단계를 지나 서스테인 단계로 나아가기 전에 필터가 서서히 작동하게 된다. 그러면 앰프의 어택, 디케이, 서스테인 단계가 진행되는 동안 필터가 서서히 열리다가 서스테인 단계 '중간'에 짧은 디케이 단계로 들어서게 된다. 혹은 같은 필터 엔벨로프를 쓰되 마이너스 값으로 적용하면 엔벨로프가 반전되어 위가 아니라 아래로 훑는 효과가 나온다.

여기서 중요한 점은 앰프와 필터의 엔벨로프가 다른 시간대에 걸쳐 작동하도록 프로그래밍하여 패드의 배음 성분을 변화시키는 것이다. 원래 이 방법은 한 방향으로만 적용된다. (필터는 즉시 시작하지만 앰프의 어택은 길게 설정되도록) 엔벨로프의 기능을 반전시키면 필터가 거의 효과를 발휘하지 못한다. 패드가 나올 때까지 처리할 대상이 없기 때문이다.

물론 패드의 질감을 바꾸려면 우선 발진기를 신중하게 고르고 강하게 디튜닝하여 높은 배음 성분을 드러내도록 프로그래밍해야 한다. 발진기 믹스 구간을 통해 달성할 목표는 필터로 훑을 풍부한 배음을 지닌 사운드를 만드는 것이다.

많은 신시사이저에서 이 작업을 하려면 톱니파, 삼각파, 노이즈, 펄스파 발진기를 써야 한다. 발진기의 선택은 필요한 패드의 스타일에 달려 있다. 그러나 연습을 위한 일반적인 출발점으로는 두 개의 톱니파나 한 개의 톱니파와 삼각파 혹은 삼각파와 펄스파가 배음이 풍부한 음색을 낸다. 이 발진기들은 결과를 세심하게 들으면서 센트와 반음 단위로 서서히 디튜닝해야 한다. 그리고 음색이 '둔탁하게' 되기 시작하거나 발진기가 두 개의 다른 피치로 분리되기 직전에 디튜닝을 멈춰야 한다.

패드가 가볍게 느껴지면 세 번째 발진기를 사인파나 삼각파로 맞추고 다른 발진기보다 한 옥타브 아래 오도록 디튜닝하여 무게감을 더할 수 있다. 혹은 신시사이저에 유니슨 기능이 있다면 음색을 두껍게 만드는 데 도움이 된다.

앞서 언급한 엔벨로프와 더불어 LFO 변조를 통해 패드에 흥미를 더할 수 있다. 대개 톱니파나 삼각파, 사인파를 활용하여 하나 혹은 모든 발진기의 피치를 서서히, 부드럽게 변조한다. 한편 추가 LFO를 활용하여 발진기의 펄스 폭을 부드럽게 변조할 수 있고 여기에 이펙트를 추가하면 이동감을 지닌 음색을 만들어서 너무 정적으로 느껴지지 않도록 만들 수도 있다. 이런 작업은 많은 패드 음색의 토대를 제공하나 여전히 출발점에 불과하며 엔벨로프, 변조 절차, LFO에 사용된 파형을 실험하고 수정하여 트랙에 맞는 패드 사운드를 만드는 것은 프로듀서의 몫이다.

다음은 댄스 음악에서 활용하는 일부 패드들이다. 이는 절대 결정적인 목록이 아니라 기본적인 출발점이다. 다양한 변주를 일으키는 것은 언제나 실험이다.

상승 하강 패드
Rise and Fall
Pad

이 패드는 두 개의 톱니파 발진기를 디튜닝하여 만든다. 디튜닝의 양은 신시사이저에 따라 따르다. 다만 패드가 두껍고 넓어질 때까지 센트 단위로 디튜닝을 해야 한다. 뒤이어 엔벨로프 생성기는 빠른 어택, 짧은 디케이, 중간 서스테인, 긴 릴리스로 설정한다. 필터는 정적인 톱니파 버즈buzz 음색을 만들 수 있을 만큼 컷오프와 레조넌스를 낮게 설정한 상태에서 12dB 로우 패스여야 한다.

그 다음 필터 엔벨로프를 긴 어택과 디케이, 짧은 릴리스, 제로 서스테인으로 설정하고, 최대 플러스 값으로 변조량을 설정한다. 끝으로 재생되는 음의 피치를 따르도록 필터의 키 팔로우를 활용한다. 그러면 필터가 서서히 잦아들기 전에 패드를 위로 훑는다.

패드가 서스테인 부분에서 오래 계속 연주된다면 한 발진기의 피치를 삼각파 LFO로, 필터의 컷오프나 레조넌스를 구형파 LFO로 변조하는 것도 좋다. 이때 둘 다 중간 심도에 느린 속도로 설정해야 한다.

반향 패드
Resonant Pad

반향 패드는 삼각파와 구형파 혹은 삼각파와 펄스파 발진기를 혼합하고 디튜닝하여 만든다. 디튜닝의 양은 신시사이저에 달려 있지만 대개 5센트에서 50센트 사이가 최선의 결과를 낸다. 앞에 나온 상승 하강 패드처럼 앰프는 즉각적인 어택, 짧은 디케이, 중간 서스테인, 긴 릴리스로 설정한다. 필터의 엔벨로프는 긴 어택과 릴리스, 높은 서스테인, 짧은 디케이로 설정한다.

음색이 컷오프 지점에서 강하게 공명하도록 컷오프는 낮게, 레조넌스는 약 3/4로 설정하고 12dB 로우 패스 필터를 써야 한다. 끝으로 삼각파 발진기의 피치를 느린 속도, 중간 심도로 설정한 사인파 LFO로 변조하고 플러스 필터 키 팔로우를 활용한다.

LFO 변조는 자연스런 아날로그 '성격'을 드러내는 패드를 만든다. 한편 필터는 음을

CHAPTER 18
사운드 디자인 II-실제

따르면서 패드의 어택과 디케이 단계를 훑은 다음 앰프의 서스테인까지 유지된다. 이 번에도 패드의 서스테인이 오래 계속된다면 사인파나 펄스파 혹은 삼각파 LFO를 활용하여 필터의 컷오프 및 발진기의 피치를 변조하는 것이 좋다. 펄스파를 활용하는 경우 펄스 폭을 변조하면 추가적인 이동감이 생긴다.

소용돌이 패드
Swirling Pad

소용돌이 패드는 다프트 펑크Daft Punk의 초기 작품에 자주 활용되었다. 두 개의 디튜닝된 톱니파 발진기로 구성된다. 언제나 그렇듯 디튜닝의 양은 신시사이저 그리고 필요한 스타일과 질감에 좌우된다. 그러나 대개 5센트에서 20센트로 설정하면 기본적인 결과가 나온다. 우선 구형파 LFO를 하나의 톱니파에 부드럽게 적용하여 피치를 변조하는 한편 삼각파로 설정된 세 번째 발진기는 두 톱니파보다 10반음에서 20반음 높게 피치를 올려서 사운드에 '반짝이는' 느낌을 더한다.

앰프 엔벨로프는 중간 어택과 서스테인, 릴리스에 짧은 디케이로 설정하고, 필터 엔벨로프는 빠른 어택과 릴리스에 긴 디케이와 중간 서스테인으로 설정한다. 또한 대략 중간으로 설정한 레조넌스에 중간 수준부터 낮은 수준까지 설정된 12dB 로우 패스 필터로 음조 성분을 수정한다.

끝으로 리버브〉노이즈 게이트(잔향 꼬리 제거용-)〉코러스〉플랜저로 구성된 이펙트 사슬을 적용하여 소용돌이 효과를 만든다. 이때 플랜저가 코러스 이펙트를 자유롭게 변조하도록 사슬의 끝에 삽입하는 것이 중요하다.

얇은 패드
Thin Pad

지금까지 다룬 모든 패드는 아주 무겁다. 그러나 패드를 그냥 배경에 놓아야 하는 때도 있다. 이 경우 가벼운 스타일의 패드를 활용해야 한다.

얇은 스타일의 패드는 대개 중간 어택, 서스테인, 릴리스에 빠른 디케이를 앰프 엔벨로프에 활용한 하나의 펄스파 발진기로 구성된다. 또한 사운드를 밝게 만들고자 하는 정도에 따라 24dB 로우 패스나 하이 패스 필터를 쓴다. 대개 필터 엔벨로프는 쓸 일이 없다. 사인파나 톱니파 혹은 노이즈 파형으로 펄스 폭을 부드럽게 변조하기만 해도 필요한 움직임이 나오기 때문이다.

얇은 패드는 배경에 놓이므로 과도한 질감 변화는 피하는 것이 좋다. 강한 변화가 주의를 *끄는* 동시에 믹스의 주파수를 흡수하기 때문이다. 다만 필요하다면 중간 심도로 설정된 필터 컷오프나 레조넌스를 아주 느린 삼각파 LFO로 변조하면 약간의 움직임을 얻을 수 있다.

이 책의 홈페이지(4p 일러두기 참조)에서 지금까지 나온 음색의 사례를 들을 수 있다.

베이스

많은 댄스 장르에서 신시사이저의 베이스 사운드는 사실 비교적 단순하다. 단지 그루브를 고정시키고 리드를 위한 토대를 제공하는 것이 주목적이기 때문이다. 그래서 프로그래밍하기가 특별히 복잡하지 않으며, 하나나 두 개의 발진기만 가지고 고전적인 베이스 음색을 만들수 있다. 실제로 좋은 베이스를 만드는 비법은 발진기가 아니라 필터 그리고 변조의 세심한 적용을 통해 질감을 바꾸는 데 있다.

베이스를 위한 사운드 디자인에 접근할 때 베이스의 멜로디를 킥 드럼 그리고 우선하는 다른 악기들과 함께 시퀀서에서 프로그래밍하고 재생하는 것이 좋다. 그렇게 하면 패러미터를 조작할 때 베이스가 킥이나 다른 우선 악기를 간섭하는지 알기 쉽다. 가령 프로그래밍을 하는 동안 베이스가 트랙 속으로 사라지거나 선명성을 잃으면 앰프와 필터 엔벨로프를 수정하여 어택을 두드러지게 만들 수 있다.

많은 베이스 음색의 경우 앰프의 어택은 가장 짧은 시간으로 맞춰서 건반을 누르면 음이 즉시 시작되도록 해야 한다. 또한 디케이는 릴리스처럼 작용하도록 조정해야 한다(서스테인과 릴리스는 베이스 음색에서 거의 쓰이지 않는다). 필터 엔벨로프도 마찬가지다. 필터의 어택 단계를 너무 길게 설정하면 필터가 음의 길이에 걸쳐서 서서히 들어와 트랜지언트를 망칠 수 있다.

베이스 음색은 종종 대단히 복잡한 어택을 지닌다. 그래서 더 두드러지는 어택이 필요한 경우 2차 악기의 '플럭' 스타일 음색을 트랜지언트 위로 겹치는 것이 실용적이다. 이 플럭은 킥을 위한 플럭과 같은 방식으로 만들 수 있다. 다만 피치를 내린 카우벨과 우드 블록wood block 같은 타악기를 사용하여 트랜지언트를 더하는 경우가 흔하다. 후자의 방법을 쓴다면 드럼 샘플의 길이를 30ms 미만으로 줄이는 것이 좋다. 30ms보다 길면 개별적인 사운드로 지각하기가 어렵기 때문이다.

트랜지언트 이후 베이스의 보디는 약간의 질감 내지 피치 변화를 드러내야 한다. 멜로디가 아무리 활기차더라도 베이스의 음조가 단조롭거나 움직임이 없으면 쉽게 귀를 닫게 된다. 사실 이렇게 움직임이 없는 것은 일부 댄스 리듬이 진정한 그루브를 드러내지 못하게 된 결정적인 원인이다.

여러 가지 방법으로 베이스에 움직임을 부여할 수 있다. 덥스텝은 CC 피치 명령을 통해 휘어지는 느낌의 베이스를 만든다. 또한 딥 하우스, 테크노, 테크 하우스 같은 장르는 멜로디에 속한 다른 음들을 통해 리듬 내지 미분음microtonal 변조를 활용한다. 많은 프로듀서는 종종 변조 휠로 필터 컷오프, 레조넌스, LFO 비율 혹은 피치 같은 패러미터를 제어한다. 그러면 음색을 프로그래밍한 후 휠을 실시간으로 움직여서 변화를 실험할 수 있다. 또한 CC 데이터로 기록한 다음 나중에 시퀀서에서 편집을 할 수도 있다.

깊고 무거운 베이스 무거운 베이스는 드럼 앤 베이스 트랙에 전형적으로 나타나며, 근본적으로 앰프의 디케이와 릴리스 패러미터를 연장한 킥 드럼 음색이기 때문에 가장 간단한 음색이다.

이 음색을 만들려면 어택 디케이 엔벨로프로 단일 사인파 발진기의 피치를 플러스 값으로 변조해야 한다. 그 다음 베이스에 맞도록 피치를 낮춘 구형파를 활용하여 두 번째 발진기를 트랜지언트에 적용한다. 이때 앰프는 즉각적인 어택과 디케이에 제로 릴리스나 서스테인으로 설정한다. 이렇게 초기 음색을 만든 후 필요한 사운드가 나올 때까지 사인파의 앰프 EG 딜레이와 서스테인을 늘릴 수 있다.

서브 베이스 서브 베이스는 대다수 스타일의 일렉트로닉 댄스 음악에 많이 쓰이며, 종종 기본적인 사인파만 가지고 만든다. 서브 베이스는 신시사이저의 역량이 대단히 중요한 영역이다. 모든 신시사이저가 좋은 서브 베이스를 만들지 못하기 때문이다. 많은 음악가들이 서브 베이스를 제작할 때 선호하는 신시사이저는 로직의 ES2다(이 신시사이저는 종종 서브 베이스 제작에 필수인 액세스의 바이러스보다 높은 평가를 받는다). 로직 프로를 쓰지 않는다면 자가 발진 필터를 만들어서 비슷한 결과를 얻을 수 있다. 이때 필터 컷오프는 곡에 맞도록 서브의 피치를 바꾸는 컨트롤

   댄스 뮤직 바이블

메시지를 통해 변조되어야 한다.

어느 쪽이든 앰프의 어택 단계는 즉각적이어야 한다. 그러나 디케이 설정은 필요한 사운드와 현재 베이스 모티프에 전적으로 좌우된다(좋은 출발점은 아주 짧은 디케이, 제로 서스테인이나 릴리스다). 음의 처음에 클릭이 필요하다면 빠른 어택과 디케이로 설정한 앰프, 중간 컷오프와 레조넌스로 설정한 로우 패스 필터와 함께 구형파를 사인파의 트랜지언트 위로 겹치면 된다.

그러면 깊은 서브 베이스에 전형적으로 나타나는 기본적인 '프리세트' 음조가 나온다. 이 음조를 추가로 수정할 수 있다. 가령 느린 어택, 중간 디케이, 제로 서스테인이나 릴리스로 설정한 엔벨로프 생성기로 사인파의 피치를 2센트만큼 변조하면 음이 나올 때마다 조금씩 휘어진다. 추가 앰프나 변조 엔벨로프 생성기를 쓸 수 없다면 건반을 누를 때 다시 시작하도록 설정된 느린 사인파 LFO로 비슷한 결과물을 만들 수 있다.

또한 앰프 혹은/및 필터 엔벨로프 생성기의 어택, 디케이, 릴리스가 작동하는 모양을 직선에서 오목하거나 볼록하게 바꾸면 새로운 변주가 이뤄진다. 가령 오목한 디케이의 경우 '플럭' 스타일 음색을 만들 수 있고, 볼록한 디케이의 경우 더 둥근 느낌의 음색을 만들 수 있다. 마찬가지로 소량의 절제된 디스토션이나 아주 가벼운 플랜징도 이동감을 더한다.

<table>
<tr><td>

무그 베이스
Moog Bass

</td><td>

미니 무그는 일렉트로닉 댄스 음악의 베이스를 만드는 특허 악기 중 하나였으며, 거의 모든 장르에서 다양한 형태로 활용되었다. 대개 고유한 무그 사운드를 원할 경우 하드웨어 무그를 사는 수밖에 없다. 모방 소프트웨어가 있지만 대개 하드웨어 제품의 음장이나 존재감을 따라잡지 못한다는 평가를 받는다. 서브 패티Sub Phatty와 슬림 패티Slim Phatty 같은 하드웨어 시스템은 댄스 음악에 들어가는 베이스 음색을 만드는 데 타의 추종을 불허한다.

</td></tr>
</table>

그렇더라도 무그와 연계하는 음색은 여러 아날로그 모델링 신시사이저에서 구성할 수 있다. 또한 하드웨어가 제공하는 존재감은 드러내지 못하지만 여전히 프로그래밍하기에 유용한 음색이 나온다. 그 방법은 사인파나 삼각파를 구형파와 섞는 것이다. 이때 발진기는 제작자가 의도했던 음색이 나올 때까지 +5센트에서 +30센트만큼 디튜닝한다.

앰프의 엔벨로프는 빠른 어택과 중간 디케이에 제로 서스테인이나 릴리스로 설정한다. 필터 엔벨로프의 패러미터를 설정하는 방법은 프로듀서에게 달려 있다. 다만 낮은 레조넌스에 중간으로 설정한 12dB 로우 패스 필터를 활용하는 것이 좋은 출발점이다. 그 다음 엔벨로프를 빠른 어택에 중간 디케이로 설정해야 한다. 그리고 어택을 늘리거나 디케이를 줄이면 '플럭' 혹은 '우르르' 소리가 들어간 음색을 만들 수 있다. 베이스 멜로디의 피치가 특히 에너제틱하다면 필터 키 팔로우를 활용할 수 있다. 그렇지 않다면 하나 혹은 두 발진기의 피치를 느리게 설정한 사인파 LFO로 변조하면 약간의 성격을 부여할 수 있다.

애시드 하우스 베이스는 80년대 후반과 90년대 초반에 인기를 끌었다. 지금은 그때만큼 인기가 없지만 여전히 다양한 장르에 속한 여러 레코드에 등장한다.

이런 스타일의 베이스는 처음에 롤랜드 TB-303 베이스 신시사이저를 써서 만들었다. 이 신시사이저는 현재 함께 쓰던 TR-909와 TR-808처럼 단종되었다. 그러나 지금도 대단히 높은 가치를 지니며, 중고 시장에서 엄청난 고가에 거래된다. 데빌피쉬devilfish 개조를 통해 미디 인과 아웃 포트를 더한 경우는 더욱 그렇다.

클럽헤즈Klubbheads의 〈킥킹 하드Kickin' Hard〉에 나오는 애시드 하우스(소위 '동크 donk') 베이스는 대다수 아날로그 모델링 신시사이저에서 구형파나 톱니파 발진기로 만들 수 있다. 둘 사이의 선택은 목질woody 사운드를 원하는지 아니면 쳇소리를 원하는지 여부에 달렸다. 앰프의 어택 단계는 제로로, 디케이는 필요한 사운드의 스타일에 맞게 설정한다. 또한 중간 디케이에 제로 서스테인이나 릴리스가 좋은 출발점을 제공한다. 필터는 레조넌스를 아주 높게 그러나 자가 발진 지점 바로 아래로 설정하고 컷오프는 낮게 설정한 상태에서 12dB 로우 패스여야 한다.

필터 엔벨로프는 곡의 스타일에 맞게 설정해야 한다. 다만 제로 어택, 서스테인, 릴리스에 앰프의 디케이보다 약간 긴 디케이가 좋은 출발점이다. 그러면 전형적인 하우스 베이스 음색의 시작을 만들 수 있다. 또한 이동감을 창출하기 위해 필터 키 팔로우를 종종 활용한다. 필터 컷오프를 세기velocity로 지정하여 음을 세게 칠수록 필터가 더 열리게 만드는 것도 좋다.

반향 베이스
Resonant Bass

반향 베이스는 애시드 베이스로 만든 음조와 비슷하지만 전형적인 TB-303의 삑삑squeal 울려 퍼지는 성격을 지닌다. 신시사이저 필터의 품질에 따라 달라지는 음색이라서 모든 신시사이저로 이 특정한 음색을 낼 수 있는 것은 아니다.

이 사운드는 빠른 어택에 제로 서스테인, 중간 릴리스, 짧은 디케이로 설정한 앰프를 활용한 톱니파 발진기로 만든다. 이 설정은 건반을 누르면 시작되고 짧은 디케이 단계에서 릴리스로 재빨리 옮겨가서 '플럭'을 지닌 베이스를 만든다. 이 플럭은 제로 어택이나 서스테인, 짧은 릴리스와 디케이를 갖춘 필터 엔벨로프로 강화된다. 이때 릴리스와 디케이는 앰프의 패러미터보다 약간 짧게 설정해야 한다. 또한 컷오프와 레조넌스를 대략 중간으로 설정한 가운데 24dB 로우 패스여야 한다. 필터 엔벨로프를 이렇게 설정하면 음이 시작되는 부분에서 '플럭'에 공명이 더해진다. 그래서 효과를 얻기 위해 약간 조정이 필요할 수도 있다.

이 방법을 쓰면 기본적인 음색을 얻을 수 있다. 다만 필터가 피치를 따르면서 음색에 약간의 흥미를 유지하도록 플러스 필터 키 팔로우를 쓰는 것이 좋다. 또한 두 반음 영역에 걸쳐 적용된 플러스 혹은 마이너스 엔벨로프로 톱니파 엔벨로프를 변조하면 사운드를 더욱 강화하는 데 도움이 된다.

스위핑 베이스
Sweeping Bass

기본적인 스위핑 베이스는 영국 거라지garage 장르에 자주 등장했지만 근래에 전형적인 덥스텝 스타일 베이스로 변화되었다. 이 사운드는 필요한 스타일에 따라 피치 및/혹은 주파수를 훑는 긴밀하면서 깊은 베이스로 구성된다.

스위핑 베이스는 두 개의 발진기로 만든다. 이때 하나는 음색에 깊이를 더하기 위해 사인파로 설정하고, 다른 하나는 필터로 훑을 수 있는 배음을 만들기 위해 톱니파로 설정한다. 두 발진기는 대개 서로 디튜닝된다. 그 양은 필요한 음색의 유형에 좌우된다. 다만 처음에는 12센트(cent 반음의 백분의 일 음정) 떨어지게 설정하고 사운드가 필요한 만큼 두터워질 때까지 점차 늘리면서 실험을 하는 것이 좋다.

앰프의 엔벨로프 생성기는 대개 제로 어택과 서스테인에 중간 릴리스와 디케이로 설정된다. 여기서 디케이는 '플럭'을 제공한다. 또한 릴리스는 시퀀서에서 재생되는 모티프에 맞게 수정할 수 있다.

필터는 (먼저 낮은 주파수를 제거하는 것과 달리) 신호에서 높은 배음을 제거할 수 있도록 12dB 로우 패스여야 한다. 한편 레조넌스는 둘 다 완전히 노출된 상태와 완전히 닫힌 상태의 대략 중간에 오도록 조절해야 한다. 필터는 앰프 EG와 같은 설정에 따라 필터 엔벨로프로 제어하는 것이 좋다. 그러나 사운드의 '플럭'을 늘리기 위해 앰프의 설정보다 약간 길게 어택과 디케이를 조절할 수 있다. 끝으로 포지티브 필터 키 팔로우를 활용하여 필터가 연주되는 음의 피치를 따라가도록 해야 한다. 그러면 이동감을 더하는 데 도움을 준다.

이 설정으로 기본적인 음색을 만들 수 있다. 또한 피치 이동 및/혹은 필터 움직임으로 도움을 받을 수 있다. 피치 이동은 피치 이동 명령을 신시사이저로 보내거나(혹은 라이브로 변조 내역을 시퀀서에 기록한 다음 나중에 편집하거나) 빠른 어택에 중간 디케이로 설정된 피치 엔벨로프를 활용하여 두 발진기를 변조하면 된다. 신시사이저의 피치 벤드bend 영역은 피치가 너무 높이 이동하지 않도록 두 반음으로 제한해야 한다.

또한 LFO 변조를 통해 음색에 생동감을 더 줄 수 있다. 대개 톱니파가 최선의 결과를 제공한다. 이 경우 음이 연주될 때 필터는 감쇄되지 않고 열린다. LFO의 심도는 파형에 완전히 적용되도록 최대로 설정하고, 속도는 음을 빠르게 훑도록 설정해야 한다. 멜로디가 빠르게 이어지는 음으로 구성되어 있다면 건반을 누를 때 LFO가 재작동하도록 설정하는 것이 좋다. 그렇지 않으면 첫 음만 제대로 훑고 이어지는 다른 음들은 현재 주기에 있는지 여부에 따라 다르게 처리한다.

<table>
<tr><td>

테크 하우스

베이스

Tech House

Bass

</td><td>

테크 하우스에서, 베이스는 대개 아주 깊고 힘이 있다. 많은 경우 4개의 발진기로 만들기 때문에 이런 스타일의 음색을 만들 수 없는 신시사이저가 많다.

테크 하우스 베이스의 경우 4개의 발진기가 모두 같은 파형을 쓴다. 대개는 톱니파를 쓰지만 사운드의 성격을 바꾸기 위해 구형파와 삼각파도 쓸 수 있다. 이때 한 발진기는 원래 피치로 두고 다른 3개의 발진기는 개별 음색으로 나눠지기 전까지 가능한 한 멀리 디튜닝한다. 앰프 엔벨로프는 제로 어택, 릴리스, 서스테인에 중간 수준에서 3/4수준 디케이로 설정한다.

이 베이스는 디케이 단계에서 '쿵whump'하는 소리를 낸다. 모든 발진기의 피치를 어

</td></tr>
</table>

택/디케이 엔벨로프로 변조하여 그런 소리를 낼 수 있다. 이때 빠른 어택을 써서 피치가 음의 처음에 시작되도록 해야 한다. 다만 디케이는 앰프 엔벨로프에 설정된 디케이보다 약간 짧게 설정해야 한다. 피치 변조는 대개 플러스 값으로 적용한다. 그래서 피치가 아래로 훑는다. 그러나 곡에 맞는다면 마이너스 변조를 통해 위로 훑을 수도 있다. 또한 신시사이저는 엔벨로프의 기울기를 조정하는 옵션을 제공한다. 대개 볼록한 디케이를 활용하지만 이런 유형의 베이스에는 실험만이 진정한 해법이다. 일부 경우에는 오목한 엔벨로프가 더 나은 결과를 낼 수도 있다. 이 베이스는 미세하게 피치를 조정하는 수준에 머물기 때문에 필터 키 팔로우를 쓰는 일은 드물다. 그러나 모티프가 완전한 피치만큼 움직인다면 플러스 키 팔로우를 써서 리프에 약간의 이동감을 부여하는 것이 좋다.

트랜스 '블록' 베이스
Trance 'Block' Bass

이 베이스는 많은 트랜스 트랙에 흔히 쓰이며, 특별히 강한 하단을 드러내지는 않는다. 그래서 배음이 지나쳐 전형적인 트랜스 리드를 간섭하는 일 없이 충분한 베이스 요소를 제공한다. 이 유형의 베이스는 두 개의 발진기를 활용한다. 둘 다 구형파로 설정하며, 신시사이저에 따라 5센트에서 40센트만큼 디튜닝한다. 또한 거의 닫히도록 설정된 컷오프와 함께 12dB 로우 패스 필터가 사용되며, 레조넌스는 자가 발진 지점 바로 아래에 오도록 높게 설정된다. 앰프의 어택, 서스테인, 릴리스는 모두 제로로, 디케이는 대략 중간에 설정한다. 필터 엔벨로프는 앰프 설정을 따라서 제로 어택, 서스테인, 릴리스로 설정한다. 다만 디케이는 공명하는 플럭을 만들기 위해 앰프의 디케이보다 약간 짧게 설정한다.

끝으로 필터가 베이스 모티프에 걸쳐서 피치를 따르도록 필터 키 팔로우를 적용한다. 베이스가 너무 울리면 필터의 를 줄여서 압축함으로써 '플럭'을 더 날카롭게 만들거나 레조넌스를 낮추고 필터의 컷오프를 늘릴 수 있다.

'팝' 베이스
'Pop' Bass

팝 베이스는 보통 대중음악 트랙에서 쓰이기 때문에 붙은 이름이다. 그러나 댄스 음악장르에서도 믹스에서 가용 주파수 영역을 너무 많이 차지하지 않는 하단부의 존재감을 원할 때 많이 쓰인다.

이 베이스는 대다수 신시사이저에서 톱니파 발진기와 삼각파 발진기를 섞어서 만든다.

이때 삼각파는 톱니파 발진기로부터 한 옥타브만큼 높게 옮겨진다. 앰프 엔벨로프는 켬/끔 장치로 사용된다. 다시 말해서 어택, 디케이, 릴리스는 모두 제로로, 서스테인은 최대 수준보다 약간 아래로 설정된다. 그러면 즉시 서스테인 부분으로 뛰어올라서 건반을 누르는 동안 지속적인 베이스 톤을 유지하는 음색이 나온다.

'플럭'이 필요하면 자가 발진 지점보다 약간 아래로 설정된 레조넌스 및 낮은 컷오프와 함께 24dB 로우 패스 필터를 쓰고, 필터 엔벨로프는 제로 어택과 릴리스 혹은 서스테인에 긴 딜레이로 설정해야 한다. 또한 필터 엔벨로프의 심도와 함께 컷오프 및 레조넌스를 늘리면 베이스의 반향을 제어할 수 있다. 그리고 베이스가 연주하는 모티프에 따라 필터가 피치를 따르도록 필터 키 팔로우를 쓰면 음색에 흥미로운 질감이 더해진다.

> 이 책의 홈페이지(www.dancemusicproduction.com)에서 이 음색들의 사례를 들을 수 있다.

베이스 레이어링 및 이펙트 사슬

지금까지 베이스 음색을 만드는 데 기여하는 주요 속성을 분석하고 댄스 음악에서 흔히 쓰이는 스타일의 베이스를 구축하는 방법을 살폈다. 그러나 기본적인 사운드 디자인만으로 항상 최선의 결과를 얻을 수는 없다. 실제로 베이스가 너무 무겁고 상단 배음이 부족하거나 너무 가벼워서 필요한 무게감이 부족할 수 있다. 이 경우 신시사이저의 이펙트 사슬과 여러 사운드 요소를 활용하여 패치를 만들어야 한다. 이 과정은 15장에서 다룬 킥 드럼을 구축하는 과정과 비슷하며, 여러 음색을 겹치는 작업으로 구성된다.

대개 다른 음색의 결들은 다른 신시사이저로부터 얻는다. 그래서 각 결이 다른 사운드 특징을 지닌다. 그 이유는 패러미터를 똑같이 설정한다고 해도 신시사이저마다 음조가 다르기 때문이다. 가령 아날로그 모델링 신시사이저를 써서 초기 패치를 만들 경우 같은 유형이라도 제조사가 다르면 완전히 다른 성격을 지닌 음색이 나온다. 이들을 겹치고 각각의 음량을 조절하면 더 충실한 음색을 만들 수 있다.

이상적인 방법은, 혼합한 음색들이 믹스에서 너무 강한 힘을 지니지 않도록 막기 위해 각 신시사이저에 다른 필터 유형을 쓰는 것이다. 가령 첫 번째 신시사이저가 저주파수 에너지를 만들지만 상단이 부족하다면 두 번째 신시사이저는 하이 패스 필터를 써야 한다. 그러면 저주파수 요소를 제거하여 첫 번째 신시사이저가 만든 배음과 간섭할 가능성이 줄어든다. 이런 레이어링은 적정한 정도의 성격을 지닌 베이스를 만드는 데 필수적이다. 그래서 많은 전문 음악가와 스튜디오는 여러 대의 신시사이저를 쓴다.

레이어링과 함께 이펙트와 프로세싱 사슬도 베이스 음색을 만드는 데 중심적인 역할을 한다. 대개는 디스토션에 이어 컴프레서, EQ, 끝으로 플랜저나 코러스 스타일 이펙트가 배치된다. 디스토션은 상단 배음을 더하여 베이스에 존재감을 부여하고, 뒤이은 컴프레서는 다이내믹스를 제어하여 피크나 원치 않는 왜곡을 방지한다.

컴프레서 뒤에 EQ를 쓰는 이유는 디스토션을 성형하여 필요한 질감을 낼 수 있기 때문이다. 끝으로 플랜저는 더 많은 질감 변화를 이루는 데 사용된다. 이런 구성에서 베이스는 대개 삽입되지 않고 이펙트의 버스로 보내진다. 그러면 원 베이스를 효과가 들어간 결과물과 신중하게 섞을 수 있다.

그러나 스테레오 효과를 적용할 때는 조심해야 한다. 특히 스테레오 이미지를 넓히기 위한 효과를 적용하는 경우는 더욱 그렇다. 베이스는 믹스의 중앙에 자리해야 한다. 그래서 스테레오 이미지를 넓히는 효과를 적용하면 믹스가 중심을 잃어서 베이스의 존재감이 부족해질 수 있다. 스테레오 베이스를 적용하는 믹스도 있지만 대개 모노 서브 베이스 위에 겹쳐서 믹스의 중심에 충분한 에너지가 있도록 만든다.

리드 프로그래밍 리드 악기는 요약하기 어렵다는 점에서 앞서 설명한 베이스 악기와 비슷하다. 매 트랙마다 다른 스타일의 리드 음색을 쓰며 뛰어난 리드를 만드는 결정적인 방법론도 없다. 그래도 충분한 시간을 들여서 곡에 맞는 리드를 만들어내는 일은 대단히 중요한데, 전체 트랙이 리드의 질에 좌우되므로 얼마든지 시간을 들일 가치가 있다.

특정 트랙에 맞는 리드를 디자인하는 방법을 제안하기는 어렵다. 다만 어느 정도의 일반화는 가능하다. 우선 대다수 리드 악기는 앰프와 필터 엔벨로프에 빠른 어택을 활용한다. 그래서 건반을 누르면 즉시 시작된다. 이때 필터는 배음을 만들어서 리드가 믹스를 통과하도록 돕는다. 디케이와 서스테인 그리고 릴리스 파라미터는 전적으로 프로듀서가 원하는 리듬 및 사운드의 유형에 좌우된다.

가령 사운드가 '플럭'을 지닌다면 앰프와 필터 EG에서 서스테인 패러미터를 상당히 낮게 설정해야 한다. 그래야 디케이 패러미터가 떨어지면서 플럭을 만들 수 있다. 또한 앰프의 릴리스 패러미터는 리드 모티프의 음들을 한데 흘러가게 만들지 아니면 스타카토로 이어갈지(스타카토 음들은 더 조용하게 느껴진다는 점을 염두에 두어야 한다) 좌우하는 데 활용할 수 있다. 릴리스를 아주 길게 설정하여 음들이 한데 흘러가게 한다면 대개 신시사이저에 포르타멘토portamento(음과 음 사이가 미끄러지듯 이어지는 것)를 적용하여 음이 오르거나 내리면서 다음 음으로 이어지게 만드는 경우가 많다.

리드는 트랙에서 가장 두드러지는 부분이므로 대개 중간에서 높은 영역에서 자리한다. 그래서 이 영역을 차지하도록 디자인된다. 이때 흔히 쓰는 방법은, 신시사이저에서 제공한다면 유니슨 기능과 함께 톱니파, 구형파, 삼각파, 노이즈를 써서 배음이 풍부한 사운드를 구축하는 것이다. 그러면 신시사이저가 내는 사운드를 여럿 겹쳐서 두껍고 넓은 음조를 만들 수 있다. 다만 이는 신시사이저의 다성성polyphony을 줄이므로 신중을 기해야 한다.

배음이 풍부한 사운드를 만든 후에는 필요한 경우 필터나 EQ로 얇게 만들고, 엔벨로프와 LFO로 변조할 수 있다. 변조 옵션은 리드 음색을 만드는 데 중요한 역할을 한다. 흥미를 유지하려면 충분한 질감의 변화가 필요하기 때문이다. 대개 이 방법만으로 충분히 풍부하고 깊은 리드 사운드를 얻을 수 있는 것은 아니다. 따라서 레이어링, 더블링doubling, 스플리팅splitting, 호케팅hocketing(나중에 설명함), 잔여 합성residual synthesis 같은 추가 기법을 고려해야 한다.

베이스를 다룰 때 이미 레이어링의 기본을 살폈다. 리드의 경우, 레이어링 기법을 더 심도 있게 활용할 수 있다. 엄격하게 주파수를 제어할 필요가 없기 때문이다. 어차피 리드의 주목적은 믹스에서 다른 모든 요소들 위에 자리하는 것이다!

여러 신시사이저의 음색들을 각각 다른 앰프 및/혹은 필터 엔벨로프를 적용한 상태로 겹치는 일은 분명 드물지 않다. 가령 한 음색은 빠른 어택에 느린 릴리스나 디케이 패러미터로 설정하고 두 번째 음색은 느린 어택에 빠른 디케이나 릴리스로 설정할 수 있다. 두 음색을 겹치면 배음의 상호작용으로, 혼합되고, 압축되고, EQ와 이펙트 사슬로 다뤄질 수 있는 복잡한 음색이 생긴다.

더블링은 레이어링과 비슷하지만 여러 신시사이저에서 나온 음색을 쓰지 않고 트랙 (미디와 악기)을 복사한다. 그 다음 복사한 미디 트랙을 3도, 5도, 7도, 9도 혹은 한 옥타브만큼 올린다. 다른 방법은 원래 리드를 복사한 다음 전부가 아닌 복사본의 일부 음만 옮겨서 강조하는 것이다.

호케팅Hocketing은 같은 악구에서 나온 일련의 음들을 여러 신시사이저로 보내서 복합적인 리드의 인상을 만드는 것이다. 대개 프로듀서는 세기를 통해 어느 신시사이저가 어느 음을 받을지 정해야 한다. 가령 한 신시사이저는 64 같은 특정 수치 아래로는 받지 않도록 설정하고, 다른 신시사이저는 64를 넘는 세기 값만 받도록 설정할 수 있다. 그러면 시퀀서의 세기 명령만으로 두 신시사이저 사이를 호케팅할 수 있다.

스플리팅splitting과 잔여 합성residual synthesis은 쓰기 어렵지만 종종 최고의 결과를 낸다. 스플리팅은 어떤 측면에서 레이어링과 비슷하지만 두 개의 신시사이저로 같은 음색을 만드는 것이 아니라 한 음색을 개별 요소로 나눈 다음 다른 신시사이저로 보내는 것이다.

가령 사인파, 톱니파, 삼각파로 사운드를 구축할 때 한 신시사이저만 쓰지 않고 각 파동을 다른 신시사이저에서 만들 수 있다. 각 파동은 개별 합성 엔진을 써서 다른 방식으로 변조된다. 또한 오디오 워크스테이션의 믹서는 발진기의 믹서로 활용된다. 3개의 신시사이저는 하나의 버스로 보내져 음량을 제어한다. 그 다음 필터, 엔벨로프 수정기, LFO 도구, 트랜지언트 디자이너, 컴프레서를 모두 동원하여 구성요소들을 수정하면서 음색을 구축한다. 반면 잔여 합성은 한 신시사이저에서 사운드를 만든 다음 밴드 패스 필터나 노치 필터로 음색에서 일부 중심 배음을 제거한다. 그 다음 다른 신시사이저나 합성 엔진을 활용하여 중심 배음을 대체한 후 믹서에서 재결합한다.

마지막으로, 이펙트와 프로세싱 사슬도 리드 음색을 만들 때 공간을 줄이는 역할을 한다. 가장 흔히 쓰이는 이펙트는 리버브, 딜레이, 페이저phaser, 플랜저, 디스토션, 코러스와 노이즈 게이트, 컴프레서, EQ, 엔벨로프 수정기다. 가능한 방식은 너무나 많으며 각 이펙트에 대한 사전 지식과 실험이 해법이라 하겠다.

<table>
<tr><td>

플럭 리드

PLUCKED

LEADS

</td><td>

플럭 리드는 하우스부터 트랜스까지 대다수 장르에서 사용되나 주로 프로그레시브 하우스 장르에 흔히 나온다. 곡의 장르와 프로듀서의 바람에 따라 수많은 방식으로 만들 수 있다. 댄스 음악에서 가장 흔히 쓰이는 2가지 기본적인 패치를 아래에 소개한다. 이 패치는 곡에 맞도록 추가로 조작해야 한다.

</td></tr>
</table>

플럭 리드 1

첫 번째 사례는 3개의 발진기로 구성된다. 그중 2개는 톱니파로 설정되어 충분한 배음을 만들어내고, 1개는 사인파나 삼각파로 설정되어 하단의 무게감을 더한다.

사인파와 삼각파 중 무엇을 쓸지는 프로듀서가 선택할 문제다. 다만 사인파는 하단을 더하므로 믹스에 사용된 베이스가 비교적 얇을 때 유용하다. 혹은 베이스가 상당히 무겁다면 삼각파가 낫다. 하단을 덜 더하고 배음을 더 만들기 때문이다. 톱니파는 5센트에서 40센트만큼 디튜닝되며(멀수록 사운드가 풍부해진다), 세 번째 발진기는 한 옥타브만큼 아래로 옮겨져서 음색에 약간의 무게감을 부여한다.

앰프의 어택과 서스테인은 제로로, 디케이와 릴리스는 필요한 플럭의 양과 모티프에 따라 중간 심도로 설정한다. 또한 12dB 로우 패스 필터를 사용하여 사운드의 높은 배음을 제거한다. 이때 처음에는 중간에 설정하고 레조넌스는 상당히 낮게 설정해야 한다.

필터 엔벨로프는 제로 어택과 서스테인으로 설정한다. 디케이와 릴리스는 앰프의 설정보다 약간 짧게 설정해야 한다. 끝으로 리버브를 적용하면 음색을 약간 더 넓히는 데 도움이 된다. 이때 노이즈 게이트로 꼬리를 제거해야 한다.

플럭 리드 2

두 번째 사례는 톱니파와 삼각파, 두 개의 발진기로 구성된다. 톱니파는 피치를 낮춰서 하단을 만들고 삼각파는 피치를 올려서 약간 반짝이는 효과를 만든다. 디튜닝 양은 필요한 음색에 따라 다르지만 믹스에 주파수가 안착할 때까지 실험을 해야 한다.

일반적인 출발점은 두 개의 다른 음색이 나올 때까지 최대한 멀리 디튜닝한 다음 약간 뒤로 물리는 것이다. 이렇게 극단적인 디튜닝을 하기 때문에 두 발진기를 동조시켜서 서로 너무 많이 부딪히지 않도록 한 다음 연주할 때 피치가 올라가도록 빠른 어택과 중간 디케이로 톱니파에 플러스 피치 엔벨로프를 적용한다.

이때 건반을 누르면 소리가 시작되므로 앰프 엔벨로프는 제로 어택과 서스테인이나 릴리스에 디케이는 중간으로 설정해야 한다. 그 다음 이 엔벨로프를 필터 엔벨로프로 복사한다. 다만 디케이는 제로로 설정하고 서스테인 패러미터는 중간까지 늘려야 한다. 끝으로 컷오프는 약 3/4이 열리도록, 레조넌스는 약 1/4로 설정하고 24dB 로우 패스 필터를 사용한다.

<table>
<tr><td>

유포릭 트랜스 리드

Euphoric Trance Lead

</td><td>

업리프팅 트랜스 리드는 대개 디자인하기 가장 모호하다. 그 이유는 많은 경우 신시사이저로 재현할 수 없고, '고전적인' 트랜스 기기(액세스 바이러스, 야마하 CS6R, 노베이션Novation 슈퍼노바Supernova)로 만들기 때문이다.

</td></tr>
</table>

업리프팅 트랜스 리드를 만들려면 이펙트와 노이즈를 영리하게 활용해야 한다. 앞서 설명한 대로 노이즈는 수많은 배음을 만든다. 이는 손을 들어 올리는 분위기를 만드는 데 필수적이다.

기본적인 트랜스 리드 음색은 4개의 발진기로 만든다. 이때 2개는 펄스파를 쓰고, 세 번째는 종종 톱니파를 쓰며, 네 번째는 노이즈를 써서 상단 배음을 더한다. 2개의 펄스파는 신스와 취향에 따라 다양한 정도로 디튜닝한다. 그러나 대개 다른 음색으로 나눠지려는 지점까지 디튜닝한다. 그 다음 톱니파를 한 옥타브만큼 디튜닝하고, 노이즈는 한 옥타브 높게 디튜닝한다. 대개 핑크 노이즈가 트랜스 리드에 가장 좋은 주파수를 제공하지만 구하지 못할 경우 화이트 노이즈로도 충분하다.

앰프의 어택은 제로로 설정된다. 또한 작은 플럭을 만들기 위해 중간 디케이에 작은 서스테인 그리고 아주 짧은 릴리스를 활용한다. 릴리스는 프로그래밍한 멜로디에 맞게 추가로 늘리거나 줄일 수 있다. 필터 엔벨로프는 앰프와 같이 설정할 수 있다. 그러나 디케이로 실험을 하여 더 뚜렷한 플럭을 만드는 것이 좋다. 또한 연주되는 음의 피치를 따르면서 각각 필터 처리를 하도록 필터 키 팔로우를 적용해야 한다. 그리고 레조넌스는 낮은 수준에서 중간 수준으로, 컷오프는 중간 수준에서 높은 수준으로 맞추고 12dB 로우 패스 필터를 쓰면 기본적인 음색이 나온다.

그 다음 펄스 폭 변조를 통해 음색을 더 흥미롭게 만들 수 있다. 가능하다면 2개의 LFO를 활용하여 각 폭을 약간 다른 속도로 변조해야 한다. 이때 첫 번째 LFO는 느린 속도에서 중간 속도 그리고 완전한 심도로 설정된 사인파로 첫 번째 발진기의 펄스 폭

CHAPTER 18
사운드 디자인 II—실제

을 변조한다. 두 번째 LFO는 첫 번째보다 약간 빠른 속도로 삼각파를 활용하여 두 번째 발진기의 펄스 폭을 변조한다.

끝으로는 대개 리버브와 딜레이를 음색에 적용하여 필요한 사운드를 얻는다. 리버브는 룸이나 홀 설정에 센드 이펙트로 강하게 적용해야 한다. 이때 50ms의 프리 딜레이를 적용하여 트랜지언트가 그대로 통과하도록 해야 한다. 또한 테일은 상당히 짧게 설정하여 이어지는 음을 덮지 않도록 해야 한다. 그 다음에는 노이즈 게이트로 잔향의 꼬리를 제거하는 것이 좋다. 그러면 믹스를 관통하는 무거운 음색이 나온다. 대개 딜레이도 센드 이펙트로 적용되어 음색의 일부만 딜레이 장치로 전송된다. 설정 방식은 사운드의 유형에 달려 있으나 음색을 믹스에서 두드러지게 하려면 30ms 미만으로 설정하여 그래뉼라 딜레이 효과를 만들어야 한다.

TB-303 리드　　베이스 프로그래밍에서 이미 TB-303을 다룬 적이 있다. TB-303은 다재다능한 기기로서 베이스 주파수의 피치를 두어 옥타브 올리기만 하면 리드 사운드를 만들 수 있다. 오래되기는 했지만 가장 유명한 사례가 조쉬 윙크Josh Wink의 〈Higher State of Consciousness〉다. 하나의 톱니파 발진기만 쓰면 되기 때문에 대다수 아날로그 모델링 신시사이저로 같은 효과를 재현할 수 있다.

이때 앰프의 어택, 서스테인, 릴리스는 제로로 설정한다. 그 다음 디케이는 만들고자 하는 사운드의 유형에 맞게 조절한다. 또한 낮게 설정한 컷오프에 자가 발진 지점 바로 아래에 설정한 레조넌스로 12dB 로우 패스 필터를 쓴다. 필터 엔벨로프는 앰프의 설정을 따르되 디케이는 앰프의 디케이보다 약간 짧게 설정해야 한다. 또한 종종 필터 키 팔로우를 활용하여 이동감을 더한다. 그리고 컷오프의 세기 변조를 통해 음을 세게 칠수록 필터가 더 열리게 추가 변조를 하는 경우가 많다.

끝으로 음색을 디스토션 장치로 보내고 그 결과를 플러그인 필터로 처리한다. 멜로디에 따라 음이 서로 겹치도록 앰프의 디케이를 늘리고 신시사이저에서 포르타멘토를 활용하여 음이 서로 이어지도록 하는 것이 좋을 수도 있다.

디스토션 리드　　디스토션 리드는 수백 가지가 있지만 자주 나오는 것은 하드 하우스 트랙에 쓰이는 디스토션/페이저 리드다. 하나의 톱니파 발진기로 기본적인 패치를 만들 수 있지만 대개 두 개의 톱니파 발진기를 디튜닝하여 더 넓고 두드러지는 스타일의 음색을 만든다.

앰프 엔벨로프는 제로 어택에 완전한 서스테인, 짧은 릴리스로 설정하고 디케이는 약 1/4로 설정한다. 흔히 그렇듯이 사운드에 가장 큰 영향을 미치는 것은 디케이다. 그래서 늘리고 줄이면서 필요한 스타일의 사운드를 만드는 실험이 필요하다. 필터는 대개 상당히 낮은 컷오프 그리고 나중에 이펙트로 왜곡할 수 있는 배음을 내도록 높이 설정된 레조넌스에 24dB 로우 패스다. 필터 엔벨로프는 제로 어택, 서스테인 내지 릴리스로 설정하고 디케이는 앰프의 디케이 패러미터보다 약간 길게 설정한다.

디스토션 다음에는 흔히 페이저나 플랜저가 적용된다. 다만 디스토션이 사슬의 처음에 나와서 뒤이은 페이저에도 적용되도록 해야 한다. 이때 너무 많은 디스토션을 적용하지 않는 것이 중요하다. 그렇지 않으면 나머지 믹스를 압도할 수 있다. 은근하면서도 인지되는 효과를 노리는 것이 좋다.

<table>
<tr><td>

테레민
Theremin

</td><td>

테레민은 약 12인치에서 24인치의 높이로 손의 움직임에 반응하여, 손의 위치에 따라 낮은 피치로 웅웅대는 소리를 내는 수직 금속봉으로 구성된다. 이 소리는 50년대와 60년대에 공상과학 영화에서 불안한 분위기를 자아내는 데 많이 사용되었으며, 일렉트로닉 댄스 음악에도 자주 등장했다.

</td></tr>
</table>

12dB 로우 패스 필터로 톱니파 발진기를 쓰면 신시사이저로 이 효과를 재현할 수 있다. 이때 매끄럽고 지속적인 음이 나올 때까지 컷오프를 점차 줄여야 한다. 일부 신시사이저는 정확한 음에 이르기 위해 레조넌스를 늘려야 할 수도 있다. 그러나 많은 경우 레조넌스를 전혀 적용하지 않아도 매끄러운 음을 낸다.

이는 아마도 음을 눌렀을 때 바로 시작되지 않는 몇 안 되는 사례 중의 하나인데 대신 대략 절반 수준으로 더 긴 어택 설정을 한다. 또한 디케이를 사용하지 않는 대신 서스테인 패러미터를 최대로, 릴리스를 3/4로 설정한다.

테레민은 피치가 무작위로 변하는 악기이다. C3 정도에서 음을 누른 다음 피치 휠로 조금씩 피치를 바꾸면 같은 효과가 난다. 신시사이저가 지원하는 경우 포르타멘토를 활용하여 음에서 음으로 이어지는 느린 움직임을 재현하는 것이 좋다.

원래 롤랜드의 주노 신시사이저에서 나온 후버 사운드는 테크노, 테크 하우스, 애시드 하우스, 하우스를 비롯한 모든 댄스 음악 장르에 걸쳐 꾸준히 쓰였다. 또한 지금도 댄스 음악에서 자주 쓰이는 사운드다. 원래 주노에서는 다소 적절하게 '왓 더What the…'로 불렸지만 거슬리는 음질 때문에 '후버'라는 이름이 붙었다. 진공청소기와 소리가 비슷했기 때문이다.

후버는 아날로그 모델링 신시사이저에서 구축하는 것이 좋다. 발진기의 음질이 올바른 사운드를 만드는 데 큰 역할을 하기 때문이다. 그 방법은 두 개의 톱니파 발진기를 별개의 음색이 되지 않을 정도까지 최대한 디튜닝하는 것이다.

앰프의 어택은 대개 제로로, 디케이와 릴리스는 짧게, 서스테인은 디케이 단계로부터 작은 플럭이 명확하게 나오도록 최대치 바로 아래로 설정한다. 필터 엔벨로프는 중간 어택과 디케이, 릴리스에 제로 서스테인으로 설정한다. 필터는 상당히 낮은 컷오프와 중간 레조넌스에 12dB 로우 패스를 적용한다.

'후버'가 지니는 거슬리는 느낌을 더하기 위해 두 발진기의 피치는 빠른 어택과 짧은 디케이로 설정한 피치 엔벨로프로 변조한다. 다만 피치가 아래가 아니라 위로 휘도록 플러스가 아닌 마이너스로 적용한다. 끝으로 음색을 재현하는 신시사이저에 따라 사운드를 넓힐 필요가 있다. 이 방법은 코러스를 사운드에 적용하거나 더 좋게는 유니슨 모드로 가능한 한 많은 사운드를 쌓는 것이다.

근래에 일부 음반에서 되살아난 전형적인 하우스 스타일 피아노는 종종 야마하의 DX 계열 신시사이저에서 직접 끌어온다. 이때 별다른 수정을 하지 않고 리버브, 노이즈 게이트, 컴프레서, EQ, 딜레이를 비롯한 일련의 이펙트 사슬로만 처리한다. 그래서 이 음색을 원할 경우 야마하 DX7 신시사이저나 네이티브 인스트루먼츠의 FM-8 VST를 사는 것이 가장 좋다. 후자는 야마하가 FM 신시사이저를 소프트웨어로 구현한 제품으로 DX 계열 신시사이저에서 사운드를 끌어올 수 있다.

FM 피아노 사운드를 얻는 일은 주파수 변조의 별난 성격 때문에 대다수 아날로그 신시사이저에서는 어렵고, 대다수 디지털 신시사이저에서는 불가능하다. 그 방법은 두 개의 사인파 발진기를 활용하는 것이다. 이때 첫 번째 발진기는 두 번째 발진기의 배수가 되도록 디튜닝한다. 그 다음 주파수를 변조하여 일반적인 음색을 만든다.

앰프 엔벨로프는 빠른 어택, 짧은 디케이와 릴리스 그리고 중간 서스테인을 활용한다. 음의 초기 트랜지언트를 만들려면 세 번째 사인파의 피치를 건반에서 높게 잡고 단번에 LFO로 변조하면(즉 LFO가 빠른 어택, 짧은 디케이, 제로 서스테인이나 릴리스를 지닌 엔벨로프로 작용한다) 된다.

참고로 FM 신시사이저로 인해 유명해진 종소리나 금속성 소리를 만들고 싶다면 두 개의 사인파 발진기를 쓰되 하나는 주파수가 다른 하나와 비관련 정수non-related integer가 되도록 디튜닝한 다음 주파수 변조를 하면 된다.

오르간

오르간은 하우스를 만들 때 주로 사용된다. 가장 흔히 쓰이는 악기는 해먼드Hammond B-4 드로바drawbar 오르간이다. 그러나 일반적인 음색은 감산식 신시사이저에서 펄스파 발진기와 톱니파 발진기를 써서 모방할 수 있다.

이때 앰프 엔벨로프는 제로 어택에 중간 릴리스, 최대 서스테인으로 설정한다(서스테인 패러미터가 최대이므로 디케이 단계가 없다). 또한 컷오프는 제로에, 레조넌스는 약 절반으로 늘린 상태에서 12dB 로우 패스 필터를 써서 음색을 성형한다. 사운드를 변조하지 않은 상태로 유지해야 하므로 필터 엔벨로프는 쓰지 않는다. 그러나 음의 시작 부분에 '딸깍'하는 소리가 필요하다면 필터 엔벨로프를 최대로 맞출 수 있다. 다만 어택, 릴리스, 서스테인 패러미터는 제로에, 디케이는 아주, 아주 짧게 설정해야 한다. 끝으로 필터가 현재 피치를 따르도록 필터 키 팔로우를 설정한다. 그러면 추가로 변조할 수 있는 전형적인 오르간 음색이 나온다.

> 이 책의 홈페이지(www.dancemusicproduction.com)에서 음색의 사례를 들을 수 있다.

음향 효과

음향 효과는 일렉트로닉 댄스 음악의 제작, 특히 편곡에서 근본적인 역할을 하므로 중요성을 과소평가해서는 안 된다. 대개 배경에 머물기는 하지만 믹스에서 제거하면 움직임 없이 밋밋하게 느껴지기 때문이다.

신시사이저로 음향 효과를 만드는 열쇠는 LFO에 있다. LFO로 패러미터를 변조하여 다양한 음향 효과를 낸다. 가령 사인파의 피치와 필터 컷오프를 샘플 앤드 홀드 파형이나 노이즈 파형으로 설정된 LFO로 변조하면 기이하게 졸졸대는 소리가 나오고 사인파 LFO로 피치를 변조하면 사이렌 유형의 효과가 나온다. 제작 방법이 무한하기 때문에 음향 효과를 만들기 위한 진정한 지침은 없다. 다만 여러 LFO 파형으로 다양한 패러미터와 발진기를 변조하면서 실험을 하는 것이 핵심이다.

그래도 제작 방법을 일반화하자면, LFO가 활용하는 파형이 음향 효과에 엄청난 영향을 미친다. 삼각파는 보글대는 액체성 소리를 만들 때 가장 좋고, 톱니파는 지퍼 소리를 만들 때 가장 좋다. 또한 구형파는 총소리처럼 짧은 충격음을 만들 때 가장 좋고, 불규칙파random wave는 졸졸대며 이동하는 질감을 만드는 데 가장 좋다. 이 모두가 다른 변조 심도와 속도로 활용된다. 또한 다른 발진기와 패러미터를 변조하면 크게 다른 효과가 나온다.

많은 음향 효과는 2, 3개의 파형과 약간의 깊은 생각(과 창의적 사고)으로 얻을 수 있다. 효과를 만드는 진정한 비법은 실패를 두려워하지 말고 쓸 수 있는 모든 옵션으로 실험을 하는 것이다. 아무리 부적절한 소음이라도 EQ와 필터 그리고 추가 프로세싱 도구로 음조를 다듬을 수 있다.

다음은 인기 있는 일부 음향 효과 및 제작법이다. 안타깝게도 음향 효과를 묘사하는 구체적인 용어가 없어서 대략적인 묘사만 제시한다.

사이렌 FX

사이렌 효과는 재현하기 가장 쉽다. LFO로 단일 사인파 발진기의 피치를 변조하면 된다. 앰프 엔벨로프는 빠른 어택과 릴리스에 짧은 서스테인, 중간 디케이를 활용한다. 뒤이어 삼각파 LFO를 활용하여 완전한 심도로 사인파 발진기의 피치를 변조한다. 이때 LFO 속도가 빠를수록 사이렌 소리의 등락도 빨라진다.

함성 FX

'함성 효과'를 만들려면 하나의 사인파 발진기만 있으면 된다. 앰프 엔벨로프는 빠른 어택과 릴리스에 제로 서스테인 그리고 긴 디케이로 설정한다. 그 다음 빠른 어택과 긴 디케이를 활용하는 2차 엔벨로프로 사인파의 피치를 변조한다. 2차 엔벨로프를 쓸 수 없다면 톱니파를 느린 속도로 설정하여 LFO가 음 전체에 걸쳐 한 번만 움직이도록 만들면 된다. 그 다음 미디 시퀀서로 일련의 스타카토 음을 프로그래밍한다. 이 음들이 한 옥타브 이하로 설정한 아르페지에이터를 작동시키면 빠르게 반복되면서 '와, 와, 와' 소리가 난다.

폭발 FX

폭발 효과를 내려면 2개의 발진기가 필요하다. 한 발진기는 톱니파, 다른 발진기는 삼각파로 설정한다. 이때 삼각파는 톱니파로부터 +7센트에서 +30센트만큼 디튜닝한다. 그 다음 높은 컷오프와 레조넌스로 12dB 로우 패스 필터를 적용한다.

앰프 엔벨로프는 중간 어택과 릴리스에 긴 디케이와 제로 서스테인으로 설정한다. 이 설정을 필터 엔벨로프로 복사한다. 다만 디케이는 앰프가 디케이보다 약간 짧게 설정한다. 그 다음 마이너스로 설정된 LFO로 두 발진기의 피치와 필터의 컷오프를 변조한다. 끝으로 톱니파를 활용하여 삼각파의 주파수를 변조한다. 이때 C1 혹은 그보다 낮은 음을 연주하면 전형적인 폭발 효과가 나온다.

지퍼 소리 FX

이 효과는 많은 일렉트로닉 댄스 음악에서 분위기를 조성하는 배경음색으로 자주 쓰인다. 제작은 대개 2개의 발진기로 한다. 하나는 톱니파로, 다른 하나는 삼각파로 설정한다. 이 둘을 취향과 신시사이저에 따라 +5에서 +20까지 디튜닝한다. 앰프 엔벨로프는 빠른 어택과 릴리스에 중간 수준부터 긴 수준의 디케이 그리고 중간 서스테인으로 설정한다. 필터는 낮은 컷오프와 높은 레조넌스로 설정한 12dB 로우 패스 필터다. 끝으로 톱니파 LFO가 완전한 심도로 필터의 컷오프를 천천히 변조한다.

가속/필터 FX

또 다른 인기 효과는 가속 필터 효과로서 필터가 열릴수록 속도가 상승한다. 이 효과는 톱니파나 펄스파 혹은 삼각파로 만들 수 있다. 이 중에서 톱니파가 가장 흥미로운 결과를 낸다.

앰프 엔벨로프와 필터 엔벨로프는 빠른 디케이와 릴리스에 긴 어택과 높은 서스테인으로 설정한다. 그 다음 약한 플러스 심도에 아주 느린 속도(약 1Hz)로 설정한 삼각파나 사인파 LFO로 필터의 컷오프를 변조한다. 끝으로 필터 엔벨로프를 활용하여 필터가 열리면 LFO도 빨라지도록 LFO의 속도도 변조한다. 신시사이저에서 복수의 대상을 활용할 수 없다면 워크스테이션의 자동화 패러미터를 통해 LFO의 속도를 높일 수 있다.

| **감속/필터 FX** | 이는 기본적으로 앞에 나온 효과의 반대다. 그래서 필터가 상승하는 동시에 가속하는 것이 아니라 하강하는 동시에 감속한다. 앞서의 경우처럼 앰프와 필터 엔벨로프는 빠른 디케이와 릴리스에 긴 어택으로 설정하지만 서스테인은 제로로 설정한다.

그 다음 약한 플러스 심도에 빠른 속도로 설정한 삼각파나 사인파 LFO로 필터의 컷오프를 변조한다. 끝으로 필터의 엔벨로프도 필터가 닫힘에 따라 LFO도 느려지도록 LFO의 속도를 변조한다.

편곡 스위프
Arrangement
Sweep

편곡 스위프는 대개 톱니파 발진기로 만드는 것이 가장 좋다. 높은 배음 성분이 필터가 작동할 충분한 여지를 주기 때문이다. 그러나 필요한 결과물에 따라 삼각파나 펄스파도 쓸 수 있다.

이 효과에는 2개의 발진기가 필요하다. 둘 다 같은 발진기 파형으로 설정하고 개별 음색으로 갈라지지 않을 때까지 가능한 한 멀리 디튜닝한다.

앰프 엔벨로프는 빠른 어택과 디케이 그리고 릴리스에 서스테인은 최대치 바로 아래로 설정한다. 그 다음 느린 톱니파나 삼각파 LFO로 한 발진기의 피치를 변조한다. 필터는 중간 컷오프에 아주 높은 레조넌스로 설정한 밴드 패스가 최선의 결과를 제공한다. 끝으로 톱니파나 사인파 혹은 삼각파 LFO로 필터의 컷오프를 변조하여 전형적인 스위프 효과를 낸다.

귀신 소리
Ghostly Noises

귀신 소리는 신시사이저에서 2개의 삼각파 발진기로 만든다. 필터는 아주 낮은 컷오프에 높은 레조넌스로 12dB 로우 패스 필터를 쓴다. 이때 필터는 건반의 피치를 따르도록 설정한다 (필터 키 팔로우). 앰프 엔벨로프는 빠른 어택에 긴 디케이, 높은 서스테인, 중간 릴리스로 설정한다. 또한 필터 엔벨로프는 빠른 어택에 긴 디케이, 제로 서스테인이나 릴리스로 설정한다. 끝으로 사인파 LFO로 발진기의 피치를 천천히 변조한다. 그 다음 베이스 음역으로 코드를 연주하면 이 음색이 나온다.

컴퓨터 소리

고전적인 70년대 컴퓨터의 졸졸대는 burbling 잡음은 여러 방법으로 만들 수 있다. 그러나 지금까지 가장 인기 있는 방법은 삼각파로 설정한 2개의 발진기를 활용하는 것이다.

둘을 서로 +3센트에서 +12센트만큼 디튜닝한 다음 필터 엔벨로프는 중간 어택에 긴 딜레이, 중간 릴리스, 제로 서스테인으로 설정한다. 엠프의 EG도 같이 설정하되 높은 서스테인을 적용한다. 또한 필터의 엔벨로프를 플러스로 설정하고 낮은 컷오프와 높은 레조넌스로 약하게 로우 패스 필터를 변조한다. 끝으로 필터 키 트래킹을 켜고 노이즈나 샘플 앤드 홀드 파형으로 하나 혹은 두 발진기의 피치를 변조한다. 이때 처음에는 완전한 심도에 아주 빠르게 설정해야 한다. 심도와 속도를 실험하면 다른 결과물을 만들 수 있다.

휙 소리
Swoosh FX

전형적인 휙 소리를 만들려면(종종 스네어 롤 뒤에 쓰여서 분위기를 고조하는 데 도움을 준다) 필터를 대상으로 변조하는 데 쓸 세 번째 엔벨로프가 필요하다.

이 음색을 만들기 위해서는 먼저 모든 발진기를 끈 다음 필터가 자가 발진 단계로 접어들도록 레조넌스를 서서히 늘려야 한다. 필터 엔벨로프는 제로 디케이, 중간 릴리스와 어택, 높은 서스테인을 활용하며, 조금씩 플러스 값으로 필터에 영향을 미치도록 설정한다. 그 다음 같은 설정으로 두 번째 엔벨로프를 활용하여 다시 필터에 영향을 미친다. 다만 이번에는 같은 수치만큼 마이너스 값으로 영향을 미치도록 설정한다.

앰프의 EG는 제로 어택이나 서스테인에 작은 릴리스 시간과 긴 디케이로 설정한다. 또한 중간 속도와 심도로 설정한 톱니파나 삼각파 LFO로 필터의 컷오프를 플러스 값으로 변조한다.

그러면 기본적인 '휙' 소리가 나온다. 가능하다면 다른 파동으로 설정한 2차 LFO로 같은 양만큼 필터를 마이너스 값으로 변조할 수도 있다.

이 책의 홈페이지(www.dancemusicproduction.com)에서 이 음색의 사례들을 들을 수 있다.

새로운 음색의
프로그래밍

지금까지 일렉트로닉 댄스 음악에서 인기 있는 일부 사운드를 만드는 법을 살폈다. 그러나 한 걸음 더 나아가 머릿속으로 구상한 사운드를 만들고 싶은 때가 있다. 그러기 위해서는 합성과 특히 혼합했을 때 발진기와 이펙트가 내는 다양한 사운드를 알아야 한다.

이 지식을 갖추면 사운드를 구축하는 일은 딱히 복잡하지 않다. 단지 신중한 고려와 실험이 필요할 뿐이다. 첫째, 음색을 창조하려 할 때는 성격과 움직임을 개념화할 수 있어야 한다. 이는 머릿속에서 성격과 관련하여 다음과 같은 질문에 대응하기 전에 완전한 사운드를 상상해야 함을 뜻한다(이 일은 생각보다 훨씬 어렵다).

- 울림이 즉시 시작되는가?
- 시간이 지남에 따라 음량이 어떻게 변하는가?
- 합성음인가, 뜯는 음인가, 때리는 음인가, 부는 음인가, 켜는 음인가?
- 소리가 나올 때 피치는 어떻게 되는가?
- 기본 피치 외에 음색에 중요한 의미를 지닐 만큼 두드러지는 피치가 있는가?
- 소리가 난 후에도 계속 울리는가?
- 얼마나 선명한가?
- 베이스의 존재감은 어느 정도인가?
- 공허한 음인가, 둥근 음인가, 거친 음인가, 또렷하고 활기찬 음인가?

표 18.1 사운드 디자인의 고려사항

항목	기술 용어	신시사이저 패러미터
사운드의 유형	배음 성분	발진기의 파형
선명도	배음의 진폭	필터 컷오프 및 레조넌스
시간의 변화에 따른 음색 변화	다이내믹 필터링	필터 엔벨로프 및/혹은 LFO 변조
시간의 변화에 따른 음량 변화	다이내믹 진폭	앰프 엔벨로프
피치	주파수	발진기 피치
주기적 변동	LFO 변조	LFO 파형, 심도, 속도
트레몰로(음량의 주기적 변동)	진폭 변조	LFO의 앰프 증대
비브라토(피치의 주기적 변동)	피치 변조	LFO의 피치 증대
타격음	트랜지언트	앰프의 빠른 어택과 디케이
사운드의 시작 속도	어택 시간	어택 및 디케이 단계의 연장 혹은 단축
사운드의 소멸 속도	릴리스 시간	앰프 릴리스의 연장 혹은 단축
배음의 점진적 증가	필터 자동화	프로그래밍된 CC 메시지 혹은 LFO의 느린 필터 컷오프 증대

- 시간이 지나면 선명도는 어떻게 변하는가?

- 변조가 이뤄지는가?

- 어떻게 변조하는가?

다음 표와 프로그래밍 팁은 새로운 음색을 개념화하는 데 도움을 준다.

일반적인 프로그래밍 팁

- 프로그래밍할 때 한 음에 의존하는 일을 피하라. 이 경우 패치가 지니는 완전한 인상을 얻을 수 없다. 언제나 프로그래밍 전에 모티프를 신시사이저로 연주하라.

- 귀는 사운드에 금세 익숙해진다. 변화가 없는 사운드는 금세 지겹고 따분해진다. 따라서 엔벨로프나 LFO로 피치 혹은 필터를 증대하여 긴 음색의 음조를 변주하는 것이 좋다.

- 대개 모티프가 단순할수록 사운드에 움직임이 많아야 한다. 아주 단순한 베이스와 모티프의 경우 건반을 세게 누를수록 소리가 더 선명해지도록 필터 컷오프에 대한 세기를 지정하라.

- 키보드 트래킹의 유용성을 과소평가하지 마라. 이 기능을 활용하면 필터 컷오프의 변화에 따라 모티프에 새로운 활기를 불어넣을 수 있다.

- 모든 신시사이저가 같은 패러미터를 지니더라도 소리까지 같은 것은 아니다. 그래서 한 신시사이저의 패치를 그냥 다른 신시사이저로 복사하면 전혀 다른 결과가 나올 수 있다.

- 노이즈 발진기는 톱니파, 사인파, 삼각파, 구형파와 비교하면 쓸모없게 보이지만 댄스 음악을 위한 음색을 만들 때 대단히 중요한 발진기이며, 트랜스 리드부터 하이햇까지 모든 용도로 쓰인다.

- 신시사이저의 성격을 익히려면 마음에 들지 않는 패치를 불러와 발진기로 분해한 다음 다른 변조 옵션을 활용하여 재구축하라.

- 어떤 사운드가 필요한지 모른다면 모든 패러미터를 최대로 설정한 다음 각 패러미터를 서서히 낮춰서 좋아하는 사운드로 성형하라.

- 많은 베이스 사운드는 뚜렷한 트랜지언트가 없어서 믹스에서 묻힌다. 이 경우 클릭

을 합성하거나 우드블록 같은 음색을 활용하여 트랜지언트를 강화하라.

- 최고의 사운드는 필터, 앰프, 피치, 이 셋을 넘지 않은 엔벨로프로 변조된 하나, 경우에 따라 두 개의 발진기로 충분히 만들어진다. 모든 발진기와 변조 옵션을 동원하는, 지나치게 복잡한 조작을 하지 마라.

- 두 사운드를 겹치되 다른 앰프와 필터 설정을 활용하라. 가령 한 음색에는 느린 어택에 빠른 디케이와 릴리스를, 다른 음색에는 빠른 어택과 느린 디케이, 릴리스를 적용하면 '호케팅'을 통해 흥미로운 질감이 나온다.

- LFO의 유용성을 과소평가하지 마라. 삼각파로 필터 컷오프를 변조하면 따분한 음색에 새로운 활기를 불어넣을 수 있다.

- 우리는 초기 트랜지언트에서 사운드에 대한 정보를 많이 얻는다. 그래서 한 음색의 어택 부분을 다른 음색의 어택 부분과 바꾸면 흥미로운 결과가 나온다. 가령 패드나 현악기의 어택 단계를 기타의 플럭과 바꿔보라.

- 트랜지언트에 흥미를 더하려면 두 발진기를 서로 겹치고 음의 시작 부분에서 피치 엔벨로프를 활용하여(즉, 플러스 값과 마이너스 값 피치 변조를 활용하여) 첫 번째 발진기의 피치를 올리고 두 번째 발진기의 피치를 내려라.

- 릴리스 단계를 길게 만들려면 필터 엔벨로프의 어택을 앰프의 어택과 디케이 단계보다 길게 설정하고, 릴리스는 앰프의 릴리스 단계보다 약간 짧게 설정하라. 그 다음 엔벨로프를 전부 필터로 보내서 사운드가 잦아들면 필터가 열리기 시작하게 만들어라.

물론 많은 EDM 트랙에서 사운드는 신시사이저로만 만들어지지 않는다. 샘플링을 통한 사운드 디자인도 흔히 쓰인다. 실제로 다른 아티스트의 트랙을 샘플링하여 곡의 토대를 만들고, 이 곡을 다른 아티스트가 샘플링하는 경우도 드물지 않다. 가령 스크릴렉스는 지금까지 31개의 트랙을 샘플링했고, 그의 트랙은 12번 샘플링되었다. 또한 다프트 펑크는 52개의 트랙을 샘플링했고, 그들의 트랙은 149번 샘플링되었다. 이런 음악적 '재활용'은 트랜스부터 테크노, 미니멀, 하우스, 테크 하우스를 비롯한 모든 장르에 걸쳐 폭넓게 이뤄진다.

샘플링은 장르에 따라 여러 형태를 취한다. 테크 하우스와 테크노의 경우 다른 레코드에서 샘플링을 하지만 대개 아주 작은 부분만 따와서 뒤섞기 때문에 거의 인식할 수 없다.

가령 한 비트를 샘플링하여 추가로 다듬고, 시간을 늘리거나 줄이고, EQ와 리버브 외에 다양한 이펙트 사슬을 적용하여 하나의 스탭stab(단일 스타카토 화음)을 만들 수 있다. 이 사운드를 트랙에 얹고 미세한 튜닝을 통해 곡 전체에 걸쳐 질감과 피치를 조금씩 바꿀 수 있다. 다른 한편 프렌치 하우스는 전체 곡의 8마디에서 16마디를 샘플링하여 계속 반복한다. 이때 수많은 자동화 이펙트를 적용하여 편곡을 한다. 둘 다 타당한 방식으로 다른 기술을 요구한다. 이 말은 신시사이저만으로 동료 음악가가 만든 사운드를 항상 '모방'할 수는 없다는 뜻이기도 한다. 원 음색을 만들기 위해 신시사이저를 쓰지 않았을지도 모르기 때문이다.

어떤 방식으로 접근하든 사운드 디자인은 시간이 많이 걸리는 작업이다. 좋은 음색을 만드는 '빠른 비법'은 없으며, 오직 실전 경험과 실험으로만 얻어진다. 실제로 많은 전문 아티스트들은 실험과 우연을 통해 특징적인 음색을 얻었다고 인정한다. 뛰어난 음색을 프로그래밍하고 싶다면 인내와 실험이 진정한 비법이므로 곡을 쓰는 한편 신시사이저를 익히는 시간도 확보해야 할 것이다.

형식적 구조

'10분 전보다 지금 훨씬 제대로 된 소리가 나네요.'

– 소니 A&R 담당

사운드 디자인, 프로세싱, 이펙트 그리고 멜로디 작곡을 지나 프로듀서가 넘어야 할 마지막 장애물은 형식적 구조다. 이 용어는 연주곡 처음부터 끝까지의 전반적인 계획이나 구조 혹은 편성을 가리킨다. 이 일은 우선 뛰어난 아이디어를 얻는 일에 비하면 중요치 않게 보일지 모르지만 보기보다 훨씬 어렵다.

문제는 일렉트로닉 댄스 음악이 종종 하나의 뚜렷한 음악적 패턴만으로 만들어지기 때문에 대다수 다른 음악 스타일과 다르다는 것이다. 많은 EDM 제작 사례에서 프로듀서는 처음에 곡의 핵심 후크를 만드는 데 집중한다. 후크는 클럽의 분위기를 띄우고 열광적으로 만들기 위한 16마디 혹은 32마디의 패턴이다. 문제는 후크의 길이가 20여 초 밖에 되지 않는다는 것인데 대다수 댄스 트랙은 4분에서 8분 동안 이어지므로 같은 패턴을 계속 반복하는 것 이상의 많은 작업이 필요하다. 실제로 20초짜리 루프를 토대로 전체 트랙을 구축할 때 청자의 관심을 유지시키려면 세심한 기획과 일련의 정교한 기법이 요구된다.

편곡에 접근하기 전에 먼저 초기 아이디어, 즉 전체 트랙의 토대가 될 후크 패턴에 트랙을 떠받칠 충분한 음악적 정보를 담아야 한다. 그렇지 않으면 모래 위에 집짓는 것과 같아서 어떤 편곡도 실패할 수밖에 없다. 곡의 장르와 프로듀서의 창의성에 따라 다르기 때문에 어느 정도의 음악적 정보를 담아야 '충분한지' 정량화하기는 어렵다. 그러나 멜로디 혹은/및 리듬 측면에서 후크에 일정한 다양성이 있어야 한다.

멜로디나 리듬의 다양성은 이원 악구 구성을 통해 달성한다. 1장에서 다룬 이 이론은 모든 장르의 음악에서 근본적인 의미를 지닌다. 멜로디나 리듬에 대한 아이디어의 두 부분을 뚜렷하게 분리해주기 때문이다. 앞서 설명한 대로 일렉트로닉 댄스 음악에서 이원 악구는 리듬 혹은 멜로디에 대한 두 개의 아이디어로 구성된다. 이때 두 악구의 길이는 같지만 두 번째 악구의 피치나 리듬이 첫 번째 악구와 다르다. 가령 에릭 프리즈의 〈Pjanoo〉(G 단조로 작곡됨)를 보면 리드가 아니라 베이스 악구가 다음과 같이 이원 악구로 구성된다.

G-F-D#-D#-F-C

C-D-D#-D#-F-G

에릭 프라이즈의 〈Pjanoo〉 Eric Pryze Pjanoo MIDI

멜로디를 지니는 베이스의 두 부분이 같은 리듬 변화를 보이면서 피치만 바뀌는 점에 주목하라. 또한 베이스의 심한 피치 변화는 모티프의 4마디 전체에 걸쳐 단일 악구로 동일한 리듬 및 피치 변화를 유지하는 주 리드 피아노로 상쇄된다.

이처럼 단일 악구 피아노로 이원 악구 베이스를 상쇄하는 방식은 댄스 음악에 필요한 반복적인 느낌을 유지하는 동시에 해결 단계까지 흥미를 유지할 수 있도록 차이를 만드는 데 도움을 준다. 이원 악구를 구성하는 방식은 음악가와 장르에 따라 다르다.

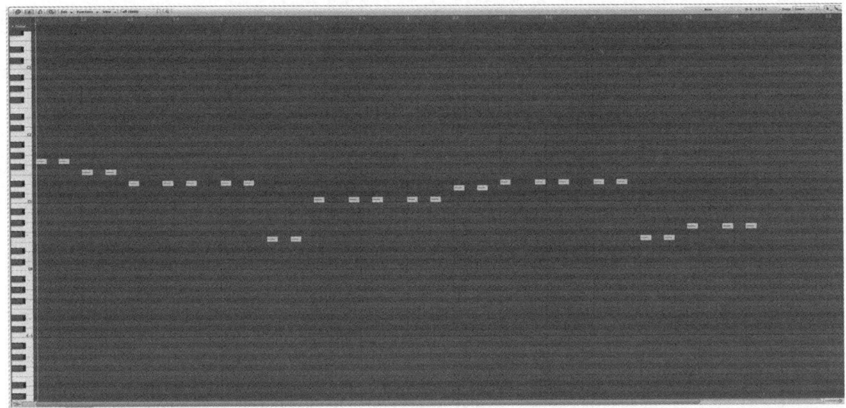

그림 19.2 에릭 프라이즈 〈Pjanoo〉 베이스

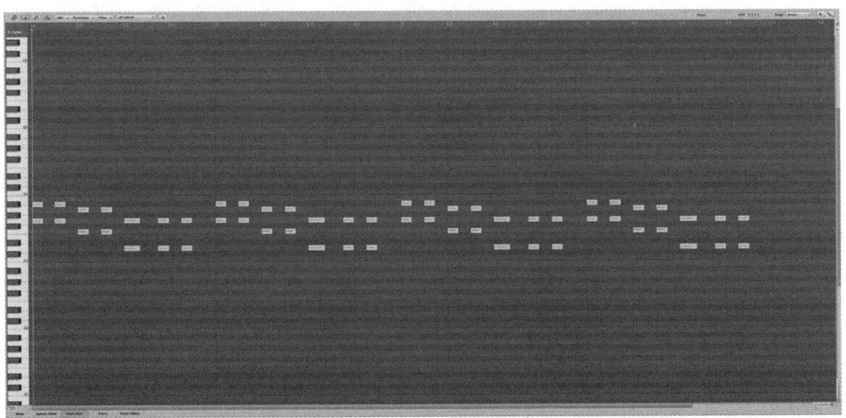

그림 19.2 에릭 프라이즈 〈Pjanoo〉 리드

그러나 모든 음악은 곡의 일부에서 일정한 형태의 이원 악구를 통해 해결을 이룬다.

이원 악구 구성은 멜로디에 국한되지 않는다. 다른 거의 모든 요소, 특히 리듬 요소 안에서도 이뤄진다. 16장에서 드럼 루프를 구축할 때 이 방법을 쓴 적이 있다. 이때 변조 필터는 하이 햇의 주파수를 조작하는 데 사용되었고, 피치 이동 및/혹은 주파수 변조는 스네어에 활용되었다.

두 작업은 모두 이원 악구 구성의 한 형태로서 루프를 계속 듣게 만든다. 사실 테크

하우스, 테크노, 미니멀 같은 장르는 종종 더 복잡한 형태를 활용하는데 이 경우에는
드럼 리듬과 단일 악기 타격음에 느리게 변조하는 효과와 미세한 튜닝을 적용한다. 가
령 베이스 지속저음drone으로 음색과 피치를 전체적으로 미세하게 변조하면 청각적으
로는 같은 피치를 유지하는 것처럼 느껴지지만 무의식적으로는 관심을 끌어당겨 겉으
로는 반복적이고 지속적인 루프를 계속 듣게 만든다.

<table>
<tr><td>

호출과 응답
CALL AND
RESPONSE

</td><td>

이원 악구 구성과 비슷한 방법은 호출과 응답이다. 이 방법은 아프리카 음악에서 나왔으며,
한 악기가 호출하면 다른 악기가 응답하는 형태를 지닌다. 대개 두 번째 악기는 호출 악기와
다른 음색을 지니지만 항상 그런 것은 아니다.

</td></tr>
</table>

가령 테크노 하우스와 테크노에서 스네어가 호출과 응답을 같이 하는 경우가 흔하다.
이때 대개 타악기가 첫 마디에서 특정한 패턴으로 연주되고, 같은 타악기가 두 번째
마디에서 약간 다른 패턴으로 응답한다.

> 타악기를 통한 호출과 응답의 사례 Example of percussive call and response

덥스텝에서는 종종 두 개의 악기를 활용한다. 대개는 스타일이 다른 두 개의 베이
스 음색으로 구성되지만 베이스로 호출하고 피치가 더 높은 리드 사운드가 응답하는
경우도 있다. 이 책의 홈페이지에 있는 사례 CPT19_4가 거기에 해당한다. 나중에 다룰
덥스텝 장르에도 나오는 이 사례에서는 첫 번째 베이스가 호출하고 다른 베이스 음색
이 응답한다.

> 덥스텝 트랙의 호출과 응답 사례 Example of Dubstep track call and response

호출과 응답이나 이원 악구에서 두 악구가 바로 이어져야 할 필요는 없다. 그래서
첫 번째 악구나 호출이 여러 번 반복된 다음 두 번째 악구나 응답이 나오는 경우도 드
물지 않다.

하우스를 다루는 장에 나오는 사례에 이렇게 인내하는 기법을 썼다. 이 사례에서는

CHAPTER 19
형식적 구조

악구가 세 번 반복된 후 마침내 해결된다.

하우스 리프 사례 House Riff example

이원 악구 구성 그리고 호출과 응답은 곡을 편성하는 근본적인 출발점이다. 초기 후크 패턴에 이런 요소가 없다면 곡이 해결되지 않아서 실패하게 된다. 모든 곡은 이원 악구든 호출과 응답이든 문답 구조를 토대로 삼는다. 그렇지 않으면 해결이 이뤄지지 않아서 불완전하게 들린다. 사실, 해결은 모든 형태의 동작 예술에 대한 궁극적인 보상이자 보거나, 읽거나, 들어서 만족감을 얻는 모든 작품 구성의 핵심 요소다.

인간은 본능적으로 긴장이 고조되다가 해소되는 데서 즐거움을 느낀다. 이런 긴장과 해소의 주기는 모든 훌륭한 영화, 책, 컴퓨터 게임, 음악의 토대를 이룬다. 영화감독과 작가들은 해소를 통해 안도감과 함께 즐거움을 느끼도록 일부러 긴장의 수준을 높인다.

동작 예술에서 주기는 내러티브나 극적 구조를 통해 이뤄진다. 그리스 철학자 아리스토텔레스는 최초로 구조의 중요성을 인식하고 모든 이야기가 시작과 중간 그리고 끝을 지녀야 한다고 주장했다. 또한 독일 소설가 구스타브 프라이탁Gustav Freytag은 이 이론을 발전시켜서 뛰어난 이야기는 대개 5가지 단계로 구성된다고 밝혔다.

그림 19.3에 나온 대로 전형적인 내러티브 구조는 5가지 요소로 구성된다.

- 발단: 이 단계는 주인공과 주변 인물들을 소개하고 이야기를 위한 여건을 조성한다.
- 사건: 이야기를 결말까지 몰고 갈 문제가 생기거나 갈등이 발생한다.
- 전개: 사건이 갈수록 격렬해지고 문제가 엄청나게 커진다. 주인공이 어려운 상황에 직면하면서 이야기의 긴장이 고조된다.
- 절정: 여기서 주요 반전이 생긴다. 모든 상황이 변하고 종종 주인공이 상당히 힘든 지경에 처한다. 그에 따라 서스펜스가 최고조에 달한다.
- 해소: 주인공이 승리하고 상황이 정상으로 돌아온다. 여기서 독자나 관중은 가장 큰 보상을 받는다. 또한 이야기는 주로 행복한 결말로 끝난다.

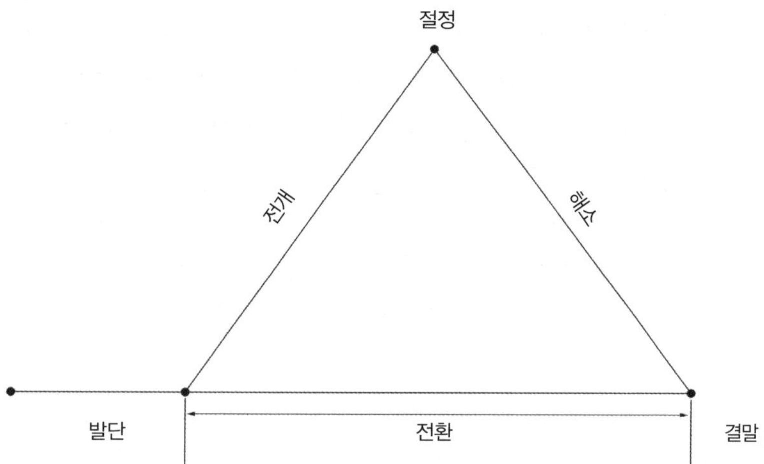

그림 19.3 극적 구조

　모든 뛰어난 이야기를 살펴보면 이런 이야기 구조를 파악할 수 있다. 고전 연극이든, 베스트셀러 소설이든 혹은 인기 영화든 모두 이런 구조를 바탕에 깔고 있다. 시작과 중간, 끝이 없으면 이야기도 없다.

　대다수 긴장과 최종적인 해소는 이 이야기 구조를 통해 나온다. 또한 모든 이야기는 독자의 관심을 유지하기 위해 작은 긴장과 해소를 추가로 도입한다. 가령 액션 영화의 경우 중간 무렵 추격 장면이 나온다. 이때 주인공이 적을 쫓으면서 추격의 스릴을 통해 서스펜스가 조성된다. 초기 전개에서는 적이 대개 상황을 벗어난다. 그래도 이 상황은 해소감와 더 심한 긴장감을 모두 제공한다. 주인공이 살아남아 추격전이 해결되지만 적이 탈출하면서 이면의 서스펜스는 심화된다.

　이런 전개가 곡의 구성에도 적용된다. 다만 극적 구조나 내러티브 구조가 아닌 소나타 형식을 지닌다.

**제시부
(소나타 형식)**　이야기의 발단처럼 제시부는 많은 형식의 음악에서 여건을 조성한다. 이 작업은 대개 청자에게 주요 주제를 제시하면서 이뤄진다. 대중음악의 경우 제시부는 대개 전체 코러스나 일부를 제시한다. 라디오용이나 아이팟용 일렉트로닉 댄스 음악의 경우 대개 리드 멜로디를 제시하지만 완전한 존재감이 결여되거나 전체 드럼 섹션 내지 베이스가 빠져 있다. 아비치의 〈Levels〉와 〈Superlove〉, 에릭 프리즈의 〈Valerie〉와 〈Pjanoo〉 그리고 여러 EDM 음반의 라디오 버전이 그 사례다.

물론 모든 라디오용 댄스 음악 트랙이 이런 형식의 제시부를 갖는 것은 아니다. 스웨디시 하우스 마피아Swedish House Mafia의 〈Greyhound〉는 다른 스타일의 제시부를 지닌 좋은 사례다. 그러나 이는 예외적인 경우에 속한다.

발전부
(소나타 형식)

발전 단계에서 곡은 대개 특징적인 후크나 멜로디로부터 멀어지며 발전한다. 대중음악의 경우 이 단계는 대개 곡의 이야기를 들려주는 절로 구성된다. 반면 고전음악의 경우 작곡가는 종종 발전부를 응용의 기회로, 즉, 리듬은 동일하게 유지하면서 다른 악기로 키나 피치를 바꾸는 식으로 활용한다.

EDM의 경우에는 음색 전개, 질감 변화, 제작 기법에 훨씬 더 초점을 맞춘다. 그래서 EQ나 필터로 리드를 가늘게 만들거나, 리드의 일부만 연주하거나, 다른 음색으로 바꾸거나, 곡의 그루브에 집중하기 위해 완전히 배제할 수도 있다.

재현부

재현부에서는 메인 멜로디가 모든 악기를 동반하고 다시 돌아온다. 대중음악에서는 대개 메시지를 전달하기 위한 최종 코러스가 들어간다. 또한 댄스 음악의 경우 처음에 구상한 16마디나 32마디의 핵심을 완전히 드러낸다.

물론 가볍게 들으면 6분이나 10분 남짓 이어지는 클럽 음악이 이런 소나타 형식을 따르는 것처럼 보이지 않는다. 그러나 구조를 신경 써서 들으면 근본적으로 같다는 사실이 드러난다. 곡이 타악기 요소로 시작한다면 제시부는 그루브를 도입하는 단계로, 또한 발전부는 그루브를 토대로 곡을 전개하며, 재현부는 최종적으로 후크를 드러내는 걸로 간주할 수 있다.

실제로 곡이 3분짜리 라디오 믹스든, 5분짜리 아이팟 믹스든 혹은 10분짜리 클럽용 작품이든 그 목적은 극적 구조나 내러티브 구조와 같다. 즉, 긴장을 높였다가 해소하는 일련의 과정을 만드는 것이다. 음악의 경우 이 과정은 완전한 후크라는 '최고'의 부분이 나온다는 기대감으로 청자를 유혹하는 것이다.

가령 대중음악에서 후크는 대개 아주 이른 단계에서 나온다. 이 후크가 마음에 들면 청자는 다시 나올 것이라는 기대를 품는다. 마찬가지로 EDM에서 프로듀서는 주 후크로 청자를 유혹하고 스네어 롤의 필터 스위프 같은 테크닉을 동원하여 기대감을 조성한다. 그리고 모든 악기를 수반한 완전한 후크를 드러내어 해소감을 제공한다.

대중음악은 절과 후렴 진행을 활용하는 반면 댄스 음악은 주제를 둘러싼 계속적인 발전을 중심으로 전개된다. 이 대목에서 많은 초심자들이 애를 먹는다. 시퀀서 안에서 주제를 발전시키기는 어렵다. 일련의 '이벤트' 내지 '리전'만 가지고 작업하기 때문이다. 이들은 편곡 페이지에서 토막으로 나오기 때문에 필요한 만큼 반복할 수 있는 *고정된* 대상으로 보는 함정에 빠지기 쉽다. 이 방법은 절과 후렴 구조를 지닌 대중음악에는 통하지만 주제를 전개하는 데는 적합하지 않다.

실제로 많은 초심자들이 빠지는 가장 흔한 함정이 악기를 줄이면서 같은 패턴을 반복하여 구성을 지나치게 단순화하는 것이다. 가령 편곡 창 전체에 걸쳐 같은 이벤트 패턴을 복제한 다음 곡이 정점으로 나아갈 때 체계적으로 채널의 뮤트를 해제한다. 이 방법으로는 흥미로운 구성을 이룰 수 없다. 곡 안에서 기대감을 조성할 수 없기 때문이다. 청자가 품을 수 있는 기대는 다음 마디에서 새로운 악기가 나온다는 것뿐이다.

곡을 잘 구성하려면 이런 이벤트 중심 접근법에서 벗어나 채널 측면에서는 수직적으로, 시간 측면에서는 수평적으로 생각해야 한다. 그러기 위해서는 곡의 에너지와 음조 곡선을 신중하게 조작해야 한다.

에너지와 음조 곡선

곡의 에너지는 피치 및 주파수 성분과 연계된다. 멜로디의 피치가 올라가거나 트랙 내지 음색의 주파수 성분이 늘어나면 청자는 곡의 전반적인 에너지가 증가했다고 판단한다. 모든 형태의 음악에서 이런 사례를 찾을 수 있다.

가령 많은 대중음악은 마지막 후렴의 피치를 높인다. 또한 가수는 더 높은 음으로 노래한다. 그리고 종종 보컬이나 다른 악기를 겹쳐서 마지막 부분의 주파수 성분을 늘려 메시지를 전달하며 궁극적인 해결을 이루게 된다.

마찬가지로 많은 댄스 음악 레코드는 로우 패스 필터나 하이 패스 필터로 상당량의 주파수 영역을 제거한 다음 필터를 서서히 열어서 에너지를 쌓아간다. 이런 진행은 청자에게 기대감을 안긴다.

이처럼 곡의 에너지를 제어하는 작업은 기대감 창출 면에서 성공적인 편곡을 위한 핵심 요소다. 편곡을 통해 여러 에너지 수준을 제어하거나 조작하는 것을 음조 곡선 조정이라고 한다. 모든 성공적인 구조는 신중하게 조작한 음조 곡선을 지닌다. EDM 트랙을 시퀀서로 띄우고 파형을 분석하면 음조 곡선이 드러난다. 세심하게 살펴보면 곡의 에너지 윤곽이 드러나기 때문이다.

그림 19.4에 나온 대로 트랙은 주제의 전개를 토대로 삼지만 전체 후크를 연주하는 데는 아주 적은 시간만 들인다. 실제로 이 사례에서 전체 후크가 노출되는 유일한 구간은 전체 32마디에 비하면 아주 작은 끝부분이다. 나머지 부분은 이 피날레를 향해 곡을 전개하는 데 쓰인다. 이 대목에서 많은 초심자들이 실패한다. 그들은 후크를 만드느라 며칠 내지 몇 주 혹은 몇 달을 들인다. 후크는 가능한 한 적게 들려주고 대다수 트랙을 *기대감*으로 청자를 유혹하는 데 써야 하는데도 틈만 나면 아이디어를 선보이려 든다.

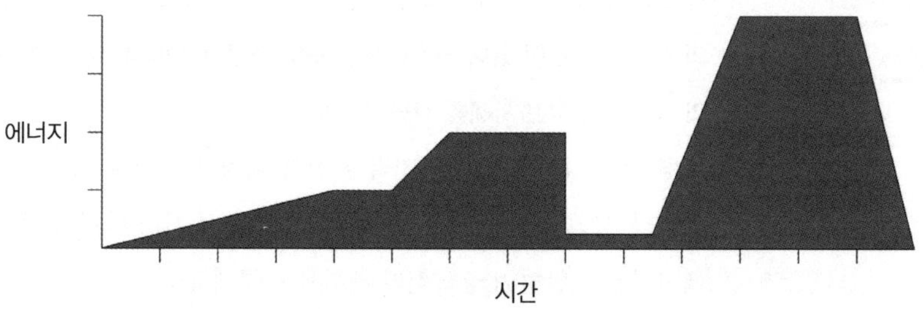

그림 19.4 EDM 트랙의 에너지 윤곽

댄스 뮤직 바이블

완전한 후크에 대한 기대감으로 청자를 유혹하고 곡 전체에 걸쳐 이를 유지하려면 필터, 싱코페이션, 기대의 배신, 캐논 형식의 움직임까지 다양한 기법을 활용해야 한다. 이 기법들을 활용하는 방식은 창의적 선택에 달려 있으며, 곧 자세히 다룰 것이다. 지금 더 중요한 문제는 *어디서* 활용해야 하는지에 대한 것이다.

일렉트로닉 댄스곡을 길게 듣다보면 어디서 변화를 기대해야 할지 직관적으로 안다. 대개 악기나 질감의 변화는 특정 주기에 따라 이뤄진다. 변화가 이뤄지는 지점들은 구조적 센박으로 불리며, 새로운 악기나 질감이 등장하는 마디의 첫 번째 센박을 가리킨다.

일렉트로닉 댄스 음악에서는 거의 모든 경우에 2의 배수로 구조적 센박이 온다. 즉, 마디의 8번째나 16번째, 32번째, 64번째 박에 온다. 이 중 하나에서 새로운 악기가 나오거나, 악기를 제거하거나, 질감이 크게 바뀌는 변화가 흔히 이뤄진다. 라디오용 곡은 대개 8번째 마디나 16번째 마디마다, 클럽용 곡은 대개 16번째나 32번째 혹은 64번째 마디마다 이런 변화가 일어난다.

전개   **지점을 정했다면 여러 방식으로 새로운 악기를 넣을 수 있다. 가장 흔한 방법은 뒤집힌 심벌 크래시를 앞에 넣는 것이다.**

그러면 새 악기를 넣을 수 있는 짧고 뚜렷한 계기가 마련된다. 이 방법은 신중하게 활용하면 대단히 강력한 효과를 낳는다. 반면 믹스에 악기를 새로 넣을 때마다 활용하면 익숙한 패턴이 되어 기대감을 날린다. 또한 곡에 기계적인 느낌이 나서 감정적인 힘이 줄어든다. 그래서 뒤집힌 심벌 타격음, 뒤집힌 리버브, 느린 필터링을 섞어서 쓰는 편이 좋다.

뒤집힌 리버브 효과를 내려면 오디오의 한 음을 취한 다음 워크스테이션의 샘플 편집기로 뒤집으면 된다(이때 프로젝트에 포함된 모든 오디오가 뒤집히지 않도록 먼저 이벤트를 복사해야 한다!). 이렇게 뒤집힌 새로운 이벤트를 다른 오디오 채널에 놓고 리버브를 삽입한다. 리버브는 짧은 프리 딜레이와 대개 3초 이상의 아주 긴 테일로 설정한다. 그 다음 오디오를 오디오 파일로 바운스하고 새로운 채널로 불러서 바로 잡히도록 다시 뒤집는다. 그러면 앞서 각인된 리버브가 뒤집혀서 음을 위로 훑는다.

마찬가지로 필터를 활용하여 여러 마디에 걸쳐 악기를 서서히 도입할 수 있다. 대개 하이 패스 필터를 쓰지만 믹스와 창의적 판단에 따라 밴드 패스 필터와 로우 패스 필터도 쓸 수 있다. 이 책의 홈페이지에 나온 사례의 경우 크래시를 활용하여 하이 햇과 베이스를 도입했다. 그 다음에는 크래시를 활용하여 하이 햇만 도입했고, 하이 패스 필터를 베이스에 적용했다. 끝으로 베이스에 뒤집힌 리버브를 적용하고 하이 패스 필터로 햇을 훑었다. 이런 기법들을 활용하여 악기를 더욱 흥미롭게 도입할 수 있다.

크래시와 뒤집힌 리버브 그리고 필터를 통한 악기의 도입

Introducing instruments with a crash, reverse and filters

악기를 도입하는 것은 에너지를 구축하는 가장 효율적인 방법이다. 그러나 믹스에 에너지가 더 필요하다고 느낄 때마다 활용하면 동원할 수 있는 악기가 금세 떨어진다. 따라서 다른 기법들을 활용하여 흥미를 유지해야 한다. 그 첫 번째 기법이 싱코페이션이다.

앞서 자세히 다룬 싱코페이션은 대단히 강력한 효과를 내기 때문에 편곡 과정에서 종종 활용된다. 일반적인 방법은 미디 혹은 채널이 오디오인 경우 샘플 편집기를 통해 4마디나 8마디마다 다른 음들의 속도를 수정하는 것이다. 그러면 방점이 계속 바뀌어서 흥미를 유지하는 데 도움이 된다.

이 책의 홈페이지에 나온 사례에서는 베이스 라인에 속도 싱코페이션을 적용했다. 그러나 믹스에 속한 다른 선율 악기나 비선율 악기에도 적용할 수 있다. 가령 테크 하우스의 경우 간단한 웅웅대는 베이스를 쓰지만 각 마디마다 그 속도를 다르게 조작한다.

베이스 라인에 싱코페이션을 적용한 효과

The effects of syncopation on a bass line

싱코페이션과 더불어 멜로디 요소에 적용하는 다른 방법은 리듬을 유지한 채 이벤트의 멜로디를 줄이는 것이다. 이 효과는 일부 하우스 레코드에서 뚜렷하게 나타나지만

  댄스 뮤직 바이블

여러 형태의 트랜스에서 가장 전형적으로 쓰인다. 베이스나 리드의 멜로디가 강한 경우 단일 피치로 줄이면 된다. 그러면 원래 리듬은 유지하지만 여러 마디에 걸쳐 단일 음으로 이어진다. 그러다가 일부 음을 원래 피치로 돌려서 원래 멜로디를 일부 복원한다.

뒤집힌 심벌 크래시를 활용하여 멜로디에 새로운 피치 요소를 '도입'할 수 있다. 혹은 트랙이 리듬 기반이라면 단 하나의 부분만 딜레이를 신중하게 적용한 빈 '공간'과 함께 드러낸다.

그러면 완전한 멜로디나 리듬 요소를 듣고 싶다는 기대감을 청자에게 심어줄 수 있다. 다만 너무 오래 기대를 배신하거나 너무 일찍 완전한 멜로디를 선보이면 관심을 돌릴 수 있으므로 신중을 기해야 한다. 이 부분이야말로 경험과 연습 그리고 동료의 비판적 청취가 존중받아야하는 지점이다. 다음 사례에서는 베이스를 단일 피치로 유지하다가 뒤집힌 심벌 타격음을 짧게 넣은 후 약간의 피치 변화를 일으켰다.

편곡을 할 때 피치 변화를 일찍 도입하는 다른 방법은 '카논형' 지속저음을 활용하

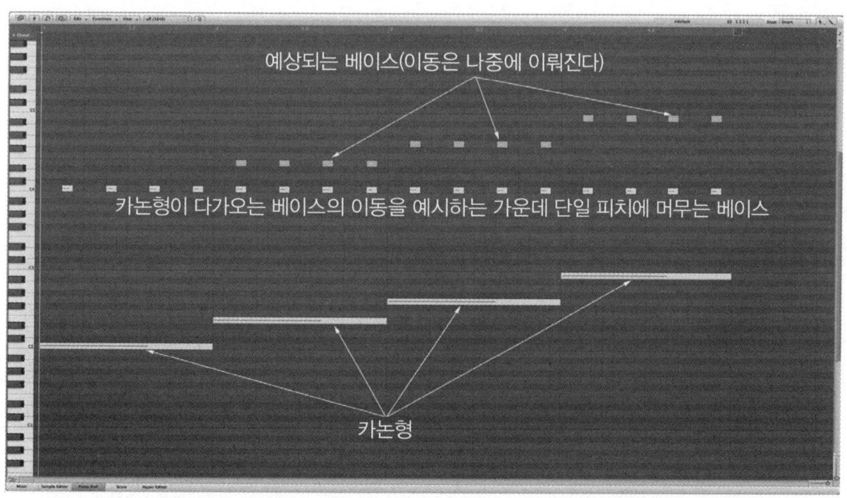

그림 19.5 베이스 멜로디의 이면에 깔린 카논형

여 실제로 이뤄지기 전에 피치 이동을 결정하는 것이다. 이는 스웨디시 하우스 장르에서 아주 인기 있는 기법이지만 다른 스타일의 댄스 음악으로도 서서히 퍼지고 있다.

'카논형'이라는 용어는 어떤 멜로디 라인 직후에 정확하게 같은 멜로디를 모방하는 효과를 가리키는 카논에서 나왔다. 예를 들자면 한 가수가 'row, row, row your boat'라고 노래한 다음 다른 가수가 이 구절을 반복하는 동안 원래 가수가 두 번째 구절인 'gently down the stream'을 부르는 것이다. 이처럼 여러 가수가 부르는 멜로디를 겹치면 '카논' 효과가 발생한다.

댄스 음악의 경우 카논 효과는 단일음으로 된 지속저음, 대개 베이스 지속저음으로 베이스나 리드의 이면에 깔리는 움직임을 표현한다. 가령 베이스의 첫 음이 첫 번째 마디에서 C, 두 번째 마디에서 E, 세 번째 마디에서 G, 네 번째 마디에서 B라면 각 마디에 있는 나머지 음의 피치에 관계없이 한 마디에서 C, 다음 마디에서 E, 다음 마디에서 G, 다음 마디에서 B를 연주한다. 그림 19.5는 이런 카논과 베이스 멜로디의 관계를 보여준다.

이 카논형은 여러 측면에서 화성과 비슷하지만 마침을 할 필요가 없어서 더 단순하다. 또한 카논형은 대개 베이스 및/혹은 멜로디가 단일 피치로 남아 있을 때 이뤄진다. 그러면 다가오는 피치 이동을 인지하지만 아직 베이스나 리드에서 제시되지 않았기 때문에 청자에게 기대감을 부여하게 된다.

싱코페이션을 적용하면 카논 효과를 더욱 강화할 수 있다. 가령 4마디에 걸쳐 C, E, G, B가 연주되는 앞선 사례에서 베이스를 C로 유지하되 8마디에 걸쳐 달리 반복할 수 있다.

이때 카논형은 첫 4마디에서는 C를 연주하다가 2마디에 걸쳐 E를 연주하고 끝으로 2마디에 걸쳐 G와 B를 연주한다. 그러면 베이스의 음 이동이 일어날 것이라는 긴 청각적 단서를 제공할 수 있다. 또한 4마디가 아니라 8마디에 걸쳐 카논형을 표현함으로써 다가오는 베이스의 음 이동과 관련하여 싱코페이션 효과를 낸다. 그림 19.6은 싱코페이션 효과를 내는 카논형을 보여준다. 이 책의 홈페이지에서 그 소리를 들을 수 있다.

싱코페이션 효과를 내는 카논형의 사례 A syncopated canonic example

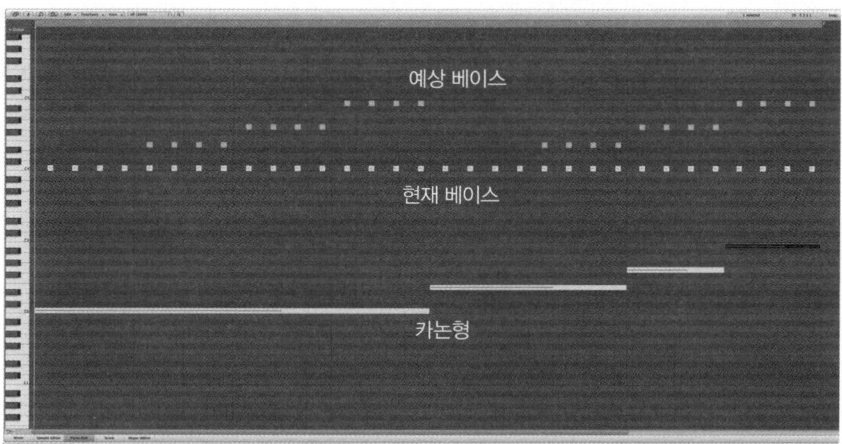

그림 19.6 싱코페이션 효과를 내는 카논형

　편곡에서 활용할 수 있는 추가 기법은 음색에 적용하는 프로세서나 이펙트에 변화를 주는 것이다. 댄스 음악의 모든 음색은 일정한 형태의 질감 변화를 드러내야 한다. 이 점은 곡 전체에도 적용된다.

　필터나 디스토션 혹은 거의 모든 이펙트에 느리게 변조된 변화를 적용하면 곡의 음색을 서서히 드러낼 수 있다. 가령 완전한 멜로디를 연주하는 리드에 서서히 열리는 하이 패스 필터를 적용하여 32마디나 64마디에 걸쳐 낮은 주파수를 더 많이 통과시킬 수 있다.

　혹은 딜레이 장치나 자동화된 리버브에 피드백을 강하게 걸면 사운드를 압도한다. 이때 악기음이 뚜렷해질 때까지 자동화를 통해 해당 패러미터를 점차 줄일 수 있다. 이 효과는 프로그레시브 하우스에서 대단히 인기 있다. 음색을 증가하거나 감소하는 대량의 리버브에 노출시키면 박진감과 흥미가 생긴다. 이 책의 홈페이지에 나오는 다음 사례에서는 강한 리버브 테일과 하이 패스 필터를 적용하여 음색에 대한 주의를 서서히 환기시켰다.

> 리드에 적용한 자동화된 리버브와 딜레이 Automated reverb and delay on a lead

이 모든 기법은 기대감이나 흥분을 자아낸다. 사실 가장 강력한 기법은 청자가 품는 기대를 배반하는 것이다. 그러면 긴장이 고조되고 마침내 곡이 해결되었을 때 해소감이 더 강렬해진다. 다만 이렇게 기대를 배반하려면 일어나려는 혹은 일어나야 하는 변화에 대한 기대감을 먼저 조성해야 한다.

여기에는 다양한 방법이 있지만 가장 흔히 쓰이는 것은 완전한 이원 악구를 도입하되 뒷받침하는 악기를 제한하고 다른 음성이나 심하게 필터링한 리드를 활용하는 것이다. 그러면 전체 악구가 제시되지만 곡의 맥락에서 완전하지 않기 때문에 긴장이 고조된다. 그 결과 청자들은 모든 악기음을 수반한 상태로 듣기를 원하게 된다.

완전한 음색을 서서히 도입하되 해소를 보류하고 첫 번째 부분으로만 줄이면 긴장을 더욱 고조할 수 있다. 리드 혹은 베이스 악기의 리버브 테일이나 딜레이 시간을 늘리는 식으로 이펙트와 필터를 신중하게 조작하면 곡 안에서 긴장을 조금 고조할 수 있다. 그 다음 필터의 컷오프를 서서히 늘리면서 완전한 이원 악구를 다시 연주하면 곡이 완전한 형태로 돌아가리라는 기대감을 조성할 수 있다.

그러나 곡은 완전한 형태로 돌아가지 않고 종종 추가적인 악기를 도입하는 한편 여전히 완전한 후크를 드러내지 않는다. 이 책의 홈페이지에 나오는 사례에서 이런 배반 기법을 활용했다.

기대 배반과 긴장 고조 Creating a denial and increasing tension

물론 이는 기대를 배반하는 1가지 사례에 불과하며, 더 많은 방법들이 있다. 가령 작은 스네어 롤이나 스네어 생략skip 혹은 라이저riser를 활용하여 기대감을 조성하다가 악기를 추가로 도입하지 않고 오히려 줄이는 방법이 있다. 좋아하는 음악가의 곡을 들으면서 감정을 조종하기 위해 동원하는 기법들을 찾아보면 해당 장르에서 흔히 적용하는 사례들이 드러난다.

어떤 기법을 동원하든 신중을 기해야 한다. 너무 많이 혹은 너무 오래 기대를 배반하면 긴장을 흩트리고 곡의 일관성과 안정성을 해칠 수 있다.

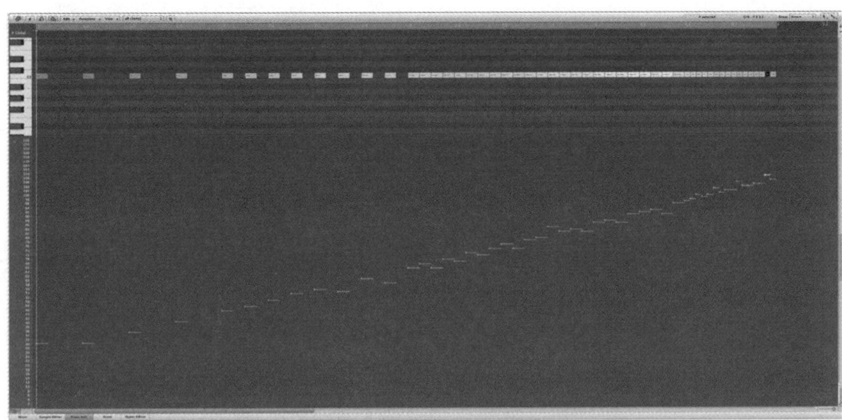

그림 19.7 스네어 롤

주 브레이크
THE MAIN
BREAK

이 모든 기법들을 합치면 주제를 지속적으로 전개하면서 피날레 전에 전형적인 브레이크다운으로 나아가는 편곡을 할 수 있다. 이 지점까지 곡의 전반적인 윤곽은 프로듀서의 취향과 곡의 장르에 좌우된다. 그러나 대개는 에너지가 가장 높은 수준으로 축적되다가 주 드롭main drop이 이뤄진다.

드롭은 피날레의 전조로서 주로 대다수 악기를 떨어뜨리며dropping 이뤄진다. 이 지점까지 리드는 스네어 롤, 스네어 브레이크, 합성 라이저synthetic risers, 필터, 증가하는 이펙트 패러미터 혹은 이 모두를 활용하여 제어할 수 있다.

스네어 롤과 브레이크는 워크스테이션의 피아노 롤 편집기에서 쉽게 만들 수 있다. 롤은 첫 번째 마디나 두 번째 마디의 모든 박에 놓인 스네어 타격음으로 시작된다. 그 다음에는 모든 박과 8분음표마다, 그 다음에는 16분음표마다, 그리고 마지막 마디에서는 32분음표마다 나온다. 이 동안 로우 패스 필터를 자동화하여 열리도록 만들거나 속도를 조절하여 스네어가 진행됨에 따라 음량을 늘릴 수 있다. 그림 19.7은 미디 편집기에서 스네어 롤의 전개를 보여준다.

기본적인 스네어 롤 A basic snare roll

 딜레이나 페이저, 플랜저, 리버브 같은 효과를 적용하여 스네어 롤에 흥미를 더할 수 있다. 이 효과들은 대개 스네어 롤이 정점에 이를수록 딜레이 시간과 리버브 테일 시간 같은 패러미터가 점차 늘어나도록 자동화된다. 그렇게 하면 최종 드롭을 위해 악기들이 제거될 때 리버브와 딜레이가 믹스에 걸쳐 반향한다.

자동화된 딜레이, 리버브, 페이저를 적용한 스네어 롤

A snare roll with automated delay, reverb and phaser

물론 이는 하나의 접근법에 불과하다. 때로는 스네어 롤을 아예 쓰지 않을 수도 있다. 더 느긋한 기법은 그냥 스네어를 생략하는 것이다. 이 경우 몇 개의 스네어 타격음을 넣은 직후에 마디의 4번째 박에서 생략하면 된다.

프로그레시브 하우스에서 흔히 쓰는 다른 기법은 리버브와 딜레이 시간을 점차 늘리는 한편 필터가 열려서 더 많은 주파수를 통과시키도록 자동으로 리드에 적용하는 것이다. 그러면 강력한 구축 효과가 발생한다. 그래서 곡이 주 드롭에 이르면 리버브와 딜레이가 믹스에 걸쳐 반향하거나 떨어지는 라이저 뒤에서 갑작스레 멈춘다.

곡이 드롭에 이를 때 가장 흔히 적용하는 효과는 로우 패스 필터다. 전개의 에너지와 윤곽을 제어하는 가장 강력한 방편이기 때문이다. 드롭을 다루는 양상은 전적으로 해당 곡의 장르에 달려 있다. 좋아하는 스타일의 곡들을 자세히 들어보면 흔히 쓰이는 기법들이 드러난다. 그러나 대개 드롭은 필터가 적용된 두어 개의 악기 혹은 모든 악기로 구성된다. 이때 필터는 궁극적인 긴장감과 구축감을 조성하기 위해 서서히 열리도록 자동화되거나 정점에 이를 때까지 다른 스네어 롤이나 라이저로 뒷받침된다. 그러다가 정점이 되면 마침내 후크가 도입되고 해소 부분이 제시된다.

(단일 마디로 된 배반과 함께) 피날레로 가는 전형적인 구축 양상

A typical build up to a finale <with a single bar denial>

물론 여기서 다룬 모든 방법은 수정과 실험 그리고 창의적 활용의 여지를 지닌다.

실제로 좋아하는 곡을 자세히 분석하면 해당 장르에서 흔히 쓰이는 편곡 기법들이 드러난다. 이렇게 EDM 트랙을 분석적으로 들어보면 분명히 위에 나온 기법들이 대부분 활용되었을 것이다. 이 기법들은 종종 프로듀서의 창의성과 실험 그리고 경험에서 나온 다른 다양한 기법과 혼합된다. 대개 EDM 트랙은 위에 설명한 기법들을 대부분 포함한다.

지금까지 형식적 구조의 이론과 실제를 살폈다. 다음에 나오는 장르별 장들에서는 첫 16마디 혹은 32마디 후크를 작곡하는 기본적인 원칙에 집중할 것이다. 이 원칙들을 익히고 다른 음악가들의 곡을 세심하게 분석하는 가운데 이 장에서 설명한 기법들을 혼합하면 완전한 편곡을 할 수 있다.

CHAPTER 19
형식적 구조

CHAPTER 20

트랜스
Trance

> "기계의 '영혼'은 언제나 우리 음악의 일부였다. 트랜스는 반복에 속하며,
> 모두가 삶… 섹스, 감정, 즐거움… 속에서 트랜스를 원한다…
> 그렇게, 기계는 절대적으로 완벽한 트랜스를 만든다…"
>
> – 랄프 휘터Ralf Hütter(가수/크라프트베르크Kraftwerk)

트랜스는 다양한 형태를 내세우며, 정확하게 무엇이 '트랜스'인지 거의 합의되지 않았기 때문에 모호한 장르다. 그러나 활기차거나, 느긋하거나, 그 사이 어디쯤에 해당하는 이국적 멜로디로 구성되는 유일한 형태의 댄스 음악이라고 일반화할 수 있다. 실제로 '프로그레시브', '고아Goa', '사이키델릭', '애시드', '유포릭' 장르를 결정하는 것은 종종 곡의 '느낌'이다. 그래서 유포릭 트랜스를 프로그레시브에 넣는 사람도 있고, 애시드 트랜스가 고아의 다른 명칭에 불과하다고 믿는 사람도 있다. 게다가 DJ와 청자들은 종종 장르명을 바꾸고 뒤섞는다. 가령 유포릭 트랜스를 '커머셜commercial'이나 '언더그라운드underground'로 나누기도 하는 데 둘을 다르게 보는 사람도 있고 같게 보는 사람도 있다.

트랜스 음악이 만들어지는 양상은 대개 역사를 통해 파악할 수 있다. 어떤 형태든 1가지 확실한 것은 트랜스의 뿌리가 독일에 있다는 것이다. 1990년대에 DJ 다그Dag와 잼 엘 마Jam El Mar의 공동 프로젝트로 댄스2트랜스Dance2Trance가 만들어졌다. 〈We came in Peace〉라는 첫 번째 트랙은 트랜스 장르 최초의 '클럽' 음악으로 간주된다. (오늘날의 테크노처럼) 반복되는 패턴만으로 구성된 이 트랙은 현재 기준으로 보면 아주 거칠기는 하지만 클러버들을 황홀경에 가까운 상태로 이끈다는 목표와 함께 트랜스 장르의 기본적인 토대를 놓았다.

이 이면의 아이디어는 새로운 것이 아니다. 오래 전부터 원시 부족의 주술사들은 환각을 일으키는 향초와 북으로 길게 이어지는 리듬을 활용하여 부족민들을 황홀경과 가까운 상태로 이끌었다. 댄스2트랜스가 다른 점은 인위적인 약물을 썼고, 통나무에 가죽을 입힌 북이 아니라 기계로 리듬을 만들었다는 것이다. 실제로 많은 트랜스 팬들은(그런 사람들이 있다면) 클러버들을 황홀경 상태로 몰아넣는 것이 고아와 사이키델릭 트랜스의 기본을 이룬다고 믿는다.

두 장르는 지금도 제작되고 클럽에서 나오지만 3,4-메틸렌디옥시앤메틸암페타민(MDMA 혹은 '엑스터시')이 클러버들 사이에 인기를 얻으면서 불가피하게 새로운 형태의 트랜스가 만들어졌다. 이 약물은 뇌의 세로토닌 수치를 높인다. 그래서 원시적인 리듬만으로 클러버들을 황홀경에 빠트리기가 어렵거나 불가능하다. 그에 따라 갈수록 이국적인 멜로디가 믹스에서 서서히 다른 요소들보다 우위를 차지하고 있다. 그 목적은 더 이상 황홀경 같은 상태로 이끄는 것이 아니라 엑스터시에 따른 감정의 기복을 모방하거나 자극하는 것이다. 희열에 찬 상태라고 해도 약물이 일정한 역할을 한다는 점에서 기본적인 원칙은 같다. 이런 트랙에는 유포릭 트랜스라는 이름이 붙는다.

긴 브레이크다운과 큰 멜로디의 반복을 활용하는 이런 형태의 음악은 지금도 많은 클럽과 음악차트를 지배하며 인기를 끈다. 그래서 트랜스라는 단어를 들으면 대다수는 긴 브레이크다운과 크고 이국적인 멜로디 리드로 가득해서 힘차게 '손을 위로 뻗게 만드는' 전형적인 음악을 떠올린다. 여전히 가장 많은 팬을 거느린 EDM 장르이기 때문에(다수는 '팝'음악 느낌이 나기 때문이라고 주장하지만) 이 장에서는 이런 음악에 초점을 맞춘다.

<u>음악적 분석</u>   어떤 장르든 댄스 음악을 처음 작곡할 때 최선의 방법은 현재 주위에서 가장 인기 있는 트랙들을 찾아서 기본적인 요소로 나누는 것이다. 그러면 각 트랙의 유사성을 살펴서 다른 음악

스타일로부터 차별화하는 것이 무엇인지 정확하게 파악할 수 있다. 사실 특정 장르의 범주에 넣을 수 있는 모든 음악은 편곡, 그루브, 음조적 요소에서 유사성을 지닌다.

유포릭 트랜스의 경우 대다수 주류 클러버들에게 다가갈 수 있는 빠른 박자에 들뜨는 느낌을 드러낸다. 그래서 비교적 단순한 드럼 패턴과 베이스 라인 위에 겹쳐진 이국적 멜로디를 지닌 신스 및/혹은 보컬 후크 라인으로 구성된다고 말할 수 있다. 드럼은 대개 반복구와 브레이크다운으로 곡을 전개하는 긴 스네어 롤과 함께 주 멜로디를 중심으로 진행되는 작은 모티프 및/혹은 화음 진행을 지닌다. 업리프팅 트랜스는 어떤 음계로도 쓸 수 있지만 대다수는 A단조, B단조, G#장조, A#장조, E장조로 쓰인다.

또한 대부분 전형적인 4/4박자를 쓰며, 템포는 130BPM에서 150BPM 사이에 걸쳐 있다. 대개의 경우 137BPM이나 138BPM이다. 물론 이는 반드시 따라야 하는 규칙이 아니다. 다만 들뜨는 분위기를 유지할 수 있도록 너무 빠르지 않아야 한다. 비트가 너무 빠르면 대부분의 사람들은 춤을 추기 어렵다.

리듬 섹션

대다수 업리프팅 트랜스의 경우 리듬 섹션은 단순하게 유지되며, 거의 언제나 포 투 더 플로어 패턴을 따른다. 그래서 킥이 마디의 4박에 모두 놓이고, 스네어나 클랩은 2박과 4박에 놓인다. 이 패턴은 8분음표마다 엇박으로 나오는 열린 하이 햇과 16분음표마다 나오는 닫힌 햇 타격음으로 보강할 수 있다. 많은 사례에서 열린 햇과 같은 자리에 놓이는 닫힌 하이 햇은 주파수 충돌을 피하기 위해 제거된다.

트랜스의 킥은 대개 '울리는' 유형이 아니라 '분명한' 유형이며, 종종 베이스와 리드 악기에 묻히지 않도록 선명한 트랜지언트 단계를 지닌다. 킥은 샘플 CD에서 바로 가져온 샘플들을 겹치거나 신시사이저로 프로그래밍하여 만들 수 있다. 프로그래밍을 하는 경우 주 킥을 위한 좋은 출발점은 90Hz 사인파를 제로 어택, 중간 릴리스의 플러스 피치 엔벨로프로 변조하는 것이다. 피치 엔벨로프의 형태를 정할 수 있다면 대개 오목한 릴리스가 볼록한 릴리스보다 많이 쓰인다. 끝으로 디케이 설정을 바꿔가면서 믹스에 필요한 음색을 만들면 된다. 이때 킥이 곡의 조에 맞도록 '튜닝'하는 것이 중요하다. 최선의 결과를 내려면 선택한 음계의 제5음에 맞춰야 한다. A단조로 작곡된 사례의 트랙에서는 E에 맞춰야 한다.

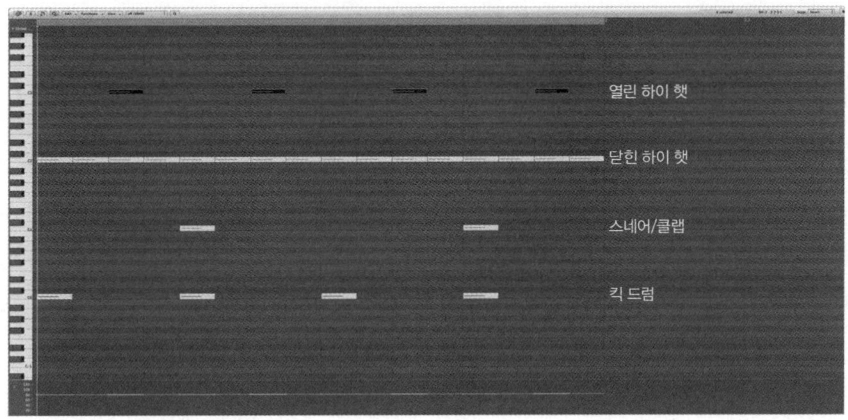

그림 20.1 전형적인 트랜스 드럼 루프

킥은 대개 소량의 리버브로 처리한다. 이때 믹스를 통과할 수 있도록 트랜지언트를 건너뛰는 긴 프리 딜레이에 룸 스타일 리버브가 좋다. 전형적인 설정은 90ms의 프리 딜레이에 약 40ms의 테일이지만 사용되는 킥에 따라 설정이 완전히 달라질 수 있다. 더 강력한 킥이 필요하다면 홀 스타일 테일로 설정하고 노이즈 게이트로 테일을 제거할 수 있다.

리버브에 뒤이어 종종 컴프레서가 사용된다. 정확한 음색 스타일을 만드는 데 큰 역할을 하기 때문이다. 이때 어택은 초기 트랜지언트를 생략하되 보디와 테일을 포착하도록 설정해야 한다. 비율은 약 3:1에서 5:1로 설정하고, 필요한 소리가 나올 때까지 경계를 낮춘다. 이렇게 경계를 낮추면 트랜지언트의 다이내믹 레인지가 줄어서 믹스를 통과하지 못할 수 있다는 사실을 명심해야 한다. 이 경우 킥 트랜지언트에 간단한 하이 햇 음색을 얹으면 도움이 된다. 혹은 소량의 절제된 디스토션을 킥에 적용한 다음 EQ로 처리하여 추가로 성형한다.

트랜스는 스네어나 클랩으로 2박과 4박을 강화한다. 스네어나 클랩은 킥처럼 샘플 레이어링을 통해 만들기도 하고 일반적으로는 샘플 CD에서 얻거나 신시사이저로 만든다. 다른 많은 장르와 달리 트랜스는 스네어와 클랩을 아주 가볍게 유지한다. 그래서 800Hz에서 1.5kHz 아래에 있는 모든 주파수를 감쇄하는 일도 드물지 않다. 사실 이 악기들은 종종 아주 '가벼운' 주파수로 만들어진다. 그래서 하이 햇과 혼동되는 경우도 많다.

대개 스네어나 클랩은 룸 스타일 리버브로 처리된다. 이때 리버브 테일은 킥보다 길게 만들어서 부드럽게 잦아들도록 만든다. 리버브의 설정은 전적으로 창의성에 달려있다. 그러나 대개는 루프를 완전히 덮지 않도록 아주 짧게 유지되어야 한다. 어떤 경우에는 일부 스네어/클랩 타격음에 뒤집힌 리버브를 적용한다. 이때 대개 마디당 하나의 타격음(주로 2박)이나 구조적 센박으로 한정된다. 다만 변조는 모든 마디에서 적용된다.

업리프팅 트랜스의 경우 필터 변조가 미세 음조 조정보다 흔히 쓰인다. 그러나 둘 다두 박 사이에 필요한 이동감을 만든다. 사례의 트랙에서는 스네어에 사운드토이즈의필터프릭을 썼다. 또한 오프셋 사인파 변조로 로우 패스 필터의 컷오프를 제어했다. 이때 마디의 첫 번째 스네어는 로우 패스 필터를 그대로 통과하고 4박에 나오는 두 번째스네어는 음색에서 높은 배음을 아주 조금 제거하는 가벼운 로우 패스 필터링을 거쳤다. 그러면 두 박 사이에 질감의 차이가 발생하여 흥미를 유지할 수 있다.

끝으로 하이 햇은 프로그래밍하거나 샘플 CD에서 직접 가져올 수 있다. 많은 트랜스 트랙에서 햇은 대개 원 TR-909나 샘플 혹은 모방 소프트웨어에서 구한다(909는아주 특징적인 음색을 지닌다). 일부 아티스트는 피치가 높은 삼각파를 피치가 낮은삼각파로 링 변조하여 직접 프로그래밍하기도 한다. 그러면 제로 어택, 서스테인, 릴리스에 짧거나 중간 디케이로 설정한 앰프 엔벨로프로 수정할 수 있는 고주파수 노이즈가 만들어진다. 충분한 노이즈가 나오지 않으면 같은 엔벨로프를 적용한 화이트 노이즈 파형으로 보강할 수 있다.

기본적인 음색을 만든 다음 디케이를 줄이면 닫힌 하이 햇, 늘리면 열린 햇이 만들어진다. 마찬가지로 디케이 기울기를 오목하거나 볼록하게 바꿔서 더 두껍거나 얇은소리를 낼 수도 있다. 두 음색은 모두 믹스의 상단에 놓이는 고주파수 성분에 의존하므로 압축을 피해야 한다. 또한 합성된 하이 햇의 앰프 디케이를 조절하면 인지되는 속도를 바꿀 수 있다.

하이 햇을 샘플링하는 경우에는 네이티브 인스트루먼츠의 배터리Battery 같은 '드럼 샘플러'로 불러들이거나 SPL의 트랜지언트 디자이너 같은 트랜지언트 디자이너를 활용할 수 있다. 이때 디케이를 아주 짧게 설정하면 리듬이 빨라진다. 반대로 디케이를 늘리면 리듬이 느려진다. 대다수 트랜스 음악은 닫힌 하이 햇을 아주 짧게 만든 다음 딜레이를 적용한다. 딜레이의 설정은 프로듀서의 창의성과 템포에 따라 달라진다. 다만 딜레이가 신호를 너무 많이 흐리지 않도록 아주 짧게 설정해야 한다. 대개 아주 짧은 딜레이 시간에 16비트나 8비트면 충분하다.

이 장르에서 하이 햇은 시판되는 다양한 샘플 CD에서 가져온 다음 개인적 취향에 맞게 여러 이펙트로 처리하는 경우가 많다. 여기에는 햇을 줄이는 노이즈 게이트, 트랜지언트 디자이너, EQ, 디스토션 및/혹은 리버브가 포함된다.

링 변조를 통해 합성하는 방법도 있다. 이때 피치가 높은 삼각파를 피치가 낮은 삼각파로 변조하여 고주파수 노이즈를 만든다. 우선 앰프 엔벨로프는 제로 어택, 서스테인, 릴리스에 짧거나 중간인 디케이로 설정한다. 그래도 충분한 노이즈가 만들어지지 않으면 같은 엔벨로프를 적용한 화이트 노이즈 파형으로 보강할 수 있다. 이렇게 해서 기본적인 음색을 만든 후 디케이를 줄이면 닫힌 하이 햇, 늘리면 열린 햇이 만들어진다. 대개 둘 다 소량의 딜레이로 처리하지만 싱코페이션의 느낌을 해치지 않도록 신중을 기해야 한다.

스네어/클랩처럼 열린 하이 햇과 닫힌 하이 햇은 비슷한 형태의 주기적 필터 변조로 처리된다. 대개 열린 햇은 오프셋 사인파나 샘플 앤드 홀드 파형으로 변조된 로우 패

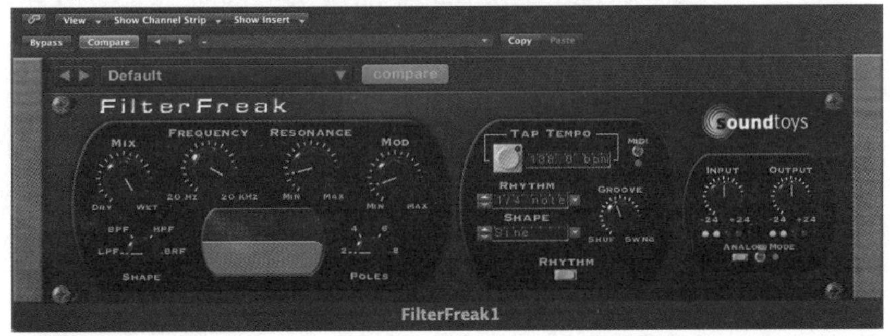

그림 20.2 드럼 리듬의 변조

스 필터로 처리된다. 이 효과를 두 마디에 걸쳐 아주 가볍게 적용하면 배음이 조금 바뀐다. 또한 변조 출처가 오프셋이거나 무작위이므로 변화가 주기적이라는 느낌을 주지 않는다.

물론 이는 모두 일반적인 지침으로 받아들여야 한다. 해석의 여지는 얼마든지 열려 있다. 가령 2, 3마디의 끝에 헤미올라로 닫힌 햇을 넣어서 약간의 변주를 더하거나 네 번째 마디의 마지막 박에서 킥이 나오기 전에 16분음으로 스네어/클랩을 넣을 수 있다. 또 다른 흔한 기법은 닫힌 햇 채널에 노이즈 게이트를 적용한 다음 사이드 체인을 통해 다른 채널로부터 리듬감 있게 프로그래밍된 패턴으로 게이트를 작동하는 것이다. 이 패턴은 종종 구조적 센박에 따라 바뀌면서 드럼 리듬에 흥미를 더한다.

끝으로 스윙 퀀타이즈가 거의 언제나 스네어와 열린 하이 햇에 적용된다. 다만 타이밍을 너무 간섭하지 않도록 아주 가볍게 적용하며, 대개 16분음 그리드에 51%와 53% 사이로 적용하면 루프에 리듬감을 부여하여 흥미를 유지하는 데 충분하다. 그 다음 병렬 압축으로 루프를 처리하여 융화되도록 하고 약간의 에너지를 더하는 경우가 많다.

베이스 그루브

트랜스에서 베이스 리듬은 아주 다양하며, 예술적 해석에 열려 있다. 그러나 대개는 서로 싱코페이션 효과를 내면서 트랜지언트도 엇박으로 유지되는 두 개의 베이스 라인으로 구성된다. 이 접근법은 베이스 트랜지언트가 킥이나 리드 악기의 트랜지언트와 동시에 나오지 않도록 해준다. 그러면 베이스 트랜지언트, 리드 트랜지언트, 킥 트랜지언트가 모두 동시에 나오지 않으므로 작곡의 '여지'가 늘어난다. 실제로 대다수 트랜스 음악에서 활용하는 기본적인 이론에 따르면 리드와 킥의 트랜지언트, 리드와 베이스의 트랜지언트는 같이 나올 수 있지만 베이스와 킥 혹은 베이스, 킥, 리드는 동시에 나오지 말아야 한다.

이때 두 베이스는 대개 서브 베이스와 하이 베이스로 구성된다. 또한 서브 베이스는 대개 짧은 16분음으로 만들어지며, 옥타브를 옮기는 베이스로 구성된다.

그림 20.3은 로직 프로의 피아노 롤 편집기로 만든 전형적인 트랜스 서브 베이스다. 베이스의 각 트랜지언트가 킥 트랜지언트와 충돌하지 않도록 엇박에 들어갔으며, 각 마디에서 (피치 A가 한 옥타브 높은 A로) 한 옥타브만 뛰는 단일 피치로 이어진다는 점에 주목하라. 또한 옥타브가 뛰는 16분음의 위치를 다른 마디에서 시간상 뒤로 옮겨

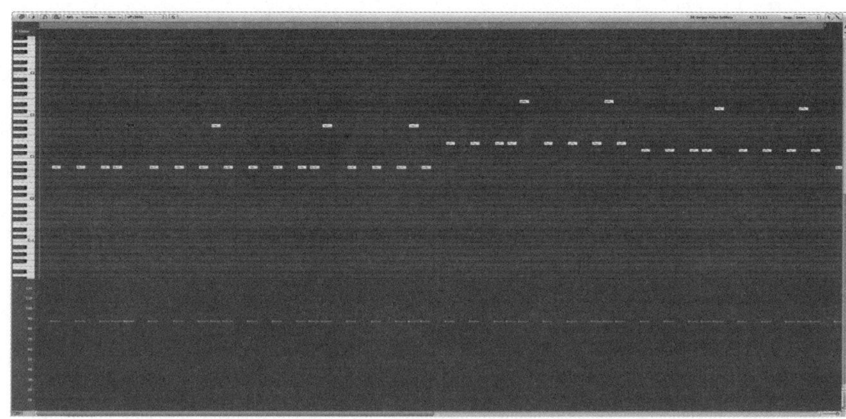

그림 20.3 서브 베이스

서 단순한 리듬에 이동감을 더한다.

하이 베이스의 경우 가장 낮은 서브 베이스의 패턴을 다른 채널에 복사하고 한 옥타브만큼 올리는 경우가 많다. 이때 리듬의 이동감을 유지하면서 두 베이스 사이에 약간의 차이를 두기 위해 하이 베이스 패턴에서 일부 음들을 늘려서 한데 합치기도 한다(즉, 패턴 사이의 여백을 제거한다). 그림 20.4가 이 접근법을 보여준다.

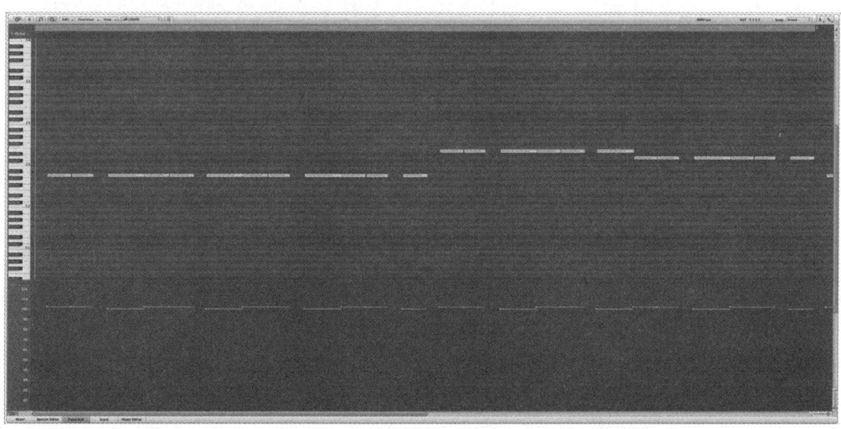

그림 20.4 하이 베이스

물론 이 접근법은 하나의 사례에 불과하며, 예술적 해석에 열려 있다. 실제로 레코드마다 리듬과 피치가 다르다. 그러나 많은 트랜스 아티스트들은 베이스 라인을 작곡할 때 이 접근법을 *일반적*으로 취한다. 베이스는 대다수 마디에서 단일 피치에 가깝게 유지되다가 다른 마디에서만 변하는 것이 중요하다. 이런 스타일의 경우 리드 악기가 트랙의 초점이 된다. 마디 안에서 베이스 멜로디의 피치가 계속 바뀌면 초점이 리드로부터 멀어진다.

베이스 음색을 만들 때는 아날로그 신시사이저(혹은 DSP 동일 제품)가 디지털보다 선호된다. 베이스가 킥에서 노출되고 아날로그의 '디스토션'이 더 따뜻한 음색으로 킥을 보완하기 때문이다. 많은 아날로그 스타일 신시사이저는 두 베이스 음색을 모두 만들 수 있다. 그러나 트랜스 음악가들은 대개 노베이션Novation의 베이스 스테이션Bass Station(가상 악기)과 수퍼노바SuperNova(하드웨어), 노베이션 V스테이션V-Station(가상 악기), 사일런스Sylenth(가상 악기) 혹은 액세스의 바이러스 Ti(하드웨어)를 쓴다.

이런 기기들을 이용하여 음색을 만드는 가장 쉬운 방법은 프리세트 베이스를 불러온 다음 음조에 맞게 바꾸는 것이다. 별도로 서브 베이스의 음색을 프로그래밍하고 싶다면 펄스파와 사인파(혹은 삼각파) 발진기를 활용하여 마음에 드는 기본적인 음조가 나올 때까지 서로 디튜닝해야 한다. 대개 서브 베이스는 킥과 경쟁하지 않고 곡의 그루브에 활력을 불어넣는 것이 목적이기 때문에 강한 트랜지언트 플럭이 필요 없다. 그래서 대개 앰프 엔벨로프에는 중간 어택, 필터 엔벨로프에는 약간 더 느린 어택을 적용한다. 앰프와 필터의 서스테인과 릴리스 패러미터는 거의 사용되지 않는다. 대신 디케이가 릴리스 패러미터 역할을 한다. 그러면 서브 베이스를 재생할 때 디케이 패러미터로 서브 베이스와 킥의 관계를 세밀하게 제어하여 균형을 맞출 수 있다.

하이 베이스도 서브 베이스와 같은 발진기 파형을 쓸 수 있다. 다만 어택 엔벨로프를 가장 빠르게 설정하여 서브 베이스보다 우위에 서서 더 강한 존재감을 드러내야 한다. 필터 엔벨로프의 어택과 디케이 패러미터를 줄이고 플러스 심도로 변조하도록 설정하면 플럭을 더할 수 있다. 두 신시사이저의 진폭과 필터를 활용하고 수정하기 전에 드럼과 두 베이스 라인이 리듬과 음조 측면에서 좋은 상호작용을 하도록 만드는 것이 필수적이다.

두 베이스가 같이 자리 잡은 후에는 대개 딜레이로 처리한다. 딜레이 설정은 음색에 따라 크게 좌우된다. 그러나 종종 다른 딜레이 시간이 적용된다. 또한 서브 베이스는 딜레이가 소수의 높은 주파수에만 영향을 미치고 낮은 주파수는 모노로 남도록 미드/사이드 프로세싱 장치로 종종 처리된다. 각 딜레이가 서로를 덮지 않도록 딜레이 장치는 버스에 놓이며, 빠른 어택과 릴리스에 높은 비율과 낮은 경계로 설정된 컴프레서로 이어진다. 뒤이어 사이드 체인 입력부로 원 베이스 신호를 컴프레서에 넣는다. 그 다음 두 베이스는 해당 딜레이 버스로 *보내진다*.

이렇게 하면 원 베이스가 나올 때마다 사이트 체인 입력부를 통해 컴프레서가 작동된다. 이때 컴프레서는 지연된 베이스의 다이내믹스를 제한하여 음량을 줄인다. 그러나 원래 베이스의 사이에 오는 정적 부분에는 컴프레서가 적용되지 않으므로 딜레이가 완전한 음량에서 이뤄진다.

디스토션과 컴프레서도 베이스에 종종 활용된다. 이때 소량의 절제된 디스토션을 걸면 사이드 체인으로 펌핑하는 컴프레서를 적용하는 동안 베이스를 믹스에서 두드러지게 하거나 훨씬 강한 존재감을 부여한다. 그러기 위해서는 원래 킥 트랙을 복사하되 들리지 않도록 믹서에서 어떤 출력으로도 넣지 않는다. 이 트랙은 두 베이스에 대한 사이드 체인 입력으로 활용할 수 있다.

우선 두 베이스에 컴프레서를 적용한 상태에서 새로 만든 킥 채널을 사이드 체인으로 컴프레서에 넣는다. 그 다음 각 베이스가 킥과 리듬감 있게 펌핑하도록 컴프레서를 조절한다. 원 킥 채널을 사용하지 않고 2차 킥 트랙을 사이드 체인으로 활용하는 경우 드롭이 이뤄지는 동안 트랙에서 원래 가청 킥을 제거해도 사이드 체인으로 넣은 악기의 '펄싱pulsing'이 여전히 남는다.

압축량은 사용되는 음색에 따라 달라진다. 일반적으로는 9:1의 비율에 어택은 5ms, 릴리스는 중간 정도인 200ms로 설정한다. 그 다음 모든 킥이 이득 감소 미터에서 적어도 3dB만큼 나오도록 경계를 서서히 줄인다. 음량 이상(클수록 소리가 좋게 들린다!)을 피하기 위해 보완 이득을 조절하여 루프가 컴프레서를 우회한 때와 같은 음량이 되도록 만든 다음 릴리스 설정을 바꿔가며 실험하라. 릴리스를 줄이면 킥이 베이스를 펌핑하기 시작하며, 점차 무거워질 것이다.

얼마나 줄여야 할지는 듣고 판단하는 수밖에 없다. 다만 신중을 기해야 한다. 원칙은 드럼과 베이스가 일관되게 융화되도록 도우며 힘 있게 가슴을 치는 리듬을 만드는 것이다.

<table>
<tr><td>업리프팅
트랜스의 멜로디</td><td>리드 멜로디는 트랜스 음악에서 근본적인 요소다. 물론 곡의 모든 요소에 시간과 정성을 들여야 하지만 업리프팅 트랜스의 경우 멜로디가 곡의 셀링 포인트다. 또한 좋은 리드는 멜로디뿐만 아니라 음색에서도 나오며, 둘 다 '정확'해야 하기 때문에 아주 어려운 부분이기도 하다. 그래서 올바른 감각을 얻으려면 반드시 현재 시장과 시장의 리더들을 자세히 살펴야 한다.</td></tr>
</table>

안타깝게도 미디 프로그래밍의 측면에서 트랜스 리드는 따르는 '규칙'이 거의 없다. 그래서 프로그래밍을 하는 방법은 전적으로 창의적 본능과 현재 시장의 리더들에 대한 세심한 분석에 달려 있다. 다만 몇 가지 기본적인 지침은 있다.

트랜스 리드를 만드는 첫 번째이자 가장 쉬운 방법은 코드 구조부터 만드는 것이다. 리드는 종종 음들이 2, 3음 사이에서 교대하도록 '코드화된' 구조를 사용하여 구성되기 때문이다. 그러면 노래의 '키'에서 더 높은 일련의 음들로 뛰어올랐다가 다시 주요 키로 돌아오는 결과물이 나온다. 또한 여러 마디에 걸쳐 베이스와 뒤이은 리드 멜로디의 피치 이동은 트랜스 음악의 근본적인 요소로서 대다수 추진력을 제공한다.

대중음악과 달리 트랜스의 코드 진행은 특별히 복잡할 필요가 없으며, 많은 경우 변화가 단순하다. 실제로 지난 10년 동안 인기를 끈 많은 트랜스 트랙의 경우 3코드 미만으로만 활용했다! 이 진행은 종종 I-IV-V나 I-V-IV처럼 간단하다. 일부는 I-V-vi-IV, vi-IV-I-V 혹은 i-VI-III-VII(A단조)로 확장하기도 한다.

진행에서 얼마나 많은 코드가 활용되든 대개 업리프팅 트랜스는 4마디 단위로 8마디에 걸친 구조적 센박 디자인을 토대로 삼는다. 즉, 베이스와 코드 그리고 리드 멜로디가 네 마디마다 반복되지만 여덟 번째 마디는 센박이 된다. 그러면 곡의 기본구조를 이루는 반복과 변화를 유지할 수 있다.

곡을 만들 때 3개의 코드를 쓰는 경우 대개 화성적 리듬은 두 마디에는 I, 세 번째 마디에는 IV, 끝으로 네 번째 마디에는 V로 구성된다. 이렇게 화성이 변하는 가운데 베이스와 리드 멜로디는 코드의 근음을 따른다. 그림 20.5가 이런 변화를 보여준다.

댄스 뮤직 바이블

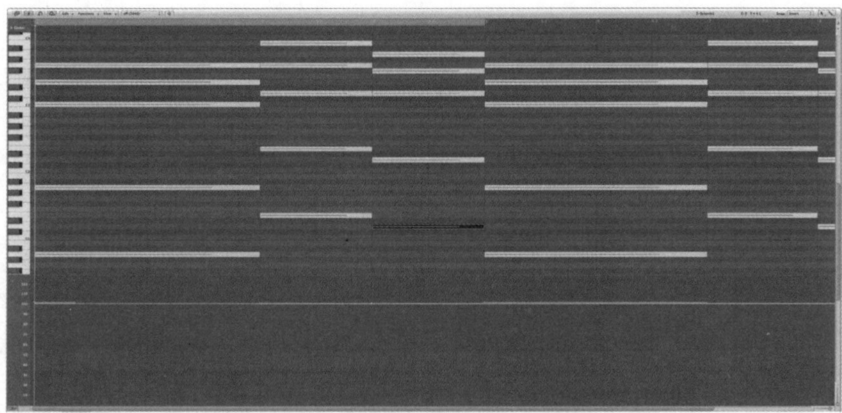

그림 20.5 4마디 단위로 8마디에 걸친 구조적 작곡에서 3코드의 피치 구조

기본 코드를 구성한 다음에는 다른 트랙으로 복사하여 리드를 만드는 토대로 활용할 수 있다. 가장 흔한 방법은 1마디에 3, 4개의 음으로 된 리듬을 기록한 다음 8마디에 걸쳐 밑에 깔린 코드에 따라 피치를 맞추면서 반복하는 것이다.

트랜스의 상대적 속도와 에너지를 유지하려면 코드가 들어간 리드는 16분음표나 18분음표를 써서 짧게 만들어야 한다. 그래서 코드는 더 작은 음들로 나눠진다. 또한 특이한 음들을 제거하여 '피치를 올린다'. 그림 20.6은 그 결과물을 보여준다.

당연히 이는 목표를 이루는 하나의 방법에 불과하며, 다른 많은 사례들이 있다. 가령 노이즈 게이트를 코드 채널에 삽입한 다음 리듬감 있는 하이 햇 패턴을 프로그래밍하면 노이즈 게이트를 제어하여 리듬감 있는 리드를 만들 수 있다. 이 노이즈 게이트를 입힌 효과는 물리적으로 음에 적용할 수 있다(즉, 음들을 잘라서 효과를 낼 수 있다). 그래서 각 음이 신시사이저를 재작동시킬 뿐만 아니라 코드의 상단 음들을 하단 음들과 상쇄하여 리드에서 종종 쓰이는 교대하는 음들을 만들 수 있다.

트랜스 멜로디를 만들기 위해 흔히 쓰이는 다른 방법은 신시사이저의 아르페지에이터, 대개 액세스 바이러스의 아르페지에이터를 활용하는 것이다. 이때 코드는 그대로 유지되며, 추가로 개발할 수 있는 영감에 이를 때까지 아르페지에이터의 패턴을 비튼다. 궁극적으로 뛰어난 트랜스 멜로디는 모든 트랜스 아티스트들에게 성배와 같다. 그

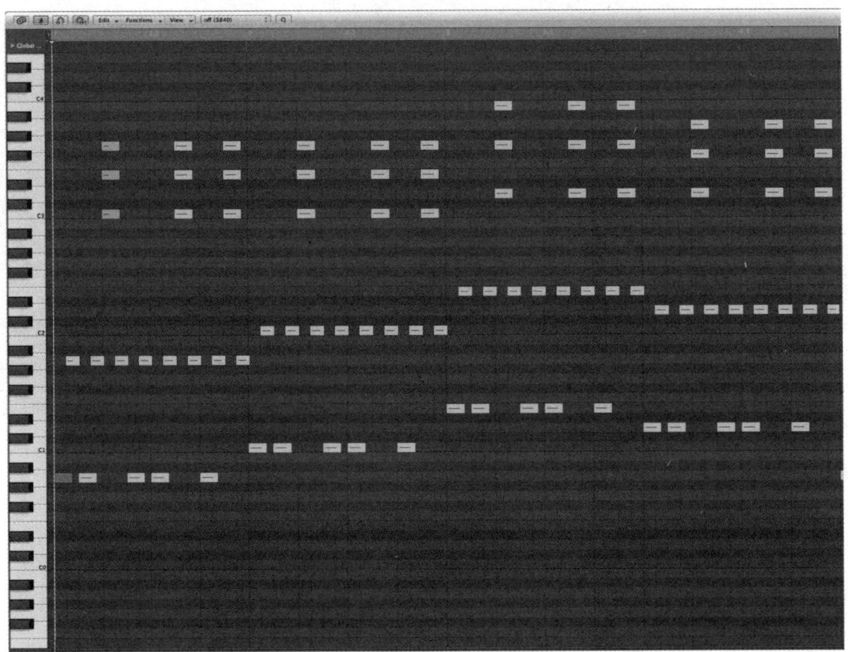

그림 20.6 리듬감 있는 계단식 접근법

중 다수는 세심한 분석과 실험 그리고 우연의 산물이다.

멜로디의 음색 리드의 멜로디가 중요한 만큼 음색도 중요하다. 음색에 따라 곡이 살기도 하고 죽기도 하기 때문이다. 사운드 디자인을 다룬 장에서 설명했듯이 리드는 트랙에서 가장 두드러지는 부분이므로 중단/중상단 영역에 자리한다. 그래서 이 영역을 차지하는 배음이 풍부해야 하며, 성격에 약간의 변화를 주어서 흥미를 유지해야 한다. 이 일은 때로 디지털 신시사이저를 활용하여 LFO로 피치를 변조하여 이룰 수 있다. 그러나 대개 아날로그 신시사이저를 통한 위상 초기화phase initialization를 활용하면 훨씬 뛰어나고 풍부한 결과물을 만들 수 있다. 그래서 많은 음악가들은 액세스 바이러스나 노베이션의 수퍼노바(현재는 미니노바)를 선호한다.

뛰어난 업리프팅 트랜스를 만드는 비법(그런 것이 있다면)은 톱니파와 유니슨 그리고 이펙트에 있다. 우선 3개의 톱니파 발진기로 시작한다. 혹은 신시사이저가 제공한다면 중첩된 톱니파 발진기(소위 다중 톱니파 발진기)를 분리되기 전까지 가능한 한 많이 디튜닝한다. 디튜닝이 끝나면 사운드가 아주 두터워질 때까지 유니슨을 적용한다. 앰프 엔벨로프는 빠른 어택, 디케이에 중간 릴리스와 서스테인으로 설정한다. 또한 앰프와 같이 설정한 2차 엔벨로프로 로우 패스 필터를 변조한다. 로우 패스 필터는 완전히 열려서 모든 주파수를 통과시켜야 한다.

리드를 합성한 다음에는 앰프 디케이와 릴리스 엔벨로프를 활용하여 필요한 대로 음색을 늘리고 조정한다. 그러면 그루브를 제어하여 미디 음들을 '주무르지' 않고 앰프의 릴리스 엔벨로프를 조절하여 곡의 '느낌'을 바꿀 수 있다.

이 접근법으로 *기본적인* 음색을 만들 수 있다. 뒤이어 EQ를 적용해야 한다. EQ의 설정은 신시사이저에 따라 다르지만 대개 650Hz에서 6dB 부스트, 5kHz에서 10dB 하이 쉘프 부스트를 적용하면 선명한 성격을 지닌 사운드가 나온다. EQ 다음에는 대개 디스토션 장치와 코러스에 이어 2차 EQ 장치를 활용한다. 설정은 필요한 음색의 스타일에 따라 달라진다. 따라서 모두 실험이 중요하다. 디스토션은 대개 부드럽게 적용하여 높은 주파수에 배음 속성을 더하고, 코러스는 사운드를 더 두텁게 만들며, EQ는 문제를 일으키는 주파수를 제거한다.

프리 딜레이는 초기 반향이 트랜지언트를 우회하도록 만든 상태에서 대형 홀 설정으로 리드에 적용한다. 일반적으로 잔향 음장이 클수록 리드가 더욱 '웅장해'진다. 다만 리버브 뒤에 노이즈 게이트를 써서 잔향이 믹스를 덮지 않도록 음색이 끝나는 순간 꼬리를 잘라야 한다. 끝으로 짧은 딜레이로 리드를 처리한다. 대개 16분음표나 8분음표로 설정하지만 실험을 통해 최선의 결과를 얻을 수 있다.

항상 필요한 것은 아니지만 병렬 압축을 리드에 활용하여 믹스에서 존재감을 높일 수 있다. 그러나 하단이나 상단에 에너지가 부족하다면 코드화된 음들을 더하여 문제를 빠르게 해결할 수 있다. 에너지가 부족한 멜로디에 코드화된 음들을 더하는 방법이 지니는 힘을 과소평가해서는 안 된다.

대개 트랙에 보컬이 들어가면 리드를 아래에 깔아야 하므로 이펙트를 쓸 필요가 없다. 그러나 화성적으로 풍부한 사운드와 보컬을 유지하고 싶다면 리드 음색에 컴프레서를 적용하고 보컬을 사이드 체인으로 넣는다. 그러면 보컬이 나올 때는 리드가 약화된다.

물론 이 모든 방법은 예술적 파격에 열려 있다. 리드의 기본을 익힌 다음에는 발진기, 엔벨로프의 설정, 이펙트를 실험하면서 변주하는 것이 중요하다. 그래도 충분히 풍부한 리드가 나오지 않는다면 레이어링, 더블링, 스플리팅, 호케팅, 잔여 합성 같은 여러 방법을 동원해야 한다. 이 방법들은 사운드 디자인을 다룬 장에서 설명했다.

모티프 **멜로디와 기본적인 그루브를 만들었다면 마지막 단계는 모티프를 더하는 것이다. 이 대응** counter **멜로디는 곡이라는 케이크에 올리는 마지막 장식으로 부를 수 있는 작은 애드립 리프다. 그래서 모든 댄스 음악의 필수적인 요소로서 반복적인 트랙에 반드시 필요한 변주를 더한다.**

모티프는 종종 주 멜로디 리프riff에서 나온다. 주 멜로디 리드가 시작되기 전에 트랙의 시작 부분에서 일정한 역할을 할 뿐만 아니라 반복구 뒤에 다시 나오기 때문이다.

모티프를 만드는 방법은 다양하다. 그러나 가장 빠른 방법은 미디 리드를 복사한 다음 음들을 제거하여 훨씬 단순한 패턴을 만드는 것이다. 이 패턴을 16분음만큼 앞이나 뒤로 옮겨서 주 리드와 어긋나게 만들거나, 리드와 같이 나오되 음색의 어택과 릴리스를 연장할 수 있다. 후자의 방법이 종종 더 나은 결과물을 만든다. 앞서 언급한 대로 댄스 음악은 대조를 기반으로 삼으며, 모든 악기는 일정한 어택 단계를 지니기 때문이다. 어택과 릴리스를 늘리면 모티프가 리듬 측면에서 완전히 새로운 성격을 얻는다. 이 성격은 편곡을 다시 들으면서 앰프 엔벨로프의 패러미터를 조정하여 바로 바꿀 수 있다.

무엇보다 이런 기법들을 활용할 때 너무 과도하게 적용하는 일을 피하고 단순하게 유지하는 것이 좋다. 많은 댄스 트랙은 8분음표나 16분음표 혹은 4분음표마다 나오는 단일 피치의 음만 사용하거나 리드가 아니라 베이스와 엮이도록 구성된다. 그 이유는 단순한 모티프가 복잡한 아르페지오보다 곡에 훨씬 극적인 효과를 미칠 뿐만 아니라 주 멜로디 요소로부터 주의를 너무 분산시키지 말아야 하기 때문이다.

또한 모티프에 사용되는 음색은 리드 멜로디와 달라야 한다. 이 지점에서 지금까지 믹스에서 사용된 주파수를 고려해야 한다. 앞서 언급한 대로 많은 트랜스 트랙에서 리드는 풍부한 배음을 지니므로 모티프에 쓸 수 있는 주파수가 줄어든다. 그래서 리드가 나오는 동안 로우 패스 필터의 컷오프로 배음 성분을 줄이는 한편 리드가 나오지 않을 때는 필터가 더 넓게 열리도록 설정하는 일이 흔하다.

모든 댄스 음악의 경우처럼 이 필터는 '실시간으로' 조정하여 곡 전체에 걸쳐 추가적인 움직임과 흥미를 만들 수 있다. 이 움직임은 리드가 나오는 동안에는 당연히 제한되어야 한다. 그렇지 않으면 금세 주파수가 넘쳐나서 제대로 믹싱을 하기가 어려워진다. 그러나 노래가 시작되는 동안에는 믹스의 간극을 메우도록 필터를 더 넓게 열어서 더 많은 주파수를 통과시킬 수 있다.

더 중요한 점은 모티프의 리듬 피치를 신중하게 정해야 한다는 것이다. 대개 C4보다 높은 음을 써서 만든 모티프는 당연히 더 높은 주파수를 지니며, 낮은 주파수는 거의 지니지 않는다. 그래서 거의 닫힌 로우 패스 필터를 적용하면 주파수가 제로로 줄어든다. 따라서 모티프와 음색의 피치는 당연히 리드 멜로디가 더 높은 주파수를 지닌다는 가정 하에 베이스와 리드에 맞도록 하단에서 중단 영역을 차지해야 한다.

실제로 트랜스의 경우 필터를 써서 최종 결과물을 만드는 것이 좋다. 또한 종종 모티프를 위한 공간을 남기기 위해 리드의 주파수를 일부 잘라내서 신중하게 절충할 필요가 있다. 그 반대의 경우도 마찬가지다. 그렇기는 해도 베이스가 아주 단순하다면 중단 주파수와 같은 양으로 하단 주파수를 지닌 모티프를 프로그래밍한 다음 필터로 더 높은 주파수를 잘라내는 방법이 흔히 쓰인다. 그러면 베이스의 주파수와 모티프가 섞여서 하단 그루브를 강화하는 데 도움이 된다. 그 다음 트랙이 진행됨에 따라 낮은 주파수를 잘라내고 높은 주파수를 남겨서 하단에서 일어나는 상호작용을 제거한다. 그러면 모든 사운드가 서로 엮인 것 같은 인상을 줄 수 있다. 그래서 더 많은 움직임과 대다수 클럽 트랙에서 느껴지는 전형적인 '에너지'를 창출하는 데 도움이 된다.

궁극적으로 장르를 다룬 모든 장이 그렇지만 이 장의 목적은 프로듀서들이 사용하는 일부 기법을 소개하고 앞서 설명한 이론과 기술이 어떻게 결합되어 트랙을 만드는지 보여주는 것이다. 그래서 이 장에 나온 내용은 스스로 발전시켜나갈 기본적인 아이디어로 보아야 한다.

이 장르에 속한 곡을 만드는 하나의 결정적인 방법은 없다. 새로운 기법과 제작 방식을 익히는 최선의 방법은 현재 시장을 선도하는 곡들을 적극적으로 듣고 쓸 수 있는 도구들로 실험하는 것이다. 어떤 곡에 접근하는 올바른 길과 잘못된 길은 없다. 스스로 듣기에 좋으면 대개는 실제로도 좋다. 새로운 장르는 단계별 지침을 따르거나 다른 음악가들을 모방하는 일로 진화하지 않는다. 실험하고 경계를 밀어붙이는 프로듀서들이 새로운 장르를 창조한다.

그렇기는 하지만 지금까지 설명한 기본적인 요소들을 활용하면 곡의 주된 초점을 만들 수 있다. 이를 토대로 편곡에 나서야 한다. 편곡과 관련된 이론은 앞서 다루었다. 시장을 선도하는 곡들을 듣고 앞서 설명한 이론들을 접목하면 사운드와 편곡 측면에서 현재 어떤 추세가 이어지고 있는지 금세 드러날 것이다.

이 책의 홈페이지(www.dancemusicproduction.com)에는 앞서 설명한 기법들을 활용한 전형적인 트랜스 트랙의 오디오 샘플이 들어 있다.

CHAPTER 21

덥스텝
Dubstep

'인간의 삶에서 발명은 없다. 언제나 재혼합remix의 재혼합의 재혼합일 뿐이다.
나는 아버지의 재혼합이다…'

— 리카르도 빌라로보스Ricardo Villalobos

일부 덥스텝은 댄스 음악의 비교적 새로운 장르로 간주된다. 그러나 그 역사는 많은
사람이 생각하는 것보다 더 길다. 대다수 댄스 음악 장르처럼 불확실하기는 하지만 대
략 1998년과 투 스텝 거라지two-step garage로 거슬러 올라간다.

영국의 차고에서 만들어진 투 스텝은 대다수 다른 댄스 음악 장르에서 일반적인 포
투 더 플로어 리듬에서 벗어나 심하게 싱코페이션된 리듬으로 구성된다. 덥스텝이 시작
된 것은 이 레코드들 중 다수의 B면이었다. 여기에는 투 스텝의 깊은 베이스 기조를 드
럼 앤 베이스와 그라임Grime의 더욱 펑키하고 싱코페이션된 리듬 기조와 섞은 실험적
인 리믹스들이 담겼다.

사우스 런던 크로이던Croydon에 있는 빅 애플 레코드Big Apple Records의 직원이던
DJ 핫차Hatcha가 이 B면을 클러버들에게 들려준 최초의 DJ로 알려져 있다. 그는 런던
소호의 벨벳 룸스Velvet Rooms에서 열린 '포워드Forward' 공연에서 실험적인 투 스텝 음
악을 선보였다. 많은 클러버들은 곧 이 음악을 '포워드 뮤직'으로 불렀다. 앰뮤니션 프

로모션Ammunition Promotions은 '포워드' 클럽을 운영하면서 '가슴을 뛰게 만드는 비라인b-lines'으로 공연을 홍보했다.

포워드는 런던에서 린스Rinse FM이라는 해적 라디오 방송도 운영했다. 이 방송에는 DJ 핫차, 코에드9Koed9, 제드 바이어스Zed Bias, 제이 다 플렉스Jay Da Flex 같은 아티스트들이 출연하여 최신 '포워드' 트랙을 틀었다. 앰뮤니션 프로모션은 2002년에 XLR8R 잡지에서 이 새로운 형태의 음악을 지칭하기 위해 '덥스텝'이라는 용어를 썼다.

이듬해에도 DJ 핫차는 덥스텝이 나아갈 방향을 개척했다. 그는 음반 매장에 자주 오던 (나중에 같은 매장에서 일하게 되는) 스크림Skream, 벤가Benga, 로파Loefah가 준 덥스텝 곡들을 린스 FM과 포워드 클럽에서 틀었다.

덥스텝이 언더그라운드에서 인기를 얻으면서 2003년에는 플래스티션Plastician(이전에는 플래스틱맨PlasticMan)과 데이비드 칼라인David Carlisle이 주최하는 필시 덥Filthy Dub이라는 새로운 행사가 열렸다. 그들은 엔타입N-Type, 벤가, 월시 셰프Walsh Chef, 스크림, 디지털 미스틱즈Digital Mystikz의 곡들과 함께 덥스텝을 더욱 널리 알렸다.

라디오 원Radio One의 DJ인 존 필John Peel은 덥스텝의 강력한 지지자로서 2003년부터 많은 곡들을 방송했다. 그러나 덥스텝을 주류 시장으로 끌어들인 사람들은 사실 디지털 미스틱즈(말라Mala와 코키Coki)와 로파 그리고 사전트 포크즈Sgt. Pokes였다. 덥스텝 레이블 DMZ를 만든 그들은 브릭스턴에 있는 매스Mass에서 격월로 DMZ 행사를 열었다. 라디오 원의 DJ 메리 앤 홉스Mary Anne Hobbs는 2006년에 DMZ에서 이 새로운 장르를 접한 후 정상급 덥스텝 프로듀서들을 모두 모아서 덥스텝 워즈Dubstep Warz라는 프로그램을 방송했다. 이는 그때까지 대체로 언더그라운드 음악이던 덥스텝에 하나의 전환점이었다.

2007년 무렵 덥스텝의 사운드는 상업적 주류 시장에 영향을 미치기 시작했다. 브리트니 스피어즈는 일부 곡(특히 〈Freakshow〉)에 덥스텝에 전형적인 깊은 베이스 와블wobble을 넣었다. 뒤이어 2009년에는 라 루La Roux가 스크림에게 싱글 〈In for the Kill〉의 리믹스를 부탁했고, 네로Nero와 징크Zinc 같은 음악가들에게도 다른 트랙의 리믹스를 맡겼다.

2010년에 덥스텝은 멈출 수 없는 기세로 인기를 드높였다. 마그네틱 맨Magnetic Man

은 〈I Need Air〉로 영국 차트에서 10위에 올랐고, 벤가가 만든 〈Katy on a Mission〉은 영국 싱글 차트에서 5위로 데뷔한 후 5주 동안 톱 텐에 머물렀다.

2011년에 처음 영국 차트 1위에 오른 덥스텝 곡은 DJ 프레쉬Fresh가 발표한 〈Louder〉였다. 그 직후에는 네로의 〈Promises〉가 두 번째로 1위에 올랐다.

음악적 분석 덥스텝은 (종종 20Hz로 아주 낮은) 무거운 베이스 라인과 투 스텝 *스타*일의 드럼 리듬 그리고 어두운 잔향이 들어간 코드가 뒤섞인 음악이다. 대개 4/4박자에 140BPM으로 만들지만 투 스텝의 성격을 지니기 때문에 종종 그 절반으로 들린다. 또한 대부분 단조로 작곡되며, 많은 경우 A단조를 선호한다.

덥스텝을 만드는 최고의 출발점은 드럼 리듬이다. 원래 덥스텝의 비트는 마디의 첫 번째 박과 세 번째 박에 킥 드럼이 들어가고 스네어가 주위에서 춤을 추는 투스텝 드럼 리듬을 따랐다. 그러나 근래에는 아티스트들이 이런 경계를 밀어붙이고 있다. 실제로 현재 많은 음악가는 각 마디의 두 번째나 세 번째 박에만 스네어를 넣고, 이렇게 고정된 스네어 주위로 킥을 움직이는 추세를 보인다. 스네어는 각 마디의 두 번째 혹은 세

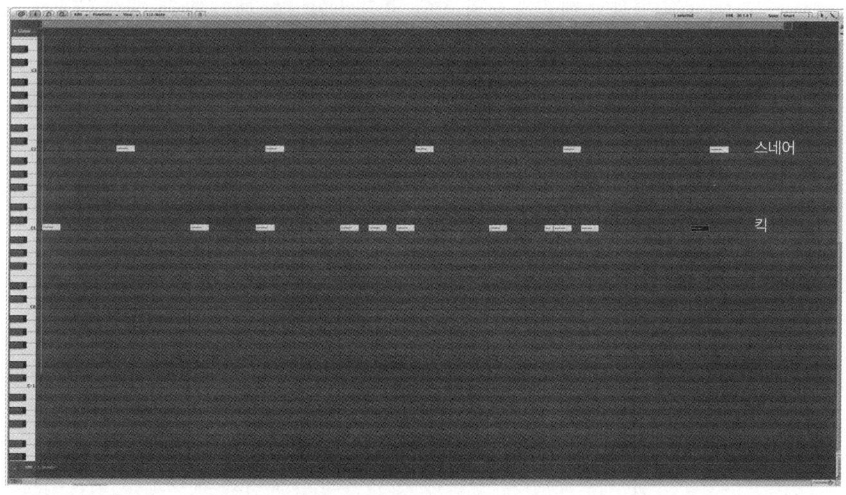

그림 21.1 전형적인 덥스텝의 킥과 스네어 배열(스네어가 '고정적'으로 모든 마디의 세 번째 박에 나오고 킥 패턴은 반복되기 전에 다섯 마디에 걸쳐 바뀌는 점에 주목하라)

번째 박에 일정하게 나와서 절반의 템포인 것 같은 느린 느낌을 강화한다.

많은 사례에서 킥은 절대 스네어와 같이 나오지 않으며, 정박에 들어가는 경우도 드물다. 대신 정박 주위에서 춤추며 리듬에 비트가 생략skip된 것 같은 느낌을 불어넣는다. 또한 이 킥 패턴은 종종 나머지 부분과 어긋나는 복합 리듬 경향을 띄므로 일반적인 한두 마디가 아니라 5마디나 7마디 후에야 완성된다.

음조 측면에서 많은 덥스텝 트랙의 경우 킥은 광범위하게 아래로 깔리는 베이스 악기에 묻히지 않도록 거의 목질woody 스타일의 성격에 선명한 트랜지언트 단계를 지녀서 '날카롭게' 유지된다. 이런 스타일의 킥은 시장에 나온 여러 덥스텝 샘플 CD에서 얻을 수 있다. 그러나 많은 프로듀서는 울트라비트Ultrabeat(로직 프로), 프루티 드럼 신스Fruity Drum Synth(프루티루프즈FruityLoops) 혹은 시장에 나온 여러 드럼 신시사이저 중 하나를 활용한다.

프로그래밍을 할 경우 덥스텝 킥을 만드는 좋은 출발점은 제로 어택과 중간 릴리스로 설정한 플러스 피치 엔벨로프로 80Hz 구형파나 사인파를 변조하는 것이다. 피치 엔벨로프의 형태를 조정할 수 있다면 오목한 릴리스가 볼록한 릴리스보다 많이 쓰인다. 끝으로 디케이 설정을 실험하여 믹스에 필요한 음색을 만든다. 이 킥은 대단히 선명하기 때문에 곡의 키에 맞춰서 튜닝을 해야 한다. 대개 음계의 제5음에 맞추면 최고의 결과물이 나온다.

킥이 서브 베이스 위로 두드러지게 만들려면 아주 빠른 어택과 디케이를 활용한 앰프로 피치를 낮춘 구형파를 적용할 수 있다. 그러면 킥이 믹스에서 두드러지게 만드는 짧고 날카로운 클릭이 만들어진다. 피치를 낮추는 양은 만들고자 하는 사운드에 따라 달라진다. 따라서 사인파 상단에 겹친 다음 킥의 트랜지언트가 듣기 좋은 음조를 지닐 때까지 피치를 올리거나 내리는 것이 좋다.

이런 스타일에서 킥은 상당히 건조하게 보이지만 종종 아주 소량의 리버브를 적용한다. 이때 트랜지언트를 건너뛰는 긴 프리 딜레이와 아주 짧은 테일에 작은 룸 스타일로 설정하고 뒤에 노이즈 게이트를 쓰는 것이 흔한 방식이다. 많은 프로듀서는 EQ를 킥의 하단과 중단에 적용하여 존재감과 에너지를 이끌어낸다. 대개 100Hz에서 1~3dB의 작은 부스트에 70Hz 아래의 주파수를 모두 제거하는 낮은 쉘프를 적용한다. 그러면 존재감이 높아지고 베이스를 위한 주파수 공간이 늘어나 충돌을 방지한다.

리버브와 EQ에 더하여 컴프레서도 종종 활용된다. 정확한 음조를 만드는 데 큰 역할을 담당하기 때문이다. 이때 컴프레서의 어택은 초기 트랜지언트를 건너뛰되 보디와 테일을 포착하도록 설정해야 한다. 비율은 약 2:1로 설정하고 킥을 들으면서 필요한 사운드가 나올 때까지 경계를 줄여야 한다. 압축 이후에는 짧고 일시적인 하이 햇을 킥 트랜지언트의 상단에 얹어서 나중에 나올 강력한 베이스 라인에 묻히지 않도록 만드는 것이 일반적이다.

덥스텝의 스네어는 종종 레이어링을 통해 딱딱한 트랜지언트를 지니는 시끄러운 스타일이다. 트랜지언트 스네어는 종종 TR-909나 TR-808 모방제품에서 직접 취한 다음 프로세싱과 이펙트로 처리한다. 이때 대개 트랜지언트를 포착하도록 빠른 어택으로, 또한 트랜지언트를 끌어내리고 딱딱한 음색을 만들기 위해 2:1로 비율을 설정한 컴프레서로 처리한다. 그 다음에는 종종 200Hz 정도에서 2dB~4dB의 부스트를 제공하여 스네어의 트랜지언트를 추가로 끌어내기 위한 EQ가 이어진다.

두 번째 스네어는 대개 노이즈로 구성되며 대다수 신시사이저에서 구형파 발진기와 화이트 노이즈만으로 프로그래밍할 수 있다. 앰프의 어택은 즉각적으로, 디케이는 이미 믹스에 들어간 사운드에 따라 그리고 스네어가 존재감을 어느 정도 드러내며 나오기를 원하는가에 따라 중간에서 길게 설정한다. 그 다음 하이 패스 필터로 처리하여 하단을 상당수 제거한다. 혹은 음색에 상단 에너지가 너무 많다면 밴드 패스 필터를 사용할 수도 있다. 가능하다면 노이즈와 삼각파에 다른 앰프 EG를 적용하는 것이 좋다. 가령 구형파는 빠른 디케이로 아주 짧고 신속하게 유지한다. 반면 노이즈는 디케이 패러미터를 늘려서 조금 더 울리도록 만들 수 있다. 노이즈가 더 울릴수록 더 불명료한 효과가 난다.

프로그래밍 이후 EQ 부스트로 노이즈 같은 성격을 이끌어낼 수 있다. 많은 덥스텝 트랙에서 스네어의 두드러진 주파수는 3.5kHz 정도다. 여기에 작은 부스트를 적용한 다음 룸 스타일 리버브로 처리하는 경우가 많다. 다만 잔향의 꼬리를 킥보다 늘려서 부드럽게 잦아들도록 만든다. 리버브의 설정은 창의성에 따라 달라지나 대개 루프를 덮지 않도록 아주 짧게 설정된다.

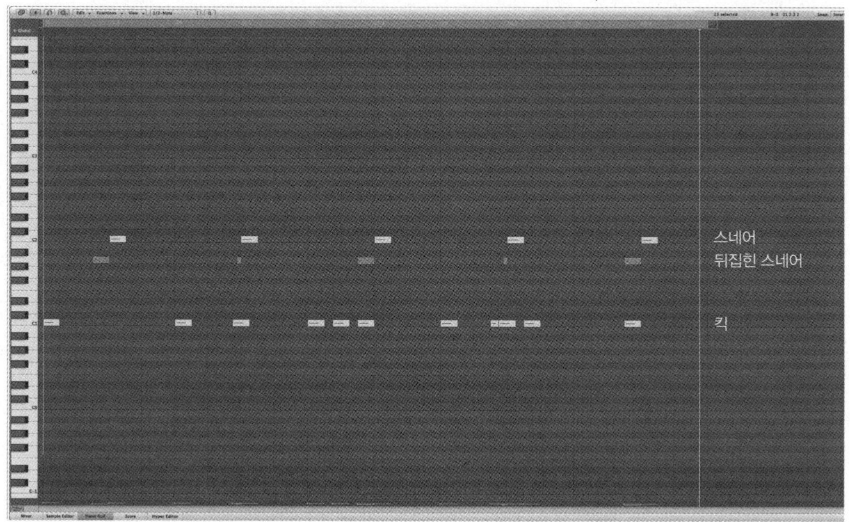

그림 21.2 뒤집힌 스네어 편성
(두 번째 뒤집힌 스네어가 목표에 이르지 못하는 점에 주목하라. 명확하게 알 수 있도록 미디로 나타내었다.)

일부 덥스텝 트랙은 원 스네어로 올라가는 뒤집힌 스네어를 지닌다. 그 방법은 노이즈가 많은 스네어를 복사한 다음 워크스테이션 편집기에서 뒤집고, 짧은 프리 딜레이에 약 100ms에서 300ms의 테일로 설정한 리버브를 적용하는 것이다. 이 효과가 오디오에 각인된 후 오디오 파일을 다시 뒤집으면 올바로 재생된다. 대개 이 효과는 두 마디에 걸쳐 적용된다. 첫 번째 뒤집힌 스네어는 첫 번째 스네어까지 전개되고, 두 번째 마디에서는 시간을 늘려서 이전 마디보다 훨씬 빠르게 나온다. 그러면 두 마디에 걸쳐 싱코페이션의 느낌이 나면서 하프 템포(half-tempo 절반의 속도에 따르는 연주)인상을 준다.

거의 모든 댄스 음악 장르의 경우처럼 스네어는 종종 미세 음조 조정이나 필터 변조를 거친다. 그러나 한 마디가 아닌 두 마디에 걸쳐 나와서 루프의 이동감을 더하기 때문에 다른 많은 장르만큼 엄격하지는 않다. 이 책을 위해 사례용으로 만든 덥스텝 트랙의 경우 두 스네어의 피치를 변조했다. 그 방법은 로직 편집기에서 한 스네어의 이벤트를 복사하고 +4센트만큼 피치를 올리는 것이다. 그 다음 파일을 바운스하여 프로젝

댄스 뮤직 바이블

트로 다시 삽입하면 두 번째 마디에 피치를 옮긴 스네어가 들어간다.

이 장르에서 닫힌 하이 햇은 종종 3연음 느낌을 풍긴다. 혹은 일부 사례에서는 훨씬 넓게 자리 잡아서 4마디로 된 루프에서 두 번째와 세 번째 마디에만 나온다. 이때 긴밀하게 엇박으로 자리한 상태로 한 마디에 6번만 나오고 다음 마디에서는 엇박으로 3번만 나올 수 있다. 이런 하이 햇 리듬 패턴은 전적으로 프로듀서의 창의성에 좌우된다. 다만 싱코페이션이 들어간 느긋한 느낌을 내도록 엇박으로 넣는 것이 중요하다. 지속적인 16분음표 패턴은 피해야 한다. 그러면 훨씬 빠른 이면의 템포가 드러나서 느린 템포라는 착각을 완전히 없애버리기 때문이다. 열린 하이 햇도 이 장르에서 종종 나타나지만 대개 4마디에 한 번 혹은 구조적 주기의 끝에서 각 박에 들어가는 정도로 가끔만 쓰인다.

닫힌 하이 햇의 음색은 대개 칙칙하고, 거의 일그러진 듯하며, 줄어드는 느낌을 풍긴다. 또한 대개 교대로 나오는 2개의 음색으로 구성되거나, 분명해지도록 필터로 강하게 주기적 변조를 피치에 적용한 형태를 지닌다. 하이 햇은 대부분 샘플 CD에서 가져와 비트 레이트 감소와 가벼운 디스토션 같은 여러 이펙트 및 프로세서로 처리한다.

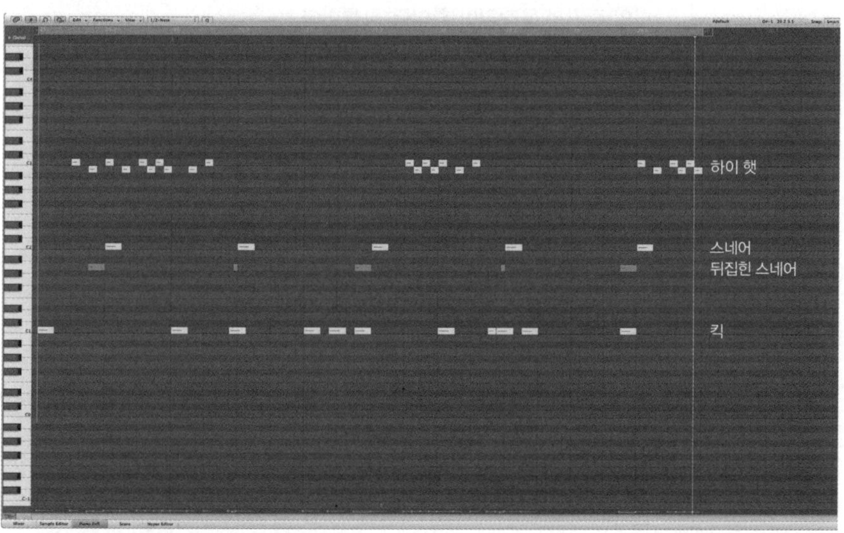

그림 21.3 전형적인 듬성한 하이 햇 편성

피치가 높은 삼각파를 피치가 낮은 삼각파로 링 변조하여 나름의 하이 햇을 프로그래밍할 수도 있다. 그러면 제로 어택, 서스테인, 릴리스에 짧거나 중간 디케이를 활용한 앰프 엔벨로프로 수정할 수 있는 고주파수 노이즈가 생긴다. 노이즈가 충분치 않으면 같은 엔벨로프를 쓰는 화이트 노이즈 파형으로 보강할 수 있다. 이렇게 기본적인 음색을 만든 후 디케이를 줄이면 닫힌 하이 햇, 늘리면 열린 햇이 된다. 마찬가지로 디케이 슬로프를 볼록하거나 오목하게 바꿔서 더 두껍거나 얇은 소리를 만들 수 있다. 주기적 변조를 적용한 경우 대개 4마디 루프에 걸쳐 로우 패스 필터로 처리한다.

덥스텝에서 이 악기들 외에 다른 보조 타악기가 나오는 경우는 드물다. 많은 음악가들이 곡의 느린 느낌을 유지하기 위해 비트를 듬성하게 남겨두는 쪽을 선호하기 때문이다. 일시적으로 악기가 쓰이더라도 4마디나 8마디 혹은 16마디마다 들어가며, 종종 한 마디 동안 울리는 단일 타격음으로 구성된다.

베이스

덥스텝의 핵심적인 특징은 '웁Wub'이다. 이는 거의 일그러진 칙칙한 사운드를 내는 저주파수 베이스다. 이때 사운드가 지속되는 동안 주파수 성분이나 피치가 주기적으로 변조되거나 '떨린다'. 많은 트랙에서 '웁'은 워크스테이션의 피아노 롤에서 같은 멜로디 피치를 유지하며, 필터의 주기적 움직임이 흥미를 창출한다.

다양한 스타일의 '웁'이 있지만 가장 흔한 스타일은 3개의 톱니파로 만들어진다. 이 톱니파들은 (하단 에너지를 창출하기 위해) −12센트로 디튜닝된 다음 2개를 다시 서로 디튜닝한다. 이때 좋은 출발점은 +20센트와 −17센트다. 앰프 엔벨로프는 빠른 어택과 짧은 디케이, 높은 서스테인과 제로 릴리스를 활용하고, 두 번째 엔벨로프는 빠른 어택에 중간 디케이, 제로 서스테인으로 설정한다. 또한 긴 릴리스로 로우 패스 필터를 변조한다. 이때 컷오프는 약 절반으로, 레조넌스는 약 1/4로 설정한다.

그러면 선명하고 배음이 풍부한 기본적인 음색이 만들어진다. 이 음색을 LFO 필터로 변조하여 '웁'을 만든다. LFO를 변조할 때는 원 악기를 쓰지 않으며, 대개 오토 필터 플러그인 효과를 활용한다. 이 필터는 신시사이저의 채널로 삽입되며, 낮은 컷오프와 중간 정도의 레조넌스에 밴드 패스로 설정된다. 또한 현재 시퀀서 템포의 1/4 3연음에서 삼각파 LFO를 통해 템포에 연동되고 변조된다. 이렇게 추가되는 오토 필터가 전형

댄스 뮤직 바이블

적인 '웁' 사운드를 만든다.

웁은 많은 덥스텝 레코드의 토대를 이루는데 하나의 베이스만 나오는 경우는 드물고 대개는 마디의 다른 위치에서 계속 상호작용하면서 호출과 응답 체계를 만드는 3개 혹은 4개의 혼합된 베이스 라인을 포함한다.

가령 한 베이스 라인은 호출을 하고, 다른 질감과 '웁'을 지닌 두 번째 베이스는 응답을 한다. 뒤이어 다른 베이스 라인이 호출을 하고 또 다시 질감이 다른 베이스 라인이 응답을 한다. 일반적으로 이런 단일음표 베이스 라인은 4분음표나 2분음표 혹은 온음표이며, 종종 절반 템포의 느낌을 유지하기 위해 드럼 루프의 마디에 걸쳐 넓게 펼쳐진다. 다만 응답하는 더 선명한 베이스는 템포를 밀어붙이기 위해 일련의 짧은 16분음표로 구성될 수 있다.

거의 모든 덥스텝 곡은 전체 레코드를 떠받치고 바지가 펄럭일 만큼 클럽의 스피커를 한계로 밀어붙이는, 낮은 배음을 제공하는 저주파수 서브 베이스 라인을 지닌다.

이 특징적인 서브 베이스는 대다수 신시사이저에서 앰프의 어택을 제로로 설정한 다음 사인파로 쉽게 만들 수 있다. 뒤이어 디케이는 프로그래밍된 음을 들으면서 곡의 가장 낮은 주파수를 채울 때까지 늘린다.

그 다음 느린 어택과 중간 디케이로 설정한 엔벨로프를 활용하여 두어 센트만큼 피치를 변조한다. 그러면 음이 재생되면서 조금 휘어지는 베이스 음색이 나온다. 혹은 느린 속도에 사인파를 쓰고 모든 음의 첫 부분에 시작되도록 설정한 LFO를 활용할 수도 있다. 이때 앰프 혹은/및 필터 EG의 어택, 디케이, 릴리스를 직선에서 오목하거나 볼록하게 바꾸는 실험을 통해 새로운 변주를 이룰 수 있다. 가령 디케이를 볼록한 기울기로 설정하면 더욱 둥근 베이스 음색이 나온다. 마찬가지로 소량의 절제된 디스토션이나 아주 가벼운 플랜징도 이동감을 더한다.

대개 이런 스타일의 서브 베이스는 피치를 변조하는 더 긴 음을 활용한다. 이때 피

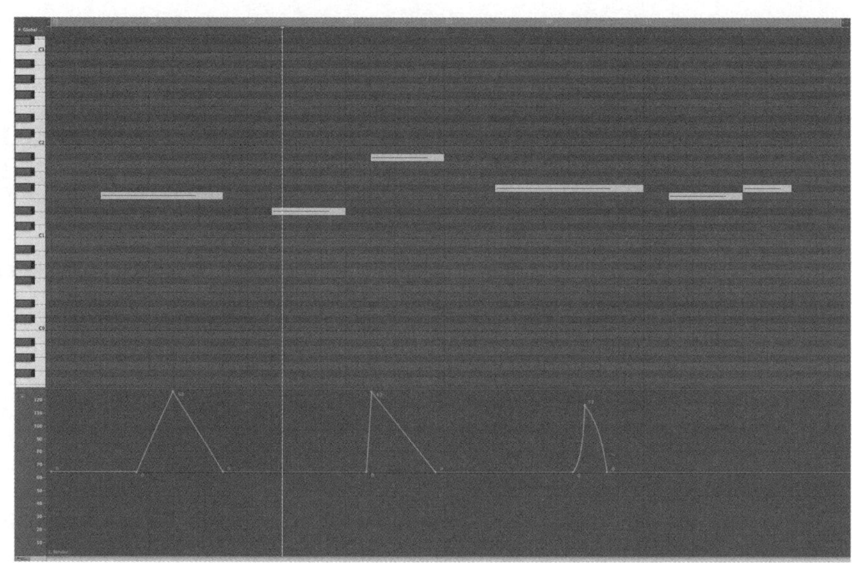

그림 21.4 덥스텝의 서브 베이스 리듬(휘어지는 피치에 주목하라)

치의 움직임은 피치 휠을 통해 '즉석에서' 시퀀서로 기록된다. 그 다음 시퀀서에서 추가 편집으로 피치가 휘어지고 호출 내지 응답 역할을 하는 베이스 라인을 만든다.

드럼 앤 베이스처럼 베이스와 리듬의 움직임과 상호작용은 이 장르의 토대를 제공한다. 그래서 이 베이스 음색에 이펙트를 적용하면서 실험할 가치가 있다. 일부 이펙트는 이미지에 걸쳐서 사운드를 퍼트리기 때문에 피해야 한다. 그러나 이 장르에서는 베이스가 곡의 아주 중요한 요소다. 따라서 소량의 자동화된 디스토션으로 흥미로운 효과를 만들 수 있다.

드럼 리듬의 경우처럼 창의적인 압축은 흥미로운 베이스 음색을 얻는 데 도움을 준다. 이전처럼 중간 경계에 높은 비율을 지닌 센드 이펙트로 컴프레서에 접근하라. 되돌아온 신호는 미압축 신호에 추가한 다음 어택과 릴리스 패러미터로 실험하여 흥미로운 베이스 음조를 만들 수 있다. 이때 흔한 기법은 일시적인 스네어와 킥을 버스(0dB)로 보내고 이 버스를 베이스와 리드 악기 위에 놓은 컴프레서에 대한 사이드 체인으로 삼는 것이다.

컴프레서의 설정은 얻고자 하는 효과에 따라 달라지나 빠른 어택과 50ms의 릴리스 그리고 2:1의 비율이 좋은 출발점이다. 컴프레서를 적용한 후 효과가 뚜렷해질 때까지 경계를 낮추고 보완 이득을 늘려라.

코드, 멜로디, 이펙트

많은 덥스텝 곡에는 멜로디라고 부를 만한 것이 없고 악기 편성 대부분이 대단히 단순한 코드와 진행의 형태를 지닌다. 실제로 두 코드 이상 진행하는 경우가 드물며, 세 코드 이상 나아가는 사례는 소수에 불과하다.

전통적인 음악 이론과 달리 코드는 마침으로 해결되지 않고 대개 무작위적 선택으로 구성된다. 가장 흔하게는 특정 단조의 단화음이 쓰인다. 가령 (자연 단음계에서) Ⅲ, Ⅵ, Ⅶ 화음이나 (화성 단음계에서) Ⅲ, Ⅴ, Ⅵ 화음은 종종 피한다.

이펙트는 이 장르를 위해 흥미로운 현악기와 패드를 만드는 데 중요한 역할을 한다. 다만 베이스 리듬에서 주의를 돌리지 않도록 보수적으로 사용해야 한다. 종종 넓은 코러스 효과, 회전 스피커 시뮬레이션, 플랜저, 페이저가 모두 흥미를 더하는 데 도움을 주지만 리버브가 주요 이펙트다. 기저의 베이스가 청자의 가슴을 때리고 울렁이게 만드는 동안 스펙트럼을 채우고 믹스에 에너지와 공간감을 부여하기 위해 종종 동굴 같

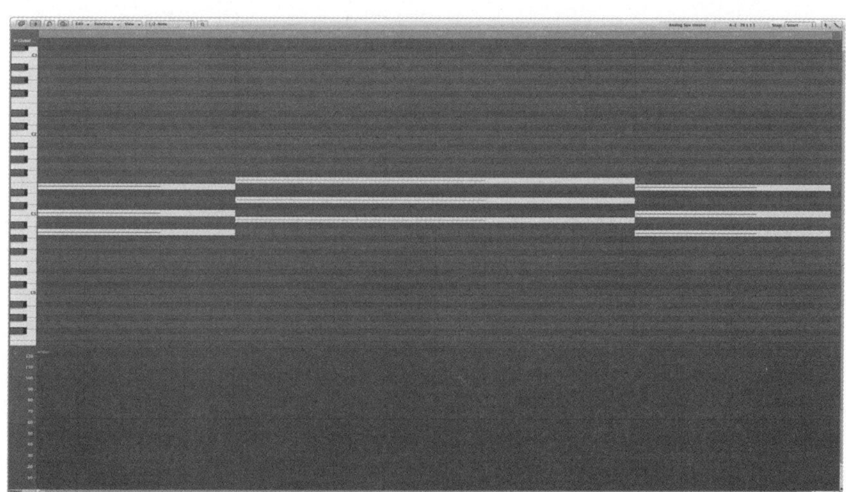

그림 21.5 전형적인 덥스텝 코드(화성적으로 단순하다)

은 리버브가 활용된다.

화음에 더하여 일부 덥스텝은 짧은 보컬 토막을 지닌다. (네로Nero의 〈Promises〉처럼) 긴 보컬 테이크take가 들어가는 상업적인 믹스도 있다. 그러나 많은 애호가들은 이런 곡들이 덥스텝의 경계를 벗어났다고 간주한다. 보컬 토막은 대개 텔레비전이나 옛 음반에서 샘플링하거나 샘플 CD에서 가져와 곡에 맞도록 자르고 편집한다.

사운드를 샘플링하고 일그러트리거나 샘플에 이펙트나 EQ를 적용하는 등 필요한 수단을 동원하여 추가적인 음향 효과를 만들 수 있다. 오디오를 일그러트리는 용도로는 셔먼Sherman의 필터뱅크2Filterbank 2, 카멜스페이스Camelspace 계열 플러그인, 글리치, 슈거바이츠Sugarbytes의 이펙트릭스Effectrix 혹은 스타인버그Steinberg의 GRM 툴스Tools가 기이하게 변하는 음색을 만드는 데 거의 필수적으로 쓰인다.

물론 이펙트와 프로세싱은 최종 결과물이 믹스 안에서 좋은 사운드를 내고 잘 맞기만 한다면 전적으로 예술적 파격에 열려 있다. 트랜지언트 디자이너는 이 장르에서 특히 유용하다. 트랙 전체에 걸쳐 변하는 타악기 리듬의 트랜지언트를 세심한 자동화로 제거할 수 있기 때문이다. 마찬가지로 강한 압축을 걸어서 사운드의 트랜지언트를 찌부러트리고 스펙트럼 분석기의 도움을 받아 사운드에 기여하는 주파수를 파악하는 한편 주위의 주파수를 제거할 수 있다. 혹은 각 음의 피치를 극단적으로 올리거나, 강한 코러스를 적용하거나, 단일 하이 햇이나 스네어에 플랜저/페이저를 적용하거나, 시간을 늘린 후 압축하여 디지털 잡음을 더한 다음 다른 루프와 섞을 수 있다.

궁극적으로 장르를 다룬 모든 장이 그렇지만 이 장의 목적은 프로듀서들이 사용하는 일부 기법을 소개하고 앞서 설명한 이론과 기술이 어떻게 결합되어 트랙을 만드는지 보여주는 것이다. 그래서 이 장에 나온 내용은 스스로 발전시켜나갈 기본적인 아이디어로 보아야 한다.

이 장르에 속한 곡을 만드는 하나의 결정적인 방법은 없다. 많은 아티스트들은 댄스음악의 포 투 더 플로어 킥을 덥스텝의 낮은 베이스와 섞은 다음 곡 전체에 걸쳐 투 스텝 바이브를 드나든다. 덥스텝은 여러 측면에서 비교적 새로운 장르로서 일부 아티스트들은 아직도 익히는 중이다. 실제로 머지않아 덥스텝은 EDM의 다른 장르처럼 분화될 것이다. 또한 아티스트들이 장르를 더욱 분화함에 따라 커머셜 덥스텝, 펑키 덥스텝,

하드코어 덥스텝 같은 새로운 형태가 인기를 얻기 시작할 것이다.

그러나 언제나 그렇듯 새로운 기법과 제작 방식을 익히는 최선의 방법은 현재 시장을 선도하는 곡들을 적극적으로 듣고 쓸 수 있는 도구들로 실험하는 것이다. 어떤 곡에 접근하는 올바른 길과 잘못된 길은 없다. 스스로 듣기에 좋으면 대개는 실제로도 좋다. 새로운 장르는 단계별 지침을 따르거나 다른 음악가들을 모방하는 일로 진화하지 않는다. 실험하고 경계를 밀어붙이는 프로듀서들이 새로운 장르를 창조한다.

그렇기는 하지만 지금까지 설명한 기본적인 요소들을 활용하면 곡의 주된 초점을 만들 수 있다. 이를 토대로 편곡에 나서야 한다. 편곡과 관련된 이론은 19장에서 다루었다. 시장을 선도하는 곡들을 듣고 앞서 설명한 이론들을 접목하면 사운드와 편곡 측면에서 현재 어떤 추세가 이어지고 있는지 금세 드러날 것이다.

> 이 책의 홈페이지(www.dancemusicproduction.com)에는 앞서 설명한 기법들을 활용한 덥스텝 트랙의 오디오 샘플이 있다.

앰비언트/칠 아웃
Ambient / Chill Out

'앰비언트는 전혀 주의를 끌지 않으면서 청자를 에워싸는 음악이다…'

– 브라이언 이노Brain Eno

앰비언트 음악은 길고도 다소 다양한 역사를 지녔다. 또한 그 파생물은 1989년부터 댄스 음악에서 중요한 역할을 담당했다. 그러다가 비트가 분위기를 조성하는 성분 위로 떨어지면서 일렉트로닉 댄스 음악의 일부로 다시 자리매김했다. 음반사와 언론은 이런 음악을 '칠 아웃'으로 부르게 되었다.

앰비언트 음악의 기원은 대단히 특이하다. 전하는 이야기에 따르면 앰비언트 음악은 1970년대 중반에 브라이언 이노가 택시에 치었을 때 처음 나왔다. 한 친구가 병원에서 치료를 받던 그에게 소일거리로 듣도록 카세트와 하프harp 음악이 담긴 두어 개의 아날로그 테이프를 선물했다. 이 테이프들은 오래되어서 음량이 일정치 않았다. 때로는 음량이 너무 낮아서 병원 창문을 두드리는 빗소리와 뒤섞였다.

이 두 번째 '사건'이 앰비언트의 시초였다. 이노는 고래의 울음소리와 풍경소리 같은 현실세계의 소리를 질감이 계속 변하는 합성음과 섞는 실험을 시작했다. 이노 자신은 전혀 주의를 끄는 데가 없다고 말한 이 음악은 약간의 성공을 거두었으나 곧 '무작

‘Muzak’으로 이름이 바뀌고 엘리베이터에서 나오는 배경음악, 많은 사람들이 곧 ‘환경 운동가들한테나 어울리는 음악’으로 치부한 부실한 모방작들이 나타나기 시작했다.

80년대 말과 90년대 초에 레이브 세대가 등장했을 때 레이브 DJ인 알렉스 패터슨 Alex Patterson은 메인 룸에서 나오는 빠르고 강하게 때리는 비트에서 벗어나 작은 사이드 룸에서 쉬고 있는 클러버들에게 이노의 전작들을 들려주는 실험을 했다. 이 사이드 룸들은 종종 광란의 업 템포 비트에서 벗어나는 ‘칠 아웃(긴장 해소)’ 룸으로 불렸다.

긴장 완화를 바라는 사람들 사이에서 느린 음악이 인기를 얻자 패터슨은 동료 음악가인 지미 코티Jimmy Cauty와 ‘디 오브The Orb’를 결성하고 〈A Huge Ever Growing Pulsating Brain That Rules from the Centre of the Ultraworld〉라는 앨범을 발표했다. 이는 칠 아웃 룸을 겨냥한 최초의 앰비언트 하우스 음악으로 간주된다. 그러나 앨범 발매 직후 패터슨과 코티는 결별했다. 지미 코티는 빌 드러몬드Bill Drummond와 KLF를 결성했고, 패터슨은 디 오브라는 이름으로 계속 곡을 쓰는 한편 칠 아웃 룸에서 DJ 활동을 이어갔다.

‘앰비언트 하우스’는 나름의 장르로 성장했으며, 칠 아웃 룸은 레이브계의 근본적인 요소가 되었다. 일부 DJ는 메인 룸에서 나와 현실세계의 사운드를 느리게 끌리는 드럼 루프와 섞는 한편 큰 화면에 곡과 어울리는 이미지를 띄우고 섞는 비디오 자키(VJ)가 되었다.

1992년 무렵 여러 음악가들이 나름의 개성을 더하여 앰비언트 덥(베이스를 더한 앰비언트), 컨벤셔널conventional(4/4 백비트를 지닌 앰비언트), 비트리스beatless(백비트는 없지만 댄스 음악처럼 반복되는 앰비언트), 사운드스케이프soundscape(느리고 느긋한 비트를 지닌 팝음악)로 분화하면서 앰비언트 장르는 주류로 올라섰다.

1995년 무렵에는 대형 음반사들이 앰비언트를 받아들여서 수많은 컴필레이션 앨범으로 시장을 포화시켰다(다행히 ‘이런 게 바로 앰비언트 음악이지Now That’s What I Call Ambient music…’ 시리즈로는 나오지 않았다). 이전에 앰비언트를 무시하던 음악가들도 돈을 벌려고 새로운 유행에 합류했다. 결국 대다수 음악 장르의 경우처럼 앰비언트 하우스도 성공에 발목을 잡혔다. 대중은 그 사운드에 싫증을 느꼈고 많은 클러버들에게 앰비언트는 더 이상 새로운 ‘유행’이 아니었다. 그래서 앰비언트는 처음 소박하게 출발했던 곳, 바로 칠 아웃 룸으로 돌아갔다.

그러다가 2000년에 지중해 한가운데 있는 작은 발레아레스 섬이 앰비언트 하우스에 대한 대중과 음반사들의 관심을 되살렸다. 이비자의 카페 델 마르Café Del Mar에서 활동하는 DJ들은 아름다운 석양에 어울리도록 재즈, 클래식, 히스패닉, 뉴에이지를 한데 섞어서 클러버들이 긴장을 풀 수 있는 느긋한 비트를 만들기 시작했다. 이제 '칠 아웃 음악'으로 새롭게 포장되고 이름이 붙은 이 음악들은 다시 흥미를 불러일으키면서 나름의 장르가 되었다. 칠 아웃은 분명 앰비언트에 깊이 뿌리박고 있지만 시간이 지나면서 크게 다른 장르가 되었다. 그러니 댄스 음악을 다루는 이 책의 목적에 맞게 앰비언트보다 칠 아웃에 초점을 맞추도록 하겠다.

<table>
<tr><td>음악적 분석</td><td>

언제나 그렇듯 댄스 음악을 처음 작곡할 때 최선의 방법은 현재 주위에서 가장 인기 있는 트랙들을 찾아서 기본적인 요소로 나누는 것이다. 그러면 각 트랙의 유사성을 살펴서 다른 음악 스타일로부터 차별화하는 것이 무엇인지 정확하게 파악할 수 있다. 사실 특정 장르의 범주에 넣을 수 있는 모든 음악은 편곡 구조 및/혹은 소리구성요소에서 유사성을 지닌다.
</td></tr>
</table>

대개 칠 아웃은 일렉트로니카, 뉴에이지, 클래식, 히스패닉, 재즈 같은 다양한 스타일의 음악에서 나온 요소들을 통합한다. 이처럼 다양한 스타일이 뒤섞이기 때문에 칠 아웃을 정확하게 정의하기가 어렵다. 실제로 템포가 120BPM 아래이고 느긋한 그루브를 활용하기만 한다면 칠 아웃으로 부를 수 있다. 칠 아웃은 대개 브라이언 이노의 말처럼 너무 많은 주의를 끌어당기지 않고, 이상적으로는 대다수 사람들이 편히 앉아서 긴장을 풀 수 있는 비공격적 음악이다. (때로는 그저 두툼한 담배를 말아 피우며 노닥대는 것이 최고의 칠 아웃이다.)

칠 아웃을 정확하게 정의하기는 어렵지만 대개 느린 리듬 혹은 트랜스 같은 성격을 드러내는 음악이라고 말할 수 있다. 이때 종종 누락된 비트와 가끔 등장하는 부드럽고 몽환적인 보컬을 배경으로 전자 악기와 실제 악기가 뒤섞인다. 대개 실제 악기는 라이브로 녹음하거나 샘플 CD에서 가져온다. 혹은 다른 레코드에서 '빌릴' 수도 있다.

칠 아웃은 포 투 더 플로어부터 스윙에서 나온 3/4박자까지 거의 모든 박자를 따를 수 있다. 그러나 대개 4/4박자를 쓰며, 비트의 자리 매김을 통해 4/4박자의 느낌을 약화시킨다. 물리적 템포의 경우 80BPM부터 최대 120BPM 사이에 걸쳐 있다. 또한 모든 조로 쓸 수 있지만 대개 C장조, D장조, Eb장조, A단조, E단조, G단조다.

이 장에서는 전형적인 칠 아웃 트랙으로 간주되는 음악을 제작하는 일과 관련된 측면들을 살필 것이다. 그러나 음악은 전적으로 개인적이고 예술적인 노력의 산물이다. 따라서 이 분석의 목적은 칠 아웃을 만드는 방법에 대한 일련의 '지침'을 제공하는 것이 아니라 특징적인 편곡과 사운드 그리고 프로세싱을 이루는 일반적인 원칙을 설명하는 것이다. 실제로 실험을 통해 나름의 특별한 스타일에 맞도록 개성을 부여하는 일은 여러분의 몫이다.

리듬

다른 많은 댄스 음악 장르와 달리 좋은 칠 아웃 드럼 루프를 구분하는 기준은 딱히 없다. 유일한 지침은 비교적 간단해야 하며, 느긋한 느낌을 주어야 한다는 것이다.

킥 드럼은 박 단위로 등장하는데, 모든 박, 두 번째와 네 번째 박, 첫 번째와 세 번째 박 혹은 모든 16분음에 나올 수 있다. 실제로 4박 모두에 킥 드럼이 나오는 많은 칠 아웃 트랙의 경우 표준 박자를 벗어나 8분음이나 16분음 자리에서 추가 킥 드럼이 나오는 경우가 흔하다. 그러면 표준적인 포 투 더 플로어 박자의 경직성에서 벗어나 느긋한 느낌을 만들 수 있다.

킥처럼 스네어 드럼도 칠 아웃 루프의 모든 곳에서 나올 수 있다. 그러나 대개 킥이 엇박으로 나오면 스네어는 리듬의 자리 매김을 유지하기 위해 *정박*으로 나온다. 이 원칙은 반대로도 성립한다. 즉, 킥이 정박으로 나오면 스네어는 엇박으로 나온다. 그러나 이 관계로만 느긋한 느낌이 나오는 것은 아니다. 이 느긋한 움직임은 하이 햇과 보조 악기의 자리 매김을 통해 더 많이 이뤄진다.

그림 22.1에 나온 대로 열린 하이 햇에 여러 리듬이 활용된다. 닫힌 햇은 다소 표준적인 16분음에 나오지만 다양한 열린 햇 패턴이 주 비트를 싱코페이션한다. 이 싱코페이션이 곡에 더 차분하고 느긋한 느낌을 준다. 추가 타악기(이 경우 강하게 프로세싱한 클랩)로 싱코페이션을 더욱 강화할 수 있다.

이는 물론 드럼 패턴을 만드는 일반적인 지침에 불과하다. 예술적 파격의 여지는 완전히 열려 있다. 핵심은 스네어와 비교하여 킥을 옮기면서 둘 사이의 상호작용을 조절

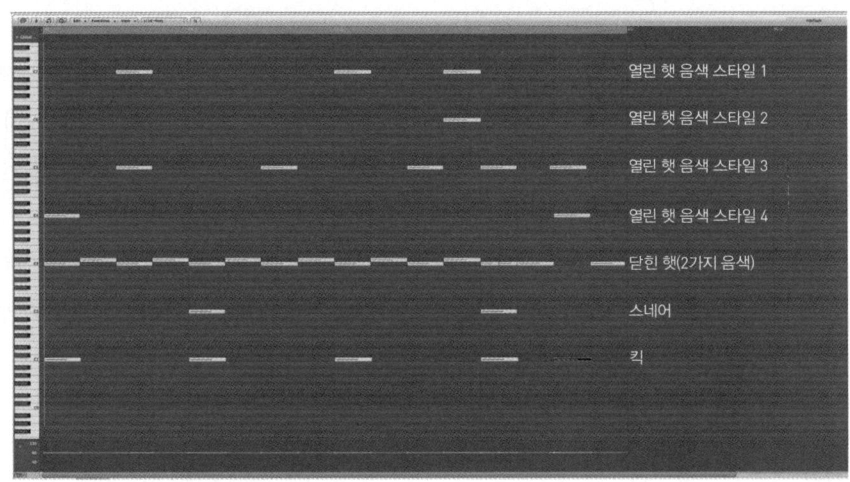

그림 22.1 칠 아웃 루프의 기본적인 토대

하는 것이다. 그러면 엄격하거나 프로그래밍된 느낌이 나지 않는다. 템포가 너무 빠른 경우 리듬에 활용된 스네어나 하이 햇 혹은 보조 악기의 양을 줄이면 속도를 늦추는 데 도움이 된다. 또한 나머지 악기에도 영향을 미치기 때문에 물리적으로 템포를 늦추는 데도 좋다.

닫힌 하이 햇으로 예를 들면 16분음마다 놓을 필요가 없는데, 많은 경우 닫힌 하이 햇은 나름의 리듬 패턴을 연주한다. 또한 콩가 봉고, 톰, 카바사cabassa, 트라이앵글, 셰이커, 탬버린 같은 보조 악기도 종종 등장하여 주 리듬으로부터 추가적인 싱코페이션을 제공한다. 또한 헤미올라와 복합 박자도 종종 칠 아웃 루프에 쓰인다.

리듬적 질감 칠 아웃의 킥은 종종 분명하게 절제된 질감이 아니라 울리는 질감을 드러내면서 '느슨한' 소리를 내도록 프로그래밍된다. 칠 아웃의 경우 킥 레이어링이 필요 없다. 모든 비트에서 가슴을 치는 사운드를 목적으로 삼지 않기 때문이다. 그래서 종종 샘플 CD에서 바로 단일 킥을 가져오거나 신시사이저로 직접 프로그래밍한다.

프로그래밍의 경우 칠 아웃을 위한 킥을 만드는 좋은 출발점은 빠른 어택과 중간에서 긴 디케이에 플러스로 피치를 변조하는 40Hz 사인파를 활용하는 것이다. 킥을 더 분명하게 만들므로 파형의 시작 부분에 '클릭'을 넣을 필요가 없다. 그러나 언제나 실험이 필수적이다. 적당한 킥 드럼을 만드는 데에는 디케이 변화를 통한 실험이 중요하다. 이때 피치가 떨어질 때 바깥으로 휘어져 울리는 사운드가 만들어지도록 기하급수적 방식이 선호된다.

샘플을 쓸 때 소리가 너무 분명하거나 어택 단계가 선명하다면 낮은 경계에 중간 비율 그리고 빠른 어택으로 컴프레서를 적용하라. 그러면 트랜지언트가 억제되어 더 느슨한 소리가 나는 킥을 만드는 데 도움이 된다. 혹은 SPL 트랜지언트 디자이너로 초기 어택을 제거할 수 있다.

킥에는 대개 소량의 리버브를 적용한다. 이때 초기 잔향이 루프의 트랜지언트를 우회하도록 긴 프리 딜레이에 룸 리버브를 흔히 쓴다. 리버브 테일은 60ms에서 100ms로 다른 대다수 장르보다 길지만 루프에 심각한 영향을 미치지 않도록 다른 타악기를 덮지 말아야 한다. 더욱 '느슨한' 느낌이 나도록 리버브를 높게 설정했다면 노이즈 게이트를 써서 꼬리가 다른 악기의 영향을 줄이지 않도록 만들어야 한다.

킥과 달리 스네어는 루프에서 분명하게 드러나야 하므로 종종 날카로운 트랜지언트 단계를 지닌다. 보조 악기로 가득한 아주 분주한 루프라면 더욱 그렇다. 스네어도 샘플 CD에서 가져와 날카롭고 분명하게 들리도록 EQ로 처리할 수 있다. 혹은 삼각파 발진기와 약간의 핑크 노이즈로 대다수 신시사이저에서 만들 수 있다.

앰프의 어택은 즉각적으로 설정하고, 디케이는 믹스에 들어간 사운드 그리고 흐릿하게 들리기를 원하는 정도에 따라 중간에서 길게 설정한다. 이를 하이 패스 필터로 처리하여 하단을 상당 부분 제거한다. 혹은 음색에 상단 에너지가 너무 많으면 밴드 패스 필터를 쓸 수도 있다.

가능하다면 노이즈와 삼각파에 다른 앰프 EG를 활용하는 것이 좋다. 가령 삼각파는 빠른 디케이로 아주 짧고 신속하게 만들고, 노이즈는 디케이를 늘려서 약간 더 울리도록 만들 수 있다. 노이즈가 오래 울릴수록 더 흐릿하고 '앰비언트'다운 느낌이 난다. 스네어가 너무 선명하면 약간의 EQ로 제거해야 한다. 혹은 삼각파를 펄스파로 대체하고 펄스 폭으로 실험하는 편이 더 좋다.

스네어에 약간의 리버브를 걸어주면 좋다. 이때 리버브 장치로 삽입하는 것이 아니라 전송해야 한다. 거의 모든 리버브 장치에 제공되는 전형적인 스네어 룸 프리세트면 대개 충분하다. 그러나 스네어의 위치와 템포에 따라 추가 사운드의 트랜지언트를 덮지 않도록 디케이를 신중하게 설정해야 한다.

이 장르에서 하이 햇은 종종 시장에 나와 있는 다양한 샘플 CD에서 구한 다음 개인적 취향에 맞춰서 여러 가지 효과를 적용한다. 여기에는 햇을 줄이는 노이즈 게이트, 트랜지언트 디자이너, EQ, 디스토션 및/혹은 리버브가 포함된다.

링 변조로 합성하는 방법도 있다. 그 방법은 피치가 높은 삼각파를 피치가 낮은 삼각파로 변조하여 고주파수 노이즈를 만드는 것이다. 출발점으로 앰프 엔벨로프는 제로 어택, 서스테인, 릴리스에 짧거나 중간 디케이로 설정한다. 노이즈가 충분치 않다면 같은 엔벨로프를 쓰는 화이트 노이즈 파형으로 보강할 수 있다. 이렇게 기본적인 음색을 만든 다음 디케이를 줄이면 닫힌 하이 햇이 되고 늘리면 열린 햇이 된다. 두 햇은 모두 소량의 딜레이로 처리한다. 다만 햇의 싱코페이션 느낌을 해치지 않도록 신중을 기해야 한다.

보조 악기도 칠 아웃에서 싱코페이션된 그루브를 만드는 데 마찬가지로 중요하다. 이 사운드들은 샘플 CD에서 가져오거나 다양한 방식으로 합성할 수 있다. 다양한 합성 기법은 앞서 자세히 설명했다. 전형적인 보조 악기인 재즈 브러시의 경우 스네어에 소량의 핑크 노이즈를 얹어서 만들 수 있다. 그러면 브러시 스틱으로 스네어를 연주하는 듯한 느낌이 난다. 이때 소량의 리버브와 디스토션 그리고 EQ를 적용하면 강력한 효과를 낼 수 있다.

스네어와 햇 그리고 다른 보조 타악기도 주기적 피치 변조 혹은 필터 변조로 처리할 수 있다. 결정적인 방식은 없지만 다른 길이의 마디에 걸쳐 효과를 가볍게 적용해야 한다. 가령 스네어의 피치를 마디의 네 번째 박에서 두어 센트만큼 바꾸거나, 닫힌 하이 햇을 두 마디마다 필터로 주기적으로 변조할 수 있다. 또한 하나의 열린 하이 햇은 세 마디마다, 다른 열린 하이 햇은 네 마디마다, 보조 악기는 여섯 마디마다 변조할 수 있다. 구조적 센박에 따라 이 패턴을 자주 바꾸면 드럼 리듬이 더 흥미로워진다. 끝으로 스네어와 열린 하이 햇에는 언제나 스윙 퀀타이즈를 적용한다. 이때 아주 강하게 적용할 수 있으며, 전형적인 설정은 16분음 그리드에 60퍼센트에서 70퍼센트다.

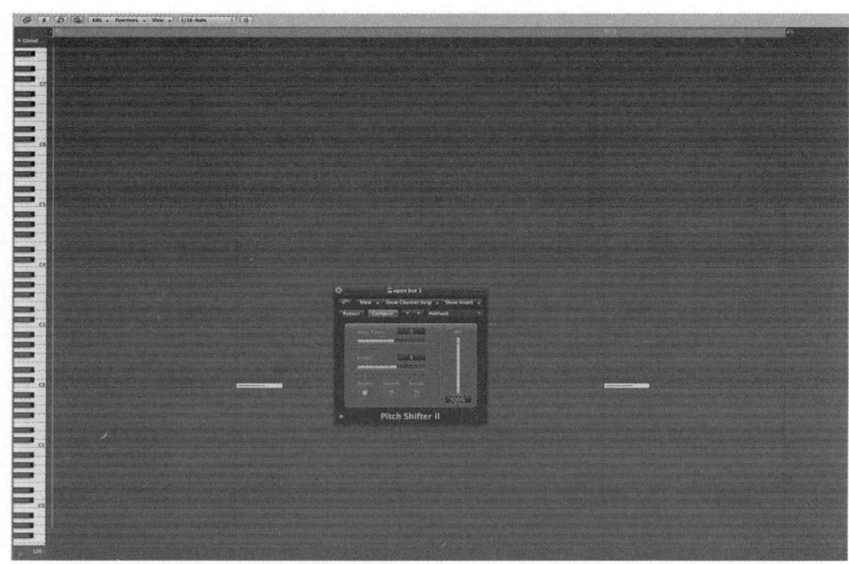

그림 22.2 스네어에 대한 피치 변조(로직의 자동화된 피치 쉬프터Pitch Shifter)

멜로디 리드 칠 아웃 트랙이 전적으로 합성 악기를 토대로 삼는 경우가 드물지 않지만 실제 악기를 담는 경우도 많다. 여기에는 히스패닉 리듬을 연주하는 어쿠스틱 기타, 클래식 현악기, 피아노, 관악기 등이 포함되며, 혼합하는 경우도 있다.

이 악기들은 대개 베이스 앞에 깔린다. 종종 샘플 CD나 다른 음반에서 가져오고, 오디오를 편집하기보다 그 진행을 토대로 베이스를 만들기가 더 쉽기 때문이다. 그렇다고 해서 오디오를 편집하는 일이 없다는 말은 아니다. 음반에서 리드 악기를 취한 후 멜로다인Melodyne 오디오 편집기로 며칠 동안 리듬과 피치를 바꾸는 아티스트도 많다.

물론 (대개 리드로 쓰면 소리가 더 낫기는 하지만) 실제 악기의 샘플을 반드시 써야 하는 것은 아니다. 넥서스Nexus 2나 콘택트Kontakt 같은 샘플 기반 기기를 쓸 수 있다면 표현력 좋고 현실적인 악기음을 프로그래밍할 수 있다.

그러기 위해서는 먼저 곡의 조와 영역을 고려해야 한다. 어쿠스틱 악기는 고음과 저음에 한계가 있기 때문이다. 가령 어쿠스틱 기타의 경우 (표준) 튜닝은 E, A, D, G, B, E다. 마지막 E는 중앙 C 위에 있는 장3도다. 프로그래밍을 할 때 이 점을 염두에 두어야

CHAPTER 22
앰비언트/칠 아웃

그림 22.3 RE-FX 넥서스

한다. 많은 샘플 기반 기기는 전체 옥타브 영역을 채우려고 정상적인 영역 너머로 샘플을 늘리기 때문이다. 따라서 어쿠스틱 악기의 한계를 늘리면 사람의 귀는 음악이 실제로 연주되는 것이 아니라 프로그래밍되었다는 것을 본능적으로 알아 챌 수 있다.

현실적인 악기음을 만들려면 두어 개의 음만 맞추는 것으로는 부족하다. 원래 샘플이 아무리 좋아도 연주자가 멜로디를 연주하는 자연스런 흐름을 모방하지 않으면 절대 현실적인 느낌이 나지 않는다. 가령 어쿠스틱 기타음을 프로그래밍할 때 먼저 연주자의 자연스런 움직임을 염두에 두어야 한다.

스타일이 히스패닉인 경우 대개 현을 훑지 않고 뜯는다. 따라서 전체에 걸쳐 각 음의 세기가 비교적 강하다. 이를 기기에 매핑하여 필터의 로우 패스 컷오프 패러미터를 제어해야 한다(즉, 현을 세게 뜯을수록 음색이 더 선명해진다).

그러나 모든 플럭이 같지는 않다. 연주자가 트랙을 연주할 때 한 음이 나온 직후에 다른 음이 나오면 손가락을 옮겨서 현을 뜯는 데 일정한 시간이 걸린다. 이런 '시간적 제약' 때문에 앞선 음만큼 뒤에 나오는 음이 강조되지 않는다. 반대로 두 음 사이에 더

댄스 뮤직 바이블

큰 시간적 공간이 있으면 더 세게 현을 뜯을 가능성이 높아진다.

흔히 현을 세게 뜯으면 다음 음이 시작될 때도 울림이 잦아드는 중일 때가 있는데 프로그래밍을 할 때 이 점을 염두에 두어야 한다. 마찬가지로 전형적인 어쿠스틱 기타는 한 옥타브 이상 휘어지지 않는다. 그래서 수신하는 미디 기기를 한 옥타브로 설정하는 것이 좋다. 그러면 피치 벤드 휠로 슬라이드slide 효과를 낼 수 있다. 또한 아주 가까운 두 음 사이에 가끔 프렛이 끽끽대는 소리를 넣어서 현실성을 더하는 것이 좋다.

기타를 훑는 경우 손동작을 고려해야 한다. 대개 기타리스트는 현을 위가 아니라 아래로 훑으면서 시작한다. 또한 위로 훑을 때 리듬이 아주 빠르면 모든 현을 치는 경우가 드물다. 실제로 맨 아랫줄을 치는 일도 거의 없다. 사운드가 너무 '둔탁'해지기 때문이다. 프로그래밍을 할 때 이 점을 모방해야 한다. 또한 훑는 동작에 따라 모든 현이 동시에 울리지는 않을 것이다. 즉, 위로 훑는지, 아래로 훑는지와 리듬의 속도에 따라 각 음이 등장하는 순간이 다른 것이다.

기타리스트는 박자감을 유지하기 위해 연주하지 않을 때도 계속 손을 위아래로 움직이는 경향이 있다. 따라서 쉬는 부분이 있으면 이 '리듬'을 활용해야 한다. 그래야 편곡에서 '올바른' 자리로 돌아올 수 있다. 끝으로 다소 이상하게도 아래로 스트로크를 시작하면 박자보다 약간 일찍 들어오고, 위로 스트로크를 시작하면 정박에 들어오는 경향이 있다. 그 이면의 이유는 복잡하다. 사실은 나도 그 이유를 좀 알고 싶다.

트릴이나 트레몰로를 재현하고 싶다면 별도 미디 트랙에 피치 벤드의 움직임을 기록하고 같은 미디 채널을 쓰도록 설정하여 원래 기타 트랙의 더 긴 음에 얹는 것이 좋다. 피치 벤드의 움직임을 별도 채널에 기록하는 이유는 음에 얹은 다음 추가로 편집해야 할 가능성이 높기 때문이다.

관악기

기본적으로 관악기에는 금관과 리드reed(보통 금관악기 목관악기로, 목관악기 중 리드 악기와 리드 없는 악기로 나뉘나 여기서는 EDM사운드에 주로 쓰이는 악기를 기준으로 구분한 듯 하다)의 두 종류가 있다. 프로그래밍을 할 때 현실성을 부여하기 위해 두 관악기는 모두 미디 명령 측면에서 아주 비슷한 지침을 따른다.

우선, 관악기음을 재현하려면 호흡 제어기breath controller에 투자하는 것이 좋다. 호흡 제어기는 관악기에 숨을 불어넣을 때 생기는 기압의 변화를 측정하며, 미디 포트의 USB 입력부로 컴퓨터와 연결할 수 있다. 기압 변화 수치는 CC2(호흡 제어기) 메시지로 전환되어 샘플 기반 기기를 제어하는 데 사용된다. 다만 호흡 제어기는 가격이 높으므로 관악기를 가끔만 쓴다면 (현실성은 부족하지만) 수동으로 뉘앙스를 프로그래밍할 수도 있다.

관악기의 경우 음량과 선명도는 공기압의 양에 좌우된다. 거의 모든 샘플 기반 기기는 세기를 활용하여 필터 컷오프를 제어한다. 따라서 미디의 세기를 신중하게 활용하여 선명도를 제어할 수 있다. 그러나 음량은 모방하기가 약간 더 복잡하다. 많은 리드 악기는 압력을 늘려서 소리를 키우기 전에 의도적으로 부드럽게 불면서 대다수 음을 시작하기 때문이다.

즉, 음을 부드럽게 시작한 다음 빠르게 음량 그리고 때로는 피치를 높인다. 이런 느낌을 모방하는 최선의 방법은 일련의 호흡 제어기(CC2) 메시지를 신중하게 프로그래밍하는 한편 표현 제어기expression controller(CC11)로 음량 조정을 제어하는 것이다. 혹은 관악기는 종종 아래에서 시작하여 필요한 피치로 미끄러져 올라간다. 그래서 시퀀서로 피치 벤드의 움직임을 라이브로 기록한 다음 나중에 피아노 롤 편집기에서 적절하게 편집하는 것이 좋다.

많은 관악기는 음을 오래 유지할 경우 기압 변화로 비브라토 효과를 낸다. 표현 제어기(CC11)로 이 반응을 모방할 수 있지만 서스테인의 후반부에 작은 피치 스파이크를 넣는 것이 종종 더 나은 결과물을 낸다. 다만 이런 '스파이크'는 서스테인의 후반부에만 나와야 하며, 초반부에 나와서는 안 된다.

스파이크를 넣는 부분을 결정하는 최선의 방법은 미디 음의 시작 부분에서 불기를 시작한 다음 숨이 딸리는 부분에서 피치 벤드 메시지를 삽입하여 물리적으로 관악기를 모방하는 것이다. 혹은 LFO를 페이드인 할 수 있다면 음량을 변조할 수 있다. 이때 음량을 가볍게 변조하도록 느린 속도에 사인파로 설정한다. LFO의 페이드인 시간을 길게 설정하면 음의 끝부분에만 나오기 시작한다.

현실적인 악기음을 내는 문제에서 더 중요한 사실은 모든 연주자가 때로 호흡해야 한다는 것이다. 미디 맥락에서 이 사실은 한 음을 여러 마디에 걸쳐 재생하지 말아야 한다는 것을 뜻한다. 마찬가지로 일련의 음을 연달아 재생할 때 다음 음을 내기 위해 연주자가 충분한 시간 동안 심호흡을 해야 한다는 사실을 명심해야 한다(관악기는 다성 악기가 아니다!). 시간이 충분치 않으면 다음 음은 대개 짧은 숨에 따른 약한 세기 때문에 더 부드럽게 연주된다. 음 사이의 공간이 너무 작으면 현실적인 음이 아니라 모방한 음의 느낌이 난다.

마지막으로 음을 어떻게 끝낼지 고려해야 한다. 리드 관악기나 금관악기의 사운드는 음의 마지막에서 그냥 끝나지 않는다. 대신 기압이 줄어들면서 음량과 피치가 함께 잦아든다(음악 용어로 디미누엔도diminuendo). 이 효과는 일련의 표현 제어기(CC11) 메시지와 약간의 피치 벤드로 모방할 수 있다.

합성 리드

물론 모든 칠 아웃 트랙이 실제 악기를 활용하는 것은 아니며(이 책의 사례도 거기에 해당한다), 대신 합성에만 의존하기도 한다. 리드를 합성하는 경우 왜곡된 톱니파 기반 리드 같은 날카롭고 공격적인 패치는 피하는 것이 좋다. '매서운' 트랙의 느낌을 주기 때문이다. 반면 부드러운 사운드는 더 느긋한 느낌을 준다. 이는 특히 완성된 후 트랙을 마스터링할 때 명심해야 할 중요한 측면이다.

느리고 느긋한 노래는 모두 하단과 상단을 강조하기 위해 중단을 잘라낸다. 반면 공격적인 노래는 베이스와 하이 햇을 잘라내서 중단을 늘리며, 일관되게 나타나도록 만든다.

많은 칠 아웃 트랙은 8분음보다 짧은 음으로 멜로디를 만들지 않는다. 짧은 음은 트랙에 빠른 느낌을 주기 때문이다. 또한 긴 음을 활용하면 더 느긋한 느낌을 풍기는 긴 어택을 활용할 수 있다. 실제로 긴 어택 시간은 칠 아웃의 중요한 측면이다. 그래서 이 장르의 음악을 만드는 데 쓰인 모든 음색을 대상으로 앰프/필터의 어택과 릴리스 시간을 늘리면서 트랙에 미치는 영향을 참고하는 것이 중요하다.

때로 리드 자리에 반복적 보컬이 사용되기도 한다. 그 자체로 악기처럼 사용할 수 있기 때문이다. 대개 많은 인기 트랙에 들어간 보컬은 다른 음반이나 샘플 CD에서 취한다. 그러나 때로는 직접 녹음하는 것도 좋다. 이때 앞서 설명한 대로 컨덴서 마이크가 다이내믹 마이크보다 선호된다. 더 정확한 결과물을 만들기 때문이다. 다만 진동판의 크기는 원하는 효과에 좌우된다. 많은 프로듀서는 보컬용으로 큰 진동판을 쓴다. 그러나 '유령 같은' 반복 음성을 원하는 경우 로드Rode NT1처럼 작은 진동판을 쓰는 마이크가 정확한 주파수 반응 때문에 종종 더 나은 결과물을 낸다. 물론 이는 전통적인 접근법이며, 가능하다면 여러 가지 마이크로 실험하면서 어느 마이크가 최선의 결과물을 내는지 보는 것이 좋다.

보컬을 압축하면 레코딩 단계에서 클리핑을 방지하는 데 도움이 된다. 그러나 컴프레서는 가볍게 적용해야 한다. 보컬이 종종 곡의 압축된 성격에 맞춰서 억눌리는 다른 많은 장르와 달리 칠 아웃은 높은 주파수를 그대로 둔 채 라이브 느낌에 의존한다. 좋은 출발점은 경계를 -9dB, 비율을 2:1로 맞추고 빠른 어택과 약간 빠른 릴리스를 적용하는 것이다. 그 다음 가수가 연습을 시작한 후 가장 강한 부분에서만 감소 미터에 불이 켜지도록 경계를 낮춘다.

베이스

일반적으로 베이스는 그루브가 너무 빠른 느낌을 주지 않도록 8분음으로 구성되며, 아주 최소한으로 유지된다. 이는 덥스텝 장르에서 나온 원칙, 즉 베이스를 최소한으로 유지하면 두드러지려고 경쟁할 필요 없이 리드에게 숨 쉴 여지를 준다는 원칙을 따른 것이다.

실제로 베이스가 리듬 내지 멜로디 측면에서 너무 바쁘지 말아야 한다. 많은 칠 아웃 트랙은 덥이나 RnB에서 사용하는 5음 음계를 빌려오곤 하는데 이는 반음 5개 이내의 움직임을 넘지 않는 선에서 단일 하모니를 연주함을 뜻한다.

대다수 칠 아웃의 베이스는 실제 악기음을 쓰지 않고 합성한다. 주파수가 아주 낮고 리드만큼 주의를 끌지 말아야 하기 때문이다. 대개 아날로그 신시사이저가 발진기의 듣기 좋은 페이징 덕분에 최고의 결과물을 제공한다.

좋은 출발점은 필요한 성격에 따라 톱니파나 구형파 혹은 삼각파로부터 디튜닝한 사인파를 쓰는 것이다. 칠 아웃을 만들 때 쓴 대다수 음색과 달리 베이스의 어택은 하단 그루브가 흐릿해지지 않도록 분명해야 한다. 반면 디케이는 플럭이 너무 강해지지 않도록 대개 거의 없어야 한다. 실제로 이 장르에 속한 많은 곡에서 베이스는 느긋한 느낌으로부터 주의를 끌지 않도록 플럭보다 험*hum*에 가까운 경향을 지닌다.

이런 사운드를 얻는 최선의 방법은 앰프 엔벨로프로 간단한 온/오프 엔벨로프를 쓰

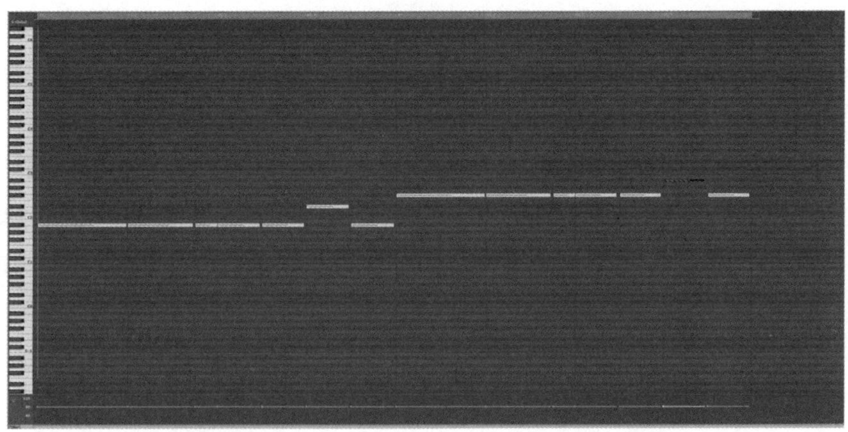

그림 22.4 예제 트랙에 사용된 베이스

는 것이다. 이는 제로 어택, 디케이, 릴리스에 높은 서스테인을 쓰는 엔벨로프다. 그러면 사운드가 서스테인 단계로 바로 진입하여 건반을 누르는 동안 일관된 베이스 음조를 낸다. 이때 명확성이 부족하다면 낮은 컷오프에 높은 레조넌스로 설정한 로우 패스 필터를 활용하여 플럭을 조금 더할 수 있다. 엔벨로프는 제로 어택, 서스테인, 릴리스에 중간 디케이로 설정한다. 필터를 변조하는 엔벨로프의 심도를 조절하거나 디케이 단계를 증가/감소하여 플럭을 다소 적용할 수 있다. 이 과정을 거친 후에는 필터가 피치를 따라 작동하도록 필터 키 트래킹을 쓰는 것이 좋다.

또한 필터와 앰프 엔벨로프의 릴리스 패러미터를 실험하여 베이스가 드럼 루프에 잘 들어앉도록 만드는 것이 좋다. 사실 앰프와 필터 엔벨로프를 바꾸는 실험을 통해 리듬과 음조 측면에서 드럼 루프와 베이스가 어울리도록 만드는 것은 필수적인 작업이다.

이처럼 신시사이저로 만든 결과물은 압축할 필요가 없다. 이미 소스에서 압축되었기 때문이다. 또한 '댄스 음악'의 전형적인 펌핑 효과를 내려고 베이스에 맞춰서 드럼을 압축하는 것도 좋지 않다. 그러면 드럼 리듬이 강조되어 느긋하지 않고 '꽉 짜인' 느낌을 준다.

대개 베이스에 적용되는 효과는 소량의 리버브와 딜레이 그리고 디스토션이다. 이때 언제나 그렇듯 신중을 기해야 한다. 흔한 방식은 120Hz 이상에만 효과가 적용되도록 먼저 M/S 프로세서를 쓰는 것이다. 그러면 믹스의 하단이 충실성을 유지할 수 있다.

코드/패드

칠 아웃을 만드는 핵심은 변화하는 패드다. 많은 트랙이 주제 측면에서 단순하기 때문에 패드를 활용하여 그루브와 리드 및/혹은 보컬 사이의 간극을 메울 수 있다. 또한 느리게 변하는 현악기음은 곡의 전반적인 분위기를 더하며 트랙의 배경에서 진행감을 준다.

코드와 구조에 대한 기본적인 이론은 앞서 자세히 다루었다. 다만 기억을 되살리자면 코드는 베이스와 리드에 하모니처럼 작용한다. 즉, (이 장르의 성격처럼) 너무 많은 주의를 끌지 않고 리듬 측면에서 악기들 사이의 상호작용에 끼어들어야 한다. 이를 위해 트랙의 키와 긴밀하게 연계되어야 하며, 크게 어긋나는 방향으로 진행하지 말아야 한다. 대개 베이스에 사용된 모든 음으로부터 코드 진행을 만들고 이 진행으로 실험을 하면 필요한 결과물을 얻을 수 있다.

예를 들어, 베이스가 E로 되어 있다면 C장조 코드가 화성적으로 맞을 것이다. E음 (C-E-G)을 포함하기 때문이다. 진정한 해법은 제대로 들어맞는다는 느낌이 들 때까지 여러 코드와 진행으로 실험을 하는 것이다. 진행규칙이 정해지면 트랙에 진행감을 더하는 데 활용할 수 있다.

많은 칠 아웃 트랙이 휴일의 산책처럼 두서없이 진행되는데, 여러 마디에 걸쳐 일관되게 연주되는 코드를 넣으면 이런 느낌이 금세 사라진다. 때로는 마디보다 약간 뒤에 나오도록 코드의 등장시간을 조금 뒤로 옮기는 것으로도 이런 일을 피할 수 있다. 대신 빠른 진행을 따를 경우 시간을 앞으로 당겨서 곡에 약간의 긴장을 더할 수 있다.

다만 패드가 긴 어택 단계를 지닐 경우 곡의 느낌을 바꿀 수 있는 마디의 뒷부분까지 두드러지지 않을 수도 있다. 이 경우 코드의 등장 시간을 앞당겨서 효과를 상쇄해야 한다.

코드를 만드는 데 쓰이는 악기는 아날로그인 경우가 많다. 발진기의 위상이 계속 어긋나서 추가적인 이동감을 창출하기 때문에 아날로그 기기 혹은 아날로그 모방 기기가 FM 신시사이저나 샘플 및 합성 기반 신시사이저보다 훨씬 나은 결과물을 만든다. 믹스에 사용된 현재 주파수를 참고하는 일도 대단히 중요하다.

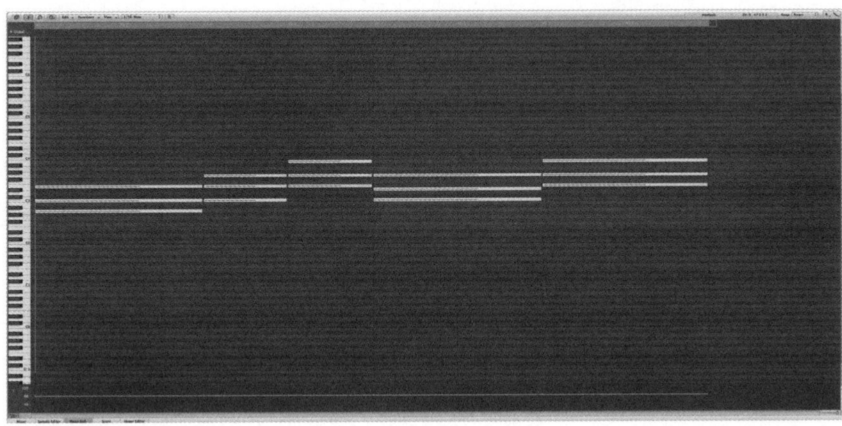

그림 22.5 기본적인 코드

드럼, 베이스, 리드 그리고 보컬의 경우 코드가 들어갈 주파수 영역이 한정되어 있다. 또한 이 코드들의 음색이 풍부한 배음을 지닐 경우 EQ로 과격하게 잘라내지 않고서는 믹스에 앉히기가 어렵다. 그러면 코드의 성격에 영향을 미치게 되기 때문에 나중에 EQ로 큰 부분을 잘라내는 편보다 신시사이저로 *디자인*하는 편이 낫다.

믹스가 이미 주파수 측면에서 붐빈다면 비교적 얇은 패드를 만드는 것이 좋다. 이 패드는 나중에 필요한 경우 페이저, 플랜저, 리버브, 코러스 같은 이펙트로 넓힐 수 있다. 이때 톱니파와 삼각파보다 배음 성분이 적고 사인파의 '무게감'이 없는 펄스파를 사용한다.

일반적으로 하나의 펄스파만 있으면 된다. 앰프 엔벨로프는 중간 어택, 서스테인, 릴리스에 빠른 디케이로 설정한다. 이 음색을 곡의 중상단 영역에 앉히려면 12dB 하이패스 필터로 펄스의 하단을 제거하는 것이 좋다. 혹은 로우 패스로 상단을 제거한 다음 트랙에 맞는 대체로 정적인 음조가 나올 때까지 레조넌스로 실험을 할 수도 있다. 그 다음에는 느린 속도로 설정한 LFO로 발진기와 필터의 펄스 폭을 플러스 값으로 변조하여 이동감을 더한다.

음색이 너무 '정적으로 변조되어' 여전히 재미없게 들린다면 발진기와 필터에 다른 속도와 파형을 적용하여 서로 부딪히게 만들어라. 혹은 이펙트를 적용한 후에도 울림이 여전히 너무 얄팍하다면 같은 앰프 엔벨로프로 두 번째 펄스파를 첫 번째 펄스파로부터 디튜닝하되 다른 LFO 파형으로 펄스 폭을 변조하라.

믹스에 '구멍'이 있다면 더 넓고 두꺼운 패드로 메워야 한다. 그 출발점으로 구형파를 삼각파나 톱니파와 섞으면 종종 최선의 결과물이 나온다. 톱니파(혹은 삼각파)를 필요한 만큼 구형파로부터 디튜닝하고 앰프를 중간 서스테인과 릴리스에 제로 어택과 짧은 디케이로 설정하라. 그 다음 중간 컷오프에 높은 레조넌스로 설정한 로우 패스 필터를 활용하라. 이때 필터의 EG는 짧은 디케이에 중간 어택, 서스테인, 릴리스로 설정한다.

이 접근법을 쓸 때 필터가 앰프의 어택과 디케이 단계 동안 스위프를 하되 서스테인 부분에서 만나도록 플러스 값으로 필터를 변조해야 한다. 다만 더 나은 결과물이 나오는지 마이너스 변조도 실험하는 것이 좋다. 이 과정을 거치면 기본적인 패드 음색이 나오지만 너무 정적으로 느껴진다면 느린 속도에 중간 심도로 설정한 사인파나 삼각파 LFO로 2차 발진기의 피치를 플러스로 변조하라. LFO로 필터의 컷오프를 변조하면 흥미를 더할 수 있다.

이펙트는 흥미롭게 변하는 패드를 만드는 데 중요한 역할을 한다. 넓은 코러스 효과, 회전 스피커 시뮬레이션, 플랜저, 페이저, 리버브는 모두 움직이는 느낌을 더하여 믹스의 구멍을 메우는 데 도움을 준다.

노이즈 게이트도 패드를 창의적으로 만드는 데 활용할 수 있다. 가령 하이 햇 리듬을 담은 다른 채널을 사이드 체인으로 게이트에 넣어서 흥미로운 패드를 만들 수 있다. 혹은 패드 음량의 한계에 놓이도록 경계를 세심하게 조정하고 즉각적인 어택과 릴리스를 적용하면 게이트가 작동과 갑작스런 중단을 통해 합성 파라미터로는 재현할 수 없는 '샘플링' 효과를 만들어낸다.

궁극적으로 장르를 다룬 모든 장이 그렇지만 이 장의 목적은 프로듀서들이 사용하는 일부 기법을 소개하고 앞서 설명한 이론과 기술이 어떻게 결합되어 트랙을 만드는지 보여주는 것이다. 그래서 이 장에 나온 내용은 스스로 발전시켜나갈 기본적인 아이디어로 보아야 한다.

이 장르에 속한 곡을 만드는 하나의 결정적인 방법은 없다. 새로운 기법과 제작 방식을 익히는 최선의 방법은 현재 시장을 선도하는 곡들을 적극적으로 듣고 쓸 수 있는 도구들로 실험하는 것이다. 어떤 곡에 접근하는 올바른 길과 잘못된 길은 없다. 스스로 듣기에 좋으면 대개는 실제로도 좋다. 새로운 장르는 단계별 지침을 따르거나 다른 음악가들을 모방하는 일로 진화하지 않는다. 실험하고 경계를 밀어붙이는 프로듀서들이 새로운 장르를 창조한다.

그렇기는 하지만 지금까지 설명한 기본적인 요소들을 활용하면 곡의 주된 초점을 만들 수 있다. 이를 토대로 편곡에 나서야 한다. 편곡과 관련된 이론은 앞서 다루었다. 시장을 선도하는 곡들을 듣고 앞서 설명한 이론들을 접목하면 사운드와 편곡 측면에서 현재 어떤 추세가 이어지고 있는지 금세 드러날 것이다.

이 책의 홈페이지(www.dancemusicproduction.com)에는 앞서 설명한 기법들을 활용한 전형적인 칠 아웃 트랙의 오디오 샘플이 있다.

CHAPTER 23

드럼 앤 베이스

'그것은 드럼 앤 베이스와 정글 음악의 토대가 되었다.
6초짜리 클립이 여러 하위문화를 낳은 것이다…'

— 네이트 해리슨Nate Harrison

드럼 앤 베이스가 정확히 어디서 유래되었는지는 알기 어렵다. 단순하게 살피면 정글의 자연스런 발전으로 볼 수 있다. 정글은 브레이크 비트, 레게, 덥, 하드코어, 아트코어가 복잡하게 혼합된 장르다.

혹은 1969년으로 거슬러 올라가 윈스턴Winston의 거의 알려지지 않은 음반에서 시작되었다고 말할 수도 있다. 〈Colour Him Father〉의 B면에는 6초짜리 드럼 브레이크, 타이틀곡인 〈Amen Brother〉에서 딴 아멘 브레이크가 담겨 있다. 이 브레이크는 샘플링으로 많은 정글 및 드럼 앤 베이스의 리듬을 만드는 토대가 되었다. 혹은 정글과 더욱 세련된 드럼 앤 베이스의 토대를 이루는 리듬 소재를 자르고, 분해하고, 피치를 바꿀 수 있도록 해준 샘플러의 진화를 기원으로 볼 수도 있다.

정글 장르에서 개발된 복잡한 리듬의 기원은 1970년대에 토대를 둔 브레이크 비트로 볼 수 있다. 힙합 DJ인 쿨 허크Kool Herc는 턴테이블에서 공개된 드럼 루프(브레이크)만 틀고, 하나를 재생하는 동안 다른 하나는 뒤로 돌리는 식으로 두 레코드를 계속 교차하는 실험을 시작했다. 그 결과 브레이크 댄서들이 기술을 선보일 수 있도록 순전히 드럼 리듬으로만 구성된 지속적인 루프가 만들어졌다. 그랜드 위저드 시오도어Grand Wizard Theodore와 아프리카 밤바타Afrika Bambaata 같은 DJ들은 나름의 변화를 더하여 이 스타일을 모방했다. 그들은 같은 레코드의 두 카피를 틀되 하나를 지연시켜서 더욱 복잡하게 어긋나는 리듬을 만들었다.

1988년 초에 샘플러와 레이브 음악이 함께 발전하면서 진정한 브레이크 비트 혁명이 촉발되었다. 애시드 하우스 음악가들은 브레이크를 샘플링한 다음 비트를 자르고 분해해 실제로 드러머가 자연스럽게 연주할 수 없는 더 복잡한 브레이크를 만들었다.

브레이크가 갈수록 복잡해지면서 하드코어로 알려진 새로운 장르가 생겼다. 전형적인 애시드 하우스의 4/4 루프에서 벗어난 이 장르는 다른 레이버들에게는 너무 '하드코어'한 길고 복잡한 브레이크와 거친 에너지를 담은 사운드를 지녔다.

초기에 언론과 음반사들은 약에 취해 만든 소음이라며 몇 달 지나면 사라질 것이라고 무시했다. 그러나 1992년이 되자 전체 레이브계가 상업적 미디어 기계로 흡수되었다. '아이들이 일으킨 새로운 파도'에 올라탄 음반사들은 레이브를 일시적 유행이 아닌 현금원으로 보기 시작했다. 그래서 대량으로 소비되도록 강도를 낮춘 곡들을 계속 쏟아내면서 시장을 희석시켰다. 실제로 레이브 그리고 언론의 흥미 위주 기사는 지나치게 상업화되어 (적어도 영국에서는) 지금도 '레이브'라는 용어가 비웃음을 사게 되었다.

1992년에 레이브의 상업화에 대한 대응으로 두 명의 전속 DJ인 파비오Fabio와 그루브라이더Grooverider는 속도를 일반적인 120BPM에서 145BPM으로 올려서 하드코어 사운드를 새로운 차원으로 밀어붙였다. 하우스와 테크노의 영향은 줄었고, 레게와 댄스홀Dancehall이 대신 영향을 미치면서 깊게 울렁이는 베이스 라인과 빠르고 복잡한 비트가 혼합되었다. 정글은 장르로 존재하지 않았지만 깊은 베이스와 혼합된 빠른 리듬은 아티스트들이 한계를 더욱 밀어붙이도록 영감을 주었다. 그들은 템포를 무려 160BPM~180BPM으로 높였다.

일부 사람들에게 '정글'이라는 용어는 인종주의에서 기인한 것이었다. 그러나 이 명칭은 1920년대에 듀크 앨링턴Duke Ellington의 곡을 설명하는 전단지에서 나왔다. 정글은 빠르고 이국적인 리듬을 지녔다. 레벌Rebel MC가 오랜 댄스홀 트랙을 샘플링하여 '올 더 정글리스트All the Junglists'라는 가사를 붙이면서 정글은 빠른 비트와 깊이 울렁대는 베이스를 지닌 음악과 동의어가 되었다. 무스Moose와 대니 정글Danny Jungle 같은 개척자들이 이런 성향을 더욱 강화했다.

정글은 3, 4년 정도 인기를 끌다가 하락기에 접어들었다. 그러다가 1996년에는 골디Goldie, 레프라전트Reprazent, 에드 러시Ed Rush, LTJ 뷰켐Bukem 같은 아티스트들이 새로운 사운드와 깔끔한 제작 방식을 통합하기 시작하면서 드럼 앤 베이스로 분화되었다. 골디와 롭 플레이포드Rob Playford는 〈Timeless〉라는 앨범을 발매하여 정글 사운드에서 드럼 앤 베이스로 나아가는 이동을 시작했다고 종종 평가받는다.

정글은 지금도 존재한다. 일부 정글과 드럼 앤 베이스는 같은 것으로 간주된다. 그러나 대다수 사람들에게 정글은 '순수한' 드럼 앤 베이스의 더욱 절제되고 신중한 제작 방식에 크게 뒤지는 장르다.

음악적 분석

드럼 앤 베이스의 음악적 스타일을 살피는 일은 기원을 살피는 일보다 어렵다. 엄청나게 분화된 장르가 되었기 때문이다. 한편으로는 어쿠스틱 악기에 상당한 영향을 받고, 다른 한편으로는 인더스트리얼 사운드 혹은 합성음만 지니기도 한다. 그럼에도 모든 드럼 앤 베이스 레코드가 공유하며, 자세히 분석할 수 있는 일반적인 특성이 있다.

근래에는 175BPM에서 180BPM 사이에 자리 잡기도 하지만 대개 드럼 앤 베이스의 템포는 165BPM에서 185BPM 사이에 머문다. 또한 드럼 앤 베이스는 모든 조로 쓰이지만 특히 A단조와 G단조가 인기 있으며, 거의 언제나 4/4박자다. 또한 대다수 사례에서 드럼에 투 스텝 싱코페이션이 적용된다. 이때 스네어는 마디의 두 번째와 네 번째 박에 남아서 청자나 댄서가 타이밍을 맞추도록 돕고, 킥 드럼은 이 스네어 주위를 춤춘다.

베이스는 역시 댄서가 '타이밍을 맞추도록' 종종 드럼 템포의 1/4 혹은 절반으로 연주된다. 그러나 드럼 리듬이 복잡할수록 곡이 빠르게 느껴진다는 점을 염두에 두어야 한다. 따라서 템포가 빠르면 루프를 비교적 단순하게 만들고, 템포가 느리면 루프를 비교적 복잡하게 만드는 것이 좋다.

이 장르에서 대부분의 진행은 드럼 리듬의 신중한 변화를 통해 이뤄지는데 꼭 리듬 자체의 변화로서가 아니라 믹스가 진행됨에 따라 피치 이펙트, 플랜저, 페이저, 필터를 적용하며 이루어진다. 테크노에서 믹싱 데스크를 창의적 도구로 활용하듯이 드럼 앤 베이스는 EQ로 리듬의 변주와 배음 성분을 강화한다.

　초심자에게는 드럼 앤 베이스가 드럼 리듬과 베이스만 담고 있는 것처럼 보일 수도 있다. 그러나 이 요소들만으로 만든 트랙은 드물다. 실제로 이 요소들이 장르에서 중대한 역할을 담당하기는 하지만 기타나 합성 코드, 사운드 이펙트, 보컬 같은 요소도 트랙에 담긴다.

<table>
<tr><td>프로그래밍</td><td>확실한 출발점은 드럼 리듬을 만드는 것이다. 드럼 리듬은 대개 오래된 레코드에서 가져온다. 드럼 앤 베이스 아티스트들을 겨냥하여 시장에 수많은 샘플 CD가 나와 있지만 쉽게 알아볼 수 있어서 활용하는 경우는 드물다. 그래서 다수는 잘 드러나지 않는 음반에 의존한다.</td></tr>
</table>

대개 샘플링하는 부분은 음반의 브레이크 비트다(즉, 드러머가 두어 마디에 걸쳐 솔로로 연주하는 미들 에이트middle eight). 이 샘플을 '그대로' 쓰는 경우는 아주 드물다. 대개는 오디오 워크스테이션이나 리사이클ReCycle 같은 샘플 분할 프로그램으로 조작한다. 그래서 샘플링된 루프는 잘리고 재배열되며, 템포는 증가하여 *배경* 루프의 토대를 이룬다.

　이 배경 루프는 드럼 앤 베이스 리듬의 토대를 제공하여 워크스테이션에서 만들기 어려운 복잡한 리듬을 지닌 '라이브' 패턴을 이룬다. 많은 드럼 앤 베이스 창작자는 워크스테이션에서 모든 편집 작업을 한다. 그러나 일부는 여전히 아카이나 이뮤 샘플러 같은 오래된 샘플러로 루프를 다룬다. 원래 뿌리에 충실한 다른 느낌을 주기 때문이다.

　샘플링된 루프의 역할은 배경을 제공하는 것이다. 그래서 루프에서 킥 드럼을 제거하는 경우가 흔하다. 이 작업은 오디오 워크스테이션에서 자르고 제거하는 편집을 통해 가능하다. 그러나 더 흔한 방식은 EQ 장치로 루프의 하단을 감쇄하는 것이다. 그러면 킥의 보디와 스네어의 보디가 대부분 제거되고 높은 타악기 요소만 믹스에 남는다. 그 다음 프로그래밍하거나 샘플링한 킥과 스네어를 이 샘플 위에 얹어서 투 스텝 싱코페이션을 적용하면 완전한 드럼 루프가 만들어진다.

　킥 드럼은 프로그래밍하거나 샘플 CD에서 가져올 수 있다. 일부 드럼 앤 베이스 아티스트들이 흔히 쓰는 방법은 롤랜드 TR‐909나 TR‐808에서 킥을 샘플링한 다음 원하는 음으로 피치를 낮춰서 깊은 음색을 만드는 것이다. 이때 그냥 해당 피치로 프로그래밍하는 것보다 샘플링이 선호된다. 샘플러에서 피치를 낮추면 드럼 앤 베이스에 전형적인 다른 음조적 성격이 나온다.

신시사이저로 킥 드럼을 만드는 방법은 사인파의 진폭을 변조하는 것이다. 많은 드럼 앤 베이스 트랙에서 베이스 음색은 주파수가 아주 낮다. 그래서 킥이 베이스와 나란히 놓이지 않고 위에 놓인다. 또한 프로그래밍된 음색은 종종 피치가 낮춰진다. 그래서 사인파 주파수를 150Hz에서 200Hz 정도로 맞추는 것이 좋다. 이때 어택/디케이 엔벨로프 생성기를 활용하여 빠른 어택과 짧은 릴리스로 사인파의 피치를 변조한다. 또한 킥이 서브 베이스 위로 두드러지도록 아주 빠른 어택과 디케이로 설정한 앰프를 통해 피치를 낮춘 구형파를 더하는 것이 좋다. 그러면 킥이 믹스에서 두드러지도록 돕는 짧고 날카로운 클릭이 생긴다.

구형파의 피치를 낮추는 정도는 만들고자 하는 사운드에 좌우된다. 그래서 사인파 위에 쌓은 다음 킥 사운드의 트랜지언트가 제대로 나올 때까지 피치를 오르내리는 것이 좋다. 또한 약간의 압축도 음색에 도움을 주므로 어택이 트랜지언트를 지나치되 디케이 단계를 붙잡도록 컴프레서의 설정을 바꿔야 한다. 또한 컴프레서의 이득을 늘려서 음색을 더욱 강력하게 만들 수 있다.

스네어는 대개 샘플 CD나 음반에서 가져온다. 이때 드럼 앤 베이스 장르에 특화된 CD인 경우는 드물며, 다른 장르가 선택된다. 그 다음 피치를 올려서 '억지로 피치를 맞춘' 특징적인 음색을 낸다. 물론 이중 발진기 신시사이저에서 1차 발진기에는 삼각파, 2차 발진기에는 노이즈를 활용하여 스네어를 프로그래밍할 수도 있다. 이때 앰프의 엔벨로프 생성기는 제로 어택, 서스테인, 릴리스로 설정되고 디케이는 스네어의 '길이'를 맞추는 데 활용된다. 대개 드럼 앤 베이스에서 스네어는 아주 '분명'하며 종종 피치를 올려서 주파수를 늘린 샘플링된 사운드의 느낌을 준다.

가능하다면 노이즈와 삼각파에 다른 앰프 EG를 활용하라. 그러면 삼각파는 빠른 디케이로 아주 짧고 신속하게 만들고 노이즈는 디케이를 늘려서 약간 더 오래 울리도록 만들 수 있다. 다만 스네어는 짧고 분명해야 하므로 너무 길게 울리면 안 된다. 스네어에 하단이 너무 많으면 필요한 사운드에 따라 하이 패스 필터나 밴드 패스 필터 혹은 노치 필터를 활용하라. 노치 필터로 중간 주파수를 제거하면 이 장르에서 흔히 쓰는 깔끔한 스네어 사운드가 나온다. 피치 엔벨로프를 활용하여 두 발진기를 플러스 값으로 변조하면 추가적인 수정이 가능하다. 그러면 끝을 향해 피치가 올라가면서 음색에 더 선명하고 분명한 느낌을 준다.

기본 음색을 합성한 후에는 종종 킥과 스네어를 투 스텝 방식으로 프로그래밍한다. 즉, 킥은 첫 번째와 세 번째 박에 나오고 추가 킥과 스네어는 강한 싱코페이션으로 첫 번째와 세 번째 박 주위로 춤을 추면서 엇박으로 나온다. 샘플링 루프에 의존하지 않고 나름의 리듬을 프로그래밍하는 경우 하이 햇과 추가 스네어에도 같은 방식을 적용할 수 있다.

샘플링 루프를 쓰지 않고 드럼 앤 베이스 루프를 프로그래밍하려면 하이 햇 그리고 콩가, 톰, 심벌, 봉고, 합성 트랜지언트 음색 같은 추가 타악기 음색에 헤미올라와 복합 박자를 적용해야 한다. 3장에서 다룬 헤미올라는 마디 안에서 복합 박자를 불균등하게 나눈 다음 하이 햇이나 타악기 리듬 패턴을 넣는 것이다. 또한 추가 하이 햇이나 스

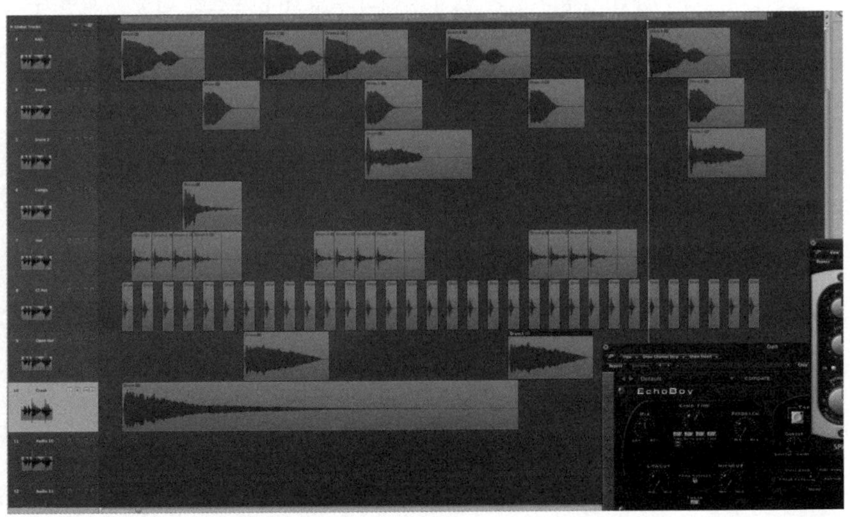

그림 23.1 샘플링 루프를 토대로 삼은 드럼 앤 베이스 루프

네어 혹은 타악기 요소에 복합 박자를 쓰면 이 효과를 강화할 수 있다. 일반적인 방식은 리듬을 만드는 하이 햇에는 5/4박자, 콩가나 합성 타악기 타격음 같은 추가 리듬 요소에는 6/4박자나 7/4박자를 적용하는 것이다.

하이 햇은 프로그래밍으로 만들거나 샘플 CD에서 바로 가져올 수 있다. 많은 트랙은 음반이나 샘플 CD에서 가져온 햇을 쓴다. 그러나 일부 아티스트는 피치가 높은 삼각파를 피치가 낮은 삼각파로 링 변조하여 나름의 프로그래밍을 한다. 그러면 제로 어택, 서스테인, 릴리스에 쇼트short에서 미디움 사이로 설정한 앰프 엔벨로프로 수정할 수 있는 고주파수 노이즈가 생긴다. 노이즈가 충분치 않으면 같은 엔벨로프를 활용하는 화이트 노이즈 파형으로 보강할 수 있다. 이렇게 기본적인 음색을 만든 후 디케이를 줄이면 닫힌 하이 햇, 늘리면 열린 햇이 된다. 마찬가지로 디케이 기울기를 볼록하거나 오목하게 바꿔서 더 두껍거나 얇은 소리를 만들 수 있다. 두 음색은 모두 믹스의 상단에 놓이는 고주파수 성분에 의존하므로 압축을 피해야 한다. 또한 합성된 하이 햇의 앰프 디케이를 조절하면 인지되는 속도를 바꿀 수 있다.

보조 악기도 드럼 앤 베이스에서 싱코페이션된 그루브를 만드는 데 마찬가지로 중요하다. 이 사운드들은 샘플 CD에서 가져오거나 다양한 방식으로 합성할 수 있다. 다양한 합성 기법은 앞서 자세히 설명했다. 루프를 더욱 강화할 수 있는 여러 타악기 음색을 만드는 일은 프로듀서의 실험에 달려 있다. 특히 드럼 앤 베이스는 타악기에 종

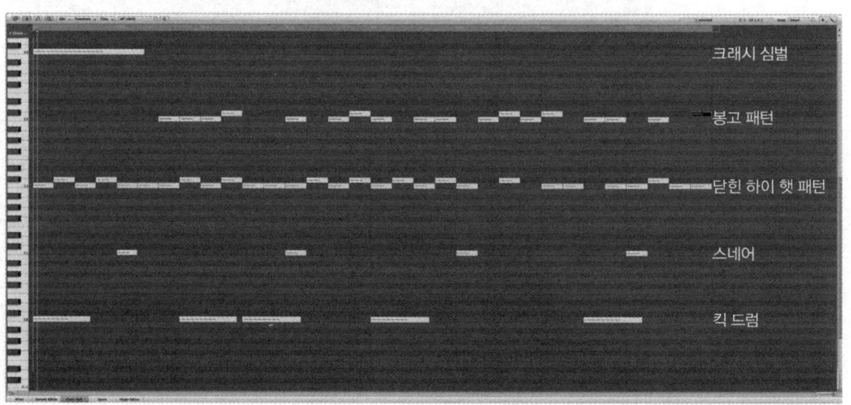

그림 23.2 프로그래밍된 드럼 앤 베이스 루프

종 호출과 응답 기법을 쓴다. 이때 (가령) 짧은 콩가 패턴이 한 마디 혹은 세 마디에 걸쳐 호출을 하면 다른 콩가 패턴이나 악기가 두 번째 마디나 네 번째 마디에서 응답을 한다.

대다수 EDM 장르와 마찬가지로 각 타악기를 이펙트로 처리할 수 있다. 킥은 대개 소량의 리버브로 처리한다. 이때 믹스를 통과할 수 있도록 트랜지언트를 건너뛰는 긴 프리 딜레이에 룸 스타일 설정이 흔히 쓰인다. 리버브 다음에는 디스토션이 흔히 적용된다. 디스토션 장치를 쓴 다음에는 EQ로 결과물을 성형한다. 많은 아티스트들은 그냥 믹서의 이득 페이더를 한계치까지 올려서 일종의 디스토션을 적용한다. 사실 드럼 앤 베이스는 디지털 서밍summing이 선호되는 소수의 댄스 음악 장르 중 하나다. 그래서 대다수 페이더를 최대치 가까이로 돌려서 거의 찌그러진 스타일의 디지털 사운드를 만드는 경우가 많다.

압축은 종종 킥에 적용된다. 킥에 성격을 부여하는 데 중요한 역할을 하기 때문이다. 이때 컴프레서의 어택은 초기 트랜지언트를 건너뛰되 보디와 테일을 포착하도록 설정해야 한다. 비율은 약 6:1에서 9:1로 설정하고 킥을 들으면서 필요한 사운드가 나올 때까지 경계를 줄여야 한다.

스네어는 흔히 EQ와 소량의 리버브로 처리한다. 리버브는 대개 트랜지언트를 놓치도록 긴 프리 딜레이와 음색에 존재감을 더하기 위해 약간 더 긴 디케이에 룸 스타일로 설정한다. 대개 EQ는 스네어의 가볍고 분명한 성격을 유지하기 위해 800Hz 아래에 있는 주파수를 감쇄한다.

피치 변조도 스네어에 적용한다. 다만 싱코페이션을 쓰고, 한 마디 안에서 두 번 이상 나오기 때문에 각 스네어는 이전 스네어와 약간 다른 피치로 처리된다. 또한 모두 원래 피치의 7센트에서 20센트 안에 머문다. 이때 각 스네어는 이전 스네어보다 두어 센트 높거나 낮기 때문에 변조를 계단식으로 적용하지 않아도 된다. 피치 조절을 뒤섞고 짝지어서 더 흥미로운 결과를 얻을 수도 있다. 그러나 대다수 다른 장르와 달리 드럼 앤 베이스의 스네어는 센트의 영역이 더 크다. 일부 스네어 타격음에 두드러진 차이가 있으면 더욱 복합적인 사운드를 만들 수 있기 때문이다. 그러나 만약 모든 타격음이 두드러지게 다르다면 루프가 성격을 잃게 되므로, 이런 두드러진 차이를 만들 때는 신중을 기해야 한다.

루프를 프로그래밍한 다음에는 딜레이, 피치 및 필터 변조를 루프에 속한 다른 타악기 요소에도 적용한다. 가장 먼저 딜레이로 처리할 대상은 하이 햇이다. 이때 너무 많은 딜레이로 신호가 흐려지지 않도록 짧게 설정해야 한다. 대개 아주 짧은 딜레이 시간에 16분음 내지 8분음 설정으로 충분하다.

필터나 피치 변조의 경우 대개 하이 햇은 오프셋 사인파나 샘플 앤드 홀드 파형으로 변조하는 로우 패스 필터로 처리한다. 이 작업은 3마디에 걸쳐 진행된다. 또한 다른 마디에 걸쳐 주기적 변조를 다른 악기에도 적용한다. 그러면 청자가 여러 리듬 속에서 고정된 주기적 패턴을 파악하기 어렵게 된다. 대개 주기적 변조는 홀수 마디에 적용한다. 댄스 음악의 일반적인 구조적 센박과 대비되어 교차 싱코페이션 효과를 내기 때문이다.

끝으로 킥을 제외한 모든 리듬 및 타악기 요소에는 거의 언제나 스윙 퀀타이즈를 적용한다. 전형적인 설정은 16분음 그리드에 61퍼센트에서 71퍼센트다. 그 다음 루프에 약간의 병렬 압축을 적용하여 잘 융화되도록 돕고 일부 에너지를 더한다.

이때 압축은 트랜지언트를 겨우 포착하는 경계에 낮은 비율과 빠른 어택 및 릴리스로 가볍게 적용해야 한다. 더욱 창의적인 방식으로 적용하면 종종 리듬에 새로운 생명을 불어넣을 수 있다. 가령 중간 경계에 높은 비율로 설정하고, 돌아온 신호를 미압축 신호에 더한 다음 어택과 릴리스 패러미터로 실험하여 나머지 악기와 융화되는 리듬을 만들 수 있다.

베이스 드럼 앤 베이스에서 두 번째로 필수적인 요소는 베이스다. 일반적으로 베이스는 드럼 리듬의 1/4 혹은 절반 템포로 연주되는 음들로 구성된다. 그 방법은 4분음표나 2분음표 혹은 온음표로 설정되며, 때로 드럼 루프의 마디에 걸쳐 넓게 펼쳐지는 긴 베이스 음들을 활용하는 것이다. 이 음들은 대개 한 옥타브 안에 머물며, 이보다 더 움직이는 경우는 드물다. 그렇지 않으면 곡이 너무 활동적으로 변해 리듬을 구성하는 드럼의 상호작용으로부터 청자의 주의를 뺏는다.

위의 사례에서는 옥타브를 바꾸는 베이스가 사용되었다. 보다시피 해당 옥타브 안에

댄스 뮤직 바이블

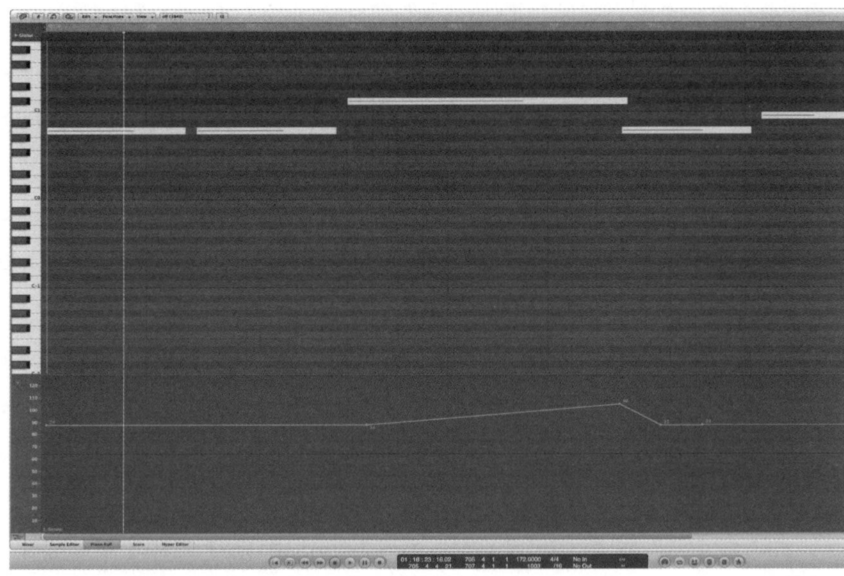

그림 23.3 예제 트랙의 베이스 멜로디(피치 벤드에 주목하라)

머물지만 한 옥타브만큼 이동한 다음 다시 곡의 조로 돌아온다. 이때 대다수 음들은 베이스 리듬을 늦추기 위해 (비교적) 길게 유지되는 한편 마디를 넘어선다. 그래서 단일 마디로 나뉘는 드럼 리듬과 어긋나면서 일종의 복합 박자를 만든다.

물론 이는 하나의 사례에 불과하다. 그러나 많은 트랙에서 베이스는 마디를 넘어서며 느린 움직임을 보여서 드럼 리듬이 설정한 속도를 상쇄한다. 베이스 음이 상당히 길 경우 약간의 움직임을 부여하여 흥미를 유지하는 경우가 많다. 일반적으로 쓰는 수단은 필터 변조나 피치 변조다. 이 장르에서 베이스에 요구되는 소리는 깊고, 지축을 흔들만한 울림이므로 사인파가 음색을 만드는 좋은 출발점이다.

앞서 설명한 대로 나름의 킥 드럼을 프로그래밍했다면 다른 뱅크로 프리세트를 복사하고 앰프 엔벨로프의 디케이와 릴리스 패러미터를 늘려라. 혹은 킥 드럼을 샘플링했다면 사인파로 설정한 단일 발진기를 활용하고, 어택/디케이 엔벨로프로 플러스 값에 피치를 변조하라. 그 다음 신시사이저의 진폭 엔벨로프로 실험을 하면 된다. 다만 이는 출발점으로만 삼아야 하며, 언제나 그렇듯 다양한 변조 옵션을 실험하여 사운드에 이동감을 창출해야 한다.

전형적인 드럼 앤 베이스 음색의 사례로 사인파를 활용하고, 앰프의 어택을 제로로 설정한 다음 흥미로운 리듬이 나올 때까지 프로그래밍한 모티프를 들으면서 디케이 설정을 늘려라. 그 다음 느린 어택에 중간 디케이로 설정한 엔벨로프를 활용하여 두어 센트만큼 피치를 변조하라. 그러면 재생되는 동안 음이 약간 휘는 베이스 음색이 만들어진다. 혹은 느린 속도에 사인파로 설정한 LFO를 모든 음이 시작될 때 작동하도록 만들어라.

앰프 혹은/및 필터 EG의 어택, 디케이, 릴리스를 직선에서 오목하거나 볼록하게 바꾸는 실험을 통해 새로운 변주를 이룰 수 있다. 가령 디케이를 볼록한 슬로프로 설정하면 더욱 둥근 베이스 음색이 나온다. 마찬가지로 소량의 절제된 디스토션이나 아주 가벼운 플랜징도 이동감을 더한다.

많은 드럼 앤 베이스 트랙은 합성 베이스에 더하여 실제 베이스도 활용한다. 이때 댄스홀dancehall이나 라가Raga 장르에 속한 다른 음반에서 샘플링하지만 이들 역시 때때로 샘플 CD에서 취하거나 미디로 프로그래밍한 것이다.

실제 베이스를 프로그래밍하고 모방하는 핵심은 연주하는 양상을 살핀 다음 미디와 일련의 컨트롤 체인지 명령을 통해 모방하는 것이다. 대다수 베이스 기타는 E-A-D-G에 해당하는 일반적인 기타의 첫 네 줄을 쓴다. 이때 한 옥타브 낮게 튜닝하므로 E가 중앙 C보다 거의 3옥타브 낮아진다. 또한 다성 악기가 아닌 단성 악기이므로 다음 음을 뜯을 때 이전 음의 잔향이 남아 여전히 잦아들 때만 음들이 겹쳐진다.

앞선 음이 두어 틱tick 동안 연주되도록 놓아둔 상태에서 다음 음을 시작하면 이 효과를 모방할 수 있다. 현은 뜯거나 때릴 수 있으며, 두 주법은 다른 소리를 낸다. 뜯는 경우 때리는 경우보다 소리가 더 선명하고 잔향이 길다. 이를 모방하려면 값이 높은 만큼 필터가 더 열리도록 베이스 모듈의 필터 컷오프에 세기를 매핑해야 한다. 그러나 모든 음이 같은 세기로 연주되는 것은 아니다. 연주자가 빠른 리듬으로 연주하는 경우 연이은 음들은 대개 세기가 약해진다. 손을 움직여서 다음 현을 재빨리 뜯어야 하기 때문이다. 물론 이는 하나의 지침에 불과하며 현실적인 느낌이 날 때까지 각 세기 값을 편집해야 한다.

일부 연주자는 '해머 온hammer on'이라는 기법을 쓴다. 이는 한 현을 연주한 다음 프렛에서 다른 피치를 때리는 것이다. 그러면 현을 다시 뜯지 않고도 피치를 바꿀 수 있다. 이 기법을 모방하려면 피치 벤드를 활용해야 한다. 우선 최대 벤드 한계치를 두 반음으로 설정해야 한다. 기타음은 이보다 더 '휘어지지' 않기 때문이다. 그 다음 두 개의 음, 가령 E0과 A0을 프로그래밍한다. 이때 E0은 약 100틱 동안 뒤이은 A0의 아래에서 재생된다. 베이스 트랙의 처음에는 중간으로 설정한(즉, 제로 피치 벤드) 피치 벤드 메시지를 넣고, 두 번째 음이 나오기 직전에 A0까지 음을 휘는 다른 피치 벤드 메시지를 넣는다. 정확하게 프로그래밍할 경우 E0이 끝날 때 피치가 A0까지 오르면서 해머 온 효과를 모방하는 것을 느낄 수 있다. 이대로 두어도 무방하지만 피치 벤드 직후에 CC11(표현) 메시지를 넣는 것이 좋다. 그러면 두 번째 음의 전반적인 음량이 줄어서 뜯은 것처럼 들리지 않기 때문이다. 여기에 더하여 약간의 프렛 잡음과 손가락이 미끄러지는 소리를 활용하는 것도 좋다. 좋은 샘플 기반 플러그인 기기는 대개 음 사이에 넣어서 연주자의 손가락이 지판fret을 따라 미끄러지는 소리를 모방하는 프렛 잡음을 갖추고 있다.

베이스와 리듬의 움직임과 상호작용이 이 장르의 토대를 제공하므로 베이스 음색에 이펙트를 적용하는 실험을 하는 것도 가치가 있다. 일부 이펙트는 이미지에 걸쳐 사운드를 퍼트리므로 피해야 한다. 그래도 이 장르에서 베이스는 대단히 중요한 요소이기 때문에 소량의 딜레이나 플랜저, 페이저, 디스토션을 적용하면 흥미로운 변주를 이룰 수 있다. 다만 딜레이 내지 다른 스테레오를 늘리는 효과를 적용할 때 사전에 미드/사이드 프로세서를 활용하여 이펙트가 120Hz 이상에서만 작용하도록 하는 것이 좋다. 그러면 이보다 낮은 주파수는 모노 소스를 위해 남겨둘 수 있다.

드럼 리듬과 마찬가지로 창의적인 압축도 흥미로운 베이스 음색을 얻는 데 도움을 준다. 이전처럼 중간 경계, 높은 비율에 사이드 이펙트로 컴프레서에 접근하라. 돌아온 신호는 미압축 신호에 더할 수 있다. 그 다음 어택과 릴리스 패러미터로 실험하여 흥미로운 베이스 음조를 만든다. 혹은 베이스를 리듬 중 하나로 펌핑하라. 컴프레서는 타악기 루프의 트랜지언트를 포착하도록 설정하고, 어택, 비율, 릴리스 패러미터로 실험하여 베이스를 펌핑하는 데 활용하라.

이 장르의 일부 팬들은 선택한 조에 따른 단화음만 화성으로 쓸 것을 권장한다. 즉, 드럼 앤 베이스를 단조로 쓰는 것은 일반적으로 받아들여지지만 (자연 단음계에서) III, VI, VII 화음이나 (화성 단음계에서) III, V, VI 화음은 종종 피한다. 물론 이는 화성 단음계에 속한 화음이 마침을 할 수 없다는 것을 뜻한다. V가 화성 단음계에서 장화음이기 때문이다. 그러나 이 부분은 전적으로 예술적 해석에 열려 있으며, 실험을 할 가치가 있다.

또한 코드는 베이스 라인과 상반될 때 종종 좋은 효과를 낸다. 그 방법은 베이스 라인을 워크스테이션의 다른 채널 트랙으로 복사한 다음 이 새로운 트랙을 일련의 코드로 전환하는 것이다. 그 다음 베이스의 피치가 올라가면 코드의 피치를 내리면 된다. 그 반대의 경우도 마찬가지다.

코드 구조를 대강 정한 후에는 그에 맞는 현악기를 프로그래밍(혹은 샘플링)할 수 있다. 패드는 배음 구조가 아주 무거워서 믹스의 주파수 영역을 많이 차지하기 때문에 현악기가 더 많이 쓰인다.

드럼 앤 베이스의 현악기를 프로그래밍하는 좋은 출발점은 삼각파와 구형파를 섞고 서로 3센트에서 5센트만큼 디튜닝하는 것이다. 앰프의 엔벨로프는 제로 어택에 중간 서스테인과 릴리스로 설정한다. 또한 필터 엔벨로프는 긴 어택과 서스테인에 중간

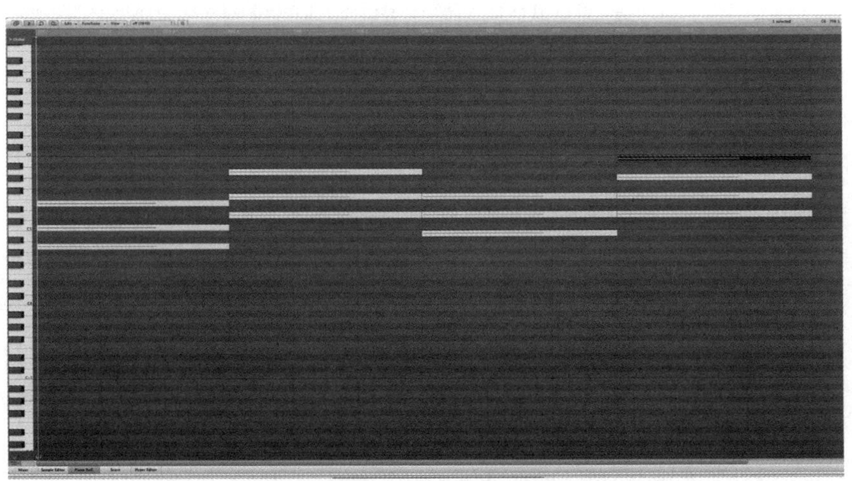

그림 23.4 전형적인 코드 진행

릴리스, 짧은 디케이로 설정한다. 끝으로 필터의 컷오프는 아주 낮게, 레조넌스는 대략 중간으로 설정하고 삼각파나 구형파의 피치를 느린 속도에 중간 심도로 설정한 사인파로 변조한다. 현악기가 오래 이어지는 경우 사인파나 펄스파 혹은 삼각파 LFO로 필터의 컷오프를 변조하여 흥미를 유지하는 것이 좋다. 언제나 그렇듯 이는 출발점으로만 간주되어야 한다. 좋은 결과물을 얻으려면 실험이 핵심이다.

이펙트도 흥미로운 현악기를 만드는 데 중요한 역할을 한다. 다만 베이스 리듬에서 주의를 돌리지 않도록 보수적으로 활용해야 한다. 종종 넓은 코러스 효과, 회전 스피커 시뮬레이션, 플랜저, 페이저, 리버브는 모두 흥미를 더하는 데 도움을 준다. 혹은 리듬감 있는 요소로 프로그래밍한 사이드 체인 입력 채널을 가진 컴프레서로 통과시켜서 현악기를 창의적으로 펌핑하면 정적인 음색에 활력을 불어넣을 수 있다.

<table>
<tr><td>

**보컬과
음향 효과**

</td><td>

마지막으로 다룰 측면은 음향 효과와 보컬의 추가다. 드럼 앤 베이스에서 보컬은 종종 짧은 보컬 토막으로만 구성된다. 그러나 절/후렴 진행을 갖춘 상업적인 드럼 앤 베이스 믹스도 있다.

</td></tr>
</table>

절/후렴이 들어간 곡을 장르의 일부로 볼지 아니면 새로운 장르로 분화해야 하는지 여부를 놓고 많은 드럼 앤 베이스 프로듀서 사이에 논쟁이 벌어지고 있다. 그러나 단지 돈을 벌기 위해 강도를 낮춘 상업적 버전으로 간주하는 사람들도 있다. 보컬 토막, 라가Ragga나 MC 혹은 더욱 상업화된 보컬의 사용여부는 전적으로 프로듀서에게 달려 있다. 음악가는 가장 좋은 성과를 거두기 위해 끊임없이 시도해야 한다.

음향 효과는 샘플링부터 이펙트와 EQ로 사운드나 샘플을 일그러트리는 것까지 온갖 수단으로 만들 수 있다. 오디오를 일그러트리는 용도로는 셔먼의 필터뱅크2, 카멜 스페이스 계열 플러그인, 글리치, 슈거바이츠의 이펙트릭스 혹은 스타인버그의 GRM 툴스가 기이하게 변하는 음색을 만드는 데 거의 필수적으로 쓰인다.

물론 이펙트와 프로세싱은 최종 결과물이 믹스 안에서 좋은 사운드를 내고 잘 맞기만 한다면 전적으로 예술적 파격에 열려 있다. 트랜지언트 디자이너는 이 장르에서 특히 유용하다. 트랙 전체에 걸쳐 변하는 타악기 리듬의 트랜지언트를 세심한 자동화로 제거할 수 있기 때문이다. 마찬가지로 강한 압축을 걸어서 사운드의 트랜지언트를 찌부러트리고 스펙트럼 분석기의 도움을 받아 사운드에 기여하는 주파수를 파악하는 한편 주위의 주파수를 제거할 수 있다. 혹은 각 음의 피치를 극단적으로 올리거나, 강한 코러스를 적용하거나, 단일 하이 햇이나 스네어에 플랜저/페이저를 적용하거나, 시간을 늘린 후 압축하여 디지털 잡음을 더한 다음 다른 루프와 섞을 수 있다.

궁극적으로 장르를 다룬 모든 장이 그렇지만 이 장의 목적은 프로듀서들이 사용하는 일부 기법을 소개하고 앞서 설명한 이론과 기술이 어떻게 결합되어 트랙을 만드는지 보여주는 것이다. 그래서 이 장에 나온 내용은 스스로 발전시켜나갈 기본적인 아이디어로 보아야 한다.

이 장르에 속한 곡을 만드는 하나의 결정적인 방법은 없다. 새로운 기법과 제작 방식을 익히는 최선의 방법은 현재 시장을 선도하는 곡들을 적극적으로 듣고 쓸 수 있는 도구들로 실험하는 것이다. 어떤 곡에 접근하는 올바른 길과 잘못된 길은 없다. 스스로 듣기에 좋으면 대개는 실제로도 좋다. 새로운 장르는 단계별 지침을 따르거나 다른 음악가들을 모방하는 일로 진화하지 않는다. 실험하고 경계를 뛰어넘는 프로듀서들이 새로운 장르를 창조한다.

그렇기는 하지만 지금까지 설명한 기본적인 요소들을 활용하면 곡의 주된 초점을 만들 수 있다. 이를 토대로 편곡에 나서야 한다. 편곡과 관련된 이론은 19장에서 다루었다. 시장을 선도하는 곡들을 듣고 22장에서 설명한 이론들을 접목하면 사운드와 편곡 측면에서 현재 어떤 추세가 이어지고 있는지 금세 드러날 것이다.

> 이 책의 홈페이지(www.dancemusicproduction.com)에는 앞서 설명한 기법들을 활용한 드럼 앤 베이스 트랙의 오디오 샘플이 있다.

CHAPTER 24

하우스

'모두가 하우스 음악을 이해하는 것은 아니다.
하우스 음악은 영적이고, 육체적이며, 또한 정신적인 것이다.'

– 에디 아마도르Eddie Amador

하우스 음악의 성공은 대부분 1970년대에 진행된 디스코의 부상과 몰락에 따라 이뤄졌다. 그래서 하우스 음악의 역사를 이해하려면 1980년대보다 더 뒤로 돌아가 디스코의 부상을 살펴야 한다.

디스코가 처음 등장한 시기를 정확히 포착하기는 어렵다. 디스코를 구성하는 대다수 요소가 이전 음반에서 등장했기 때문이다. 다만 최초의 디스코는 1970년대 초반에 당시 흑인들 사이에 인기를 끌던 펑크 음악이 자연스럽게 진화한 결과로 나왔다고 말할 수 있다.

이 펑크의 느낌에 영향을 받은 나일 로저스Nile Rodgers, 퀸시 존스Quincy Jones, 톰 몰튼Tom Moulton, 조지오 모로더Giorgio Moroder, 빈센트 몬태나Vincent Montana 같은 거물 프로듀서들은 '일반적인' 자작곡을 녹음하는 방식에서 보컬을 제공하고 잘 팔리는 상품이 되려는 음악가들을 위해 펑크에서 영감을 받은 인기곡을 제작한 다음 세션 연주자를 고용하는 방식으로 옮겨갔다.

도나 서머Donna Summer가 1975년에 〈Love to Love You Baby〉를 발표하면서 디스코 음악에서 나온 최초의 성공담을 만들었다. 이 음반은 주류 대중에게 수용된 최초의 디스코 음반으로 간주된다. 그러나 이 '새로운' 형식의 음악은 여전히 초창기에 머물렀다. 그러다가 1977년에 〈Saturday Night Fever〉라는 영화가 나오면서 마침내 폭넓은 현상이 되었다. 실제로 70년대 말에 영국에서만 해도 20만 명 이상이 디스코텍에 다녔으며, 디스코 음반이 영국 차트의 60퍼센트 이상을 차지했다.

인기를 끄는 대다수 음악 장르의 경우처럼 많은 아티스트와 음반사는 새롭게 일어나는 분위기에 편승했다. 그에 따라 디스코 장르가 상업적으로 소모되면서 원곡을 바꾼 수많은 디스코 버전과, 무의미하고 부실하게 작곡된 디스코 음반들이 범람했다.

결국 디스코는 70년대 말과 80년대 초에 성공의 희생자가 되었다. '디스코는 저질disco sucks' 캠페인 때문에 문제는 더욱 악화되었다. 한 극단적인 사례에서 처음부터 디스코를 싫어하던 록 DJ, 스티브 발Steve Vahl은 1979년 7월 12일에 열리는 야구경기에 디스코 음반을 가져와 화형식을 치르자고 선동하기도 했다. 실제로 경기가 끝난 후 거대한 화염이 일었고, 팬들은 디스코 음반을 모조리 던져넣었다.

1981년 무렵 디스코는 사망했으나 이미 그것은 클럽 문화를 전면적으로 바꾸었고, 소형 음반사와 대형 음반사 사이에 힘의 균형을 바꾸었으며, 새로운 음악의 물결을 위한 길을 열었다. 디스코가 탄 재에서 하우스라는 불사조가 솟아올랐다. 그러나 하우스는 이전에 대체로 언더그라운드 장르였으며, 잘못된 인식과 달리 디스코가 주류로 부상하기 *전에* 실제로 진화의 아주 이른 단계에 있었다. 많은 사람들은 프랭키 너클스Frankie Knuckles를 하우스의 '대부'로 보지만 그 진정한 토대는 훨씬 전에 마련되었으며, 일찍이 1970년까지 거슬러 올라간다.

교회를 개조한 *생추어리Sanctuary*라는 클럽의 전속 DJ인 프랜시스 그로소Francis Grosso는 두 장의 초기 디스코 음반을 섞어서 파티 참가자들을 댄스 플로어에 붙잡아두는 지속적인 그루브를 만든 최초의 DJ였다. 또한 그는 댄스 음악 문화의 기본중의 기본이 된, 한 음반 위에 다른 음반을 섞는 기법을 최초로 시도한 DJ이기도 했다.

이 새로운 형태의 믹싱에서 영감을 얻은 DJ 니키 시아노Nicky Siano는 뉴욕에 *더 갤러리The Gallery*라는 클럽을 열었다. 그는 프랭키 너클스와 래리 레반Larry Levan을 고용하고 리제르그산 디에틸아미드Lysergic Acid Diethylamide(LSD/애시드/트립스)를 음료에 넣어서 밤을 즐길 준비를 하도록 만들었다. 그 대가로 그는 두 사람에게 새로운 믹싱의 기본을 가르쳤고 곧 두 사람은 다른 클럽의 전속 DJ가 되었다.

레반은 컨티넨털 배스The Continental Baths에서 전속 DJ 생활을 시작했다. 너클스는 베터 데이즈Better Days에서 일하다가 6개월 후 컨티넨털 배스로 옮겼다. 두 사람은 1977년까지 함께 일했다. 이때 독립하기 위해 클럽은 떠난 레반은 시카고에 있는 웨어하우스Warehouse라는 클럽에서 DJ로 일해달라는 요청을 받았다. 그러나 그는 이미 클럽을 직접 운영하고 있었기 때문에 거절했다. 대신 너클스를 추천했다. 요청을 수락한 너클스는 즉시 시카고로 이사했다.

이 새 클럽은 음악에 대한 정책이 없었다. 그래서 너클스는 자유롭게 실험을 하면서 니키 시아노가 가르친 테크닉들을 선보일 수 있었다. 이 새로운 형태의 디스코에 대한 소문이 금세 퍼지면서 웨어하우스는 주로 동성애자들이 찾는 곳이 되었다. 당시 '하우스' 음반이 존재하지 않았기 때문에 하우스라는 용어는 특정한 음악을 가리키는 것이 아니라 단지 웨어하우스 그리고 거기서 활용하는 지속적인 믹싱을 가리켰다. 사실 당시 하우스라는 말은 음악, 태도, 패션을 가리키는 데 사용되었다. 가령 '하우스'로 불리는 트랙은 멋진 클럽에서 듣는, 상업 라디오 방송에서는 들을 수 없는 음악을 뜻했다. 또한 '하우스'로 불리는 사람은 멋진 클럽에 드나들고, 옷을 '제대로' 입을 줄 알며, '멋진' 음악을 듣는 사람을 뜻했다.

1982년 말과 83년 초에 웨어하우스의 인기가 식기 시작했다. 그 부분적인 이유는 클럽의 인기가 주류 청중들에게 퍼지면서 새로운 청중들에게 맞게 음악 스타일을 바꾸었기 때문이다. 클럽의 소유주들이 상업적 음악을 틀기 시작하고 입장료를 두 배로 올리면서 웨어하우스의 음악은 더 이상 '하우스'로 간주되지 않았다.

음악 정책이 바뀐 데 불만을 품은 너클스는 웨어하우스를 떠나 파워하우스Powerhouse라는 클럽을 직접 차렸다. 충실한 추종자들은 그를 따라갔다. 웨어하우스의 소유주들은 그 보복으로 클럽의 이름을 뮤직 박스로 바꾸고 론 하디Ron Hardy라는 새 DJ를 영입했다. 하디는 의사도 아니면서 여러 약물에 손을 대 중독자가 되었다. 그래도 그는 매우 유능한 DJ였다.

너클스가 상당히 깨끗한 사운드를 유지한 반면 하디는 끝없는 자극으로 사람들을 댄스 플로어에 붙잡아두기 위해 유로 디스코, 펑크, 소울을 섞어서 비트와 그루브를 절충시켰다. 지금까지도 론 하디는 많은 사람에게 역대 최고의 DJ로 평가받는다.

한편 지역 라디오 방송인 WBMX도 핫 믹스 파이브Hot Mix Five가 만든 믹스를 심야에 방송했다. 이 팀은 랄피 로사리오Ralphi Rossario, 케니 '재밍' 제이슨Kenny 'Jammin' Jason, 스티브 '실크' 헐리Steve 'Silk' Hurley, 미키 '믹싱' 올리버Mickey 'Mixin' Oliver, 팔리 '잭매스터' 펑크Farley 'Jackmaster' Funk로 구성되었다. 그들은 디패시 모드Depeche Mode부터 야주Yazoo, 개리 누만Gary Numan에 걸친 영국의 뉴 로맨틱 음악과 크라프트베르크, 옐로Yello, 조지 클린턴George Clinton의 최신 음악을 믹스하여 쉼 없이 틀었다. 실제로 영국의 뉴 로맨틱 음악은 미국 차트의 3분의 1을 차지할 정도로 인기가 좋았다.

음악만이 아니라 다섯 DJ들의 믹싱 스타일도 사람들을 끌어들였다. 그들은 이전에 들어본 적 없는 테크닉을 활용하여 2장의 같은 음반을 동시에 틀어서 페이징 효과를 내고, 스크래치와 백 스핀을 구사하며, 여러 음반을 가지고 완벽한 믹스를 만들어냈다. 이 방송은 인기를 얻어서 곧 낮 시간대로 방송시간을 옮겼다. 아이들은 최신 믹스를 들으려고 학교에 안 가기도 했다. 실제로 방송의 인기가 너무 좋아서 시카고의 유일한 댄스 음악 매장인 '임포츠 에세트라Imports Etc'는 사람들이 질문하지 않도록 전날 방송한 음반들을 기록한 게시판을 창문에 붙이기 시작했다.

한편 프랭키 너클스는 새로운 재료를 찾지 못하고 있었다. '디스코는 저질' 캠페인이 산업을 무너트리는 바람에 음반사들은 더 이상 디스코를 제작하지 않았다. 그래서 너클스는 이태리(여전히 디스코를 제작하던 유일한 국가)에서 수입한 음반과 덥에 영향받은 음악에 의존해야 했다.

하우스의 역사와 관련하여 더 중요한 사실은 너클스가 사운드 엔지니어링을 공부하던 오랜 친구, 에라스모 리베라Erasmo Rivieria에게 세트set를 계속 살리기 위해 초기 디스코 음반들을 가공하는 작업을 부탁했다는 것이다. 두 사람은 릴 방식 테이프 레코더를 활용하여 녹음하고, 자르고, 인트로와 브레이크 비트를 늘리며, 새로운 사운드를 얹어서 더욱 복잡한 믹스를 만들었다. 너클스는 한 걸음 더 나아가 익숙한 트랙 아래로 완전히 새로운 리듬과 베이스 라인을 깔기 시작했다.

이런 작업은 현재 우리가 아는 하우스 음악의 토대를 형성하기 시작했다. 그러나 누구도 아직 진정한 하우스 레코드를 발표하지 않았다. 최초의 진정한 하우스 레코드로 평가받는 것은 1984년에 제시 손더즈Jesse Saunders가 발표한 〈On and On〉이다.

일부 팬들은 바이런 월턴Byron Walton(예명은 제이미 프린서플Jamie Principle)이 발표한 〈Your Love〉라는 트랙이 최초의 하우스 레코드라고 주장한다. 그러나 이 레코드는 너클스가 세트의 일부로 틀도록 제공된 것이었다. 반면 제시 손더즈는 직접 차린 음반사인 '제스 세이Jes Say'에서 트랙을 내고 시카고의 '임포츠 에세트라'를 통해 판매했다.

이 음반들은 래리 셔먼Larry Sherman이 운영하고는 시카고 유일의 레코드 공장인 뮤지컬 프로덕츠Musical Products에서 제작되었다. 하우스 장르에 흥미를 느낀 그는 대중들에게 미치는 영향력을 조사한 후 최초의 하우스 레코드 음반사인 '트랙스Trax'를 만들었다. 곧 로키 존스Rocky Jones도 'DJ 인터내셔널'이라는 다른 음반사를 차렸다. 뒤이어 두 음반사 사이에 최고의 하우스 음반을 내려는 경쟁이 벌어졌다. 그들이 낸 〈Music is the Key〉, 〈Move Your Body〉, 〈Time to Jack〉, 〈Get Funky〉, 〈Jack Your Body〉, 〈Runaway Girl〉, 〈Promised Land〉, 〈Washing Machine〉, 〈House Nation〉, 〈Acid Trax〉 같은 음반들은 역대 가장 영향력 있는 하우스 음반들로 평가받는다.

1987년 무렵 하우스는 전성기를 맞았다. 그러나 여전히 70년대 디스코에서 많은 부분을 빌려왔다. 그러던 중 롤랜드 TB-303 베이스 신시사이저와 TR-909, TR-808, 주노 106이 나오면서 하우스는 '아마추어' 프로듀서들이 만드는 디스코가 되어 더욱 강한 특색을 지니게 되었다. 베이스와 리듬은 라이브로 녹음되지 않고 기계로 재현되고 배열되었다. 그에 따라 TB-303으로 만든 일련의 트랙들이 등장하기 시작했다.

이 초기 프로듀서 중 한 명인 래리 허드Larry Heard는 〈Washing Machine〉이라는 트랙을 만든 후 하우스의 역사에서 가장 호소력 강한 음반을 만들었다. 그는 미스터 핑거즈Mr. Fingers라는 이름으로 디스코로부터 스타일을 빌리지 않은 최초의 하우스 음반인 〈Can U Feel It〉을 발표했다. 이 음반은 소울과 재즈, 그리고 시카고에서 동시에 진화하던 테크노로부터 영향을 받았다. 그의 작업은 하우스 음악에 완전히 새로운 영감을 불어넣었다. 그에 따라 아티스트들은 참고할 수 있는 다른 장르를 찾기 시작했다.

뉴욕의 힙합 DJ인 토드 테리Todd Terry도 그 중 하나였다. 그는 랩의 샘플링 원칙을 하우스 음악에 적용하기 시작했다. 다른 레코드의 샘플을 활용하면 하우스 장르에 훨씬 강력한 타악기 스타일을 입힐 수 있었다. 그가 발표한 〈3 massive dance floor House anthems〉는 하우스 음악을 완전히 새로운 방향으로 이끌었다. 그는 뒤이은 하우스 앨범들과 함께 영국의 언더그라운드계로부터 커다란 존경을 받으면서 〈토드 '더 갓The God' 테리〉라는 호칭을 얻었다.

이후 몇 해 동안 하우스 음악은 다른 하위 장르들로 변형되고, 복제되고, 분화되었다. 각 하위 장르는 나름의 명칭과 제작 방식을 지녔다. 지금도 프로그레시브 하우스, 하드 하우스, 딥 하우스, 다크 하우스, 애시드 하우스, 시카고 하우스, UK 하우스, US 하우스, 유로 하우스, 프렌치 하우스, 테크 하우스, 보컬 하우스, 마이크로 하우스, 디스코 하우스, 스웨디시 하우스, 커머셜 하우스 등 여러 하위 장르들이 존재하는데, 이 밖에도 아마 더 있을 것이다.

음악적 분석　하우스 음악의 분화는 극도로 파편화되어 특정한 속성을 지닌다고 쉽게 파악할 수 없는 지경에 이르렀다. 그래서 70년대 디스코에서 영감을 얻은 펑키한 음악일 수도 있고, 테크노에서 영감을 얻은 비교적 느리고 깊은 음악일 수도 있고, 보컬 음악일 수도 있고, 파티 음악일 수도 있으며, 단순히 들썩이는 음악일 수도 있다.

사실 현재 하우스는 댄스(팝이 아님)음악을 가리키면서도 다른 댄스 범주에는 맞지 않는 일종의 범용 명칭이 되었다. 그래서 좋은 점은 내키는 대로 곡을 쓰고 댄스 분위기만 나면 하우스 범주에 넣을 수 있다는 것이다. 반면 나쁜 점은 음악적으로 정확하게 분석하기가 거의 불가능하며, 아주 거친 일반화만 가능하다는 것이다.

하우스 음악은 주로 4/4박자를 쓰며, 장르에 따라 거의 모든 음계에 따라 작곡된다. 가령 디스코 하우스는 대개 장조인 반면 더 어두운 스웨디쉬Swedish 하우스는 단조다. 많은 하우스 레코드는 A단조로 만들어진다. 그 이유는 상당수 하우스 레코드가 DJ들에 의해 만들어지며, 많은 댄스 레코드가 A단조라서 화성적으로 섞기 쉽기 때문이다. 또한 클럽의 스피커 시스템으로 댄스 음악의 베이스를 가장 영향력 있고 강력하게 재현하는 영역은 50Hz에서 65Hz인데, A1의 근음이 55Hz이며, 곡은 근음을 중심으로 변하거나 끌리므로 55Hz 근처에 오는 근음을 가지면 대단히 유용한 주파수에서 베이스의 '그루브' 에너지를 유지하는 데 도움이 된다.

물리적 템포는 다소 느린 110BMP부터 조금 더 빠른 140BMP에 걸친다. 근래에 나오는 많은 트랙은 127BPM 근처이며, 더 최근의 경우 '디스코의 천국'인 137BPM 근처다. 137BPM을 디스코의 천국으로 부르는 이유는 평균 심박수와 같기 때문이다. 다만 이 점이 사람들을 더 흥분시키는지는 아직 증명되지 않았다.

근본적으로 하우스는 3가지 방식 중 하나로 제작된다. 즉, 모든 요소를 샘플링하여 재편성하거나, 일부 요소만 샘플링하고 나머지는 프로그래밍하거나, 전체 트랙을 미디와 가상 악기로 프로그래밍하는 것이다. 그 방법은 전적으로 어떤 스타일의 하우스를 작곡하는지에 달려 있다.

가령 (〈Random Access Memories〉 이전의) 다프트 펑크 같은 부류들이 만든 디스코 하우스는 대개 이전의 디스코 히트곡에서 중요한 부분을 샘플링하고, 자신의 보컬을 위에 얹는다(다프트 펑크의 〈Digital Love〉가 대표적인 예다).

이런 스타일의 곡은 분석하기가 훨씬 쉽다. 디스코의 분위기를 중심으로 삼기 때문이다. 그래서 심하게 싱코페이션 효과가 들어간 베이스 라인과 특징적인 전자기타에 포 투 더 플로어 리듬으로 구성된다. 반면 딥 하우스는 딱히 달뜨는 느낌을 주지는 않지만 그래도 맞춰 춤을 출 만한 더 어두운 음색(분위기 있는 재즈풍 화음과 혼합된 깊은 베이스 라인)을 쓴다. 또한 애시드 하우스는 전체에 걸쳐 강한 반향이 들어간 음색과 쿵쿵대는 포 투 더 플로어 비트로 울리는 TR-303에 크게 의존하며, 스웨디시 하우스는 더 어두운 느낌과 복잡한 비트 및 서브 베이스를 지녀서 테크노 쪽으로 더 기운다. 하우스는 이 책에서 다루기에 장르가 너무 많다. 그래서 아래에 모든 유형의 기본적인 요소를 제작하는 데 필요한 지침만 제시하도록 하겠다. 선택한 장르의 사운드가 어떤지 알면 거기에 맞춰서 변형시키면 된다.

하우스의 리듬　일반적으로 하우스는 킥 드럼이 마디의 모든 박에 들어가는 엄격한 포 투 더 플로어 리듬에 크게 의존한다. 또한 이 리듬은 16분음 닫힌 하이 햇 패턴과 싱코페이션을 위해 8분음(엇박)마다 들어간 열린 하이 햇으로 보강된다. 스네어(혹은 클랩)도 종종 킥 아래로 두 번째와 네

번째 박에서 사용된다. 그러면 루프 제작법을 다룬 16장에서 자세히 설명했으며, 하우스를 비롯한 많은 댄스 음악 장르에서 사용되는 기본적인 루프가 만들어진다.

대개 하우스 음악은 다른 댄스 장르보다 충분한 속도감에 더 많이 의존한다. 곡에 속도감을 불어넣는 방식은 다양하다. 가장 흔한 기법은 리듬에 약간의 타이밍 변화를 주어서 박자를 밀어붙이는 것이다. 이때 대개 킥은 모든 박자에 그대로 넣고, 스네어나 클랩을 두어 틱만큼 앞당긴다. 그러면 많은 하우스 장르에 나오는 대로 리듬이 넘실거리는 느낌을 준다.

하우스 킥 제작의 정석이 되는 신시사이저는 롤랜드 TR-909였으나 지금은 저주파수 에너지나 힘이 부족하다고 여겨져 요즘은 누가 가장 강력한 킥 드럼을 만들어내는지 프로듀서들 사이에 무의식적인 경쟁이 벌어지고 있다.

거의 모든 형태의 하우스 음악에서 많이 쓰이는 강력한 킥 드럼은 킥 샘플이나 합성한 킥을 겹쳐서 만든다. 이 기법은 15장에서 자세히 다루었으므로 다시 반복하지는 않겠다. 다만 하우스의 경우 샘플을 겹쳐도 믹스에 넣었을 때 상단 존재감이 부족하다고 느낄 수 있다. 그렇다면 킥 위에 하이 햇 샘플을 얹거나 구형파로 보강하는 것이 좋다. 이때 구형파는 단순히 '클릭'만 만들도록 빠른 어택과 디케이를 적용해 킥 위에 얹은 후 피치를 조절하면서 필요한 음색을 만들면 된다.

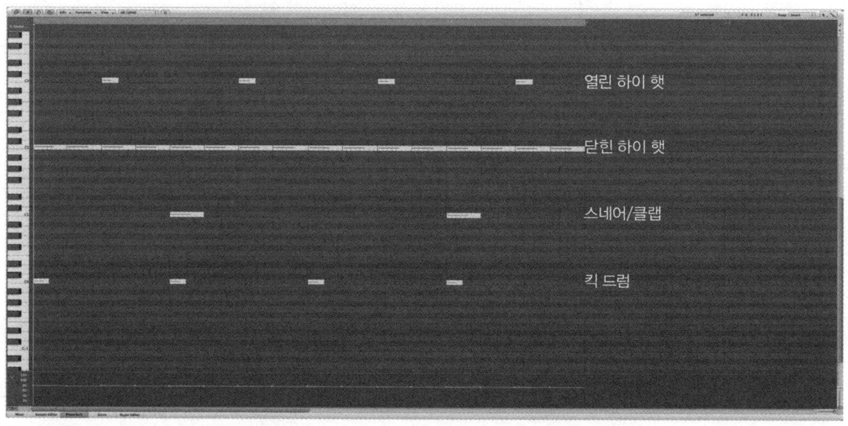

그림 24.1 기본적인 하우스 드럼 루프

또한 하우스 킥의 낮은 주파수 때문에 음악에 맞춰 튜닝해야 할 필요가 있는데 이때 음계의 제5음에 맞추는 것이 좋다. 이렇게 튜닝하지 않고 클럽의 스피커 시스템으로 곡을 틀면 낮은 음이 베이스와 충돌하여 불협화음을 일으키기 쉽다. 이 경우 아래에 깔린 그루브의 전반적인 효과를 쉽게 망칠 수 있다.

하우스 킥은 거의 언제나 소량의 리버브로 처리한다. 이때 믹스를 통과하도록 킥의 트랜지언트를 건너뛰는 긴 프리 딜레이에 룸 스타일 리버브가 흔히 선택된다. 앞서 말한 대로 하이 햇이나 구형파를 위에 얹는 경우 리버브는 킥에만 적용할 수 있다. 이 경우 하이 햇(혹은 구형파)은 영향을 받지 않게 된다. 그러면 킥에 적용하는 프리 딜레이를 더 짧게 설정할 수 있다. 이때 디퓨전은 낮게 유지되고 테일은 다른 악기를 덮지 않도록 짧아야 한다.

많은 하우스 루프의 핵심적인 특징은 개별 요소가 짧고 일시적이라는 것이다. 그러면 곡에 더욱 역동적인 느낌이 나며, 다른 장르들 사이에 종종 차별화가 이뤄진다. 실제로 펑키 하우스, 프렌치 하우스, 디스코 하우스 같은 장르는 종종 함께 흘러가는 리듬을 활용한다. 반면 미니멀과 테크 하우스의 경우 각 악기가 짧게 나와서 곡에 선명하고 긴밀하게 제어된 느낌을 준다. 그러기 위해서는 리버브 다음에 노이즈 게이트를 각 악기 채널에 삽입하여 디케이를 제어해야 한다.

하우스 킥은 종종 컴프레서를 통해 전형적인 딱딱한 사운드를 만든다. 설정은 얻고자 하는 사운드에 좌우된다. 다만 낮은 비율에 높은 경계 그리고 빠른 어택, 중간 릴리스가 좋은 출발점이다. 어택은 구형파의 초기 트랜지언트를 찌부러뜨려서 무거운 '쿵' 소리를 만든다. 또한 릴리스로 실험을 하면 킥의 성격을 더욱 바꿀 수 있다. 릴리스를 아주 길게 설정하면 다음 킥이 시작될 때까지 컴프레서가 회복되지 않는다. 그래서 컴프레서에 따라 종종 사운드를 듣기 좋게 변형시킨다.

스네어 및/혹은 클랩은 킥처럼 주로 TR-909를 가지고 만든다. 혹은 더 따뜻하고 둥근 사운드를 내는 이뮤의 드럼플레이터에서 얻을 수도 있다. 그러나 현재 여러 하우스 레코드에서 쓰는 전형적인 사운드를 얻으려면 샘플이나 합성음을 겹쳐야 한다. 스네어와 클랩을 겹치는 방법은 15장에서 자세히 다루었으니 해당 내용을 참고하기 바란다.

모든 하우스 레코드가 스네어를 겹치는 것은 아니다. 테크 하우스와 미니멀 같은 일부 장르는 더 얇은 스타일의 음색을 활용한다. 이 특징적인 사운드는 삼각파나 구형파를 빠른 어택과 디케이를 쓰는 앰프 엔벨로프로 변조한 약간의 핑크 노이즈나 포화 saturation(발진기의 왜곡)와 섞어서 만든다. 대개 핑크 노이즈가 선호되지만 너무 무거운 경우에는 화이트 노이즈가 나을 수도 있다. 이때 하이 패스 필터로 노이즈를 상당 부분 제거하여 전형적인 테크 스네어를 만든다. 일부 경우에는 스네어의 하단 성분과 상단 성분을 더 정확하게 수정할 수 있으므로 밴드 패스 필터가 더 나을 수도 있다.

가능하다면 주 발진기와 노이즈에 다른 엔벨로프를 쓰는 것이 좋다. 스네어의 보디(즉, 주 발진기)를 아주 짧고 선명하게 유지하는 한편 노이즈 파형의 디케이를 늘릴 수 있기 때문이다. 그러면 각 타격음 후 울림이 남도록 스네어를 수정할 수 있다. 또한 노이즈 파형의 디케이 형태를 개별적으로 조정할 수 있다. 일반적으로 오목한 디케이를 쓸 때 최선의 결과가 나오지만 언제나 그렇듯 실험을 하는 것이 가장 좋다. 많은 미니멀 및 테크 스네어의 경우 음색에 피치 벤드를 적절하게 적용하면 도움이 된다. 이때 플러스가 아니라 마이너스로 적용해야 전형적인 음색이 나온다.

파형 편집기로 스네어의 트랜지언트를 제거하고 플러스 피치 변조를 활용한 트랜지언트로 대체하는 것이 좋을 수 있다. 그 다음 두 음색을 합치면 탄탄하면서 끝으로 갈수록 피치가 올라가는 음색이 나온다. 이 방법을 쓸 수 없다면 빠르게 설정된 톱니파(낮게 시작하여 높이 이동한다면)나 사인파 LFO로 아래에서 위로 피치를 훑어도 된다. 그 다음 디케이만 눌리도록(즉 느린 어택) 소량의 압축을 적용하면 음량이 늘어나서 믹스에 묻히지 않는다.

대개 스네어나 클랩은 룸 스타일 리버브로 처리한다. 잔향 꼬리의 길이는 곡의 장르에 좌우된다. 잔향 꼬리는 대다수 장르에서 킥보다 길다. 그러나 장르별로 프리 딜레이가 달라진다. 테크 하우스 같은 장르에서는 트랜지언트가 변형되도록 아주 짧은 프리 딜레이를 쓰는 경우가 흔하다. 또한 다른 일부 장르에서는 스네어에 뒤집힌 리버브를 적용한다. 다만 대개 두 번째 박이나 구조적 센박으로 제한된다.

컴프레서도 스네어/클랩에 가끔 사용된다. 그러나 스네어의 음조를 바꾸는 역할만 하기 때문에 곡의 장르에 크게 좌우된다. 컴프레서를 빠른 어택으로 심하게 적용하면 트랜지언트를 약화하여 사실상 트랜지언트와 보디의 다이내믹 레인지를 줄인다. 그러면 '탁' 치는 스타일의 사운드를 내는 더욱 강력하고 두드러지는 스네어나 클랩이 된다.

또한 장르에 따라 미세 음조 조정이나 필터 변조를 통해 마디의 두 박 사이에 이동감을 만들 필요가 있다. 이 책을 위해 만든 스웨디시 하우스 스타일 트랙의 경우 스네어에 사운드토이즈의 필터 프릭을 활용하여 로우 패스 필터의 컷오프를 제어했다. 또한 마디의 첫 번째 스네어는 로우 패스 필터를 그대로 통과하고, 4박에 들어가는 두 번째 스네어는 높은 배음을 아주 조금 제거하도록 가볍게 로우 패스 필터를 적용했다. 그러면 두 박 사이에 충분한 질감의 차이가 생겨서 흥미를 유지할 수 있다. 미세 음조 조정으로도 같은 효과를 낼 수 있다. 테크 하우스, 글리치, 마이크로 같은 장르는 필터보다 미세 음조 조정을 더 많이 활용한다.

하우스 음악의 경우 대개 샘플 CD에서 하이 햇을 가져온다. 현재 시장에는 선택할 수 있는 샘플 CD가 많이 나와 있다. 여기에 디스토션, 리버브, 트랜지언트 디자이너, 컴프레서를 비롯한 여러 이펙트를 적용하여 곡의 스타일에 맞는 음색을 만든다. 이 모든 프로세서와 이펙트는 이미 자세히 설명했다. 다만 해당 장르에 맞는 최고의 결과물을 원한다면 수없이 실험해봐야 한다.

하우스에서 하이 햇에 흔히 적용하는 이펙트는 딜레이다. 설정 방식은 창의성과 템포에 좌우되나 다만 아주 짧게 유지하여 리듬적 상호작용을 흐트리지 않도록 만들어야 한다. 대개 아주 짧은 딜레이 시간에 16분음이나 8분음 설정이 적합하다. 딜레이 장치 다음에 노이즈 게이트나 사이드 체인으로 컴프레서를 활용하는 경우도 있다. 딜레이 직후에 노이즈 게이트를 쓰면 더 강한 설정을 쓸 수 있을 뿐만 아니라 노이즈의 경계를 낮춤으로써 큰 잡음 발생을 방지할 수 있다.

다른 방법은 딜레이를 버스에서 활용하고 컴프레서를 딜레이 장치 바로 뒤에 넣는 것이다. 이때 낮은 출력 이득에 낮은 경계, 2:1 비율로 설정한다. 그 다음 원 하이 햇을 컴프레서의 사이드 체인으로 입력한다. 그러면 하이 햇이 나올 때마다 컴프레서가 지연된 하이 햇을 피해 작동한다. 또한 하이 햇이 나오지 않을 때는 작동을 멈춰서 지연된 하이 햇이 이어지게 된다. 이 방법을 쓰면 믹스에 다른 악기를 넣을 공간이 늘어나고 딜레이가 믹스를 압도하지 않도록 방지할 수 있다.

열린 하이 햇과 닫힌 하이 햇도 주기적 미세 음조 조정이나 필터 변조로 처리된다. 대개 열린 하이 햇은 2마디나 4마디에 걸쳐서 사인파 혹은 샘플 앤드 홀드 파형으로 변조된 로우 패스 필터로 처리된다. 반면 닫힌 하이 햇은 3마디에 걸쳐서 미세 음조 조정으로 처리된다. 3마디나 6마디에 적용하는 이유는 댄스 음악의 일반적인 구조적 센 박과 대비되어 교차 싱코페이션 효과를 내기 때문이다.

이 접근법을 쓰면 전형적인 하우스 루프가 만들어진다. 그 다음 장르에 따라 다른 악기를 넣을 수 있다. 콩가, 톰, 봉고, 탬버린, 셰이커가 종종 추가되어 리듬에 개성적인 느낌을 불어넣는다. 테크 하우스, 피짓Fidget, 미니멀 같은 강렬한 장르의 경우 합성된 타악기를 쓴다. 이 음들은 종종 그리드에서 싱코페이션 효과를 내는 자리에 놓인다. 또 한 장르에 따라 헤미올라 혹은/및 복합 박자를 쓴다.

대개 디스코 하우스, UK 하우스, US 하우스, 유로 하우스, 프렌치 하우스 같이 실 긋거리는 베이스 라인과 화성적인 리드가 강조되는 장르는 아주 기본적인 리듬만 유 지하는 반면 테크 하우스, 프로그레시브 하우스, 스웨디시 하우스 같은 다른 장르들 은 리듬 섹션이 크게 강조되기 때문에 흥미를 유지하기 위해 리듬 관련 기법을 더 많 이 동원한다.

헤미올라는 3장에서 자세히 다뤘지만 다시 설명하자면 마디 안에서 박자를 불균등 하게 나누는 것이고 그 다음 하이 햇이나 타악기의 리듬 패턴을 그 위에 넣으면 된다. 추가 타악기에 복합 박자를 써서 효과를 더욱 강화할 수도 있다. 복합 박자는 대개 합 성 타악기에 5/4, 6/4, 7/4박자를 쓴다. 하우스 음악에 들어가는 모든 타악기(킥 제외) 에는 그루브나 스윙 퀀타이즈가 적용된다. 그 양은 장르마다 다르지만 대개 16분음의 60~70퍼센트 안에 머문다.

물론 모든 하우스 비트를 미디로만 만들 수는 없을 것이다. 이전의 하우스나 디스 코 혹은 펑크 레코드를 샘플링하여 리듬을 얻는 프로듀서도 있다. 하우스 레코드의 경우 샘플링하는 다른 레코드도 샘플링으로 만들었을 가능성이 높고 그 역시 또 다른 샘플링의 결과물일 것이고… 이런 샘플링의 고리는 한없이 이어진다. 당연히 다른 아 티스트의 저작권을 침해해서는 안 되지만 그렇다고 해서 모두가 안 하고 있는 것은 아 니므로 그들이 쓰는 기법 일부를 다뤄보는 것도 이론적 측면에서 흥미로운 일이 될 것 같다.

음반으로 나오는 거의 모든 하우스 음악은 드럼 루프로만 시작된다. 그래서 샘플링을 하는 것이 딱히 어렵진 않으나 오디오 편집기로 이 드럼 루프를 만지는 대목에서 진정한 기술이 드러난다. 근본적으로 드럼 루프를 따와서 그대로 쓰는 것은 현명하지 않다. 물론 샘플링하는 드럼 루프가 이미 다른 레코드에서 따온 것일 가능성이 아주 높긴 하지만(즉, 원작자가 저작권 침해로 시비 걸기가 어렵다), 만약의 경우, 그 드럼 루프를 직접 프로그래밍했을 수도 있기 때문이다. 사실 드럼 루프를 프로그래밍하는 일이 기술적으로 아주 어려운 것도 아니다. 따라서 드럼 루프를 샘플링한 다음에는 시퀀서에 넣고 요소들을 조금 옮겨서 나름의 변주를 하는 것이 좋다.

이는 가장 단순한 접근법이다. 많은 아티스트는 여기서 한 걸음 더 나아간다. 그들은 먼저 트랜지언트 디자이너로 트랜지언트를 바꾼 다음 샘플 분할 프로그램에 넣거나 워크스테이션의 샘플 분할 기능을 쓴다. 이 경우 굳이 하우스 트랙을 샘플링할 필요가 없다. 모든 드럼 브레이크를 조작하여 하우스에서 쓰는 딱딱거리는 사운드를 만들 수 있기 때문이다.

많은 프로듀서는 개별 루프만 조작하지 않고 여러 루프를 쌓아서 더 무거운 리듬을 만든다. 토드 테리와 아만드 반 헬덴Armand Van Helden은 샘플링한 루프에 킥과 스네어를 얹어서 무게감을 더하는 것으로 유명하다.

다만 이 방법을 쓸 때 킥과 스네어가 올바른 자리에 나오도록 신경 써야 한다. 그렇지 않으면 페이징 효과가 발생한다. 이를 피하는 최선의 방법은 마디를 4분할하고 각 시작 부분에 원래 사운드와 함께 킥 내지 킥 및 스네어가 나오도록 만드는 것이다. 그러면 타이밍이 맞는 지속적인 루프가 만들어진다. 또한 분할된 단위를 바꿔서 변주를 하는 것도 가능하다.

베이스

거의 모든 하우스 장르는 베이스와 드럼 리듬의 상호작용에서 나오는 그루브에 크게 의존한다. 하우스는 원래 뿌리인 디스코에서 상당히 분화되었지만 테크와 미니멀 같은 소수 장르를 제외하면 여전히 디스코에 깊게 뿌리 박은 베이스 리듬을 쓴다. 그래서 프로그레시브 하우스든, 스웨디시 하우스든, 펑키 하우스든 간에 베이스 라인은 장르에 따라 연속적으로 간소화

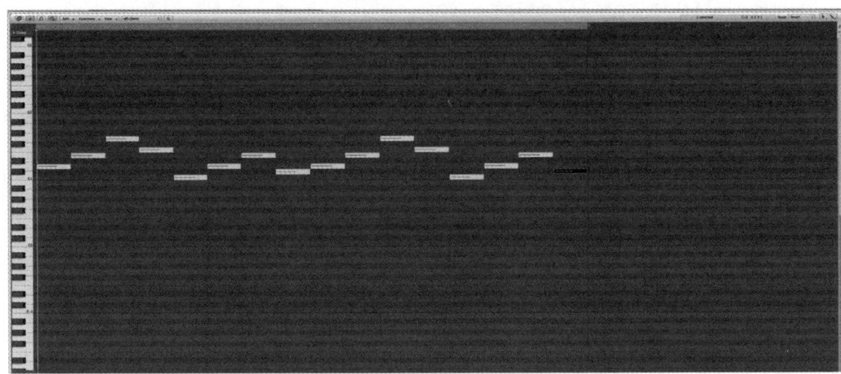

그림 24.2 디스코의 유명한 워킹 베이스 라인

되기는 하지만 원래 디스코와 비슷한 활기찬 느낌을 준다.

가령 디스코와 가장 가까운 하우스 장르는 프렌치 하우스, 디스코 하우스, 커머셜 하우스다. 이 장르들은 디스코 스타일 베이스의 펑키한 그루브를 많이 차용한다. 그중에서 가장 단순한 형태가 수많은 디스코 레코드에서 사용된 워킹walking 베이스 라인이다.

위의 베이스 라인은 여러 댄스 트랙에서 사용된 간단한 사례다. 디스코에서 영향 받은 많은 하우스 레코드는 펜타토닉 단음계로 쓴(즉, 건반에서 검은 음만 쓴) 베이스 라인을 활용한다. 아래는 펜타토닉 장음계와 단음계다.

> 단조: Eb-Gb-Ab-Bb-Db-Eb
> 장조: Gb-Ab-Bb-Db-Eb-Gb

펜타토닉
Pentatonic
장음계와 단음계

이 음계에서는 5개의 음만 쓸 수 있다. 그러나 여섯 번째와 일곱 번째 음을 종종 이끔음 leading tone으로 도입한다. 이 음들은 펜타토닉 음계에는 존재하지 않지만 때로 다음 음으로 이어지는 용도로 곡에 움직임과 그루브를 더하는 데 도움을 준다. 아래 사례에서 G와 D는 펜타토닉 음계에 없지만 다음 음으로 '이끄는 디딤돌'로 사용된다.

그림 24.3은 원래 뿌리인 디스코와 아주 비슷한 그루브를 지닌 전형적인 디스코 내

지 펑키 하우스 베이스 라인이다. 다른 하우스 장르도 간소화되기는 하지만 비슷한 그

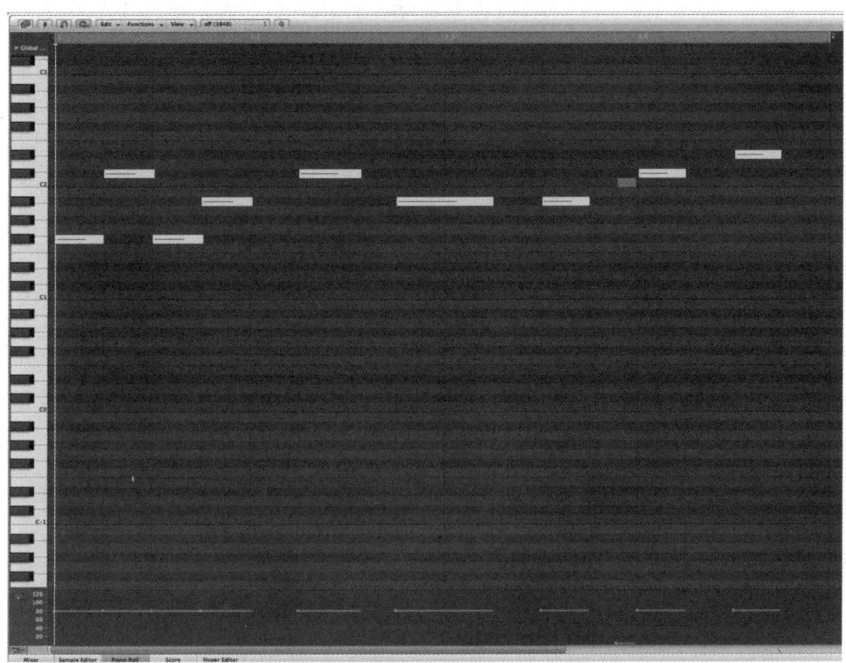

그림 24.3 이끔음이 들어간 펜타토닉 베이스 라인(가장 짧은 음이 이끔음)

그림 24.4 예제 베이스 라인

루브를 따른다.

이 책에 예로 나오는 하우스 트랙(스웨디시 하우스)의 경우 베이스 라인은 지속시간이 더 긴 음들을 통해 간소화되며, 디스코나 펑키 하우스 혹은 커머셜 하우스처럼 두 번째 마디가 아니라 16마디에 걸쳐 해결된다.

이렇게 베이스 라인이 더욱 간소화되면 테크노에 가까워진다. 사실 테크노 하우스와 미니멀 같은 장르는 하우스보다 테크노와 비슷한 점이 더 많다. 그러나 장르가 무엇이든 베이스의 복잡성은 주로 상단에서 연주되는 리드 악기에 의해 좌우된다.

일부 하우스 음악은 아주 펑키한 베이스 그루브에 의존하지만 그 위에 놓이는 악기들은 비교적 단순하게 유지된다. 반대로 리드 요소들이 복잡하면 베이스 라인은 비교적 단순하게 유지된다. 이건 아주 중요한 개념인데 베이스와 리드 악기의 멜로디가 모두 복잡하면 멜로디가 뒤섞여 들려 청자가 분간하기 어려워지기 때문이다. 따라서 하우스 곡을 만들 때는 중심을 베이스에 둘지 아니면 리드 요소에 둘지 결정해야 한다.

가령 레일로Laylo와 부시웨커Bushwacka의 〈Love Story〉에서는 피아노가 곡의 중심이며, 뒤를 받치는 베이스는 비교적 단순하다. 반대로 키드 크림Kid Crème의 〈Down and Under〉와 스타일로포닉Stylophonic의 〈Soul Reply〉 같은 트랙은 간결한 멜로디가 받쳐주는 펑키한 베이스를 지닌다.

리듬의 경우처럼 하우스의 베이스에 사용되는 음색은 트랙마다 크게 다르다. 그래서 실제 베이스 기타에서 얻을 수도 있고, 배경에서 고동치는 저주파수 사인파로만 구성될 수도 있으며, 둘을 절충할 수도 있다. 많은 하우스 음악의 요소처럼 베이스의 특정한 음색을 잡아내기는 아주 어렵다. 그래서 대다수 하우스 베이스의 근본적인 구조를 만드는 두어 가지 합성 팁을 제시하도록 하겠다. 이 내용을 익힌 다음 새로운 파형과 엔벨로프 설정 그리고 변조 옵션으로 실험하여 필요한 베이스를 만드는 것이 중요하다.

대다수 합성 베이스의 토대는 사인파와 톱니파 내지 펄스파 발진기로 만들 수 있다. 주 파형(사인파)은 사운드에 깊은 보디를 제공하고 2차 발진기는 거칠거나(톱니파) 부드러운(구형파) 배음을 제공한다. 사운드가 믹스에서 어느 정도 날카롭고 두드러져야 한다면 톱니파가 좋고, 단지 리드를 얹기 위한 부드러운 그루브를 깔고 싶다면 구형파가 좋다. 원하는 음색의 '두께'와 배음 성분이 나올 때까지 늘 그렇듯이 귀로 듣고 판단하며 발진기들을 서로 디튜닝해야 한다.

거의 모든 베이스 음색은 건반을 누를 때 바로 시작된다. 따라서 앰프는 제로 어택에 빠른 디케이, 제로 서스테인, 짧은 릴리스로 설정한다. 그러면 즉시 시작되어 작은 플럭을 낸 후 릴리스 단계로 들어서는 음색이 된다. 사운드가 멜로디를 연주하기에 너무 짧다면 서스테인을 늘리고, 필요한 리듬이 나올 때까지 릴리스로 실험하면 된다.

베이스가 '달아나는 듯한' 느낌이 나면 두어 틱만큼 앞이나 뒤로 옮겨서 앰프의 어택 단계와 같이 재생하라. 또한 사운드에 움직임과 성격을 더하려면 로우 패스 필터에 컷오프와 레조넌스를 중간으로 설정한 다음 엔벨로프를 빠른 어택과 디케이, 짧은 릴리스, 제로 서스테인으로 조정하라.

대개 이 엔벨로프는 플러스로 적용된다 그러나 필요한 성격을 만들어줄 수도 있기 때문에 마이너스로도 실험을 해야 한다. 가능하다면 필터 엔벨로프의 디케이 기울기도 오목한 설정과 볼록한 설정으로 바꿔보는 것이 좋다. 그러면 사운드의 성격이 크게 영향을 받아서 무그Moog에 가까운 음색에서 디지털 본연에 가까운 음색을 거쳐 TB-303과 비슷한 음색으로 변하게 된다. 대다수 하우스 트랙에서 필터는 피치를 따른다(피치가 올라가면 필터가 열린다). 따라서 플러스로 필터 키 팔로우 기능을 쓰는 것이 좋다.

이런 방식으로 기본적인 음색을 만들 수 있다. 그러나 LFO와 이펙트 그리고 레이어링으로 실험을 시작하는 것이 좋다. LFO는 대개 1차 혹은 2차 발진기의 피치나 필터의 컷오프 혹은 펄스 파형을 쓴 경우 펄스 폭을 가볍게 변조하는 데 쓰인다.

이펙트의 경우 디스토션이 특히 효과적이며, 페이저/플랜저와 함께 하우스에서 흔히 쓰인다. 다만 이펙트를 적용할 때 150Hz 이상의 주파수만 처리하도록 만들어야 한다. 베이스는 언제나 스테레오 스펙트럼의 중심에 자리해야 한다. 그래야 두 스피커가 에너지를 공유할 뿐만 아니라 믹싱을 할 때 적용한 패닝이 분명하게 드러난다.

플랜저나 페이저를 강하게 적용하면 스테레오 이미지 전체에 걸쳐 베이스가 얼룩져서 믹스 하단의 일관성이 부족할 수 있다. 물론 베이스가 너무 얇거나 보디가 충분치 않으면 이펙트로도 살리기 어렵다. 이 경우 두어 옥타브 내린 사인파를 겹치는 것이 타당하다.

무엇보다 합성한 베이스가 내는 소리에 대한 일반적인 기대치가 없으므로 필요한 만큼 쌓아서 원하는 사운드를 구축하는 일을 두려워하지 말아야 한다. EQ는 너무 무거운 베이스에서 배음을 제거하는 데 쓸 수 있지만 존재하지 않는 배음을 넣지는 못한다.

일부 하우스 트랙은 합성 베이스와 함께 실제 베이스도 활용한다. 이때 종종 다른 레코드에서 샘플링하거나 샘플 CD에서 사운드를 가져온다. 그러나 (스펙트라소닉스Spectrasonics의 트릴리언Trillian이나 복수 샘플링 콘택트 기기 같은) 좋은 샘플 엔진을 쓰면 현실적인 베이스를 프로그래밍할 수도 있다.

실제 베이스를 프로그래밍하고 모방하는 핵심은 연주하는 양상을 살핀 다음 미디와 일련의 컨트롤 체인지 명령으로 모방하는 것이다. 대다수 베이스 기타는 E-A-D-G에 해당하는 일반적인 기타의 첫 네 줄을 쓴다. 이때 한 옥타브 낮게 튜닝하므로 E가 중앙 C보다 거의 3옥타브 낮아진다. 또한 다성 악기가 아니라 단성 악기이므로 연주된 음의 잔향이 여전히 잦아들고 있는 상태에서 다음 음을 뜯을 때만 음들이 겹쳐진다.

앞선 음이 두어 틱 동안 연주되도록 놓아둔 상태에서 다음 음을 시작하면 이 효과를 모방할 수 있다. 현은 뜯거나 때릴 수 있으며, 두 주법은 다른 소리를 낸다. 뜯는 경우 때리는 경우보다 소리가 더 선명하고 잔향이 길다. 이를 모방하려면 값이 높은 만큼 필터가 더 열리도록 베이스 모듈의 필터 컷오프에 세기velocity를 매핑해야 한다. 그러나 모든 음이 같은 세기로 연주되는 것은 아니다. 빠른 리듬 연주의 경우 연이은 음들은 대개 세기가 약해지는데 연주자가 재빨리 손을 움직여 다음 현을 뜯어야 하기 때문이다. 그러므로 이는 하나의 지침에 불과하며 현실적인 느낌이 날 때까지 각 세기값을 편집해야 한다.

일부 연주자는 '해머 온'이라는 기법을 쓴다. 이는 한 현을 연주한 다음 프렛에서 다른 피치를 짚는 것이다. 그러면 현을 다시 뜯지 않고도 피치를 바꿀 수 있다. 이 기법을 모방하려면 피치 벤드를 활용해야 한다. 우선 최대 벤드 한계치를 두 반음으로 설정해야 한다. 기타음은 이보다 더 '휘어지지' 않기 때문이다. 그 다음 두 개의 음, 가령 E0과 A0을 프로그래밍한다. 이때 E0은 약 100틱 동안 뒤이은 A0의 아래에서 재생된다. 베이스 트랙의 처음에는 중간으로 설정한(즉, 제로 피치 벤드) 피치 벤드 메시지를 넣고, 두 번째 음이 나오기 직전에 A0까지 음을 휘는 다른 피치 벤드 메시지를 넣는다. 정확하게 프로그래밍할 경우 E0이 끝날 때 피치가 A0까지 오르면서 해머 온 효과를 모방하는 것을 느낄 수 있다. 이대로 두어도 무방하지만 피치 벤드 직후에 CC11(표현) 메시지를 넣는 것이 좋다. 그러면 두 번째 음의 전반적인 음량이 줄어서 다시 뜯은 것처럼 들리지 않기 때문이다. 여기에 더하여 약간의 프렛 잡음과 손가락이 미끄러지는 소리를 활용하는 것도 좋다. 좋은 샘플 기반 플러그인 기기는 대개 음 사이에 넣어서 연주자의 손가락이 프렛판을 따라 미끄러지는 소리를 모방하는 프렛 잡음을 갖추고 있다.

실제 베이스를 쓰든 합성 베이스를 쓰든 만든 다음에 대개 드럼 루프에 맞춰서 압축한다. 그 목적은 베이스를 펌핑하여 대다수 하우스 레코드에 나오는 고전적인 하단 그루브를 만드는 것이다. 이 레코드들은 광적으로 펌핑을 하는 경향이 있다.

그 방법은 베이스와 드럼 루프(하이 햇을 뮤트한 상태가 좋음)를 컴프레서로 넣는 것이다. 이때 각 킥이 이득 감소 미터에서 약 −6dB로 나오도록 경계를 설정한다. 또한 비율은 약 9:1에 빠른 어택을 적용하며, 컴프레서를 우회할 때 음량 수준이 같도록 보완 이득을 조절한다.

끝으로 릴리스 패러미터는 처음에 200ms로 설정한 다음 곡이 이어지는 동안 점차 줄인다. 릴리스가 짧을수록 킥이 베이스를 더욱 펌핑하면서 점차 무거워진다. 이 기법은 단일음 베이스와 사이드 체인으로 입력되는 킥을 통한 펌핑만으로 리듬의 움직임을 나타내는 일부 하우스 트랙에서 특히 인기 있다.

멜로디, 모티프, 코드

리드 악기의 멜로디는 전적으로 제작되는 하우스의 유형에 좌우된다. 베이스 라인이 펑키하면 위에 앉을 멜로디가 활발하지 않아도 된다. 반면 베이스가 덜 활발하면 멜로디 요소가 더 필요하다. 안타깝게도 하우스 장르는 너무 심하게 분화되어서 최신 레코드를 듣고 현재 추세를 파악하는 방법 외에는 다른 지침을 제공하기가 어렵다.

그러나 후버Hoover, 프로그레시브 플럭 리드, DX 시리즈 신시사이저의 피아노를 비롯하여 하우스에서 자주 쓰이는 음색들이 있다. 이 음색들은 17장과 18장에서 자세히 다루었으므로 여기서는 일반적인 합성법만 살피도록 하겠다.

근본적으로 하우스의 합성 리드는 톱니파, 삼각파 및/혹은 노이즈 파형을 활용하여 믹스를 통과할 수 있으며, 필요한 경우 필터로 처리할 수 있는 풍부한 배음을 지닌 사운드를 만든다. 또한 음색을 만드는 데 활용한 파형의 수에 따라 서로 디튜닝하여 더욱 복잡하고 흥미로운 사운드를 만들 수 있다.

보디가 더 필요한 경우 사인파나 펄스파를 더하면 사운드를 넓히고 존재감을 늘리는 데 도움이 된다. 이때 곡의 역동적인 날카로움을 유지하기 위해 앰프의 어택은 건반을 누름과 동시에 시작되도록 제로로 설정한다. 디케이, 서스테인, 릴리스 설정은 필요한 사운드의 유형에 좌우된다.

일반적으로 릴리스를 길게 설정하는 것은 좋지 않다. 그러면 리드의 음들이 흐릿해지고 곡이 역동적인 날카로움을 잃을 수 있다. 다만 멜로디를 재생하는 동안 디케이와 서스테인으로 실험하여 리듬에 어떤 영향을 미치는지 보는 것은 바람직하다.

리드 사운드는 듣기에 계속 흥미로워야 한다. 따라서 LFO나 필터 엔벨로프를 활용하여 보강하는 것이 좋다. 필터 EG의 경우 로우 패스 필터에 컷오프와 레조넌스를 중간으로 설정한 다음 엔벨로프는 빠른 어택과 디케이에 짧은 릴리스, 제로 서스테인으로 조정하는 것이 좋은 출발점이다. 이렇게 설정한 후 필터에 플러스와 마이너스로 적용하면서 실험하라. 덧붙여 피치, 필터 컷오프, 레조넌스 및/혹은 펄스 폭을 변조하는 LFO를 활용하여 흥미를 더할 수 있다. 기본적인 음색을 만든 다음에는 언제나 그렇듯 실험이 핵심이다.

많은 하우스 트랙은 코드를 활용한다. 특히 *딥 하우스, 테크 하우스, 미니멀, 커머셜* 같은 장르는 코드를 통해 트랙의 분위기를 조성한다. 이때 코드의 진행과 스타일이 종종 장르를 결정한다. 가령 여러 업리프팅 스타일 하우스의 경우 대개 가볍고 여린 3화음으로 코드가 구성된다.

이때 곡이 단조인 경우(대다수 업리프팅 스타일 하우스 트랙은 단조다) 종종 '7도 화음'을 진행의 끝에서 두 번째 화음으로 삼는다. 그 이유는 7도 화음이 곡에 기대감을 더하고 이런 스타일의 하우스에 서사시 같은 느낌을 주기 때문이다.

위의 사례에서 코드 진행이 '7도 화음'에 이르면 트랙이 들뜨면서 상승하는 느낌을 얻는다. 반대로 테크 하우스, 딥 하우스, 미니멀 같은 장르는 전체 진행에 걸쳐 7도 화음을 쓰며, 연이은 각 화음에서 피치를 올리지 않고 내려서 더욱 진지하고 거의 우울하기까지 한 느낌을 자아낸다.

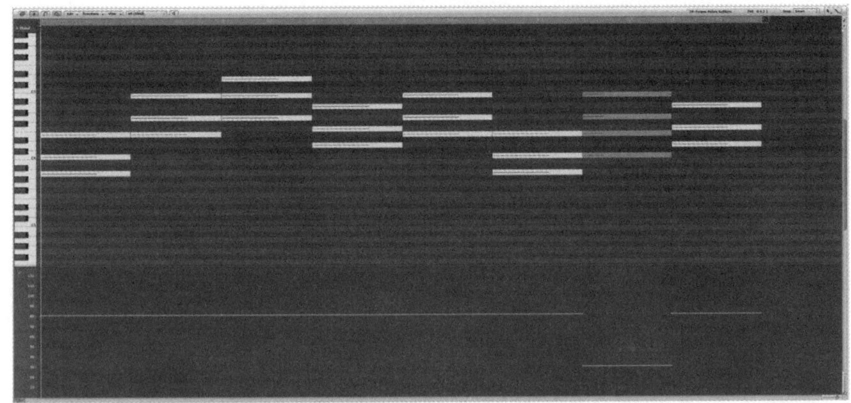

그림 24.5 업리프팅 하우스 장르의 전형적인 '서사적' 코드 진행

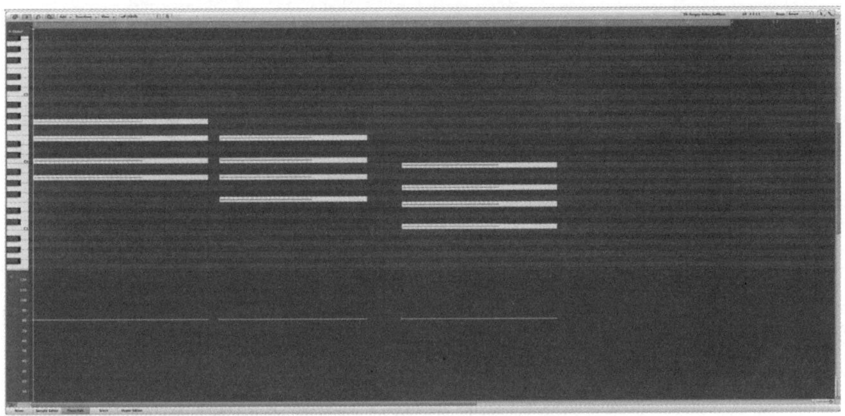

그림 24.6 전형적인 '엄숙한' 7도 화음 진행

　코드를 만드는 음색의 스타일은 수없이 많다. 그래서 합성법은 제작자의 선택에 달려 있다. 그러나 기본적인 출발점으로 3개의 톱니파가 필요하다. 이 중에서 2개를 서로 디튜닝한다. 그 다음 LFO로 소량의 비브라토를 적용한다. 이때 앰프 엔벨로프는 중간 어택과 릴리스에 완전한 서스테인으로 설정한다(서스테인이 끝까지 설정되었기 때문에 디케이는 없다).

　그 다음 마지막 톱니파는 개별적인 사운드가 되기 전까지(즉, 20Hz 미만으로) 가능한 한 멀리까지 피치를 올린다. 또한 가능하다면 하나는 디튜닝된 두 톱니파에서 하단 주파수를 제거하기 위해 로우 패스로 설정하고, 다른 하나는 앞서 피치를 바꾼 톱니파에서 고주파수 성분을 일부 제거하기 위해 하이 패스로 설정한 두 개의 필터를 활용한다.

그러면 기본적인 현악기 음색이 나온다. 플랜저, 페이저, 딜레이, 리버브, 컴프레서 같은 이펙트와 프로세서로 이 음색을 더욱 보강할 수 있다. 넓은 코러스 효과, 회전 스피커 시뮬레이션, 플랜저, 페이저, 리버브는 모두 이동감을 더하여 믹스의 구멍을 메우는 데 도움을 준다.

궁극적으로 장르를 다룬 모든 장이 그렇지만 이 장의 목적은 프로듀서들이 사용하는 일부 기법을 소개하고 앞서 설명한 이론과 기술이 어떻게 결합되어 트랙을 만드는지 보여주는 것이다. 그래서 이 장에 나온 내용은 스스로 발전시켜나갈 기본적인 아이디어로 보아야 한다.

이 장르에 속한 곡을 만드는 하나의 결정적인 방법은 없다. 새로운 기법과 제작 방식을 익히는 최선의 방법은 현재 시장을 선도하는 곡들을 적극적으로 듣고 쓸 수 있는 도구들로 실험하는 것이다. 어떤 곡에 접근하는 올바른 길과 잘못된 길은 없다. 스스로 듣기에 좋으면 대개는 실제로도 좋다. 새로운 장르는 단계별 지침을 따르거나 다른 음악가들을 모방하는 일로 진화하지 않는다. 실험하고 경계를 밀어붙이는 프로듀서들이 새로운 장르를 창조한다.

그렇기는 하지만 지금까지 설명한 기본적인 요소들을 활용하면 곡의 주된 초점을 만들 수 있다. 이를 토대로 편곡에 나서야 한다. 편곡과 관련된 이론은 19장에서 다루었다. 시장을 선도하는 곡들을 듣고 앞서 설명한 이론들을 접목하면 사운드와 편곡 측면에서 현재 어떤 추세가 이어지고 있는지 금세 드러날 것이다.

> 이 책의 홈페이지에는 앞서 설명한 기법들을 활용한 스웨디시 하우스 트랙의 오디오 샘플이 있다.

테크노

'행복한 음악은 소비하기 쉽다. 그저 자신을 음악 속에 놓고 무슨 일이 일어나는지 보면 된다. 어떤 일도 할 필요가 없다. 테크노는 어둡고 은근하며 강렬하다. 그것은 이성을 잃게 하며, 환각에 빠지게 할 수 있다.

– 마르셀 데트만Marcel Dettmann

잘 모르는 사람들은 모든 일렉트로닉 댄스 음악을 테크노라고 부른다. 실제로 초기 몇 년 동안에는 그랬다. 그러나 테크노는 차츰 진화하여 나름의 장르가 되었다. 원래는 *크라프트베르크*가 전자 악기와 기기를 섞어서 '대중'음악을 만드는 방식을 설명하려고 테크노라는 용어를 만들었다. 그러나 다른 아티스트들도 기기를 도입하기 시작하면서 현재 알려진 테크노의 진정한 토대가 어디에 있는지 정확하게 짚어내기 어려워졌다.

일각에서는 테크노 장르의 기원이 일찍이 *어 넘버 오브 네임스*A Number of Names의 〈Shari Vari〉, 다나 서머즈Donna Summers(그리고 조지오 모로더Giorgio Moroder의) 〈I Feel Love〉, 사이보트론*Cybotron*의 〈Techno City〉가 발표된 1981년까지 거슬러 올라간다고 본다. 다른 일각에서는 디트로이트에서 *벨빌 쓰리Belleville Three*가 협업을 한 1980년대 중반이 시초라고 본다. 고등학교 친구였던 후안 앳킨스Juan Atkins, 케빈 손더슨Kevin Saunderson, 데릭 메이Derrick May는 서로 믹스 테이프를 교환하고, WJLB-FM

에서 방송하던 '미드나이트 펑크 제너레이션Midnight Funk Generation'을 열심히 들었다. DJ 찰스 '일렉트리파잉 모조' 존슨Charles 'Electrifying Mojo' Johnson이 진행한 이 프로그램은 크라프트베르크, 탠저린 드림Tangerine Dream, 조지 클린턴George Clinton 같은 여러 아티스트의 전자음악들을 5시간씩 틀었다.

이 절충적인 음악에 영감을 얻은 세 사람은 롤랜드 TR-909, TR-808, TB-303을 비롯한 중고 신시사이저로 직접 곡을 만들기 시작했다. 그들이 만든 곡은 처음에 '하우스 음악'으로 분류되었다. 메이와 손더슨은 시카고 클럽(특히 웨어하우스와 프랭키 너클스)의 음악에서 영감을 얻었다고 기꺼이 인정했다. 실제로 데릭 메이의 1987년 히트곡인 〈Strings of Life〉의 경우 데릭 메이와 다른 여러 팬들이 디트로이트 테크노의 초기 형태로 보지만 많은 사람들은 여전히 하우스 음악으로 간주한다.

테크노가 나름의 장르가 된 것은 1988년 말이다. 이때 닐 러시턴Neil Rushton이 버진 레코드를 위해 〈Techno- The New Dance Sound of Detroit〉라는 컴필레이션 앨범을 제작했다. 이후부터 테크노는 모든 형태의 전자음악이 아니라 극도로 간결하고 거의 기계적인 느낌의 하우스 음악을 가리키게 되었다. 테크노의 특징은 어둡게 고동치는 리듬과 정열적인 느낌 그리고 원초적 분위기였다. 당시 활용할 수 있는 기기가 한정되었기에 원초적 느낌이 날 수 밖에 없었다. 큰돈을 쓸 수 없는 사람들에게는 TB-303, TR-909, TR-808이 거의 유일한 활용가능 기기들이어서 대다수 트랙이 이 기기들로 만들어진 다음 투 트랙 테이프 카세트로 직접 녹음되었다.

대다수 댄스 장르처럼 아이디어를 받아들이고 이를 중심으로 곡을 만드는 아티스트들이 늘어나면서 테크노도 변형되기 시작했다. 1992년에 등장한 새로운 '레이브 세대rave generation' 테크노는 하우스 음악의 펑키한 비트나 리듬과는 아무 상관없이, 약물에 영향 받은 몽환적이고 원시적인 비트를 취했다.

기술이 발전하고 미디 기기와 샘플러, 디지털 오디오 가공 장비가 저렴해지면서 테크노는 갈수록 복잡하게 변해갔다. 리듬과 베이스로만 구성된 디트로이트 테크노의 원초적인 느낌은 여전히 남아 있었지만 리듬적 상호작용은 더욱 복잡해졌다. 그래서 갈수록 많은 리듬이 겹쳐졌고, 스튜디오는 그 자체로 실험을 진행하는 하나의 악기가 되었다.

물론 디트로이트 테크노는 지금도 존재하지만 토머스 크롬*Thomas Krome*, 레드헤드 징크*Redhead Zync*, 헨릭 토비아스*Henrik B. Tobias*, 칼 크레이크*Carl Craig*, 케니 라킨*Kenny Larkin*, 리치 호틴*Richie Hawtin*을 비롯한 여러 음악가들이 개발한 '순수한' 테크노의 원시적 비트에 거의 밀려났다. 이 아티스트들은 나름의 스타일을 곡에 주입하는 한편 당대의 동료 아티스트들이 수립한 고유한 스타일을 지켰다.

음악적 분석 테크노는 대개 여러 드럼 리듬의 결합과 변형을 토대로 형성되기 때문에 가장 원시적인 형태의 댄스 음악이라고 말할 수 있다. 때로 합성음을 쓸 때는 무조atonal로 나온다. 테크노에서 가장 중요한 측면은 풍부한 타악기 요소이기 때문이다. 실제로 많은 테크노 트랙에 추가되는 합성 악기는 베이스 라인이나 멜로디를 형성하는 '음악적' 형태로 쓰이지 않으며, 이 장르의 특성은 멜로디 요소보다는 신중하게 프로그래밍되고 조정된 구조를 통해 나타난다.

근본적으로 이 점은 테크노가 DJ를 염두에 두고 제작된다는 것을 뜻한다. 실제로 대다수 테크노는 'DJ 친화적'인 성격을 지녀 그(혹은 그녀)가 온갖 부분들을 유려하게 섞어 만든 믹스로 밤새 이어갈 수 있게 한다. 즉, 테크노가 대개는 포 투 더 플로어 박자를 쓰지만 다른 박자로 된 여러 드럼 리듬을 주된 4/4박자에 맞도록 섞고, 처리하고, 편집하는 일도 드물지 않다는 것이다. 템포는 대부분 130BPM에서 150BPM이다. 일부 테크노는 150BPM을 넘기도 하지만 일반적이지 않다.

원래 테크노는 '전통적인' 방식(그런 것이 있다면)의 프로그래밍과 믹싱에 의존하지 않는다는 점에서 여타 장르와 달랐다. 테크노는 전체 스튜디오를 서로 연결된 하나의 도구로 활용했다. 하드웨어 시퀀서는 연결된 샘플러와 드럼 머신에 담긴 드럼 리듬을 촉발하는 데 사용되었다. 각 리듬은 새로운 변주를 이루도록 설정된 이펙트 장치를 지난 다음 서로 겹쳐지거나 믹스를 드나들며 최종 편곡을 완성했다.

지금은 이러한 접근법이 바뀌었다. 대다수 테크노는 오디오 시퀀서에서 만들어진다. 그러나 일반적인 이론은 같다. 즉, 리듬은 여전히 서로 겹쳐진다. 그래서 싱코페이션과 복합 박자를 통해 상호작용을 이룬다. 또한 음조 성분은 화성적으로 결합하여 원래 패턴의 흥미로운 변주를 만든다. 이때 오디오 워크스테이션의 믹싱 데스크는 리듬을 전통적인 방식으로 섞을 뿐만 아니라 EQ로 흥미로운 배음 관계를 보강하거나, 결합된

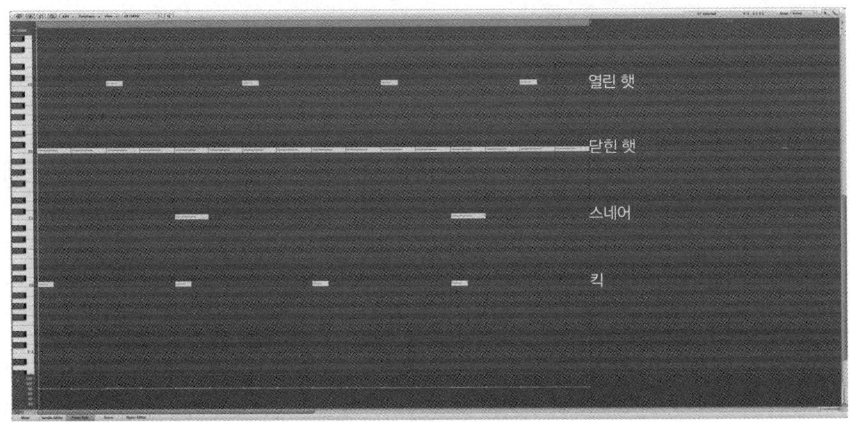

그림 25.1 테크노 루프의 시작 부분

사운드가 지나치게 흐려지거나 희미해지는 것을 방지하는 창의적 도구로 쓰인다.

테크노 루프는 대개 트랜스와 하우스에 공통된 일반적인 포 투 더 플로어 드럼 리듬으로 시작된다. 킥 드럼은 마디의 모든 박에 들어가고, 스네어나 클랩은 두 번째 박과 네 번째 박에 들어가서 표현력을 더한다. 이 기본적인 패턴을 보완하기 위해 대개 닫힌 하이 햇이 마디의 1/16지점마다 들어간다(4/4박의 경우 한 마디에 16번). 또한 기본적인 싱코페이션 효과를 위해 열린 하이 햇이 마디의 1/8 지점마다 한 번씩 들어간다.

테크노에 들어가는 킥 음색 스타일의 특징은 하위 장르에 따라 다르나 대개는 절제된 단단한 트랜지언트에 저음이 강하다. 일반적으로 많은 테크노 트랙에 쓰이는 킥은 롤랜드 TR-909(하드웨어 혹은 소프트웨어)로 직접 프로그래밍한다. 그러나 세심하게 고른 킥 샘플을 통해 같은 스타일의 사운드를 얻을 수 있다. 40Hz 아래에 있는 주파수를 감쇄하고 400Hz에서 800Hz로 소량의 EQ 부스트를 적용하면 전형적인 테크노 스타일의 킥이 만들어진다. 상단에 부스트로 강화할 에너지가 없는 경우 킥 위에 하이 햇 샘플을 겹치면 종종 이 장르에 흔히 나오는 선명한 트랜지언트가 생긴다.

혹은 신시사이저로 킥을 프로그래밍할 수도 있다. 이때 짧은 디케이와 즉각적인 어택 단계를 적용한다. 대개 100Hz 사인파가 최선의 출발점을 제공한다. EG는 플러스 피치에 빠른 어택과 디케이로 설정하여 발진기를 변조한다. 피치 엔벨로프를 쓰면 최

댄스 뮤직 바이블

선의 결과물이 나오지만 신시사이저에 없다면 자가 발진 필터로 필요한 사운드를 얻을 수 있다. 이때 디케이는 필터 엔벨로프로 제어할 수 있다. 일반적인 선명한 트랜지언트 단계를 만들려면 구형파로 킥을 보강해야 한다. 이때 구형파는 '클릭'만 만들도록 빠른 어택과 디케이 단계를 지녀야 한다. 이 구형파를 원래 사인파 위에 겹치고 피치를 조절해서 필요한 울림을 만들면 된다.

리버브는 테크노 킥을 만드는 데 필수적이다. 다만 적용하는 방식은 필요한 스타일에 따라 다르다. '표준적인' 테크노 킥은 트랜지언트를 우회하도록 긴 프리 딜레이에 소량의 홀 리버브로 처리한다. 또한 꼬리는 잔향이 두드러지도록 대다수 장르보다 길게 설정한다. 그 다음 노이즈 게이트를 써서 잔향의 꼬리가 일반적인 상황처럼 잦아들지 않고 표시 나게 잘리도록 한다.

테크노 킥에서 흔한 스타일인 '히스 킥Hiss Kick'은 완전한 디퓨전에 디케이가 5초인 홀 리버브 장치를 넣은 버스 채널로 킥 드럼을 보내서 만든다. 그 다음에는 빠른 어택과 긴 릴리스(약 500ms)에 5:1의 비율로 설정된 컴프레서를 놓는다. 해당 버스 채널은 컴프레서의 사이드 체인 입력으로 활용된다. 이때 비율은 리버브 이펙트가 펌핑할 때까지 낮춰진다. 뒤이어 필터를 넣어서 펌핑하는 리버브 이펙트의 높은 주파수를 주기적으로 변조한다. 이 주기적 변조는 두드러질 필요가 없으며, 너무 많은 주의를 끌지 않도록 부드럽게 적용해야 한다.

그 다음 킥을 완전한 디퓨전에 1초미만의 짧은 디케이로 설정한 룸 리버브 장치를 담은 2차 버스로 보낸다. 리버브 뒤에는 빠른 어택과 릴리스로 설정한 노이즈 게이트를 놓는다. 해당 2차 버스는 노이즈 게이트의 사이드 체인으로 활용된다. 게이트의 경계를 낮추면 리버브가 영향을 받기 시작하며, 설정하는 방식은 선호도에 따른다. 노이즈 게이트 뒤에는 잔향의 음장을 주기적으로 바꾸는 다른 로우 패스 변조 필터가 들어간다. 두 리버브에 적용되는 주기적 변조의 타이밍은 서로 동조하지 않도록 다르게 설정해야 한다. 끝으로 두 리버브를 킥과 섞으면 여러 테크노 트랙에 나오는 히스 킥이 된다.

강한 압축도 킥에 도움을 준다. 다만 선명한 트랜지언트 단계를 제거하지 않도록 조심해야 한다. 이때 어택은 초기 트랜지언트를 우회하되 디케이 단계를 포착하도록 설정해야 한다. 5:1의 강한 비율에 경계를 낮추면 일반적인 테크노 킥의 특성이 나온다.

테크노는 스네어나 클랩을 활용한다. 이 사운드는 대개 샘플 CD에서 얻지만 신시사이저로 프로그래밍할 수도 있다. 스네어는 1차 발진기에 삼각파, 2차 발진기에 노이즈를 쓰는 것이 좋다. 앰프의 엔벨로프 생성기는 제로 어택, 서스테인, 릴리스에 디케이로 스네어의 '길이'를 맞춘다.

가능하다면 노이즈와 삼각파에 다른 앰프 EG를 활용하라. 그러면 삼각파는 빠른 디케이로 아주 짧고 신속하게 유지하는 한편 노이즈는 디케이 패러미터를 늘려서 약간 더 오래 울리도록 만들 수 있다. 다만 스네어는 짧고 분명해야 하므로 너무 오래 울리면 안 된다. 스네어의 하단이 너무 강하면 필요한 사운드의 유형에 따라 하이 패스나 밴드 패스 혹은 노치 필터를 활용하라. 노치 필터로 중단 주파수를 제거하면 이 장르에서 흔히 쓰이는 깔끔한 스네어 사운드가 나온다. 또한 피치 엔벨로프를 통해 두 발진기를 플러스로 변조하면 끝으로 가면서 피치가 올라간다. 그에 따라 음색이 더 선명하고 분명해진다.

그림 25.2 스네어의 변조

클랩을 쓰는 경우에는 합성하기가 어려우므로 샘플 CD에서 가져오는 편이 낫다. 그러나 화이트 노이즈 발진기에 필터와 앰프 엔벨로프를 적용하여 만들 수도 있다. 두 엔벨로프는 모두 빠른 어택에 제로 서스테인이나 릴리스로 설정하고 디케이는 클랩의 길이를 맞추는 데 쓴다. 끝으로 톱니파 LFO로 필터 주파수와 피치를 변조한다. 이때 LFO의 주파수를 늘리거나 줄이면 클랩의 음조가 크게 달라진다.

전형적인 하드 테크노 사운드를 만들려면 스네어 및/혹은 클랩에 대량의 리버브를 적용해야 한다. 그러기 위해서는 긴 프리 딜레이에 긴 딜레이와 최대 디퓨전으로 설정한 대형 룸 내지 소형 홀 리버브를 채널에 삽입해야 한다. 그 다음 노이즈 게이트로 두드러지게 꼬리를 제거한다. 노이즈 게이트 뒤에는 컴프레서를 넣어서 전체 음색을 강하게 압축한다.

이 악기들에는 피치 변조가 필수적이다. 다만 단일 마디가 아니라 3마디나 6마디에 걸쳐 처리하는 경우가 많다. 또한 모두 원래 사운드의 30센트 안에 머물지만 각 스네어는 이전 스네어와 다른 피치로 처리된다. 이때 드럼 앤 베이스의 경우처럼 각 스네어가 이전 스네어보다 두어 센트 높거나 낮도록 계단식으로 적용하지 않아도 되며, 대개 피치 조정을 뒤섞어서 맞춘다.

테크노의 하이 햇은 프로그래밍하거나 샘플 CD에서 가져올 수 있다. 많은 트랙의 경우 음반이나 샘플 CD에서 가져온다. 그러나 피치가 높은 삼각파를 피치가 낮은 삼각파로 링 변조하여 직접 프로그래밍하는 경우도 있다. 그러면 제로 어택, 서스테인, 릴리스에 짧거나 중간 디케이로 설정한 앰프 엔벨로프로 변조할 수 있는 고주파수 노이즈가 나온다. 노이즈가 충분치 않다면 같은 엔벨로프를 쓰는 노이즈 파형으로 보강할 수 있다. 이렇게 기본적인 음색을 만든 후 디케이를 줄이면 닫힌 하이 햇, 늘리면 열린 하이 햇이 된다.

여러 테크노 트랙에서 쓰는 기법은 신시사이저에서 화이트 노이즈를 얻고 같은 트랙에 컴프레서를 삽입하는 것이다. 이 트랙은 2차 리듬 채널에 사이드 체인으로 연결된다. 이 2차 채널은 대개 믹싱 데스크로 출력되지 않는 하이 햇으로서 리듬에 따라 컴프레서를 제어하는 용도로만 쓴다. 혹은 킥 드럼을 사이드 체인으로 화이트 노이즈와 연계하여 킥과 함께 펌핑하는 긴 햇을 만들기도 한다.

대개 햇은 딜레이와 변조로 처리한다. 하이 햇에 적용하는 딜레이는 짧게 설정해야 한다. 딜레이가 과하면 신호가 흐려지기 때문이다. 대개 아주 짧은 딜레이 시간에 16분음이나 8분음으로 설정하면 충분하다. 열린 햇은 종종 오프셋 사인파나 샘플 앤드 홀드 파형으로 변조한 로우 패스 필터로 처리한다. 적용 범위는 3마디다. 닫힌 햇에는 다른 마디에 걸쳐 추가적인 주기적 변조가 적용된다. 그러면 청자가 다른 리듬 속에서 고정된 주기적 패턴을 구체적으로 파악하기가 어려워진다. 대개 주기적 변조를 적용하는 범위는 홀수 마디다. 댄스 음악의 일반적인 구조적 센박과 대비되어 교차 싱코페이션 효과를 내기 때문이다.

보조 악기

기본적인 루프를 만든 후에는 추가 타악기를 리듬에 얹을 수 있다. 기본적인 접근법은 킥, 스네어, 열린 하이 햇 사이에 존재하는 간극을 합성된 다른 타악기 요소로 '메우는' 것이다. 이때 헤미올라, 복합 박자, 이원 악구를 이루는 호출과 응답 같은 기법을 활용하여 싱코페이션이 걸린 그루브를 만들어야 한다. 3장에서 다룬 바 있는 헤미올라는 마디 안에서 박을 불균등하게 나누는 것이다. 이렇게 나눠진 자리에 하이 햇이나 타악기의 리듬 패턴을 넣으면 된다. 추가 하이 햇이나 스네어 혹은 타악기 요소에 복합 박자를 활용하면 그 효과를 더욱 키울 수 있다. 일반적인 방식은 리듬을 이루는 하이 햇에는 5/4박자, 콩가나 합성 타악기 타격음 같은 추가 리듬 요소에는 6/4박자, 7/4박자를 적용하는 것이다.

대다수 테크노는 기본적으로 타악기적 요소에 의지하므로, 흥미를 지속시키는 수단으로 이원 악구를 구성하는 호출과 응답이 이 악기 중 일부의 근본적인 구조를 이룬다. 그러나 단일하게 적용되지 않으며, 대다수 보조 악기 구성에서는 서로 다른 마디 구간에 걸쳐 호출과 응답의 움직임을 이룬다. 가령 다른 타악기 요소가 1마디에 걸쳐 호출하고 또 다른 타악기 요소는 6마디에 걸쳐 호출하는 동안 어떤 타악기 요소는 3마디에 걸쳐 호출하고 네 번째 마디에서 응답받는 식이다.

테크노를 만들 때 두 번째로 중요한 원칙은 모든 타악기 요소에 걸쳐 트랜지언트 타격음을 짧게 유지해야 한다는 것이다. 실제로 테크노를 편곡할 때 프로젝트에 수반되는 모든 채널에 노이즈 게이트를 넣는 일이 드물지 않다. 이때 노이즈 게이트는 다음 타격음이 시작되기 전에 각 타격음이 끝나도록 세심하게 조절된다. 그러면 모든 타격

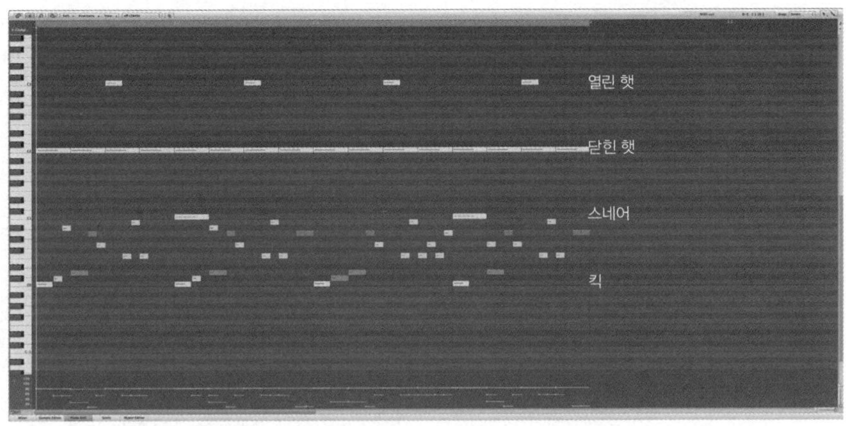

그림 25.3 간극 메우기

음이 짧고 선명해져서 최소한의 음악적 흐름과 함께 리듬감을 유지할 수 있다.

그러나 가장 중요한 측면은 믹스에 속한 모든 음색의 변조와 자동화다. 복잡한 복합 리듬과 복합 박자를 지닌 드럼 루프만으로 구성된 곡으로 흥미를 유지시키려면 일반적인 필터나 피치 변조뿐만 아니라 자동으로 곡을 드나드는 여러 다른 이펙트도 적용해야 한다. 가령 음량, 주파수 컷오프, 앰프 디케이, 필터 레조넌스, 노이즈 게이트 릴리스, 리버브 디퓨전, 딜레이 시간, 심지어 컴프레서 경계와 비율을 모두 자동화하여 진화하고 변화하는 구조적 특징을 만들 수 있다. 마찬가지로 곡 전체에 걸쳐 각 악기에 대한 스윙 퀀타이즈를 바꾸는 일도 드물지 않다. 그러면 타악기들의 시간적 위치가 바뀌면서 더욱 진화하는 리듬 패턴을 만들 수 있다.

베이스　　앞서 말한 대로 테크노는 대개 드럼만으로 구성된다. 그러나 베이스 리듬을 포함하여 그루브를 강화하는 경우도 있다. 이때 베이스는 드럼이 만드는 근본적인 그루브로부터 주의를 돌리지 않도록 아주 단순하게 유지된다. 실제로 전혀 혹은 거의 피치 변화 없이 일련의 16분음표나 8분음표 혹은 4분음표만으로(때로 이 모두를 섞어서) 베이스를 구성하는 경우가 많다.

위의 사례에서 베이스는 무조로 유지되지만 다양한 패러미터의 주기적 변조와 자동화를 통해 조직적인 움직임이 이루어진다. 가령 베이스의 피치를 미세하게 변조하여 단

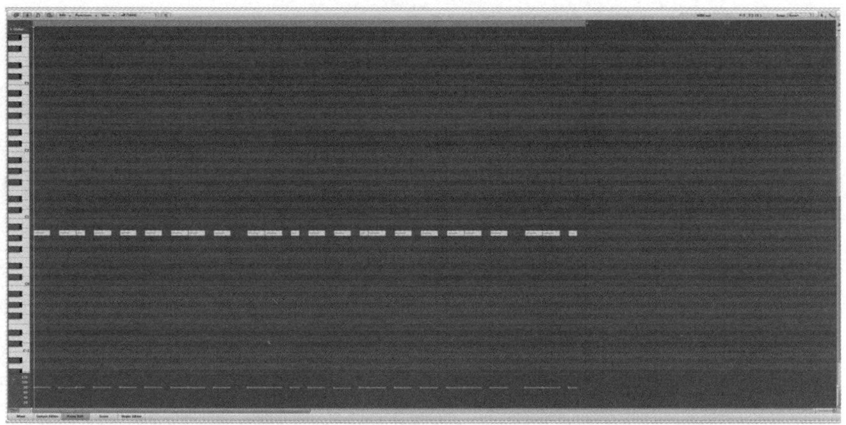

그림 25.4 전형적인 테크노 베이스 라인

조롭게 '보이면서도' 흥미를 이끌어내는 경우가 드물지 않다.

　실제로 베이스는 대개 한 마디의 지속적 반복으로 구성되기 때문에 배음과 음색의 변화가 그루브를 만들어내는 데 주된 역할을 한다. 이때 드럼 트랙과 더불어 베이스가 연주되는 동안 피치를 주기적으로 변조하거나 다양한 합성 및 이펙트 패러미터를 조정한다.

　그 요점은 베이스에 담긴 주파수를 조작하여 드럼 트랙의 주파수를 보강하는 것이다. 즉, 이미 드럼을 조작하여 만든 고조파 관계에 더해져 함께 고동치는, 일관된 사운드를 만들어야 한다. 이때 베이스는 여전히 드럼 트랙과 다른 개별적인 요소로 남되, 주파수에 따른 변화를 통해 자신에게 주의를 끄는 것 보다 배음 측면에서 드럼과 이루는 상호작용에 흥미를 더해야 한다.

　베이스 음색을 만들 때, TB - 303이 가장 흔히 쓰인다. 테크노를 만든 아티스트들이 원래 이 기기를 썼다. 그러나 모든 아날로그 신시사이저로도 필요한 결과물을 만들 수 있다. 좋은 출발점은 톱니파와 구형파 발진기를 활용하는 것이다. 앰프 EG는 제로 어택과 서스테인에 중간 릴리스와 빠른 디케이로 설정한다. 또한 레조넌스와 컷오프를 중간으로 맞춘 로우 패스 필터를 쓰고 필터 엔벨로프는 짧은 어택, 디케이, 서스테인에 제로 릴리스로 설정한다.

　　　　　　　　　　　　　　　　　　　　　　　　　　　　댄스 뮤직 바이블

또 다른 고전적인 테크노 베이스 사운드는 튜닝된 베이스다. 이 사운드는 트랙이 진행됨에 따라 점차 변하도록 튜닝을 자동화한(신시사이저에서 이뤄지는 센트나 반음 튜닝) 톱니파 발진기 파동으로 구성된다. 이때 움직임은 과도하게 이뤄지지 않는다. 대개 튜닝된 베이스는 6분짜리 트랙에 걸쳐 최종적으로 하나나 두 반음만큼 변한다. 혹은 TR-808 킥 샘플이 베이스 라인을 만드는 재료로 흔히 쓰인다. 긴 어택 단계와 함께 샘플링한 경우 트랜지언트 디자이너를 채널에 넣고 킥의 초기 트랜지언트를 제거한다. 그 다음 피치 변화 플러그인을 자동화하여 트랙이 진행됨에 따라 킥의 피치를 조금씩 변조한다.

약간 더 모험심을 발휘하고 싶을 때 4개 혹은 두어 개의 톱니파와 사인파 하나로 하단을 추가하면 강력한 테크노 베이스를 만들 수 있다. 사인파를 쓴 경우 다른 발진기보다 한 옥타브 아래로 디튜닝한 다음 각 톱니파를 다른 정도로 디튜닝한다.

모든 파형에 적용하는 앰프 엔벨로프는 대개 빠른 어택에 중간에서 긴 디케이와 제로 서스테인이나 릴리스로 설정한다. 필터 엔벨로프는 이미 프로그래밍되거나 조작된 리듬과 상충하는 배음 변화를 강화할 수 있기 때문에 대개는 사용하지 않고, 정적인 움직임을 유지하며 리듬에서 계속 변하는 주파수에 맞추려면 필터의 움직임을 수동으로 활용하는 편이 낫다.

그러나 신시사이저에서 피치 엔벨로프를 쓸 수 있다면 발진기의 피치를 플러스나 마이너스로 변조하여 약간의 움직임을 더하는 것이 좋다. 이렇게 기본적인 음색을 만든 후에는 앰프 EG의 어택, 디케이, 릴리스를 실험하여 베이스가 킥의 드럼 루프에 편하게 들어앉도록 만들어야 한다. 다음 단계로 나아가기 전에 드럼 루프와 베이스 사이에 리듬과 음조가 상호작용을 이루도록 만드는 작업은 필수적이다.

베이스와 리듬 사이의 배음 변화와 상호작용은 대다수 테크노의 토대를 제공한다. 그래서 베이스 음색에 이펙트를 적용하여 더 풍부한 사운드를 만드는 것도 좋다. 대다수 이펙트는 이미지를 가로질러 사운드를 퍼트리는 경향이 있기 때문에(그러면 스테레오의 원근감을 망친다) 피해야 한다. 그러나 소량의 절제된 디스토션은 믹스에서 베이스를 두드러지게 만들거나 존재감을 크게 강화하는 데 도움을 준다. 마찬가지로 딜레이 효과를 보수적으로 적용하면 더욱 복잡하게 들리는 리듬을 만들 수 있다.

테크노에서 다룰 마지막 측면은 음향 효과나 코드화된 스탭stab 혹은 때로 보컬을 추가하는 것이다. 음향 효과는 샘플링이나 사운드의 왜곡 및 이펙트, 프로세서, EQ 처리 등 다양한 방법으로 만들 수 있다. 흔히 쓰이는 방법은 일반적인 범위를 넘어서 모호할 정도로 울림의 길이를 늘린 다음 자르고, 재배열하고, 이펙트와 프로세서로 처리하는 것이다. 흔히 패드 샘플을 가져와 길이를 엄청나게 늘려서 거의 손상된 음색을 만든 다음 강한 리버브와 게이트로 처리한다. 이때 창의성이 핵심적인 역할을 한다. 그래서 샘플링한 소스와 사운드를 가지고 흥미로운 음향 효과를 만들기 위해 몇 주 동안 실험하는 일도 드물지 않다.

코드화된 스탭도 같은 방식으로 만들 수 있다. 다만 패드의 길이를 늘리는 것이 아니라 압축한다. 대개 4마디짜리 패드 샘플을 가져와 16분음표 내지 8분음표로 압축하는 방법으로 테크노 스탭을 만든다. 마찬가지로 기타나 관악기 같은 샘플링 코드를 더 짧은 음으로 압축하는 방법도 흔히 쓰인다.

보컬은 짧은 샘플로만 구성되는 경우가 많다. 그래서 절과 후렴 구조를 피하며, 대개 아주 짧은 악구만 쓰인다. 일부 테크노는 1980년대 초반의 오래된 '발음 및 철자 교육용' 기계에서 샘플을 가져온다. 그러나 이 기계가 반드시 필요한 것은 아니다(댄스 음악에서 자주 쓰이면서 중고가격이 크게 올랐다). 캐리어가 톱니파로 구성되고 모듈레이터가 기계음이기만 하면 대다수 보코더로 같은 효과를 낼 수 있다.

궁극적으로 테크노를 만드는 핵심적인 방법은 이펙트와 프로세서를 통한 실험이다. 다양한 마디에 적용하는 강한 압축, 비트 크러셔bit-crushers, 디스토션, 새추레이션, 페이저, 딜레이, 리버브 그리고 이 모든 패러미터의 자동화는 테크노의 토대를 제공한다. 무엇보다 테크노는 독자적인 레코드라기보다 DJ의 도구로 간주되어야 한다는 사실을 염두에 두고 곡을 만들어야한다.

이 장르에 속한 곡을 만드는 하나의 결정적인 방법은 없다. 새로운 기법과 제작 방식을 익히는 최선의 방법은 현재 시장을 선도하는 곡들을 적극적으로 듣고 쓸 수 있는 도구들로 실험하는 것이다. 어떤 곡에 접근하는 올바른 길과 잘못된 길은 없다. 스스로 듣기에 좋으면 대개는 실제로도 좋다. 새로운 장르는 단계별 지침을 따르거나 다른 음악가들을 모방하는 일로 진화하지 않는다. 실험하고 경계를 밀어붙이는 프로듀서들이 새로운 장르를 창조한다.

그렇기는 하지만 지금까지 설명한 기본적인 요소들을 활용하면 곡의 주된 초점을 만들 수 있다. 이를 토대로 편곡에 나서야 한다. 편곡과 관련된 이론은 19장에서 다루었다. 시장을 선도하는 곡들을 듣고 앞서 설명한 이론들을 접목하면 사운드와 편곡 측면에서 현재 어떤 추세가 이어지고 있는지 금세 드러날 것이다.

이 책의 홈페이지(www.dancemusicproduction.com)에는 앞서 설명한 기법들을 활용한 테크노 트랙의 오디오 샘플이 있다.

믹싱 이론

'제대로 듣지 않으면 히트곡처럼 들린다.'

— 앤드류 프램턴Andrew Frampton

믹싱은 길게 이어지는 일렉트로닉 댄스 음악 제작 작업의 세심한 마지막 절차다. EDM 믹스 사운드가 아마추어의 작업처럼 들린다면 그건 대개 믹싱 때문이 아니라 프로젝트의 처음부터 이어진 부실한 선택이 쌓인 결과다.

지금까지 밝힌 대로 뛰어난 댄스 음악은 단지 신시사이저에서 프리세트를 고르거나, 어림짐작으로 프로세서나 이펙트를 적용하거나, 프로젝트의 다른 부분에서 어중간한 수준을 용납한 결과가 아니다. 프로가 만든 느낌이 나고 기억에 남는 EDM 믹스는 지식을 갖춘 접근법과 예술적 비전을 피와 땀 그리고 눈물로 뒷받침한 결과다.

진정한 음악가는 스네어를 미세하게 조정하는 일 같이 사소해 보이는 세부적인 요소, 머릿속으로 그린 정확한 리버브나 딜레이의 동작을 구현하는 것 등에 엄청난 시간을 들인다. 또한 뛰어난 편곡은 여러 요소로 구성되므로 드럼 트랙이 이미 좋은 음향을 갖추고, 베이스는 그루브를 지니며, 리드는 믹스에 묻히지 않아야 하는, 이런 요소들을 하나씩 프로그래밍할 때 앞서 사용된 다른 모든 악기들을 염두에 두며 악기를 추가해나가야 한다.

가령 드럼과 베이스가 이미 믹스에 놓였다면 프로듀서가 상상했던 음향을 지니고 있어야 한다. 또한 추가되는 악기는 믹싱 데스크에 크게 의존하지 않아도 드럼과 베이스에 '맞도록' 합성되어야 한다. 종종 그렇듯 믹싱 데스크는 제작 과정에 속한 창의적인 도구로 활용할 수도 있으나 대개는 가상 음장에 걸쳐 악기들을 재배열하는 단순한 도구 정도로 여긴다.

따라서 최종 단계에서 음향이 거의 완벽하게 들리지 않는다면 다시 돌아가 잘못된 부분을 손봐야 한다. 믹싱은 마법을 부리는 복잡한 과정이 아니다. 마법은 이미 일어났어야 한다. 그렇지 않다면 믹싱을 할 준비가 되지 않은 것이다. 이 단계에서는 최선이 아니면 안주하지 말아야 한다.

무엇보다 중요한 것은, 아마도 믹스에 접근하기 전 눈을 감고 곡을 들어보며 자문해보는 것일 것이다. '느낌이 오는가?', '내가' 이 음악에 맞춰 춤을 추고 싶은 마음이 드는가? 과학, 프로그래밍, 프로세싱 사슬, 이펙트와 편곡을 넘어서, 댄스 음악은 결국 떨림과 느낌에 관한 음악이다. 괴짜들이 나오는 사이먼 코웰Simon Cowell의 가라오케 텔레비전 프로그램이 증명하듯이 잘 만든 곡이라도 오토튠을 쓰는 꼭두각시가 노래하면 진정한 '느낌'이 전달되지 않는다. 댄스 음악은 무엇보다 그루브와 느낌을 지녀야 하며, 만든 사람부터 춤을 추고 싶은 마음이 들지 않는다면 다른 사람들은 두말할 나위도 없는 것이다.

 우선 믹싱은 전적으로 창의적인 작업이며, 따라서 거기에 접근하는 옳거나 틀린 방법은 없다는 사실을 이해하는 것이 중요하다. 프로듀서가 완전히 음치가 아닌 이상, 혹은 음악을 한 번도 들어본 적이 없지 않는 이상 믹스를 완전히 난장판으로 만들기는 어렵다. 곡을 만드는 모든 측면에 신중을 기했다면 일렉트로닉 댄스 음악의 믹싱 작업은 대개 악기의 자리를 잡아주는 데 불과하다. 따라서 투명하게 유지되는 고유한 스타일의 믹싱은 사운드와 편곡만큼 프로듀서의 창의적 스타일을 말해준다.

모든 믹스의 목표는 각 악기가 음장 안에서 나름의 공간을 차지하여 깨끗하게 들리도록 투명성을 확보하는 것이다. 그러기 위해서는 음장을 만드는 이론을 이해하고 주위 환경과 청각의 한계를 살펴야 한다.

음향학을 다룬 4장에서 설명했듯이 인간의 청각에는 오류가 있다. 그래서 다른 주파수를 다른 음량으로 들을 뿐만 아니라 음악을 듣는 음량이 주된 주파수를 좌우한다. 가령 대화 수준에서 음악을 들으면 중단을 차지하는 음향을 더 잘 받아들인다. 이보다 높거나 낮은 주파수를 같은 음량으로 지각하려면 물리적으로 소리가 더 커야 한다. 반면 곡의 음량이 일반적인 대화 수준을 넘어서면 낮거나 높은 주파수가 중단보다 더 크게 지각된다.

벨 연구소에서 일하던 하비 플레처와 윌든 먼슨은 1933년에 최초로 이 부정확한 청각 반응을 측정했다. 그들은 여러 피시험자를 대상으로 헤드폰을 통해 다른 주파수를 지닌 일련의 사인파를 들려주었다. 이때 각 주파수에 대해 1,000Hz로 2차 참고음을 들려주면서 이전 사인파와 같은 크기로 들릴 때까지 이득을 조절했다. 그 결과를 평균하여 만든 것이 '플레처 먼슨 음조 제어 곡선Fletcher Munson Contour Control Curve'이다.

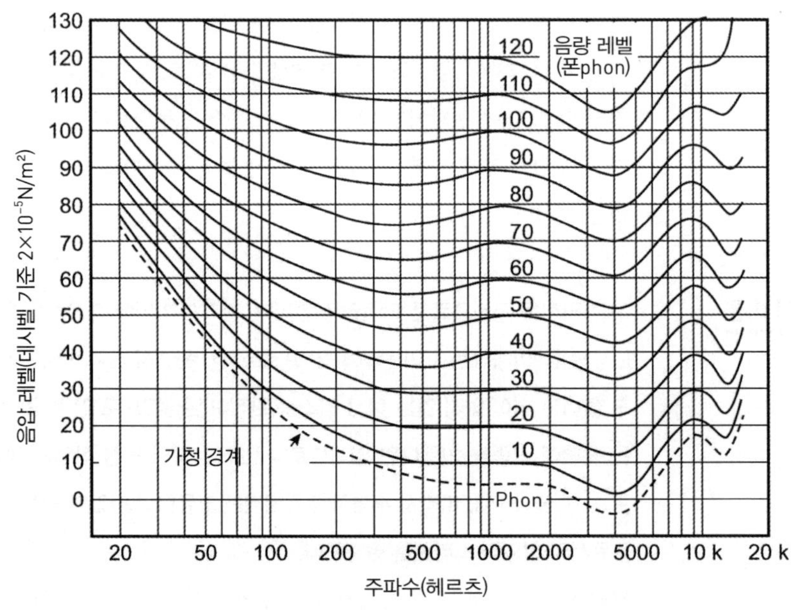

그림 26.1 플레처와 먼슨이 측정한 등청감 곡선

 댄스 뮤직 바이블

그림 26.1에 나온 대로 등청감 곡선equal loudness contour은 주파수와 이득이 다른 2개의 사인파가 서로 동일한 크기로 들리는 정도를 표현하는 척도인 폰Phon으로 측정된다. 참고로 이후 실시된 실험을 통해 플레처와 먼슨의 연구에서 나온 결과가 바뀌었다. 헤드폰으로 들을 때와 스피커로 들을 때 청각이 다르게 반응하기 때문이다.

실제로 플레처와 먼슨이 원래 측정한 등청감 곡선이 현재는 부정확하다고 간주된다. 전적으로 헤드폰을 써서 실험했기 때문이다. 현실에서 소리를 들을 때는 머리전달 함수head-related transfer function(HRTF)라는 효과의 영향을 받는다.

음원이 헤드폰처럼 양 옆에 있지 않고 정면에 있으면 양쪽 귀는 소리가 외이外耳의 공진 주파수에 이를 때까지 같은 강도로 같은 신호를 받는다. 대개 1kHz 정도에서 외이에 이른 음향이 반사되는 양상이 달라진다. 그에 따라 주파수와 음량도 변한다. 음향이 중심에서 어긋나면 이 효과가 더욱 강화된다. 머리가 다른 쪽 귀에 이르기 전에 일부 주파수를 가리고 흡수하기 때문이다. 그에 따라 주파수와 이득이 달라져서 크기도 다르게 지각된다.

여기에 더하여 헤드폰을 쓰면 외이도에서 만들어지는 압력이 달라진다. 이는 주파수가 낮은 음향을 들을 때는 도움이 된다. 그러나 주파수가 50Hz 이상으로 올라가면 외이가 공명하기 시작하고, 헤드폰이 귀를 가려서 추가적인 압력 변화가 일어난다. 그에 따라 주파수와 크기가 다르게 지각된다. 믹싱을 할 때 헤드폰에만 의존하지 말라고 권하는 이유가 여기에 있다. 헤드폰으로는 좋게 들리는 믹스가 모니터 스피커로도 좋게 들리는 일이 드물기 때문이다.

그럼에도 어떤 방식으로 믹스를 모니터링하든 등청감을 고려하는 것이 중요하다. 가령 낮은 모니터링 수준에서 베이스 요소의 균형을 잡는다면 더 높은 음량에서는 크게 증가할 것이다. 반대로 높은 수준에서 믹싱을 하면 낮은 음량에서는 베이스가 너무 약할 것이다.

3가지 음량에서 적절하게 믹스하는 것은 일종의 절충을 요구한다. 모든 청각 수준에서 완벽한 균형을 찾는 일은 불가능하기 때문이다. 그러나 폭넓게 받아들여지는 접근법은 일반적인 대화보다 약간 높은 레벨에서 믹스하는 것이다. 이는 소리를 너무 크게 들어서 귀가 피로해지는 시간을 줄이고 가장 적절하게 균형 잡힌 믹스를 제공한다.

CHAPTER 26
믹싱 이론

음장
THE
SOUNDSTAGE

청각의 한계를 고려하는 것은 믹싱 작업의 일부일 뿐이다. 성공적인 믹스를 만들려면 모두 깨끗하게 들리도록 악기들이 가상 음장을 중심으로 배치되어야 한다. 그러기 위해서는 다양한 악기를 놓을 3차원 상자(음장the soundstage)를 상상하는 방법이 유용하다.

이 가상 음장에서 음향은 패닝 패러미터를 활용하여 왼쪽이나 오른쪽 '벽' 사이의 어디에나 놓일 수 있다. 또한 믹서의 이득 페이더를 통해 앞이나 뒤 혹은 그 사이의 어디에나 놓일 수 있다. 그리고 음향의 주파수 성분은 음장의 상단에 놓일지(고주파수), 중단에 놓일지(중주파수), 하단에 놓일지(저주파수)를 결정한다.

이를 기준으로 삼아 믹싱에 접근할 때 각 음향이 이 음장에서 나름의 공간을 차지하도록 만들어야 한다. 그래야 잘 들릴 뿐만 아니라 다른 음향과 잘 어울리게 된다. 그러기 위해서는 음장을 세 구별되는 영역, 즉 전후와 수평 그리고 수직원근으로 나눠야 한다.

전후 원근
Front to Back
Perspective-
이득

우리는 주요 청각적 단서 중 하나로서 고막에 이르는 음압의 강도를 통해 음원이 얼마나 멀리 떨어져 있는지 인식한다. 4장에서 설명한 대로 음파는 음원에서 모든 방향으로 퍼져나간다. 이때 음파가 멀리 나갈수록 강도는 약해진다. 다시 말해서 음원으로부터 멀리 떨어질수록 음파가 소진되어 음량이 줄어든다. 음향의 강도 그리고 전파에 따른 음량의 감소는 역제곱법칙inverse square law을 따른다. 즉, '음압은 음원으로부터 떨어진 거리의 제곱에 비례하여 줄어든다.' 대개 음원으로부터 떨어진 거리가 2배로 늘어날 때마다 6dB만큼 조용해진다.

이 법칙을 믹스의 맥락에 적용하면 믹스 안에서 악기의 소리가 클수록 더 앞에 혹은 가까이 있는 것처럼 느껴진다. 많은 댄스 믹스는 모든 악기로 청자의 감각을 전면 공격하는 것처럼 보인다. 그러나 이는 사실과 다르다. 사실 소리 깊이에 대한 인식the depth perception은 뛰어난 믹스를 만들기 위해 가장 먼저 고려해야 하는 측면이다.

모든 악기를 음장의 전면에 배치하면 모든 음량이 동일한 이득을 취한다. 그러면 믹스가 어수선해진다. 음장의 전면에 놓인 악기들이 소리가 들리게 만들려고 다투기 때문이다. 또한 믹스가 2차원적으로 느껴진다. 우리는 음악을 들을 때 대조를 토대로 삼기 때문이다. 즉, 깊이가 느껴지도록 만들려면 배경에 일부 음향이 있어서 전면에 나온 음향을 파악할 수 있어야 한다.

이것이 의미하는 바는 믹스에 접근하기 전, 곡의 중심 초점을 확실하게 정해야 한다는 것이다. 당연히 킥과 베이스가 음장의 전면에 묵직하게 나선다. 사람들이 거기에 맞춰서 춤을 추기 때문이다. 그러나 트랙을 전개하는 과정에서 다른 어떤 악기를 핵심으로 삼아야 할지 결정해야 하는 경우가 많다. 유포릭 트랜스의 리드, 프로그레시브 하우스의 플럭, 덥스텝의 피치가 휘는 베이스, 보컬 하우스의 보컬도 모두 음장의 전면에 배치된다. 곡의 핵심 요소로서 킥, 베이스와 함께 중앙 무대를 차지해야 하기 때문이다.

음향을 전면에 배치하는 가장 명백한 방법은 다른 악기들보다 이득을 늘리는 것이다. 그러나 이것이 유일한 방법은 아니며, 음향학을 활용하여 종종 더 나은 결과를 낼 수 있다. 4장에서 다룬 대로 주파수가 증가하면 파장이 짧아진다. 따라서 고주파수 음향이 긴 거리를 가야한다면 고주파수의 세부 성분을 줄여야 한다고 가정할 수 있다. 이 효과는 대형 컴포넌트 스테레오 시스템을 갖춘 자동차가 지나갈 때 아주 분명하게 드러난다. 자동차가 멀리 있을 때는 낮은 주파수가 들리지만 가까이 접근할수록 높은 주파수가 더 분명하게 들린다. 그러다가 다시 멀어지면 높은 주파수가 잦아든다.

EQ를 세심하게 적용하면 이 효과를 모방할 수 있다. 음향의 높은 주파수 영역에서 1, 2dB을 줄이면 저주파수 성분을 지닌 다른 음향과 함께 들을 때 더 멀리 지각된다. 혹은 인핸서enchancer나 익사이터exciter로 높은 주파수를 늘리면 음색이 더 전면에 있는 것처럼 느껴진다.

이런 주파수 의존적 효과는 컴프레서를 적용할 때 고려해야 할 중요한 측면이다. 음색에 빠른 어택을 적용하는 경우 컴프레서는 트랜지언트를 너무 심하게 눌러서 고주파수 성분을 줄일 수 있다. 그러면 음향이 믹스에서 재배치되는 결과를 낳는다.

대개 이런 문제를 피하는 최선의 방법은 복수 밴드 컴프레서를 활용하는 것이다. 그러면 특정 밴드 내지 복수 밴드에 작용하거나 낮은 주파수만 압축하고 높은 주파수는 그대로 두도록 조정할 수 있다.

소리의 깊이와 거리에 대한 우리의 지각이 지니는 또 다른 특성은 반향의 양과 그에 연계된 신호에 의해 정의된다. 앞서 설명한 대로 모든 자연음은 음파로 퍼지다가 주위 환경의 표면에서 반사함에 따라 반향을 지닌다. 이 반향의 양과 스테레오 폭도 음원이 청자로부터 떨어진 거리에 좌우된다.

음원이 멀면 반향의 스테레오 폭은 대기를 지나는 동안 분산되지만 마찬가지로 더 많은 반향에 노출된다. 이는 리버브를 적용할 때 고려해야 할 중요한 원칙이다. 많은 초보자들은 믹스에 깊이를 창출하기 위해 스테레오 리버브를 적용한 후 나머지 믹스의 맥락에서 '올바른' 소리가 나지 않는 이유를 의아해한다.

따라서 악기를 믹스의 후면에 배치하기 위해 리버브를 쓸 때는 긴 꼬리에 모노 리버브 신호를 활용하는 것이 좋다. 그 다음 EQ를 활용하여 반향과 원 신호의 높은 주파수 성분을 일부 제거해야 한다. 그러면 현실 세계와 유사한 자연스런 반응을 모방할 수 있다.

여기서 자연스럽게 믹스의 전면부에 놓인 음향은 반향을 거의 혹은 전혀 지니지 않으리라 생각되나 많은 일렉트로닉 댄스 레코드에서는 리버브를 적용하여 성격을 더하고 존재감을 부여한다. 이 경우 스테레오로 적용하되 좌우를 너무 많이 차지하지 않도록 폭을 세심하게 제어해야 한다. 또한 약 50ms에서 90ms의 프리 딜레이를 적용하여 음색을 효과로부터 분리해야 한다. 그러면 첫 번째 반향이 트랜지언트를 덮어서 음향을 흐릿하게 만들거나 음장의 뒤로 밀어내지 않도록 방지할 수 있다. 어떤 효과든 너무 심하게 적용하면 음향의 위치를 파악하기 어려워지며, 좋은 믹스를 만들려면 각 악기가 특정한 자리에 놓여야 한다는 사실을 항상 명심해야 한다.

<table>
<tr><td>

**수평 원근
Horizontal
Perspective–
패닝**

</td><td>

음장에서 다음으로 고려할 사항은 수평면, 즉 가상공간의 왼쪽과 오른쪽 사이에 음향이 놓이는 자리와 거리다. 우리가 스테레오 배치의 인상을 얻는 주된 청각적 단서는 음향 사이의 음량 강도와 개별적인 타이밍이다.

</td></tr>
</table>

음량을 바꿔서 스테레오 이미지를 얻는 방법은 1930년대 초에 앨런 블럼라인Alan Blumlein이 처음 발견했다. EMI 중앙연구소의 발명가인 그는 귀가 음원의 방향을 감지하는 다양한 방식을 연구했다. 덕분에 축음기 음반에서 스테레오 이미지를 만드는 방법을 고안했을 뿐만 아니라 영화의 현실성을 유지하려면 음향이 움직이는 이미지를 따라가야 한다는 이론도 만들었다.

이 기법은 월터 디즈니의 〈판타지아Fantasia〉에서 처음 활용되었다. 사운드 엔지니어들은 (등청감 곡선을 만든) 하비 플레처에게 음향이 왼쪽에서 오른쪽으로 이동하는 것 같은 느낌을 만들어낼 수 있는지 물었다. 플레처는 앨런 블럼라인의 연구를 토대로 음원의 음량이 왼쪽 스피커에서는 점차 줄어들고 오른쪽 스피커에서 점차 늘어나면 움직이는 효과를 낸다고 밝혔다. 이 이론을 실행에 옮긴 사운드 엔지니어들은 두 스피커 사이의 음량을 바꾸는 제어장치인 포텐셔미터potentiometer를 만들었다. 나중에 '파노라믹 포텐셔미터Panoramic Potentiometer'로 이름이 바뀐 이 장치는 현재 거의 모든 믹싱 데스크의 채널에 나오는 팬 포트pan pot로 발전했다.

두 스피커 사이의 음량 세기를 다르게 만드는 것은 지금도 스테레오 이미지에 걸쳐 음향을 패닝하는 가장 흔한 방법이다. 그러나 다른 방법들도 있다. 가령 우리는 음향 사이의 타이밍을 통해 방향에 대한 추가 단서를 얻는다. 이 방향 단서, 선행 효과 Precedence effect 혹은 하스 효과는 제 1파면의 법칙을 이용한다. 거기에 따르면 '두 개의 결부된 음파가 30ms 미만의 간격으로 분리되면 귀에 도달하는 첫 번째 신호가 방향에 대한 정보를 제공한다.' 따라서 직접적인 음향이 뒤이은 반향보다 30ms 안으로 먼저 귀에 도달하면 위치를 파악할 수 있다.

예를 들어, 믹스의 중앙에 직면해 있을 때 왼쪽 스피커에서 나오는 음향은 오른쪽 귀에 도달하기까지 시간이 걸릴 것이며, 그 반대도 마찬가지일 것이다. 이는 양쪽 귀 간 시간 지연interaural time delay효과로 불린다. 음향이 약 340m/s의 속도로 이동한다는 점을 감안할 때 딜레이 장치를 활용하여 모노 신호에 두어 밀리초 동안 딜레이를 걸면 이 효과를 모방할 수 있다. 그러면 음원의 실제 패닝과 아주 비슷한 인상을 만들 수 있다.

이 효과를 정확하게 내려면 우리의 귀가 머리 양쪽에 붙어 있다는 사실을 고려해야 한다. 즉, 머리가 반대쪽 스피커에서 나오는 주파수를 가로막는다. 머리전달함수로 불리는 이 효과에 따라 스테레오 이미지의 중앙을 마주보는 경우 왼쪽 스피커에서 나오는 일부 높은 주파수는 오른쪽 귀에 도달하기 전에 감소된다. 음향이 머리를 통과하지 못하고 우회해야 하기 때문이다. 지연된 신호를 약 8kHz쯤에서 1dB만큼 감소시키면 이 효과를 모방할 수 있다.

당연히 이 효과를 내려면 믹스 안에서 모노 음향을 활용해야 하는데 이 대목에서 많은 초보자들이 실수를 저지른다. 거의 모든 가상 악기와 하드웨어 악기 그리고 샘플은 모노가 아닌 스테레오로 되어 있지만 편곡창의 모든 채널에 순수한 스테레오 신호를 넣으면 종종 선명도가 떨어진다. 스테레오 파일만 가지고 편곡을 하면 믹스에서 한데 맞물려서 음장의 같은 영역과 자리를 차지한다. 팬 포트로 각 파일의 스테레오 폭을 좁힐 수는 있다. 그러나 이 방법은 투명한 믹스를 만드는 데 적합지 않다.

모든 믹스의 음장은 3차원으로 그릴 수 있으며, 각 악기의 위치를 짚어낼 수 있도록 투명해야 한다. 많은 일렉트로닉 댄스 믹스는 8가지에서 15가지에 이르는 악기와 라이저가 동시에 나와서 아주 복잡하다. 그러므로 각자 믹스 안에서 특정한 위치가 필요하다. 이때 모두가 스테레오 파일이라면 각 악기의 팬 위치를 파악하기가 불가능하다. 그래서 초보자가 불필요한 EQ를 적용하고 믹서의 페이더를 조금씩 조정해 엉망으로 만드는 경우가 많다.

믹서의 페이더를 조금씩 조정하는 것은 대다수 초보 엔지니어가 흔히 쓰는 방법이다. 구체적으로는 다른 악기들 위로 들리도록 각 채널의 음량을 점차 올리는 것을 말한다. 가령 심벌, 하이 햇, 스네어 위로 두드러지도록 보컬의 이득을 늘릴 수 있다. 그러나 이 경우 해당 타악기들이 음장의 뒤로 밀린다. 그래서 음량을 늘려주면 킥과 비교하여 해당 타악기들의 소리가 너무 커진다. 그래서 킥의 이득을 늘려주고 나면 뒤이어 베이스도 킥에 맞춰서 음량을 올려야 한다. 그러면 다시 보컬의 음량을 올려야 한다. 결국 믹서는 최대 헤드룸까지 올라가고, 믹스는 분간이 안 되는 시끄럽고 알아들을 수 없는 잡음이 된다.

이런 문제를 피하려면 스테레오와 모노 신호 및 채널을 세심하게 선택해야 한다. 어떤 채널을 모노로 할지 아니면 스테레오로 할지 여부는 프로듀서의 창의성에 달려 있다. 그러나 대개 믹스의 리드 요소만 스테레오로 하고 대다수 타악기는 모노로 한다. 가령 유포릭 트랜스의 경우 대개 코드와 주 리드는 스테레오로, 다른 모든 요소는 모노로 한다. 또한 덥스텝과 딥 하우스 그리고 다른 베이스 중심 장르의 경우 베이스를 스테레오로 한다. 이 밖에 닫힌 하이 햇, 일부 스네어와 클랩 그리고 라이저와 폴fall 같은 편곡 효과도 스테레오로 하는 경우가 드물지 않다.

킥 드럼은 대개 댄스 음악을 이끌어가는 힘인데, 항상 모노 파일로 유지해야 한다. 우리는 본능적으로 믹스에서 가장 소리가 크고 활기찬 부분으로 향하기 때문이다. 킥이 스테레오 이미지를 지니면 왼쪽 음장과 오른쪽 음장에 균등하게 분산되어 믹스의

   댄스 뮤직 바이블

중심이 되는 에너지와 영향력이 줄어든다. 반면 모노인 경우 믹스의 중앙에 놓을 수 있다. 그러면 주위를 둘러싼 다른 음향의 위치를 더 분명하게 지각하여 믹스 내에서 전반적인 공간감이 강화된다.

우리는 모노 파일과 패닝을 다룰 때 음장 내에서 차지하는 위치를 통해 음량을 지각한다. 즉, 모노 사운드가 중앙에 놓이면 왼쪽이나 오른쪽에 놓일 때보다 3dB에서 6dB만큼 더 크게 지각한다. 그래서 일부 믹서는 중앙에 놓이는 음향을 3dB 내지 6dB만큼 감쇠하는 패닝 규칙을 적용한다. 데시벨의 양을 설정할 수 있는 경우가 많지만 모든 소프트웨어에서 가능한 것은 아니므로 그런 경우 패닝한 다음 해당 악기의 음량을 다시 조절해야 한다.

악기를 믹스 안에 정확하게 배치하려면 프로듀서가 모니터링하는 위치에 따라 스피커 시스템을 적절하게 설정해야 한다. 이때 프로듀서와 라우드스피커가 각각 꼭지점이 되어 정삼각형을 이뤄야 한다. 다시 말해서 두 스피커가 서로 그리고 청취 위치로부터 동일한 거리에 놓여야 한다. 그래야 각 모니터 스피커에서 나오는 신호가 동시에 귀에 도달하게 된다.

세 꼭짓점 사이의 간격에 25cm밖에 안 되는 작은 차이가 나도 한 모니터 스피커에서 나오는 음향이 귀에 도달하는 시간이 1000분의 2~3초만큼 지연되고 그에 따라 스테레오 이미지가 왼쪽이나 오른쪽으로 이동하게 된다. 물론 헤드폰으로 모니터링하면 간단하게 이 문제를 해결할 수 있다. 그러나 헤드폰은 음장과 관련하여 다른 문제를 초래한다. 양 헤드폰은 귀 바로 위에 놓이므로 오른쪽 스피커에서 나오는 소리가 왼쪽 귀에 결코 다다르지 않고, 그 반대의 경우도 마찬가지여서 좌우 원근을 과장한다. 그러면 믹스하는 동안 스테레오 음장을 과장하기 쉽다.

모니터링 위치를 잘 잡은 상태에서는 패닝이 같은 주파수 영역을 공유하는 두 악기 사이에 공간을 창출하는 가장 쉽고 깔끔한 수단이다. 이때 한 악기를 약간 왼쪽으로, 다른 악기를 약간 오른쪽으로 패닝하면(혹은 하나는 왼쪽과 오른쪽으로 더 멀리 패닝하고 다른 하나는 중앙에 놔두면) 된다. 그러면 각 음향이 음장에서 나름의 공간을 얻어서 깨끗하게 들린다.

CHAPTER 26
믹싱 이론

마지막으로 다룰 원근은 음장의 상단에서 하단이다. 높은 주파수 요소는 상단에, 낮은 주파수 요소는 하단에 놓인다. 물론 이런 수직적 배치는 대부분 이미 믹스에 활용한 음색을 통해 결정된다. 가령 베이스는 원래 저주파수 악기다. 따라서 음장의 하단에 놓인다. 반면 하이 햇은 상단에 놓인다. 어쨌든 모든 음색은 믹스에 넣었을 때 음향에 별 기여도가 없는 주파수도 지니게 마련이다.

4장에서 설명한 대로 우리가 듣는 모든 음향은 다른 진폭에서 생기는 기본 및 연계 고조파에 따른 여러 주파수로 구성된다. 또한 이처럼 미리 정해진 고조파의 혼합이 피아노든, 합성 베이스든, 킥 드럼이든 우리가 지각하는 음향의 음색을 파악하는 데 도움을 준다.

음향을 따로 들을 때는 모든 고조파가 있어야 음향의 특성을 파악하여 피아노나 베이스 등으로 정확하게 식별할 수 있다. 그러나 여러 악기를 믹스에 넣을 때는 각 악기의 고조파가 중첩되어 한데 합쳐지면서 특정 주파수에서 음량을 늘린다.

이 경우 배음 구조가 불균등해져서 음향이 흐리고 어수선해진다. 가령 피아노의 낮은 주파수가 베이스의 높은 배음과 합쳐져서 부자연스럽게 증가하면 하단이 무겁고 부실하게 녹음된 느낌을 준다.

그러나 어느 주파수에서 겹쳐지는지 알면 베이스 내지 피아노에 EQ를 세심하게 적용하여 합쳐진 주파수 영역을 제거할 수 있다. 그러면 더 깨끗한 음향이 나온다. 주파수가 겹치면 '주파수 마스킹frequency masking'이라는 효과가 생기기 때문이다. 이때 우리는 두 악기가 다른 악기 뒤에 숨겨질 뿐 모든 고조파를 지녀서 완전한 음색을 나타내는 것으로 지각한다. 이 내용은 간단하게 보이지만 실제로 적용하는 방법은 약간 복잡하다.

첫째, 베이스와 피아노의 주파수가 합쳐지는 경우 두 악기가 멜로디를 지니고 피치가 변한다면 합쳐지는 주파수도 계속 변한다. 그래서 EQ를 정확하게 적용하기가 불가능하거나 어렵기 때문에 경험을 토대로 최선의 가정에 의존하여 결정을 내려야 한다. 둘째, 이렇게 문제가 되는 영역을 가려내려면 듣는 훈련이 잘되어 있어야 한다.

그림 26.2는 주파수 영역을 이해하고 파악하도록 도와준다는 명목으로 인터넷에 올라와 있는 여러 주파수 차트 중 하나다. 그러나 이런 차트는 어느 정도 도움이 되기는

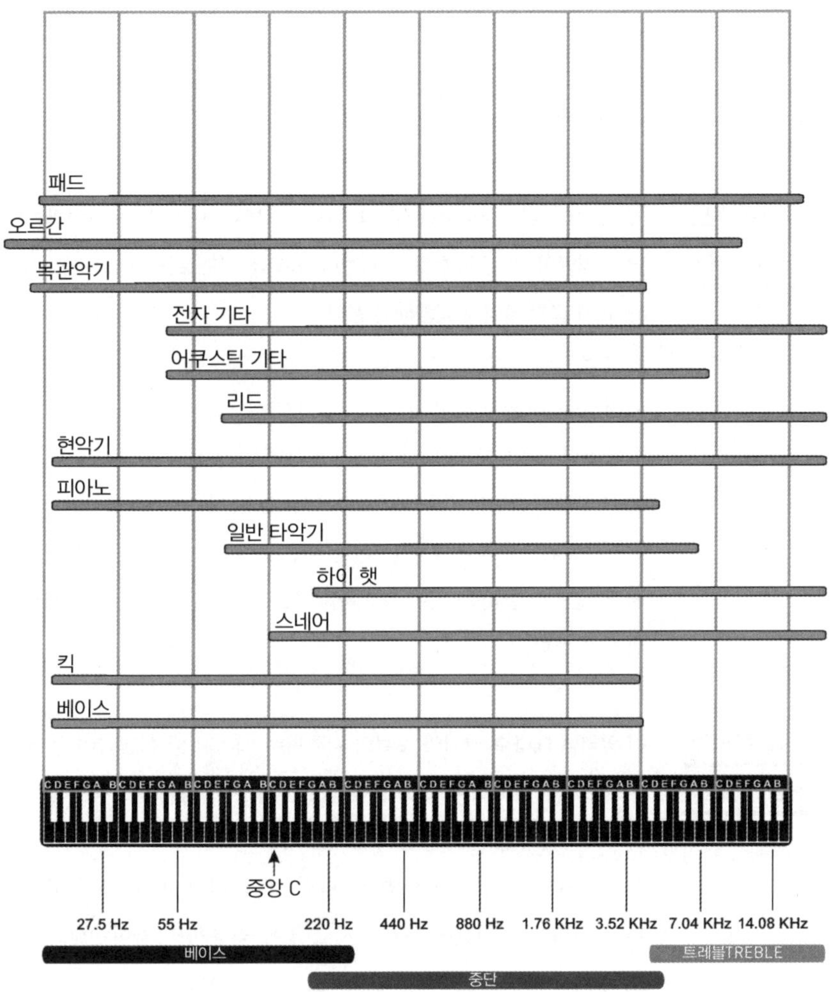

그림 26.2 악기별 주파수 영역

하지만 일렉트로닉 댄스 믹스에 적용할 수는 없다. 일렉트로닉 댄스 믹스는 합성음뿐만 아니라 원래 음색을 크게 바꾸는 이펙트와 프로세서에 많이 의존하기 때문이다. 가령 디스토션은 댄스 믹스의 베이스에 흔히 적용하는 이펙트로서 음색의 주파수에 큰 영향을 미치기 때문에 이 차트를 쓸모없게 만든다. 그래서 악기의 주파수 영역이 아니라 7개의 EQ 옥타브를 활용해야 한다.

EQ 옥타브 차트는 특정 악기가 차지하는 주파수 영역이 아니라 다른 주파수 영역이 악기와 믹스에 적용할 수 있는 효과를 말해준다.

첫 번째 옥타브 20Hz~80Hz

40Hz보다 낮은 주파수에서는 피치를 파악하기 어렵다. 킥 드럼과 일부 베이스 악기의 가장 낮은 영역이 이 주파수를 차지한다. 40Hz 아래로는 부스트를 적용하지 말고 50Hz에서 65Hz에 걸친 영역에 집중해야 한다.

해당 영역에 소량의 부스트를 걸면 베이스나 킥 드럼을 선명하게 만들고 믹스에 하단 에너지를 제공한다. 컷Cut의 경우 대개 킥 드럼의 공간을 마련하기 위해 베이스 악기에 적용한다. 킥이 아니라 베이스에 적용하는 이유는 킥은 피치가 변하지 않으므로 베이스가 멜로디를 지닐 경우 주파수 마스킹 문제를 피할 수 있기 때문이다.

이 옥타브 영역에서 작업을 할 때는 크고 작은 여러 시스템으로 듣고 에너지가 달라지지 않는지 살피는 것이 중요하다. 또한 여러 음량으로 청취하여 음조 제어 곡선을 보완해야 한다.

두 번째 옥타브 80Hz~250Hz

이 영역에 대다수 악기와 보컬의 저주파수 에너지 중 상당량이 존재한다. 또한 대다수 홈 스테레오에서 '베이스 부스트'를 적용하면 대개 이 영역이 조정된다. 그리고 이 영역에 베이스 악기의 에너지 중 많은 부분이 존재한다.

부스트와 컷을 집중할 영역은 대개 120Hz에서 180Hz 사이다. 여기에 부스트를 적용하면 대다수 악기음이 두꺼워지고 컷을 적용하면 얇아진다. 이 경우에도 여러 음량으로 청취하면서 음조 제어 곡선을 보완해야 한다.

세 번째 옥타브 250Hz~600Hz

이 영역은 믹스의 음향이 흐리거나 선명하지 않아서 피로를 유발하는 주범이다. 이 영역에서 너무 많은 고조파가 충돌하면 악기와 보컬이 희미하거나 약하게 들린다. 대개 EQ를 집중할 초점은 300Hz에서 400Hz 사이다.

여기에 부스트를 적용하면 악기의 존재감과 명확성 그리고 보컬의 보디를 살리고, 컷을 적용하면 약하거나 희미한 음향을 줄인다.

<table>
<tr><td>네 번째 옥타브
600Hz~2kHz</td><td>네 번째 옥타브도 악기의 존재감에 영향을 끼친다. 1.5kHz에서 소량의 부스트를 적용하면 종종 일부 악기의 어택과 보디가 증가한다.

이 영역에 컷을 적용하는 경우는 드물다. 날카로운 소리나 비음이 날 수 있기 때문이다. 대개 800Hz, 1kHz, 2kHz에 초점을 맞춘다.</td></tr>
<tr><td>다섯 번째 옥타브
2kHz~4kHz</td><td>다섯 번째 옥타브는 종종 '댄스 프로듀서의 트랜지언트 옥타브'로 불린다. 믹스에 들어가는 대다수 리듬 요소의 어택이 이 영역에 존재하기 때문이다.

EQ 컷과 부스트의 초점은 대개 2.5kHz에서 3kHz 사이다. 여기에 부스트를 적용하면 킥 드럼의 '통렬함'을 비롯한 대다수 타악기 요소의 돌출성과 트랜지언트를 증가시키고, 컷을 적용하면 악기를 음장의 뒤로 밀어낸다.</td></tr>
<tr><td>여섯 번째 옥타브
4kHz~7kHz</td><td>여섯 번째 옥타브는 대다수 악기들이 두드러지는 영역이다. EQ는 대개 5kHz에 초점을 맞춘다. 여기에 부스트를 적용하면 음색의 느낌과 음조적 성격이 강화되고 컷을 적용하면 날카로움이 줄어든다.</td></tr>
<tr><td>일곱 번째 옥타브
7kHz~20kHz</td><td>일곱 번째 옥타브는 종종 심벌과 하이 햇의 높은 주파수를 지닌다. 일부 엔지니어들은 12,000Hz에서 소량의 쉘빙 부스트를 적용한다. 그러면 세부 성분이 증가하고 청각적 피로를 초래하는 일 없이 윤기를 더하여 더욱 고음질로 느껴지게 만든다.

EQ로 흔히 조절하는 주파수는 8kHz, 10kHz, 15kHz다. 여기에 부스트를 적용하면 음색의 명확성이나 느낌이 강화되고 컷을 적용하면 악기의 날카로운 반향을 보컬의 치찰음과 함께 제거할 수 있다.</td></tr>
</table>

CHAPTER 27

믹싱의 실제

'이제는 좀 제대로 된 믹스로 듣고 싶군요.'

– 존 칼로너John Kalodner

믹싱과 관련된 이론을 살폈으니 이제 더욱 실용적인 수준에서 믹스에 접근할 수 있다. 다만 그 전에 청취 환경과 스피커 모니터를 준비해야 한다. 실로 뛰어난 믹스를 만드는 첫 걸음은 이펙트나 EQ의 유형 혹은 컴프레서가 아니라 믹스에서 진행되는 음향을 제대로 들을 수 있도록 준비하는 것이다. 방이나 모니터가 인상을 제대로 전달하지 못한다면 안정적으로 믹싱을 할 수 없다. 따라서 청취하는 방과 라우드스피커 모니터가 믿을 만해야 한다.

일반적인 방에서 믹스를 모니터링할 때 생기는 문제점은 모든 물체와 표면이 모니터에서 나오는 음향에 영향을 미친다는 것이다. 방이 음향에 미치는 영향은 4장에서 다룬 파동의 전파 사례와 비교할 수 있다. 다만 조약돌을 연못에 던지는 것이 아니라 어항에 던진다고 상상하면 된다.

이 경우 파동은 바깥으로 전파되다가 어항의 유리벽에 부딪히는 순간 다른 방향으로 반사되어 훨씬 큰 교란을 일으킨다. 라우드스피커에서 나오는 복수의 주파수에도 같은 효과가 적용된다. 스피커 모니터에서 발산되는 주파수는 벽을 때린 다음 반사된다. 이 반사된 파동이 스피커에서 나오는 추가 파동과 만날 때마다 파면의 위상이 맞는지 아니면 180도로 어긋나는지 여부에 따라 특정 주파수에서 피크peak나 딥dip이 발생한다.

안정적인 모니터링과 믹싱을 하려면 제어되지 않은 음향이 결정에 영향을 미치지 못하도록 방을 처리해야 한다. 문제는 이런 음향 처리가 책을 여러 권 쓸 수 있을 만큼 복잡하고 다면적이라는 것이다. 게다가 문제의 '모드'를 계산하는 공식이 벽과 바닥 그리고 천장의 특정한 음향적 속성을 토대로 삼기 때문에 이론에만 의존할 수도 없다. 그래서 아래에 나오는 내용은 가장 흔한 모드 문제를 줄이는 일반적인 방법으로 간주되어야 한다.

반향을 줄이려면 그냥 벽에 계란판을 붙이는 것으로 부족하다. 실제로 아무렇게나 흡음 패널이나 발포 패널 혹은 계란판을 방 주위에 붙이면 상황이 악화될 가능성이 높다. 따라서 벽에 흡음 처리 타일을 붙일 생각이라면 전문가와 상의하거나 깊이 공부할 것을 권한다. 다만 벽을 덮는 문제를 고려하기 전에 약간의 준비로 여러 문제를 제거할 수 있다.

첫째, 방에 있는 단단한 반사성 표면을 덮거나 제거하는 것을 고려해야 한다. 창의 유리는 반사성이 높다. 따라서 방에 큰 창이 있다면 크고 무거운 커튼으로 덮는 것이 좋다. 커튼은 무거울수록 좋다. 그래야 방으로 돌아가는 반향을 흡수하고 줄일 수 있기 때문이다. 마찬가지로 벽에 걸린 거울이나 액자도 제거해야 한다. 또한 바닥이 견목재거나 합판이라면 커다란 양탄자로 덮어야 한다.

작은 방은 큰 방보다 모드 문제가 적다. 공간이 작을수록 낮은 주파수가 반향을 제대로 일으킬 시간이 적은 반면 공간이 클수록 정상파standing wave 같은 효과에 시달릴 가능성이 높다. 따라서 방이 클수록 벽에 흡음 처리를 더 많이 해야 한다.

라우드스피커 모니터의 배치도 주파수에 해로운 영향을 미칠 수 있기 때문에 마찬가지로 중요하다. 모니터를 구석이나 벽에 가까이 두면 경계 효과 때문에 베이스가 3dB이나 6dB 혹은 9dB만큼 더 크게 지각된다. 이는 베이스 주파수가 인위적으로 늘어난다는 점에서 마이크에 너무 가까이 입을 대고 노래할 때 발생하는 경계 효과와 비

그림 27.1 프라이머쿠스틱 리코일 스태빌라이저

숫하다.

대개 모니터 스피커는 모든 딱딱한 표면에서 적어도 30센티미터 떨어져야 하며, 책상 위에 놓을 경우 오랄렉스Auralex 같은 흡음 패널 혹은 더 낫게는 프라이머쿠스틱 리코일 스태빌라이저Primacoustic recoil stabilizer로 고립시켜야 한다. 스피커 모니터가 음향과 함께 일으키는 진동이 책상으로 전달되기 때문이다. 그에 따른 효과는 피아노의 공명판에 비교할 수 있다. 그래서 스피커 모니터와 책상에서 나오는 구조적 공명이 뒤섞여서 하단과 중단 주파수가 증가한다. 이 효과는 진동 하중vibration loading이라고 부른다.

모니터의 경우 일반적인 하이파이 스피커를 신뢰하지 말고 라우드스피커 스튜디오 모니터로 믹스를 점검해야 한다. 뛰어난 주파수 반응을 보인다고 아무리 '과장'해도 하이파이 스피커는 충만하게 아우르는 느낌을 주기 위해 스펙트럼에 걸쳐 주파수 특정 부스트와 컷을 의도적으로 활용한다.

그래서 하이파이 스피커로만 믹싱을 하면 다른 하이파이 시스템으로 제대로 옮겨

댄스 뮤직 바이블

지지 않는 믹스가 만들어진다. 가령 70Hz에서 베이스를 부스트하고 중단에서 컷을 하는 하이파이 스피커를 쓰는 경우 이런 반응에 따라 믹스가 이뤄진다. 그래서 더 평탄한 반응을 보이는 시스템으로 재생할 때 베이스가 줄어들고 중단이 늘어난다.

스튜디오 모니터의 특정 메이커나 모델을 추천하기는 불가능하다. 모두 음향해석취향이 조금씩 다르고, 다른 모니터는 다른 방에서 다른 음향을 만들 것이기 때문이다. 다만 일반적인 지침을 제시하자면 전문적으로 제작된 곡이 적당히 활기 없게 들리도록 만드는 모델이 좋다. 이런 모니터로 믹스가 잘 나오게 만들면 다른 시스템에서는 아주 좋게 들릴 가능성이 높다.

물론 방을 개조하거나 흡음 처리를 하거나 전문가용 스피커로 모니터링하는 것이 모두 불가능할 수 있다. 그렇다면 상업용 믹스를 최대한 많이 들어서 반응을 이해하도록 귀를 훈련시키는 것이 좋다. 사실 프로 아티스트들은 전문적으로 흡음 처리를 한 방에서 뛰어난 스피커 모니터를 활용하는 경우에도 만드는 음향에 익숙해지기 위해 시간을 들인다. 우리도 매일 음악을 듣지만 사실 진정으로 귀를 기울이는 순간은 드물며 믹싱을 잘하고 싶다면 청취와 경청을 구분할 줄 알아야 한다.

그러기 위해서는 (대화 수준보다 약간 높은) 적절한 음량으로 수많은 상업용 믹스를 경청하면서 주파수와 믹스 테크닉을 파악하는 법을 배워야 한다. 이때 믹스에 귀를 기울이면서 다음과 같은 질문을 던져야 한다.

- *피치 벤드가 적용된 음이 있는가?*
- *드럼 루프는 트랙 전체에 걸쳐 그대로 유지되는가 아니면 어떤 식으로든 변하는가?*
- *하이 햇은 어떤 패턴으로 연주되는가?*
- *하이 햇은 트랙 전체에 걸쳐 일정하게 유지되는가?*
- *어떤 이펙트를 썼는가?*
- *믹스에서 각 악기는 어디에 놓이는가?*

위에 나오는 질문들 중 다수는 믹싱 테크닉 및 주파수 관계와 무관해 보인다. 그러나 드럼 루프, 하이 햇 패턴, 베이스의 작은 뉘앙스를 자세히 들으면 귀가 훈련이 된다. 이 훈련은 주파수를 파악하는 데 도움이 될 뿐만 아니라 편곡과 프로그래밍 테크닉을 인식하는 능력을 길러준다.

현재 쓸 수 있는 오디오 도구들이 엄청나게 많지만 가장 중요한 것은 귀 자체다. 계속 과도한 음량으로 믹스를 모니터링하거나 귀를 보호하지 않고 축제, 레이브, 파티, 클럽에 가다보면 특정 주파수에 대한 감도가 훼손된다. 한 조사에 따르면 줄곧 시끄러운 음악을 듣는 10대 후반과 20대 초반 사람들은 나이가 두 배 많은 사람들보다 청각 장애를 더 많이 갖고 있다. 또한 재미로 약물에 손을 대면 감각이 비정상적으로 예민해진다는 사실을 명심해야 한다. 그래서 댄스계의 발전에 중대한 역할을 했을지는 모르지만 스튜디오에서는 도움이 되지 않는다.

<table>
<tr><td>믹스에 대한
접근</td><td>

믹싱의 첫 번째 단계는 대개 각 악기의 트랙에서 원치 않는 주파수를 제거하는 것이다. 개별적으로 음색을 만들려면 모든 고조파가 필요하다. 그러나 믹스의 맥락에서 다수의 상단 및 하단 주파수는 쉘빙 필터로 제거해도 된다.

</td></tr>
</table>

가령 하이 햇은 종종 낮게는 400Hz, 높게는 20kHz에 이르는 주파수를 지닌다. 하이 햇은 상중단에서 상단 주파수 악기이므로 주요 에너지는 대개 800Hz에서 10kHz 사이에 존재한다. 따라서 그 위나 아래에 있는 주파수가 음색에 반드시 기여하는 것은 아니다.

음색에 기여하는 주파수와 기여하지 않는 주파수를 아는 것은 경험과 훈련에 좌우된다. 다만 불확실하다면 트랙에 스펙트럼 분석기를 삽입하면 음색의 주요 에너지가 어디에 있는지 알 수 있다.

그림 27.2에 나온 대로 베이스 음색의 주요 에너지는 100Hz에서 900Hz 사이에 존재한다. 이보다 높거나 낮은 주파수는 음색의 에너지에 기여하지 않는다. 따라서 쉘빙 필터로 제거해도 된다. 그러면 믹스에 다른 악기를 원활하게 앉힐 수 있는 공간이 생긴다.

원치 않거나 필요치 않은 주파수를 제거한 후에는 대개 각 트랙의 상대적 음량을 설정한다. 이때 음악적 스타일을 고려하여 음장의 전면에 두고 싶은 장르의 핵심적인 요소를 파악해야 한다. 대개 일렉트로닉 댄스 음악은 드럼과 베이스가 트랙의 주 리드 요소나 보컬 트랙과 함께 앞에 놓여야 한다. 또한 곡을 정의하는 요점이기 때문에 먼저 믹스해야 한다. 이럴 때는 모든 채널을 무음으로 하고 전체 드럼 섹션과 시작을 먼저 믹스하는 것이 좋다.

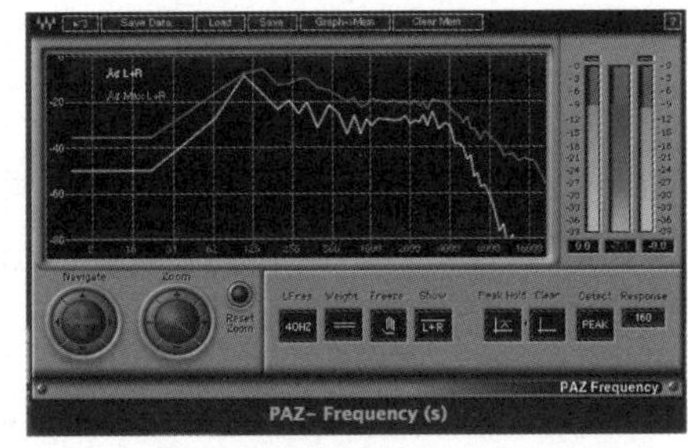

그림 27.2 베이스 음색에 대한 스펙트럼 분석 결과

킥 드럼은 곡에서 가장 두드러진 부분이어야 하므로 믹서 미터에서 약 -18dBFS(데시벨 풀 스케일)로 조정하다. 그 다음 스네어, 클랩, 하이 햇, 타악기를 상대적인 수준으로 넣을 수 있다. 이 이득 수준에서 곡이 조용하게 느껴진다면 모니터나 앰프 혹은 오디오 인터페이스의 출력 음량을 늘리면 된다. 다만 킥 드럼 채널의 이득을 -18dBFS 이상으로 늘리면 안 된다.

루프 구성을 다룬 앞 장에서 다룬 대로 이 단계에서 드럼 섹션은 거의 믹스되고, 모든 혹은 대부분의 이펙트 역시 적용된 상태여야 한다. 그래서 믹스의 동일한 '영역'에 놓이도록 소량의 리버브만 적용하면 된다. 추가 이펙트가 필요한 경우 지금 적용해야 한다. 마찬가지로 사이드 컴프레서, 노이즈 게이트, 리미터, 트랜지언트 디자이너 같은 프로세서도 적용되어야 한다.

대개 이펙트와 프로세서는 사운드 디자인과 편곡 과정에서 적용된다. 그래서 리버브 외에 다른 이펙트를 도입할 필요가 없다. 그러나 믹스를 하는 동안 창의성을 발휘하여 추가 이펙트를 적용할 수도 있다. 이때 믹스의 빈 공간을 리버브나 에코 디케이로 채울 필요는 없다는 사실을 명심해야 한다.

이펙트 및 믹싱과 관련해서는 적은 것이 거의 언제나 더 낫다. 모든 이펙트, 특히 리버브는 믹싱을 금세 어수선하게 만들어서 선명도를 낮춘다. 이미 충분한 요소가 들어 있으므로 추가 이펙트를 넣는 일은 대개 믹스를 붐비게 만드는데 개별 악기 사이에 약간의 공간을 유지하는 것이 중요하다.

흔히 저지르는 실수는 전체에 걸쳐 한두 개 악기에만 필요한 데도 모든 악기에 이펙트를 적용하는 것이다. 따라서 이펙트를 적용하기 전에 믹스를 강화하기 위한 것인지 아니면 부실하게 프로그래밍된 음색을 더 낮게 만들기 위한 것인지 자문하는 것이 좋다. 후자라면 이펙트로 가리기보다 다른 음색을 사용하는 쪽을 고려해야 한다.

음량 수준과 이펙트 다음에는 패닝을 적용하여 각 악기를 적절한 자리에 넣어야 한다. 이 대목에서 엔지니어의 창의성과 같은 장르에 속한 다른 믹스들에 대한 분석이 힘을 발휘한다. 드럼과 관련하여 좋은 음장을 만드는 '엄격한' 규칙은 없기 때문이다. 그래서 엔지니어가 적절하다고 생각하는 자리에 넣어야 한다. 다만 패닝을 할 때 다음과 같은 방식을 권한다.

- 킥: 두 스피커가 에너지를 공유하도록 중앙에 배치
- 스네어나 클랩: 1시에서 2시 사이 혹은 중앙에 배치
- 하이 햇: 1시에서 3시 사이 혹은 딜레이된 버전을 오른쪽에 둔 상태로 음장의 맨 왼쪽에 배치
- 심벌: 중앙이나 1시에서 3시 사이에 배치
- 추가 타악기: 다른 음색들이 음장의 왼쪽 및/혹은 오른쪽에 있도록 배치

이 지점에서 EQ를 적용하는 일을 과도하게 신경 쓸 필요가 없다. 각 악기가 분명하게 들리도록 마스킹을 방지하는 일은 이펙트와 패닝 그리고 음량 조절로 대신한다. 이 초기 단계에서 EQ를 적용하면 추가 악기에 필요한 주파수 영역으로 악기를 억지로 밀어 넣을 수 있다. 그래서 EQ에 의존하지 않고 최선의 결과를 이루는 것을 목표로 삼아야 한다. 최선의 이득과 패닝 수준으로 조정하는 데 어려움이 있다면 믹스를 모노로 전환하는 것이 좋다. 그러면 상대적 음량 수준을 더 정확하게 들을 수 있다.

드럼 믹싱 후에는 대개 전체 드럼 서브 믹스를 단일 이득 페이더로 제어할 수 있도록 서브 그룹으로 지정한다. 또한 모든 드럼을 단일 그룹 채널에 넣으면 나중에 필요할 경우 추가 이펙트와 프로세서를 완전한 단위로 적용할 수 있다.

이 단계에서는 대개 이득에 따라 각 악기를 도입하는 한편 패닝을 통해 믹스의 우선순위대로 개별적인 자리에 넣는다. 이때 주로 베이스를 먼저 도입한다. 그러면 드럼과 섞어서 그루브를 만들 수 있다. 그 다음에는 리드 악기, 끝으로 패드와 현악기 그리

고 음향 효과와 섞는다.

패닝을 할 때 킥, 베이스, 리드 악기(혹은 보컬)는 종종 중앙에 놓인다. 이는 베이스 악기에 특히 중요하다. 그러면 두 스피커가 베이스의 존재감을 높이는 저주파수 에너지를 공유할 수 있다. 다른 추가 악기는 해석과 창의성에 열려 있다. 실제로 악기를 패닝하는 최고의 방법은 애초에 음색을 특정한 자리에 놓는 적절한 이유를 아는 것이다. 그래서 음향을 아무렇게나 이미지 주위로 던져넣지 말고 언제나 악기를 배치하는 계획과 이유를 마련해야 한다. 다음은 여러 악기를 패닝할 때 참고할 지침이다.

- 베이스: 두 스피커가 에너지를 공유하도록 중앙에 배치
- 보컬: 대개 보컬이 중심을 차지한다고 생각하므로 중앙에 배치하지만 이중 트랙으로 만들어서 왼쪽과 오른쪽에 넣는 경우도 있음
- 보조 보컬: 스테레오인 경우 2시에서 4시 사이에 배치하고 모노인 경우 음장의 왼쪽이나 오른쪽에 배치
- 합성 리드: 스테레오인 경우가 많으므로 완전히 왼쪽이나 오른쪽에 배치하며 추가 모노 버전을 중앙에 배치
- 합성 현악기: 4시에 배치하거나 스테레오인 경우 9시와 3시에 배치
- 기타: 3시에 배치
- 피아노: 대개 스테레오로서 고음은 왼쪽 스피커, 저음은 오른쪽 스피커에 배치
- 관악기: 3시와 9시에서 왼쪽이나 오른쪽 스피커(혹은 양쪽)에 배치
- 음향 효과: 어디든 믹스의 남는 공간에!

이 내용과 달리 많은 댄스 믹스에서 악기 배치가 자연스럽게 이뤄지는 일이 드물다. 따라서 자유롭게 실험을 해야 한다. 사실 많은 경우, 각 악기의 위치를 과장하여 믹스가 더 분명하고 선명하게 느껴지도록 만드는 것이 중요하긴 하지만 다른 악기와 주파수가 충돌하지 않도록 음장의 다른 영역에 음향을 그냥 배치하는 것은 피해야 한다. 이 경우 대개는 EQ의 도움을 받으며, 여전히 마스킹 문제가 생길 때만 추가 패닝을 한다.

이렇게 악기를 단계별로 도입하는 '가산식' 믹싱이 엔지니어와 댄스 음악가들 사이

에 가장 흔히 쓰이나 이것이 유일한 방식은 아니다. 모든 악기를 들은 다음 배치와 음향에 만족할 때까지 균형을 잡고 패닝을 하는 감산식 접근법을 선호하는 음악가들도 있다. 최종 믹스가 선명하기만 하다면 두 접근법 모두 타당하다.

EQ

음량과 패닝으로 음향을 음장에 배치한 다음에는 문제를 일으키는 주파수를 바로잡고 더 분명한 믹스를 만들기 위해 EQ가 필요한 경우가 많다.

4장에서 설명한 대로 기본 배음과 후속 배음은 특정한 음향의 음색을 만드는 데 기여한다. 그러나 비슷한 주파수를 지닌 두 음색을 섞으면 일부 배음 성분이 '가려져서' 다른 악기 뒤로 사라지는 결과를 초래하며, 해당 지점에서 주파수가 증가한다. 이 '주파수 마스킹'은 어수선하고 불분명한 믹스를 만든다.

이를 방지하기 위해 한 악기의 마스킹이 일어나는 지점에 초점을 맞춰서 EQ로 문제를 일으키는 주파수를 감소시켜야 한다. 이때 바로잡기 전에 어디서 문제가 발생하는지 파악하고 찾아낼 수 있어야 한다. 이는 훈련과 경험이 필요한 일이기 때문에 생각보다 어렵다.

두 악기가 서로를 가리는 느낌이 든다면 모노로 만들고 단일 이득unity gain으로 맞춘 다음 한 악기를 왼쪽에서 오른쪽까지 서서히 패닝하는 것이 좋은 방법이다. 음향이 왼쪽 스피커에서 중앙을 거쳐 오른쪽까지 이동하는 것이 분명하게 들린다면 문제가 생길 가능성이 낮다. 그러나 두 번째 악기의 위치로 가까이 가면서 신호가 사라진다면 마스킹이 발생한 것이다.

마스킹을 파악했다면 해당 주파수에 맞춰서 EQ 장치로 제거해야 한다. 문제를 일으키는 주파수를 파악하는 최고의 방법은 EQ 장치를 낮은 Q로 설정하고 6-8dB의 대량 부스트를 적용하는 것이다. 그 다음 주파수를 훑으면서 머리털을 곤두서게 만들거나 마스킹을 일으키는 두 번째 악기와 비슷하게 느껴지는 주파수를 기록하라. 이 주파수들을 낮거나 높은 컷으로 제거하면 된다.

다만 신중을 기해야 한다. 26장에서 다룬 대로 한 악기나 두 악기 모두가 멜로디를 지닐 경우 트랙이 연주될 때 문제의 주파수가 바뀔 수 있고, 이런 경우 가능한 한 많이 줄이기를 바라면서 최선의 시나리오를 시도해야 할 것이다.

대개 EQ를 적용할 때 부스트보다 컷으로 먼저 문제를 일으키는 주파수를 바로잡아야 한다. 벽이나 물체 혹은 소재의 흡음 때문에 우리의 귀는 주파수의 증가보다 감소에 익숙하다. 그래서 컷이 언제나 더 자연스럽게 들린다. 또한 부스트는 특정 주파수의 이득을 늘려서 신호의 클리핑을 초래할 수 있다. 그러나 모든 뛰어난 믹스는 컷과 부스트를 혼용한다. 악기에 적용하는 소량의 주파수 부스트는 성격을 강화하여 믹스에서 두드러지게 만들어 준다.

가능성이 무한하기 때문에 댄스 믹스에 넣을 수 있는 모든 음향에 대한 접근법을 다루기는 불가능하다. 그래서 아래에 EQ와 주파수를 조정하여 마스킹 문제를 피하거나 악기에 성격을 부여하는 대략적인 지침을 제시한다.

드럼 킥

EDM의 전형적인 드럼 킥은 어택과 저주파수 충격이라는 2가지 주요 요소로 구성된다. 대개 어택은 약 3kHz에서 6kHz 사이에, 하단 충격은 40Hz에서 120Hz 사이에 존재한다. 킥이 두드러진 어택 단계 없이 아주 낮게 느껴진다면 아주 높은 Q와 큰 이득 감소로 설정하여 노치 필터를 만드는 것이 좋다. 그 다음 주파수 제어 기능으로 약 3kHz에서 6kHz를 훑고 어택 바로 아래에 컷을 넣는다. 그러면 바로 위에 있는 주파수가 증가하는 효과를 낸다.

그래도 원하는 결과가 나오지 않으면 전처럼 아주 얇은 Q를 설정하되 이번에는 5dB의 이득을 적용하고 다시 주파수를 훑어서 믹스에서 두드러지는지 살펴라. 다만 이때 트랙에 디스토션이 발생할 수 있다. 그러면 필요한 경우 채널의 이득을 줄여야 한다.

킥의 어택은 두드러지지만 '펀치감'이 없다면 저주파수 에너지가 부족한 것이다. 이 경우 40Hz에서 120Hz 사이에 이득을 조금 증가시킬 수 있다. 그러나 이 방법으로 음색이 제대로 나오는 경우는 드물며, 문제는 드럼 음색에서 나올 가능성이 높다. 빠른 어택으로 컴프레서를 적용하면 트랜지언트를 억누르고 고주파수 성분을 감소시켜서 펀치감을 강화할 수 있다. 그러나 이 경우 믹스의 느낌이 바뀔 수 있다. 그래서 킥을 바꾸는 것이 더 낫다.

스네어와 클랩

스네어와 클랩의 낮은 주파수는 믹스를 흐리는 경향이 있다. 그래서 필요치 않다면 우선 쉘빙(혹은 하이 패스) 필터로 150Hz 아래에 있는 모든 주파수 성분을 제거해야 한다.

대다수 스네어와 클랩의 '스냅snap'은 대개 약 2kHz에서 10kHz 사이에 존재한다. 반면 주 보디는 400Hz에서 1kHz 사이에 존재한다. 이 영역에서 컷이나 부스트를 적용하고 훑으면 내세우거나 제거할 요소를 찾는 데 도움이 된다. 대체로 400Hz와 800Hz에 컷을 적용하면 믹스에 더 잘 앉히는 데 도움이 되며, 8kHz나 10kHz에서 소량의 데시벨 부스트(혹은 이전에서 노치 컷)를 적용하면 '스냅'을 명확하게 만드는 데 도움이 된다.

하이 햇과 심벌　당연히 이 악기들은 하단에 쓸모 있는 정보를 거의 갖고 있지 않다. 이런 정보가 남으면 중단을 흐릴 수 있다. 따라서 하이 패스 필터로 300Hz 아래에 있는 모든 주파수를 제거하는 것이 좋다.

대개 이 악기들의 존재감은 1kHz부터 6kHz 사이에서 나온다. 또한 선명한 느낌은 8kHz부터 12kHz 사이에서 나온다. 그래서 쉘빙 필터로 8kHz 이상의 모든 주파수를 부스트하면 선명한 느낌을 내세우는 데 도움이 된다. 이때 트랙에 잡음이 끼어들지 않도록 15kHz 이상의 모든 주파수는 감쇄하는 것이 좋다. 존재감이 부족할 경우 600Hz에서 한 옥타브 정도의 Q로 데시벨을 조금 부스트하면 존재감이 강화된다.

**톰, 콩가,
일반 타악기**　이 악기들은 낮게는 100Hz의 주파수를 지닌다. 그러나 이 주파수는 음향을 인식하는 데 필요치 않으며, 하단과 하–중단 영역을 흐릴 수 있다. 따라서 쉘빙 필터로 200Hz 아래의 모든 주파수를 제거하는 것이 좋다.

이때 부스트는 필요 없다. 루프에서 큰 역할을 거의 하지 않기 때문이다. 다만 300Hz에서 800Hz 사이에 약 반 옥타브의 Q를 적용하면 상단이 증가하여 더욱 뚜렷한 느낌을 준다.

베이스　베이스는 킥 드럼과 어울려서 근본적인 그루브를 대부분 만들어내지만 여러 가지 문제를 일으키기 때문에 댄스 믹스에 맞춰 넣기가 가장 어려운 악기다.

베이스 믹싱의 주된 문제는 음색의 선택과 믹스의 편곡에서 나온다. 댄스 음악은 원래 그루브에서 충분한 존재감을 드러낸다. 그러나 곡 전체에 걸쳐 크고, 활기차고, 배음이 풍부한 음향을 쓴다고 해서 그렇게 되는 것은 아니다. 우리의 뇌와 귀는 대조의 원칙을 따른다. 그래서 한 음향이 크게 느껴지려면 나머지가 더 작아야 한다. 큰 킥과 큰 베이스를 믹스할 때는 당연히 문제가 생긴다. 두 악기가 비슷한 주파수를 점유하여 하단이 흐려지기 때문이다.

베이스음들이 길면 이 문제가 특히 두드러진다. 베이스와 킥 사이에 거의 혹은 전혀 저주파수 '정적'이 없어서 청자가 둘 사이에 차이를 지각하기 어렵기 때문이다. 그래서 장르가 크고 깊은 베이스 음색을 요구한다면 킥은 충돌하는 낮은 주파수를 일부 감쇄하여 더 명확하게 만들어야 한다. 또한 높은 주파수 요소는 EQ로 늘려서 '분명하게' 느껴지도록 만들어야 한다. 혹은 킥을 가슴으로 느끼게 만들어야 한다면 충돌하는 낮은 주파수를 감쇄하고 높은 주파수를 증가시켜서 베이스를 가볍게 바꿀 수 있다.

당연히 믹스에 무거운 킥과 베이스가 모두 필요한 경우가 생긴다. 이 경우에는 베이스와 킥이 동시에 나오지 않도록 편곡을 해야 한다. 사실 대다수 댄스 장르는 이런 방법으로 베이스를 엇나가게 조정하여 엇박에 나오도록 만든다.

이 방법을 쓸 수 없고 베이스와 킥이 같은 박에 들어가야 한다면 EQ로 베이스를 과감하게 조정해야 한다. 댄스 음악에 쓰이는 대다수 악기와 마찬가지로 사람들은 베이스가 원래 어떤 소리를 내야 한다고 기대하지 않는다. 그래서 베이스가 킥과 겹쳐서 하단을 흐린다면 강압적으로 음조를 조정해야 한다.

대개 합성 악기의 경우 60Hz부터 80Hz에서 얇은 Q로 데시벨을 소량 부스트하면 킥 뒤에 숨어 있는 약한 베이스가 두꺼워진다. 부스트 후에도 여전히 베이스가 약하게 느껴진다면 음색을 바꾸는 편이 좋다. 흔한 근접장near field 스피커 모니터와 서브우퍼로 이보다 낮은 주파수를 정확하게 판단하기는 불가능해서 부스트를 적용하는 것이 위험하기 때문이다. 실제로 대다수 하이파이 시스템에서 믹스를 정확하게 재생하려면 쉘빙 필터로 40Hz 아래의 주파수는 모두 감쇄하는 것이 좋다.

물론 클럽에서 틀 음악이라면 이 방법은 도움이 되지 않는다. 많은 방송 시스템이 낮게는 30Hz까지 에너지를 생성하기 때문이다. 이 경우 베이스를 계속 믹스하되 40Hz 아래에 있는 주파수를 부스트하는 일을 피해야 한다.

베이스에 펀치감이 부족하다면 약 1/2 옥타브에 소량의 컷이나 부스트를 적용한 Q로 120Hz에서 180Hz 사이를 훑으면 킥에 묻히지 않는 데 도움이 된다. 혹은 200Hz에서 300Hz에 1/2옥타브로 소량의 부스트를 적용하면 믹스에서 더욱 선명해지도록 거친 소리가 난다. 일부 믹스에서 거친 소리의 최고 주파수는 중단 악기와 충돌할 수 있다. 이 경우 쉘빙 필터로 높은 주파수를 제거해야 한다.

베이스 주파수가 킥과 충돌하는 것 외에 다른 흔한 문제는 믹스에서 차지하는 음량이다. 베이스의 음색이 좋더라도 믹스의 전면에 나설 만큼 음량이 충분치 않을 수 있다. 이 문제를 극복하는 최선의 방법은 소량의 절제된 디스토션을 적용하는 것이다. 다만 일반적인 디스토션 장치가 아니라 앰프나 스피커 시뮬레이터를 활용하는 편이 훨씬 낫다.

앰프 시뮬레이터는 전형적인 캐비닛의 반응을 모방하도록 만들어진다. 그래서 디스토션 장치로는 들어갈 높은 주파수 요소들을 감쇄한다. 그러면 심하게 왜곡되지 않는 상태로 베이스 음색에 더 많은 배음이 들어갈 뿐만 아니라 높은 주파수 요소가 중단에 앉힌 악기와 충돌하는 문제를 걱정할 없이 소량의 EQ 컷으로 믹스에 맞출 수 있다.

베이스가 바운스된 오디오 파일이 아니라 가상 악기로 시퀀싱하는 경우에는 이펙트를 적용하기 전에 신시사이저로 음향을 바로잡아야 한다. 앞서 설명한 대로 우리는 진폭 엔벨로프의 형태와 고조파 성분을 통해 음향의 크기를 지각한다. 따라서 필터의 컷오프를 열거나 앰프와 필터 엔벨로프의 어택과 릴리스 단계를 줄이는 간단한 조치로 더욱 두드러지게 만들 수 있다.

두 엔벨로프를 이미 빠른 어택과 릴리스로 설정한 경우에는 일반적인 록 키트의 가벼운 킥을 베이스의 초기 트랜지언트 위에 겹치고 약간의 EQ로 성형하면 어택 단계를 늘리는 데 도움이 된다. 다만 트랙의 원래 킥을 너무 강하게 만들지 않도록 주의해야 한다.

베이스가 실제 베이스 기타를 녹음한 경우에는 다른 접근법이 필요하다. 베이스 캐비닛은 대다수 높은 주파수를 감쇄하여 상단 충돌을 줄여준다. 이 경우 하단 존재감이 약해질 수 있다. 그래서 댄스 음악에서는 대개 신시사이저의 사인파를 베이스 기타 아래에 깔아서 하단의 무게감을 더한다.

이 기법은 손가락이나 현에서 나는 잡음이 심할 때 특히 유용하다. 이런 잡음을 없애는 최선의 방법은 300Hz 이상의 주파수를 모두 감쇄하는 것이기 때문이다. 또한 베이스 기타는 다이내믹스가 크게 변동하므로 컴프레서로 제어할 필요가 있다. 베이스의 다이내믹스는 믹스 전체에 걸쳐 일정하게 유지되어야 한다. 그렇지 않으면 다른 악기 뒤로 사라질 수 있다.

보컬

보컬은 팝 믹스에서는 다른 모든 악기보다 우선하지만 대다수 댄스 장르에서는 리듬 요소와 리드 뒤로 물러선다. 그래도 긴밀하게 믹스되어야 하는데 비트 뒤에 놓이기는 하지만 보컬과 리듬사이의 그루브 관계와 싱코페이션이 댄스 음악의 일반적 요소이기 때문이다. 그래서 보컬을 믹스에 적절히 넣도록 신경 써야 한다.

보컬은 악기들 뒤로 사라지는 일 없이 믹스 전체에 걸쳐 일정한 수준을 유지하도록 압축해야 한다. 대다수 보컬 영역이 9:1로 압축되도록 경계를 설정하고 초기 트랜지언트가 그대로 통과하도록 어택을 설정하는 것이 좋은 출발점이다.

보컬에 '성격'을 부여하도록 컴프레서를 잘 선택하는 일도 중요하다. 보컬 압축 용도로는 LA-2A와 UREI 1176이 선호된다. 둘 다 소프트웨어 형태로도 나와 있다. 또한 소프트 튜브Soft Tube의 튜브 테크Tube-Tech CL1B도 고려할 만하다.

보컬에 EQ를 심하게 걸 필요는 거의 없다. 다만 10kHz에서 1/2옥타브의 Q로 소량의 데시벨을 부스트하면 자음이 더 잘 들려서 보컬이 훨씬 선명해진다. 혹은 보컬이 믹스에서 아주 흐리게 들리는 경우에는 약 400Hz의 중심 주파수에서 옥타브 Q로 2dB를 컷하면 문제를 없앨 수 있다.

또한 믹스에 넣었는데 실질적인 에너지가 부족할 때 많은 댄스 아티스트들이 흔히 쓰는 방법은 보컬의 속도(그리고 피치)를 두어 센트 올리는 것이다. 그러면 절대 음감을 지닌 음악가들에게는 음향이 '엇나간 듯' 들리겠지만 댄스 보컬에 적합한 높은 에너지 수준을 만들어낸다.

**리드 신시사이저/
피아노/현악기**

믹스에 속하는 나머지 악기들은 대개 중단에서 기본 주파수를 드러낸다. 앞서 설명한 대로 중요도에 따라 가장 중요한 악기부터 프로세서와 EQ를 적용해야 한다.

보컬을 쓸 경우 중단 악기와 만나는 지점에서 주파수 마스킹이 자주 발생한다. 따라서 보컬을 그대로 두고 악기에 EQ 컷을 적용하는 방안을 고려해야 한다. 혹은 중단을 컴프레서나 노이즈 게이트에 삽입하고 보컬을 사이드 체인으로 넣어서 보컬이 나올 때마다 중단이 내려가게 만들 수도 있다. 이때 신중을 기해야 하며 대개 1dB의 '하강'으로도 충분하다. 이보다 과하면 보컬이 곡에서 분리될 수 있다.

대다수 중단 악기는 필요한 수준보다 낮은 주파수를 지닌다. 그래서 믹스에서 물리적으로 들리지 않더라도 하중단 및 베이스 주파수에 영향을 미친다. 따라서 쉘빙 필터로 음향에 기여하지 않는 주파수를 모두 제거하는 것이 좋다. 최선의 방법은 최대 컷으로 높은 쉘빙 필터를 설정한 다음 악기에 효과가 드러날 때까지 낮은 주파수부터 위로 훑는 것이다. 그 다음 '잃은' 주파수가 돌아올 때까지 아래로 훑은 후 멈춘다. 믹스에 넣었을 때 음향에 기여하지 않는 높은 주파수에도 같은 과정을 적용할 수 있다.

대개 건반 리드는 믹스의 전면으로 나서야 한다. 이때 조정할 주파수는 악기와 믹스에 좌우된다. 많은 중단 악기의 경우 한 옥타브로 Q를 설정하고 400Hz에서 800Hz 그리고 1kHz에서 5kHz에 걸쳐 훑으면서 2dB에서 3dB만큼 컷하는 것이 좋다. 그러면 흐린 주파수를 제거하고 대다수 중단 악기의 존재감을 강화할 수 있다.

무엇보다 믹싱을 할 때 다음과 같은 질문을 통해 악기의 원근을 유지해야 한다.

- *하이 햇보다 선명한가?*
- *보컬보다 선명한가?*
- *피아노보다 선명한가?*
- *기타보다 선명한가?*
- *베이스보다 선명한가?*

미드/사이드 프로세싱

믹스에서 생기는 많은 문제는 EQ를 신중하게 적용하여 바로잡을 수 있다. 그러나 일부 악기와 이펙트는 미드/사이드 프로세싱을 통해 바로잡는 것이 좋다. 실제로 소수 댄스 음악가들은 미드/사이드 프로세싱을 활용하여 클럽 시스템에서는 거대한 소리를 내고 카 스테레오와 아이팟 같은 작은 시스템에서는 더욱 정제된 소리를 내는 믹스를 만든다.

때로 합sum과 차difference로 불리는 미드/사이드는 새로운 기술이 아니다. 그러나 근래에 들어서야 아이조토프iZotope의 오존Ozone 5와 브레인웍스의 BX 디지털, 다인

EQDynEQ, 모노 메이커Mono Maker 같은 미드/사이드 플러그인이 오디오 워크스테이션에 도입되었다. 이들은 많은 사운드 엔지니어들이 활용한 미드-사이드 마이크 레코딩 기법에서 진화했다. 이 기법은 카디오이드 패턴과 8자 패턴을 지닌 두 개의 마이크를 쓴다. 이때 카디오이드 패턴은 음원을 향하고 8자 패턴은 카디오이드 마이크의 왼쪽과 오른쪽 앰비언스를 녹음한다. 그러면 앰비언스 음량을 높여서 스테레오 폭을 바꾸거나 카디오이드 녹음만 되도록 줄여서 신호를 모노로 전환할 수 있다.

모든 스테레오 녹음이나 스테레오 파일에 비슷한 경우가 존재한다. 이때 왼쪽과 오른쪽 스테레오 정보는 동일하며 합sum으로 불린다. 그러나 중앙에 담긴 정보는 약간 다르기 때문에 차difference로 불린다. 미드/사이드 매트릭스를 통해 EQ과 다이내믹스를 독립적으로 합과 차에 적용할 수 있다. 이는 마스터링 단계에서 복잡한 믹스에 EQ를 적용하거나 다이내믹스를 바꿔야 할 때 유용하며, 믹싱 단계에서도 여러 용도를 지닌다.

BX 디지털 같은 미드/사이드 프로세서를 활용하면 설정된 경계 아래에 있는 모든

그림 27.3 BX 디지털 V2

주파수를 모노로 만들 수 있다. 따라서 넓은 스테레오 베이스 라인이 있을 경우 경계를 가령 75Hz로 설정하여 이보다 낮은 주파수는 모두 모노로 만들고, 높은 주파수는 스테레오로 남길 수 있다.

이는 창의성을 발휘할 수 있는 훨씬 거대한 빙산의 일각에 불과하다. 실로 미드/사이드 프로세싱은 많은 댄스 음악가들에게 필수 이펙트가 되고 있다. 또한 그 잠재력을 이해하는 사람들도 기하급수적으로 늘어나고 있다.

일부 EDM 아티스트들은 미드/사이드 프로세서를 활용하여 앰비언스를 늘린다. 그러면 클럽과 스테레오 시스템에 모두 적합한 믹스를 만들 수 있다. 그 방법은 M/S 프로세서를 스테레오 리버브 장치 다음에 놓는 것이다. 그러면 반향이 스테레오가 되므로 M/S 프로세서를 활용하여 (대개 EQ나 컴프레서로) 중앙 채널에 있는 거의 모든 반향을 제거하되 왼쪽과 오른쪽에는 그대로 남겨둘 수 있다. 많은 클럽 시스템은 모노이기 때문에 클럽 시스템으로 재생하면 소량의 반향만 나온다. 그러나 하이파이나 아이팟으로 재생하면 왼쪽과 오른쪽에서 더 큰 반향이 드러난다. M/S 다음에는 EQ를 적용하여 결과물을 더욱 성형하는 것이 좋다.

그림 27.4 BX 다인EQ

마찬가지로 악기에 리버브를 적용할 수 있다. 이때 반향이 특정 주파수 아래에서는 모노가 되고 위에서는 스테레오로 남도록 경계를 조정한다. 그러면 더 분명한 소리를 지닌 믹스가 된다. 또한 복잡한 믹스에서 합 정보(왼쪽과 오른쪽)를 부스트하고 중앙은 그대로 놔두는 것도 가능하다. 그러면 곡의 스테레오 앰비언스를 늘리는 효과가 난다. 혹은 BX 다인EQ 같은 미드/사이드 다이내믹스 프로세서를 활용하여 특정 주파수에 초점을 맞추고 모노와 스테레오 신호를 다르게 압축할 수 있다. 이때 전체 믹스에 적용할 경우 킥과 베이스를 모두 압축하여 사이드 정보보다 음량을 늘릴 수 있다. 그러면 그루브의 존재감이 훨씬 커진다.

이처럼 미드/사이드 프로세싱은 아주 유용하나, 부실한 믹싱을 가리는 수단으로 활용해서는 안 될 것이다. 미드/사이드 프로세싱의 효과가 강력하기는 하지만 음량, 패닝, EQ를 신중하게 적용하여 완성도 높은 믹스를 만드는 것이 대단히 중요하다. 그 후에야 미드/사이드 테크닉으로 믹스에 흥미를 더하는 시도를 할 수 있다.

일반적인 믹싱 문제와 해결법 주파수 마스킹

앞서 언급한 대로 주파수 마스킹은 믹싱을 할 때 흔히 겪는 문제로서 두 악기의 주파수가 맞물리는 바람에 음장에서 서로 공간을 차지하려고 경쟁하는 것이다. 이때 둘 중 더 중요한 악기에 우선순위를 부여하고 부차적 사운드를 패닝하거나 강하게 EQ를 적용하여 믹스에 맞춰야 한다.

그래도 결과가 제대로 나오지 않으면 충돌하는 악기가 믹스에 남길 만큼 충분한 기여를 하는지 자문해야 한다. 해당 채널의 이득을 줄이는 것만으로 항상 문제를 다스릴 수 있는 것은 아니다. 여전히 믹스를 흐리는 주파수에 기여할 수 있기 때문이다. 대신 채널을 완전히 무음으로 만들고 어떤 차이가 나는지 들어보는 편이 훨씬 좋다. 혹은 두 악기를 모두 믹스에 두고 싶다면 나중에 다른 악기와 충돌하지 않는 지점에서 도입하는 방안을 고려할 수 있다.

선명도와 에너지

모든 뛰어난 믹스는 대조의 원칙에 따라서 각 악기가 스테레오 스펙트럼에서 나름의 자리를 잡고 선명하게 들리도록 만든다. 빈약한 음색들을 가리려고 여러 악기와 채널을 도입하기는 쉬우나 이런 식으로 뛰어난 믹스가 나오는 일은 드물다.

어수선하고 밀집된 믹스는 에너지와 일관성이 부족한 반면 뛰어난 믹스는 적은 악기 수를 지니되 모두 잘 프로그래밍되어 있다. 그래서 곡이 어수선하게 느껴지면 에너지가 돌아올 때까지 부수적인 악기를 제거해야 한다.

악기를 제거할 수 없을 때는 문제 채널에서 보디의 대부분에 기여하는 주파수보다 높거나 낮은 주파수를 노치 필터로 제거해야 한다. 이 경우 악기를 따로 들으면 '이상하게' 들릴 수 있다. 그래서 노출된 부분에서 연주해야 한다면 EQ를 자동화하거나 2가지 버전을 쓸 수 있다.

또한 그루브를 다룰 때 요소들 사이의 정적은 소리를 더 크게 느껴지도록 만들 뿐만 아니라(정적에서 전체 음량으로) 더욱 활기찬 분위기를 드러낸다. 따라서 타악기 요소를 너무 많이 더하지 않는 것이 좋다. 또한 뛰어난 댄스 믹스는 모든 부분에 주의를 끌지 않는다. 중요한 사운드만 크게 그리고 전면으로 부각하고 나머지는 배경으로 넣어서 훌륭한 대조를 유지하라.

믹스의 우선순위 믹싱 단계에서는 언제나 믹스의 주된 요소를 정하고 먼저 접근해야 한다. 그러나 가장 중요한 요소의 균형을 먼저 잡지 않고 하이 햇이나 심벌에 적용할 EQ를 '만지느라' 종일을 보내는 경우가 많다.

항상 가장 중요한 요소를 먼저 믹스하라. 그러면 여러 '부차적' 음색들은 저절로 해결된다.

상대적 음량 분석적으로 곡을 듣다보면 귀가 금세 피곤해진다. 그래서 큰 음량으로 모니터링하는 일을 피하는 것이 좋다. 그러면 작업을 더 빨리 진행할 수 있다. 이상적인 모니터링 음량은 대화 수준 정도(85dB)다.

다만 믹싱 할 때 플레처 먼슨 음조 제어 곡선을 염두에 두고, 음량이나 EQ를 조정한 다음에는 다양한 이득 수준에서 믹스를 다시 살펴야 한다. 또한 음량 수준을 설정하고 조정할 때는 믹스를 모노로 모니터링하는 것이 좋다. 그러면 악기들의 전반적인 균형이 더 분명하게 드러나기 때문이다.

EQ EQ는 모든 악기를 성형하는 데 활용할 수 있지만 과하면 악기의 성격을 잃게 된다. 따라서 신중을 기해야 한다. 또한 일정한 간격으로 EQ를 우회하여 음조 조정이 어떻게 진행되고 있는지 참고해야 한다.

EQ를 적용한 악기가 개별적으로는 정확한 소리를 내지 않을 수 있지만 믹스에 넣었을 때 올바른 소리가 난다면 아무 문제가 없다.

부스트보다는 컷 EQ

우리의 귀는 주파수의 증가보다 감소에 더 익숙하다. 현실 세계에서 주파수는 벽이나 물체 혹은 소재로 감소되기 때문이다. 그래서 창의적인 이유로 약간의 부스트가 필요할 수 있지만 주로 컷을 적용하여 믹스가 너무 인위적으로 들리지 않도록 해야 한다. 다른 주파수를 감소시키면 음량 관계가 바뀌어서 일부 주파수를 사실상 증가시킬 수 있다는 사실을 기억하라. 그러면 선명하고 정밀한 믹스가 나온다.

EQ를 음량 제어 수단으로 활용하지 마라. 음색의 음량이나 디자인을 위해 주파수를 증가시킬 때 5dB을 넘기지 말아야 한다. 이보다 높이 나가야 한다면 사운드 자체가 부실하게 녹음되었거나 믹스에 맞지 않을 가능성이 높다.

마법의 Q

1과 1/3옥타브의 'Q' 설정은 대다수 악기에 적절한 대역을 지니며, 종종 최선의 결과물을 낸다. 그러나 악기의 멜로디가 강하거나 보컬을 작업하는 경우 Q를 더 넓게 설정하는 것이 좋다. 일반적인 출발점은 약 두 옥타브다. 드럼과 대다수 타악기는 반 옥타브로 설정한다.

쉘프 EQ

쉘프 이퀄라이저는 대개 부스트가 아니라 컷에 사용된다. 오디오 영역의 극단에서 작용하기 때문이다. 가령 쉘빙 필터로 저주파수를 부스트하면 이렇게 낮은 사운드는 거의 없기 때문에 하단의 울림만 강조된다.

마찬가지로 상단을 부스트하면 컷오프 지점 위의 모든 주파수가 증가하지만 16kHz 이상에는 고주파수 에너지가 거의 없다.

믹스에서 바로잡으려고 하지마라

'믹스에서 바로 잡는다'는 생각은 실력 없는 엔지니어들이나 하는 것이니 꿈도 꾸지 말아야 한다. 음색이 잘못되었다면 프로그래밍 하는 데 아무리 오랜 시간을 들였더라도 잘못되었음을 인정하고 적합한 음색을 다시 프로그래밍하거나 샘플링 해야 한다.

표 27.1 믹싱을 위한 주파수 차트

주파수	음악적 효과	일반적 방법
30Hz~ 60Hz	이 주파수는 하단의 박력을 창출하지만 과하게 부스트를 걸면 배음 성분을 가리고, 잡음을 일으키며, 믹스를 흐리게 만든다.	1dB 정도를 부스트하면 드럼 앤 베이스에서 베이스의 무게감이 증가한다. 또한 두어 데시벨을 컷하면 울림이 감소하고 배음이 더 잘 지각되어 베이스를 더욱 선명하게 만든다.
60Hz~ 125Hz	이 주파수도 트랙의 하단에 기여하지만 과하게 부스트를 걸면 하단의 응집력이 사라져서 무르고 '웅웅대는' 사운드를 만든다	1dB 정도를 부스트하면 킥 드럼과 베이스 악기 그리고 일부 스네어, 기타, 관악기, 피아노의 무게감이 증가한다. 또한 두어 데시벨을 컷하면 베이스 악기와 기타의 울림이 감소한다.
125Hz~ 250Hz	베이스의 기본 주파수가 대개 이 영역에 자리한다. 이 주파수는 믹스의 보디에 기여하지만 과하게 부스트를 걸면 믹스의 에너지가 제거된다.	소량의 부스트는 베이스와 킥을 더 분명하게 만들고 스네어와 일부 보컬의 무게감을 증가시킨다. 또한 두어 데시벨을 컷하면 하단의 무게감이 제한되고 선명도를 높인다.
250Hz~ 450Hz	대다수 현악기와 타악기의 기본 주파수가 일부 남성 보컬의 하단과 함께 여기에 자리한다.	소량의 부스트는 보컬과 킥에 보디를 더하며, 더 분명한 스네어 음색을 만든다. 또한 기타와 피아노도 선명해진다. 또한 두어 데시벨을 컷하면 중단 악기와 보컬의 흐릿함이 줄어든다.
450Hz~ 800Hz	대다수 현악기와 건반 악기의 기본 주파수와 배음이 음성의 일부 주파수와 함께 여기에 자리한다. 부스트는 피로를 초래하므로 대개 컷이 선호된다.	소량의 부스트는 낮은 음량에서 베이스 요소에 무게감을 더한다. 또한 두어 데시벨을 컷하면 답답한 사운드를 줄이고 믹스에 선명도를 더할 수 있다.
800Hz~ 1.5kHz	이 영역은 대다수 악기의 배음 성분으로 구성된다. 그래서 소량의 부스트로 온기를 더할 수 있다. 대다수 베이스 악기의 '플럭'과 킥 어택의 클릭도 여기에 자리한다.	한두 데시벨을 부스트하면 악기에 온기를 더하고 베이스, 킥 드럼, 보컬의 선명도를 높이며 믹스에서 두드러지도록 돕는다. 또한 소량의 컷은 둔한 음조를 줄여서 전자 기타나 어쿠스틱 기타가 믹스에 잘 놓이도록 돕는다.
1.5kHz~ 4kHz	이 영역도 대다수 악기의 배음 구조를 담는다. 그래서 소량의 부스트로 온기를 더할 수 있다. 대다수 하이 햇과 심벌의 보디가 보컬, BV, 피아노와 함께 여기에 자리한다.	한두 데시벨을 부스트하면 악기에 온기를 더하고 피아노와 전자/어쿠스틱 기타의 어택을 증가시킬 수 있다. 또한 소량의 데시벨 컷은 음이 어긋난 보컬(음이 맞아야 하지만)을 숨길 수 있고 대다수 보컬의 호흡 측면을 강화한다.
4kHz~ 10kHz	기타의 손가락 플럭/어택과 피아노 및 일부 킥 드럼, 스네어의 어택이 신시사이저와 보컬의 기본 주파수 및 배음과 함께 여기에 자리한다.	두어 데시벨만큼 부스트하면 킥 드럼, 하이 햇, 심벌, 손가락 플럭, 신시사이저 음색과 피아노의 어택을 강화할 수 있다. 또한 스네어를 더 '분명하게' 들리도록 만들며 보컬의 존재감을 높인다. 한편 소량의 데시벨 컷은 보컬의 치찰음을 줄이고 기타, 신시사이저, 심벌, 하이 햇을 얇게 만들며 일부 사운드를 더욱 투명하게 혹은 멀게 들리도록 만든다.
10kHz~ 15kHz	이 영역은 보컬, 어쿠스틱 기타, 하이 햇, 심벌의 높은 주파수로 구성되며 믹스의 깊이와 분위기에 영향을 미친다.	두어 데시벨만큼 부스트하면 어쿠스틱 기타, 피아노, 신시사이저, 하이 햇, 심벌, 현악기, 보컬의 선명도가 높아진다.
15kHz~ 20kHz	이 주파수는 종종 믹스의 전반적인 '분위기'를 정의하지만 일부 신시사이저, 하이 햇, 심벌의 최상단 요소를 포함할 수도 있다.	이 영역을 부스트하면 대개 쉬익 소리 같은 배경 잡음만 커져서 믹스를 거칠고 날카롭게 만든다. 그래도 일부 엔지니어는 이 영역에서(혹은 10kHz에서) 쉘빙 부스트를 적용하여 백선덜 곡선The Baxandall curve을 만든다.

CHAPTER 28

마스터링

> "소위 '음량 전쟁'은 전적으로 현대의 속설,
> 지난 10년 동안 전체 음악 산업을 홀린 말도 안 되는 어리석은 동화에
> 토대를 두고 있으며, 그 결과는 우리가 듣는 음악에 가해진 영구적인 손상이다."
>
> — 마스터링 엔지니어

마스터링은 제작 사슬의 마지막 고리로 볼 수 있다. 어떤 트랙이건 믹싱 다음에는 마스터링을 해야 한다. 트랙을 마스터링 하는 것이 어떤 음악제작과정에서든 중요한 이유는 전반적인 균형과 음량의 스펙트럼에서 음악적으로 두드러지는 부분을 드러내는 역할이기 때문이다.

현재 '음량 전쟁'과 관련하여 논쟁이 벌어지고 있다. 그러나 갈수록 다이내믹스를 제한하여 음량을 높이는 경우가 늘면서 댄스 플로어에서 다른 트랙보다 음량이 크지 않으면 실패할 가능성이 높아졌다. 잠재적 청중인 클러버들은 큰 소리를 좋아한다. 따라서 다른 트랙에게 음량이 밀리지 않는 동시에 다이내믹 레인지를 너무 많이 희생시키지 말아야 한다.

마스터링 과정은 프로젝트와 곡의 장르에 따라 달라진다. 그러나 솜씨 있게 믹싱을 마쳤다면 대개 전반적인 믹스의 균형을 잡기 위한 등화equalization, 펀치감과 존재감을 더하기 위한 가벼운 압축, 전반적인 음량을 높이기 위한 소리 크기 제한을 수반한다.

이런 과정을 거치면 곡의 박력이 강화되고 클럽이나 MP3 플레이어에서 나오는 다른 트랙들과 경쟁할 수 있는 스펙트럼 균형을 얻게 된다.

그러나 이 과정은 언뜻 생각하기보다 복잡하다. 그래서 전문가 수준에 오르려면 경험 많은 귀와 기술적 정확성, 지식이 뒷받침된 창의성 그리고 아주 정확한 모니터링 환경이 필요하다. 또한 (맨리 슬램Manley Slam, 백본Backbone, 매시브 패시브Massive Passive 같은) 소프트웨어로는 나오지 않는 비싼 아웃보드 장비를 써야 하며, 객관적인 관점을 지닐 수 있도록 곡에 감정적으로 얽매여서는 안 된다. 그러므로 자신의 곡을 직접 마스터링하지 말고 전문 엔지니어를 고용하기를 권한다.

곡을 녹음하고 믹싱하는 작업은 트랙의 모든 요소마다 완전한 집중을 요구한다. 반면 마스터링을 할 때는 주관적으로 더 큰 그림을 그려야 한다. 전체 프로젝트에 관여한 프로듀서로서는 이 주관적 관점을 취하기 어렵다. 트랙당 최저 30파운드를 청구하는 실력 있는 마스터링 엔지니어들이 많다. 전문가에게 마스터링을 맡길 수 있다면 이 정도 추가 비용은 감수할 만하다.

그래도 굳이 마스터링을 직접 하는 아티스트들도 있으므로 이 장은 댄스 음악을 마스터링하는 일반적인 접근법을 다룰 것이다. 다만 이 내용은 결정적인 지침이 아니라 마스터링 과정에 대한 개요로 보아야 한다. 마스터링은 복잡하고 다면적인 주제로서 제대로 다루려면 따로 책을 한 권 써야 한다.

앞서 설명한 대로 프로세싱의 순서는 전반적인 음향에 극적인 영향을 미친다. 따라서 마스터링을 할 때 각 프로세서를 타당한 순서대로 적용해야 한다. 이 편성은 종종 순서대로 프로세싱이 진행되는 통합형 마스터링 플러그인에서 두드러진다. 그러나 개별 플러그인을 쓰는 경우 대개 다음 순서를 따른다.

1. 잡음 감소
2. 미드-사이드 EQ/배음 밸런싱
3. 마스터링 리버브(흔하지는 않음)
4. 다이내믹스
5. 고조파 자극exciting

6. 스테레오 이미징

7. 소리를 키우는 극대화

잡음 감소 모든 외부 잡음은 녹음 단계에서 제거해야 하지만 때로 딸각하는 소리click나 터지는 소리 pop, 쉬익 소리hiss나 웅웅대는 소리hum가 끼어들 수 있다. 따라서 믹스를 모니터와 헤드폰으로 철저하고 세심하게 들으면서 잡음이 있는지 살펴야 한다. 이 작업은 초저주파에 반응하는 서브우퍼와 라우드스피커를 사용하는 마스터링 엔지니어에게 이점을 안긴다. 이런 장비가 없으면 마이크의 울림이나 깊은 서브 베이스 혹은 부실한 플러그인 내지 녹음 테크닉으로 흐트러진 파형을 잡아내기 어렵다.

잡음이 들릴 경우 마스터링하기 전에 제거해야 한다. 딸각하는 소리나 터지는 소리 같은 어긋난 트랜지언트는 전반적인 음량을 올리지 못하게 만든다. 또한 웅웅 소리나 쉬익 소리가 있을 경우 믹스의 전반적인 이득을 올릴 때 잡음의 음량도 늘어난다.

직접 마스터링할 경우 잡음 문제에 대처하는 가장 적절한 방법은 믹스로 돌아가 잡음의 원천을 살피는 것이다. 그래서 플러그인 때문이라면 교체하고, 부실한 녹음 테크닉 때문이라면 재녹음해야 한다. 뛰어난 소리를 내는 믹스와 마스터를 만드는 지름길은 달리 없다.

어떤 이유든 원래 믹스에 접근할 수 없다면 잡음 감소 알고리듬이나 근접 파형 편집 기술을 활용해야 한다. 후자는 두어 샘플 길이 이내에서 아주 짧게 등장하는 딸각 소리나 터지는 소리 제거에 특히 적합하다. 그 방법은 파형 편집기로 개별 샘플에 접근한 다음 펜슬 도구로 문제가 되는 잡음의 진폭을 줄이는 것이다.

이 방법은 두어 샘플에 걸쳐 아주 짧게 나오는 외부 잡음에만 적합하다. 이보다 긴 잡음의 경우 전용 감소 알고리듬을 활용하는 것이 좋다. 이 알고리듬은 딸각 소리나 터지는 소리에 일반적인 짧고 일시적인 트랜지언트의 진폭을 찾아내서 줄이며, 대다수 파형 편집기에 갖춰져 있거나 별도 플러그인으로 나온다.

웅웅 소리나 쉬익 소리는 처리하기가 더 까다로워서 전문 플러그인으로 제거해야 한다. 부실한 오디오 인터페이스에서 나오는 쉬익 소리와 열잡음의 주파수는 5kHz에서 14kHz 사이이다. 패러그래픽 EQ나 패러메트릭 EQ 시스템으로 이 주파수를 제거하면 믹스의 높은 주파수도 감소된다. 그러므로 전문 플러그인을 써서 제거해야 한다. 다만 그 효과는 음원에 좌우된다. 믹스의 상단 균형을 평평하게 만들지 않고 쉬익 소리를 제대로 제거할 수 있는 경우는 드물다.

녹음 과정에서 전자기 간섭의 결과로 생긴 웅웅 소리도 다스리기 어렵다. 웅웅 소리의 주파수는 50Hz에서 420Hz 사이에 있다. 아주 얇은 패러메트릭 EQ로 이 주파수를 일부 제거할 수 있다. 그러나 믹스의 주파수도 같이 제거되어 곡의 음조 균형이 나빠지는 경우가 많다.

무엇보다 잡음을 감소하는 모든 조치는 가볍게 접근하지 말아야 한다. 최종 스테레오 믹스에서 잡음을 감소하면 보존하고 싶은 주파수가 영향을 받는다. 특히 웅웅 소리나 쉬익 소리를 제거할 때 더욱 그렇다. 사실 FFT 잡음 프로파일링profiling을 통해 제대로 제거할 수 없는 잡음이 명백하게 존재한다면 믹스로 돌아가 문제의 근원을 바로잡는 방안을 심각하게 고려해야 한다.

미드-사이드 EQ/ 배음 밸런싱

미드-사이드 EQ와 배음 밸런싱은 실내의 음향 특성이나 부실한 모니터링 환경 때문에 믹싱 과정에서 놓친 심하게 어긋난 주파수를 바로잡은 다음 전반적인 EQ 조정으로 곡의 스타일과 장르에 맞는 음조 균형을 이루는 작업이다.

미드-사이드 프로세싱은 27장에서 믹싱을 다룰 때 설명했다. 이 작업은 마스터링에서도 마찬가지로 유용하다. 마스터링 과정에서는 주파수 스파이크를 바로잡거나, 스테레오 음장을 넓히거나, 드럼과 베이스에 존재감을 더하거나, 사운드를 덮는 리버브 같은 이펙트 문제를 줄이는 데 활용된다.

그 다음에는 EQ를 훨씬 폭넓게 적용하여 음조의 균형을 잡는다. 각 장르는 청자에게 최선의 방식으로 곡을 제시하는 다양한 음조의 균형을 지닌다. 가령 리드 악기를 강조하는 곡은 중단에서 컷을 덜 쓰는 반면 테크노나 테크하우스 혹은 덥스텝 같은 장르는 중단 주파수에서 더 큰 딥dip을 지닌다.

각 장르에서 어떤 식으로 음조의 균형을 잡는지 알려면 경청과 경험이 필요하다. 다만 초보자가 쓸 수 있는 좋은 방법은 같은 장르에 속한 여러 트랙을 워크스테이션에 놓고 스펙트럼 분석기로 전반적인 균형을 살피는 것이다. 이때 활용하는 EQ의 질이 대단히 중요하다. 대다수 마스터링 엔지니어는 전형적인 패러메트릭 EQ 시스템보다 Q 설정폭이 넓고 (종종 낮게는 옥타브당 3dB로) 전이 기울기가 부드러운 고급 31밴드 그래픽 이퀄라이저를 쓴다. 패러메트릭 EQ를 쓰는 경우 Q는 대개 0.4에서 0.9로 설정하여 스펙트럼을 더욱 폭넓게 보강한다.

스펙트럼의 균형을 잡을 때 마스터링 EQ는 폭넓게 하단, 중단, 상단으로 나눌 수 있다.

하단 (Bass)

믹스가 잘된 경우 마스터링 EQ는 대개 30Hz~40Hz 아래의 주파수를 제거하는 데 사용된다. 그 이유는 많은 클럽 시스템이 이보다 낮은 주파수를 재현하는 데 애를 먹기 때문이다. 라우드스피커가 이 저에너지 신호를 수신할 경우 주파수를 재현하려고 시도하느라 가용 대역폭이 줄어든다. 쉘빙 필터로 30Hz~40Hz 아래의 주파수를 제거하면 사운드의 낮은 배음 성분이 제거된다. 그에 따라 스피커에서 높은 음량을 위한 대역폭이 열리고 하단 주파수의 선명도가 개선된다.

믹스의 하단 주파수는 상업적 레코드보다 더 조용하게 들릴 수 있다. 그래도 이 단계에서 EQ 부스트는 피해야 한다. 존재하지 않는 에너지를 강화하려고 시도하는 것일 수 있기 때문이다. 마찬가지로 하단 '맥시마이저maximizer'도 피해야 한다. 대신 미드-사이드 다이내믹 프로세싱을 활용할 수 있다. 그러면 합이나 차를 압축하여 하단의 존재감을 강화할 수 있다.

하단의 선명도가 부족한 것이 문제라면 원하는 효과에 따라 패러메트릭 EQ나 미드-사이드 프로세싱으로 낮은 주파수를 처리할 수 있다.

많은 EDM 믹스에서 킥의 주 에너지는 80Hz에서 200Hz 사이에 자리한다. 이 영역에 부스트를 걸면 종종 믹스의 하단이 흐려지므로 차라리 트랜지언트를 부스트하는 편이 낫다. 트랜지언트는 대개 1,000Hz에서 2,500Hz 사이에 자리한다. 바로 아래에 있는 주파수를 노치 필터로 제거하면 트랜지언트가 더욱 두드러진다. 트랜지언트 주파수를 찾기 어려울 때는 6dB 부스트에 아주 좁은 Q로 주파수를 훑으면 드러난다. 파악한 다음에는 부스트를 -4dB 컷으로 바꾸고 트랜지언트 주파수 이전까지 훑는다.

중단은 주파수와 관련된 문제를 일으키는 가장 흔한 근원이다. 우리가 이 영역에 가장 민감할 뿐만 아니라 실내의 반향이 종종 지각에 영향을 미치기 때문이다. 까다롭게 경청하는 것만으로 해결책이 떠오르는 것은 아니므로, 같은 장르에 속한 소수의 전문 트랙을 가져온 다음 스펙트럼 분석기로 중단의 스펙트럼 균형을 모방하는 것이 좋다. 대개 중단에서 생기는 문제는 너무 흐리거나, 거칠거나 비음이 나는 3가지 범주로 나뉜다.

음향이 너무 흐릴 경우 180Hz에서 225Hz에 −3dB만큼 넓은 Q로 컷을 적용하면 문제의 영역을 파악하는 데 도움이 된다. 이렇게 찾은 후에는 흐릿한 음향이 돌아오기 시작할 때까지 Q를 줄인다. 믹스가 너무 거칠 경우에도 같은 절차를 따를 수 있다. 다만 이번에는 1.6kHz에서 2kHz 사이에 넓은 Q를 적용하고 거친 음향이 사라질 때까지 움직여야 한다. 이렇게 사라진 후에는 거친 음향이 돌아오기 시작할 때까지 Q를 줄여야 한다. 비음이 나는 믹스에도 같은 절차를 적용할 수 있다. 이번에는 500Hz 정도에서 넓은 Q를 활용하면 비음이 줄어든다. 그 다음 비음이 다시 나타나기 시작할 때까지 Q를 줄인다.

그림 28.1 Bx 다인EQ 미드 − 사이드 압축 플러그인

이 모든 조정 작업에서 믹스의 스펙트럼 균형을 깨지 않는 선에서 상당히 넓은 Q를 시도하고 유지하는 것이 중요하다. Q를 넓게 설정하면 더 자연스럽게 들리기 때문이다. 문제가 되는 영역을 제거하기 위해 좁은 Q나 4dB보다 큰 컷을 써야 할 경우 원래 믹스로 돌아가 바로잡는 편이 현명하다.

상단 (High Range)

믹스의 높은 주파수는 대개 문제를 겪지 않는다. 그러나 드물게 문제가 있을 경우 14kHz의 중앙 주파수에 넓은 EQ 컷을 적용하면 감소시킬 수 있다. 더 흔한 문제는 높은 주파수 요소가 충분히 선명하지 않은 것이다. 이때 12kHz에서 16kHz에 넓은 Q로 두어 데시벨의 부스트를 적용하면 선명도를 높일 수 있다. 다만 부자연스런 느낌이 날 수 있으므로 약간의 엔하모닉 익사이터enharmonic exciter를 적용하는 것이 좋다.

혹은 20kHz에서 넓은 Q로 6dB 부스트를 크게 적용하면 10kHz부터 부드럽게 오르는 전이 기울기를 만들 수 있다. 이때 우리 귀의 자연스런 반응을 모방하는 결과물이 나온다. 여기에 밸브와 비슷한 소량의 고조파 왜곡을 적용할 수 있다. 백선덜 곡선으로 불리는 이 형태를 만든 후에는 '벽돌 담brick wall' EQ를 적용하여 20kHz를 넘는 주파수를 모두 제거해야 한다. 그러면 스피커가 일반적인 영역을 벗어난 주파수를 재현하려 하지 않기 때문에 믹스 상단의 품질이 강화된다.

이런 조정은 대부분 두 채널 사이의 스테레오 균형을 유지하기 위해 스테레오로 이뤄져야 한다. 그러나 때로 한 채널에서만 조정하는 것이 좋을 수도 있다. 두 채널이 다른 주파수 성분을 지니거나 한 채널에만 부실하게 녹음/믹싱된 악기가 있는 경우가 그렇다. 이 경우 미드-사이드 프로세싱 장치로 은근하게 조정하는 것이 핵심이다. 최선의 접근법은 아주 부드러운 설정에서 출발하여 문제가 바로잡힐 때까지 서서히 조정 강도를 더해가는 것이다.

이처럼 세밀하게 EQ를 적용할 때 가장 중요한 점은 조정하기 전에 트랙을 신중하게 듣는 것이다. 즉, 조정하기 전에 문제가 정확히 어디에서 생겼는지 파악해야 한다. 그 다음 실제로 필요한 부분에만 세밀하게 EQ를 적용해야 한다. '문제' 주파수가 곡의 특정한 부분에서만 두드러진다면 전체 트랙이 아니라 해당 부분에서만 바로잡는 것이 좋다.

주파수 부스트는 대개 사운드의 자연스런 균형을 유지하기 위해 피하는 것이 좋다. 모든 EQ 조정은 전체 믹스의 전반적인 음조 균형에 대한 지각에 영향을 미친다. 가령 7kHz에서 1/2dB만큼만 부스트해도 300Hz~400Hz에서 2dB만큼 컷한 것과 같은 결과가 나올 수 있다. 믹스의 모든 주파수 영역은 상호작용을 하므로 사소한 조정도 다른 주파수에 역효과를 미칠 수 있다.

믹싱과 마찬가지로 EQ로 좋은 음조 균형을 맞추는 열쇠는 여러 주파수와 이펙트를 듣는 귀를 계발하는 것이다. 그래도 앞서 말한 대로 스펙트럼 분석기를 써서 EQ 조정이 곡의 스펙트럼 균형을 어떻게 정의하고 바꾸는지 청각과 시각을 통해 파악하는 것이 좋다.

다음은 EQ 주파수의 마스터링에 대한 일반적인 지침이다.

- 0Hz~40Hz: 이 주파수는 쉘빙 필터로 모두 제거해야 한다. 그러면 스피커의 하단 에너지가 자유롭게 풀려서 곡을 더 잘 재현하게 된다.
- 40Hz~200Hz: 이 주파수는 흔히 약해지거나 강해지지 않는다. 믹스에 펀치감 내지 깊이가 부족하거나 '퍼지는' 느낌이 난다면 대개 EQ 부스트가 아니라 미드-사이드 압축으로 보정한다.
- 100Hz~400Hz: 이 주파수 영역은 종종 '흐릿한' 사운드가 나는 믹스를 만든다. 믹스가 무르거나 흐린 반응을 보인다면 이 영역에 EQ 컷을 적용하여 문제를 줄일 수 있다.
- 400Hz~1.5kHz: 이 주파수는 종종 사운드의 '보디'에 기여하며, 컴프레서와 EQ로 믹스에 펀치감과 박력을 불어넣을 수 있다.
- 800Hz~5kHz: 이 영역은 악기의 선명도를 좌우한다. 소량의 EQ 부스트나 컷을 적용하면 많은 악기의 기본 주파수를 끌어내서 더욱 분명하게 만들어준다.
- 5kHz~7kHz: 이 주파수는 녹음 과정에서 생기는 치찰음을 초래한다. 이 경우 좁은 대역으로 설정된 패러메트릭 EQ로 문제 주파수를 제거하거나 미드-사이드 컴프레서를 활용할 수 있다.
- 3kHz~10kHz: 이 주파수는 악기의 존재감과 선명도를 좌우한다. 그래서 1dB이

나 2dB의 부스트를 적용하면 일부 악기의 존재감을 보강할 수 있다. 반면 컷을 적용하면 치찰음이나 고주파수 왜곡이 약화된다.

- 6kHz~15kHz: 이 주파수는 악기의 전반적인 존재감과 트랙을 둘러싼 '분위기'에 기여한다. 그래서 이득을 조금 늘려주면 선명도가 높아진다. 단 잡음도 같이 커질 수 있다.
- 8kHz~15kHz: 이 주파수를 부스트하면 믹스에 활기와 존재감이 더해진다(다만 쉬익 소리도 증가할 수 있다). EQ 컷은 거친 주파수를 다듬는 데 도움이 된다.

이 내용은 지침에 불과하다. 어떤 사운드가 믹스에 맞는지는 자신의 귀와 판단력에 따라 결정해야 한다.

마스터링 리버브　마스터링 리버브(전체 믹스에 리버브 적용)는 대다수 상황에서 필요한 경우가 드물다. 믹싱 단계에서 적절하게 적용했어야 하기 때문이다. 그러나 특정한 사례에서는 필요할 수도 있다. 대개 악기들이 동일한 음향 공간을 공유하지 않는 것처럼 느껴지거나 믹스에 충만함이 부족하게 느껴질 때가 그렇다.

이때 이상적인 방법은 믹싱 단계로 돌아가 문제를 보정하는 것이다. 그러나 항상 이렇게 할 수 있는 것은 아니다. 이 경우 전체 믹스에 가볍게(그리고 신중하게!) 리버브를 적용하면 곡을 한데 어울리게 만들어서 더 나은 결과를 낸다. 리버브의 양이 믹스에 달려있긴 하나 다음과 같은 일반적인 지침을 따르는 것이 좋다.

첫째, 무엇보다도 양질의 리버브 장치를 써야 한다. 부실한 알고리듬으로 만들어진 꼬리 잡음은 문제를 바로잡기보다 악화시킨다. 실제로 렉시콘Lexicon PCM 같은 좋은 리버브 플러그인을 쓸 수 없다면 차라리 리버브를 적용하지 않는 편이 낫다. 악기들 사이에 통일성만 좀 주려다가 그나마 평균 수준의 믹스가 오히려 더 나빠지는 결과를 초래할 수 있기 때문이다.

리버브의 패러미터와 적용법은 이미 살폈다. 마스터링 과정에도 같은 방식이 적용된다. 다만 마스터링 사슬에 속한 다른 이펙트나 프로세서와 달리 리버브는 인서트 이펙트가 아니라 센드 이펙트로 적용해야 한다. 믹스에 소량만 적용하기 때문이다.

리턴return 설정은 전적으로 믹스에 맞춰야 하지만 일반적으로는 15% 웨트wet 신호에 85% 드라이dry 신호 정도다. 이렇게 설정한 후 다른 리버브 패러미터를 조정한 다음 믹스에 맞을 때까지 웨트 신호를 줄이면 된다.

일반적으로 악기들이 융화되도록, 믹싱 단계에서 적용된 리버브보다 꼬리가 약간 더 길도록 디케이 시간을 설정해야 한다. 대다수 댄스 음악의 경우 이는 2ms에서 8ms 정도다. 또한 방의 크기가 디퓨즈 설정을 좌우한다. 그래서 작은 방은 부정확한 인상을 만들지 않도록 아주 낮게 설정해야 한다. 그리고 사운드를 너무 많이 덧칠하는 느낌이 들면 (27장에서 다룬 대로) 스테레오 합에만 리버브를 적용하는 미드/사이드 기법을 활용할 수 있다.

이 단계에서 리버브를 적용할 때 가장 중요한 측면은 계속 우회하면서 효과가 믹스에 전달되는지 확인하는 것이다. 리버브가 적용될 때는 크게 두드러지지 않지만 제거하면 즉시 표시가 나도록 만드는 것이 좋은 기준이다.

다이내믹스

EQ (그리고 드물게 마스터링 리버브) 다음에는 대개 다이내믹스를 조작하여 믹스에 펀치감과 선명도를 더한다. 다만 전체 믹스에 일반적인 컴프레서를 적용하는 방법으로는 이 일을 이룰 수 없으며, 트랙에서 가장 소리가 큰 부분이 컴프레서를 움직이므로 가장 큰 에너지(킥 드럼)에 반응하여 전체 믹스가 고동치고 호흡하게 된다.

고동치는 느낌은, 믹싱 단계에서는 사이드 체인을 통하며, 마스터링 단계에서는 복합 대역 압축과 미드/사이드 압축을 흔히 활용한다. 그러면 다른 주파수 대역과 스테레오 위치의 다이내믹스를 바꿔서 더 분명한 소리를 내는 믹스를 만들 수 있다.

가령 믹스의 높은 주파수를 강하게 압축하면 사운드가 밋밋해진다. 따라서 가볍게 적용해야 한다. 반대로 낮은 영역에는 강한 압축을 걸어서 사운드를 고르고 일부 주파수 대역에 음량을 더한다.

이 주파수별 음량은 대다수 댄스 음악에서 중요한 측면이다. 특히 낮은 주파수가 더욱 그루브로 과소평가하지 말아야 한다. 음량 측면에서 다른 곡들과 겨뤄야 하고, 게다가 같은 악절을 서로 다른 음량으로 들려주면 대다수는 큰 소리를 선호하므로 믹스의 다이내믹스를 줄여서 전반적인 음량을 높이는 방법이 그럴듯해 보이나 이 방법에는 한계가 있다.

　지난 몇 년 동안 다이내믹 레인지를 과감히 줄여 소리를 크게 만드는 경우가 늘면서 음량 전쟁이 벌어졌다. 이런 추세는 음악과 청자, 모두에게 해로운 영향을 미친다. 우리는 원래 음악을 들을 때 어느 정도의 다이내믹스를 기대하며, EDM의 경우 곡의 보디와 이루는 다이내믹 레이쇼는 킥에 궁극적인 펀치punch감을 부여한다. 다이내믹 레인지를 심하게 줄이면 보디가 킥과 같은 수준이 되어 펀치감이 아예 사라질 수밖에 없다.

　또한 소리가 큰 곡은 분명 청자의 주의를 끌지만 이 효과는 처음 1, 2분 정도에 그친다. 다이내믹스를 심하게 줄인 곡은 처음에는 강하게 때리는 느낌을 주지만 너무 '뜨거우면' 금세 귀를 지치게 만든다. 사실, 다이내믹스를 가차 없이 줄이는 것은 라디오 방송에서 재생하는 곡에만 쓸모가 있다.

　모든 라디오 방송은 다음 2가지 이유로 신호를 제한한다.

　a. 전송 신호를 과도하게 변조하지 않도록 특정 최대치로 수준을 제한해야 한다.
　b. 청자의 주의를 붙들기 위해 가능한 한 곡의 소리가 크기를 원한다.

　따라서 입력 수준이 어떻든 간에 출력 수준은 항상 일정하다. 그에 따라 한 믹스가 다른 믹스보다 소리가 두어 데시벨 더 크더라도 라디오에서 재생하면 불가피하게 차이가 없어진다.

　믹스다운/마스터링 단계에서 믹스를 강하게 압축하면 더 억누를 여지가 없기 때문에 방송국에서 건드리지 못한다는 주장이 있다. 일면 타당한 논리이기는 하지만 강한 압축으로 평균 믹스 수준을 너무 높게 설정하면 더 많은 문제가 생긴다. 방송국의 프로세서가 곡의 에너지를 신호의 피크와 혼동하여 더 줄이려고 시도할 수 있기 때문이다. 그러면 곡의 펀치감이 완전히 제거되어 다른 댄스곡과 비교할 때 밋밋한 느낌을 주게 된다. 따라서 마스터링을 할 때 출력 음량과 다이내믹 레인지 사이에 절충을 할 필요가 있다.

　일반적인 기준에 따르면 킥의 피크와 평균 믹스 수준의 차이(고점 대 평균 비율peak

to average ratio로 불림)는 4dB 내지 5dB보다 작아서는 안 된다. 이 경우 전반적인 이득을 늘리는 한편 충분한 다이내믹스의 변화를 보존하여 믹스가 가정용 하이파이 시스템에서 '밋밋하게' 들리지 않도록 만들 수 있다.

복수 대역 압축은 댄스 트랙에 약간의 펀치감을 더하는 일 외에 다른 기능도 지닌다. 보컬이나 리드 멜로디를 둘러싼 다이내믹스를 조작하면 박력을 더할 수 있다. 다만 이 방법은 경솔하게 써서는 안 된다. 마스터링 단계에서 역동적인 느낌을 주입하려면 분위기와 흐름 그리고 감정을 잡아내는 경험 많은 귀가 필요하기 때문이다.

그루브를 위해 다이내믹스를 조작하는 사례로 다음과 같은 리듬감 있는 악절을 보자.

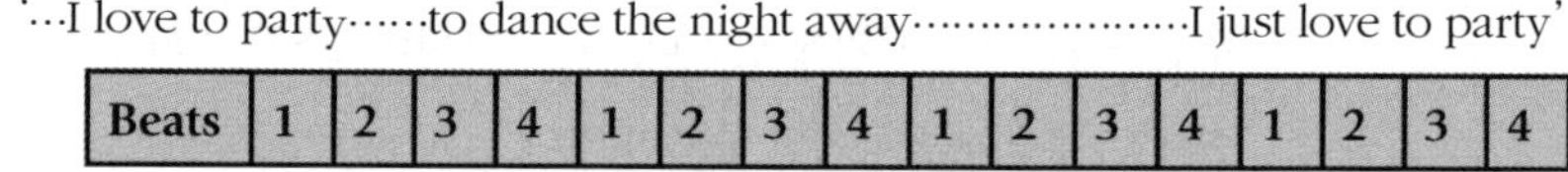

이는 그다지 복잡한 보컬 라인이 아니다. 다만 각 마디의 엇박에 강세가 들어간다. (보컬이 자리하는) 중단 영역 전체를 강하게 압축하면 이 보컬 라인은 쉽게 다음과 같이 바뀔 것이다.

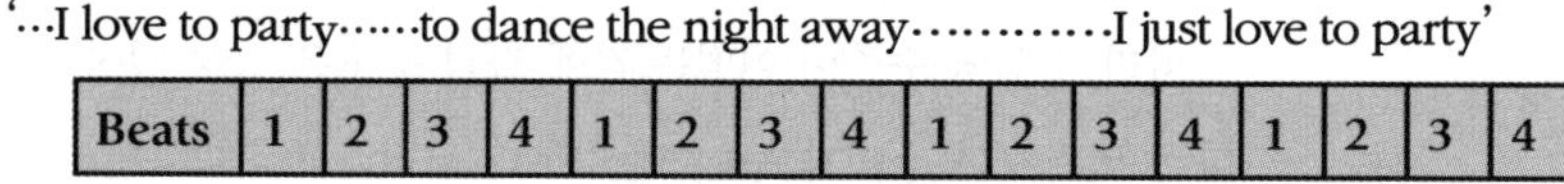

중단 전체에 걸쳐 다이내믹 레인지를 심하게 줄이면서 트랙의 다이내믹스가 사라지고 그에 따른 느낌이 제거되었다. 그러나 특정한 부분만 신중하게 압축하면 다음과 같은 결과가 나온다.

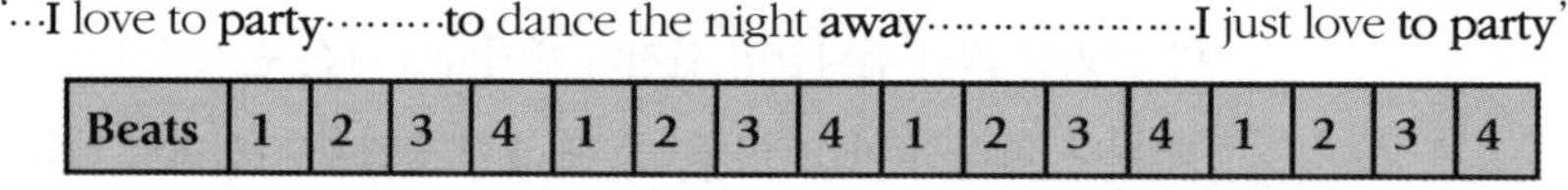

강세가 보여주듯이 단지 보컬만이 아니라 바로 뒤에 있는 믹스 악기들도 조정하게

댄스 뮤직 바이블

되며, 이런 작업도 곡에 영향을 미친다.

이처럼 정확하게 다이내믹스를 조작할 때는 컴프레서의 패러미터도 정확하고 신중하게 설정해야 한다. 릴리스를 너무 길게 설정하면 다음 강세나 보조 강세가 나올 때까지 컴프레서가 충분히 빠르게 회복되지 않을 수 있다. 반면 너무 짧게 설정하면 사운드가 왜곡된다. 마찬가지로 어택이 너무 짧으면 단어와 곡의 초기 트랜지언트가 물러져서 애초에 압축을 하는 의의를 저버리게 된다.

더 중요한 점은 압축을 할 경우 보완 이득을 늘려야 한다는 것이다. 이렇게 소리가 커지면 판단에 부정적인 영향을 미칠 수 있다. 그래서 잘못된 자리에 강세 압축을 적용해도 소리가 더 낫다고 생각하게 된다. 따라서 이득을 미압축 악절과 동일한 수준으로 유지하여 음량만으로 소리를 개선하지 않도록 하는 것이 중요하다.

복수 대역 컴프레서를 믹스에 적용하는 작업은 믹스에 따라 달라지기 때문에 정해진 접근법이나 보편적인 설정이 없다. 그래도 처음에 컴프레서를 설정할 때 따를 수 있는 몇 가지 일반적인 지침은 있다.

- 3대역 컴프레서의 경우, 각 대역을 2:1로 설정한 다음 하단과 중단 그리고 상단을 압축하도록 주파수를 조정한다.
- 4대역 컴프레서의 경우, 한 대역은 하단을 압축하고, 두 대역은 중단을 압축하며, 나머지 하나는 상단을 압축하도록 교차 주파수를 조정한다.
- 5대역 컴프레서의 경우, 두 대역은 하단을 압축하고, 다른 두 대역은 중단을 압축하며, 나머지 하나는 상단을 압축하도록 교차 주파수를 조정한다.

교차 주파수는 믹스에 따라 달라진다. 다만 보컬은 컴프레서의 하단이나 상단으로 압축되지 않도록 해야 한다. 그러면 보컬에 초점을 맞춘 단일(혹은 5대역의 경우 두 개의) 컴프레서를 조정하여 믹스의 다이내믹스에 이동감을 더할 수 있다.

복수 대역 컴프레서를 믹스의 일부에 적용하면 전반적인 균형이 흐트러진다. 이때 EQ를 다시 적용하지 말고 각 컴프레서의 출력 이득을 조정하여 믹스를 고르게 유지하는 것이 좋다.

믹스의 하단에 무게감이 부족한 경우 전면으로 두드러질 때까지 경계를 낮추고 비율을 높이면 문제를 해결할 수 있다. 그러나 단지 중단을 덜 압축하면 베이스를 끌어올릴 수 있는 경우도 있다. 따라서 모든 대역을 신중하게 혼합해야 온전한 믹스가 나온다. 가령 중단을 강하게 압축하면 믹스의 전면으로 끌려나오면서 상단과 하단을 앞지른다. 이 경우 하단을 압축하는 것이 아니라 중단에 대한 압축을 줄이는 것이 좋다.

어택과 릴리스 패러미터도 믹스의 전반적인 음조 균형에 영향을 미친다. 따라서 신중하게 조정해야 한다. 대개 하단 주파수의 경우 어택 시간을 빠르게 설정할 수 있다. 트랜지언트가 거의 혹은 전혀 없는 저주파수로만 구성되어 있기 때문이다. 또한 컴프레서가 빨리 회복하도록 릴리스는 가능한 한 빠르게 설정할 수 있다. 대개 릴리스를 빠르게 설정할수록 하단이 더 고동친다. 이때 믹스의 느낌을 해치지 않을 정도로 약간만 고동치도록 설정해야 한다.

중단의 경우 어택 시간을 하단보다 길게 설정하여 트랜지언트를 보강하는 것이 좋다. 또한 릴리스는 펌핑이 생기지 않는 범위 내에서 가능한 한 짧게 설정해야 한다.

끝으로 상단은 비교적 빠른 어택으로 트랜지언트가 너무 두드러지지 않도록 만들어야 한다. 다만 파형이 저주파수보다 짧기 때문에 릴리스 시간도 짧게 설정할 수 있다. 이때 중단과 비슷하게 다이내믹스에 펌핑이 생기지 않는 범위 내에서만 짧게 설정하도록 한다.

다음은 일반적인 출발점으로 삼을 수 있는 3대역, 4대역, 5대역 컴프레서의 전형적인 설정이다.

3대역 컴프레서　　**1대역: 믹스의 하단을 강화한다.**

- 주파수– 0Hz~400Hz
- 비율– 4:1
- 경계– 계속 작동하도록 가장 조용한 음보다 3dB 아래
- 어택– 10ms~20ms
- 릴리스– 140ms~180ms
- 이득 보완– 압축 이전 수준보다 3dB~5dB 높도록 이득 증가

2대역: 믹스를 강화하고 약간의 '무게감'을 더한다.

- 주파수– 400Hz~1.5kHz

- 비율– 2:1

- 경계– 자주 작동하도록 가장 조용한 음보다 약간 위

- 어택– 10ms~20ms

- 릴리스– 100ms~160ms

- 이득 보완– 압축 이전 수준보다 1dB 높도록 이득 증가

3대역: 악기의 선명도를 높이고 '거칠거나' '거슬리는' 부산물을 줄인다.

- 주파수– 1.5kHz~15kHz

- 비율– 2:1

- 경계– 자주 작동하도록 가장 조용한 음보다 약간 위

- 어택– 5ms~20ms

- 릴리스– 100ms~130ms

- 이득 보완– 압축 이전 수준보다 1dB 높도록 이득 증가

4대역 컴프레서　　**1대역: 믹스의 하단을 강화한다.**

- 주파수– 0Hz~120Hz

- 비율– 4:1

- 경계– 계속 작동하도록 가장 조용한 음보다 3dB 아래

- 어택– 10ms~20ms

- 릴리스– 150ms~180ms

- 이득 보완– 압축 이전 수준보다 3dB~5dB 높도록 이득 증가

2대역: 믹스를 전체적으로 강화하고 악기와 보컬에 따스한 느낌을 더한다.

- 주파수– 120Hz~2kHz

- 비율– 2.5:1 혹은 3:1

- 경계- 자주 작동하도록 가장 조용한 음보다 약간 위

- 어택- 20ms~30ms

- 릴리스- 100ms~160ms

- 이득 보완- 압축 이전 수준보다 1dB~3dB 높도록 이득 증가

3대역: 악기의 선명도를 높인다.

- 주파수- 2kHz~19kHz

- 비율- 3:1

- 경계- 계속 작동하도록 가장 조용한 음보다 2dB 아래

- 어택- 10ms~20ms

- 릴리스- 100ms~180ms

- 이득 보완- 압축 이전 수준보다 2dB 높도록 이득 증가

4대역: 중상단 및 상단 주파수 악기의 선명도를 높인다.

- 주파수- 10kHz~16kHz

- 비율- 2:1 혹은 3:1

- 경계- 자주 작동하도록 가장 조용한 음보다 약간 위

- 어택- 5ms~25ms

- 릴리스- 100ms~140ms

- 이득 보완- 압축 이전 수준보다 1dB 높도록 이득 증가

5대역 컴프레서

1대역: 믹스의 하단을 강화한다.

- 주파수- 0Hz~180Hz

- 비율- 5:1

- 경계- 계속 작동하도록 가장 조용한 음보다 3dB 아래

- 어택- 10ms~20ms

- 릴리스- 130ms~190ms

* 이득 보완- 압축 이전 수준보다 3dB~5dB 높도록 이득 증가

2대역: 리듬 섹션과 전체 믹스를 강화한다.

* 주파수- 180Hz~650Hz
* 비율- 2.5:1 혹은 3:1
* 경계- 자주 작동하도록 가장 조용한 음보다 약간 위
* 어택- 10ms~20ms
* 릴리스- 130ms~160ms
* 이득 보완- 압축 이전 수준보다 3dB 높도록 이득 증가

3대역: 믹스에 약간의 무게감을 더하고 에너지를 높인다.

* 주파수- 650Hz~1.5kHz
* 비율- 3:1
* 경계- 계속 작동하도록 가장 조용한 음보다 1dB 아래
* 어택- 15ms~25ms
* 릴리스- 100ms~130ms
* 이득 보완- 압축 이전 수준보다 1dB~3dB 높도록 이득 증가

4대역: 중단에서 상단 주파수 악기의 선명도를 높인다.

* 주파수- 1.5kHz~8kHz
* 비율- 2:1 혹은 3:1
* 경계- 자주 작동하도록 가장 조용한 음보다 약간 위
* 어택- 5ms~10ms
* 릴리스- 100ms~140ms
* 이득 보완- 압축 이전 수준보다 1dB~4dB 높도록 이득 증가

5대역: '거칠거나', '거슬리는' 상단 같은 원치 않는 부속물을 줄인다.

- 주파수- 8kHz~16kHz

- 비율- 2:1 혹은 3:1

- 경계- 최고 피크에서 가끔 작동하도록 설정

- 어택- 5ms

- 릴리스- 100ms~140ms

- 이득 보완- 압축 이전 수준보다 1dB 높도록 이득 증가

이는 꼭 지켜야 하는 설정이 아니고 일반적인 출발점으로 삼을만한 사항들이다. 이렇게 컴프레서를 설정한 다음 각 변화가 만드는 차이를 들으면서 보완 이득, 경계, 어택, 릴리스, 비율을 증감해야 한다.

고조파 자극
HARMONIC
EXCITEMENT

일부 엔지니어는 컴프레서 다음에 고조파 자극기harmonic exciter**를 활용하여 믹스의 중상단 및 하단을 선명하게 만든다. 이 작업은 순전히 개인적인 선호에 달려 있어 인위적인 느낌을 준다고 싫어하는 엔지니어들도 있다. 그러나 두 입장 모두 타당성을 지닌다. 따라서 적용 여부는 프로젝트를 맡은 엔지니어가 결정해야 한다.**

음향심리학적 강화 작업을 하는 이유는 현대의 녹음 기술 때문이다. 이제는 곡을 거듭 녹음하는 일이 가능하다. 그래서 특히 높은 주파수에서 곡의 선명도와 세부성이 종종 저해된다. 그러면 주파수 성분에 생명력이 부족하게 느껴진다. 이때 강화 장치를 활용하면 생명력이 되살아나 곡이 더 깨끗하고, 선명하며, 분명하게 느껴진다.

1975년에 에이펙스Aphex라는 미국 기업이 처음으로 익사이터를 개발했다. 속설에 따르면 이 개발은 우연히 이뤄졌다. 구체적으로는 한 채널만 작동하고 다른 채널은 얇게 왜곡된 신호를 내보내도록 스테레오 앰프 키트를 잘못 조립한 것이 계기였다. 두 채널을 합하자 신호가 더 깨끗하고 선명하며 강화된 느낌이 났다. 에이펙스는 그 원인을 연구한 후 소량의 제어된 고조파 왜곡을 오디오 신호에 적용하면 스펙트럼이 강화된다는 결론을 내렸다.

원래 처음 나온 에이펙스 익사이터는 분당 약 20파운드에 대여만 가능했다. 그러다

가 수요가 크게 늘면서 곧 판매가 이뤄졌다. 이 기기는 하단이나 중단 혹은 상단 주파수를 선택하여 다른 양으로 2차 및 3차 고조파 왜곡으로 처리할 수 있도록 해준다. 그 다음 왜곡된 신호를 약간의 위상 변화 처리를 한 원래 신호와 합친다.

많은 엔지니어에게 에이펙스 시스템은 믹스를 자극하는 최선의 수단이다. 그러나 다른 대안도 있다. 에이펙스가 익사이터 제품군에 오럴 익사이터Aural Exciter라는 이름을 붙이자 다른 제조사들은 자사 익사이터를 '사이코어쿠스틱 인핸서psychoacoustic enhancer'라 명명했는데 여기에는 SPL과 BBE 같은 제품들이 포함된다.

이 기기들은 모두 일종의 다이내믹 EQ와 위상 정렬 기능을 활용한다. 우리가 음향에서 파악하는 많은 정보는 초기 트랜지언트에서 나온다. 녹음 과정과 뒤이은 프로세싱 과정에서 위상이 변화할 수 있다. 그에 따라 트랜지언트가 덜 분명해진다. 이때 인핸서로 위상을 재정렬하면 트랜지언트가 더욱 분명해져서 명확성과 선명도가 높아진다.

익사이터를 활용하여 추가로 광택을 입히면 종종 음향이 개선된다. 그러나 신중을 기할 필요가 있다. 익사이터가 만드는 결과물은 가산되며, 우리의 귀는 금세 프로세싱에 익숙해진다. 그래서 프로세싱을 심하게 하면(종종 '오버쿠킹overcooking'이나 '프라잉frying'으로 지칭됨) 듣기 피곤한 음향이 된다.

<table>
<tr><td>

스테레오 폭
STEREO
WIDTH

</td><td>

익사이터 다음에는 스테레오 폭을 넓히는 경우가 많다. 이 작업은 2가지 방식으로 이뤄진다. 첫 번째는 미드 사이드 프로세싱을 통해 스테레오 합을 보강하는 한편 차(중앙)를 압축하는 것이고, 두 번째는 스테레오 폭을 넓히는 특정 이펙트를 활용하는 것이다.

</td></tr>
</table>

이 이펙트는 단순해서 대개 스테레오 이미지를 넓히는 하나의 패러미터만 갖추고 있다. 왼쪽과 오른쪽 채널에서 공유하는 사운드는 한쪽으로 패닝하는 것이 아니라 믹스의 중간에 있는 것처럼 느껴진다. 이때 한 채널을 다른 채널로부터 빼면 위상이 조정되어 더 넓은 스테레오 효과를 낸다.

다른 마스터링 과정처럼 스테레오 폭을 넓히는 이펙트를 과용하면 곡에 해를 끼치므로 신중을 기해야 한다. 스펙트럼을 넓힐 때 위상이 조정되면서 믹스의 중간에 '구멍'이 생긴다. 여기에 대개 베이스와 킥 드럼 그리고 보컬이 자리하므로 에너지가 확연히 부족해질 수 있다.

음량 제한 (맥시마이저 MAXIMIZER)

마스터링 사슬의 마지막 고리는 '맥시마이저'를 통한 음량 제한이다. 그 목적은 피크의 음량 수준을 낮춰서 신호에 과부하를 주지 않고 나머지 믹스의 상대적 음량을 높이기 위한 것이다. 이때 리미터가 아니라 '맥시마이저'를 쓰는 경우가 더 많다. 피크 신호를 잘라내지 않고 둥글게 다듬어서 더 자연스런 소리를 내기 때문이다. 이는 워크스테이션에서 원치 않는 부속물을 만드는 노멀라이징normalizing보다 선호되는 접근법이다.

오디오 워크스테이션이나 편집기로 오디오를 노멀라이징하면 파일을 스캔하여 가장 높은 파형의 피크를 찾은 다음 이 피크가 디지털 한계치에 이를 때까지 전체 섹션의 음량을 높인다. 이 방법을 쓰면 이론적으로는 원치 않는 부산물을 만들지 않고 음량을 높일 수 있다. 그러나 실제로는 피크에 직접 비례하여 음량을 높일 뿐이다. 문제는 우리가 신호의 피크가 아니라 평균 음량으로 음량을 지각한다는 것이다. 음량 맥시마이저를 쓰면 파일이 지닌 피크와 보디의 다이내믹 레인지가 줄어들며, 그에 따라 곡의 보디가 증가하여 지각되는 음량을 키운다.

당연한 이야기지만 압축을 하는 경우처럼 맥시마이저를 과하게 적용하면 다이내믹 레인지가 제한되어 보디에 대비되는 킥의 진폭이 큰 영향을 받는다. 따라서 신중을 기하지 않으면 안 된다. 피크와 평균의 비율을 적어도 4dB 내지 5dB로 혹은 킥 드럼이 믹스에서 정말로 두드러지게 하고 싶다면 약간 더 높게 유지하는 것이 이상적이다.

간단한 성격 때문에 대다수 맥시마이저는 경계, 보완 이득 제어(종종 마진margin으로 불림), 릴리스, 단단하거나 부드러운 제한brick wall or soft limiting을 선택할 수 있는 옵션으로만 구성된다. 지금부터 이 기능들을 살펴보자.

경계

리미터와 컴프레서의 경우처럼 맥시마이저의 경계는 작동이 시작되는 수준을 설정한다. 이 패러미터를 줄이면 더 많은 신호가 제한되고, 늘리면 제한되는 신호의 양이 줄어든다.

일반적으로 파형의 피크(대개 킥 드럼)가 두어 데시벨만큼 제한되는 한편 킥과 주 믹스 사이의 진폭은 4dB 미만으로 줄어들지 않도록 경계를 조절해야 한다.

보완 이득 (혹은 마진)

이는 컴프레서의 보완 이득과 비슷하며, '맥시마이징' 이후 믹스의 전반적인 출력 수준을 정하는 데 쓰인다.

댄스 뮤직 바이블

폭넓게 말해서 출력 수준이 단일 이득에 이르도록 늘리지 않는 것이 좋다. 그보다 추가 프로세싱을 하는 경우 −8dB 낮게 설정하는 것이 좋다.

릴리스

릴리스 패러미터 역시 컴프레서의 릴리스 패러미터와 비슷하다. 이 패러미터는 신호를 처리한 *다음* 리미터가 얼마나 빨리 회복하는지 결정한다. 전반적인 신호의 음량을 늘릴 수 있도록 가능한 한 짧게 설정하는 것이 이상적이다.

그러나 너무 짧게 설정하면 신호가 왜곡된다. 그래서 가장 길게 설정한 후 믹스를 들으면서 점차 줄이는 방법이 좋다. 믹스가 왜곡되거나 잘리기 시작하면 해당 지점 바로 위로 시간을 늘리면 된다. 대개 오디오 파일에 리미터를 많이 적용할수록 릴리스를 길게 설정해야 한다.

단단한/부드러운 제한

대다수 마스터링 리미터나 음량 맥시마이저는 단단하거나brick wall 부드러운soft 모드로 제공된다. 일부 기기는 두 모드를 오갈 수 있다.

아주 좋은 맥시마이저는 두 모드에서 모두 비슷하게 자연스런 사운드를 낸다. 리미터를 강하게 거는 정도에 따라 단단한 모드보다 부드러운 모드가 더 투명하게 느껴진다.

부드러운 리미터를 강하게 적용할 경우 전반적인 수준이 단일 이득을 넘어설 수 있다. 그러나 그렇지 않을 때 대개 더 자연스럽고 투명한 느낌을 만들어낸다. 단단하게 설정할 경우 리미터를 아무리 강하게 적용해도 단일 이득을 넘지 않는다. 그러나 신호를 너무 강하게 밀어붙이면 리미터가 피크를 제대로 다듬지 못해서 '와삭crunchy'거리거나 '디지털' 느낌이 나는 사운드를 만든다.

일반적인 마스터링 팁

• **직접 마스터링하고 싶은 유혹을 이겨내라.**

모든 마스터링 엔지니어는 공정한 태도로 곡을 대하며, 프로젝트에 직접 참가한 사람은 가질 수 없는 객관적인 관점을 제공한다. 전문 마스터링 엔지니어를 고용할 생각이 없다면 지식을 갖춘 친구나 동료 음악가에게 부탁하라. 다른 사람의 해석은 생각지 못했던 결과를 만들 수 있다.

- **가능하다면 전체 영역을 포괄하는 정직한flat 모니터를 써라.**

  CD, 음반, MP3는 대다수 근거리 음장 모니터의 역량을 뛰어넘는 주파수 영역을 만들어낸다. 신호를 듣지 못하면 정확한 판단을 내릴 수 없다. 또한 마스터링 엔지니어는 곡이 모든 사운드 시스템에서 정확하게 재현되도록 정직한 모니터를 쓴다.

- **고정된 음량으로 모니터링하라.**

  언제나 편한 음량을 고정시킨 상태로 모니터링 하라. 큰 소리로 모니터링하면 귀가 금세 피곤해지고, 플레처 먼슨 음조 제어 곡선 때문에 믹스의 주파수가 영향을 받는다. 음량을 정한 다음에는 전문가가 마스터링한 트랙과 자신의 믹스를 비교해보라.

- **언제나 전문가가 마스터링한 트랙과 자신의 트랙을 비교하라.**

  이는 귀를 훈련하는 최선의 방법이다. 자신의 곡과 전문가가 마스터링한 트랙을 계속 오가면 객관적인 관점을 얻을 수 있다.

- **항상 전후 비교를 하라.**

  우리의 귀는 음조 변화에 비교적 빨리 적응한다. 따라서 프로세서를 적용한 다음에는 항상 이전 버전과 비교하라.

- **문제가 없으면 보정하지 마라.**

  초보 프로듀서들이 많이 저지르는 실수는 먼저 들어서 문제를 파악하지 않은 채 EQ 및/혹은 복수 대역 컴프레서를 만지는 것이다. 근질대는 손가락은 부실한 마스터링을 초래하기 마련이다. 그러니 먼저 믹스를 꼼꼼하게 들어라. 마스터링 단계에서는 프로세싱을 덜할수록 전반적인 결과가 좋아진다.

- **프리세트나 위저드wizard를 쓰지 마라.**

  모든 음악은 서로 다르다. 그러니 올바른 EQ나 컴프레서에 대한 다른 사람의 생각이 아니라 자신의 귀를 믿어야 한다. 트랙마다 접근법이 다르다는 사실을 명심하고 이전 트랙을 마스터링할 때 적용한 설정을 다른 트랙에 적용하지 말아야 한다.

- **믹스를 노멀라이징하지 마라.**
  노멀라이징 알고리듬은 가장 높은 피크를 찾은 다음 주위 오디오의 음량을 늘린다. 그러나 귀는 같은 방식으로 반응하지 않고 평균적인 수준으로 음량을 판단한다.

- **사운드를 개선하는 데 필수적이지 않은 프로세서는 적용하지 마라.**
  단지 누가 마스터링에 특정 프로세서를 썼다고 해서 그걸 당연한 것처럼 따라하지 말아야 한다. 모든 DSP 절차는 음질을 저해한다. 그래서 마스터링 단계에서 믹스에 프로세싱을 덜할수록 더 나은 음향이 나오기 마련이다.

- **가능하다면 VU 미터로 믹스의 수준을 측정하라.**
  VU 미터는 최신 디지털 피크 미터보다 구식인 것으로 치부되지만 마스터링에 더 적합하다. 디지털 피크 미터는 신호에서 가장 소리가 큰 피크만 측정하므로 드럼 루프를 측정하면 조용하더라도 수준이 아주 높게 보일 수 있다. 반대로 VU 미터는 오디오 신호의 전반적인 음량(RMS)을 측정한다.

- **비트 레이트를 가능한 한 높게 유지하고 (필요하다면) 녹음하기 전에만 디더링dither하라.**
  최종 매체에 복사할 준비가 될 때까지 믹스에 최대한 많은 비트를 사용하라. 녹음과 믹싱 과정 전체에 걸쳐 16비트로 작업하면 이득을 올리는 것 같은 추가 프로세싱이 비트를 줄인다. 신호에 비트가 많이 담길수록 신호 대 잡음비가 나아져서 왜곡될 가능성이 줄어든다.

- **형편이 되는 한 최고의 소프트웨어와 사운드카드를 써라.**
  부실한 사운드카드는 최종 결과물의 전반적인 질을 저하시킨다. 또한 부실한 EQ, 컴프레서, 디더링 알고리듬은 질을 더욱 저하시킨다.

- **항상 마스터링한 믹스를 모노로 점검하라.**

  라디오에서 방송할 트랙인 경우 스테레오뿐만 아니라 모노로도 소리가 좋아야 한다. 대다수 라디오는 스테레오로 방송하지만 신호가 약간만 어긋나도 모노로 수신된다. 그래서 모노 호환성을 점검하지 않으면 아주 다른 소리가 날 수 있다.

- **전문 마스터링 공장을 활용하라.**

  대중 시장에 판매할 음반이라면 전문가에게 보내는 것을 진지하게 고려해야 한다. 전문 마스터링의 차이는 실로 클 수 있으며, 추가 비용을 들일 가치가 있다. 마스터링은 정밀한 작업이고 정확한 마스터 카피를 만들려면 정말 좋은 귀golden ear가 필요하다.

발표와 홍보

'우리는 언제나 스스로를 과대평가해왔다.
그러나 이제는 생각하는 만큼 뛰어나다. 어쩌면 아닐지도 모르지만.'

– 니콜라우스 아슨Nicholaus Arson

곡을 쓰고, 편곡하고, 제작하고, 믹싱하고, 마스터링 했다면 세상에 내보낼 때가 되었다. 가장 흔한 방법은 사운드클라우드SoundCloud에 계정을 만들고 트랙을 올리는 것이다. 사운드클라우드는 현재 아티스트들이 곡을 올리는 대표적인 온라인 커뮤니티로서 곡에 개별 URL을 제공한다. 그래서 곡을 페이스북 같은 소셜 미디어에 바로 올리거나 API 도구를 써서 휴대폰 내지 아이패드로 넣을 수 있다. 무엇보다 중요한 점은 곡을 온라인에 올린 다음 해당 장르를 취급하는 여러 독립 음반사를 물색하여 링크를 제공하고 반응을 기다릴 수 있다는 것이다. 내가 상대한 거의 모든 독립 음반사는 며칠 안에 반응을 전달했다.

다만 소형 독립 음반사와 계약하면 여러 가지 문제를 겪을 수 있다. 회사의 안정성과 신뢰성이 보장되기 않기 때문이다. 사실 좋은 음반사를 찾더라도 직접 홍보하는 것만큼 열심히 뛰는 곳은 드물다. 처음 출발할 때는 홍보에 모든 것이 달려있다 해도 과언이 아니기 때문에 개인 라벨로 직접 곡을 발매하고 홍보하는 아티스트들이 늘고 있다.

개인 라벨을 시작하고 운영하는 방법에 대한 정보는 사이먼 애덤스Simon Adams가 도움을 주었다. 그는 여러 독립 음반사를 운영했고, 직접 댄스 음악을 제작했으며, 현재 케이티 잭스Katie Jacks와 홍보회사를 운영하고 있다.

독립 아티스트로서 사업을 시작하기 위한 현실적인 단계

현재 아티스트들은 인터넷의 힘을 활용하여 전통적인 음반사를 끼지 않고 직접 트랙을 발매할 수 있다. 그러나 독립 아티스트로서 성공하려면 음반사 직원들이 맡던 음악 산업의 사업 영역에 대한 지식이 절대적으로 필요하다.

독자적으로 성공하려는 모든 아티스트들에게 내가 주고 싶은 첫 번째 조언은 음악을 자신의 사업으로 대하고 모든 일을 소규모 음반사처럼 처리하라는 것이다. 음악계에서 독자적으로 오래 경력을 이어가기 위해서는 이것이 가장 중요한 조언이다.

대규모 음반사는 계약을 하면 곡을 저작권 대행사에 등록하고, 혹시 트랙에 사용한 샘플이 있다면 클리어링(sample clearing:샘플링 음원에 대한 저작권 소재를 분명히 표시하는 일) 하고, 모든 커버 버전의 작곡가가 올바로 기록되도록 퍼블리셔를 접촉하고, 마케팅을 준비하고, 언론과 라디오 그리고 DJ를 상대로 홍보하는 일 등을 한다. 음반사들이 갈수록 적은 트랙을 계약하므로 음악 산업에서 독자적으로 경쟁하려면 이런 일들을 직접 해야 한다.

다음은 직접 발매를 시작하는 모든 아티스트들이 토대로 삼을 수 있는 몇 가지 조언과 기법이다. 여기에는 직접 음반을 발매할 때 알아야 하는 영역들에 대한 기본적인 내용이 담겨 있다. 새로운 디지털 음악 산업의 미덕은 아티스트와 음반사들이 이 원칙들을 수용하여 수익을 올리는 새로운 방식을 열어간다는 것이다. 그러니 이 내용을 근본적인 출발점으로 삼아 자신의 아이디어를 펼치고 넓히기 바란다.

곡을 직접 발매한다는 것은 사실상 사업을 시작한다는 뜻이다. 이는 성공을 위한 견고한 발판을 갖추는 셈이다. 곡을 전문적인 제품으로 대하겠다고 확고하게 결심하면 성공작으로 만드는 것이 훨씬 덜 고생스럽고 쉬워진다.

독립 활동의 초기에는 대다수 문서 작업을 배우고 직접 해야 한다. 가능하다면 관련 기술을 갖춘 친구나 가족에게 도움을 구하라. 가령 엑셀을 잘 다루는 친구나 형제가 있다면 수입과 지출을 관리할 예산 표를 만드는 데 도움을 받을 수 있다. 또한 그래픽 디자인을 잘하는 지인은 로고나 앨범의 삽화를 만들어줄 수 있다. 이렇게 도움을 구하는 것은 비용을 줄이는 최선의 방법이다. 다만 돈을 벌고 나면 초기에 도움을 준 사람들에게 보상하는 일이 중요하다는 사실을 명심해야 한다.

좋은 지원팀을 갖추는 일은 성공에 필수적이다. 필요한 기술을 갖춘 사람을 찾을 수 없고, 시간이 없거나 직접 하고 싶지 않다면 기술자를 고용하라. 일감을 경매에 붙이고 전 세계에 있는 해당 분야의 전문가들이 제시한 최저 금액을 선택할 수 있는 온라인 프리랜서 사이트들이 많다. 이 내용은 나중에 자세히 다룰 것이다.

음악 사업에서 습득해야 하는 영역들이 많지만 성공하기 위해서는 숙달하지 않으면 안 되는 여러 핵심 영역이 있다. 여기에는 유통, 퍼블리싱, 홍보, 마케팅이 포함된다. 이 장에서는 가장 중요한 홍보 및 마케팅에 초점을 맞춰서 살피도록 하겠다.

독립 유통 및 판매 CD와 MP3를 판매하여 음악으로 돈을 버는 일은 인터넷 덕분에 그 어느 때보다 쉬워졌다. 이제는 CD를 수백 장 찍든 최신 세트를 라이브로 그냥 녹음하든 독립 CD 매장에서 온라인으로 판매하거나 MP3의 경우 랩소디Rhapsody, 이뮤직E-Music, 기타 다른 음악 다운로드 사이트에서 판매할 수 있다.

'통합사aggregator'로 불리는 여러 독립 회사들이 있다. 이들은 다운로드 매장을 위해 매주 독립 음악가들의 곡을 모아서 전달한다. 또한 트랙이 팔리면 돈을 모아서 음악가에게 전달한다. 일부 통합사는 판매액의 적은 비율을 수수료로 취하고 나머지를 보낸다. 이는 물론 곡을 전달하는 데 드는 인건비 같은 서비스 비용을 충당하기 위한 것이다.

CD를 찍어서 온라인으로 파는 경우 직접 온라인 매장을 차리는 것은 어렵고 비용이 많이 든다. 이미 필요한 기술을 다 갖춘 곳들이 있으니 그들이 제공하는 서비스를 이용하여 판매와 금전 처리를 맡기고 수금만 하는 편이 좋다. 대표적인 온라인 CD 유통업체는 CD베이비닷컴CDBaby.com이다. 이 업체는 10년 넘게 독립 음악 CD를 온라인으로 판매해왔다.

CD베이비 같은 독립 CD 유통업체를 이용하려면 사이트에 가입한 후 처음에는 소량의 CD(대개 5장 정도)를 보내야 한다. 그러면 그들이 해당 CD를 사이트에 올린다. 이때 홍보 페이지에 올리기 위해 CD와 밴드에 대한 일반적인 정보도 제공해야 한다.

이 정보는 판매 가능성을 높이기 위해 CD와 함께 올라간다. 판매 CD당 수수료는 유통업체마다 다르다. CD베이비는 CD당 4달러다. 즉, 9.99달러짜리 CD를 한 장 팔면 5.99달러를 받게 된다. 이는 대형 음반사와 계약했을 때보다 훨씬 많은 금액이다.

근래에 CD베이비는 소량으로 CD를 찍어주는 서비스도 시작했다. 음악가는 오디오 파일과 삽화 그리고 정보만 제공하면 CD베이비가 재고 관리를 비롯한 나머지 작업을 해준다. 덕분에 집을 나서지 않고도 곡을 CD로 만들어서 유통할 수 있게 되었다.

유통 사이트를 활용하여 공연 현장에서 팬들이 CD를 더 쉽게 사도록 만들 수도 있다. 때로 그들이 신용카드나 현금카드 기계를 제공하기도 하기 때문이다. 또한 소액의 수수료를 지불하면(CD베이비의 경우 20달러) 유통업체로부터 CD에 대한 바코드를 구매할 수도 있다. 그러면 판매가 충분히 될 경우 차트에 올라갈 수도 있다. CD가 많이 팔릴 경우에 대비하여 바코드를 만들 가치가 있다. 순위가 어떻든 일단 차트에 올라가면 노출이 더 많이 되고 성공의 근거로 내세울 수 있기 때문이다.

많은 독립 온라인 유통업체는 오프라인 매장용으로(CD베이비는 시카고에 있는 '수퍼 D 피닉스 원 스톱Super D Phoenix One Stop'을 통해 타워 레코드나 타겟 같은 대형 유통업체에 음반을 공급한다) 카탈로그도 제작한다.

온라인 유통업체는 대개 구매 가능한 전 세계 모든 매장의 목록을 갖고 있어 현지 매장에 가서 CD를 주문해 달라고 요청하도록 팬들에게 알려줄 수 있다.

수익을 늘리려면 유통업체들이 (대개 무료로) 제공하는 서비스를 최대한 활용하라. 여기에는 벨소리 판매, 온라인 라디오 방송 및 홍보, 드라마나 영화 삽입 등이 포함된다.

아마존의 CD 주문판매 서비스를 활용하면 사전에 제작비를 들일 필요가 없다. 현재 이 서비스는 미국에서만 이용할 수 있지만 곧 유럽과 다른 지역으로도 확대되기를 바란다.

CD 주문판매 서비스는 사전 제작비 없이, 아마존을 통해 직접 대중에게 CD를 팔 수 있는 좋은 기회를 제공한다. 제품 구매 확정 후 전면 컬러 CD라이너와 트레이가 갖춰진 CD가 제작되어 고객에게 배송되므로 음악가는 재고 관리를 할 필요가 없다.

또한 CD와 다운로드 사이의 간극을 메워서 최종 사용자에게 음악을 전달하는 하이브리드 사업모델도 많다. 디그스테이션닷컴Digstation.com 같은 사이트에서 판매하는 다운로드 카드는 재고에 많은 비용을 들일 필요 없이 공연장과 소매점 그리고 행사장에서 물리적 제품을 판매할 수 있는 방법을 제공한다.

새로운 디지털 유통 모델도 등장하고 있다. 가령 팝컷스닷컴Popcuts.com이라는 새로운 사이트는 구매자에게 향후 판매 분량에 대한 소수의 지분을 제공하는 방식으로 성공을 거두었다. 이 방식은 팬들에게 음악을 구매할 모티프를 부여한다. 트랙이 팔릴 때마다 자신도 돈을 벌기 때문이다. 그래서 모두를 위한 진정한 윈윈 상황이라고 말할 수 있다.

온라인 유통업체들이 가끔 실시하는 판촉행사도 살펴야 한다. 근래에 에이미스트리트닷컴AmieStreet.com은 가입자에게 무료로 5달러짜리 구매권을 주는 판촉행사를 실시했다. 그래서 에이미스트리트의 웹사이트에 곡을 올리고 팬들에게 행사 내용을 알려주면 팬들은 공짜로 곡을 살 수 있고, 아티스트도 돈을 벌 수 있다.

판매

독립 아티스트들이 명심해야 할 요점이자 가장 흔히 실수하는 부분은 음악을 매장에 입고하는 것이 '판매'는 아니라는 사실이다. 매장 입고는 단지 살 수 있도록 만드는 것으로 판매와 아주 다르다. 판매를 하려면 곡을 사야 하는 설득력 있는 메시지를 통해 사람들을 매장으로 이끄는 영업 및 마케팅 전략을 개발한 다음 '청자'를 '구매자'로 바꿔야 한다.

나중에 사람들을 매장과 웹사이트로 이끄는 마케팅 및 홍보에 대한 몇 가지 조언을 제시하겠다. 다만 《바보를 위한 마케팅 지침서The Idiot's Guide to Marketing》나 조지 루드비그George Ludwig의 《파워 셀링- 영업의 암호를 푸는 7가지 전략Power Selling- 7 Strategies for Cracking the Sales Code》, 마이클 포트Michael Port의 《반골 효과The Contrarian Effect》그리고 세스 고딘Seth Godin의 책처럼 영업과 마케팅을 다룬 책들을 먼저 읽어 흥미를 가진 팬들을 구매자로 만드는 전체 과정에 대한 기초 지식을 갖출 것을 권한다.

영업 기법을 전체적으로 다루는 것은 이 책의 범위를 벗어나는 일이다. 다만 곡을 잠재적 표적시장에 판매하는 데 필요한 현실적이고 실용적인 아이디어를 얻기 위해 트위터 같은 인기 소셜 네트워킹 사이트를 통해 아이튠즈 스토어로 사람들을 오게 만드는 경우를 살펴보자.

먼저 아이튠즈 매장에서 꾸준히 트랙을 사는 사람들을 파악해야 한다. 곡을 사는 습관이 없거나 아이튠즈 매장을 이용하지 않는다면 아이튠즈에서 트랙을 사달라고 요청해 봐야 소용이 없다. 따라서 먼저 아이튠즈 매장에서 정기적으로 곡을 사는 사람들을 찾아야 한다.

트위터에서 검색어만 영리하게 넣으면 아주 간단하게 이 일을 할 수 있다. http://search.twitter.com으로 가서 다음 검색어를 넣어라.

- Bought from iTunes

- Bought on iTunes

- Purchased from iTunes

- Purchased on iTunes

- Downloaded from iTunes

이런 검색어를 넣으면 아이튠즈에서 꾸준히 트랙을 사는 사람들의 목록을 얻을 수 있다. 즉, 그들은 실제로 음악을 사는 데 돈을 쓴다. 그들은 무료 MP3를 찾아서 파일 공유 네트워크로 가거나 인터넷을 뒤지는 데 관심이 없으며, 합법 다운로드 사이트에서 곡을 산다.

1. 구매자의 음악적 취향을 파악하라

아이튠즈 매장에서 사는 사람들을 그냥 팔로우하지 마라. 그러면 당신과 그들의 시간과 노력을 낭비하게 된다. *당신의* 음악을 사는 데 관심이 있을 사람들을 골라내야 한다.

돈을 주고 노래를 살 의향이 있는 사람들을 파악했다면 이제는 당신의 음악 스타일이 맞는지 알아내야 한다. 트위터 검색으로 찾은 포스트를 읽어라. 대다수 트윗은 다음과 같이 가수의 이름을 언급한다.

#Djstephie: 에리카 데이비드Erika David의 마이 힐스My Heels를 듣는 중, http://qtwt.us/lwr, 아이튠즈에서 구매함. 응원해 주세요.

이제 당신이 선호하는 검색 엔진으로 가서 그들이 언급한 음악가를 검색하라. 위의 사례에 나온 에리카 데이비드를 구글로 검색하면 마이스페이스MySpace 페이지가 나온다. 거기에는 R&B/소울/팝으로 장르가 나와 있다. 당신의 음악이 이 장르와 맞는가? 맞는다면 #djstephie가 당신의 곡을 듣고 마음에 들 경우 아이튠즈에서 구매할 가능성이 높다.

2. 구매자와 관계를 구축하여 오랜 팬으로 만들어라

이제 당신의 곡을 살 가능성이 높은 사람들을 확인하고 그들이 당신의 곡이 올라와 있는 곳에서 구매를 한다는 사실을 파악했다. 이제 그들과 관계를 맺어야 한다. 바로 사달라고 부탁하지 마라.

트위터로 그들을 팔로우하고, 메시지를 남기고, 무슨 일을 하는지 묻고, 당신의 음악 장르에 대한 이야기를 나눠라. 그들이 듣는 음악과 비슷한 스타일의 음악을 만들고 있다고 알려라. 그러면 링크를 요청할 가능성이 높다. 그들에게 아이튠즈 매장으로 연결되는 링크를 제시하라. 당신의 음악에 맞는 사람들을 상대로 이 과정을 반복하라. 위의 단계에서 알 수 있겠지만 당신의 곡을 사는 데 관심이 있을 법한 잠재적 팬들만 효율적이고 명민하게 상대하면 매일 더 많이 판매할 수 있다. 그들은 이상적인 팬이다. 그들을 잘 관리하면 당신이 아이튠즈에 올리는 모든 곡을 구매하고 다른 사람들에게도 권할 것이다.

잠재적 구매자를 자동으로 검색하고 싶다면 http://www.tweetlater.com에서 무료 트위트레이터 서비스를 이용하라. 이 웹 애플리케이션은 1단계에서 제시한 것과 같은 구절을 입력하면 해당하는 트윗들을 정기적으로 이메일로 보내준다. 그러나 이 웹 애플리케이션이 하는 일은 이상적인 구매자를 파악하는 것까지다. 그 다음부터는 2단계와 3단계를 진행하여 개인적인 관계를 맺는 데 시간을 투자해야 한다. 그러면 직접적인 접촉이 지닌 힘을 활용하여 '거래를 트고' 평생의 팬을 확보하게 된다.

이는 팬들이 음악 구매를 생각하는 방식과 구매 패턴 및 습관, 더 중요하게는 그들과 친구가 되어 지속적인 관계를 맺는 방법에 항상 초점을 맞추기 위한 1가지 사례에 불과하다. 처음부터 이런 사고방식을 취하면 강력한 안정적 사업 기반을 갖추게 된다.

퍼블리싱은 음악 산업, 특히 댄스 음악계에서 많이 오해받는 영역이다. 아티스트는 곡과 가사를 쓰는 순간 자동적으로 저작권법의 보호를 받는다. 아티스트는 저작권을 가지며, 이 저작권은 거래할 수 있는 가치를 지닌 상품이다. 이렇게 곡과 가사의 저작권을 거래하는 것이 기본적인 퍼블리싱이다.

어디에 등록하지 않아도 기존 저작권법의 보호를 받을 수 있다. 그러나 최초로 트랙을 만들었다는 일종의 보호 장치나 증거를 확보하고 싶다면 CD에 녹음하고 가사지를 출력한 다음 등기우편으로 자신에게 보내면 된다. 이때 도착한 봉투를 열면 안 된다. 다른 사람이 소유권을 주장하면 봉투에 찍힌 시간으로 맞서야 하기 때문이다. 또한 봉투 뒤에 내용물을 적는 것을 잊어서는 안 된다.

원래 퍼블리셔는 악보집을 판매하는 사업을 했다. 그러나 현재 악보집 판매는 아주 작은 비중밖에 차지하지 않는다. 음악 산업 측면에서 퍼블리셔와 퍼블리싱의 역할을 살피면 대개 텔레비전이나 라디오 프로그램, 영화, 게임, 헬스장, 클럽, 샘플 등에서 곡을 틀거나 사용한 데 따른 저작권료를 징수하는 일과 관련이 있다.

독립 아티스트로 출발할 때는 직접 노래에 대한 퍼블리싱 권리를 가지는 것이 좋다. 특히 노래를 공연할 때는 더욱 그렇다. 그러나 다른 사람을 위해 곡이나 음악 혹은 가사를 만들 때는 홍보를 해줄 넓은 인맥과 영향력을 지닌 독립 퍼블리셔를 찾는 것도 좋다.

노래를 퍼블리셔에게 맡기는 주된 이유 중 하나는 사용된 사례를 적극적으로 찾아서 저작권료를 계산하고 징수하며 지급하는(대개 6개월마다) 업무를 대행하기 때문이다. 물론 이때 비용을 충당하기 위해 일정한 수수료를 가져간다. 이 수수료는 적정한 수준으로 퍼블리싱 계약에 명시되어야 한다. 퍼블리싱 권리를 퍼블리셔에게 맡길 때 곡에 대한 권리를 넘기는 내용에 서명하기 전에 항상 엔터테인먼트 관련법에 정통한 변호사로부터 자문을 받아라.

계약은 가볍게 받아들여서는 안 된다. 좋은 조언 없이 권리를 함부로 넘기면 자신의 곡을 활용할 수 있는 능력을 잃게 될 수도 있다. 다른 한편 좋은 퍼블리셔는 음악가가 좋은 목록을 지녔다고 믿을 경우 수수료를 최대한 많이 벌기 위해 열심히 일한다. 곡을 관리할 좋은 퍼블리셔를 찾으려면 회사의 사정을 알아야 한다. 그래서 과거에 거둔 성공 사례와 경험을 묻고 당신이 그들을 위해서가 아니라, 그들이 당신을 위해 무엇을 할 수 있는지 알아야 한다.

　퍼블리싱 권리를 직접 보유할 경우 사용된 사례를 스스로 찾아야 한다. 이 일에는 많은 수고가 들어가며, 제대로 하지 않으면 징수해야 하는 많은 돈을 놓칠 수 있다. 음악 산업에서 조금이라도 인지도와 인기를 얻기 시작했다면 퍼블리싱 업무는 전문가들에게 맡기는 편이 좋다.

　퍼블리싱 업무를 직접 하든 독립 퍼블리셔와 계약을 맺든 저작권 협회에 가입해야 한다. 이 국가별 협회는 방송국, 음반 공장, 음반사 그리고 다른 사용자로부터 곡을 틀거나 복사하는 대가를 받는다. 가령 방송의 경우 라디오 방송국은 방송 샘플링을 토대로 대가를 지불해야 한다. 또한 음반사는 CD를 찍을 때 곡을 복사할 수 있도록 허가를 받아야 한다. 그래서 아티스트는 곡이 라디오에서 방송되거나, 컴필레이션 음반에 들어가거나, 복사될 때 저작권 협회를 통해 돈을 받는다.

　영국의 경우 PRS와 MCPS, 독일의 경우 제마GEMA, 네델란드의 경우 부마/스템라 Buma/Stemra, 스웨덴의 경우 스팀STIM에 가입해야 한다. 국가별 저작권 협회의 목록 및 웹사이트 주소는 위키피디아에서 찾을 수 있다. 주소는 다음과 같다.

http://en.wikipedia.org/wiki/List_of_copyright_collection_societies

　텔레비전, 영화, 광고, 게임에 삽입되는 경우 대개 해당 제작업체를 직접 상대하여 대가를 협상해야 한다. 좋은 퍼블리싱 회사는 전 세계의 음악감독들과 관계를 맺고 있다. 그래서 이 부문을 위해서만 퍼블리셔를 지정하는 것도 좋다. 다만 시각 매체에 음악을 삽입하는 일은 대단히 경쟁이 심하다는 사실을 알아야 한다. 그래서 높은 소득을 올리는 사람들은 다른 모든 일을 제쳐두고 음악감독들의 요구를 들어주는 데 대부분의 시간을 들인다.

　음악을 광고대행사나 영화사, 방송국, 게임 제작사에 홍보하는 새로운 유형의 온라인 회사들도 생겨나고 있다. 그들은 대개 독점권을 가지지 않으므로 한 군데와 계약을 해도 얼마든지 자신의 곡을 활용할 수 있다. 그래서 직접 퍼블리싱을 할 경우 그들에게 홍보를 맡겨도 손해볼 것이 없다. 유명한 라이센싱 사이트로는 http://www.libertymusictrax.com, http://www.musicsupervisor.com이 있다. 또한 인디 뮤직 테크Indie Music Tech에도 다른 사이트들의 목록이 있다.

마케팅 및 판촉

독립 아티스트들이 음반사를 만들 때 저지르는 큰 실수는 곡만 좋으면 길이 저절로 열린다고 생각하는 것이다. 현실은 그렇지 않다. 밖으로 나가 대중과 음악 산업 전문가 그리고 다른 많은 사람들에게 당신의 곡이 들을 가치가 있고, 궁극적으로는 구매하거나 투자할 가치가 있다는 믿음을 주어야 한다.

이 책 내내 제시한 릭의 음악 제작에 대한 조언과 당신의 재능 덕분에 당신은 이미 훌륭한 마스터를 지니게 되었을 것이다. 문제는 지금부터다. 트랙을 만드는 일이 아무리 어려웠다 한들 진짜고생은 지금부터 시작이다.

많은 아티스트는 곡만 좋으면 저절로 팔린다는 생각을 갖고 출발한다. 많은 사람이 곡을 알게 되면 그럴 수도 있다. 그러나 독립 아티스트가 곡을 아이튠즈에 올려봐야 거대한 연못의 작은 물고기와 같을 뿐이다. 디지털 유통은 곡을 판매하는 도구다. 거기서 돈을 벌려면 시간과 돈 그리고 노력을 들여서 사람들에게 곡을 알리고 문을 두드려야 한다.

우선 수긍해야 할 사실은 마케팅과 홍보를 하려면 항상 돈과 시간이 든다는 것이다. 트위터, 페이스북, 마이스페이스 같은 소셜 네트워크를 토대로 팬층을 구축하거나, 유튜브에 비디오를 올려서 인기를 끄는 것처럼 인터넷을 활용하여 무료로 곡을 홍보하는 많은 방식이 있다. 또한 여러 혁신적인 음악 홍보 서비스가 매일 등장하다시피 하고 있다.

그러나 실제 홍보와 마케팅은 단지 온라인으로 팬층을 구축하는 일보다 훨씬 복잡하다. 많은 사업이 그렇듯이 광고, 박람회, PR 그리고 다른 형태의 홍보에 투자하지 않으면 그다지 주목받지 못한다. 또한 투자를 하더라도 일시적이고 비조직적일 것이다.

명심해야 할 사실은 당신의 음반사를 사업체로 운영한다는 것이다. 따라서 초기 홍보비가 나중보다 훨씬 많이 들 수밖에 없다. 당신을 아무도 모르는 상태에서 출발해야 하기 때문이다. 곡을 마케팅하는 데 5,000파운드를 쓴다면 오직 이 비용을 충당하기 위해 약 1만 장을 팔아야 한다는 사실을 명심해야 한다.

일부 홍보는 보도자료나 기사 혹은 논평 같은 '간접적' 형식을 지닌다. 이런 홍보를 온라인으로 하면 오랜 기간에 걸쳐 검색 엔진에서 곡의 가시성이 높아지는 것을 볼 수 있다. 그래서 새로운 팬들이 당신이 곡을 발견하는 데 도움이 된다. 다른 홍보 형태는 구매를 촉진하는 특정 메시지를 담은 온라인 광고 배너처럼 더욱 구체적이다.

광고 캠페인을 고려할 때는 표적시장에 맞추는 것이 중요하다. 새로운 팬을 확보하려고 일반적인 사이트에 광고를 해서는 안 된다. 당신의 메시지는 간과될 것이며, 큰돈을 들이고도 작은 성과밖에 거두지 못할 것이다.

곡의 장르에 맞는 팬들을 끌어들이는 틈새 웹 사이트와 블로그를 찾아라. 800파운드를 써서 레지던트어드바이저닷넷Residentadvisor.net에 최신 댄스곡을 광고하는 것이 같은 금액을 들여서 페이스북에 광고하는 것보다 낫다.

뛰어난 트랙을 만드는 방법에 대해서는 릭에게 훌륭한 조언을 들었으니, 이제 그렇게 만든 트랙의 유통과 퍼블리싱 과정의 홍보 도구 포트폴리오를 구축하는 여러 방법들을 살펴보자.

인터넷 존재감 개발

홍보 포트폴리오에서 가장 중요한 요소는 당신의 웹 사이트다. 여기서 수천 명의 사람들이 당신의 곡과 이미지를 발견하게 된다. 따라서 쉽게 쓸 수 있고, 멋지게 보이며, 그 안에서 간편하게 구매할 수 있는 전문적인 느낌의 사이트를 만들어야 한다.

먼저 인터넷 공간과 도메인명을 확보해야 한다. 인터넷 공급업체가 계정에 무료 인터넷 공간을 제공하는 경우가 있다. 현금이 부족한 경우 이 공간을 활용하는 것이 비용을 아낄 수 있는 방법이다.

약간의 돈을 들여 더 전문적인 느낌을 얻고 싶다면 개인용 인터넷 공간과 도메인명을 마련할 수 있다. www.mybandname.com은 www.myisp.com/user/mybandname보다 훨씬 나아 보이며, 도메인명을 기억하기도 쉽다.

도메인명은 호스팅 업체를 통해 등록할 수 있다. 호스팅 업체에게 웹사이트 저장 공간을 구매하면 대개 완성된 웹사이트를 서버로 쉽게 전송할 수 있는 FTP 소프트웨어를 제공한다.

인터넷 공간에 대한 추가 정보를 얻으려면 해당 지역의 서비스 공급업체와 접촉하라. 이 시장은 경쟁이 심하기 때문에 좋은 조건에 계약할 수 있다. 그러나 나의 경험에 따르면 가장 저렴한 회사보다 오랫동안 영업을 하면서 좋은 명성을 얻은 회사를 고르는 편이 낫다. 그 이유는 회사가 망하면 웹 사이트뿐만 아니라 도메인명도 잃게 되기 때문이다. 그래서 가격보다 안정성이 더 중요하다. 인터넷 공간을 확보한 다음에는 웹 사이트를 만들어야 한다.

웹 사이트를 구축하는 최선의 방법은 무엇일까? 물론 직접 프로그래밍할 수도 있다. 그러나 당신은 음악가이므로 프로그래밍이 아니라 작곡에 시간을 들이는 편이 낫다. 배우는 데 흥미가 있어서 직접 웹사이트를 만들 생각이라면 어도비의 드림위버 Dreamweaver를 활용하는 방법이 가장 쉽다. 이 프로그램을 쓰면 워드 프로세서로 편지를 쓰는 것처럼 쉽게 웹 사이트를 만들 수 있다. 그러나 다시 말하지만 디자인 기술을 배울 시간이 없다면 결과에 실망하게 될 것이다. 그러니 고생하고 싶지 않다면 웹사이트 견본을 사서 텍스트와 이미지만 조정하는 것이 좋다.

전문적인 느낌이 나는 웹 사이트 견본을 판매하는 사이트들이 많다. 당신은 밴드에 대한 정보를 입력하고 이미지만 바꾸면 된다. 이는 인터넷에서 활동을 시작하는 좋은 방법이다. 다만 같은 견본을 산 다른 사이트와 비슷하게 보일 수 있다는 점을 감안해야 한다.

독자적인 웹 사이트를 만들고 싶다면 큰돈을 들이지 않아도 웹 디자이너를 고용하여 작업을 맡길 수 있다. 인터넷이 발전하면서 전 세계에 있는 웹 디자이너를 고용할 수 있는 여러 '가상 조수' 웹 사이트들이 생겼다.

세계적인 경제 규모의 차이 덕분에 자국 화폐가 훨씬 많은 가치를 지니는 다른 나라에 있는 뛰어난 웹 디자이너를 고용할 수 있다. 동유럽과 인도 같은 여러 신흥경제국에 있는 웹 디자이너들은 저렴한 가격에 일을 맡으며 실력도 뛰어나다.

렌트어코더닷컴 Rentacoder.com, 이랜스 Elance.com, 겟어코더 Getacoder.com 같은 사이트는 당신을 위해 사이트를 만들어줄 수백 명의 디자이너를 보유하고 있다. 이 사이트에 프로젝트를 올리면 많은 디자이너들이 입찰을 한다. 그래서 경쟁으로 가격이 내려가기 때문에 좋은 조건에 일을 맡길 수 있다.

다만 일을 맡길 디자이너에 대해 잘 조사하고, 이전에 한 작업을 확인하며, 선택하기 전에 원하는 바를 명확하게 전달하여 프로젝트가 원활하게 진행되도록 만들어야 한다.

가상 조수 사이트가 지닌 장점은 '에스크로Escrow'라는 지불 과정을 따른다는 것이다. 그래서 당신이 프로젝트 비용을 지불하면 해당 사이트는 디자이너가 프로젝트를 완료할 때까지 돈을 보관하며, 당신이 결과물에 만족하고 웹사이트가 전달된 후에야 디자이너에게 돈을 지불한다. 디자이너가 일을 완료하지 못하거나 합의된 요구사항을 충족하지 못하는 경우 환불을 요구할 수 있다.

인터넷으로 절대 디자이너에게 대금을 사전에 지불하지 마라. 이는 대다수 좋은 가상 비서 사이트의 거래 조건에 어긋난다. 그러니 돈을 먼저 요구하면 우선 거절하고 해당 사이트에 알려라. 대다수 디자이너는 해당 사이트에 의존하여 수입을 얻는 프리랜서이므로 이런 일이 자주 일어나지는 않는다. 그러나 삶의 모든 과정에서 그렇듯 규칙을 어기는 소수의 사람들이 있기 마련이다.

디자인 측면에서는 방문자들이 처음 웹 사이트를 찾았을 때 바로 곡을 듣고 마음에 들면 여러 페이지를 거칠 필요 없이 쉽게 구매할 수 있도록 만드는 것이 중요하다. 따라서 웹 사이트의 첫 페이지에서 곡을 듣고 살 수 있어야 한다. 그러기 위해서 사운드클라우드 스트리밍SoundCloud Streamig 기능을 넣도록 처음부터 디자이너에게 확실히 요청해야 한다.

소셜 네트워킹 **소셜 네트워킹 사이트는 인터넷을 통해 곡을 마케팅하는 진정한 힘이다. 그들은 바이럴viral 네트워킹을 통해 성장한다. 마이스페이스나 유튜브 같은 사이트를 통해 인터넷에서 주목 받는 밴드들이 있다. 그러나 단지 사운드클라우드에 페이지를 만들거나 곡을 올려놓고 사람들이 와주기를 바라서는 안 된다. 그래도 대다수 네트워킹 사이트는 동시에 많은 사람들에게 최대한 쉽게 도달할 수 있도록 해주는 여러 도구를 제공한다.**

지난 몇 년 동안 페이스북은 소셜 미디어 플랫폼의 거인이 되었다. 적극적인 사용자 수는 3억 5,000만 명에 달한다. 또한 사용자들이 매일 머무는 시간은 평균 55분이다. 또한 마이스페이스와 사운드클라우드를 합친 것보다 훨씬 사용자가 많으며, 음악가와 밴

CHAPTER 29
발표와 홍보

드들이 팬을 늘릴 수 있는 놀라운 도구를 제공한다.

음악가들이 페이스북에서 만들고 활용할 수 있는 두 종류의 페이지가 있다. 가장 제한적인 유형은 그룹 페이지다. 그룹 페이지는 깔끔하고 단순하다. 그래서 그룹을 알리는 사진과 간단한 설명을 올릴 수 있다. 대다수 활동은 담벼락에서 이뤄진다. 이것이 전부다. 그러나 그룹 페이지는 '대량 초대' 기능 때문에 다른 유형의 페이지보다 큰 이점을 지닌다. 공연이 있으면 한 번에 모든 구성원에게 초대장을 발송할 수 있다. 초대장을 받은 구성원도 대량 초대 기능을 활용하여 친구들을 초대할 수 있다. 그래서 팬들에게 공연이나 앨범 발매 혹은 다른 소식을 알리는 뛰어난 도구가 된다.

두 번째 유형은 팬 페이지다. 이 페이지에는 비디오나 사진 혹은 MP3 같은 풍부한 미디어를 올릴 수 있다. 가장 중요한 기능은 앱을 추가하는 것이다. 페이스북 앱은 트위터, 아이라이크iLike, 리버브 네이션Reverb Nation 같은 외부 홍보 도구를 팬 페이지와 동기화할 수 있도록 해준다. 그래서 입장권 판매, '트윗' 업데이트 그리고 누가 곡을 듣거나 사거나 공유하는지 마케팅 및 통계 정보를 보여주는 발송 목록 제작 같은 온갖 일을 할 수 있다.

앱이 없으면 팬 페이지도 용도가 한정된다. 팬 페이지에는 대량 초대 기능이 없으므로 새로운 트랙이나 비디오에 대한 업데이트를 보내지 못한다. 구성원들에게 메시지를 보낼 수 있지만 뉴스피드로만 전달된다. 그래서 읽기 전에 묻힐 가능성이 높다. 팬 페이지가 지니는 유일한 다른 이점은 미가입 구성원도 볼 수 있다는 것이다.

음악가나 밴드에게 최선의 선택은 팬 페이지와 그룹 페이지를 모두 만드는 것이다. 팬 페이지는 그룹 페이지에 없는 온갖 부가 기능을 갖추고 있으며, 그룹 페이지는 행사 초대권이나 메시지를 대량으로 보내는 데 활용할 수 있다. 페이지를 자주 업데이트하되 메시지와 초대권은 남발하지 않으면서 구성원들이 페이지를 찾는 기쁨을 누리게 하라.

매일 더 많은 소셜 네트워킹 사이트가 생겨난다. 닝Ning, 라스트.FMLast.FM, 아이라이크iLike 같은 사이트는 곡을 사기 전에 바로 들어볼 수 있어서 쉽게 홍보하도록 해준다. 모든 소셜 네트워킹 사이트에 곡을 살 수 있는 웹페이지와 온라인 매장의 링크를 걸어라. 흥미를 가진 사람에게 곡을 팔 수 있는 모든 기회를 활용하라.

아이라이크는 빌보드지에 실리는 전용 아이라이크 차트의 링크가 있어서 특히 유용하다. 그래서 아이라이크에서 큰 인기를 끌면 갑자기 업계 최대 잡지의 차트에 오를 수도 있다. 성공은 이상한 방식으로 시작되는 법이다.

밴드 비디오가 있다면 유튜브에 올려라. 그러면 웹사이트에 오는 방문자를 크게 늘려서 당신의 음악에 대한 정보를 찾고 구매하게 만들 수 있다. 유튜브에는 뮤직비디오만 올릴 수 있는 것이 아니다. 아이디어를 짜내라. 인터뷰, 공연 비디오, 짧은 다큐멘터리, 밴드 멤버의 흥미로운 이야기 등 팬들에게 음악에 대한 통찰을 제공하는 모든 영상은 더 많은 히트와 노출 그리고 판매로 이어진다.

아티스트 중심 최신 소셜 네트워크인 리버브네이션ReverbNation은 팬들을 관리하는 영리한 도구들을 갖추고 있다. 그들은 페이지에서 중앙 제어 기능으로 관리할 수 있으며, 노래 재생부터 판매, 공연 일정 게시 등 다양한 기능을 갖춘 뛰어난 위젯을 제공한다. 리버브 네이션의 위젯을 다른 모든 소셜 네트워크에 올려놓아라. 그러면 전체 위젯을 동시에 업데이트할 수 있다.

처음에 모든 소셜 네트워킹 사이트에 가입하려면 시간이 걸린다. 그래도 검색 엔진에서 순위가 올라갈 뿐만 아니라 곡을 노출시킬 사람들이 늘어나므로 큰 이득이 된다. 가능한 한 많은 잠재고객에게 다가가라.

<table>
<tr><td>PR과 홍보</td><td>

PR과 홍보는 대단히 중요한 부분이다. 세상에서 가장 뛰어난 곡을 만들고, 장르에서 가장 멋지거나 능숙한 밴드가 되었다 해도 PR과 홍보를 하지 않으면 누구도 알지 못한다. PR과 홍보는 당신의 이야기를 듣는 데 관심을 가질 사람들에게 초점을 맞춰서 당신을 알리는 일이다. 인터넷을 통한 좋은 홍보 방법들이 많이 있으므로 여기에 소개된 아이디어중 적어도 몇 개라도 매주 실행해보자. 그게 귀찮다면 다른 평범한 일에 매진하는 것이 나을 것이다.

</td></tr>
</table>

판매를 돕고 검색엔진에서 순위를 올릴 뛰어난 홍보 방법은 어바웃닷컴About.com의 해당 섹션에서 곡에 대한 평가를 받는 것이다. 어바웃닷컴은 〈뉴욕타임스〉가 운영하는 사이트로서 가장 인정받는 온라인 정보원이다. 모든 음악 유형에 맞는 섹션이 있으므로 곡이 평가를 받을 가능성을 높이도록 정확한 범주를 찾아야 한다.

각 섹션은 편집과 관리를 맡는 호스트가 운영한다. 호스트는 대개 해당 분야에 정통한 대표적인 업계 인사이거나 프리랜서 저널리스트다. 따라서 그들을 먼저 접촉해야 한다. 호스트 밑에 라이브나 서브 장르, 신곡 발매 등 특정 분야를 다루는 사람들이 있는 경우도 있다.

라디오 홍보도 중요한 요소다. 라디오 DJ는 당신의 노래를 청자들에게 들려주고 각인시키는 영업팀이다. 온라인 라디오가 성장하고 있지만 FM과 AM 라디오가 대다수 사람들의 생활을 여전히 지배한다(차 안에서 혹은 이동 중에 아니면 쇼핑몰에서 무엇을 듣는지 생각해 보라).

대형 음반사들은 세계적으로 곡을 방송 목록에 넣으려고 수십만 파운드를 쓴다. 그렇다면 어떻게 그들과 경쟁해야 할까? 핵심은 시장을 알고, 지역 방송국, 대학 방송국, 제한 서비스 방송국, 동네 방송국에서 일하는 사람들과 인맥을 쌓으며, DJ 및 프로그램 책임자와 직접 접촉하는 것이다. 라디오에서 영향력을 얻으려면 여러 곳을 찾아다녀야 한다. 여기에는 시간과 노력 그리고 오랫동안 쌓은 인맥이 필요하다.

온라인에서 곡이나 밴드에 대한 인지도를 높이는 다른 방법은 보도 자료를 꾸준히 쓰는 것이다. 매주 하나의 보도 자료를 쓰는 습관을 길러라. 그러면 검색엔진에서 사이트의 순위가 올라갈 뿐만 아니라 사람들도 꾸준한 관심을 가질 것이다. 흥미를 유지하는 일은 아주 어렵다. 정기적인 보도 자료는 이 PR 전략에 초점을 맞추는 데 도움을 준다.

보도 자료에는 곡이나 밴드 혹은 멤버에 대한 모든 것을 담으면 된다. 가령 한 멤버가 주말에 자선 달리기 행사에 참여했거나, 당신이 새로운 곡에 대한 연습을 방금 마쳤거나, 주말에 공연이 있거나, 새 웹 사이트를 만들었거나, 한 클럽에서 당신의 트랙을 틀었거나 하는 크고 작은 이야기들을 매주 알려라.

모든 보도 자료는 웹 사이트의 별도 섹션에 보관하라. 그러면 사이트에 지속적인 활동과 업데이트가 이뤄지고, 방문자는 매주 새로운 정보를 접할 수 있다. 또한 대다수 검색 엔진이 사이트에 생긴 변화를 감지하고 로봇을 보내 다시 스캔한다. 그래서 보도 자료의 내용에 따라 사이트의 순위가 올라갈 수 있다.

박람회　　　　**모든 산업과 마찬가지로 해마다 음악 사업에 대한 정보를 얻고, 음악 경력을 더욱 성공적으**

로 만드는 데 도움을 줄 사람과 회사를 만날 수 있는 여러 박람회가 열린다. 대개 음악 산업 박람회와 함께 열리는 컨퍼런스에 참석하면 독립 음반사와 대형 음반사에서 일하는 A&R 책임자들이 제시하는 최신 요건들을 들을 수 있다. 또한 대표적인 업계 인사들이 최신 추세에 대해 이야기하는 세미나에도 참석할 수 있다.

세미나는 음악 산업 내부에서 나오는 귀중한 정보를 제공하여 곡을 판매하는 데 우위를 차지할 수 있도록 해준다. 누가 무엇을 왜 원하는지 알 수 있으며, 누구에게 '발견' 되기를 기다리기보다는 업계가 바라는 바에 초점을 맞춰 더 많은 성공의 기회를 가질 수 있다.

가령 독일 베를린에서 열리는 대표적인 음악 컨퍼런스인 팝콤PopKomm에서 근래에 다뤄진 주제는 곡을 온라인에서 독자적으로 판매하는 방법과 영화제작자들이 곡을 영화에서 쓰게 만드는 방법 그리고 휴대폰을 통해 소비자에게 직접 곡을 판매하는 방법이다.

인터넷의 힘 덕분에 현재 독립 아티스트들은 이 모든 방법을 활용하여 돈을 벌 수 있다. 더 이상 거대 다국적기업만 이런 일을 할 수 있는 것은 아니다. 이 중 일부 내용은 독립 유통에 대한 장에서 더욱 자세히 다뤄진다.

더 많은 청중에게 곡을 제공하도록 도와줄 잠재적인 회사와 사람을 만나는 기회로 박람회를 활용하라. 박람회 주최측에 등록하면 참가하는 모든 회사와 개인의 이름, 주소, 이메일, 웹 사이트, 전화번호를 얻을 수 있다.

적절한 사람을 만나도록 철저한 조사를 하여 사전에 계획을 잘 세워야 한다. 당신의 곡에 맞지 않는 사람은 만날 필요가 없다. 곡의 장르와 관계된 사람들에게 집중하여 시간을 최대한 활용하라. 만날 만한 사람을 조사한 후에는 이메일을 보내고 전화를 하라. 끈기 있게 연락하면 그들은 당신을 만나는데 관심을 보일 것이다. 그래도 대개 아주 바쁜 사람들이므로 확실하게 약속을 잡아야 한다.

컨퍼런스에서 만남을 요청하고 정확한 시간을 정하되 박람회에서 무엇을 찾는지 질문하고 당신의 곡이 거기에 맞을지 살펴서 초기 접촉 목록을 다시 걸러내라. 그들과 분명하게 약속을 정하라. 그러면 당신의 곡을 다음 단계로 끌어줄 사람들, 성공을 나눌 미래의 파트너들과 진정한 비즈니스를 할 기회가 생긴다!

그들을 만나기 전에 10개의 질문 목록을 만들어서 원하는 바를 확실하게 파악하라.

모든 사람의 전화번호가 적힌 약속 목록을 지참하라. 박람회장은 붐비기 때문에 사람을 놓치기 쉽다. 따라서 5분 전에 전화를 해서 서로 놓치는 일이 없도록 하라. 만나는 시간은 15분을 넘기지 않도록 해야 한다. 이는 다음 약속 때문에 바쁘게 가야하고, 당신과 당신의 곡을 원하는 사람이 많아서 시간이 없는 것처럼 보이는 좋은 마케팅 기법이다.

만난 다음에 어떤 조치를 취할 것인지 검토하라. 박람회 일주일 후 이메일이나 전화로 연락하여 일을 진척시켜라.

이 계획을 따르면 금세 기회가 주어지는 데 놀라게 될 것이다. 다른 업계처럼 음악업계도 서로 소통하는 사람들로 구성된다. 박람회는 연습실이나 녹음실 혹은 작업실에서 벗어나 관계자들을 만날 기회를 제공한다.

뮤직비디오 **시각적 요소가 없으면 당신의 곡을 발견하고 구매할 많은 사람들을 놓치게 된다. 비디오로 곡을 홍보하는 일은 필수적이며, 마케팅과 홍보 활동에서 중대한 요소로 간주되어야 한다.**

요즘은 직접 뮤직비디오를 만드는 것이 크게 어렵지 않고 돈도 많이 들지 않는다. 또한 유튜브 세대가 등장하면서 비디오를 방송하도록 MTV에 많은 돈을 줄 필요도 없어졌다. 아이디어만 좋으면 인터넷에서 100만 뷰 이상을 기록하면서 밴드를 멋지게 소개할 수 있다. 그러면 최신 CD나 공연 티켓을 판매하는 데 큰 도움이 된다.

먼저 비디오를 찍을 기기를 구해야 한다. 이 용도로는 소비자용 DV 캠코더를 사거나 빌리면 된다. 소니, 캐논, 올림푸스 혹은 다른 제조사에서 나온 우수한 카메라는 가격이 아주 저렴하면서도 인터넷용 비디오를 위한 좋은 결과물을 만들어준다.

돈이 부족하다면 저렴한 웹캠을 사서 컴퓨터에 연결하라(노트북에 연결하면 야외 촬영도 가능하다. 다만 배터리가 얼마나 남았는지 잘 살펴야 한다). 비디오를 촬영할 곳을 찾지 못했다면 거실에 조촐한 가상의 스튜디오를 차릴 수도 있다.

텔레비전 스튜디오는 크로마 키Chroma key라는 기술을 쓴다. 이 기술은 색깔이 들어간(대개 녹색) 배경 앞에 사람이 서서 연기를 하고 나면 해당 영상을 컴퓨터에 넣어서 배경을 다른 배경과 효과로 대체하는 것이다. 그러면 세상(혹은 우주까지도!) 어디든

갈 수 있다. 이 기술은 '그린 스크린' 촬영으로도 불린다. 녹색 배경막은 튜브테이프닷컴TubeTape.com 같은 온라인 매장에서 아주 싸게 구입할 수 있다.

직접 비디오를 제작할 때 주의해야 할 요소는 조명이다. 저렴한 비디오 카메라로 촬영할 때 최선의 결과를 얻으려면 조명이 필수적이다. 전문 비디오 조명은 정말 비싸다. 그러나 저렴하게 비디오 조명을 확보하는 잘 알려지지 않은 비법이 있다. 바로 지역의 건축 관련 DIY 매장에 가서 단돈 얼마에 산업용 할로겐 작업 조명과 스탠드를 사는 것이다. 그래도 같은 효과를 얻을 수 있다.

이 조명은 전문 비디오 조명과 비슷한 전구와 광원을 활용한다. 또한 건설 작업에 쓰기 때문에 대개 더 견고하게 제작된다. 그래서 싼 가격에 대여섯 개의 500와트짜리 할로겐 조명을 사서 비디오 촬영에 쓰면 된다. 이때 두어 개의 추가 스탠드 그리고 배관 코너에서 스탠드 위로 걸칠 튼튼한 플라스틱 파이프를 사면 녹색 배경막을 걸 저렴한 스탠드도 확보된다.

다만 할로겐 조명은 아주 뜨겁기 때문에 주의해야 한다. 먼저 사용설명서를 읽고 전원을 끈 다음 만지기 전에 한 시간 정도 세워두어야 한다. 또한 할로겐 조명은 전기를 많이 사용하므로 확장 소켓에 너무 많이 꽂지 않도록 주의해야 한다. 불안하면 전기기사에게 도움을 구하라. 앞서 말한 대로 크로마 키 기구를 파는 대표적인 온라인 소매업체인 튜브테이프닷컴에는 저렴한 녹색 배경막과 장비 그리고 다른 비디오 용품들이 많다.

캠코더로 영상을 촬영한 다음에는 컴퓨터로 전송해야 한다. DV 캠코더의 경우 컴퓨터의 파이어 와이어 포트fire wire port로 연결한다. 방법을 모른다면 컴퓨터나 캠코더의 사용설명서를 참고하라. 컴퓨터에 파이어 와이어 포트가 없는 경우에는 컴퓨터 용품 매장에서 소형 파이어 와이어 인터페이스를 저렴한 가격에 살 수 있다. 현재 일부 캠코더는 메모리 카드에 영상을 기록한다. 이 경우 메모리 카드를 컴퓨터에 꽂기만 하면 된다.

컴퓨터로 영상을 옮긴 다음에는 비용을 들이지 않고 편집할 수 있다. 물론 소니 베가스 프로Vegas Pro나 어도비 프리미어Premiere 같은 영상 편집 소프트웨어를 살 수도 있다. 그러나 사실 유튜브에 올릴 대다수 기본적인 뮤직비디오의 경우 윈도우에 포함된 윈도우 무비 메이커Windows Movie Maker로도 뛰어난 결과물을 만들 수 있다. 편집 소프트웨어에 돈을 쓰기 전에 무비 메이커로 제목을 넣고 기본적인 장면 전환 작업을 시도해보라.

영상을 편집한 다음에는 홈페이지나 여러 비디오 네트워킹 사이트에 올리면 된다. 심지어 비디오로 돈을 버는 방법에 대한 새로운 아이디어를 지닌 사이트들도 생겨나고 있다. 가령 뮤주TV닷컴MuzuTV.com은 사이트에서 발생한 광고 수익의 일부를 영상 게시자에게 지급한다.

부가 상품

곡 판매를 통해서만 돈을 벌 수 있는 것은 아니다. 당신의 음악을 좋아한다면, 사람들은 대개 부가 상품도 사고 싶어 한다. 당신의 음악을 좋아하고 CD를 산 사람들에게 티셔츠, 머그컵, 마우스 매트 같은 것들을 판매할 수 있다.

그러나 독립 밴드가 부가 상품 재고에 많은 돈을 묶어두는 것은 멍청한 짓이다. 공연이 있다고 해도 티셔츠를 팔 수 있다는 보장은 없으며, 그때까지 어딘가에 재고를 보관해야 한다. 인터넷은 카페프레스닷컴CafePress.com, 스프레드셔트닷넷Spreadshirt.net, 재즐닷컴Zazzle.com 같은 주문형 프린트 사이트를 통해 완벽한 해결책을 제공한다. 또한 달력이나 책 같은 다른 인쇄용품(자서전 내지 악보)의 경우 룰루닷컴Lulu.com이 좋다. 주문형 프린트 사이트는 디자인을 만들고 저장할 수 있게 해준다. 그래서 고객이 주문하는 경우에만 찍어서 배송한다. 재고는 온라인 매장이 보관하고, 주문할 때까지는 아무 것도 찍히지 않으며, 최소 주문 수량도 없다.

대다수 주문형 프린트 사이트는 당신의 웹 사이트에서 링크를 걸 수 있는 온라인 부가 상품 매장을 열도록 해준다. 또한 모든 거래를 처리하고 대금을 지불한다. 아무 것도 찍히지 않은 물품에 대한 가격은 사이트에서 정한다. 거기에 이윤을 붙여서 소매가를 정하면 된다. 해당 물품이 판매될 때마다 사이트와 당신이 각자의 이윤을 가진다. 최종적으로 사이트에서 상당한 비율을 가져갈 수 있지만 재고나 프린트 비용을 들일 필요가 없으므로 '위험 비용이 없다'는 점에 주목해야 한다.

이 사이트들은 밴드의 복장을 마련할 때도 좋다. 대다수는 본인이 사용할 용도로 주문하면 이윤을 붙이지 않는다. 그러니 다음 공연에 입을 티셔츠를 직접 제작하거나,

앨범 표지 내지 웹사이트 주소를 티셔츠나 재킷에 인쇄한 다음 박람회의 컨퍼런스에 참석할 때 입어라.

그러면 아주 많은 사람들이 질문을 던지면서 대화를 시작하는 데 놀랄 것이다. 영향력을 높이려면 당신이나 밴드의 사진을 티셔츠에 넣고 사람들의 반응을 보라.

공연

모든 산업의 경우처럼 근래에 이뤄진 소셜 미디어 혁명은 아티스트와 밴드들이 아주 낮은 진입비용으로 인터넷을 통해 양질의 공연을 할 수 있는 기회를 열어주었다. 예전에는 공연을 하려면 에이전트나 음반사가 필요했다. 그들은 인맥과 '내부자'를 활용하여 공연 기회를 잡았다. 지금은 인터넷 덕분에 음악 산업이 민주화되면서 더는 이런 방식이 필수적이지 않다. CD베이비닷컴 같은 사이트가 전문적으로 만든 CD를 폭넓은 청중에게 유통하는 일을 가능하게(그리고 쉽게) 만들었듯이 소닉비즈닷컴SonicBids.com 같은 사이트는 온라인을 통해 공연 기회를 찾기 쉽도록 만들었다.

그러면 소닉비즈닷컴 같은 사이트는 어떻게 운영될까? 그 과정은 아티스트가 쉽게 활용할 수 있도록 간단하게 만들어졌다. 처음 가입하면 해야 하는 일은 전자프레스키트Electronic Press Kit(EPK)를 만드는 것이다. 그 첫 걸음으로 소위 말하는 '엘리베이터 피치elevator pitch(승강기를 타고 올라가는 짧은 시간 내에 투자자를 설득하기 위해 사업 아이디어를 설명하는 것. 아이디어를 짧고 강렬하게 전달함을 뜻하는 말)'를 작성해야 한다. 전자프레스키트에서 가장 중요한 요소인 '엘리베이터 피치'는 당신이 제공하는 서비스에 대한 첫 인상을 결정할 것이다.

전자프레스키트 페이지에는 다양한 형태의 미디어를 더할 수 있는 미디어 탭이 있다. 대개 잠재적 고객에게 다양한 형태의 미디어를 제시할수록 고용될 가능성이 높아진다. 당신이 어떤 서비스를 할 수 있는지 자세히 살필 수 있게 만드는 일은 아주 중요하다. 전자프레스키트의 목표는 이력서와 마찬가지로 면접 기회를 얻는 것이다.

전자프레스키트가 마련되면 일거리를 찾아야 한다. 전자프레스키트를 꼼꼼하게 만들었다면 이 과정은 일사천리로 진행된다. 사이트의 메인 페이지에서 공연 기회를 찾을 수 있다. 마음에 드는 공연이 있으면 사이트에서 구매한 크레디트로 입찰할 수 있다. 가령 5달러로 특정 프로모터에게 입찰할 수 있다.

소닉비즈 같은 사이트를 활용할 때 명심해야 할 점은 일거리보다 일거리를 찾는 사람들이 훨씬 많다는 것이다. 이처럼 수요보다 공급이 훨씬 많은 상황에서는 차별화가 중요하다. 앞서 말한 대로 최선의 방법은 전자프레스키트를 통해 다른 점이 무엇인지 보여주는 것이다. 전자프레스키트에 최고의 작품을 제시하라. 프로모터와 처음 교류할 때 최선의 모습을 보여야 한다. 지원하는 공연이 당신의 스타일에 맞아야 함은 물론이다.

소닉비즈에서 일거리를 찾지 않더라도 그 기능을 활용할 수 있다. 가령 회원이 되어 전문적인 전자프레스키트를 만들어라. 그 다음 클럽 오너나 인근 지역에서 일거리를 제공하는 사람들에게 보내라. 요즘은 클럽 오너들이 대개 마이스페이스나 비즈니스 웹 사이트에 계정을 갖고 있다. 그들에게 전문적인 느낌이 나는 전자프레스키트를 보내면 분명히 차별화가 된다. 이는 지역에서 공연할 기회를 확보하는 좋은 방법이다. 이처럼 양질의 인맥을 구축하면 눈덩이가 불어나듯이 더 많은 일자리와 인맥을 확보할 수 있다.

소닉비즈닷컴을 이용하고 싶지 않다면 같은 일을 하는 다른 사이트들이 있다. 그들은 당신이 좋아하는 일, 바로 음악을 만드는 일에 대한 커뮤니티를 만든다. 긱마스터즈닷컴GigMasters.com이 소닉비즈의 경쟁 사이트로서 그런 일을 한다. 소닉비즈가 음악산업의 이랜스Elance라면 긱마스터즈는 크레이그리스트Craiglist다. 긱마스터즈의 사이트 구성을 보면 훨씬 덜 비주얼 중심적이며, 훨씬 더 콘텐츠 중심적이다. 이 사이트는 범주별, 악기별로 구성되어 있다. 그래서 인터넷으로(특히 크레이그리스트식으로) 검색을 하는 데 익숙하다면 긱마스터즈가 소닉비즈보다 훨씬 간단하고 유용할 수 있다. 이 경우에도 소닉비즈에서 만든 전자프레스키트를 가져와서 활용할 수 있다.

오프라인이나 온라인에서 공연 기회를 찾았다면 온라인으로 '라이브' 공연을 하여 입소문을 더 낼 수 있다. 어떻게 온라인으로 '라이브' 공연을 할 수 있을까? 이 말은 모순되지 않을까? 라이브로 공연하려면 사람들이 주위에 있어야 하지 않을까?

이 반론은 맞기도 하고 틀리기도 하다. 당신의 노래를 좋아하고 감상하는 사람들 앞에서 공연하는 데서 오는 진정한 짜릿함은 견줄 대상이 없다. 음악가들은 그 짜릿함을 위해 산다. 채팅방 같은 온라인 환경에서 이를 완전히 대체할 수 있는 것처럼 꾸밀

수는 없다. 그러나 사람들에게 현장에 가지 않아도 라이브 공연을 보는 듯한 경험을 제공하는 일은 쓸모가 있다. 가장 인기 있는 영상 사이트인 유튜브를 통해 이 일을 할 수 있다.

유튜브에서 온라인으로 '라이브'를 하기 위해 필요한 일은 공연을 녹화한 다음 트랙별로 나누는 것이다. 그 다음 전용 도구로 '쇼'의 모든 트랙을 유려하게 이어주는 재생목록을 만들어라. 또한 홈페이지에 '온라인으로 공연을 보라'고 잠재적 팬들을 초대하는 페이지를 만들어라. 여기에 차기 공연을 홍보하거나 전자프레스키트(혹은 앞서 소닉비즈에서 만든 전자프레스키트)의 링크를 걸어두는 것도 좋다. 그러면 공연을 본 후 당신을 고용할지도 모르는 프로모터와 고객들에게 보여줄 추가 자료를 확보할 수 있다.

인터넷은 이전보다 일거리를 훨씬 쉽게 찾을 수 있도록 만들었다. 그에 따라 음악 산업의 진입장벽도 유례없이 낮아졌다. 이제 모든 인디 밴드는 직접 에이전트가 되어 공연 기회를 찾을 수 있다. 웹 2.0 이전에는 불가능했던 일이다.

정리

이 밖에도 당신의 음악을 마케팅할 수 있는 혁신적인 방법들이 더 많이 있다. 수익을 창출할 수 있는 새로운 길이 매일 열리고 있다. 그러니 업계 이벤트나 온라인 블로그 혹은 다른 뉴스 출처를 통해 최신 추세를 살펴야 한다.

내가 추가한 내용들이 직접 음반사나 제작사를 세우는 데 도움이 되기를 바란다. 회사를 세우는 일은 노력과 자원 그리고 대개 맹목적 믿음을 필요로 하지만 아주 재미있기도 하다. 또한 그 과정에서 좋은 친구도 많이 사귈 수 있다.

내가 가진 핵심 철학은 현재 가진 것을 토대로 출발하되 도중에 전략을 조정한다는 것이다. 계획도 중요하지만 일단 시작하면 사업의 모든 측면에서 새로운 길과 기회가 열린다. 앞서 말한 대로 요즘처럼 디지털 혁신이 일어나는 시대에는 항상 새로운 기술과 서비스 그리고 기회가 나타난다.

글을 마치기 전에 남기고 싶은 조언은 계속 배우는 자세를 유지하면서 항상 도움과 조언을 구하라는 것이다. 도움이 필요한 때를 알고, 무엇보다 끈기를 지니고, 줄기차게 난관에 맞서라. 어려운 시기에도 믿음을 버리지 말고 좋은 시기에는 성공을 자축하라.

음악 사업은 기복이 심하다. 그러니 목표에 이르는 여정과 과정을 즐겨라.

　인디 음악가들에게 지금보다 좋은 시절은 없었다. 올바른 자세와 도구 그리고 성공에 대한 결의와 의지가 있다면 창의적인 목표를 달성하는 일은 그 무엇보다 만족스런 경험이 될 것이다.

CHAPTER 30

DJ의 관점

'DJ도 춤추는 일원이다.
그러므로 한 발은 부스에 다른 한 발은 댄스 플로어에 두어야 한다.'

— 데이비드 맨쿠소David Mancuso

댄스 음악은 곡을 틀고 사람들을 춤추게 만드는 수많은 DJ들이 없다면 존재할 수 없다고 해도 무방하다. 이 점을 고려할 때 DJ가 제시하는 관점과 조언으로 책을 마무리하는 것보다 좋은 방법은 없을 듯하다. 이 부분은 다코바 대Dakova Dae의 도움을 얻었다. 다코바는 호주에서 활동하는 DJ이자 프로듀서로서 댄스 음악계의 거물들과 함께 활동했다. 또한 뛰어난 능력으로 수많은 대회에서 우승했으며, 현재 호주 최대 클럽인 브리즈번의 패밀리 나이트클럽Family Nightclub에서 전속으로 공연하고 있다.

다코바는 공연과 라디오 진행 그리고 제작 활동 외에도 블로그, 〈Dae on Mezzanine〉에 디제잉의 개념, 일렉트로닉 댄스 음악의 제작, 음악 산업에 대한 글을 싣는다. 또한 법학과 국제마케팅을 배운 그녀는 비즈니스와 음악에 대한 지식을 결합하여 일렉트로닉 댄스 음악에 열정을 가진 사람들도 돕고 있다.

구성 옵션

장비 구성은 디제잉의 세계에서 가장 빠르게 발전해온 측면이다. 초기에는 지금보다 옵션이 현저히 적었다. CD와 디지털 음악이 등장하기 이전에는 수십 년 동안 턴테이블이 DJ의 무기였고, 비트매칭beatmatching과 스크래칭scratching은 높은 평가를 받았다. 그러다가 기술이 발전하면서 CD가 등장하여 전체 음악 콜렉션을 노트북에 담아 공연장에 갈 수 있게 되었다. 또한 미디 컨트롤러는 장비 구성과 제어 방식을 완전히 맞춤화할 수 있게 해주었다.

어떻게 장비를 구성할지 결정할 때 그 어느 때보다 많은 옵션이 나와 있다. 궁극적으로 개인적 선호에 따라 결정하겠지만 고려할 요소들을 다루기 전에 전통적인 음반용 구성부터 완전히 맞춤화된 에이블턴 구성까지 각 옵션을 살펴보자.

음반

믹서로 연결된 두 대 이상의 턴테이블에서 음반을 트는 것은 원래 DJ들이 쓰던 구성이다. 일부 DJ는 '소리가 더 낫다'거나 '더 따뜻한 느낌이 난다'는 이유로 지금도 이 구성을 쓴다. 그러나 턴테이블은 구식 기기이며, 많은 클럽에서 더 이상 쓰지 않는다. 또한 요즘은 음반으로 나오지 않는 트랙이 많아서 콜렉션을 최신으로 유지하기가 어렵다.

요건	추천 장비
두 대(이상)의 턴테이블	테크닉스Technics SL 1210, 스탠턴Stanton STR8
믹서	앨런 앤드 히스Allen and Heath 존Zone 32, 파이오니어Pioneer DJM 800
슬립매트	
바늘	

CDJ와 믹서

이는 더욱 흔한 기기 구성으로서 거의 모든 클럽이 부스에 갖추고 있다. 이 구성은 두 대 이상의 CDJ가 믹서로 연결되며, 각 CDJ는 다른 채널로 들어간다. CDJ의 수는 믹서의 채널에 좌우되지만 대개 두 대 내지 네 대를 쓴다. 요즘 나오는 많은 CDJ 모델은 USB 연결장치를 갖추고 있다. 그래서 USB와 헤드폰과 가지고 공연장에 나오면 된다.

파이오니어는 레코드박스Rekordbox라는 독자 프로그램을 개발했다. 이 프로그램은 음악 콜렉션을 USB에 동기화한다. 구형은 CD 재생만 가능하다.

이 구성에 따른 추가적인 이점은 믹서가 이미 사운드 시스템에 정확하게 연결되어 있어서 사전 작업에 따른 스트레스와 기술적 문제를 크게 줄여준다는 것이다. 그러나 CD와 USB도 갑자기 문제를 일으킬 수 있으므로 항상 비상용 백업 CD와 USB를 갖고 다녀야 한다.

이 구성에는 몇 가지 단점도 있다. 우선 라이브 신시사이저나 악기를 통합하기가 어렵다. 그래서 필요하다면 디지털 기기 구성을 고려해야 한다. 또한 클럽마다 장비를 관리하는 수준이 달라서 상태가 운에 좌우된다. 대개는 부스에 설치된 장비밖에 없기 때문에 CDJ나 믹서가 제대로 작동하지 않을 경우 현장에서 조치하는 법을 배워야 한다.

요건	추천 장비
두 대(이상)의 CDJ	파이오니어 CDJ 2000, 파이오니어 CDJ 900
믹서 한 대	파이오니어 DJM 2000, 파이오니어 DJM 900

트랙터TRAKTOR

트랙터는 전통적인 두 대 혹은 네 대 짜리 데크 믹싱을 가상으로 구현하는 인기 소프트웨어다. 이때 프로그램에 포함된 믹서를 쓰거나 더 흔하게는 외장 컨트롤러를 구입할 수 있다.

트랙터용 컨트롤러에는 내장 사운드카드와 외장 사운드카드의 2가지 옵션이 있다. 노트북을 갖고 있다면 사운드카드가 내장된 일체형 컨트롤러를 구입하는 것이 가장 빠르고 저렴하게 기기를 갖추는 방법이다. 사운드카드가 없는 컨트롤러는 아주 저렴하지만 따로 사운드카드를 사야 한다. 어떤 컨트롤러든 필요한 대로 구성할 수 있다. 그래서 트랙터는 CDJ 기반 구성보다 훨씬 맞춤성이 좋다. 또한 CDJ보다 쉽게 익힐 수 있다. 특히 '싱크' 기능으로 비트 매칭을 하는 방법을 생략한다면 더욱 그렇다.

이 옵션의 단점은 노트북을 공연장에 가져가야 한다는 것이다. 이 경우 도난이나 손상 문제가 발생할 수 있다. 또한 컴퓨터에 오류가 생기는 경우에 대비하여 비상수단도 항상 마련해 두어야 한다.

요건	추천 장비
트랙터가 깔린 노트북	애플 맥북 프로(부스에서 잘 볼 수 있도록 최소 15인치 이상)
사운드카드 내장형 컨트롤러	트랙터 컨트롤Kontrol S2, 트랙터 컨트롤 S4, 파이오니어 DJM T1
사운드카드 외장형 컨트롤러	트랙터 컨트롤 X1, 트랙터 컨트롤 F1, 트랙터 오디오 10, 트랙터 오디오 6

에이블턴

제작기기 및 라이브 공연용 기기로서 에이블턴의 인기가 근래에 엄청나게 치솟았다. 거기에는 몇 가지 이유가 있다. 첫째, 라이브 구성의 경우 컨트롤러와 기기를 수많은 방식으로 설정할 수 있다. 그래서 클립이든, 아카펠라든, 드럼 루프든, 라이브 신시사 이저든 모두 수용할 수 있다. 또한 글로벌global BPM으로 제어하므로 비트매칭 방법을 배울 필요가 없다.

이런 여러 이점이 있지만 노트북과 사운드카드 그리고 모든 컨트롤러와 기기를 작은 DJ 부스에 맞추기가 어렵고 시간이 걸린다는 점을 고려해야 한다. 또한 구성 요소가 많을수록 도중에 문제가 생길 가능성이 높아진다. 따라서 비상수단을 반드시 마련해야 한다. 에이블턴에만 의존하여 라이브 공연을 한다면 비상수단을 갖추기 위해 비용을 들이고 스트레스를 겪어야 한다. 끝으로 장비 구성이 복잡할수록 숙달하는 데 시간이 걸린다는 사실도 명심해야 한다.

요건	추천 장비
에이블턴이 깔린 노트북	애플 맥북 프로(부스에서 잘 볼 수 있도록 최소 15인치 이상)
컨트롤러	아카이Akai APC 40, 노베이션Novation 론치패드Launchpad, 베스탁스Vestax, VCM 600
사운드카드	모투Motu 울트라라이트Ultralite Mk3, 포커스라이트Focusrite 사파이어Saffire

올바른 구성의 선택

각 구성은 나름의 장단점을 지닌다. 이를 분석하여 적절한 구성을 선택하는 일은 여러 개인적 요소에 좌우된다. 어떤 구성을 갖출지 선택할 때 다음 사항들을 고려하라.

1. 예산이 얼마인가? 정상급 CDJ와 믹서 번들이 가장 비싸다. 노트북이 있다면 컨트롤러를 갖춘 디지털 구성이 가장 저렴하다.

2. 부스를 구성하는 데 얼마나 많은 시간과 공간이 주어지는가? 부스에서 컨트롤러를 구성하는 데 30분을 쓸 수 있는가? 혹은 쓰고 싶은가?

3. 공연 도중 라이브 신시사이저를 합쳐야 하는가?

4. 동시에 몇 채널이나 돌리고 싶은가? 완전한 트랙을 쓰는가 아니면 루프와 아카펠라를 합치는가?

5. 어느 정도의 휴대성이 요구되는가? 장비를 공연장에 가져가야 하는가 아니면 장비가 갖춰져 있는가?

6. 비트매칭이 중요한가? 기술이 발달하고 디지털 디제잉이 성장하면서 비트매칭의 중요성이 크게 줄었다. 그래도 비트매칭을 익히는 일이 중요한가?

장르에 대한 고려

특정 댄스 음악 장르에는 잘 맞는 구성이 따로 있다. 가령 트랜스와 메인룸 프로그레시브 하우스 같은 장르는 사운드가 대단히 밀집되어 있어서 채널을 둘 이상 겹치면 종종 과하고, 어수선하며, 불쾌하게 들린다. 이 경우 에이블턴으로 베이스라인, 타악기 루프, 후크, 보컬을 돌리는 가운데 라이브 매시업과 라이브 악기를 더하면 과도한 사운드가 나올 수 있다. 반면 힙합이나 미니멀 테크노 같은 다른 장르는 곡 전체에 공간이 훨씬 많아서 이런 구성으로 사운드를 겹치는 실험을 하면 상당한 창의적 가능성이 열린다.

기기 구성은 유동적이다. 항상 경력을 쌓아서 발전하는 동안 추가 요소를 통합하고 확장하는 새로운 방식을 탐구하라.

결국 장비를 어떻게 구성할지는 전적으로 개인의 선택이다. 가장 중요한 점은 각 장비 구성을 확실하게 알고 믹싱 스타일과 사운드에 가장 잘 맞는 구성을 골라서 자신 있게 사용하는 것이다.

디제잉의 핵심

디제잉은 가장 근본적인 차원에서 트랙 사이의 *비트매칭* 그리고 흐름을 깨지 않고 트랙을 이어가는 *믹싱*이라는 2가지 핵심 요소로 구성된다. 인간의 창의성과 기술이 발전하면서 이 두 요소도 상당한 진화를 이루었고, DJ의 정의도 넓어졌다. 그래서 디제잉의 영역에 새로운 측면이 많이 생겼다. 이제 흥미로운 믹스를 만드는 작업에는 *EQ, 이펙트, 루핑, 아카펠라, 핫 큐hot cue* 같은 요소가 수반된다. 여기서 중점을 두는 요소는 라이브 구성과 음악 장르 그리고 개인적 믹싱 스타일에 따라 달라진다.

기본 요소

비트매칭(수동)

한 트랙을 부드럽게 다른 트랙과 섞으려면 속도(분당 비트, BPM)를 맞춰야 할 뿐만 아니라 박자도 맞춰야 한다. 그 방법은 다음과 같다.

1. 믹싱하는 트랙의 큐 포인트cue point를 첫 박의 시작 부분에 정확하게 맞춰야 한다. 이 작업은 장비에 따라 디지털 내지 수동으로 할 수 있다.

    a. 수동: CD를 쓰는 경우 큐 포인트가 자동으로 모든 트랙의 시작 부분에 놓인다. 그러나 항상 100퍼센트 정확하지는 않다. 또한 (인트로 편집본처럼) 트랙의 시작 부분이 첫 박이 아닌 경우 큐 포인트를 수동으로 맞춰야 한다. 이때 첫 박(대개 킥)이 나올 때까지 트랙을 재생하고 다시 '플레이'를 눌러서 정지시킨다. 그 다음 첫 박의 시작 부분이 될 때까지 플래터platter를 좌우로 돌린 다음 큐를 누른다. 그러면 거기가 트랙의 새로운 시작 지점이 된다.

    b. 디지털: 일부 프로그램은 소프트웨어 내에서 자동으로 큐 포인트를 설정하도록 해준다. 가령 USB 기반 믹싱을 하는 경우 레코드박스 안에서 디지털로 큐 포인트를 설정할 수 있다. 그 방법은 프로그램을 열어서 트랙을 불러온 후 커서를 첫 박의 시작 부분에 맞추는 것이다. 그 다음 우클릭하여 '큐 포인트 설정Set Cue Point'을 누른다. 이 큐 포인트는 곡과 동기화할 때 USB에 저장된다.

2. 큐 포인트를 맞춘 다음에는 믹싱을 할 수 있다. '플레이'를 누르면 1단계에서 설정한 큐 포인트에서 트랙이 시작된다. 새로운 트랙을 듣고 앞서 재생한 트랙보다 속

도가 빠른지 혹은 느린지 파악하라. 이 기술을 익히는 데 가장 많은 연습이 필요하다. 두 트랙을 동시에 들으면 처음에는 혼란스런 잡음처럼 들릴 것이다. 그래도 각 트랙의 킥이나 하이 햇에 집중하려고 노력하라. 이는 상대 속도를 파악하는 최선의 방법이다. 뒤 트랙의 킥이 앞 트랙의 킥보다 빠른가? 그렇다면 피치 페이더를 통해 뒤 트랙의 피치를 낮추거나 앞 트랙의 피치를 올려야 한다. 이렇게 피치를 맞춰도 각 트랙이 박자를 칠 때 약간의 차이가 있으면 혼란스런 소리가 난다. 이를 더블 비트double beat라고 부른다. 조그Jog 휠을 앞뒤로 돌려서 타이밍 오류를 보정하라. 이런 보정 작업은 박자의 타이밍을 아주 조금만 앞뒤로 옮길 뿐 트랙의 템포에 영향을 미치지 않는다.

비트매칭은 처음에는 아주 어려운 과정처럼 보인다. 그러나 박자에 집중하도록 귀를 훈련하고, 경험이 쌓이면 더 빠르고 자신 있게 할 수 있다.

비트매칭을 효과적으로 하는 유일한 비법은 연습이다.

비트매칭(디지털)

디지털 DJ 혁명 이전에는 귀로 들으면서 하는 비트매칭이 디제잉의 초석이었다. 비트매칭을 못하는 DJ는 경력을 쌓는 데 큰 한계가 있었다. 그러나 지금은 디지털 DJ 장비가 많아서 비트매칭을 아예 할 필요가 없어졌다. 트랙터와 에이블턴 라이브가 그런 장비다.

에이블턴: 에이블턴은 프로그램으로 불러온 클립과 트랙의 피치를 자동으로 조절하는 글로벌 BPM 카운터global BPM counter를 갖추고 있다. 그래도 다양한 믹스다운 상태와 품질 차이 그리고 BPM의 변동 때문에 가끔 싱크가 어긋나는 경우가 있다. 이 문제를 최소화하기 위해 에이블턴으로 불러올 때 각 트랙을 '와프warp'하는 것이 좋다. 그러면 클립의 피치가 정확하게 재조정되고 BPM이 유지된다. 다음은 그 절차다.

1. 트랙을 불러온다.
2. 에이블턴 프로젝트의 글로벌 BPM을 트랙의 원래 BPM에 맞춘다.

3. 클립 뷰Clip View 패널(세션 뷰Session View의 하단 패널)에서 트랙을 선택하고 첫 박으로 줌인한다.

4. 첫 박에 트랙 마커track marker를 더하고 다른 트랙 마커를 지운다.

5. 새 마커에서 우클릭하여 '이 지점부터 와프Warp (BPM) from here'를 선택한다.

6. 각 트랙에 같은 과정을 반복한다.

트랙터: 트랙터는 비트매칭을 수동으로 할지 아니면 '싱크Sync' 버튼을 통해 자동으로 할지 선택할 수 있게 해준다. '싱크'를 끄면 피치 컨트롤 페이더와 넛지nudge 버튼을 통해 CDJ와 같은 절차로 비트매칭이 이뤄진다. 이 작업은 프로그램 자체에서 마우스로 하거나 외부 미디 컨트롤러로 옮겨서 할 수 있다. 반대로 '싱크'를 켜면 트랙 사이의 BPM이 자동으로 동기화된다. 그러나 속도만 동기화될 뿐 박자의 타이밍이 반드시 동기화되는 것은 아니다. 그래서 CDJ의 조그 휠처럼 넛지nudge 버튼으로 조금씩 조정할 필요가 있다. 넛지 보정의 필요성을 최소화하기 위해 각 트랙의 큐 포인트를 박자의 시작 부분에 정확하게 맞춰라. 트랙을 불러와서 커서를 첫 박의 시작 부분에 맞춘 다음 '큐'에 이어 '저장'을 클릭하면 큐 포인트가 저장된다.

페이징

두 트랙의 박자를 맞추는 것은 믹스를 고르게 만드는 작업의 일부일 뿐이다. 어느 지점에서 앞 트랙을 뒤 트랙과 믹싱할지도 사운드에 엄청난 영향을 미친다. 이는 페이징 때문이다. 곡에는 새로운 국면new phase에 접어드는 느낌이 드는 순간들이 있다. 가령 브레이크다운이나 드롭 부분으로 들어서는 지점이 그렇다. 프로듀서들은 새로운 국면이 시작되는 때를 알리기 위해 다양한 기법을 활용한다. 일반적으로는 16마디나 32마디 혹은 64마디 다음에 국면이 전환된다고 예상할 수 있다. 이 지점에서 다음 트랙을 믹싱하면 새 국면에 맞춰서 더욱 자연스런 이동이 이뤄진다.

EQ

믹싱을 시작할 지점을 파악했고, 박자를 맞추었으며, 두 트랙의 박자와 국면이 맞다면

댄스 뮤직 바이블

두 번째 트랙을 끌어들일 때다. 에이블턴 같은 소프트웨어에서 샘플이나 클립을 띄우지 않는다면 EQ를 써서 새로운 트랙을 점차 가져와야 한다. 미디 컨트롤러나 커스텀 매핑 믹서를 제외하고 시장에 나온 대다수 상업적 믹서는 3대역 EQ로 구성된다. 각 대역은 상단, 중단, 하단으로 구분되며, 믹서마다 분할되는 주파수가 다르다.

업계 표준인 파이오니어 DJM 800은 다음과 같이 설정되어 있다.

- 상단(13kHz)

- 중단(1kHz)

- 하단(70Hz)

참고사항: 일부 앨런 앤드 히스 DJ 믹서는 중단을 상중단과 하중단으로 나누는 4대역 EQ를 쓴다. 3대역 EQ 믹서를 쓸지, 4대역 EQ 믹서를 쓸지는 순전히 개인적 선호에 달려 있다.

믹싱을 할 때 각 EQ를 언제, 얼마나 적용할지 선택하는 것은 전적으로 개인적 결정이다. 다만 기본적으로는 사운드 스펙트럼에서 여백이 생기는 때와 곳에 좌우된다.

가령 현재 트랙이 맥시멀maximal 업리프팅 트랜스라면 상단이나 중단 혹은 하단에 새로운 사운드를 넣을 여지가 있을 가능성이 별로 없다. 그래서 기존 요소가 빠지기 전에 너무 빨리 믹싱하면 해당 주파수 스펙트럼이 붐비고 흐려져서 듣기 불쾌해진다. 맥시멀 장르의 경우 중요하게 고려할 점은 잘 들어서 간극이 있을 때만 연관된 주파수를 섞는 것이다. 미니멀minimal 테크노 같은 미니멀 장르의 경우 성긴 사운드로 분위기와 느낌을 만든다. 이런 트랙에는 믹싱을 할 때 새로운 사운드를 넣을 공간이 많다. 그래서 사운드 스펙트럼을 너무 붐비게 만들지 모른다는 걱정 없이 훨씬 길게 늘어지는 은근한 전환을 허용한다. 이처럼 각 트랙과 장르가 나름의 성격을 지니므로 EQ를 잘 쓰는 핵심은 연습과 실험이다.

추가 작업

비트매칭, 페이징, EQ 작업을 마친 후에도 더욱 공연에 힘을 싣고 개성적인 스타일을 창출하기 위해 활용할 수 있는 추가 요소들이 많다. 여기에는 이펙트, 아카펠라, 샘플, 루핑, 핫 큐 포인트 설정 등이 포함된다.

이펙트

장비 구성에 따라 믹싱 소프트웨어에 들어 있는 이펙트를 쓸 수도 있고, 내장형 하드웨어 믹서의 이펙트 혹은 파이오니어 RMX 1000이나 더 오래된 파이오니어 EFX-1000 같은 외장형 이펙트를 쓸 수도 있다. 어떤 형식이든 대개 다음과 같은 기능을 갖춘다.

- 필터Filter
- 딜레이/에코Delay/echo
- 리버브Reverb
- 팬Pan
- 플랜저Flanger
- 페이저Phaser

아카펠라, 샘플, 루핑

아카펠라, 샘플, 루핑을 창의적으로 활용하면 DJ 세트에 개성적인 묘미를 더할 수 있다. 전통적인 음반이나 CDJ로는 이런 작업을 하기가 훨씬 어렵다. 그러나 디지털 디제잉의 인기가 커지면서 클립을 시작하고 루프를 준비하는 일이 그 어느 때보다 빠르고 쉬워졌다. 우선 할 일은 컨트롤러나 전용 이펙트 장치를 추가하는 것이다.

공연에서 여러 아카펠라, 샘플, 루프를 겹치고 싶다면 에이블턴 라이브를 연구할 가치가 있다. 에이블턴 라이브의 클립 트리거clip trigger와 커스텀 라우팅 옵션custom routing option은 현재 DJ 소프트웨어 중에서 독보적이다.

핫 큐 포인트

앞서 설명한 대로 큐 포인트를 첫 박에 잘 맞추면 비트매칭을 더 빨리 하는 데 도움이 된다. 또한 많은 소프트웨어 및 하드웨어 장치는 트랙별로 여러 큐 포인트를 설정하도록 해준다. 첫 번째 큐 포인트를 제외한 다른 큐 포인트는 핫 큐 포인트로 불린다. 이렇게 여러 핫 큐 포인트를 설정하면 편곡을 할 때 중요한 지점으로 신속하게 넘어가서 시간 낭비를 줄이거나 공연 중에 추가 큐 포인트를 설정할 수 있는 장점이 있다. 가령 주 후크나 보컬이 시작되는 부분에 설정된 핫 큐는 믹싱을 할 때 정확하게 해당 지점에서 트랙을 재생할 수 있도록 해준다. 그래서 라이브 매시업mash-up(서로 다른 곡을 조합하여 새로운 곡을 만듦)을 하거나 긴 인트로를 건너뛸 수 있다.

참고사항: 핫 큐 포인트는 일반 큐 포인트와 같은 방식으로 설정한다.

믹싱을 하는 법이나 새로운 요소를 라이브 공연에 추가하는 법을 배울 때 항상 연습한 믹스를 녹음하라.

정신없이 믹싱을 하다 보면 공연의 세부적인 면을 놓칠 수 있다. 연습할 때마다 녹음을 한 다음. 몇 시간 후 신선한 귀로 녹음한 믹스를 들어보라. DJ가 아닌 청자로서 얻는 새로운 관점은 어떤 기술을 어떻게 개선해야 할지 객관적으로 분석할 수 있도록 해준다.

하모닉 믹싱   DJ 세트에 담긴 긴장과 완화 그리고 밝음과 어두움은 인상적인 공연에 필수적인 요소다. 그 여정이 바로 하모닉 믹싱이다.

어울리는 화성으로 믹싱 하는 방법

1. 트랙의 키를 찾을 방법을 골라라. 예전에는 귀과 키보드를 통해서만 키를 찾을 수 있었다. 요즘은 키를 찾아주는 저렴한 프로그램들이 여럿 나와 있어서 작업이 훨씬 빠르고 쉬워졌다. 가장 인기 있는 프로그램은 믹스드인키Mixed In Key(www.mixedinkey.com)다.

2. 트랙의 키를 찾아라. 컴퓨터 프로그램을 쓰는 경우 정확한 조표(가령 A단조)와 단축된 버전이 함께 제공된다. 가령 믹스드인키가 쓰는 '카멜롯 이지 믹스 휠

Camelot Easy Mix Wheel'은 각 조표에 1부터 12까지 숫자와 장조 혹은 단조에 따라 A 혹은 B를 붙인다. 이렇게 각 키에 단축된 표시를 붙이는 것이 처음에는 더 쉬워보인다. 숫자와 알파벳만 기억하면 되기 때문이다. 그러나 정확한 조표를 기준으로 각 트랙을 파악하는 습관을 들이는 것이 장기적으로는 훨씬 도움이 된다. 각 조표와 연계된 사운드와 느낌에 익숙해지면 세트 개발과 곡의 방향을 훨씬 주도적으로 통제할 수 있다. 물론 처음에는 익히는 데 시간이 더 걸린다. 그래도 장기적으로 반드시 습득할 것을 권한다.

3. 각 트랙의 키를 파악한 다음에는 어떤 트랙들의 화성적 관계가 가장 강한지 분석해야 한다. 이 트랙들을 붙여야 부드럽게 넘어갈 수 있다. 각 트랙의 키가 공유하는 음들이 많을수록 화성적 관계가 긴밀하다. 다음이 그런 경우다.

   a. 딸림 음정(6/7키 공통)

   b. 버금 딸림 음정(6/7키 공통)

   c. 관계 장조/단조(7/7키 공통, 으뜸음이 다름)

4. 5도권Circle of Fifths으로 어떤 키들이 이런 음정을 지니는지 찾을 수 있다. 5도권은 음악 이론에서 반음계에 속한 모든 키의 화성적 관계를 보여주기 위해 활용하는 표다. 위의 음정은 5도권에서 다음과 같이 나타난다.

   a. 딸림 음정: 키가 시계방향으로 한 칸

   b. 버금 딸림 음정: 키가 시계반대방향으로 한 칸

   c. 관계 장조/단조: 키가 같은 칸이나 원 안쪽과 바깥쪽

5. 하모닉 믹싱을 하려면 위에 속하는 음정을 지닌 트랙들을 이어야 한다. 현재 재생하는 트랙의 키를 파악하고, 5도권에서 찾은 다음 시계방향 혹은 시계반대방향으로 한 칸 떨어지거나 안쪽 혹은 바깥쪽에 키가 해당하는 트랙을 골라라. 믹스로 넘어갈 때 같은 키에 머물거나 앞뒤 혹은 안팎으로 이동할 수 있다. 이런 음정을 유지하면 믹싱 트랙들이 많은 음을 공유하여 더욱 조화롭게 들린다.

장조 대 단조

장조: 5도권의 바깥쪽에 자리한다. 장조로 쓰인 곡은 *기쁘고, 당당하고, 자신감 넘치*

는 느낌을 풍긴다.

단조: 5도권의 안쪽에 자리한다. 단조로 쓰인 곡은 *슬프고, 신비로우며, 심각한* 느낌을 풍긴다.

추가 음정

앞서 다룬 음정 외에 다른 음정을 실험하면 세트의 분위기와 진행이 바뀐다. 다음은 그 내용을 간단하게 정리한 것이다.

음정	5도권 이동 방향	효과
관계 장조에서 관계 단조로	원의 바깥쪽에서 안쪽으로	밝은 분위기에서 어두운 분위기로 가는 뚜렷한 전환
관계 단조에서 관계 장조로	원의 안쪽에서 바깥쪽으로	어두운 분위기에서 밝은 분위기로 가는 뚜렷한 전환
으뜸에서 딸림으로	시계방향	유쾌함, 에너지의 축적
으뜸에서 버금딸림으로	시계반대방향	진행의 느낌을 주지만 반드시 해결되지는 않음, 더 많은 것이 나옴, 이야기가 계속됨.
으뜸 장조에서 으뜸 단조로	시계반대방향으로 90도	분위기가 은근하게 어두워지고 더욱 진지해짐.
으뜸 단조에서 으뜸 장조로	시계방향으로 90도	분위기가 은근하게 밝아짐, 해결 기미가 느껴짐, 긴장을 다소 완화함.
으뜸에서 3음음계tritonic로	180도	아주 긴장되고 어울리지 않는 음정. 정확하게 타이밍을 맞추면 긴장을 극적으로 고조하고 세트 진행에서 새로운 장이 시작되거나 방향이 갑작스레 전환됨을 알림.

하모닉 믹싱의 타이밍

청중이 음악 이론을 모르더라도 어울리지 않는(약한 화음, 부화음) 키들을 한데 섞어 놓으면 긴장되고 불쾌한 느낌이 난다. 이럴 때 모든 장르에 걸쳐 하모닉 믹싱이 필요해지는데, 부드럽고 듣기 좋은 전환을 이루도록 돕기 때문이다. 하모닉 믹싱에 특히 신경을 써야 하는 상황이 있다. 다음이 그런 예다.

- 멜로디가 믹싱 트랙을 지배할 때. 특정 장르, 가령 하우스와 트랜스는 멜로디에

의존하는 것이 특징이다. 멜로디는 트랙에서 가장 두드러진 요소이므로 어울리지 않는 멜로디를 한데 섞으면 아주 소란스러워진다. 특히 트랙에 보컬이 담겨 있을 때는 더욱 그러므로 하모닉 믹싱을 활용하는 것이 좋다.

- 긴 믹스. 전환 과정이 길수록 각 트랙의 요소들이 더 많이 겹쳐진다. 긴 전환과 풍부한 레이어링을 활용하는 믹싱 스타일이라면 하모닉 믹싱으로 쓸데없는 불협화음을 피하는 것이 좋다. 프로그레시브 하우스, 테크노, 테크 하우스 그리고 기타 하위 장르가 주로 긴 믹스에 의존한다.

피치와 키 재조정

원래 BPM의 3퍼센트보다 많이 빨라지거나 느려진 트랙은 5도권에서 차지하는 위치가 완전히 바뀐다. 따라서 화성 관계도 같이 바뀐다.

믹싱을 할 때 마스터 템포를 켜지 않는 경우 트랙의 속도를 크게 올리거나 낮추면 조표가 바뀐다. 대개 3퍼센트가 바뀌면 트랙의 키가 반음 옮겨진다.

가령 C장조로 쓰인 트랙의 속도를 3퍼센트 넘게 올리면 키가 반음 올라가서 C샤프 장조가 된다. 반대로 3퍼센트 넘게 내리면 반음 내려가서 B장조가 된다. 그래서 5도권을 다시 참고해야 한다. 이 경우 새로운 키는 5도권에서 C장조 옆에 있지 않고, 원래 위치에서 5칸 떨어져 있다. 그래서 원래는 G장조나 F장조 트랙을 섞으면 화성이 맞았는데 지금은 5도권에서 거리가 떨어졌으므로 불협화음이 난다. 템포를 3퍼센트 넘게 바꾸면 불가피하게 키가 옮겨진다. 따라서 장비에 마스터 템포 기능이 있다면 하모닉 믹싱을 할 때 켜두는 것이 좋다. 그러면 피치를 조정할 때도 원키가 유지된다.

그러나 규칙은 깨어지기 위해 만들어진다.

하모닉 믹싱은 부드러운 믹스를 만드는 강력한 도구이지만 지침으로만 활용해야 한다. 그 한계 너머를 바라볼 때 가장 흥분되고 인상적인 순간들이 나온다. 지식은 힘이다. 키 이면의 중요성을 많이 이해할수록 규칙을 깨야 할 적절한 시기를 더 잘 알게 된다. 기본적으로 특정 트랙을 틀어야 할 적기라는 느낌이 든다면 무엇도 당신을 막을 수 없다. 언제나 직관을 먼저 따르라. 하모닉 믹싱의 규칙은 그 다음이다.

트랙을 찾는 것은 DJ가 해야 할 중요한 과제 중 하나다. 숨겨진 보석이나 차기 히트 트랙을 발견하려면 반드시 어디서 어떻게 트랙을 찾을지 알아야 한다. 음악적 영감을 얻을 수 있는 곳은 수없이 많다. 또한 인터넷의 등장으로 전 세계에서 나온 트랙을 그 어느 때보다 빠르고 쉽게 확보할 수 있다. 트랙에 대한 아이디어를 효과적으로 얻을 수 있는 원천은 다음과 같다.

1. 온라인 디지털 매장: 여기는 DJ 세트에 넣을 곡들을 확보하는 가장 일반적인 원천이다. 여기에서 판매되는 곡들은 가수, 음반사, 장르, 제목, 차트 등 수많은 범주에 따라 분류되어 있다. 그래서 새로운 음악을 쉽고 간편하게 찾고 발견할 수 있다. 다음 사이트들이 댄스 음악 부문에서 인기가 많다.

   a. Beatport(www.beatport.com)

   b. AudioJelly(www.audiojelly.com)

   c. iTunes(www.apple.com/itunes)

   d. Amazon(www.amazon.com)

   e. Trackitdown(www.trackitdown.net)

   f. Juno Download(www.junodownload.com)

   g. Djdownload(www.djdownload.com)

   h. Traxsource(www.traxsource.com)

   i. Stompy(www.stompy.com)

2. 라이브 세트: 좋아하는 음악가의 곡을 직접 듣거나, 인터넷에서 트랙리스트를 확인하거나, 좋아하는 DJ의 트랙을 파악하는 것은 트랙을 찾는 멋진 방법이다. 수많은 사이트가 전 세계에서 공연하는 음악가들의 트랙리스트를 수집한다. 구글 검색만 하면 정보를 얻을 수 있다.

3. 라디오 프로그램과 팟캐스트의 트랙리스트: 요즘은 정기적으로 팟캐스트나 라디오 방송을 하는 DJ들이 많다. 공연 트랙리스트처럼 이 트랙리스트를 활용하여

새로운 트랙과 음악가에 대한 영감을 얻어라.

4. 사운드클라우드: 좋아하는 음악가를 찾아서 팔로우하라. 근래에 사운드클라우드의 인기가 치솟으면서 대다수 DJ와 프로듀서들이 최신 트랙을 자신의 페이지에 올린다. 그들이 누구를 팔로우하는지 살피는 일도 잊어서는 안 된다. 아직 당신이 모르는 신인을 팔로우할지도 모르기 때문이다.

5. DJ 프로모 풀promo pool: 거의 모든 음반사는 홍보용으로 프로모 풀 시스템을 활용한다. 그들은 공연이나 라디오 방송 혹은 믹스를 알리기 위해 무료로 트랙을 다운로드할 수 있는 이메일을 보내준다. 이는 새로운 곡을 확보하는 아주 편리하고 저렴한 방법이다. 그러나 대다수 대형 음반사는 초대 형식으로만 대상자를 추가한다. 그래서 국가적, 세계적 명성을 얻었거나 해당 음반사에서 음반을 낸 적이 있어야 하는 경우가 많다. 대중에게 공개되는 웹사이트는 종종 신청 양식을 갖추고 있다. 관심을 가진 음반사의 웹사이트에 가서 프로모 풀 정책을 살펴라.

지금은 손가락만 움직이면 그 어느 때보다 많은 음악에 접근할 수 있다. 그러나 이 특혜와 함께 방대한 신곡을 걸러서 개인적 스타일에 맞는 곡을 찾아내야 하는 과제가 주어진다. 자신에게 맞는 사운드가 무엇인지 더 잘 알게 되면 자연스럽게 알아보고 골라내는 능력이 생긴다. 초기에는 아무런 흥분도 안기지 않는 트랙을 사느라 돈뿐만 아니라 열의도 잃게 될 것이다.

"내가 존경하는 사람이 지금 들어와서 이 트랙만 듣는다면 진정한 나의 사운드를 들려주었다는 생각이 들까?"라고 자문하라. 답이 '그렇지 않다'라면 다른 트랙으로 바꿔라.

요즘처럼 음악이 흘러넘치는 시대에는 적당한 선에서 만족할 여지가 없다.

콜렉션 정리

콜렉션에 포함된 각 트랙을 속속들이 아는 것, 각 트랙이 댄스 플로어에서 풍길 분위기와 그 효과에 친숙해지는 것 그리고 트랙을 틀 완벽한 타이밍을 아는 것은 뛰어난 DJ라면 반드시 갖춰야 할 능력이다. 그러나 곡을 확보하는 일이 그 어느 때보다 쉬워지고 많은 콜렉션이 수만 곡의 트랙으로 늘어나면서 콜렉션을 관리하고 정리하는 일이 어려워졌다. 핵심은 곡을 정리하는 방법이다.

플레이리스트

여러 곡으로 플레이리스트를 만드는 방식은 수없이 많다. 그러나 결국은 트랙에서 가장 부각하고 싶은 것이 무엇인지에 따른 개인적 결정에 좌우된다. 다음은 흔히 쓰이는 방식이다.

- 추가한 날짜 기준 내림차순: 트랙의 신선함이 중요하다면 이 방식을 권한다. 특히 상업적 댄스 DJ에게 유용하다.
- 키 기준: 하모닉 믹싱을 활용하는 DJ에게 유용하다.
- BPM 기준: 폭넓은 BPM 영역에 걸쳐 다양한 스타일의 트랙을 트는 DJ에게 유용하다.
- 보컬/비보컬 기준: 보컬과 악기를 중심으로 세트를 진행하는 DJ에게 유용하다.
- 음반사 알파벳순
- 아티스트 알파벳순

평점 체계

아이튠즈와 트랙터 같은 음악 파일 관리 프로그램은 1개부터 5개까지 별점 평가 방식을 쓴다. 콜렉션을 정리하는 다른 방법은 각 별점에 플로어 필러floor filler(댄스 플로어를 가득 차게 만드는 곡), 앤섬anthem, 자작곡, 아카펠라, DJ 도구 등 트랙의 성격을 배정하는 것이다. 배정 방식은 개인적 선호에 따라 정한다. 다만 점진적인 방식으로 배정하는 것이 효과적이다. 가령 별 1개짜리 트랙은 공연을 시작하는 트랙이고 별 5개짜리 트랙은 공연을 마무리하는 가장 센 트랙으로 배정하는 식이다. 이렇게 공연의 시작부터 끝까지 느낌/분위기를 기준으로 콜렉션을 정리하면 점진적으로 진행하는 세트를 만들기가 훨씬 쉬워진다. 다음은 한 예다.

- 별 1개= 오프닝 트랙, 초저녁 공연 트랙

- 별 2개= 워밍업 트랙

- 별 3개= 피크 타임 트랙

- 별 4개= 피크 타임 앤섬/플로어 필러anthems/floor filler

- 별 5개= 클로징 트랙, 가장 강렬한 트랙

아이튠즈는 현재 사용되는 가장 인기 있는 음악 파일 관리 소프트웨어다. 강하게 추천하는 다른 프로그램은 미디어 몽키Media Monkey(www.mediamonkey.com)다. 태그 달기, 플레이리스트 정리, 스마트 기기 동조화 같은 추가 기능을 갖춘 이 프로그램은 DJ에게 특히 유용하다. 미디어 몽키를 윈도우와 맥 운영체제에서 내려받고 설치하는 방법은 홈페이지에서 확인할 수 있다.

마스터 트랙리스트

이 전략은 간단하다. 전체 콜렉션을 플레이리스트로 정리한 다음 각 플레이리스트를 엑셀 스프레드시트로 바꾸면 된다. 이때 가장 좋은 방법은 각 플레이리스트를 하나의 엑셀 문서 안에서 개별 '시트'로 만드는 것이다. 여기에는 여러 이점이 있다. 첫째, 전체 콜렉션을 쉽게 조망할 수 있고, 자신에게 이메일로 보내두면 언제든 확인, 보정할 수 있다. 둘째, 파일 메니지먼트 소프트웨어에 문제가 생길 경우 훌륭한 백업 시스템으로서의 역할을 한다.

참고사항: 적어도 6개월마다 마스터 트랙리스트를 살펴서 더 이상 사용하지 않는 트랙을 제거하라. 이렇게 관리한 플레이리스트는 공연을 효과적이고 효율적으로 준비하는 이정표가 된다. 플레이리스트와 스프레드시트가 수백 곡 혹은 수천 곡으로 불어나면 걸러내는 데 시간이 걸려서 애초에 만든 의미를 잃는다.

CD 정리

CD를 쓰는 경우 공연 전에 CD를 콜렉션으로 바꾸는 2가지 주된 방법이 있다.

1. CD에 최대한 많은 트랙을 담는다: 이는 콜렉션을 CD로 바꾸는 가장 빠르고 저렴한 방법이다. 다만 어느 CD에 어떤 트랙을 넣었는지 헷갈릴 수 있다. 그래서 이 방법을 쓴다면 그 내용을 적은 목록을 지갑에 가지고 다닐 것을 권한다. 또한 같은 CD에 담긴 두 트랙을 틀 경우에 대비하여 각 CD를 복사해둬야 한다.

2. CD당 한 트랙을 담는다: 이 방법은 훨씬 시간과 비용이 많이 들지만 세트의 진행을 '그리기가' 훨씬 낫다. 즉, 다음에 틀 CD들을 나열하여 세트가 나아갈 방향을 시각적으로 그릴 수 있다. 그래서 점진적이거나 깊이 있는 장르의 경우 아주 유용하다.

USB 플레이리스트

USB를 쓰는 경우 앞서 언급한 모든 플레이리스트를 USB에 넣으면 각 플레이리스트에서 수백 트랙을 훑어 내려가는 데 시간이 많이 걸린다. 그래서 청중과 상호작용을 하는 데 써야 할 소중한 시간을 잡아먹게 되고 결국에는 플레이리스트의 초반에 있는 트랙만 틀게 된다. 따라서 전체 콜렉션을 USB에 옮길 경우 공연 전에 '쇼트리스트 크레이트Shortlist Crate' 전략(아래 참조)을 쓰는 것이 좋다.

공연 준비

청중이 10명이든 1만 명이든 공연을 준비하는 데 들이는 정성은 같아야 한다. 모든 공연에 참가하는 청중을 가장 중요한 청중으로 대하면 모든 세트에서 확고한 열정을 느낄 수 있다.

공연 준비 범주의 한쪽 끝을 100퍼센트 즉흥, 다른 쪽 끝을 100퍼센트 계획으로 간주할 때 어느 위치에 들어갈지는 개인적 선택의 문제이며, 공연할 때마다 달라질 것이다. 그러나 일반적으로는 양 극단에 속한 요소들을 통합할 때 최선의 결과가 나온다.

'쇼트리스트 크레이트' 시스템

양 극단에 속한 요소들을 통합하는 1가지 예는 세트가 나아갈 방향을 잡되 청중들과 소통하면서 융통성을 발휘하여 적시에 적절한 트랙을 트는 것이다. 이때 '쇼트리스트 크레이트'를 활용하는 것이 효과적이다.

1. 공연 전에 '쇼트리스트 크레이트' 내지 '공연 크레이트'를 만들어라. 이 플레이리스트에는 해당 공연에 맞을 것으로 생각되는 트랙들을 담는다. 그래서 통합된 플레이리스트로서 빠르고 효율적으로 접근할 수 있다. 어떤 트랙을 넣을지 결정할 때 고려할 요소는 다음과 같다.

    a. 세트 시간

    b. 규모를 비롯한 장소

    c. 보컬 혹은 플로어 필러 등 청중들이 선호할 것으로 예상되는 트랙

    d. 앞뒤로 공연하는 DJ의 성향

    e. 트랙의 신선함

2. 콜렉션을 정리할 때 별점 체제를 쓴다면(앞서 다룬 내용 참조) 공연에 맞춰서 별점을 매겨라. 목록을 살펴서 가장 틀고 싶은 트랙들을 골라내라. 이 트랙들을 '쇼트리스트 크레이트' 폴더에 넣고 컴퓨터나 USB 혹은 CD에 있는 나머지 트랙은 '쇼트리스트 크레이트' 플레이리스트이외의 트랙을 틀고 싶을 때 사용할 보조 트랙으로 삼아라.

3. '쇼트리스트 크레이트' 폴더가 너무 방대하면 안 된다. 이 경우 플레이리스트를 훑느라 시간을 낭비하게 되어 애초에 만든 의미가 무색해진다. 일반적인 기준은 세트에서 틀 트랙의 수보다 2배에서 4배 많은 트랙을 담는 것이다. 가령 2시간짜리 세트의 경우 30트랙 정도를 틀게 되므로 '쇼트리스트 크레이트' 플레이리스트에는 60트랙에서 120트랙을 담아야 한다.

장비 구성 준비

부스에 장비를 차릴 때는 가능한 한 동일한 구성으로 집에서 미리 연습하라. 모든 장비를 연결하는 법을 익혀두면 현장에서 스트레스를 줄이고 효율성을 높일 수 있다.

보조 수단 준비

문제가 생길 경우에 대비하여 항상 보조 수단을 가져가라. 여기에는 보조 USB나 CD 복사본이 포함된다. 노트북을 쓸 경우 보조 수단을 챙기기가 더 성가실 수 있다. 그래

도 기술적 문제가 생길 경우에 대비하여 곡을 담은 USB를 가져가는 것이 좋다. 또한 비행기를 탈 경우 모든 장비를 기내용 짐가방에 넣어라. 이는 여러 가지 이유로 중요하다. 첫째, 화물로 부치면 섬세한 장비가 손상될 수 있다. 둘째, 혹시라도 도중에 분실되어 받을 불필요한 스트레스를 방지한다.

이중 점검

출발하기 전에 모든 장비를 챙겼는지 한 번 더 점검하라. 당연한 일처럼 들리지만 하필 노트북 충전기를 챙겼는지 점검하지 않았을 때 빼먹고 갈 수도 있다. 그래서 공연장으로 서둘러 가기 전에 신속하게 확인할 수 있는 점검 목록을 만들어두는 것이 좋다. 이 목록을 휴대폰에 넣어두면 유용하다. 스마트폰이 있을 경우 '기록장'이나 '노트'에 만들어두면 된다.

최선의 공연 준비는 최선의 마음가짐을 갖는 것이다.

끝으로 자신감을 갖고, 만반의 태세를 갖추고, 즐거운 시간을 보낼 준비를 한 상태로 모든 공연에 임하라. 그러면 청중들은 즉시 활기를 느끼고 자신감을 북돋아줄 것이다.

데모 제출

경력이 쌓이기 전에는 클럽이나 프로모터에게 데모를 제출하는 것이 공연할 기회를 얻는 흔한 방법이다. 이 일은 처음에는 어려워 보이지만 장르나 이벤트에 상관없이 따를 수 있는 몇 가지 지침이 있다.

길이

데모는 대개 한 시간을 넘겨서는 안 된다. 프로모터는 바쁜 사람들이다. 그들이 데모를 들을 때 한 시간 넘게 들을 가능성은 아주 낮다.

일반 홍보용 데모

특정한 행사나 시간대를 염두에 두지 않는다면 가장 선호하는 세트 시간에 튼다는 가정으로 데모를 만들어라. 폭넓은 음악을 트는 경우 스펙트럼의 중간에 해당하거나 가장 많이 알려진 트랙을 담은 데모를 제시하는 것이 좋다.

특정 프로모터용 데모

데모를 듣는 프로모터의 입장에서 가장 중요한 점은 DJ가 분위기와 청중을 '장악'할 수 있는지 여부다. 그래서 각 트랙은 '행사에 맞는가'라는 질문에 '그렇다'라고 확실하게 대답할 수 있어야 한다. 자기소개서가 일자리에 적임자임을 보여줄 수 있어야 하듯이 데모 믹스는 행사에 적임자임을 보여줄 수 있어야 한다.

가장 중요한 부분

첫 10분과 첫 트랙 그리고 첫 전환이 가장 중요하다. 첫 10분 동안 프로모터의 흥미를 끌어내지 못하면 나머지를 다 듣지 않을 가능성이 높다. 첫 10분이 색깔과 분위기를 만들고 다음에 나올 트랙들에 대한 개요를 제시한다. 자작곡이나 편집곡을 만들 경우 첫 10분에 넣어야 한다. 차별성을 부여하는 트랙을 가장 필요한 곳에 넣어야 한다.

첫인상을 만들 기회는 한 번뿐이다. 데모의 경우가 특히 그렇다.

기대치 설정

라이브로 재현할 수 없는 트랙은 데모에 넣지 마라. 데모가 아카펠라, 샘플, 스크래칭, 이펙트, 라이브 매시업으로 가득하면 기대치가 그만큼 높아지기 마련이다. 이렇게 높아진 기대치를 충족하지 못하는 것은 일찌감치 어려움을 자초하는 일이다. 음악업계에는 실력을 과장하고 실망스런 모습을 보이는 사람들이 넘친다. 기회가 주어졌을 때 기대를 뛰어넘는 DJ가 되어라. 그러면 다시 공연 기회를 잡을 가능성이 높아진다.

타이밍이 모든 것이다

데모를 제출할 시기를 정할 때 음악업계에서는 인맥 쌓기가 필수라는 사실을 명심하라. 과거에 관련 행사에 참석한 적이 없으면서 프로모터가 데모에 대한 반응을 보일 것이라고 기대하지 마라. 먼저 관련 행사에 참석한 다음 시간을 요청하라. 즉, 데모를 건네기 전에 해당 프로모터가 주최하는 행사에 가서 가장 맞는 데모 믹스를 만들 수 있도록 행사와 참석자를 파악하라. 그래야 좋은 결과를 얻을 가능성이 높아진다.

데모를 제출하기 전에 프로모터와 통성명을 하면 이미 유리한 출발을 한 셈이다.

오프닝과 워밍업

오프닝과 워밍업 시간은 행사를 성공시키는 데 대단히 중요하다. 이 세트들은 분위기를 조성하고 당신의 컨트롤 아래 지속시킬 목적을 중심으로 구성된다. 사람들이 늘어남에 따라 서서히 분위기를 고조시키다가 헤드라이너headliner가 들어서고 모두가 파티를 벌일 준비를 하도록 충분한 긴장과 서스펜스를 조성하라. 워밍업 세트는 많은 피크 타임 세트와 달리 DJ에게 초점을 맞춰서는 안 된다.

오프닝에서는 분위기를 맞추는 것이 가장 중요하다.

초반에 적절한 분위기를 조성하려면 장소와 행사마다 다른 방법이 필요하다. 트랙이 완벽하게 적합하다 느껴지더라도 사람들이 바뀌면 흐름이 다르게 느껴질 수 있다.

워밍업의 핵심은 진행과 긴장감 고조다. 그래서 긴 빌드build와 믹스가 적절하다. 이 부분은 작은 개요로서 앞으로 이어질 분위기를 예고한다. 청중들에게 기대감을 심어라. 워밍업 시간은 강도가 적절하다면 새로운 트랙을 시도하기에 좋은 기회다.

게스트 DJ를 위해 워밍업을 할 경우 미리 조사를 해야 한다. 워밍업 DJ가 자작곡이든, 리믹스든, 소속 음반사의 주요 트랙이든 헤드라이너의 세트에 있는 트랙을 미리 트는 것보다 큰 잘못은 없다. 지금은 그 어느 때보다 빠르고 쉽게 전 세계에서 근래에 공연된 세트와 트랙리스트를 파악할 수 있다. 그러니 조사를 하지 않은 데 대한 핑계거리는 없다.

게스트가 발매한 트랙과 소속 음반사뿐만 아니라 일반적인 스타일과 에너지도 알아야 한다. 가령 트랜스 나이트에서 워밍업 DJ로 오프닝을 맡은 경우 게스트 DJ가 130BPM의 프로그레시브 트랜스를 주로 튼다면 138BPM의 업리프팅 트랜스는 틀지 말아야 한다. 또한 해당 시간대에 어떤 트랙이 적절한지 파악할 때 BPM만 참고해서는 안 된다. 트랙이 지닌 강도와 서스펜스 그리고 음악성은 BPM보다 작곡과 편곡에 더 좌우된다. 따라서 항상 귀를 지침으로 삼아야 한다.

DJ로서 댄스 플로어가 비는 것보다 난감한 일은 없다. 그러나 오프닝 DJ의 목표는 댄스 플로어를 열기로 넘치게 만드는 것이 아니다. 그것은 헤드라이너 DJ가 추구할 목표다. 자존심을 버려라. 진정으로 전문성과 능력을 갖춘 DJ는 아주 강한 트랙들만 틀어대며 청중들을 일찌감치 지치게 만들지 않고도 관심을 붙들고 유지하는 방법을 안다. 이른 시간대에는 사람들이 막 입장하기 시작한다. 열기를 너무 빨리 고조시키면 헤드라이너가 공연하기 불편할 뿐만 아니라 사람들도 일찍 집에 가게 된다.

워밍업 시간대는 세트를 만들기가 아주 어렵다. 공백인 상황에서 분위기를 만들어내야 하기 때문이다. 트랙의 활기나 속도, 강도 혹은 타이밍이 조금만 어긋나도 크게 두드러지는 차이를 만든다. 이 점을 고려하여 오프닝 세트로 트랙을 준비할 때는 각 트랙을 속속들이 알아야 한다. 부스에 들어서기 전에 트랙을 잘 알수록 세트를 진행하는 동안 적절한지 여부를 빠르고 정확하게 판단할 수 있다.

피크 타임

장르별, 장소별 차이에 의해 피크 타임 세트는 크게 다를 수 있다. 인상적인 피크 타임 세트를 전달하려면 반드시 청중의 기대치와 문화를 이해해야 한다. 가령 교육과 오락의 비율을 따져서 상업적 공연장에서는 거의 오락용 트랙, 청중이 이미 알고 있는 트랙으로 피크 타임 세트를 채울 수 있다. 언더그라운드에서 공연할 때는 다르다. 청중들은 헤드라이너가 오락을 제공할 뿐만 아니라 새로운 트랙으로 자극하고 최신 제작 트랙을 소개해주기를 원한다.

해당 장르에서 리더로 알려져 있다면 사람들이 아직 듣지 못한 새로운 트랙에 집중하는 것이 좋다.

혹은 처음 가는 도시에서 헤드라이너로 초빙되었다면 DJ의 브랜드에 따라 청중들이 기대하는 피크 타임 세트의 유형이 좌우된다. 이는 입소문, 이전 행사, 다른 음악가들의 인정, 청중들이 내려받은 세트와 라디오 프로그램, 마케팅 그리고 다른 많은 요소들의 결과다. 이런 사실을 인지하고 경력을 시작할 때부터 원하는 방향으로 나아가라. 도중에 기대치와 생각을 바꾸기는 힘들고 어렵기 때문이다.

클로징

헤드라이너가 공연을 마쳤고, 청중들은 볼 만큼 보고 들을 만큼 들었다. 클럽에서 몇 시간을 보냈기 때문에 돈도 기운도 바닥을 친다. 클로징 DJ의 역할은 가능한 한 손님들을 클럽에 붙들어두고, 클럽을 떠날 때는 다시 오고 싶도록 만족스런 느낌을 주는 것이다.

클로징 DJ가 트는 모든 트랙은 클럽에 5분 더 머물 이유를 제시해야 한다.
즉, 빌드나 브레이크다운은 더 이상 필요 없다. 강도와 흥미를 높게 유지하려면 빠른 트랙과 믹스가 필요하다. 그렇지 않으면 사람들은 집으로 갈 것이다. 또한 세트 진행도 덜 중요하며, 장르와 무관하게 교육 대 오락의 비율은 사람들을 붙잡아두기 위해 오락 쪽으로 크게 기울어진다. 뒤에 신경 쓸 다른 DJ가 없으므로 사람들이 강도를 높이기 원하는 듯한 느낌이 들면 망설이지 마라. 다만 클럽의 음악 정책만 어기지 않으면 된다.

또한 이 시간에는 사람들이 DJ로부터 기운을 많이 얻는다는 사실을 알아야 한다. 그래서 클로징 세트를 트는 동안 활기찬 모습으로 분위기를 이끌어야 한다. DJ가 지친 듯, 지겨워하는 듯 보이면 그 어느 때보다도 사람들에게 큰 영향을 미친다.

자기 사운드의 정의

지금은 그 어느 때보다 DJ 업계의 경쟁이 심하다. 그래서 꾸준히 일할 기회를 얻으려면 공연에 초빙할 DJ를 생각할 때 '머릿속에서 먼저 떠오르는' 사람이 되어야 한다. 그러기 위해서는 충실한 경력이 필요하다. 경력을 쌓기 전까지 프로모터의 머릿속에서 앞자리로 나아가기 위한 최선의 전략은 잘 정의된 사운드와 브랜드를 갖추는 것이다.

고유성 탐색

고유한 사운드를 정의한다는 것은 고유한 트랙들을 선택하거나 고유한 방식으로 공연하는 것을 말한다. 아이튠즈나 비트포트의 톱 10 곡들을 활용하면 단기적으로는 시간을 절약할 수 있다. 그러나 장기적으로는 최신 히트곡들을 섞는 수많은 DJ들과 다른 가치를 전혀 창출하지 못한다. 매 주마다 일정한 시간을 정해서 당신과 당신의 브랜드에 맞는 곡들을 찾는 데 바쳐라.

장비 구성을 통해 당신을 정의할 수도 있다. 기술이 빛의 속도로 발전하면서 사실상 장비를 구성하는 무한한 옵션이 생겼다. 믹서, 컨트롤러, 패드 혹은 다른 장비를 최적의 방식으로 고유하게 조합하면 모방할 수 없는 라이브 경험을 창출하여 가치를 크게 높일 수 있다.

장르의 장벽 극복

사운드를 정의하는 일은 단지 좋아하는 장르를 골라서 트는 수준을 넘어선다. 장르에 집중하지 말고 곡을 통해 만들고 싶은 분위기를 묘사하는 형용사를 생각하라. 행복하거나, 강렬하거나, 발랄하거나, 신명나거나, 펑키하거나, 관조적이거나, 깊거나, 진지하거나, 활기찬 분위기 등을 생각하라. 장르가 아니라 느낌으로 곡의 방향을 이끌면 장르의 장벽을 넘나드는 훨씬 자연스런 세트가 될 것이다. 폭넓은 장르에서 세트에 대한 영감을 얻는 한편 일관성을 지닌 사운드를 구축하는 것은 음악가로서 자신을 정의하는 강력한 방법이다.

곡을 넘어서

브랜딩은 일관성을 토대로 구축된다.

나머지 브랜딩은 사운드와 일맥상통해야 한다. 사람들은 무엇을 기대해야 할 지 알 필요가 있다. 의도하든 아니든 당신이 내보내는 메시지에 일관성이 없으면 사람들은 무의식적으로 당신의 정체성이 불확실하다고 느낀다. 로고, 사진, 예명 등 브랜딩의 다른 요소들을 면밀히 살펴라. 이 주요 요소들은 사운드를 통해 만드는 분위기 및 이미지와 맞아야 한다.

초보 DJ가 저지르는 10대 실수

당신은 비트매칭과 페이징을 익혔고 이번 주말에 있을 첫 공연을 위해 준비한 트랙들로 음반 상자를 채웠다. 이제 경력 초기에 저지르기 쉬운 10대 실수를 알아보지 않겠는가?

과도한 부스트로 믹서를 최대치로 몰아간다

곡을 바꾸는 과정에서 특정 요소를 더욱 생생하게 들으려고 믹서의 EQ로 부스트하는 경우가 많다. 그러나 이 방법은 득보다 실이 많다. 과도한 부스트는 믹스에 사운드를 더할 뿐이다. 그래서 스펙트럼이 이미 가득 찼다면 사운드가 흐려지고 어수선해진다. 심한 경우 출력이 위험선을 넘어서 신호가 왜곡된다. 꽉 찬 가방에 옷을 더 넣는 경우처럼 전환 과정에 사운드를 맞춰 넣으려면 스펙트럼에 공간을 확보해야 한다. 이렇게 헤드룸을 만드는 최선의 방법은 첫 번째 트랙에 거는 EQ를 감쇄하는 것이다.

청중과의 상호작용이 없다

당신은 집에서 쉼 없이 연습하고 트랙을 찾느라 여러 시간을 들였다. 이제 노력한 결과를 보여주어야 할 때다. 대다수 손님은 좋은 시간을 보내기 위해 클럽에 온다. DJ의 퍼포먼스를 분석하려고 오는 사람은 거의 없다. 사람들 앞에 설 때 경험이 부족하면 기술에 초점을 맞추기 마련이다. 그러나 이는 성공에 도움이 되지 않는다. 사람들은 좋은 시간을 보내면서 당신과 소통하기를 원한다. 그러니 믹서보다 사람들을 살피는 데 더 많은 시간을 들여라.

실수를 하면 세상이 끝났다고 느낀다

누구나 데크 앞에서 실수를 한다. 첫 공연이든 100번째 공연이든 실수는 라이브 공연에서 불가피한 요소다. 세트의 성공 여부는 실수를 하지 않는 것이 아니라 실수를 극복하는 데 좌우된다. 실수를 해도 대범하게 받아들이고 계속 나아가라. 흔히 초기에는 믹서나 컨트롤러를 다루는 솜씨가 우월한 DJ를 만든다고 생각한다. 그러나 경험이 쌓이면 이는 전반적인 성공을 좌우하는 많은 요소 중 하나일 뿐임을 알게 된다. 사람들을 살피고, 세트를 구축하고, 소름 돋는 순간을 만들어내는 능력도 마찬가지로 중요하다. 끝으로 완벽을 지나치게 추구하느라 실수를 두려워하지 마라. 실패에 대한 두려움을 극복하지 못하면 기회가 왔을 때 위험을 감수하고 잡아챌 힘을 얻지 못한다.

가끔 실수를 하지 않는다면 충분히 자신을 밀어붙이지 않는 것이다.

늦게 도착한다

오프닝 DJ가 아니라면 공연장에 늦어도 30분에서 1시간 전에 도착할 것을 권한다. 그러면 이전 DJ가 트는 곡들을 듣고, 공연장의 분위기를 느끼며, 댄스 플로어에서 현재 진행되는 일을 살피는 충분한 시간을 가질 수 있다. 또한 마음을 가라앉히고 어떤 방향으로 세트를 끌고나갈지 생각할 기회도 생긴다. 처음 가는 도시나 공연장이라면 어떻게 갈지 미리 계획을 세워야 한다. 적어도 절대 지각은 하지 말아야 한다. 지각은 대단히 프로답지 못한 행동이다. 당신이 세트 시간을 맞춰야 일을 진행할 수 있는 공연장의 여러 사람들이 있다. 다른 사람들에게 폐를 끼치면 다음 일을 잡는 데 지장이 생길 수 있다.

미리 준비한 세트를 튼다

경험이 쌓이면 즉석에서 현장의 분위기에 맞출 자신감이 생긴다. 그러나 초기에는 기술적 측면을 완벽하게 만드는 데 집중하기 때문에 많은 초보 DJ들은 미리 계획한 전체 세트를 들고 공연장으로 간다. 그들은 갖고 간 트랙들을 잘 알고, 부드럽게 연결할 수 있다. 그래서 미리 정한 세트가 최선이라고 생각한다. 그러나 이처럼 경직된 접근법은 종종 역효과를 낳는다. 현장의 에너지에 맞추고 반응할 자유를 자신에게 부여하지 않으면, 계획한 세트와 청중 사이의 부조화가 약간 거친 두어 번의 곡 전환보다 더 악영향을 끼친다. DJ로서 최우선 과제는 청중들이 좋은 시간을 갖도록 유도하는 것이다. 현장에 들어서기도 전에 이 일을 어떻게 하면 될지 미리 알기는 불가능하다.

세트 시간을 무시한다

피크 타임을 맡는 것은 많은 DJ들의 궁극적인 목표다. 그러나 초기에는 이른 저녁 시간을 맡을 가능성이 높다. 누구나 클럽을 얼마나 잘 '뒤집어놓을' 수 있는지 증명하고 싶어한다. 그러나 그 날이나 시간에 맞지 않는 세트를 틀면 다시 일을 잡기 어려워진다. 또한 동료 DJ들과 협력을 잘해야 한다. 공연을 시작할 때 앞에 누가 공연했는지, 어떻게 하면 최선의 조화를 통해 분위기를 원활하게 이어갈지 생각하라. 공연을 마칠 때는 뒤에 누가 공연하는지, 어디서 시작할지, 어떻게 하면 분위기가 자연스럽게 흘러가도록 끝낼 수 있을지 생각하라. 다른 곳에서 온 헤드라이너를 지원할 때는 이 점이 더 중요하다.

너무 많은 이펙트를 쓴다

이펙트는 쓰기 재미있을 뿐만 아니라 세트에 고유한 정체성과 스타일을 새기는 좋은 수단이다. 그러나 과하게 쓰면 듣기 좋은 사운드가 나지 않는다. 그래서 싫증나는 사운드로 청중들이 흥미를 잃게 만든다.

    이펙트를 향신료로 생각하라. 향신료는 적절히 뿌리면 맛을 더하지만 과하면 음식

을 망친다.

뒤에서 다른 DJ를 비난한다

음악업계는 대단히 경쟁이 심하다. 그래서 어떤 DJ들은 우위에 서려고 다른 DJ들을 욕한다. 그러나 이 방법으로 단기적인 이익을 얻을지 모르지만 장기적으로는 손해를 보기 마련이다. 뒤에서 다른 음악가를 욕하는 것은 자신을 신뢰할 수 없는 나쁜 사람으로 만드는 일이다. 음악업계에서 성공하려면 기회를 주는 사람이 있어야 한다. 다른 음악가를 헐뜯어서 자신에게 나쁜 인상을 심으면 누구도 같이 일하려 하지 않을 것이다. 국제적으로는 아무리 커보여도 댄스 음악계는 언뜻 생각하기보다 훨씬 긴밀하게 연결되어 있다. 그래서 다른 음악가나 프로모터를 욕한다는 나쁜 명성은 아무런 도움이 되지 않는다.

청력을 보호하지 않는다

귀는 DJ든, 클래식 피아니스트든 모든 음악가에게 가장 큰 자산이다. 진지하게 DJ로서 경력을 쌓고 싶다면 가능한 한 일찍부터 환경에 따른 피해로부터 이 자산을 보호해야 한다. 클럽, 바, 축제 현장에 계속 머물면 청력이 크게 손상된다. 그래서 처음에는 작은 울림으로 시작된 장애가 나중에는 돌이킬 수 없는 이명으로 악화될 수 있다. 청력은 복구되지 않는다. 그러니 당장 귀마개를 맞춰라. 이때 귀마개는 적어도 10dB, 이상적으로는 20dB을 감쇠시켜야 한다.

스스로 즐기지 않는다

여정을 즐기는 것을 잊지 마라.

긴장하는 것은 피할 수 없다. 처음 공연을 할 때는 누구나 긴장과 싸운다. 일부 수퍼스타 DJ들은 수십 년이 지나도 여전히 공연 전에 긴장을 한다고 고백한다. 긴장은 전적으로 경험의 자연스런 일부이자, 중요한 일을 하고 있다는 징표다. 그러나 새로운 환경에 적응하고, 장비를 제대로 설치하고, 테크닉 및 최고의 트랙을 선택하는 데 집중할 때 긴장과 싸우느라 즐기는 것을 잊기 쉽다. 초기 시절은 첫 경험, 첫 이정표, 평생에 남을 추억들로 가득하다. 이 모두가 여정의 일부다.

마치는 글

DJ의 역할은 그 어느 때보다 빨리 변하고 있다. 이제 장비 구성과 믹싱 기법에 대한 결정은 궁극적으로 개인적 선호의 문제다. 매일 경쟁이 심화되는 업계에서는 개성을 유지하는 일을 목표로 삼아야 한다. 당신의 사운드를 정의하고, 전략적으로 곡을 수집하고, 세트 시간과 무관하게 모든 공연장에서 사람들에게 맞춰라. 가장 중요한 점은 실패에 대한 두려움 때문에 디제잉을 포기하지 않는 것이다. 아무리 경쟁이 심해도 인재가 활동할 공간은 나기 마련이다. 끝으로, 언제나 호기심을 유지하라. 새로운 곡과 새로운 기법에 호기심을 갖고 새로운 기기를 활용하라. 음악적 방향을 이해하고 열정을 다른 사람들과 나눌 새롭고 고유한 방식을 찾으려고 노력하라. 세상의 성공한 DJ들에게는 1가지 공통점이 있다. 그들은 열정을 추구하는 데 삶을 바쳤다. 호기감과 추진력으로 음악성을 탐구하다보면 결국 선구자가 될 수 있을 것이다.

결코 배우기를 멈추지 마라.

⟨부록 A⟩

2진법과 16진법 컴퓨터를 비롯한 모든 하드웨어 회로는 켬on과 끔off, 이 2가지 상태를 기본으로 해 서로 연결된 스위치들을 기초로 구성된다. 이 켬과 끔을 다양한 구성으로 바꾸면 복잡한 연산을 할 수 있다. 이때 전기선을 따라 일련의 바이트가 전송된다.

따라서 이 바이트도 2가지 상태 중 하나로만 존재한다. 바이트가 1이면 스위치가 켜지고 0이면 꺼진다. 그에 따라 모든 컴퓨터는 기수 10을 쓰는 일반적인 방법이 아니라 기수 2 혹은 '2진법'을 통해 연산을 한다.

2진법 연산

일반적인 셈법은 10개의 숫자를 토대로 개발되었다. 이 체계를 쓸 경우 숫자의 자리는 위치에 따른 값을 지닌다. 즉, 10의 거듭제곱을 따를 때 자리가 왼쪽으로 옮겨지면 100, 1,000, 10,000 단위로 올라간다. 그에 따라 17,593은 다음과 같이 나타낼 수 있다.

10,000,000	1,000,000	100,000	10,000	1,000	100	10	1
0	0	0	1	7	5	9	3

혹은 $(1 \times 10,000) + (7 \times 1,000) + (5 \times 100) + (9 \times 10) + (3 \times 1) = 17,593$

이 사례에서 수의 각 위치에 0이 추가되는 것을 볼 수 있다. 혹은 (오른쪽에서 왼쪽으로 움직일 때) 각 위치의 값은 이전 위치의 값에 10을 곱한 것과 같다. 2진법으로도 이 연산을 할 수 있다. 다만 기수 10 체계가 아니라 기수 2 체계를 쓴다. 그래서 10의 0승은 1, 10의 1승은 10, 10의 2승은 100, 10의 3승은 1,000식이 아니라 2의 0승, 1승, 2승, 4승식으로 나아간다.

128	64	32	16	8	4	2	1
0	0	0	0	0	0	0	0

위의 표를 보면 8개의 하드웨어 스위치가 한데 엮여서 8비트 바이트를 생성한다고 가정할 수 있다. 이때 스위치들이 모두 꺼져 있어서 합은 0이다. 그러나 플러스 비트를 넣으면 합을 10진수로 도출할 수 있다.

128	64	32	16	8	4	2	1
0	1	1	0	1	1	0	1

$$(0\times128)+(1\times64)+(1\times32)+(0\times16)+(1\times8)+(1\times4)+(0\times2)+(1\times1)=109.$$

따라서 2진수 01101101을 10진수로 바꾸면 109가 된다. 또한 2진수를 통해 계산할 수 있는 최대치가 255(11111111)임을 알 수 있다.

미디는 모든 기기와 통신할 때 이 8비트 체계를 쓴다. 그래서 동일한 최대 변수 값 (255)을 제공한다고 가정할 수 있지만 그렇지 않다. 통신을 하려면 CC 메시지처럼 상 태 비트와 (7비트로 구성되는) 데이터 바이트, 이 2가지 형태의 정보를 전송해야 한다. 상태 비트는 신시사이저에 수신되는 메시지를 알리고, 뒤이은 데이터 바이트는 패러 미터를 조정해야 하는 정도를 알린다. 이 초기 상태 비트 때문에 남은 7비트로만 정보 를 제공할 수 있다. 그래서 10진수 기준 최대치는 127이다. 즉, CC 메시지의 최대 수는 127밖에 될 수 없다. 이보다 큰 수를 전송하려면 8비트 바이트를 둘로 나눈 다음 16진 수로 바꿔야 한다.

바이트를 둘로 나눈 것을 대개 '니블nibble'로 부른다. 이전 사례를 2개의 니블로 나누면 0110과 1101이 된다. 그 다음 이 수를 따로 합하여 다시 값을 낼 수 있다. 즉, 0110=96, 1101=13(96+13=109)이 된다. 그러나 바이트를 둘로 나누고 16진수로 바꾸면 훨씬 높은 값이 나온다. 16진법은 16을 기수로 삼으므로 컨트롤 체인지 메시지를 통해 일반적으로 제공되는 127보다 훨씬 많은 최대 16,383개의 변수에 접근할 수 있다.

16진법 연산

16진법은 기수 16 체계를 쓴다. 그러나 16개의 자리를 나타낼 기호가 부족하므로 10부터는 알파벳으로 전환된다. 10부터 15까지는 알파벳 A부터 F가 사용된다.

10진법으로 수를 세는 방식을 생각해 보라. 위로 수를 셀 때 우리는 1부터 9까지 센 다음 1을 왼쪽에 넣고 0으로 돌아가서 10을 만든다(1의 10승 더하기 0의 1승). 16진법의 경우 9 이상까지 세지만 전체 수 체계가 9개의 숫자를 토대로 삼으므로 15까지 셀 수 있도록 아래와 같이 알파벳을 쓴다.

F	E	D	C	B	A	9	8	7	6	5	4	3	2	1	0
15	14	13	12	11	10	9	8	7	6	5	4	3	2	1	0

이처럼 16진법으로 0을 셀 때 10진수 셈법처럼 총 16개의 수를 쓴다. 10진법을 16진법으로 바꾼 표에서 볼 수 있듯이 F까지 센 다음에는 왼쪽으로 1을 더한다. 이는 10진수 셈법과 같다. 가령 11에서 19까지 센 다음에는 쓸 숫자가 없으므로 9를 0으로 바꾸고 왼쪽에 1을 더하여 20을 만든다.

보다시피 16진수 셈법은 F까지 센 다음 왼쪽으로 1을 더한다는 점을 제외하면 10진수 셈법과 같다.

10진법에서 24는 사실 '2×10의 1승+4×10의 0승=24'에 해당한다. 마치 우리가 손가락으로 셈하는 것처럼 이건 이미 일상에서 익숙한 사실이다.

16진법의 경우 24는 사실 10진수로는 '2×16의 1승+4×16의 0승=36'이 된다.

논리적으로, 숫자 CE는 10진수로는 '12×16의 1승+14×16의 0승=206'이 된다.

이런 방식으로 16진수를 10진수로 바꿀 수 있다. 또한 FF를 10진수로 바꾸면 15×16+15=255가 된다. 여기에 새 자리를 만들면 100 혹은 16의 2승, 즉 10진수로는 256이 된다. 이런 식으로 계속 세면 7F의 값을 가진 2개의 니블을 만들 수 있다. 그에 따라 총 수치는 무려 16,383(127×128+127=16,383 !)이 된다.

가령 10진수 12,720을 16진수로 바꾼다고 가정하자.

- 12,720에 들어가는 가장 큰 16의 거듭제곱은 16³=4,096이다. 이 경우 3배하고도

432가 남는다. 이 수는 다음과 같은 과정을 통해 도출된다.

(3×4,096)=12,288

(12,720-12,288)=432

따라서 첫 번째 16진수는 3이다.

- 432에 들어가는 가장 큰 16의 거듭제곱은 16^2=256이다. 이 경우 1배하고도 176이 남는다. 이 수는 다음과 같은 과정을 통해 도출된다.

(1×256)=256

(432-256)=176

따라서 두 번째 16진수는 1이다.

- 176에 들어가는 가장 큰 16의 거듭제곱은 16^1=16이다. 이 경우 11배에 나머지는 없다(이 나머지는 0이 되는 1의 0거듭제곱에 해당하며, 그에 따라 0이 마지막 수가 된다). 따라서 세 번째 16진수는 B다.

- 10진수 12,720을 16진수로 바꾸면: 31B0이 된다.

또 다른 사례로 10진수 14,683을 16진수로 전환하면 다음과 같다.

- 14,683에 들어가는 가장 큰 16의 거듭제곱은 16^3=4,096이다. 이 경우 3배하고도 2,395가 남는다. 이 수는 다음과 같은 과정을 통해 도출된다.

(3×4,096)=12,288

(14,683-12,288)=2,395

따라서 첫 번째 16진수는 3이다.

- 2,395에 들어가는 가장 큰 16의 거듭제곱은 16^2=256이다. 이 경우 9배하고도 91이 남는다. 이 수는 다음과 같은 과정을 통해 도출된다.

  (9×256)=2,304

  (2,395-2,304)=91

  따라서 두 번째 16진수는 9다.

- 91에 들어가는 가장 큰 16의 거듭제곱은 16^1=16이다. 이 경우 5배하고도 11이 남는다. 이 수는 다음 과정을 통해 도출된다.

  (5×16)=80

  (91-80)=11.

  따라서 세 번째 16진수는 5다.

- 남은 11은 16으로 나눠지는 정수가 없다. 따라서 마지막 16진수는 11에 해당하는 B다. 그러면 최종적으로 395B가 나온다.

이번에도 16진수 395B를 10진수로 전환하여 검증할 수 있다. 그 과정은 다음과 같다.
B×(16의 0승)=11
5×(16의 1승)=80
9×(16의 2승)=2,304
3×(16의 3승)=12,288
11+80+2,304+12,288=14,683

10진수 16진수 전환표

10진수	16진수	10진수	16진수	10진수	16진수	10진수	16진수	10진수	16진수	10진수	16진수
0	0	44	2C	88	58	132	84	176	B0	220	DC
1	1	45	2D	89	59	133	85	177	B1	221	DD
2	2	46	2E	90	5A	134	86	178	B2	222	DE
3	3	47	2F	91	5B	135	87	179	B3	223	DF
4	4	48	30	92	5C	136	88	180	B4	224	E0
5	5	49	31	93	5D	137	89	181	B5	225	E1
6	6	50	32	94	5E	138	8A	182	B6	226	E2
7	7	51	33	95	5F	139	8B	183	B7	227	E3
8	8	52	34	96	60	140	8C	184	B8	228	E4
9	9	53	35	97	61	141	8D	185	B9	229	E5
10	A	54	36	98	62	142	8E	186	BA	230	E6
11	B	55	37	99	63	143	8F	187	BB	231	E7
12	C	56	38	100	64	144	90	188	BC	232	E8
13	D	57	39	101	65	145	91	189	BD	233	E9
14	E	58	3A	102	66	146	92	190	BE	234	EA
15	F	59	3B	103	67	147	93	191	BF	235	EB
16	10	60	3C	104	68	148	94	192	C0	236	EC
17	11	61	3D	105	69	149	95	193	C1	237	ED
18	12	62	3E	106	6A	150	96	194	C2	238	EE
19	13	63	3F	107	6B	151	97	195	C3	239	EF
20	14	64	40	108	6C	152	98	196	C4	240	F0
21	15	65	41	109	6D	153	99	197	C5	241	F1
22	16	66	42	110	6E	154	9A	198	C6	242	F2
23	17	67	43	111	70	155	9B	199	C7	243	F3
24	18	68	44	112	71	156	9C	200	C8	244	F4

10진수	16진수	10진수	16진수	10진수	16진수	10진수	16진수	10진수	16진수	10진수	16진수
25	19	69	45	113	71	157	9D	201	C9	239	EF
26	1A	70	46	114	72	158	9E	202	CA	240	F0
27	1B	71	47	115	73	159	9F	203	CB	241	F1
28	1C	72	48	116	74	160	A0	204	CC	242	F2
29	1D	73	49	117	75	161	A1	205	CD	243	F3
30	1E	74	4A	118	76	162	A2	206	CE	244	F4
31	1F	75	4B	119	77	163	A3	207	CF	245	F5
32	20	76	4C	120	78	164	A4	208	D0	246	F6
33	21	77	4D	121	79	165	A5	209	D1	247	F7
34	22	78	4E	122	7A	166	A6	210	D2	248	F8
35	23	79	4F	123	7B	167	A7	211	D3	249	F9
36	24	80	50	124	7C	168	A8	212	D4	250	FA
37	25	81	51	125	7D	169	A9	213	D5	251	FB
38	26	82	52	126	7E	170	AA	214	D6	252	FC
39	27	83	53	127	7F	171	AB	215	D7	253	FD
40	28	84	54	128	80	172	AC	216	D8	254	FE
41	29	85	55	129	81	173	AD	217	D9	255	FF
42	2A	86	56	130	82	174	AE	218	DA		
43	2B	87	57	131	83	175	AF	219	DB		

<부록 C>

**범용 미디 악기
패치 맵
Patch Maps**

프로그램 번호	악기(피아노)	프로그램 번호	악기(유율 타악기)
1	어쿠스틱 그랜드 Acoustic Grand	9	첼레스타 Celesta
2	브라이트 어쿠스틱 Bright Acoustic	10	글로켄슈필 Glockenspiel
3	일렉트릭 그랜드 Electric Grand	11	뮤직박스 Musci Box
4	홍키 통크 Honky Tonk	12	비브라폰 Vibraphone
5	일렉트릭 피아노 Electric Piano 1	13	마림바 Marimba
6	일렉트릭 피아노 Electric Piano 2	14	실로폰 Xylophone
7	하프시코드 Harpsichord	15	튜블러 벨 Tubular Bells
8	클라브 Clav	16	덜시머 Dulcimer

프로그램 번호	악기(오르간)	프로그램 번호	악기(기타)
17	드로바 오르간 Drawbar Organ	25	나일론 어쿠스틱 기타 Nylon Acoustic Guitar
18	퍼커시브 오르간 Percussive Organ	26	스틸 어쿠스틱 기타 Steel Acoustic Guitar
19	락 오르간 Rock Organ	27	재즈 일렉트릭 기타 Jazz Electric Guitar
20	교회 오르간 Church Organ	28	클린 일렉트릭 기타 Clean Electric Guitar
21	리드 오르간 Reed Organ	29	뮤트 일렉트릭 기타 Muted Electric Guitar
22	아코디언 Accordian	30	오버드라이브 기타 Overdrive Guitar
23	하모니카 Harmonica	31	디스토션 기타 Distortion Guitar
24	탱고 아코디언 Tango Accordian	32	기타 하모닉스 Guitar Harmonics

프로그램 번호	악기(베이스)	프로그램 번호	악기(현악기)
33	어쿠스틱 베이스 Acoustic Bass	41	바이올린 Violin
34	핑거 베이스 Finger Bass	42	비올라 Viola
35	픽 베이스 Pick Bass	43	첼로 Cello
36	프렛리스 베이스 Fretless Bass	44	콘트라베이스 Contrabass
37	슬랩 베이스 Slap Bass 1	45	트레몰로 스트링 Tremolo Strings
38	슬랩 베이스 Slap Bass 2	46	피치카토 Pizzicato
39	신스 베이스 Synth Bass 1	47	오케스트럴 Orchestral
40	신스 베이스 Synth Bass 2	48	팀파니 Timpani

프로그램 번호	악기(앙상블)	프로그램 번호	악기(관악기)
49	스트링 앙상블 String Ensemble 1	57	트럼펫 Trumpet
50	스트링 앙상블 String Ensemble 2	58	트롬본 Trombone
51	신스 스트링 Synth Strings 1	59	튜바 Tuba
52	신스 스트링 Synth Strings 2	60	뮤티드 트럼펫 Muted Trumpet
53	합창 아 Choir Aahs	61	프렌치 혼 French Horn
54	합창 오 Choir Oohs	62	브라스 섹션 Brass Section
55	신스 보이스 Synth Voice	63	신스 브라스 Synth Brass 1
56	오케스트럴 히트 Orchestral Hit	64	신스 브라스 Synth Brass 2

프로그램 번호	악기(리드 Reed)	프로그램 번호	악기 (파이프)
65	소프라노 색소폰 Soprano Sax	73	피콜로 Piccolo
66	알토 색소폰 Alto Sax	74	플루트 Flute
67	테너 색소폰 Tenor Sax	75	리코더 Recorder
68	바리톤 색소폰 Baritone Sax	76	팬 플루트 Pan Flute
69	오보에 Oboe	77	블론 보틀 Blown Bottle
70	잉글리시 혼 English Horn	78	스카쿠하치 Skakuhachi
71	바순 Bassoon	79	휘슬 Whistle
72	클라리넷 Clarinet	80	오카리나 Ocarina

프로그램 번호	악기(신스 리드Synth Lead)	프로그램 번호	악기(신스 패드)
81	구형파 리드Square Lead	89	뉴에이지 패드New Age Pad
82	톱니파 리드Sawtooth Lead	90	웜 패드Warm Pad
83	칼리오페 리드Calliope Lead	91	폴리신스 패드Polysynth Pad
84	치프 리드Chiff Lead	92	콰이어 패드Choir Pad
85	차랑 리드Charang Lead	93	보우드 패드Bowed Pad
86	보이스 리드Voice Lead	94	메탈릭 패드Metallic Pad
87	피프스 리드Fifths Lead	95	헤일로 패드Halo Pad
88	베이스 앤드 리드Bass and Lead	96	스위프 패드Sweep Pad

프로그램 번호	악기(신스 이펙트)	프로그램 번호	악기(에스닉Ethnic)
97	빗소리Rain FX	105	시타르Sitar
98	사운드트랙Soundtrack FX	106	밴조Banjo
99	크리스털Crystal FX	107	샤미센Shamisen
100	애트머스피어Atmosphere FX	108	코토Koto
101	브라이트니스Brightness FX	109	카림바Kalimba
102	고블린Goblins FX	110	백파이프Bagpipe
103	에코Echoes FX	111	피들Fiddle
104	사이파이Sci-Fi FX	112	샤나이Shanai

프로그램 번호	악기(퍼커션)	프로그램 번호	악기(사운드 FX)
113	팅클 벨Tinkle Bell	121	기타 프렛 잡음Guitar Fret Noise
114	아고고Agogo	122	호흡 잡음Breath Noise
115	스틸 드럼Steel Drums	123	바닷가Seashore
116	우드 블록Wood block	124	새 지저귐Bird Tweet
117	타이코 드럼Taiko Drums	125	전화벨Telephone Ring
118	멜로딕 톰Melodic Toms	126	헬리콥터
119	신스 드럼Synth Drum	127	박수Applause
120	뒤집힌 심벌Reverse Cymbal	128	총성Gunshot

범용 미디 타악기 세트

미디 키	드럼 소리	미디 키	드럼 소리
35	어쿠스틱 베이스 드럼Acoustic Bass Drum	59	라이드 심벌Ride Cymbal
36	베이스 드럼Bass Drum	60	하이 봉고Hi Bongo
37	사이드 스틱Side Stick	61	로우 봉고Low Bongo
38	어쿠스틱 스네어Acoustic Snare	62	뮤트 하이 봉고Mute Hi Bongo
39	박수Hand Clap	63	열린 하이 봉고Open Hi Bongo
40	일렉트릭 스네어Electric Snare	64	로우 콩가Low Conga
41	로우 플로어 톰Low Floor Tom	65	하이 팀바레스Hi Timbale
42	닫힌 하이 햇Closed Hi Hats	66	로우 팀바레스Low Timbale
43	하이 플로어 톰High Floor Tom	67	하이 아고고Hi Agogo
44	페달 하이 햇Pedal Hi Hat	68	로우 아고고Low Agogo
45	로우 톰Low Tom	69	카바사Cabasa
46	열린 하이 햇Open Hi Hat	70	마라카스Maracas
47	로우 미드 톰Low Mid Tom	71	짧은 휘파람Short Whistle
48	하이 미드 톰Hight Mid Tom	72	긴 휘파람Long Whistle
49	크래시 심벌Crash Cymbal	73	짧은 귀로Short Guiro
50	하이 톰High Tim	74	긴 귀로Long Guiro
51	라이드 심벌Ride Cymbal	75	클라베스Claves
52	차이니즈 심벌Chinese Cymbal	76	하이 우드 블록Hi Wood Block
53	라이드 벨Ride Bell	77	로우 우드 블록Low Wood Block
54	탬버린Tambourine	78	뮤트 쿠이카Mute Cuica
55	스플래시 심벌Splash Cymbal	79	열린 쿠이카Open Cuica
56	카우벨Cowbell	80	뮤트 트라이앵글Mute Triangle
57	크래시 심벌Crash Cymbal	81	열린 트라이앵글Open Triangle
58	비브라슬랩Vibraslap		

범용 미디 CC 목록

cc	기능	cc	기능	cc	기능
0	뱅크 선택Bank Select	19	일반 제어General Control 4	49	범용 컨트롤러 2
1	모드 휠Mod Wheel	20~31	미정의Undefined	50	범용 컨트롤러 3
2	호흡 제어기Breath Controller	32	뱅크 선택	51	범용 컨트롤러 4
3	미정의	33	모드 휠	52~63	미정의
4	발 제어기Foot Controller	34	호흡 제어Breath Control	64	댐퍼 페달Damper Pedal(켬/끔)
5	포르타멘토 시간Portamento Time	35	미정의	65	포르타멘토Portamento(켬/끔)
6	데이터 입력Data Entry	36	발 제어Foot Control	66	서스테누토Sustenuto(켬/끔)
7	채널 음량Channel Volume	37	포르타멘토 시간	67	소프트 페달Soft Pedal(켬/끔)
8	균형Balance	38	데이터 입력	68	레가토 풋스위치Legato Footswitch
9	미정의	39	채널 음량	69	홀드 2
10	팬Pan	40	균형	70	사운드 제어기 1(사운드 변주)
11	표현Expression	41	미정의	71	사운드 제어기 2(음색)
12	이펙트 제어Effect Control 1	42	팬	72	사운드 제어기 3(릴리스 시간)
13	이펙트 제어 2	43	표현 제어기Expression Controller	72	사운드 제어기 4(어택 시간)
14~15	미정의	44	이펙트 제어Effect Control 1	74	사운드 제어기 5
16	일반 제어 1	45	이펙트 제어 2	75	사운드 제어기 6
17	일반 제어 2	46~47	미정의	76	사운드 제어기 7
18	일반 제어 3	48	범용 제어기 1	77	사운드 제어기 8

78	사운드 제어기 9	93	이펙트 3(코러스) 심도	120	전체 사운드 끔
79	사운드 제어기 10	94	이펙트 4(디튠) 심도	121	모든 컨트롤러 리셋
80	범용 제어기 5	95	이펙트 5(페이저) 심도	122	로컬 컨트롤 켬/끔
81	범용 제어기 5	96	데이터 입력 +1	123	모든 음 끔
82	범용 제어기 5	97	데이터 입력 −1	124	옴니 모드 끔(+모든 음 끔)
83	범용 제어기 5	98	비등록 패러미터 번호 LSB(Least Significant Bit: 최하위 비트)	125	옴니 모드 켬(+모든 음 끔)
84	포르타멘토 제어	99	비등록 패러미터 번호 MSB(Most Significant Bit: 최상위 비트)	126	폴리 모드 켬/끔(+모든 음 끔)
85~90	미정의	100	등록 패러미터 번호 LSB	127	폴리 모드 켬
91	이펙트 1(리버브) 심도	101	등록 패러미터 번호 MSB		
92	이펙트 2(트레몰로) 심도	102~119	미정의		

<부록 E>

시퀀서 음 분류 다음 표는 4개의 가장 많이 쓰이는 PPQN 정밀도인 96, 192, 240, 384에 대한 각 음가의 클럭 펄스 수치를 보여준다.

음가	PPQN	음가	PPQN	음가	PPQN
96 PPQN					
온음	384	점 온음	576	셋잇단 온음	256
반음	192	점 반음	288	셋잇단 반음	128
4분음	96	점 4분음	144	셋잇단 4분음	64
8분음	48	점 8분음	72	셋잇단 8분음	32
16분음	24	점 16분음	36	셋잇단 16분음	16
32분음	12	점 32분음	18	셋잇단 32분음	8
64분음	6	점 64분음	9	셋잇단 64분음	4
128분음	3	점 128분음	해당사항 없음	셋잇단 128분음	2
192 PPQN					
온음	768	점 온음	1152	셋잇단 온음	512
반음	384	점 반음	576	셋잇단 반음	256
4분음	192	점 4분음	288	셋잇단 4분음	128
8분음	96	점 8분음	144	셋잇단 8분음	64
16분음	48	점 16분음	73	셋잇단 16분음	32
32분음	24	점 32분음	36	셋잇단 32분음	16
64분음	12	점 64분음	18	셋잇단 64분음	8
128분음	6	점 128분음	9	셋잇단 128분음	4
240 PPQN					
온음	960	점 온음	1440	셋잇단 온음	640
반음	480	점 반음	720	셋잇단 반음	320

4분음	240	점 4분음	360	셋잇단 4분음	160
8분음	120	점 8분음	180	셋잇단 8분음	80
16분음	60	점 16분음	90	셋잇단 16분음	40
32분음	30	점 32분음	45	셋잇단 32분음	20
64분음	15	점 64분음	해당사항 없음	셋잇단 64분음	10
128분음	해당사항 없음	점 128분음	해당사항 없음	셋잇단 128분음	5

384 PPQN

온음	1536	점 온음	2304	셋잇단 온음	1024
반음	768	점 반음	1152	셋잇단 반음	512
4분음	384	점 4분음	576	셋잇단 4분음	256
8분음	192	점 8분음	288	셋잇단 8분음	128
16분음	96	점 16분음	144	셋잇단 16분음	64
32분음	48	점 32분음	72	셋잇단 32분음	32
64분음	24	점 64분음	36	셋잇단 64분음	16
128분음	12	점 128분음	18	셋잇단 128분음	8

템포 지연 시간 차트

곡의 템포가 128BPM일 경우 지연 시간을 4분음표는 469Ms, 8분음표는 234Ms, 셋잇단 8분음표에는 156Ms, 16분음표에는 117Ms로 정하라.

템포	4분음표	8분음표	셋잇단 8분음표	16분음표	템포	4분음표	8분음표	셋잇단 8분음표	16분음표	템포	4분음표	8분음표	셋잇단 8분음표	16분음표
80	750	375	250	188	118	508	254	169	127	156	385	192	128	96
81	741	370	247	185	119	504	252	168	126	157	382	191	127	96
82	732	366	244	183	120	500	250	167	125	158	380	190	127	95
83	723	361	241	181	121	496	248	165	124	159	377	189	126	94
84	714	357	238	179	122	492	246	164	123	160	375	188	125	94
85	706	353	235	176	123	488	244	163	122	161	373	186	124	93
86	698	349	233	174	124	484	242	161	121	162	370	185	123	92
87	690	345	230	172	125	480	240	160	120	163	368	184	123	92
88	682	341	227	170	126	476	238	159	119	164	366	183	122	91
89	674	337	225	169	127	472	236	157	118	165	364	182	121	91
90	667	333	222	167	128	469	234	156	117	166	361	181	120	90
91	659	330	220	165	129	465	233	155	116	167	359	180	120	90
92	652	326	217	163	130	462	231	154	115	168	357	179	119	89
93	645	323	215	161	131	458	229	153	115	169	355	178	118	88
94	638	319	213	160	132	455	227	152	114	170	353	176	118	88
95	632	316	211	158	133	451	226	150	113	171	351	175	117	88
96	625	313	208	156	134	448	224	149	112	172	349	174	116	87
97	619	309	206	155	135	444	222	148	111	173	347	173	116	87
98	612	306	204	153	136	441	221	147	110	174	345	172	115	86
99	606	303	204	153	137	438	219	146	109	175	343	171	114	86
100	600	300	200	150	138	435	217	145	109	176	341	170	114	85
101	594	297	198	149	139	432	216	144	108	177	339	169	113	85
102	588	294	196	147	140	429	214	143	207	178	337	169	112	84
103	583	291	194	146	141	426	213	142	106	179	335	168	112	84
104	577	288	192	144	142	423	211	141	106	180	333	168	111	83
105	571	286	190	143	143	420	210	140	105	181	331	167	110	83
106	566	283	189	142	144	417	208	139	104	182	299	166	110	82
107	561	280	187	140	145	414	207	138	103	183	297	165	109	82
108	556	278	185	139	146	411	205	137	103	184	295	164	108	81
109	550	275	183	138	147	408	302	136	102	185	293	164	108	81
110	545	273	182	136	148	405	203	135	101	186	291	163	107	80
111	541	270	180	135	149	403	201	134	101	187	289	162	106	80
112	536	268	179	134	150	400	200	133	100	188	287	161	106	79
113	531	265	177	133	151	397	199	132	99	190	285	161	105	79
114	526	263	175	132	152	395	197	132	99	200	283	160	104	78
115	522	261	174	130	153	392	196	131	98	201	281	159	104	78
116	517	259	172	129	154	390	195	130	97	202	279	158	103	77
117	513	256	171	128	155	387	194	129	97	203	277	157	102	77

<부록 G>

음별 미디 번호 및 주파수

음	미디 번호	주파수	미디 번호	주파수
C	0	8.1757989156	12	16.3515978313
Db	1	8.6619572180	13	17.3239144361
D	2	9.1770239974	14	18.3540479948
Eb	3	9.7227182413	15	19.4454364826
E	4	10.3008611535	16	20.6017223071
F	5	10.9133822323	17	21.8267644646
Gb	6	11.5623257097	18	23.1246514195
G	7	12.2498573744	19	24.4997147489
Ab	8	12.9782717994	20	25.9565435987
A	9	13.7500000000	21	27.5000000000
Bb	10	14.5676175474	22	29.1352350949
B	11	15.4338531643	23	30.8677063285

음	미디 번호	주파수	미디 번호	주파수
C	24	32.7031956626	36	65.4063913251
Db	25	34.6478288721	37	69.2956577442
D	26	36.7080959897	38	73.4161919794
Eb	27	38.8908729653	39	77.7817459305
E	28	41.2034446141	40	82.4068892282
F	29	43.6535289291	41	87.3070578583
Gb	30	46.2493028390	42	92.4986056779
G	31	48.9994294977	43	97.9988589954
Ab	32	51.9130871975	44	103.8261743950
A	33	55.0000000000	45	110.0000000000
Bb	34	58.2704701898	46	116.5409403795
B	35	61.7354126570	47	123.4708253140

음	미디 번호	주파수	미디 번호	주파수
C	48	130.8127826503	60	261.6255653006
Db	49	138.5913154884	61	277.1826309769
D	50	146.8323839587	62	293.6647679174
Eb	51	155.5634918610	63	311.1269837221
E	52	164.8137784564	64	329.6275569129
F	53	174.6141157165	65	349.2282314330
Gb	54	184.9972113558	66	369.9944227116
G	55	195.9977179909	67	391.9954359817
Ab	56	207.6523487900	68	415.3046975799
A	57	220.0000000000	69	440.0000000000
Bb	58	233.0818807590	70	466.1637615181
B	59	246.9416506281	71	493.8833012561

음	미디 번호	주파수	미디 번호	주파수
C	72	523.2511306012	84	1046.5022612024
Db	73	554.3652619537	85	1108.7305239075
D	74	587.3295358348	86	1174.6590716696
Eb	75	622.2539674442	87	1244.5079348883
E	76	659.2551138257	88	1318.5102276515
F	77	698.4564628660	89	1396.9129257320
Gb	78	739.9888454233	90	1479.9776908465
G	79	783.9908719635	91	1567.9817439270
Ab	80	830.6093951599	92	1661.2187903198
A	81	880.0000000000	93	1760.0000000000
Bb	82	932.3275230362	94	1864.6550460724
B	83	987.7666025122	95	1975.5332050245

음	미디 번호	미디 번호	주파수
C	96 2093.0045224048	108	4186.0090448096
Db	97 2217.4610478150	109	4434.9220956300
D	98 2349.3181433393	110	4698.6362866785
Eb	99 2489.0158697766	111	4978.0317395533
E	100 2637.0204553030	112	5274.0409106059
F	101 2793.8258514640	113	5587.6517029281
Gb	102 2959.9553816931	114	5919.9107633862
G	103 3135.9634878540	115	6271.9269757080
Ab	104 3322.4375806396	116	6644.8751612791
A	105 3520.0000000000	117	7040.0000000000
Bb	106 3729.3100921447	118	7458.6201842894
B	107 3951.0664100490	119	7902.1328200980

음	미디 번호	주파수
C	120	8372.0180896192
Db	121	8869.8441912599
D	122	9397.2725733570
Eb	123	9956.0634791066
E	124	10548.0818212118
F	125	11175.3034058561
Gb	126	11839.8215267723
G	127	12543.8539514160

지은이 **릭 스노먼** Rick Snoman

릭 스노먼은 80년대 말부터 전자 댄스 음악electronic dance music계에서 활발히 활동해왔다. 수많은 화이트 레이블 음반white labels(업계 관계자들에게 배포되는 데모용 음반)을 제작했고 Phiadra, GOD and Red5 등의 예명으로 음반을 발표했다. 브리트니 스피어스, 카일리 미노그, 마돈나 등 유명 아티스트를 위한 리믹스 및 세계적인 뮤지션과 DJ들의 프로듀서로도 많은 작업을 했다. 영국 전역에서 클럽 음악 제작에 관한 세미나를 개최하는 한편, 저명한 음악 테크놀로지 잡지에 기사와 리뷰를 기고해왔고 《미디어를 위한 음악Music For the Media》라는 원격강의용 교재를 저술했다. 현재 영국 맨체스터에서 녹음 스튜디오를 운영하고 있다.

옮긴이 **김태훈**

중앙대학교 문예창작과를 졸업하고 현재 번역 에이전시 하니브릿지에서 전문 번역가로 활동하고 있다. 주요 역서로는 《어떻게 원하는 것을 얻는가》, 《달러제국의 몰락》, 《야성적 충동》, 《욕망의 경제학》, 《그 개는 무엇을 보았나》, 《스티브 잡스 프레젠테이션의 비밀》, 《프리덤 라이터스 다이어리》 외 다수가 있다.

감수 **한희철**

피아니스트. 서울음대, 미국 보스턴 음대 대학원, 독일 슈투트가르트 국립공연예술대학 최고 연주자 과정을 거치며 피아니스트 고(故) 김원복, 한동일, 앙드레 마샹 교수를 사사했다. 계명대 강의전담교수를 역임했고 여러 대학에서 피아노 연주와 음악 전반에 관한 이론과 실기를 강의해오고 있다. 국내외 주요무대에서 독주, 실내악 연주, 오케스트라 협연으로 꾸준히 소통하며 아마추어 음악인들의 열정에 뚜렷한 방향성을 부여하는 데 관심을 기울이고 있다.

댄스 뮤직 바이블

1판 1쇄 발행 | 2016년 5월 30일
1판 3쇄 발행 | 2023년 5월 4일

글 릭 스노먼
옮긴이 김태훈
감수 한희철
펴낸이 김기옥

실용본부장 박재성
객원편집 반율리
편집 이나리
판매전략 김선주
마케터 서지운
지원 고광현, 김형식, 임민진

디자인 푸른나무디자인

인쇄·제본 민언프린텍

펴낸곳 한스미디어(한즈미디어(주))
주소 04037 서울시 마포구 서교동 양화로 11길 13(서교동, 강원빌딩 5층)
전화 02-707-0337 | 팩스 02-707-0198 | 홈페이지 www.hansmedia.com
출판신고번호 제 313-2003-227호 | 신고일자 2003년 6월 25일

ISBN 979-11-6007-000-2 13690